LE PELERINAGE DE L'AME.

Pres ce que iay descript en mon pre
mier liure de la vision de mon songe
du pelerinage de vie humaine et les
diuers passaiges et aduentures que
lõme trouue et passe sa vie est longue soit riche

THE PILGRIM AS HE LAY UPON HIS BED. Line 25, p. 2.

C². fol. 154.

LE PELERINAGE

DE L'AME

DE

GUILLAUME DE DEGUILEVILLE.

Edited by J. J. STÜRZINGER, Ph.D.,
Professor in the University of Würzburg.

PRINTED FOR THE

Roxburghe Club.

LONDON
NICHOLS & SONS, 25, PARLIAMENT STREET.

1895.

WESTMINSTER:
PRINTED BY NICHOLS & SONS,
25, PARLIAMENT STREET.

The Roxburghe Club.

MDCCCXCV.

THE MARQUESS OF SALISBURY K.G.
PRESIDENT.

S. A. R. LE DUC D'AUMALE.
DUKE OF BUCCLEUCH, K.T.
DUKE OF DEVONSHIRE, K.G.
MARQUESS OF BUTE, K.T.
MARQUESS OF LOTHIAN, K.T.
MARQUESS OF BATH.
EARL COWPER, K.G.
EARL OF CRAWFORD, K.T.
EARL OF POWIS.
EARL OF ROSEBERY, K.G.
EARL OF CAWDOR.
EARL OF CREWE.
LORD CHARLES WILLIAM BRUDENELL BRUCE.
LORD ZOUCHE.
LORD AMHERST OF HACKNEY.
THE LORD BISHOP OF PETERBOROUGH.
THE LORD BISHOP OF SALISBURY.
RIGHT HON. ARTHUR JAMES BALFOUR.
SIR WILLIAM REYNELL ANSON, BART.
CHARLES BUTLER, ESQ.
INGRAM BYWATER, ESQ.
RICHARD COPLEY CHRISTIE, ESQ.
CHARLES ISAAC ELTON, ESQ.
SIR JOHN EVANS, K.C.B., F.S.A.
GEORGE BRISCOE EYRE, ESQ.
SIR AUGUSTUS WOLLASTON FRANKS, K.C.B.
THOMAS GAISFORD, ESQ.
HENRY HUCKS GIBBS, ESQ., *V.P.*
ALBAN GEORGE HENRY GIBBS, ESQ.
ALFRED HENRY HUTH, ESQ., *Treasurer.*
ANDREW LANG, ESQ.
JOHN WINGFIELD MALCOLM, ESQ.
JOHN MURRAY, ESQ.
EDWARD JAMES STANLEY, ESQ.
SIMON WATSON TAYLOR, ESQ.
SIR EDWARD MAUNDE THOMPSON, K.C.B.
REV. EDWARD TINDAL TURNER.
VICTOR WILLIAM BATES VAN DE WEYER, ESQ.
W. ALDIS WRIGHT, ESQ.

INTRODUCTORY NOTE.

The text of the following *Pelerinage de l'Ame* is printed from MS. *a* (Paris, Bibl. Nat., f. franç. 12466). This MS. has likewise been strictly adhered to in this edition, as was MS. *t* in the first volume, although the spelling of MS. *a* is more modern than that of MS. *t*, MS. *a* being of somewhat later date, namely, of the beginning of the fifteenth century.

Deviations from it are indicated by ( ) [ ] or Italics, in the same way as these symbols have been used in the first volume (see Preface, p. v). In addition to the two diacritical marks (¨ and ') made use of in the first volume (see vol. I., p. v) the acute and grave accents are used as in modern French from line 9401 on to help the understanding in cases of need.

Of the other forty-three MSS. of *Ame* only $q\pi MGHL$ and the early Print $\mathfrak{P}$*) have been compared throughout, MS. C^e from line 2811 on,† the others ($B^1 B^2 B^3 B^4 B^5 R^1$ and C excepted, which were not accessible

---

* $\mathfrak{P}$ designates *Le romant des trois pelerinages* printed at Paris (about 1500 according to Brunet, *Manuel*, sub *Guilleville*; this edition seems, however, to be subsequent to that of 1511). The "trois pelerinages" contained in it are those of *Vie* (second recension), *Ame*, and *Jhesucrist*. By the courtesy of Mr. Huth, the Treasurer of the Roxburghe Club and owner of MS. *H*, I was enabled to consult his copy of this excessively rare book at leisure here in Würzburg.

† When the impression was as far advanced as this line Mr. Gibbs, the Vice-President of the Roxburghe Club, was informed of the existence of this MS. by its present owner, Lord Crawford, who then most graciously allowed the MS. to be transmitted to Paris, and inspected by me at the English Embassy. I am indebted to Mr. Gibbs for the collation of the proofs with this MS.

to me at the time) only for the lines 1-436, and some of these besides for the *Grace Dieu, Trahison,* and *Trinité* stanzas (lines 1593, 4703, and 10,751).

The feminine lines (see lines 7, 8, 11, 12, 31-34, &c.) have been tampered with by most of the scribes in the same way as stated in Vol. I., page vi. These alterations, consisting generally in inserting one syllable, have only been recorded in the readings of lines 1-436.

The lines in which a hiatus (especially that of an unaccented *e* with another vowel) occurs, have been treated by ℘ in a similar manner by doing away with the hiatus, and adding one syllable in place of it (see line 5, *Nëust grain = Naist* [*bon*] *gr.;* line 6, *Së au l. = Sa* [*bon*] *l.;* line 14, *Commë ou s. = Comme en* [*ce*] *s.;* line 15, *quë homs = que hom*[*me*], &c.) These variations are noted as far as line 1900.

The marginal and interlinear directions marked ℘ (Table or T.) are printed from the *Table* of Contents that stands on the first ten leaves of ℘. As they are arranged there in alphabetical order, and very often placed under the most insignificant word like the preposition or the article, the advantage to be derived from such table is rather illusory. It has therefore been deemed more convenient for the reader to have these directions put right in the passages to which they refer.

In this poem there occurs a set of acrostics (lines 1593-1784), which, according to lines 1581-6, spells the author's name, *Guillermus de Deguilevilla.* This name or part of it seems to occur in the same way in another set of stanzas (lines 10,751-10,981), for the MSS. are at variance there, two only (P^1 and ρ) having the name in full (see note to line 10,981 and Appendix I., pp. 376-8), the great majority having but *Guillermus de Deg* (or *Meg*), a small minority *Guillerm .... us de Meg* (or *Deg*), with the four stanzas, 9-12 (see p. 351, note). These four stanzas, I think, are genuine, but seem to have been inserted subsequently by the author in the margin. This fact would explain why the acrostic is interrupted by these four stanzas and why the first stanza (9) has fifteen lines instead of twelve, the first three lines (10,847-9) apparently serving as link and introduction. That on the other hand the nine stanzas of P^1 and ρ (Appendix I., pp. 376-8) are spurious may readily be seen from their contents as well as their form. All this seems to prove that the author at first intended to spell his name in the form of acrostics, but before completing them changed his mind and introduced changes accordingly.

Since writing what has been said in the Preface to the first volume (p. vii) about the time of composition of this *Pelerinage de l'Ame*, Mr. Ward in his *Catalogue of Romances*, vol. II. (1893), pp. 558 and 559 asserts, as it has generally been assumed hitherto, that "the Pilgrimage of Man's Life" and "the Pilgrimage of the Soul" were "written in 1330-1332" and that "the second Pilgrimage seems (if we accept the words of the Prologue literally) to have been composed immediately after the first. Then came the second recension of the first Pilgrimage (in 1355)." Lines 3007-12 of the following text of *Ame* refer to a passage which occurs only in the second recension of the first Pilgrimage. Lines 9376-7, 1721-2 and 11,070-1 speak of the poet's old age of over sixty years (see also note on p. 382). The Pilgrimage of the Soul was therefore composed after the second recension of the first Pilgrimage and after 1355, this second recension being written in 1355 and the poet being born in 1294 or 1295. That it was completed before 1358 will be seen from the third Pilgrimage.

The Editor has introduced additional matter in the form of Appendices at the end of the volume. Appendix I. (p. 363) contains the additions to the text made by different copyists (1158 lines).

Appendix II. (p. 381) specimens of the Latin Poems (8040 rhythmic verses) of which the poet speaks at the end of *Ame* (lines 11,078-161) as being his next work to be set about. Appendix III. (p. 387) the poet's Abstract of *Vie* (second recension) and *Ame* in verse. Appendix IV. (p. 395) another Abstract of *Ame* in prose made by some scribe. These Latin Poems as well as the author's Abstract of V^2 and A have no doubt been made immediately after this second Pilgrimage and been finished also before 1358.

LIST OF ILLUSTRATIONS.

	LINE	PAGE
** "The Pilgrim as he lay upon his Bed" (*Frontispiece*)	25	2
† "The Soul convoyed by the Guardian Angel to the Judgment Seat. A Devil accompanying them"	187	9
*† "Sinderesis, the Worm of Conscience"	1,199	45
† "Souls passing from Purgatory to Heaven"	2,641	91
* "Angels welcoming freed Souls, who need no more the Scrip of Faith nor Staff of Hope"	2,699	93
** "Devils leading Souls away to Torment"	2,877	99
‡ "The Ointment of Grace"	3,399	115
‡ "The Penitent"	3,943	132
‡ "The Wicked Executors"	3,977	133
*‡ "Purgatory"	4,043	135
** "The Soul and the Dead Body"	4,051 & 4,093	136
‡ "Hell-Mouth"	4,361	145
** "The Punishment of Hypocrites in Hell"	4,541	150
† "A Devil turning a Wheel of Torment"	4,874	162
* "The Green Tree and the Dry Tree"	5,591	185
† "Sepulchres of Asses"	6,705	220
* "Angels and Devils passing to and fro"	8,759	284
* "Adam and Eve and their Descendants, in Paradise, at the Tree of the Cross"	10,549	341

* Coloured Drawings from Book *G* (Gibbs MSS).

† Tinted Outlines from Book *H* (Huth MSS.).

‡ Coloured Drawings from Book C^2 (Bibliotheca Lindesiana).

** Lithographs from Book G^2 (Gibbs MSS.).

LE PELERINAGE DE L'AME.

Prologue du second pelerinaige. Reueil premier du pelerin. 𝔅 (Table)

elerin. Apres que je fu esveillies

Et qu'asses me fu merveillies
De mon songe et que rien n'y vi

Ou aussi com en bon espi

N'ëust grain qui bien le querroit, 5

Së au langage ne tenoit,
De li racompter ou dire
Ou d' ordener ou d' escripre
Qui premier ou derrain aler
Doit sens quelque rien transposer, 10

—1-1064 *G* (10 leaves wanting, see vol i. p. 411, line 13,177), —1-106 *v* (1 leaf wanting), —1-36 *A*¹*Lh*, —1-10 *A*², A. ce q. fu e. λμ A. ce songe fu e. *g*, je] me *es*
—qu' ρ*C*𝔅 que *dxAP*, que a. fu*P*, esmerv. *gpx*
—et *dx*λμξπ*M*, et que] ou *epscz*, s. ou r. ie ne vi *z*, ne v. αφ*A*⁴*gepszc*λπ*C*𝔅*AMP*ρ*P*¹*H* nen vi *ikξ*

Ou *qba* &c.] Mes *a*, Quaussi *A*⁴ Que a. λ Ou ainsi *sHpP*¹, Ou ainsi que π, Ou quel ainsi quen b. 𝔅, Ou a. c. (quen ξ) vn b. *dA*
Eust φ*A*⁴*A* Il eust *b* A eu *P*, Nest g. *H*, Nest g. q. tres b. μ, Naist bon g. 𝔅, Ne fust g. que ρ, —grain *C*, le] li λ, queroit *ds*δ
Sa bon l. 𝔅
le μ*A*⁴*C*𝔅, ou] et *exd*𝔅, De le bien r. 𝔅, ou le d. μ*M* ou de d. π*ikP*¹ρ*C*
Ou de o. π*ikξ*, de lord. et desc. 𝔅, ou esc. *M*
Que πδ Doit *es*, ou] au μ*P*¹δ, derrenier *xdA*
Doie *es*, trespasser *esP* transporter ρ*C*𝔅 proposer *xd*

For 3 to 13 *czp* have but these nine lines :—

    De mon songe ou riens ne vy
    Moult grandement fu esbahi (Et quant mesueillay mesbahy *s*)
    De ce que ie songie auoie.
    Car tout de certain ie cuidoie
    Auoir ueu sanz point dormir
    Ce que iai (ie *z*) songie a loisir (q. ie songoie *p*)
    Cest assauoir lumain voiage
    De ce monde et pelerinage
    Quai expose et les perilz.

R. d'Orliens has added these lines in the margin of fol. 85a of MS. ε.

Advis me fu que voiage
Humain et pelerinage
Est expose a telx perils
Commë ou songe sont escris,

Et quë homs mortels n'est pas plus 15
Que la florecte qui chiet jus
Au vent et flaistrie devient
Si que de li plus ne souvient,
En quoi toutes gens sont ounis
Aussi les grans com les petis. 20

E̲n pensant a ces chose(te)s ci
 Soutainnement me rendormi
Et n'avoit guaires que tourne
M'estoie sus l'autre couste
Un autre songe ressongai 25
Que cy apres vous compterai,

Et me semble que deppendant
Est de l'autre songe devant
Pour continuer le chemin
Dont fait estoie pelerin; 30
Car encor pas ne l'avoie
Acheve si com cuidoie.

Grant voie en avoie a faire

Si com vous m'orres retraire.

q. le v. $\pi ik\mu\xi MA^3\rho P^1\mathfrak{P}$ q. ou v. *xd*
Et hum. pel. μ pelinnaige *g*, et le p. $\pi ikM\rho P^1\mathfrak{P}$ et ou p. *xd*

Com ou songe e. *g* Comme en ce songe $\mathfrak{P}$ Com u dit songe $q\pi ik\xi\rho M$ Qui ou dit s. $\epsilon pszc$ Que ou dit s. *d* Con dit que songes *x* Que ou liure deuant A^2, espris *s*

Qui dit q. *pzc*, homme *p*$\mathfrak{P}$, pas] riens μ
Com la floreste *C*, chait $\mathfrak{P}$
Par le v. $\mathfrak{P}$, fleustrie ϕA^4
Et q. $a\phi A^4$, plus de li *yg*, —li *x*, delle p. ρ, Et de luy parler ne s. *c*
—19 ξ, Aincois t. *g*, ourmis λ honiz P honmis A vniz $\mathfrak{P}$
—20 ξ, Autant *c* Ainsi A^2, c.] que P^1x, Ainsi l. *g*. que l. p. $\mathfrak{P}$

a] en $ay^b\epsilon\rho\delta xdM$, ceste chose *s*, choses qba &c., yci M, En ces choses ycy pensant $\mathfrak{P}$
S. ie mend. μ, red. A^4, Me rend. soud. $\mathfrak{P}$

Je mest. $\mathfrak{P}$, sur $ba\phi A^1gyHik\xi\rho\rho cs\delta\lambda\mu C$, sur le destre c. μ
Vne *d*, ressonge A ie songay $\epsilon pszc\mu$, Je resong. vng a. songe $\mathfrak{P}$
Si comme ap. *c*, cy] ie ξ, v. raconterai *g*, ap. conter vouldrai $q\pi ik\xi Mxd$, Q. bon sera que vous racompte $\mathfrak{P}$
Si me λ, Et ce me s. M, desp. $ba\phi A^4ygsz c\pi ik\lambda\delta$, Qui me s. estre d. $\mathfrak{P}$
—Est *g* Et A^4, Estoit de l. de deuant ρP^1, De cil quauoie songe d. $\mathfrak{P}$
e. le p. *d*, D. ie mestoie f. p. $\mathfrak{P}$
encore $\epsilon scz\pi\lambda\mu A^4HA^2P^1\mathfrak{P}$, p. ie ne l. M
comme $\pi dA^4AP^1\mathfrak{P}$, je c. $ix\rho\delta\lambda\mu\xi a\phi A^4Hyg$ ie pensoie *scz*
—33 P, —en ϵps en] encore $\pi ik\mu$, G. v. av. encor a f. *z*, Tres grant v. P^1, Ains en av. gr. v. a f. *xd*, Car encores av. *c*, Mais encor en av. $\mathfrak{P}$
—34 P, comme $\pi ik\delta\lambda\mu zA^4HAP^1M$, v. orres $z\mu$, m. ci r. *dx*, Grant chemin com m. r. *c*, Grant voie comme m. r. $\mathfrak{P}$

20 a, b.—En gre prenez le dit du corps
 Car cest pour lame bien grant tresors. μ.

Le Pelerinage de l'Ame.

Ame du pelerin apres la mort visite son corps, et quel elle le trouue. 𝔅 (Table)

Avis me fu que, quant la mort 35
M'ot feru sens faire deport,
En l'air me trouvai dessevre
De mon vil corps et separe.
Vil me sembla, puant et ort,
Sens mouvement gesant tout mort, 40
Ne vi onques fumier plus vil ;
Pas ne cuidasse que fust il,
Se si nouvellement issus
N'en fusse et n'en creusse nuls.

Misericorde fist enterrer le pelerin. 𝔅 (T.)

A li vint Misericorde 45
Et le lia a sa corde

Et le fist bouter en terre
Et lors acouru(s)t grant erre
La noble dame au tariere

Qui no*m*mer se fait Priere. 50

Par devant moi vola aus ciex
Pour requerre que tantost Diex
De moi vousist merci avoir.
Grant mestier en estoit de voir,
Car soutainnement agraper 55
Et a ses deux pates happer
Me voult la beste sauvage
Qu'autre fois sus le rivage

Jë avoie vëu peschier

A tous ses engins et chacier. 60

Puis me *s*, Puis me fust vis q. *P*, —que ϕ
Meult P^1
larc *x*, me tr. me d. δ, tr. separe 𝔅
c. que (quay *z* cay *x*) trop ame *czdx*, et desseure 𝔅
s-bloit A^1

Oncq. (Jamais 𝔅) ne vi f. A^1P^1𝔅 Ge ne vi onc f. *L*, pl.] si *p*
cuidoie *PL*, qui fut cil A^1, cuiday q. ce f. *epszcdx* cuidoie q. ce f. *s*λ
si] ci *g* sen δ
Ne f. *beyM*, Ne f. ie nen *a*λA^1, et] ie *dμA*^{1}𝔅 —et *pgAL*
Adonc li *p*, sen v. π*ikMdxcδμaφgHP*^{1}𝔅 sans vins A^4 se v. *AL*, Et v. a lui M. *z*
Droit et le P^1 Qui bien le *dxμ* Qui tost le *z*, Qui le l. a vne c. *c*, Qui le lia (lia lors 𝔅) de s. c. λ*P*𝔅, Et l. l. de sa grant c. *p*, Et l. l. tost (lors *ik* bien δ) a s. c. *Mikδ*
Et puis le π*ikδaφA*^{4} Et si le *dxM*, Si le t. tost b. *μ*, en] dedans *cP*^{1}, b.] inhumer 𝔅
Adonc ac. λ, Et tantost ac. 𝔅, moult gr. π*ik* a gr. *μdxzcsP*^{1}, acueurt a g. *p* acourt g. *g*
La tresn. d. *dxzAA*$^2P^1$ La tresbonne d. 𝔅, au] a la δ, auctariere *P* auchiere *x* enterriere *epszc*

Q. appeller π*ik*, se faisoit *aφA*$^4HygA^2c$δA𝔅 si se f. *p*, Q. se faisoit n. *P. dx*, Q. se f. appeler P. *z*
Par *qba* &c. Pour *a*, aus] es *epszcdx*λ*M*
requerir *aφA*$^1gczμA$𝔅 deprier A^2
Vosist de moy *epszcA*$^4HA^1$, De m. mercis v. a. *μ*
—54 *g*, m.] besoing *sz*𝔅, de] pour *μPP*^{1}
ag.] haper *L*
a] o A^1, ces A^4, asses *x*, —deux *s* d.] grans *zd* grantes *x*
vint *μ* vouloit *kdx*δλ*aφA*$^4AP^1$ voulut 𝔅 cuida A^1, voult tost la *z*, la belle *p*
Ou a. π*s* Que a. *ikdx*δλ*μMA*^{4}·*A*· Qui a. *c*, sur *epscπid*λ*μMaφA*$^4HygAPP^1L$ dessus *z*𝔅, Que par deuant sur *μ*
—Je *esp*, Auoie dez lors v. *p*, Jauoie *kL*, veue δλ, Jauoie bien aperceu p. 𝔅, Je lauoie v. pour p. *μ*
O *L*, tout *bey*λ*μM*, ces *dA*^{4}

Sathan.

Le Pelerinage de l'Ame.

Adonc parla : "Or es tu pris ;
    Tant t'ai espie au postis
Et si longuement actendu
Que maintenant n'ai pas faillu,
O moi venras en ma maison,   65
Condempnes y es par Raison.
Onques croire ne la vousis,
Or en es et seras chetis
Et si as perdu Grace Dieu
Qui te souloit faire ton geu.   70
Met jus t'escherpe et ton bourdon,
N'est que bourde et irrision
De tout ton pelerinage.
Ja tost seras en tel cage

Ou de chanter talent n'aras,   75
Mes bien pourras crier ha las !
Pour quoi te fist le createur
Pour parvenir a tel douleur."

Le pelerin.

Moult eusse este desconforte,
    Se ne m'ëust reconforte   80
Un juvencel de grant clarte
Qui me costoioit d'un coste

Que pas n'avoie ape*r*cëu,
Dont moult me ting a decëu,
Quant apres sceu qui il estoit   85

A. p.] A moy tost dist *z*, p.] me dist λ*HL*,
   —tu *g*
T. ay *xML*, T. ay attendu *L*, esp.] attendu *z*,
   aus *bA*¹𝔓 a *P*
= 64 *A*¹*L* (Q. m. nai p. failli *A*¹) (Q. nai p.
   failli m. *L*), si ay *p*, Si l. ti attendi *z*, l. ta
   tandi *A*⁴
na *s*, failli *z*, nest p. failli *A*⁴, m. seras pendu
   dx, Or puez sauoir que es maubailli *A*¹,
   Plus ne te sera labour aidant *L*
En α O *qba* &c., A *z* Auec δ, en] a *pdxP*¹,
   mais.] prison *sz* prison (*expunged*) maison
   (*written above*) *e*
Quar damp. *A*¹
—67 *c*, 67 and 68 between 70 and 71 *b*𝔓
—68 *c*, en nest *A*⁴

M. sus λ*M*, ton esch. δ, —et *A*⁴
derrision *csx* derision *s*δ*AP*¹𝔓, Ce nest fors
   (Car ce nest *cz*) q. derision *scz*
trestout π*ikdxczh*𝔓, tout le tien p. *P*¹
Tantost s. λ Maintenant s. *ep*, s. mis en c. *A*
   s. mis en t. c. *a*φ*g*δμ*P z*. en telle c. *cikM*
   *P*¹*h*𝔓, Tost s. mis en telle c. *A*⁴, Tantost
   te mettray en t. c. *L* Maintenant s. mis
   en c. *szc* Tu s. maintenant en c. *dx*, c.]
   aige *p* rage *A*¹
Que *hA*¹, nauras talent *c*
p. b. δ, b.] y *P*, Aincois crieras las dolent *c*
te] me π*ikL*𝔓 (me *added above*) *s*, le] ton *dxA*¹
P. venir a (en *p*) *e*qπ*p*, P. venir a telle d. *ikcz*
   *dA*¹, P. chy viure a telle d. *x*, P. venir
   en si grant d. *L*, P. venir a t. tenebrour λ,
   a] en δ
M. feusse d. *z*, M. eusse d. trouue *c*, d-tee π
Sainsi ne μ, Se ne men fist r. *P*¹, Si non que
   m. r. 𝔓, r-tee π
Vn j. sage et honeste *L*, Vn j. cler et luisant 𝔓
—32 *P*, coustoie *A*⁴ cotonoit *g* confortoit *c*,
   Q. estoit a mon couste destre *L*, Q. pres
   me venoit costoiant 𝔓
Quencores n. ap. 𝔓
—molt, tains *g*, je me t. δ𝔓, D. ie me t. bien
   a d. μ, a] pour *L*, dechee *x*
—apres *b*, Q. ie sceus *s*, —sceu *P*, Q. ap. ie
   sceu quil e. 𝔓, Q. ie sceu bien qui *c*,
   Q. ie cognu q. λ, Q. iapercui *z*, que π*P*,
   que il lui e. δ, quil e. *pxA*⁴*HgAA*¹𝔓

Le Pelerinage de l'Ame.

	Et de quel office il servoit.
	Cellui parla a la beste :
L'ange.	"Moult est tost ta pate preste,
Altercation entre lenneiny mauvais ange du pelerin et son bon ange pour lame du pelerin. 𝔓 (T.)	Dist il, des ames champarter
	Ou nulle part ne dois clamer. 90
	Suppose qu'on ne leur aidast
	Et leur droit on ne leur gardast.
	Fui toi de ci et va glaner
	Ou ailliers pourras droit clamer !"—
Sathan.	"Mes tu de ci, a l'autre dit, 95
	Ne me dois faire contredit
	De nul pelerin forvoie
	Qui par son vice et son peche
	A laisse la bonne voie
	Pour cheminer par la moie. 100
	Ou ton droit est, je n'y cla[i]m rien,
	Mes laisse moi venir le mien.
	Le roy souvrain quant m'ot bany
	Et gecte jus de mon haut ny,
	Asses m'a souffert a faire 105

quelle *iµA*¹, of.] seruice *P*¹, —il *sscP*𝔓
Cesti *єpc*, C. si p. *aφA*⁴*g*δ*AA*²*M* Cil ainsi p. *P*¹, p. lors a πik*µc*𝔓 (lors *added above*) *s*, Car il p. tost a *dx*, Et c. si dist a *z*, Appertement dist a *L*
Dieux moult 𝔓, —tost *aφ*, to.] dist il *µ* tantost δ*A*⁴ ore *sscdxP*¹, ja tost π*i*, tost est ja *k*, paste *kdHy*
Dit *p*, Des a. tantost ch. *z*, Hastiue d. a. ch. *µ*, il dois a moy ch. *P* il aus bones a. haper *L*, champater *d* charpenter *kδA*𝔓 tampester *p* agraper *A*¹
par *A*⁴ riens *µ*, —ne *g*, nul bon droit ne puez cl. *L*, Mesmes ou p. ne d. cl. 𝔓, reclamer π
—91 *aφA*⁴*A*¹*L*, com *ck*, quen ne *y* que ne *b* que on ne λ*dgA*, que on l. *g*
—92 *aφA*⁴*A*¹*L*, d. que on δ, —ne *g*, Et que l. d. on ne g. λ
—93 *aφA*⁴*A*¹, Fuis *kξ*, F. tent *p*, dicy *kδgA*𝔓, vas *chξP*¹, F. dici va ailleurs gl. *g*, et glouer va *L*, garder *Adx* rouuer *z*
—94 *aφA*⁴*A*¹, Aill. ou *єpsc*, Aill. ou p. d. (d. p. *z*) trouuer *єps*, Es lieux ou Jhesu Crist rien n'a *L*
toy *cP*𝔓, dici δ𝔓 de ce *A*¹, ci li aut. λ, dist *MP*
doit *p*, c-dist *MP*
—forvoie *g*
Que *M*, et p. *Hy*
Si a l. *p*, laissiee πiλ*z* delaissie *dxMP*¹𝔓, la] ta *z*
P. en ch. *p*, pour *A*⁴*g*, parmi la π*ikdxP*¹𝔓, parmi la voie *cz*
—est δ, clain *ca* &c. clainn *H*, ie ni claime *p*, est ne claime (clame *L*) *µL*, Ou dr. as ne demande r. 𝔓
laisses *h*, v.] vser 𝔓
souurans *s* souuerain *qπbaA*⁴*HhAPP*¹, Le tresgrant r. q. *z*, meust *A*⁴ most *P*, q. moy b. *p*, Quant le roy des cielx m. b. *dx*λ, Q. le grant r. m. fourbani *L*
Mot g. *þ* jus] hors *bsscdxPP*¹𝔓 (ius *above expunged*) hors *є*, de moult h.
A. s. ma *A*⁴ A. il ma *cµ* A. me sofferit a *M*, m'a puis s. π*ikA*¹, ma s. puis a 𝔓, Il ma asses s. *Adxz*, A. il ma donne a f. *h*, Me soffrit a penser et f. *L*

100 a, b.—Qui est moie entierement
    Et pour ce te dy en present. *c.*

Sathan declare les maulx quil scet faire. ℙ (T.)

A engendrer et pourtraire
A ma semblance figures
Que j'apel mes creatures.
C'est Envie, c'est Traison
Avec la generacion 110
Des autres qui ja vielles sont

Qui de par moi *par* terre vont
Pour les pelerins empescher
Et faire leur grant encombrer.
Or ai tant fait que ja est grant 115
La lignee et tousjours croissant
Va, pour quoi convient en la fin
Que plus ne soit nul pelerin
Qui de mes las puist eschaper.
Par moi les convient tous passer 120
Et mesmement les forvoies
Si com cetui de quoi treslies

Tu dois estre, se l'emporte,
Car onques fors voie torte

Ne voult aler, ce sces tu bien 125
Et onques ne te crut de rien,
Ains s'est efforcies de faire
Quanque te devoit desplaire,

Des ce qu'en garde le prëis,
Quant passer l'eaue le vëis 130
Pour entrer dedens la maison
Ou Grace Dieu li fist maint don.

Et A^1, et a p. $\pi i k\mu A dxzc M P P^1 \mathbb{P}$ et bien p. *h*
A mon semblable f. A^1 A moy semblables f. *L*, des f. $\pi ikcMP^1\mathbb{P}$ les f. $Adxz\mu$
Q. appele A^1, iappelle $ki\pi epszcAdxa\varphi vhM$ ie appel λ ie appelle A^4PP^1L ie nomme $\mathbb{P}$
enuiee *g*, cest] et $\pi ikAdxA^1$, Tr.] raison $a\varphi$, Cest orgueil enuie tr. *L*
A-cques $p\mu$, leur $AdxL$
que π viellies πi vuillez *g*, qui (que *s*) par terre vont *szc*, Qui trop v. semblent et s. *L*
par $\varphi\partial a$ &c.] en *a*, Et *L*, Et que (qui *z*) ia toutes vielles sont *szc*

leur f. g. $\pi ikpv\mu hA^1LP\mathbb{P}$
Or ia ai f. q. est g. *A*
Ma ligne $\mathbb{P}$, est A^4 ou P —et μ, t. temps c. *L*
Vela p. $P\delta$ Sen va $\mathbb{P}$, —la $P\partial\mathbb{P}$, —convient *L*
—nul *xg*, Ne sera mes n. p. *L*
laisse *d*, puisse $cd\lambda A^1L\mathbb{P}$
Mais p. m. l. fault t. p. $\mathbb{P}$
—Et, Meesmem. *szc*, meisment *M* mesment *g*, l. criminueux $\mathbb{P}$
Et *d*, Si c.] Comme $\mu L\mathbb{P}$, Et cestuy chy de *x*, de q. cestuy *g*, t.] tous (tout) $qb\pi ik$ $MepszcAdx\mu hA^1LP^1L$, tant *P*, de q. ioieux $\mathbb{P}$
d. bien e. *h*, se je l. $b\pi ikepszcAdxa\varphi vA^4\delta\mu P^1 L\mathbb{P}$
f.] que *q*. fors que *sd* fors quen *p* mais que *c* f. par $\pi ik\mu zL$, f. la v. P^1, Par ce quonq. que par v. t. $\mathbb{P}$
—ce] se $\partial dy\mathbb{P}$, scet δ
—126 *x*, Ne A^1 Quar λ, ten *p*, creust $\pi k p\mu$
Aincois $dxzcP^1$, Ainsi *A*, A. tousjours s. pene de f. $\mathbb{P}$, sest mont eff. πik, denffaire *p*
Quanque il te Hy, Tout quanq. $\pi ik\mu P^1$, Tout quanquil te *h*, Tout ce que te *ps* Tout q. il te doit d. *dx*, Trestout ce quil te doit d. *z*, Tout ce qui te pouoit .d. *c*, Tout ce quil te veoit d. $\mathbb{P}$
ce] lors μ, Des que en s. que en $hx\delta A^1A^1$, prenis μP^1 pris A^4g, tu le pris $\mathbb{P}$
Et *zc*, lui $keszcd\lambda P^1PL$, le vis δ, Q. par leaue p. le vis $\mathbb{P}$

li f.] lisc *x*, feist *A*, m.] grant π

Le Pelerinage de l'Ame. 7

Pour li as ëu a faire,

Pour li de ses maux retraire

Et li deffendre de mes mains 135
Et dë autres encombriers mains,

De quoi onques ne [te] sceut gre
Ne de quoi onques mercie
De li ne fus, ce scai je bien.
D'autre partie nulle rien 140
Onques encor ne te prisa
Et pour toi faire ne laissa
Desplaisant ne vil ouvrage

En appert et tapinage
Qui a toi et ta presence 145
Devoit faire reverence.
Ne scai pour quoi tu le deffens,
De li deffendre n'est pas temps.
Laisse le moi, ce est mon droit
Nul empescher ne le me doit." 150

Le pelerin.
L'ange.
L e juvencel li respondi :
" Bien ai certes tes dis ouy
Et bien savoie de piec'a
Quë en toi fors mauvestie n'a.
Jamais, s'aucun bien savoies, 155

li tu as *h*, as tu eu *aφυA⁴HygδA*, eu moult a f. *bπikMdxA¹PP¹*, tu as eu moult a f. 𝔅 eu assez a f. *epszc*, Certes tu as eu moult a f. *μ*

s.] ces *adhP*, Tout p. li *c* Cuidant li *z*, P. le cuidier des m. r. *P¹*, de tous s. *πikh*, s. grans m. *μ*, ses meffais r. *dx*, Afin des m. le r. 𝔅, Assez p. li hors de mal tr. *λ*

Pour li *λ*, Et pour li *p*, Et le d. *hL*𝔅

Aussi daut. *μ*𝔅, dautres *gkAdx* des a. *aφυA⁴Hpszc*, daut. e. vilains *dx*, Et de mes laz et de mes ains *A¹*, Pour les pechies dom fait a mains *L*, Qui lassailloye et soir et mains *h*

te *qba* &c.] —te *ag* ten *μ*, sceust *ip* soit *c*

Et de *qbpszchdxA¹MLP*𝔅 Que de *e*, Ne mais o. m. *δ*, Et de q. iamais m. 𝔅

Ne li. f. *g*, nen *p*, ie s. ce b. *π*

Et d. p. 𝔅

Noncq. *p*

Ne *pA¹*, p. ton frere ne (te *c*) *sc*, Ne p. t. f. ne le l. *p*

Vilain ne despl. o. 𝔅, En d. et v. *c* Tout despl. et v. *dxzμP¹*, Tout d. ne v. courage *A*, D. ort et v. *πik*, ne] et *qbaφ A⁴Hyepzcdxπikμ PP¹A¹L*

et] ne en *A¹*𝔅 ou en *μ*, et en t. *πikMAdxeps zcδaφυA⁴HyghP¹L*

Que *δ*, Q. bien a 𝔅, et] en *P*, et a ta *bπikdxe czHygμMP¹L* (a added above) *pδ* et en ta *aφυA⁴A*

D. bien f. *μ*, f. grant r. *bπikdxpzcayλP¹*𝔅, Si te dev. f. f. grant r. *p*

les *s*

le *kdxμA⁴A¹LP¹*, p.] mie *p*, Car luy fauoriser n. t. 𝔅

Laisses *h*, ce e.] cest *gπ* car cest 𝔅, m. gi ay bien d. *L*

me le *A*

Lors le j. r. 𝔅

tes d. c. 𝔅, c. oy ton dit *L*, telz dis *δ* dist il *π*

ie s. 𝔅, des p. *zh*

Qua t. *p* Quen t. *v*𝔅, Quen t. que m. ny a 𝔅

Car jo *z*, se a. *cδλA⁴h*, se aucuns b-s *Adx*, b. tu s. *πiμ*, Et se auc. b. tu s. *k*, Se a. b. en lui s. *P¹*, Voire et s. b. tu s. 𝔅

8 *Le Pelerinage de l'Ame.*

Sathan sefforceant prendre ame du pelerin son bon ange len defend. 𝔓 (T,)

Tu ne le proposeroies ;

Mes les maulx sces tu proposer
Et le bien en mal transmuer
Et ce as tu gehi asses

Qui dis que par toi sont crees   160
Et par le monde provongnes

Tous maux et vices et peches.
Se mon pelerin que garde
A fait rien qui soit blapharde,

Par toi ce fu en partie   165

Et par male compaignie

Quë as contre li excite,
Non pas que du tout excuse
Maintenant le vueille tenir ;
De ce le fera convenir   170
Michel qui du ciel est prevost
Devant le quel il me faut tost
Li presenter et conduire.

Se rien en li sces a dire,

Devant li vien, droit te fera   175
Et justement tout jugera.

les sAdx, Point tu h Ja tu πi, Jamais ne kP^1 Tu jamaiz ne p De vray ne c, Pour riens ne le (les Adx) $z\mu Adx$ tu] bien $a\varphi v A^4 H y g \delta \lambda A P^1 𝔓$

tresmuer $H y g b q \pi i k M \epsilon p s \delta \mu h A^1 P P^1$ terminer λ transposer d composer x supposer L

Ceci as μ, Et a ce has tu gei g, tu confesse a. A, ce confesses tu a. L, Et ass. las tu recongnu 𝔓

Que sδA, s. tassez L, d. quengendrez s. p. tu 𝔓

= 162 x, prouingniez ik prouuaignies λ pronuncies $\epsilon p s z c d x$ procurez A^1, Ou monde les pechiez mortaux L

= 161 x, T. m. v. s$A^4 H$ T. maluais v. dxA^1 T. m. tous v. $h\mu 𝔓$, v. tous p. μ

Si gL, q. ie g. $\epsilon p s z c A d x h \mu M P P^1 𝔓$ quay g. $\pi i k$, Si cest peregrin quay g. L

rien f. $kH 𝔓$, f. chose q. $z\mu P^1$, f. nul r. quil s. p, q. li s. c, q. soit (sont x) a bl. dx q. fait a b. A, A r. f. q. son salut tarde 𝔓, De samender sest trop tarde L

t. fust en p t. a este en c, ce seroit en 𝔓, fu fait en $\pi i k h \mu$ fu ou en M, Cha (Ca P^1 Sa A Ce a L) este par t. en p. xAP^1L, Ce est par t. en p. d, Ce f. par t. tout ou p. z p. la m. $\pi i k \mu$ p. ta m. dx, p. mauuaise c. (uaise *added above*) sh$P^1 L 𝔓$ p. nulle autre c. cz

Q. c. li as e. (incite 𝔓) $\mu L 𝔓$, c.] comme A^1 de $a\varphi v A^4 H A P P^1$, N. questre du t. 𝔓

Le v. m. t. k, Le v. a present maintenir L, Il doye ie v. maintenir 𝔓, t.] maintenir b cen P, feray $a\varphi v H y g A (M) \lambda$ fere A^4 feras 𝔓 du] ou g, q. est du c. p. dx, est du p. δ, Deuant M. du c. p. 𝔓

Par dev. l. q. me f. t. 𝔓

Le $g\delta\lambda h 𝔓$, Celuy p. P^1, Li (Le h) repres. $Adxh$, Li et mener et c. s, Luy en mener et le c. c, Cestuy ci mener et c. z, et lui c. $b\pi i k$ et le c. $cH\mu M L 𝔓$

Et se r. μ, Et se r. tu li P^1, en] est A^1, li] dis A^4, Se en li r. g, li tu s. h, a] que λ, li tu s. que d. $\pi i k$, Se (Et se A) contre lui sc. r. a d. $\epsilon p s z c A d x$, Si tu as contre li que d. L, Et se rien tu lui as a d. 𝔓

viens μP vient A^4 bien πA, v. et d. L, ten pdx

161 and 162 have the same inverted position in a as in x, but are marked for transposition in a.
175 a.—Et iugement tost ten fera p.

THE SOUL CONVOYED BY THE GUARDIAN ANGEL TO THE JUDGMENT SEAT.   A DEVIL ACCOMPANYING THEM.

II. p. 232. Line 187, p. 9.

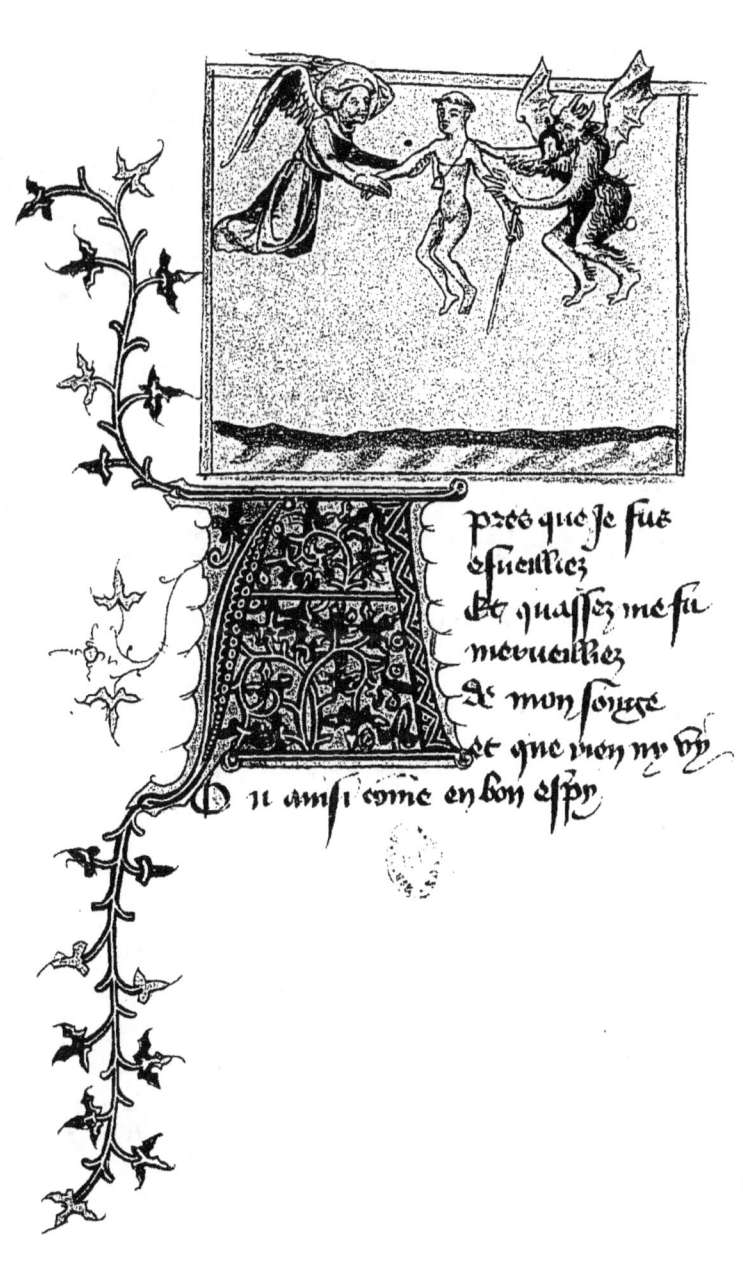

près que je fus
esueilliez
et quassez me fu
merueilliez
de mon songe
et que mon my bп
Ou ainsi come en bon espy

Le Pelerinage de l'Ame. 9

  Autre chose (je) ne puis faire ;

A-es ch-es ne *q*, nen A^1, ie ne $\pi ikM\epsilon\rho\delta\lambda a\phi vA^4$ $HyghA$, tu ne (nen *z*) pues f. *szc* ne pues tu f. *dx*, ch. ne ten (te 𝔓) p. μP^1𝔓, Ge ne p. a. ch. f. *L*

  Je ne sui prevost ne maire,
  Gardian sui du pelerin
  Que je menrai jusques a fin."   180

Quar ie $\lambda\mu L$, Car ne s. ne p. *dx*, ne pr. $\pi ik\epsilon pszca\phi vA^4yghAP^1$𝔓, s. pas p. *MH*
Garde s. de cest peregrin *L*
Je le m. λ Que conduirai iusqua la f. 𝔓, iusques a la f. $a\phi vA^4A$ iusque a la f. *p*, iusqua la f. $q\pi ik\mu szcdx$ iusque la f. *e* iusquen la f. *M*

Sathan. "Tort me fais, ce dist la beste,

Grant tort hA^1, Trop grant t. me f. d. *z*, T. tu me *M*, Tu me f. tort $dxcP^1$, ce d.] sa dit A^4 respondit 𝔓, d. lors la πik

  Et bien te di, n'ai pas feste
  D'aler devant vostre Michiel

b.] si *z*, ten *p*, ie nay λzcM, que nay *p*. $\pi ik\delta a\phi vA^4ygh\mu AP$, que n. f. *H*, p. grant f. *p* (grant *added above*) s, Et te di b. que n. (nest *x*) p. *dx*, Bien te d. que ne fay p. f. P^1, Nulle foiz nay joie ne f. *L*, Et de present nest a moy f. 𝔓.

  Qui me fist trebuchier du ciel ;
  Et toutevoies jë irai,   185

Q. ma fait t. 𝔓.
toutesu. $zckPP^1$ t-ie A^4, Et non obstant *L*, gi i. *h*, toutesuoiz seurement i. μ, Touteffois puis quil fault ie i. 𝔓

  Car bonne cause et justë ai."

j. y ay czL j. iay 𝔓

Le pelerin. Lors ensemble me menerent

Et lors 𝔓, Adonc ens. μ, *L*. tous ens. cP^1, *L*. ens. ilz me m. zhM, *L*. ens. men amen. (e*n*m. *x*) *dx*, *L*. eux deux dacort me m. πik

Ange du pelerin et Sathan menent lame du pelerin deuant Sainct Michel pour estre iugee. 𝔓 (T.)

  Et oultre l'air me leverent

Dessus lair o. me μ, Et tout o. πikL Et hault o. P^1, Et en lair moult haut m. l. *z*, Et en hault en lair *dx*, Et dessus lair ilz meslev. 𝔓, ilz me l. hM, me esleuerent *c* me menerent πA me passerent A^1

  La laide beste a senestre
  Et le juvencel a destre   190

= 190 (Le j. estoit a d.) μ, Et la l. *s*, a ma s. P^1𝔓
= 189 (Et la l. b. a s.) μ, Et le bel j. *zL*, fu a d. *dx*, Le j. estoit a d. *c*, a la d. πikh a ma d. P^1𝔓

  Au quel souvent l'ueil avoie

Vers le quel s. A^1, Au jouuencel s. a. μ, q. jouvencel l. a. *z*, q. moult s. πikP^1, q. ie s. luiel (ui *on erasure*) *d*, le vilz a. *x* le voil a. *M* mon oeil iau. 𝔓 l. ie a. *ch*

  Pour l'autre que moult doubtoie.

Souuent car l. m. d. *z*, Loeil p. l. q. trop d. *d*, P. (Quar *g*) la beste q. $a\phi vA^4gA$ P. l. beste (*beste on erasure s*) q. *ps*, q. forment d. P^1, q. ie red. *dx*, m. redout. $\pi ikMA^1c$ m. ie. d. h𝔓

  En ce point vi la terre jus

Ensement vi *dx* Par ainsi vi μ, En tel p. *L*, tent *p*

Qui grant ne me sembloit pas plus
Avec les eaues et la mer   195
Et quanqu'i est a regarder
Qu'est une grant ville ou cite,

Ja soit ce qüe en verite
Du ciel ne fusse tant ne quant
Plus pres, *ce* sembloit, que devant.   200
En l'air vi moult de merveilles
Diverses et depareilles :

La terre transparant m'estoit
Et quanque dedens il avoit.

Emmi vëoie son centre   205

Et quanqu'i est et y entre,

Comment que li centres obscur
Me fust moult et asses mains pur
Que le remanant ne faisoit
Qui cellui centre environnoit.   210
Tout aussi com des elemens
Est assis li ordonnemens,
Que le plus pur est au dessus
Et le mains pur est assis jus
Et li autre moiennement   215
Se tiennent circulierement,
Aussi mains oscur[e] au dehors
Me sembloit estre terre lors

Que $\pi p d x$, grande g, —me s, sembla $\pi i k P^1 \mathfrak{P}$, s. point pl. P^1, —pas δ
eaus g, et] ou $a\phi v A^4$ en P de $\mathfrak{P}$
quanque P, q-que y $ML\mathfrak{P}$, q. est ens a r. g, quanques on puet r. dx
Que e. L Que nest d, Que u. $bMPP^1$, —grant s, ou] et c, Q. vng champ ou vne c. $\mathfrak{P}$
Ja coit A^4A, ce soit p, quen v. g, qua dire v. $\mathfrak{P}$
Ou c. b, Ne f. du c. $\mathfrak{P}$, f. ne t. dA
ce *baq* &c.] se $\alpha A^4 gMP$, —pres $a\phi v A^4$, q.] par P, Ce me s. questoie auant c
Par my l. c, ie vi $h\mu M$ $\mathfrak{P}$ vi ie z, vis pluisers grans m. dx, de grans m. πik
Moult div. $zAdxL$ Tres div. μ Fort div. $\mathfrak{P}$ Et div. P^1, et moult d. πikc et bien d. h, disparables g
—203 to 246 μ, tresp. $phHP^1$ tres apparant m. Adx, tr. estoit c
Et tout q. d. a. z Et tout ce q. d. a. (sestoit c) $c\lambda$, q. par d. g, —il s il] y $edAA^4gyH$ $A^1M\mathfrak{P}$ li L, il lui a. δ
Tout en P^1, En (Ou $L\mathfrak{P}$) my lieu v. (ie v. $\mathfrak{P}$) $\lambda ML\mathfrak{P}$, je v. $zkhP$, ce v. mon c. πi, voie λ, v. (voie A^4g) estoit s. c. $a\phi v A^4 g$, centrey c, Et (de A) v. enmy s. Adx
—206 p Tout q-que(s) y Adx, Et tout q. y est et e. $\mathfrak{P}$, q-que(s) y est $e\pi ikMhHA^1$ PP^1L, Et tout ce qui y λ, q. y estoit y e. $a\phi v A^4$, et] ci y —et δ, et quanque y e. L, entray c
Comme q. λM Combien q. $zhP\mathfrak{P}$, li] celuy $z\mathfrak{P}$, centier c, ob-re pd
Ne Hp, Me apparust et L, —moult π, maint $a\phi v$ maix M, pure pd
r.] cercle L
Que MA^1L, cestui $szdx$, auir. L
ainsi $sa\phi v A^4 AP^1\mathfrak{P}$, comme δAP^1 que $\mathfrak{P}$, —com d, Trestout ainssy d. x
Et A^1, Sont a. les o. $A\mathfrak{P}$, les $\delta a\phi v A^4 gA\mathfrak{P}$
Ou $\mathfrak{P}$, pour d, e.] soit c
lui a la A^4, pour d
= 216 A, lui a, les a-s $dxL\mathfrak{P}$, mouement g
= 215 A, Et t. g, treuuent $a\phi v A^4 A$, c-lierment d curiellement c
—au dx, a d. H
sembla P^1, —terre $a\phi$, s. la terre e. $A^1\mathfrak{P}$, Terre me s. e. l. $qikepszc$, T. me s. au dehors π

Le Pelerinage de l'Ame.

Et plus s'aloit oscursissant
De plus en plus en avalant,   220
Si que li centres tenebreus
Estoit grandement et hideus
Non pas que tout ne vëisse

Quelque semblant qu'en fëisse.

Et aussi com ma vëue   225

Estoit par tout estendue

Et que tout m'estoit tresparant
Plus que voirre ou souloil luisant,
Aussi estoit tout sens fable

Aus esperis transmeable ;   230

N'est mie la mer aus poissons
Ne l'air passable aus oisellons
Plus qu' est la terre aus esperis
Si comme lors m'estoit advis.
Terre et air plains en estoient   235
Et si tost par tout aloient
Com ma vëue et mon regart
Se pouoit tourner quelque part.
Par droite voie et oblique
En *mouvant* du pol artique   240

Jusqu' a l'autre tost aloient

—plus λ, se al. $AA^1L\mathfrak{P}$, o-cissement π o-rissant $scx\alpha\varphi vgy\mathfrak{P}$ o-rdiss. L

ques lui c. $a\varphi v$
Estroit A, moult gr. h. k
ne] ie $epsz$ ie le c ie ne P^1M bien ne ik ne le dx, du t. ne le v. A^1, N. mie q. t. ie v. z, Et non pourtant q. $\mathfrak{P}$
semblance que f. a, que f. $ay\lambda$ quant f. A^1 que je f. $c\pi iP^1$ q. jen f. $kMhepszdxL$, s. ien f. A^1, q. chascun f. $\mathfrak{P}$
ainssi $pszcA^1HdxP^1\mathfrak{P}$, comme $\pi ikMpzc\delta hba\varphi vA^1HAP$, Et tout ainssi comme $dxP^1\mathfrak{P}$, venue g
Si est pMP^1, t.] trestout $zcdxh$ t. bien $\mathfrak{P}$ t. lors k tous lieux πi, espandue $\delta ba\varphi vA^1g$ $yHAdx$
quelle m. M, trestout d, mest $\delta a\varphi vA^4A$, transp. $epszc\mathfrak{P}$ trespassant A^1
Comme v. $epszc$, ou] au $bqiMepzcdxhA^1L\mathfrak{P}$
Ainsi $Aski\pi$, Et aussi pg, A. y e. $i\pi$, Et ainsi est. il s. k, t.] trestout $dxAzc$, Pareillement e. s. f. P^1, e. s. nulle f. $\mathfrak{P}$
A tous e. πik, transmesable δ transmuable kes λA^1L tresmuable $a\varphi vA^1g$ transfineable M tout tr. $\mathfrak{P}$ tout (bien p) transmuable $pdxA$ tres (et c tout P^1) tresmuable scP^1
La m. nest m. L, Si que la m. n. a. p. $\mathfrak{P}$, au p. M ou p. A^4
p.] muable c
P. que la t. yc
Ainsi que l. $\mathfrak{P}$
La t. et lair $\pi ik\mathfrak{P}$, li air c, et hair P, Et de la t. au plain est. dx
si] aussi $i\pi\mathfrak{P}$, Et aussi p. trestout k, si trestot pz, t. (tout x) p. trestout dx, t. en al. c
Comme $i\pi MAdx\delta ca\varphi vA^1gyHP^1\mathfrak{P}$ Que A^1
Ne A^1, pouoient pz, q.] celle $dx epzc$ autre b dautre H
Et p. dr. dx, P. v. dr. $epszc$, et] ou A^1 et par $P^1\mathfrak{P}$
mouuant (mouuent M) $bqMepsc$, En eulz mouv. $\pi ik\mathfrak{P}$ Et en mouv. z] moment (moinent g) $a a\varphi vA^1gyHhAA^1L$ mouuement P moyent P^1, En remuant par leur article dx, dun p. A^1 du droit p. s, de p. antiq. L, artifique p artatique c
J-ques a $ikAdx\delta zchA^1PP^1\mathfrak{P}$, tantost p, t. en a. M

Toutes les fois que vouloient.

Toutevoies moult despareus

Estoient ces espris entr'eus

Et ausssi despareillement   245
S'avoient et diversement,

Des quiex choses quant me souvient
Grant admiracion me vient,
Et d'aucunes moult s'esjouist
Mon cueur et *d'aucunes* fremist.   250
Point tex choses ne crëusse,

Se veues ne les ëusse.

A mes conduisseurs retourne
   Dont n'y a cil qui sejourne

De moi mener hastivement   255
Pour faire de moi jugement.
A un grant lieu resplendissant
Et de lumiere flamboiant
Qui sus et jus estinceloit
De grans merveilles et luisoit   260
Fu mene sens delaiement,

qui v. δ quil v. *beaφvA*⁴*gyH*𝔅 que il *qπikMp zchAA*¹*LP*¹, Toute f. q. ilz v. *L*, A chascune f. quilz v. 𝔅
Toutesu. *k* Toutesfoiz *p*, Et toutesfois m. disp. 𝔅, Mes t. d. λ, despirans *xA* despairans *d*, Touteuoiz grant difference *L*
Estoint *A*¹, ses *gyhdM*, esperis *qedxbaφvgyH* esperis *A*⁴*AA*¹*PP*¹*pzc*, entrans *dAA*¹ errans *H*, Estoit entreulx par apparence *L*
—245 λ, ainssi *iπ*, disparablem. *g* desperpaillem. *A*¹ differentem. *L*
—246 λ, S. ilz et 𝔅, Seruoient *k* Faisoient *zc*, Aloient ilz et *L*, Sau. (Sauoieient *A*) faire et es.*Adx*, Sau. or faire d. *p*
quellez *p*, men *pzchμ*
Moult gr. *p*, men *bμpszc*𝔅
Et dautres m. esj. *g*, mesioist *M*, Dauc. m. se esj. *A*¹ Dauc. m. sesjoissoit *μ*
daucunes *baq* &c. daucun *p*] des autres *a* dautre *g*, Dauc. m. c. fremissoit *μ*
—251 *μ*, P.] James *L*, Ne p. t. *πikdx*,telles *P*, ie ne *δhaφvA*⁴*gyHAP*¹, Teles ch. p. ie ne c. 𝔅, P. creues (creuees *ps*) ne les eusse *epszc*
—252 *μ*, —252-427 *v* (leaf wanting), Sainsi v. *A*¹, Se v. a lueil ie ne 𝔅, ie ne *kM*, Telz choses se veu neusse (veuz ne les e. *p*) *esp* Se veu t. ch. neusse *c*
Lors a m. *dx*, c.] visions *P*, men r. *P*¹, ie r. *πikzh*𝔅, retournay *pμ*
Desquelz 𝔅 Mes *dx*, D. il n. *h*, a celui *πikM dxAP*¹, Ni a celi (ycelui *z*) *szc*, D. il ny a nul q. *L* D. nauoit nul q. *μ*, q. ne s. δ, s-nay *p*, —sejourne *M*
De me m. 𝔅, hatiement *d*
P. en f. *p* P. de m. f. j. 𝔅, P. oir mon j. *L*
En *xA*, l. gr. *aφA*⁴, A un l. qui resplendissoit 𝔅, l. tres glorieux *L*
—Et *b*, Et de grant l. moult fl. *p*, flamboioit 𝔅 De toutes joies plantureux *L*
Dessus et j. e-llant 𝔅
Merueilleusement et l. λ, A m. clair et luisant 𝔅
Suy m. *L*, Menez fu *μ*, dilacion 𝔅, F. m. mo*n*t hastiuement *epszc*

252 a, b, c, d.—Il nest pas pa*r*feit *chres*tiens
   Qui ci bas es lieux terriens
   Ne fait a dieu obedience
   Et a son ange reuerence. *L*.

Le Pelerinage de l'Ame. 13

Non pas dedens, mes seulement
Au dehors et a l'entree

Ou estoit grant assemblee

D'autres mains qui actendoient   265

Et la pour tel cause estoient.
Mon juvencel qui me menoit

Et qui de moi la garde avoit
Hors me laissa en la foule

Ou n'avoit ne gieu ne boule ;   270
N'i avoit cil qui avec li

N'eust ·i· accuseur anemi

Les Sathanas.
Qui hautement crioient tous :
"Prevost Michiel, delivre nous
Et adjuge nostre proie !"   275

Le mien dist : "Je vueil la moie,

Ne croi de nulle rien cil la

Qui maintenant a toi s'en va.
C'est son gardian, ce sces tu ;
Sens moi ne doit estre crëu."   280

En ce point je regardoie

Par tout selon que pouoie

mais] tant *szc*
Mais d. *s* Mais au (par *c*) d. *zc*, Tout au d. P^1, Deh. toutesfois a 𝔅, et] car μ, et la a πik, d. bien pres de l. *dx*, a] en δM, a letree ϵ a la letree p

Y auoit g. λ, Ou il (y 𝔅) auoit g. a. (il auoit *on erasure s*) *szL*𝔅, moult gr. πikP^1 in g. *M*, grande lass. $\epsilon pcdx\mu$

De m. autres *hzc*, m.] plusieurs $\pi ik\lambda PP^1$𝔅, De pluiseurs q. la a. *dx*μ, q. i assembloient A^1

Qui p. λ, Et qui la *L*, paour δ, t.] celle πk, Et p. t. (celle *pc*) y e. *psc*, Qui p. autel c. y e. μ, Et qui p. t. c. y e. *dxz* Et qui p. mesme c. e. 𝔅

a.] estoit *A*

Dehors $\pi ikps$, Me l. dehors en *z*μ, Me l. h. (lors *c*) dedans l. f. *Lc*, Me l. lors en ceste f. 𝔅, et en *dx*, la] celle *h*

il nau. $\pi ikeszcdx\mu hy HLP^1$, il nau. g. *p*, ny au. 𝔅

Ne a. A^i, cellui $k\delta A$ nul P^1, Nul ny estoit q. 𝔅, Ceulx et celles qui la estoient *L*

Nest π, Neusist a. P^1, ·i·] son *sc* —·i· *dxzP*^{1}. N. a. son ennemy *x*, accusant ξ, Leurs acuseurs o eulx auoient *L*

treshaultem. 𝔅 humblement *a*ϕgA, croyent A^4

Mich. prev. $k\xi$, d-res *d* d-rez 𝔅

Adj. nous n. A^1, Et nous a. (a-gez 𝔅) $\pi ikAd$ $x\mu\xi hP^1L$𝔅, Et nous deliure n. $\epsilon pszc$, Et a. tot n. *M*

Et le m. *L*𝔅 Lors le m. *s* Lors d. le m. P^1, Preuost d. il ie *c*, d. il ie ϵp d. lors je $\pi ik\xi$ d. sa ie *s* d. et ie *M*, Lors d. sathan ie μ, Car voir ie v. auoir la m. *Adx*

nul r. cellui *P*, de r. nul *g*, c. que n. r. cil a *H*, de r. cil qui va la *M*, c. pas en r-s celluy la *Adx*, Et ne c. point a cestuy la 𝔅, Ne c. pas les bons gardiens *L*

—278 π, Que *s*, Quar il nous heent plus que chiens *L*

279=280 μ, d. pas e. k, c.] mon ϵpsc, Leurs gardiens sont ce *L*

280=279 μ, d. pas e. k, c.] receu 𝔅, S. nous ne sont a e. c. *L*

—281 to 332 $a\phi A^4g$, cest *L*, ceste facon r. 𝔅, que je $\pi ik\xi\epsilon pszcP^1p$ com ie *AdxL* la ie *M* lors ie μ, —je δ je] ainsi *h*

Enuiron moi com ge p. *L*, q. je p. $\pi ik\Sigma M\delta H$𝔅, s. ce q. p. $Adx\mu P^1$, Selon q. (Sicome *z*) regarder p. $\epsilon pszc$

14   *Le Pelerinage de l'Ame.*

Et vi sieges treshaus assis
Plus clers que n'est cristal burnis
Et estoient leurs lumieres   285

De dissemblables manieres.

Aucuns estoient verdoians
Et aucuns autres rougians,
Aucuns de couleur doree,
Aucuns de blanche argentee,   290

Aucuns de plus gaies couleurs
Que n'ont en eux gemmes ne fleurs.
Des assidens y ot foison
D'une si tresclere facon
Que de clarte laroit son pris   295

Le souleil deles eux assis.
N'est nul qui tel joie vëist
Qui glorieux ne s'en feïst.

En tel joie en ·i· seul moment
Je fu et moult hastivement   300
Me fu la chose tournee,
Car ma vëue obumbree

Je πi*kεpszcAdxP¹ρL*, s. moult h. 𝔅, hault πi*kMAdxδ.HPP¹ρL*𝔅
clers πi*kΣλμMpszcAdxyHA¹LPP¹*𝔅, qui *d*, ne c. *P*
Et si e. πi*kΣsh*, Et y e. les lu. *Adxεpzc*, Et ce neantmoins l. luminaires 𝔅, luminaires *P¹ρ* bannieres *ε*, Et en e. les couleurs *L*
Et de sembl. *ρ*, Nestoient de sembl. m. 𝔅, De mont de-blables πi*kξzc* De bien dess. (De bien *on erasure*) *s*, De pluiseurs diuerses m. *Adx*, De moult des. affaires *P¹ρ*, De diuersites pluseurs *L*
Les auc. *P¹ρ*𝔅, A. en e. *L*
autres] tres *L*
Et auc. πi*kAdxch* Les (Li *μ*) auc. *P¹*𝔅*μ* Les autres *z*
Et auc. *cP¹*, Et autres de blanc 𝔅 Li (Les *μ*) autres λ*μ*, de blancheur *P* de semblance *M*, de couleur a. *z*, bl. et a. *Adx*
—291 *k*, grans c. *P*
—292 *k*, Qui *cA¹*, n. nulles g. 𝔅, g.] roses λ, Q. ne sont en este les fl. *L*
Dautre assistens 𝔅, assistens πi*kμxh*𝔅 accid. *bεpszcdAδA¹L*, —ot *b* cler *d*
Qui *s* De *c*, de la cl. π, l.] auoit *Adx*, lauoit (auoit *c*) surpris *szc* laroit sourpris *P* seroit souprins (surpris) λ*μA¹*, Que la cl. vaine seroit *L*
dempres e. *μ* aupres deulx 𝔅 d. luy *c*, Du s. si iouste e. estoit *L*
Ne nul *x* Nul nest *L*, N. aucun q. 𝔅, que *M*, t. compaignie v. *μ*
Que *dxp*, se f. *εp* sen veist π sen (se *μ*) tenist *μA¹*𝔅

tele *zc*, —en *qπikεpszcAdx*, —seul *μL*, par vng s. 𝔅, mouuement *dA*, Celle grant ioie en vn m. *L*
Fu (Fut *A*) et puis m. h. (p. h. *x*) *Adx*, et] mais *μP¹*𝔅
—301 *H*, lors la πi*k*, ch. tost. t. *M*, trestournee *dx* restournee *A* ret. *zcμP¹*𝔅 bestourn. *h* v. fut (fort *M* si *μ*) o. *P¹Mμ* v. fut lors o. 𝔅 v. eus moult vmbree *c*, obumbilee *A¹* obnublee *z*, Et de ma v. separee *Adx*

298 a, b.—Tant estoit celli lieu plaisant
Et a regarder delitant *μ*

Le Pelerinage de l'Ame.

    Fu d'une tresgrant courtine

    Qui sembloit noire voirrine,

    Si ques ne peu appertement   305

    Rien plus vëoir ne clerement ;

    Mes lors ·i· parlement oui

    Le quel, si comme j'entendi,

    Mon gardian qui ens estoit

    Commenca qui ainsi disoit :   310

L'angle.   "Prevost Michiel de paradis,

    Qui de nostre roy es commis

    A faire jugement et droit

    De toute gent quel qu'elle soit

    Jusqu' a tant quë au jugement   315

    Il descendra personnelment

    Pour les grans assises tenir,

    Vueilles moi ·i· petit ouir

    Pour un pelerin qui est la

    Qui atent moi venu de ca !   320

    Les li est Sathan l'envieux

    Qui li met sus maintes erreurs

    Et devers li le veult avoir,

    Mes ne m'est pas advis de voir

    Que de rien en doie estre ouis."   325

    Lors s'escria li anemis

    Qui comme moi hors escoutoit :

    "Certes, dist il, mien estre doit

    Et devant toi le vueil prouver,

    Si te suppli que delivrer   330

16 *Le Pelerinage de l'Ame.*

Le me vueilles par jugement,
Car autre chose je n'atent."

wellies *d* vueille *A*
ie ny nat. *p*

Jugement de dieu auquel sont conuoquees toutes creatures. ℘ (T.)

Le pelerin. Adonc une buisine ouy,
Puis une voix qui a haut cri
Dist : " Venes tous au jugement, 335
Mes drois est que premierement
Soient delivre qui venu
Sont premier et ont actendu,
Mesmement ceulx qui causes ont

Ou a delivrer n'a pas mont 340

Et ne sont pas empeschiees,

Trouble(e)s ou entrelac(h)iees,

Car la clere chose devant
La trouble va com miex parant."
Le pelerin. Adonc de ma compaignie 345
Vi troublee grant partie.

Asseur aussi ne fu pas

Et grief estoit aus Sathanas
Que tant les failloit demourer
Et tost s'en vousissent aler. 350
Mon Sathan et li autre tous
Faisoient semblant de courrous
Et ensemble murmuroient

Et tex parlemens tenoient :

Les Sathanas. " Bien soumes en l'ombre tenus 355

buchine *x*, ie o. *aφA⁴*
Et *Adxpszc*, Apres u. v. a h. c. ℘, v.] fois *aφπ*, h.] grant *zc*
t.] tost *πikP¹*, a] au *x*, Disoit v. au j. *epszc*
droit *xπMaφA⁴*℘

d. ceulx q. *L*℘
p-s *AdxpH*℘, —attendu *p*
Mesment *g*, Et mesm. c. q. cause *k*, c-e *dxks M*℘, q. ont causes *L*, Et m. c. q. o. cause ℘
Et ou a *eps*, deliure *dg*, Qua d. ne fault grant pause ℘, Ou il ne faut que poy de pauses *L*
—341 λ, Et qui (que *p*) ne *πikP¹L*, —pas *ε* p.] pas trop (*added above s*) *sM* p. fort ℘ mie μ*p* de riens *Adxzc*
—342 λ, T-bles *qMxphaφA⁴gyHP¹L* T-blees *abAdπikszcA¹P* Ne t-lees ℘ Ou t-lez *P¹* Trop t-les μ, ou] ne *bAdxpzcHA¹*℘
—343 λ, Que *P*, ch. cl. *M*, cause *A¹*℘
—344 λ, m.] plus ℘
A-cques *πikMAdxzchP¹L*℘, c-niee *g*
Veis *P* Je vi *πik*, Tr. jen vi tres g. μ, tourblee grande *x* t. (t-blez ℘) vne g. *zP¹*℘ t. vne moult g. *p* t. tres g. *cμ* t. bien g. *M*
Lors ass. μ, a. ie ne *HyεP*℘, a. (ainsi *s*) ne fu je p. *kMxsP¹* (je *added in s*), a. (au seur *p*) nestoie p. *pL*, fut *A⁴*
Mais *Ax* Car *p*, griest *d*, au *kπpszcaφA⁴gHP¹*, Grand duel auoient les S. *L*
Qui *πA⁴A¹L* le *x* lui *hAP* leur *M*, len faisoit *A¹*, faillist ℘
Car t. *dxA¹gHA¹*℘, C. tantost se v. *g*, vousist *Ad*
Mont, touls *p*, les *AdxzcaφA⁴HA¹LP¹*℘
En f. *p*, de grant c. *L*℘
Car tous ens. μ, Et tous (*tuit added s*) e. *πikAdszchP¹* Et eulx e. ℘, Et telles paroles disoient *x*
ytelz *πikh* sy fait *L*, t. (telles *Adpzc* de telz μ) paroles disoient *Adepszcμ* t. (teiles *M*) paroles t. *bM*, p. ilz t. ℘ Et tres haultement tous crioient *x*
suimes *A¹L*

Le Pelerinage de l'Ame. 17

    Et pou prisies et pou cre[m]us,

    Bien avons tresmauvais voisins
    En ces gardes de pelerins.
    Tousjours serons ainsi chetis
    Sens jamais avoir los ne pris.   360

Ange gardian est baille a chascun des ce quil est ne. $\mathfrak{P}$ (T.)

    N'i a si chetif pelerin,
    Tant y sachon venir matin
    Quë, aussi tost com il est ne,

    Un gardian n'ait depute
    Qui en tous temps est avec li   365
    Pour li garder de nostre ennui,
    Pour li en tous temps deffendre

    Que ne le puisson sousprendre
    Especiaument puis le temps
    Que li est fait li lavemens   370
    De ces lexives salees

    De Grace Dieu ordenees.

    D'autre part c'est ·i· grant despit
    Que maintenant sont de la tuit
    Et *sont du prevost* escoutes,   375
    Nous ci arriere tous boutes.

    Crions harou, on nous fait tort,
    Crions si *haut* que, së on dort,

    N'i ait cil qui ne s'esveille

cremus $bq\pi ikMAdx\epsilon pszc\mu PP^1\mathfrak{P}$ creus $\alpha\lambda a\phi$ $A^4 gyHA^1L$, Disoient il et p. (et bien p. $\mathfrak{P}$) c. $bP^1\mathfrak{P}$
Et a. ϵpzc Nous a. $L\mathfrak{P}$, tres mais v. y ses M, Es gardiens d. z, des pzH
T. temps s. λL

si] tant L, cheftif A^4
sachions APP^1 sachiens iM sache $kdx\epsilon pszc$
Quaussi t. comme c, Qui $kzL\mathfrak{P}$, Qui des cy t. k, ainsi is, ainnsi comme t. il π, t. quil (que il A^4) est xA^4
naist p a c, d.] au coste λ
= 366 szc, tout kH
= 365 szc, le $kxa\phi A^4 gyH\mathfrak{P}$, ennemi πA^4
Et pour $ikxP^1L\mathfrak{P}$, Et en t. t. p. le d. μ, Et p. en t. t. le d. $\mathfrak{P}$, le $\pi\mu\mathfrak{P}$, tout $k\phi A^4$ trestous cz, encontre touz d. g
Q. nous ne $\pi ikMAdxpszch\mu PP^1L\mathfrak{P}$, —le A, surpr. $\pi ikAdxpszch\mu gHA^1L$
Et esp. pA^1, Et mesmement depuis $\mathfrak{P}$ En especial p. μ
—li A, Q. leur fu f. cil l. μ, est] fu $a\phi A^4 gyH\mu$, f. li auenemenz g
celles loiciues saal. μc, cest lixiue P^1 ses yawes qui sont s. x, l. qui s. xA, fort s. πik ensalees $\mathfrak{P}$
Et de g. $\mathfrak{P}$, Sont de g. d. o. (et o. A) Adx, Que g. d. a o. P^1L, De la g. c, g. de D. πik, Par g. de d. μ
par A^4, p. est πA, —grant A^4
m. de s. M, son A^4, m. content leur dit x
s. du p. baq &c. du pr. sont a
Et nous a. $\epsilon pszc$, Et nous a. deboutes Adx, t.] de (above) h, Nous sommes a. b. μ, Et nous somes sa hors b. λ, Et n. en cest coignet b. L
harau $\mathfrak{P}$ hareu L, C. haut quar len n. A^1, faut A^4
—378 π, h. bqa &c.] fort $a\lambda A^1\mathfrak{P}$, si hont d. A^4, sil se d. L se on se d. ph, Et cr. si f. q. son d. $\mathfrak{P}$, Et vous pri q. crion si fort A^1, Que ne nous deliurez tantost P
Qui ni a. A^1, Riens nia q. s Que riens nait q. z Riens ni a. q. ne se resueille c, cellui q. (que A) $\pi ikMAdxhPP^1$ si sourt q. μ, quil a, se reueille $\mathfrak{P}$, Que hastiuement il s. L

D

Et ne nous tourne l'oreille   380

Pour no(u)s querelles escouter."

Le pelerin. Adonc se prinrent a crier :

Les Sathanas. "Michiel, prevost qui tiens le lieu
Du treshaut juge souvrain Dieu,

Fai nous droit sens accepcion !   385

Pas ne nous semble de raison
Quë aus gardes des pelerins
Doies estre de rien enclins

En eux oiant plus tost que nous ;
Tu sces aussi qu'en toutes cours   390
Ne vient nulle fois escuseur,
S'apparut n'y est accuseur,

Qui souspeconneus ne soit fait,

Suppose que fust sens meffait.

Or sces tu que *ces* gardiens   395
Entrent a toi tousjours leens

Premiers pour yceux escuser
Que premiers devons acuser,

Si ne les deusses recevoir
En riens, *ce* nous semble de voir.   400
Partis nous le gieu egaument

Et qui ne $\pi ik schA^1P^1\mathfrak{P}$, Et que il nous L, ne t. vers nous l. dx, Et vers nous ne t. μ, Et que on t. vers nous l. λ, ne n. corne en l. M

nos *baq* &c., nostre q-e *s*, n. paroles ac. H, q. mettre au cler L

A-cques p. *c*, A. sesprindr *p* A. prinrent (se pr. A) il a *Adx*, p. tous a H

Prev. M. *Adx*, tient A^4

Du h. j. souuerain (souur. *d*) $\pi ik Adx\mu zch H$, t. (tresgrant $\dot{L}$) et souuerain d. λL, souuerain MaA^4gyA^1P puissant $bP^1\mathfrak{P}$

Fais pMA^4, Nous fais μ, De n. faire d. est saison L

Car p. ne n. s. r. *p*, de] estre $\mathfrak{P}$, s. desrais. *z*, Moult nous s. grant desres. L

Quaux g. de ces p. $\mathfrak{P}$, do p. A^1, —des *g*

Doiues $\mathfrak{P}$ Doiens *eps* Nous doions *zc*, D. de rien est. *k*, de r.] ainsi (*made into* de rien e) *epzc*, En touz temps estes tant encl. L

ceux *eps* les $H\mathfrak{P}$ le P, o-ns π, Ilz vont a vous faire leurs tours L

ainsi *s*, Quar tu s. bien q. A^1, que t. π, Et vous sauez q. L

nulles f. P, fors *d*, nulx esc. L, e-ser *dp*

—392 *y*, S-ru $\pi ies a \phi A^4 HgcP$ S-rant *Adx* S-rust *p*, Qui s-rust nest a. P, Ny auoit aucun a. *z* Premierement vient lacuseurs L

—393 *Adxz*, Que $bM\tilde{q}ikepscPP^1\mathfrak{P}$, Ou s. se f. L, s-nes *epc* s-neur $\mathfrak{P}$, s-neusement ne se f. P

—394 *Adxz*, quil f. $M\mu g$, f.] soit P, s. nul m. *g*, q. neust riens m. *k*, Et neust ore rien m. L

—395 *Adx*, ces] ses yA^4 tes aq telz *c*, Que sc. $a\phi A^4$, Tu sc. bien q. λ, Nous voions q. L

—396 *Adx*, t. j. a toi $k\mu h HP$, auec toy P^1, j.] purs π, liens ghA^1, Vont quant leur plest a vous l. L

—397 *Adx*, y.] eux *g*, Pour leur peregrins e. L

—398 $Adx\pi P$, Q. deuant d. P^1, Q. auant deussons a. L, Et si dehors nous faut muser A^1

Et A^1, deusse aA^4H deussiez *g*, Point ne l. deuez r. L

ce *baq* &c. se $ag\pi P$ si M et A^4, Leens ce n. L, de] le *d*

Parti $ks\lambda\mu gMP\mathfrak{P}$, P-tissiez le g. L P. le g. n. *g*, —le *i*π, P. ce g. egallem. A^4

Le Pelerinage de l'Ame.

Et nous oi tout premierement !
Aucteur soumes et accuseur,
Vëoir voudron le deffendeur."

Le pelerin. Adonc ouy ·i· parlement 405
Dedens l'enclos qui longuement
Dura et primes entendi
Une voix qui disoit ainsi :
Saint Michiel. "Cherubin, compaignon trescher,
De toi ai ci endroit mestier. 410

Ange Michiel conuoque Cherubin portier du paradis pour luy assister a faire le jugement entre Sathan et le pelerin. 𝔓 (T.)

Tu es de science plente
Et le glaive as desgaïne
Qui baillie te fu et commis
Pour l'entree de paradis
Garder, afin que n'y entrast 415
Pelerin qui se desvoiast
De la voie droicturiere,

Së ens ne rentroit arriere.

Sie toi ci comme president
Avec moi pour le jugement 420
Faire de ces pelerins la
Qui ont actendu grant piec'a !
Asses tost seront accuses,
La sont des accuseurs asses."

Cherubin. "Prevost Michiel, a l'autre dit, 425
Il sera bon, si com je cuit,
Que les gardians qui ci sont
Voisent a ceux qui en garde ont.

Ales y et bien les gardes,

---

os *epzc* ois *s* och *x* oe *P*, oiez p. *L*, tous *A*,
ouy t. p-rment *d*
Act. *kepsxbaɸA⁴gy* Acteurs *AdzcH*𝔓, suymes *L*, acc-rs *AdHL*𝔓, et demandours *A¹*
Voir *aɸA⁴g*, voudrion *aɸA⁴H* volons *pszcAd xλμA¹LP¹* Nous voulon voir *A¹*, les d-s *dxHA¹LP¹*𝔓

ie ouy 𝔓, auy *x*

Dens enclos q. *A*, D. le clos *p* D. lostel *s*,
Que saint michiel trait o sa gent *L*
premier *MkμAdxc*𝔓 premiers *aɸA⁴gHPP¹* tantost *s* pres moy *A¹*, lent. *eps* ient. 𝔓,
En celui parlement oi *L*

compains *qep* beau compains *dx*

t.] vous *L*, t. et si *A⁴*, t. ci e. a (iay 𝔓) m. (a added *s*) *s*𝔓, ci] or *c* —ci *g* yci *d*, adroit *M*

es] as *MepszcAdxgH* sces *μ*, De sc. tu es doue 𝔓 De sc. ensaisine *L*
—Et *A¹*, Aussi le *μ*, —as *L*, as le gl. 𝔓, desgahine *aɸ* desgaigne *A* desgaitie *p*
Que b-ley 𝔓, fust *pP* fus *d*, Auez qui vous f. c. *L*
P. la porte d. 𝔓
G. si quil ny *L*, qui *y*
que *k*
Hors de *x*, la] bonne *πik* belle *z*, la bonne v. *d*𝔓 la vraie v. *P¹*, v. tres dr. *μ* v. quest dr. *c*
e.] dedens *μ*𝔓, il ne *πikc*, ny *H*, renteroit *z* rentreroit *s* entroit *gA⁴*, Sil ny retournoit a. *L*, Et qui delle tournast a. *x*

Siez *πikAdxzcμaɸA⁴HP¹*𝔓, Se ie t. *p*, t.] or *c*, ci] si *daɸA⁴*, Seiez vous come p. *L*
—le *M*𝔓, A-cques m. p. j. 𝔓
p. que voiz la *p*
Q. a. o. *Adx*, g.] des *z*, piece a *iMxAA¹*
tout *g*
La ont *dx*, de *A*, accusanz *g*

P. M. l. dist *p*, P. du ciel cherubin dist *P¹*𝔓
Quil s. *x*, —si *A⁴*, si comme *dp* comme *P¹*𝔓, selonc que ie *A*
g.] pelerins *epzc*, que *dxM*, si s. *A⁴*
—428 *π*, que *qpzvA⁴yHPP¹*, quen g. *bc*𝔓, Sen v. a c. quen g. 𝔓, Aillent a c. que gardez o. *L*
b.] vous *π*, le *Ad*, g-der *L*

Le Pelerinage de l'Ame.

<small>Le pelerin.</small>

    A point seres bien appelles!"
Lors revindrent chascun au sien,
A moi aussi revint le mien
Qui de ce me fist grant joie,   430

Car en li fiance avoie.

L ors a parler recommenca   435
  Cherubin, si com me sembla,

<small>Cherubin.</small> En disant: "O Michel, Michel!
Se je sui fait portier du ciel,

<small>Jugement du pelerin auquel furent appellez cherubin, sainct pierre, sainct benoist, et autres. ℬ (T.)</small>

Aussi Pierre, l'apostre, l'est
Et cil qui son lieutenant est   440
En terre, cellui appelle
Doit estre ci et demande
Les quiex si ont passe par li;
Et së aucuns sont venus ci
Qui ne li aient descouvert   445
Leur conscience et tout ouvert
Par contrite repentance
Et condigne penitance,

Et en ce voudra discerner
Mon glaive flamboiant et cler   450
Qui geule devisant est dit
Pour juger de tout contredit
Pour ceux qui bonne cause aront
Faire passer en ciel amont
Et les autres hors retrenchier   455
Et en dempnacion chacier.
Pour ce versatile appelle
Fu il lonc temps a et nomme.
Souvent se tourne et varie

---

430 Bien a p. s. a. μ Bien a temps s. a. ℬ
reuint *d*
ainsi *s*, Et a m. a. vint *x*, vint *d* reuient *aφsc*, moi sen vint aussi *A*¹
Que *dM*, ce] li *sc*, fut *A*, Du venir me f. *z*, mont gr. *ikπhpc* tresgr. *dx*ℬ, Q. me f. de ce tresg. j. μ
Pour ce que en l. f. *dx*, grant f. *ikπpscHL* ma f. ℬ, f. ie a. μ, auoyee *A*⁴

435 r-che *x*, p. commenca *dp*
Ch. comme me μℬ, si comme s. *A*⁴, moy s. *L*, Ch. et dit li a *eps* Ch. et puis dit il a *c* Ch. qui ainsi dit a *s*
Dis. o vous prouost M. *L*
ie ie *A*

440 sont *A*⁴
t. donc. c. *x*
Il d. e. et interroguez ℬ
Pour ceulx qui o. *x*, —si *L*, sil o. *s* si sont *H*
sauc. s. v. ycy ℬ, ici *L*ℬ

445 Quilz *k* Que π, Q. bien ne ℬ, ne] de *A* a *A*⁴, ne li] ny *p*
et] en *A*⁴
P. contrition r. ℬ
contigue *P*¹, Et par moult digne *k* Et par digne p. *s* Et par digne vraie p. *p*, Ayent fait de ce p. *x*

en] a *ps*, voudray *psxLM*, En ce v-ray je d. *H*

450 fl. dacier *k*
glaiue *AA*⁴*H*, glaue deuise *px*
j. sans nul c. *spx*
—Pour *ps*, Et c. *x*
en] ou *ikπAHA*¹*LPP*¹ℬ au *qMA*⁴

455 h. trenchier *M* h. trebuchier *PH* (treb. over erasure) *s*
en] a *xP*¹ℬ

—a *P*, t. a long *A*, il par l. t. et *k*, En genesis est et n. *L*
Quar souu. *L*, S. il se ℬ

Selonc que (se) diversefie	460	S. ce q. d. *p*, S. ce q. *AA*⁴
Chascun qui se fait pelerin		
Tenant bon ou mauvais chemin,		Tiennent *A*, ou mais ch. *x*
Si que voulentiers je serai		Par quoy v. 𝔓, moult v. s. *x*, Voul. puis quil plest a vous *L*
A ce jugement avec toi,		En ce *psxAH*, Au j. seray o vous *L*
Mais quë y soit le clacelier	465	claciel. *p* bacel. *P*¹ clecel. *M* clercel. *P* clarel. π chanc(h)elier *xAL*, M. q. o vous s. l. chancel. *L*, M. quaussi y s. l. clauier 𝔓
Pierre dont ai parle premier.		d. jay *H* d. tay *M*, parle tay *k*, d. parlay pr. *p*
Et bonne chose aussi seroit,		Et raisonnable a. 𝔓, ainsi *s*
Affin que tout declare soit,		desclaire *ps* esclarcy 𝔓, trestout bien fait s. *x*
Quë appellee y fust Raison		Capellee *x*, a-lle *p*, f.] soit *H*, Quapp. f. dame r. 𝔓
Qui est bonne en toute saison,	470	A fin que en t. *H*
Que Justice avec Verite		Et j. *x*π Ou j. *ps* Auec j. et v. *k*, auec que v. *A*⁴ auecques v. 𝔓
Y fust et aussi grant plente		et] a *M*, ossy et *px*𝔓 ainsi et *s*, Qui vendront et a. pl. *k*
De ceux qui ont les drois apris		les dr. ont *ps*, apris les dr. 𝔓
Et les coustumes du pais ;		Et sauent coust. et loys 𝔓
Et encor plus, il m'est avis,	475	il] y *M*, mest il *A*𝔓, Encore pl. mest il *x*
Que la sont pluseurs qui habis		Quil s. la *A*⁴ Q. s. la *H*
De diverses manieres ont		sont *A*⁴
Desquiex aucuns nobles se font		se sont *x*
Et se font appeller gentils ;		se sont a-le π
Aucuns aussi sont villains dis,	480	ainsi *s*, v. s. *ps*, Et auc. paisans s. d. *L*
Gens y a de religions,		
Autres pluseurs de divers noms		Et a. p. div. *sx*
Qui en terre diversement		
Ont fait et despareillement		—et *p* (et *added above*) *s*, O. laboure communement *L*
Voies et pelerinages,	485	En euures en peregrin. *L*
Pour quoi drois est qu'ait des sages		P. ce est dr. quil a. *x*, P. q. voir c. que d. *P*, q. bien est droit *i*π q. est bien d. *k*
Ci a faire ce jugement.		Ossy a *x*, Et f. cestui j. *h*, cest *L*, A dire et f. j. 𝔓
Entre les quiex me[ë]smement		E. tous l. *qki*π*M*, le quel *s*, meesm. *AHL* meism. π*MP*¹ principaulm. 𝔓
Estre devroient appelle(s)		Ceulx d. (doiuent 𝔓) e. a. *L*𝔓

Aduocatz doiuent estre appellez au jugement de chascun selon lestat quil a eu au monde. ℬ (T.)	Qu'a chascun *ëu* avoue(z)	490	eu *bA⁴H*] ou *aqM* se (ce *k*) fu *ik* se tu *π*, Que ch. a a. *L*, Que ch. ou ait adu. *p*, Sains que ch. a adv. (S. q. ch. a *over erasure*) *s*, Ceulx qua ch. en a. *PP¹*, Chascun a qui est a. *Ax*, Aux quelz ch. sest a. ℬ, Ceulx qui ci apres sont nommez *h*

En sa vie transitoire   voye *A⁴*, E. sabaye t. *M*
Et dont a plus fait memoire   pl. a f. *L* a f. pl. *A⁴*, d. pl. on f. *p*, d. pl. en ait m. *s*, meritoire *M*
Ou a qui plus tenu estoit   Quaqui p. *A⁴*
Par ce que promis li avoit :   Pour *spxPP¹*, —li *A⁴*, auroit ℬ
C'est a dire que pour gentis   495   —que *A⁴*
Y soit Georges li bons martirs,   s. saint gorge *psx*, —bons *qki π Mpsxh*
Nicholas y soit pour les clers,
Anthoines qui est des desers   des] es *x* de *p*
Y soit pour les solitaires,   p. l.] o cheux qui *x*
Car miex il scet leurs afaires.   500   m.] tres bien *L*, il] y *pMP* —il *H*, Sont pour qui sc. *x*
Pour ceux qui sont religieus
Y soient appelles tous ceux   s. conuoquez trestous c. ℬ
Qui sont chies des religions   chief *i*, de *MHP¹*
Des quiex on scet bien tous les no*n*s.   D. q. vous sauez b. l. n. *L*, s. moult b. les n. *p*, —tous *π A⁴*
Pour ceux qui furent maries   505   P. ce quilz f. *p*
Pol l'appostre soit appelles,   y s. *L*ℬ
Non mie que fust maries,   N. pas q. onques f. *L* N. q. iamais f. ℬ, mis qui *x*, qui *s*
Mais pour ce quë endoctrines   p. cela quend. ℬ
Le peuple des Chorintiens   de c. *p* de chornith. *x*
Fu par li avec autres gens   510
Comment mariage garder
Devoient et enteriner.   Deuient *L* Ilz dev. *p*, D. sans le point fausser *P¹* D. sans jamais le violer ℬ
Pour veuves fe*m*mes Anne y soit,   amie s. *x*, —y *qikpsx*
Pour vierges et pucelles doit   —et *L*, v. pucelle *s*
Vierge Katerine venir   515   Sainte k. *L* k. y v. ℬ
Et pluseurs autres dont tenir
Ne vueil ore plus parlement   parlam. *p*
Pour ce qu'il durroit longuement.   Quar il d. bien l. *L*, Car durer. trop l. ℬ, que d. *p* qui d. *sx*
Tu sces bien quë on doit faire   Vous sauez b. *L*

Et li quel sont necessaire.	520	le q. est n. *kP*, s. li plus n. *p*
Quant ci apres le temps venra		
Que nostre bon roy jugera		n.] mon *H*, n. seigneur j. *L*
Et tendra ses assises grans		terra *x*, s. eschiquiers g. *L*
Et se monsterra tous puissans,		tout *qπikpA⁴HL*𝔓
Honte seroit, se retraictier	525	retraier *p*
Failloit ce quë as a jugier,		quas a ci *q* quas (qua *M*) ci a *pkiπ*, ce cas cy adiug. *x*, ce qui ci est a (est *added*) s, ce quauon a j. *L*, Lors estoit ce quauras iuge 𝔓
Car avec li au jugement		
Pour tout cognoistre clerement		congnoistre *corr. from* croistre *A⁴*
Les sages du regne seront		royaume *L*
Et avec li tout jugeront.	530	Qui a. l. tous j. 𝔓
Tu le sces bien, tu y seras		B. le sauez vous y s. *L*
En monstrant que jugie aras,		M. ce que j. arez *L*
En approuvant ce que aras fait		=534 *M*, Et ap. (espr. *P*) *P*𝔓, Pour ap. *P*¹, ce quaurez f. *L*, quaurai dit *π*
Et par bon conseil l'aras fait.		=533 *M*, Se p. 𝔓, p. c. l. parfait *x*, P. b. c. et a bon droit *L*, Or te deliure sans delait *P*¹
Or appelle quë appeller	535	qui *kpsxMA⁴H*, Ap. ceulx q. a. *P*¹, Or a. ceulx quap. 𝔓, Il est tres bien temps dap. *L*
[Tu] dois, quar temps est d'assembler."		Tu *kiπP*¹𝔓, D. q. le t. e. d. (de sass. *P*) *pP*, est se ass. 𝔓, Ceulx qui doiuent ci ass. *L*

Le pelerin. Lors resonna moult hautement
         La buisine et moult longuement,

		haustem. *i*
		La trompete 𝔓, buihine et m. durement *xp*
Puis fu a haute vois crie :		fu cr. a. h. v. *π*
L'angle. "Vous qui aves acoustume	540	
De venir a nos jugemens,		A v. *L*
Venes et soies tous presens		
Et prenes sieges ca et la,		s. et ca *π*
Vos lieux saves bien de piec'a.		
Vous aussi qui hors actendes,	545	ainssi *iπs*
Au jugement vous presentes		
Et venes ordeneement		
Sens faire nul empressement		empeschem. *A⁴L*
Au trespas de la courtine.		Jusques au terme des c-s 𝔓
Pelerin et pelerine	550	Car p. ne p. *x*, Les p-s et p-es 𝔓

	Venra en soi tenant de hors,	V-ront en ce t. ℬ, Ny v. ains sera d. *x*
	Et les gardians leur rapors	leurs g. *L* le g. *x*, appors *p*
	Feront en regardant dedens,	
	Car nos compaignons sont tous temps."	n. amis (freres ℬ) s. de t. t. *L*ℬ, tous ens *A*⁴*H* tout temps *made into* tous ens *M*
Le pelerin.	Ainsi fu fait comme il fu dit. 555	—il *A*⁴*H*, il fust *pP*
	Mon gardian avant se mist	
	Et chascun des autres aussi	
	Qui admenerent, si com vi,	amenoient s. c. ie v. *L*, Q. menerent si comme v. (s. com ie v. *qπikMs* comme ie v. *P*¹ℬ) *qπikMsPP*¹ℬ, Q. men. s. c. ie dy *px*
	Chascun avant son pelerin	a.] auoit *A*⁴ o soy *L*, a. le chief enclin *x*
	A pale vis et chief enclin, 560	Appellei vis et ch. *M*, O p. v. o ch. *L*, v.] face ℬ, et] a *A*⁴*H* le *P*¹ son *ps*, v. son pelerin *x*
	Pour ce que leur adversaire	
	V̆eoient prest de mal faire.	Pr. v. *qM* Mont pr. v. *ikπ*, P. estoient *sp*, Estoient pr. (Pr. est. *p*) de leur m. *xp*, Voient tous p. de m. leur f. *L*, Chascun veoit p. de ℬ
	En tel point estoient com moi.	estoit *πA*⁴, comme *HPP*¹*L*ℬ
	Aussi li maistre de la loi	Ainssi *πis*, les m-s *kxA*⁴*PP*¹*L*ℬ
	Y furent a question mis 565	Ilz f. *A*⁴*P*¹, a] en ℬ
	Comme furent les plus petis.	Aussi bien que les ℬ, li *M*
	De ce je me tais a present,	Et de ce me t. *A*⁴, ce me t. quant a p. *ML*
	De moi tendrai mon parlement,	mon] le *kH*
	Car ce asses miex appertient	a.] que *A*⁴, map*art*. *πikpx*, Q. ass. trop m. *h*, Q. trop m. il map. *ps*, Q. aussi m. men ap. *M*, Q. ce trop m. map. faire ℬ, Qua cause plus a mon cuer tient *L*
	Et miex aussi il m'en souvient. 570	Et moy a. m. men s. *xs*, Et a moy a. miex s. *p*, a] assez *P*¹, il] y *P*, Dautant quen ay meilleur memoire *L*
	Apres grant expedicion	
	De causes et decision,	Des *spπA*⁴*H*ℬ
	Quant temps fu de moi delivrer,	Q. fu t. *L*, me ℬ
	Mon gardian print a parler :	a appeller *P*, g. me vint liurer *L*

566 a, b, c, d, e, f.—Papes euesques patriarches
    Roys et grans seigneurs de marches
    Y estoient touz dune opinion
    Cert paour de dampnation
    Ceulx exceptez qui mieulx auoient
    Serui dieu ou temps quilz viuoient. *L*

Le Pelerinage de l'Ame.

L'angle.   "Prevost, dist il, de paradis !   575   Dist au prev. de p. λ
Vois ci cil qui me fu commis   Veez h, —ci q, fust pA^4
A garder ou monde la jus ;   ou *baq* &c.] au ax, garde P, m. de la λ
Bien en la foy s'est maintenus   cest qP est $i\pi$ tost A^4, En l. f. s. b. m. λ
Perseverent jusqu'en la fin   en]a $kMP\mathfrak{P}$, jusques a la A^4 jusques en f. P^1
Com doit faire bon pelerin ;   580   Comme P^1 Quon H
Onques l'escherpe point n'osta,   Nonq. $\pi ixA^4\mathfrak{P}$, Ne onq. k Ne onc L, le]
Onques le bourdon ne laissa.   son $\mathfrak{P}$, Ne le b. point ne l. P
Sauve doit estre, si com dist   e. comme d. $\mathfrak{P}$
Jadis nostre roy Jhesucrist,
Et estre au terme receü   585   Et doit e. $\mathfrak{P}$, au] a H en M
Ou en tous temps il a tendu,   en] est P, tout $kpA^4H\mathfrak{P}$, Ou tout son te. $\mathfrak{P}$,
C'est en la cite hautainne   —temps $i\pi$, a attendu π
Jherusalem de biens plainne."   Ou vous ly feres sa demaine x

Le pelerin. Lors s'escria l'adversaire
Qui talent n'ot de *soi taire* :   590   soi taire *baq* &c.] bien faire α, not (nauoit
     H) tal. *psH* not pas (point P) tal. hxP,
     soi] ce $\mathfrak{P}$

Sathan. "Michaut, Michaut, car or m'entent !   c. on m. P^1, orc (or P) m. HA^4P, que tot
     mat. M a moy ent. k, ent. $q\pi ikpsx$, M.
     entens moy promptement $\mathfrak{P}$ Prouost
     entendez a moy L

Je te dirai tout autrement :   Et autre chouse uous diray L

Baptesme ne suffist a salut a ceulx qui sont en eage sans bonnes euures. $\mathfrak{P}$ (T.)

Pas ne souffist l'eaue passer   par leau p. $\mathfrak{P}$ l. a p. x
Ne soi souffrir dedens laver   soi] se $\mathfrak{P}$
Qui ne se veult net maintenir   595   net] nait i ne p
Ou qui ordement veult gesir.   Aincois o. $\mathfrak{P}$, q. en ordure v. H, v. ord. $i\pi$,
     gehir x
Bien scai que par l'eaue passa   Puet estre q. l. p. H, lieue p, leau il p. $\mathfrak{P}$
Et que dedens on le lava ;
Mes tantost com cognoissance   com] quot L quil eut $\mathfrak{P}$ nulle x
Il ot et apercevance,   600   Auoir peust et M, appartenance A^4, Nen
     eult ne nulle ap. x, Et de mal faire ap. L,
     Et de bien et de mal science $\mathfrak{P}$
Sa lavëure pou prisa   Car la lau. x, laure p laueur M, pou] moult
     pou $MH\mathfrak{P}$ petit P^1, pou prisee a k
Et en l'ordure se bouta.   se plongea $\mathfrak{P}$

583, 584.—Marcus xvi, 16: Qui crediderit et baptizatus fuerit, saluus erit.

Ce fu la truie lavee		Et f. *xp*𝔓, la latrine *iπ* la la truye *k*, Et fu comme comme une crine l. *x*
Qui tost refu embouee.		t. fut reemboee *A*, tantost sest enreboee *L*, renfu en enboee *p*
Cellui ne fu mie advoue	605	—605 *A*⁴, De lui ne *L*, fust *p*, m.] pas *H*
Qui l'avoit en l'eaue lave.		—606 *A*⁴, Q. en leaue lauoit *k*, Cil q. en leiue lot l. *L*, en lunde l. 𝔓
Se ëust plëu la laveure,		—607 *A*⁴, Si ame e. la l. *L*, Seust bien garde la (b. g. *on erasure*) *s*, Car se pl. ly eust l. *x.A*, la luuriere *π*
Point n'ëust reprins d'ordure,		—608 *A*⁴, Il neusist p. *P*¹, Il neust pas r. o. *ikπ*, Jamais n. r. o. *AxL*𝔓, lord. *h* son ord. *M* ord. *q*
Pour quoi te di, prevost Michaut,		P. ce te *x* Et p. ce te *A*, Ge vous di bien m. *L*
Sa laveure rien ne li vault.	610	Que s. l. r-s ne v. *Ax*, Sa l. poi li v. *L*
N'est nul contre sa voulente		—611 *A*⁴, Car nul c. 𝔓, sa] la *i*, Nul ne doit c. son vouloir *L*
Franchi ou previleg[i]e;		—612 *A*⁴, p-gie *bqa* &c., ou] ne *ks*, Nest franc ne p. 𝔓 Franchise ou priuilege auoir *L*
Et suppose quë on dëist		—613 *A*⁴, —Et *M*, quon d. *P*, s. ores quon dist 𝔓
Autrement et que moult vausist		—614 *A*⁴
Le lavement contre tache	615	La laueure c. t. *ps*, c. lordure *L*
Originel qui moult tache,		Orgueil q. m. fort t. *A*⁴, Dorgueil (De org. *H*) q. *pH*, Dorgoel q. m. noircist et t. *Ax*, O. q. granment dure *L*
Si di je qu'il est tout tache		est] et *p*, t.] moult *PP*¹𝔓
De taches de mortel peche.		Des *pA*⁴*P*𝔓, tache *ikπ*
Chascun le voit, mentir n'en puis,		ne p. *PM*
Escrit li est emmi le vis.	620	par mi *s*
Tout entour li ses fais voit on,		ces f. *P*
Plains sont de grant confusion,		
De grant vilte et laidure,		vice *A*⁴*x*, et] de *P*¹, de grant l. (*over eras.*) *s*, l.] ordure *qp* dordure *x* grant ord. *kiπh*𝔓, De v. et de grant ord 𝔓
Fi de li, c'est grant ordure!		—624 *qp*, Fi de li c. trop g. o. (*added in the margin*) *s*, g.] tout *L*, o.] laidure *h*, li nest que pourriture 𝔓, Si que ie di que par droiture *πik* Et de pechier contre nature *x*
En nostre feu doit estre mis	625	fu *π*
Et selon ses meffais punis.		Sel s. m. et p. *x*
Et encor oultre ·i· point te di		—Et *M*, —oultre *s*, te] je *k.A*⁴*H* ce *p*
Quë il doit plus estre puni		—plus *P*, Quil d. e. trop pl. p. 𝔓

De tant qu'il a este lave
Et que de puis s'est ramboue 630
Que se n'eust lavement ëu,
Mesmemen[t] car est bien scëu
Que pis vault le second meffait
Asses que le premier ne fait.
Du second voluntairement 635
S'est houni et a escient.
Le premier du premier pere.
Et de la premiere mere
Li vint par droit heritage,
Ja soit ce que du lignage 640
Ne soit pas, ains en est li corps
Qui tout en terre pourrit mors
De la compaignie du quel
La tache print originel.
Bon fait estre en compaignie 645
Dont pis on ne vaille mie,
Si ques vois ci le chetif las
Qui s'est emboue es soulas
Du monde et en la vanite,
Et du tout au contraire ale 650
Est a ce que dit li avoit
Grace de Dieu, quant l'enseignoit,
Et qui onques ne fist houneur
A cellui la, son deffendeur
Qui l'appelle bon pelerin 655
Le quel mot m'est ·i· grant venin,
Car en tous temps a este faus
A son seigneur et desloiaus,
Car son nom il a pris en vain.
Cellui certes pas bon ne clain 660
Qui se vente qu'il est au roy
Et en rien ne garde sa loy,

t. comme *s* tout q. *p*, t.] puis *x*
—Et *s*, il sest r. *ps*
Car se *P*, Q. sil l. neust e. *L*, le lav. *k*
que b. *xPL*, c. il est 𝔓, bien est *ikp*
pire est le *L*, le] ce *P*
Dassez *p* Beaucoup 𝔓, De moult q. le p. nesteit *L*
volentierem. *A*⁴
Sen est h. a. e. *p*, Sest il h-s a ensient *x*, S. h. a son esc. 𝔓, et escie*mm*ent *M*

Et aussi de *p* Aussi de sa. p. 𝔓
p. dr. de h. *p*, dr. derit. *s*
s. tout du l. *k*, quil *x*
point *x*, —en *p*, a. nest li *M*
Q. tost en t. p. tout m. *p*, Q. gist e. t. pourri m. 𝔓
c.] societe 𝔓
Il prist la t. o. 𝔓, t. li p. *L*, orginel *p* orgueil *A*⁴
Moult b. f. 𝔓, e.] aler *L*
De quoy on ne v. pis m. *x*
Sire veez ci *L*, veez ci *h*, Veez cy le meschant ch. l. 𝔓, chatil *M*
Q. est π*xA*⁴*H*
—en *H*, et de sa v. *ps*𝔓, en v-s *x*

Cest *A*⁴*H*π, a] de *kpxL*, a celi qui *s*, De ce q. tant d. 𝔓
G. D. q. il l. *x*, G. D. lors que l. 𝔓, qui l. *sP*
Et o. voir (iour *L*) ne *xL*
cesti *s*𝔓, celle na s. d. *P*, defenseur *kA*⁴𝔓, A son ange conduiseur *L*
sappelle *s*
mot est π, —·i· *H*, mest tresgr. v. *P*¹
tout t. est estei *M*
seign.] geign*eur q*
Q. il a prins s. n. *x*, S. sacrey n. a p. 𝔓
Car cel. p. b. ie ne cl. 𝔓, p. cert. b. (a bon *A*⁴) π*A*⁴
Quil se *A*⁴, Q. dit q. e. o le r. *L*
de sa l. *A*⁴

Qui est a ses gaiges tousjours		asses g. *A*⁴ a ces g. *P*
Et a ses mandemens rebours.		a ces m. *P*, s. command. *x*
Tel est et a tousjours este	665	t. temps *L*
Ce las chetif tout defforme,		Cel l. *L*, ch. las *s*, chatilz *M*, diff. *P*
Defigure et contrefait,		—667 *H*, D. est c. *M*
Que le roy du ciel avoit fait		
A sa semblance et figure		et] a sa *x*
Sens mehaing et sens laidure.	670	S. blessure ne s. 𝔅
Qui est qui le puist excuser		cil q. *p*, peut *k* puis *π* puisse *L*𝔅
Ou qui pour li ose parler?		par luy *H*, penser *P*
Tesmoing preng sa conscience		prent *A*⁴*HPP*¹
Qui n'oseroit mentir en ce		Quil *k*, en] de *ps*, Car n. m. de che *x*
Que des l'eure quë il fu mis	675	Car *p*, Qui d. l. quil f. m. *L*, Q. depuis l. 𝔅, q. y fust *P*¹, quil fu commis *x* quil fu seingnie *s*
En la garde au roy et commis,		—676 *s*, grace 𝔅, au] du *H*, Et en le g. au r. fu m. *x*
Que de son seing il fu seignie		—677 *s*, —son *q* son] ce *p*, sang *M*, Et q. de s. s. fu *x*𝔅, Et de sa croiz il *L*
Et par son nom j'en fu chacie,		De p. *x*, Par quoy de lui ge f. ch. *L*, ie f. *sHL*𝔅
Puis il ne fina d'offendre		Il ne f. p. *h*, Il ne cessa onc puis (tousiours 𝔅) *L*𝔅
Le roy et vers li mesprendre.	680	Au r. *L*, Son doulx r. 𝔅
Le dos tantost il li tourna,		Et le d. t. li *x*, Tant. le d. *L*, y li t. *M*
Son nom et son seing pou prisa,		S. signe et s. n. p. p. *L*
Et plus vint avant, et pis fist,		Quant il crut plus plus de mal f. *L*
Escherpe et bourdon en vain prist.		
Onques bien ne pelerina,	685	Jamais b. 𝔅
Par bonne voie onques n'ala,		
Par Orgueil et par Envie,		
Par Venus et Gloutounie ;		P. luxure *x*𝔅, Avarice et gl. *sp*
Ire, Avarice, Paresse		Par ire a. et p. (presche *x*) *kx*𝔅, I. aussi et p. *ps*, En au. i. p. *L*
A este tous jours s'adrece.	690	At. j. e. son a. *xP*¹𝔅, t. temps sa leesse *L*, sa deesse *A*⁴*H*
Plus a meffait que je n'ai fait		m.] peche 𝔅
Et pluseurs foiz et fait plus lait,		pl. fais a f. *H*, et] a *iπHP*¹𝔅, —et *P*, Pl. f. et pl. contre droit *L*
Pour quoi doit estre plus puni		il d. e. pugni *xL*
Et plus griefment que je ne sui		—Et *L*, Trop p. *x*, griefuem. q. ne s. 𝔅

	Ou autant et semblablement, 695	et] ou *psx*
	Car mon pareil est vraiement ;	voirem. $\mathfrak{P}$
	Pour quoi je di quë il est mien	—697 *L*, P. ce dy je q. *x*, P. q. iose dire quest m. $\mathfrak{P}$, quil *p*
	Et quë en joië il n'a rien.	—698 *L*, En q. *P*, quen j. *H*, quen paradis il $\mathfrak{P}$, na il *x* il nen a *p*
	Fai le moi tantost delivrer,	Faictes le m. tost d. *L*
	Car autre part je vueil aler !" 700	C. ie v. a. p. al. *xL*, je v.] ay a *kps*
Le pelerin.	Adonc grant paour avoie	Donc g. p. en a. *p*, A-cques moult g. p. iau. $\mathfrak{P}$, En celi point g. duel a. *L*
	Et que dire ne savoie.	Tant q. riens d. *P*[1], Plus q. d. ie ne sauroye $\mathfrak{P}$, Car. ie riens d. *x*, d. riens nosoie *A*
	Mon gardian aussi tout coi	ainsi *s*
	Se taisoit dont ce pesoit moi.	ce] se *A*[4] il *x*, poise *L*, d. p. (pensoit *p*) a m. *sp*
	Bien me dist que respondisse 705	
	Et ma cause deffendisse,	
	Car a moi il appertenoit	
	Deffendre mes fais et duisoit,	D. ma cause par droit *L*, D. mon fait $\mathfrak{P}$, disoit *A*[4]*AMP*
Aduocatz et loynaulx amis fait bon auoir en paradis. $\mathfrak{P}$ (T.)	Se n'avoie aucun advocat	Puis que ge n. auocast *L*, Se ie n. vng ad. *P*[1]$\mathfrak{P}$
	En la court qui pour moi parlast. 710	da-z *L*
	Quant d'avocat oui parler,	Sy c. *spx*, pancer *A*[4]
	Je commencai moult a penser,	Se p. auc. *P*[1], Se auc. saint s. a. *x* (saint *added*) *s*
	S'aucun point servi avoie,	en] de *xP*[1], C. par bonne raison s. $\mathfrak{P}$, C. souuent oi dire auoie *L*
	Car en verite savoie	Qu-cas ne sont p. *P*[1]
	Qu' advocat n'est pas si nice 715	Q. nul pl. *s* Q. nul ne pl. *x*, Quil pl. (De plaider $\mathfrak{P}$) s aucun serv. *ikπ*$\mathfrak{P}$, plaidie *H*, Qui veulent perdre leur serv. *P*[1]
	Que point plaide sens service.	nul *bA*[4]*HhqkiπMpsxP*[1]*LB*] point *aP*, P. menu h. *L*, —homme *A*[4]
	Pour povre homme *nul* ne plaide,	T. temps e. s. c. freide *L*, Par quoi t. j. sa c. e. l. $\mathfrak{P}$, laidie *H*
	Tousjours est sa cause laide	Les pl-s prenent s. *L*, Du pl. *x*, De pl. q. la ressembl. $\mathfrak{P}$, pl-dier *M* pl-dieur *HP*[1]
	A plaideur qui a semblance	languiere *k*, Il a sa langue dune b. $\mathfrak{P}$
	A languete de ballance : 720	T. temps sencline au *L*, —se *x*, a pl. *M*
	Tousjours se trait au plus pesant	poise *h*, Et va l. m. pois f. *qkiπMpsx* Et le m. pois va f. *bP*[1]$\mathfrak{P}$ Et au plus legier uait f. *L*
	Et le mendre pese fuiant.	
	Et ce dis je des advocas	Ge le di pour les a. *L*

Qui sont en mortel vie bas,
Car le contraire trouvai puis   725
Es advocas de paradis.
Aus povres et au[s] pou dignes

D'estre ouy sont bien benignes.

Toutevoies lors pensoie
Que nul advocat n'aroie,   730
Car je n'avoie que donner,
Et quant je souloie habunder,
Je n'en avoie nul servi
Et n'avoie point acompli
Ce qui en Job en est escript   735

Ou la sainte escripture dit :
A aucun saint converti toi !
Ton advocat sera, ce croi.

"Diex, disoie [je], que ferai
Quel part irai et ou fuirai ?   740
Diversoire n'ai ne refui,
Que respondrai et que dirai,
Quelle excusacion arai ?
Onques mais je n'o tel ennui,
A mauvais port arrive sui.   745
Retourner je ne scai a qui.
Arreste sui, ci demourrai.
En m'escherpe nul bien n'estui,

v. la b. *L* v. dabas 𝔓

l.es (car les *kiπ*) p. et les p. *qkiπMps*, Les plus p. et le mains d. *x* Lesquelz a. p. et p. d. 𝔓
—bien *P*, Oent (O. il *x*) b. (b. la *kiπ*) comme (comment *q*) ben. *qkiπMpsx*, Sont aidans (moult cortois *P*¹) et moult ben. *LP*¹ Sont tres gracieux et ben. 𝔓
T-uois *L*
Quaucun ad. 𝔓, nauoie *A*⁴*ps*, Car se n. a. nauoie *x*
Q. mes nauroie *L*

n.] aucun 𝔓

pas *sp*𝔓
que *M*, quen j. il en 𝔓, j. est en *ps*, j. est esc. *P*, est en j. en escr. *qkiπ*, est dedens j. esc. *x*
—736 *x*

ce] se *MA*⁴*P*𝔓 ie *x*, s. pour toy *H*

He D. d. (d. ie *A*) *Ax*, d. je q. *HyPLiπ* d. je et q. *ḣP*¹ D. ie or q. *M*, dis ie q. (quen *p*) f. *sp*, d. ie helas q. 𝔓, d. q. ie f. *A*⁴
i. ie et 𝔓, et] ne *kx*, —ou *π*, fuieray *P* finerai *A*
—741 *A*, D-saire ie n. *P* Conngnoissance nay *x*
—742 *A*, et] ne *x* ie 𝔓
—743 *H*
je] ne *A*
a. me s. *x*
Retourner (*over erasure*) *s* Recouer *qπi* Raconter *pxA*, —je *A*, a qui ie ne s. *π*𝔓
A. ie s. 𝔓
= 750 (Et mon bourdon ius ie mett.) *A*, n'est.] nest huy *PP*¹*π* nestrui *M* ne trui *sp*𝔓(*A*) ne tray *x* ne scay *hL*

735.—Job v, 1.—Ad aliquem sanctorum conuertere.
741 a.—Ou ie puisse estre recueilli *h* Ou traire me puisse huy *L*

Le Pelerinage de l'Ame. 31

Et le bourdon ou je m'apui
Ne puis porter, jus le mectrai. 750

Auquel quant besoing ay m. *A*, ou] dont *sp*
=748 (Et en mesch. n. b. ne truy) *A*

<blockquote>

Par mes annemis deceü,
  Si comme tu Diex l'as sceü,
Et pour qui sui en jugement,
Puis qu'en povrete sui cheü
Et qu'ai trouve ve et heü 755
Qui me maistroient durement,
Drois est, se raison ne me ment,
Que je qu[i]ere sens targement
Quelqu' aidë ou j'arai peü,
Sachant se charitablement 760
Qui que soit ou piteusement
Sera devers moi esmeü.

</blockquote>

sui d. *A⁴yHAxPP¹M* deceuz suy *sp* fuz d. 𝔓
Ainsi que tu mon D. 𝔓, toy *P¹*, la *k*, las bien sc. *s*, l. ueu *L*
P. quoy ie s. 𝔓, quoy *qπikMAx¡sP¹*𝔓, —sui *M*, en] au *P*
quainsy pour ce s. ch. *x*, ie s. 𝔓
que tr. iay 𝔓, et eu *πP*
Q. mestrient si d. *M*, mettroient *A* mo*n*stroient *p* traueille 𝔓, d.] malement *P* —757 *A*, —me *H*
Q. requiere *h*, q. hastium. *L*, tardem. *p*𝔓
Q. bon a. 𝔓, a. dont seray (sar. *A*) p. *x.A*, ou ar. *P*, ieuray *p* saray *A⁴HA*
Prouuant 𝔓, se] que *spAx* si *A⁴H*
Trouueray et p. 𝔓
Qui soit envers m. poure e. 𝔓, S. de ma part esleu *Ax*

<blockquote>

Porter me faut ma potence,
  Quar vertu je n'ai fors en ce,
Pour ce qu'elle me reporte : 765
Mes n'ai pas experience
De demander ne science
Qui gri[e]fment me desconforte.
Ce aussi du tout avorte
Mon espoir que ne scai porte 770
Ou point aie d'audience.
Hurter puis, Charite morte
Est en terrienne sorte
Sens nul hoir de sa semence.

</blockquote>

P. il me 𝔓, Il me f. port. *x*, ma pourete *H*
je nai v. *Ax*, f.] que *P*
que elle *sp* que seule 𝔓, rap. π
=768 (Mais trop g. me d.) *A*
=766 (Pour ce que n. p. e.) *A*
=767 (De d. ien de s.) *A*
Se *A⁴yHs* Et *Mπikpx*, nauorte *s* mauorte *p* en horte *x* ennorte *A*
M. esmoy *P*, q.] ge *L*, ne se p. *A*
Ou iaie p. (goutte *P¹*) *LP¹*, jaie d. *x*, a. aud. *P*
La ou puisse auoir aud. 𝔓
cheute *A⁴*
en terre par tele s. 𝔓
—774 *A*, Quaucun h. na d. 𝔓

<blockquote>

En ta hautaine contree 775
  Vois sens faire demouree
Criant a l'uis : qui appelle ?

</blockquote>

s. en f. nulle d. *p*, s. nulle d. *sx*
Seant *P*, Crier a l. et fault q. *P¹*, C. ha las q. *x*, a lui *A⁴*, q. mapp. *p*, a-llee *A*

749 a.—Et fiance auoye en lui *h*
750 a.—Et ne scay que je en feray *h*

Le Pelerinage de l'Ame.

Mangu pain par fain desvee
Pour ma povre destinee
Qui contre moi se revele.   780
Së ens a cellui ou celle

Qui de graces amoncelle
Relief pour faire donnee,
Pour avoir en je flavelle,
Point ne scai d'autre vielle,   785
Mes annemis l'ont quassee.

Diex, s'aucune cognoissance
  Y ëusse, grant fiance
Ëusse que ramentëu
Fusse, mais j'ai recordance   790
Que, quant avis et puissance
Et bien lonc temps jë ai ëu,
A nul acointier esmëu
Ne me sui, comment que lëu
Aie bien que retournance   795
A aucun saint et eslëu
Je deusse avoir par *cui* plëu
De mal ëusse aligance.

Or [en] ai negligent este
  Dont il m'est maint mal apreste ;   800
Las m'en clam[ë] et je le sui,

Nul ami n'y ai acqueste.
Chascun m'i est enforeste,
Moi adrecier ne scai a cui;
Mes toutevoies pour l'ennui   805

M-gier *x*, M. p. a f. desiree *s*, desueee P^1
sest r. *H*, reueille *A* reuolle A^4
Ceans na c. *A*, Caiens na c. ne c. *ps* Chiens ny a (Ceans ny a il 𝔓) c. ne c. *x*𝔓, a] ou *M*
des P^1L, de doulce grace 𝔓
R-fs *k*
P. en a. hPL𝔓, ieu fl. *sA* jeu fau. *x*
nen *p*, Je ne s. p. P^1, v.] nouuelle πi
ennemis (*over erasure*) *s*, M. amis $q\pi$

E.] En ce πik, Que ie fusse r. P^1, Jauroye dy estre r-tu 𝔓, rem. A^4
M. ie nay mie r. P^1 M. helas iay bien r. 𝔓
Q. grant a. *P*, laduis 𝔓, amis $q\pi ikpsH$, De ce que iay mis ma p. *Ax*
gi ay *s*, Tout le l. t. que iay vescu *Ax*
De mac. a nul e. 𝔓, esleu *H*
comme *y*, combien q. hP𝔓
Ay A^4yHA, Ay ie b. *x*, recouurance *P*
—saint *L*
cui] qui *abq*, &c., —Je *L*, Le d. *k*, que *pL*, q. peu Ax𝔓, a. q. eust peu 𝔓
De mes maulx me faire a. 𝔓

en *baq* &c.
L. ie m. claim $yHPP^1$, L. men (me Lh) claim (claime *h*) A^4hL, L. m. claim et pour voir l. s. $q\pi ikMsAx$, L. me claim voir ie s. *p*, Chetif men clame aussi l. s. 𝔓
nay aq. *L*
O ch. *A*, en soreste $yHA^4\pi$ en faulcete *P*, Ne pour yuer ne pour este 𝔓
Madrecer ie ne 𝔓
t-uoiz *L* toutefoiz *p*, Toutesfoiz p. leuer l. 𝔓

801.—For *clame*, cf. *reclame: game*, &c., 961.

Le Pelerinage de l'Ame.

Que j'ai ne lairai pour nullui,
Si com devant l'ai proteste,
Que je ne crie a si haut hui
Que n'y ara en haut cellui
A cui ne soit manifeste.   810

Comme d. $P^1\mathfrak{P}$
—je sAA^4, —ne $qi\pi$, criray P, —a $\mathfrak{P}$, si grant h. $hLP^1\mathfrak{P}$ si h. cry A^4
Qui xM Quil H, a.] sera h, en] si s

Toi Dieu, fil de Dieu le pere
  Qui fus ne de vierge mere
Appelle je premierement.
Se des hommes tu es frere,
Il est drois quë il m'appere   815
A ce besoing hastivement,
Et ce di je fiablement,
Pour tant que tres crueusement
Pour moi souffris mort amere,
Et que de donner largement   820
Aus supplians devotement
Onques n'est ta grace avere.

Roy fil de D. D. le p. s, T. f. de D. xP, le filz Dieu $bqi\pi MpP^1$
fu $ik\pi py$, nez fus x, Filz de ta doulce v. $\mathfrak{P}$
Je reclame p. $\mathfrak{P}$
tu es des h. x
droit ikL, bien dr. quil p, quil me a. x, Donc raison e. q. tu m. $\mathfrak{P}$
cest L
Ce te dy ie feabl. x, feab. $\pi L\mathfrak{P}$
tant cruelem. $\mathfrak{P}$, creusem. A^4 cruelm. L
Tu s. p. my m. a. x
qua (que P^1) do. tres l. $\mathfrak{P}P^1$, —de M

Ne fu o. ta xA O. ne fu ta $L\mathfrak{P}$, amere H

Bien scai que j'ai mespris vers toi
  Et offendu, ce poise moi,
Et trop a tart a merci vien(g);   825
Mes toi desadvoue, mon roi,
N'ai pas ne regnie ta loy.
Et mon escherpe en tel maintien,
Com baillee me fu, je tien ;
Mes se pour toi n'ai souffert rien   830
Et je n'ai fait ce que je doi,
Ne sont pas les pechies que crien(t)
Si grans d'asses, ce scai je bien,
Com est la grace qu'en toi croi.

Dieu s. A^4H, Je s. p, q. ja m. π quay m. M
offense A
tr. t. a m. ie v. $\mathfrak{P}$, vient A^4
M. quoy A^4, desauoye H, toy te scauoie m. x
t. qui es souuerain roy k, des. me voy p
p. renoiee $ik\pi p$ p. ne noie qs, Je nay p. r. x
N. ie p. ne nye ta H
Et tel es. et tel p, Et telle es. en ma main tieng xA
Comme b. fu x, bailliez q baille A^4, je le t. M
—se p, toi] li $bMq\pi ikps$ p. toy jay s. x
ce que] quanque $bMq\pi ikps$
Si ne s. l. $\mathfrak{P}$, craing $kpMAP$ tien H
asses $pyHA^4$, ce bq &c.] se a, ce croi ge L
Quest g. et bonte q. t. voy $\mathfrak{P}$, C. cest π, qui est en toy k, q. t. scay L

Toute pas ne la despendis,   835
  Quant pour moi en la croix pendis,
Mes la mëis a fourrage

Et t. ne $\mathfrak{P}$, Pour ce p. P
Q. en l. c. po. m. p. L
Ains p Aincois xA, mis en broche et f.$\mathfrak{P}$, a] au A, en affor. P^1 a seruage L

F

Lors, pour ce que tu entendis
Que jë et tuit autres mendis
Y querons nostre aventage.   840
Bien voit on au pertuisage
De toi et au fenestrage
Quë [y]celle dehors tendis
A essai sens [ce] que gaige
En prëisses ou paiage   845

Qui onques goute n'en vendis.

Pour ce a toi jë argue :
   Puis que n'est pas despendue
La grace que m'as monstree
Et qu'en tous temps elle afflue   850
Sens descroistre et ne se mue
Pour chose que soit donnee,
Tu dois garder ma journee
Et doit ma cause *doubtee*
Estre par toi deffendue   855
Contre l'annemi qui bee,
Et croit bien en sa pensee
Que du tout l'aie perdue.

Et ne te desplaise mie,
   Se parle d'avocacie   860
A toi, haut juge du monde !
Advocat es pour partie
Qui en ta pitie se fie
Et par raison ens se fonde.
Drois est, ou misere habunde,   865
Que ta charite responde
Pour cil qui merci te prie,
Autrement peril redonde

je] moy 𝔓, t.] tant *A⁴H* maint *x* vous *A*
Pourquerons n. π, Enquerre mes n. a. *x*, Y chercherions n. 𝔓
au] ou *pHA⁴* a *h*, on par le pe*r*truis. *x*
—842 to 1,008 (leaf wanting bet. f. 137 and 138) *i*, t.] ton corps 𝔓
ycelle *qb* &c. ycellui *k*, d. tous dis *xp*
ce *qb* &c., A effaiet *P*, Assaya (A essay *A*𝔓) s. en prendre g. *Ax*𝔓
pr-e *P*, ou] en *p*, passage *P*ˡ, Ne quelconques aultres pa. *Ax* Tribut ou quelque aultre p. 𝔓
Que *p* Quar *L*, Na o. *x*

t. de present iarg. 𝔓, je cy marg. *x*
quel n. *P*, quainsi est que d. 𝔓, q. tu nas d. *x*, deffendue *HA⁴*
Nest la g. 𝔓
que t. t. *x*, tout *A*, affluee *M*
Et sans d. ne *k*, —et *qπpsx*, S. que descroisse ou diminue 𝔓
P. ce qui *y*, qui *k*π quelle *x*𝔓

doubtee *qb* &c.] deboutee α, Et m. c. par moy d. 𝔓
P. t. doit e. d. 𝔓
q. lee *x*
cuide 𝔓, cr. en sa male p. *L*
Q. ge l. du t. p. *L*

De p. *x*, parler *A*, daduocacerie 𝔓

Tu es ad. *P*
sen f. *p*
p. droite r. se f. *x*
D-t *A*, mesure *M*   865
Q. ch. li r. *p*
A c. *x*
par il *M*

Que ton pere ne confonde
Toute gent de mortel vie. 870

T-s g-s *P*

Toi vierge, mere, princesse
    Du monde et gouv[ern]erresse
Appelle je secondement.
Advocate et plaiderresse
Pour homme es et procurresse 875
Si com on dit communement.
Experience clerement
Et l' Escripture qui ne ment
De ce tesmoigner ne cesse.
Ou ciel n'est fait nul jugement, 880
Se n'est par ton assentement
Qui la es com jugerresse.

m. et pr. 𝔓
—et *M*, gouvern. *qb* &c.

Aduocasse *k* A-cante *L*
Et p. h. proc. *k* Dcs h-s et p. 𝔓, —es *AxyH*,
  procurerresse *pxπMHL*
Ainsi quon d. 𝔓
Lexp. *A*, E. qui cl. *p*
En l. que *M*, Est escr. *H*, q. point ne *p*
Et de t. *P*, Ou ciel de t. ne c. *x*

toy *P*
Que *M*, es la 𝔓, commune j. π

Pour ce, dame, bien me semble,
    Puis que d'un acort ensemble
Estes toi et ton benoit fil, 885
Qu'a moi qui devant toi tremble
Plus qu'au vent fueille de tremble
Dois aidier en ce [grant] peril.
Bien scai qu'en enfer en exil
Ou n'est onques ne mai n' avril 890
Et ou tout meschief s'assemble
Serai mene, se tu m'as vil
Et pour moi tu n'es contre cil
Qui dit que je li ressemble.

—me π
q. vng *x*

Que *x*, Qua celluy *P*
—887 *MP*, qua v. π, du t. *P*¹
grant *bqMhPL*𝔓, Doie *k*, en] a *M*, cest *L*
  tel *H*
—scai *P*, que denf. en lex. 𝔓
Or *H*, Ou iamais nest m. ne a. 𝔓 Ou il not
  onc m. ny a. *L*, o. mai ne a. (na. *M*)
  bqπM(𝔓), ny a. *x*
touz les maulx ass. *L*

tu es π tu mes *L*
dist *MP*, d. aussi (ainsi *A*) q. lui r. *yHA*,
  dist adit q. ie l. dess. *x*

Bien scai certes que j'ai grant tort 895
    Et que la pardurable mort
J'a[i] piec'a bien desservie,
Si cognois bien et me recort,

c.] en ce *x*

Jay *MπpAHPP*¹*L*𝔓 Ay *k*
Ge c. *L*

Dont grandement ai desconfort,   iay 𝔓 ai] me *x* men *p*, D. iay au cuer grant d. *L*
Que povrement t'ai servie ;   900   p.] faitement *L*
Mes non pour quant ie me fie   M. non obstant ie *h*𝔓, q.] tant *PL*
Au bourdon ou je m'apuie   Ou *p*
Et au pommel ou me raport.   ou] et *yH* ie *p* —ou *A*, ou ge me *L*
C'est en toi vierge Marie   en] par *p*, v.] tres doulce 𝔓
Par qui se soustient ma vie   905   soustent *p*
Et soustendra jusques a port.   au *pAx*𝔓

Ja mais n'aroie cuidance   m. ie naray *M*., c.] fianche *x*, Car iam. n. fiance *p*
   Que tu, en qui des enfance   toy 𝔓, toy vierge q. *P*¹ toy q. *p*, q. creust d. *P*, des tenf. (ton enf. 𝔓) *ἐπ*𝔓
Jadis creut miseracion,   crust *H*, Pitie et m. *P*
Vousisses point que vengence   910   V-sse *M*
Souffrist cil qui a instance
Te baille supplicacion.   Ta baillie (b-liee *A* belle *M*) *πP*¹*AxM*
N'est liounesse ne lion,   —914 *M*, qua li *qπHP*¹, quenuers eulx shum. 𝔓, se humilion *A* sumilion *pP*
Puis quë a li s'umilie on,
Qui refrain et atrempance   915   Que *yH*
N'ait de son indignacion   Ait *P*
Et qui de faire lesion   que *P*
Bien ne donne recreance.   Ne d. b. r. *AxL* Ne d. quelque r. 𝔓

Ainsi tu me deporteras   Aussy *x*
   Et contre moi point ne seras   920   p.] tu *qπhx*
Esmëue ne iree,   Esmeuee *q* Esmenee *p*
Et qui plus est, tu plaideras   que *M*
Pour moi et ainsi garderas   aussi *yH*, m. a. tu g. 𝔓
T'ancienne renommee.   Ton anc. *kpx*
A moi tout seul refusee   925   t.] tu *x*
Ne sera(s) pas ta donnee,   sera *bq* &c., Pas ne s. *P*, s. ta large d. 𝔓
Ja *avere* ne t'en feras,   avere *bq* &c.] autre *a* amere *H* estrange *x*, seras *P*
Et par toi sera gardee   pour *H*
Ma redoutable journee   Me *b* La *qxH*
Dont l'accuseur debouteras.   930   D. la tu seur d. *p*

A nemi et adversaire
      A este a mon afaire
Tous les jours de mon ëage.
Pour ce le dois tu retraire
D'action a moi contraire   935
Et de porter tesmoignage ;
Et se ci n'est tel usage,
Si scet tout le voisinage
Quë action ne doit faire,
Car de son premier estage   940
Par infame et grant hontage
Banis est sens nul repaire.

M ichel, prevost, tu le sces bien,
      Mentir je [ne] t'en puis de rien,
Tu feïs l'execucion ;   945
Mes pour ce du mal qui est sien
Ne vueil je pas couvrir le mien,
Fole seroit l'opinion.
A tant s'estent l'entencion
De moi que ta discrection   950
Voie que nïent plus que chien
Ne doit en ma discucion
Estre ouis pour l'excepcion

Que par droit contre li maintien ;

S i ques tresglorieux prevost,   955
     Toi et les anges de ton ost
Qui jugie l'aves infame
Et mis hors pour tourner le rost
Au feu d'enffer ou en depost
Mise est mainte chetive ame,   960
Tous ensemble vous reclame

—a *H*

j.] temps *L*, les ans et j. 𝔓
tu le dois *A*, ce dame le d. r. 𝔓
Qua moi ne face c. *k*, mon c. π
Nestre receu a t. 𝔓
=938 (Car bien scet t. l. v.) 𝔓, si ce *L*
  se cecy *p*, lusage *kxH*
=937 (Que selon coustume et us.) 𝔓, Ce *k*π,
  tu π, Cest au mains le v. *x*
Si ques *k*, il ne *L*
—940 *M*, Que *P*, houstaige *A* vsage π
Pour *yA*, g.] par *x*
Bons est *P*, Est b. *Ax*, retraire *P*¹

les *p*
ne *bq* &c. nen π, M. ne te pourroie de r. *L*
Car tu fis 𝔓 Tu en f. *h*, lexcusacion *A*
ce] tant 𝔓, quest s. *A*
Je ne v. p. 𝔓, courir *P*

tan *p*, cestant *M* se scent *A*
qui *HL*π
que *bq* &c.] qui *a*, Que voye que *H*, p. cun
  ch. *x*𝔓
discussion *p*
lexcepcion (lexempc. *yH*) *bMq*π*kAxphLP*¹𝔓
  yH lexecucion *aP*, oyez *h*, —pour *h*
  par *kAxp*, par ton excep. *p*
c.] aultre *x*

Pour ce tr. *L*
Toi et *byHMq*π*kAxphLPP*¹𝔓 Auec *a*

r.] tost *L*
Ou *px*, despost *y* deport *qM*
Est mise (mis *x*) *xp*𝔓
reclaime *H*

Humblement qu'en basse game
Ravales son haut cri bien tost,
Que sa honte si le flame
Que ne soit homme ne fame 965
Pour qui ne se tiengne repost.

Saint Michel, se ne prens cure
De moi *par* ta grace pure,
De tout bon espoir sui chëu.
Daniel en s'escripture 970
Dit qu'en ma mesaventure
N'est aïdeur que toi ëu ;
Dont faut il, se t' ai desplëu,
Que je commence avant hëu
Pour ma tresgrant mespreisure 975
Que placebo, qui est scëu
Devant aler comme t. u.
Va devant en apressure.

Baptiste Dieu, sains her(e)mites,
Prophetes, euvangelistes 980
Et tous appostres humblement
Vous requier que des merites
Qu'en tresor jadis mëistes
Oultre vostre gouvernement
Vous me facies aumousnement 985
Et don liberal mesmement
Qui onques rien n'en perdistes
Pour donner ne descroissement,
Ce scai je bien certainement,
Pour aumousner n'en vëistes. 990

Vous, qui souffristes martire
Tant diversement que dire
Ne le pourroit creature,

que b. *P*
Naualez s. cri *L*
lenfl. *AxpP*¹, Sa h. le face fl. *L*, Car s. h. si le diffame *P*
Quil *xP* Siquil *L* Et qui *k*, Et son pechie si le blasme (*added between the lines*) *y*

par *byHMq* &c.] pour *a*, grande cure *x*

t.] ton *hA* mon *L*, s. descheu 𝔓
en sescr. *abyHM* en son esc. *hPP*¹ en lesc. *qπkAxpL*𝔓, D. le prophete en lesc. *x*
que ma *P*, q. toute malau. *L*
Nai π Nait (Nest *Hy*) ardeur *kyH*, Nul (Nul aultre 𝔓) aid. q. t. nay (na 𝔓) eu *x*𝔓
—il *H*, si *p*, toi d. π
—avant π av.] a crier *x*

De pl. *x* Car pl. *P*, que *M*
Aler d. 𝔓, comment t. v *P* comment et v *H*, t. et v. *kp*
aprisure *hL* aspres. *M* aprenture *Ax*𝔓

de m. *P*

j.] de long temps 𝔓

=986 *a*, facez 𝔓 faittes *x*, ausmonnem. *h*
=985 *a*, De d. *x*, Et du l. *LP*
Que *bqikps* Quar *LP*, ne p. *pP*¹
Par d. *p*
Che fay ie *x*, —je *L*
Pou *q*, ausmonner *h*, ne *pπM* non *L*

Tous *MHP*, T. q. m. souffrites *M*
Si d. *x* Si tres d. *p*, q.] a *P*
N. p. nulle c. 𝔓

Le Pelerinage de l'Ame.   39

Et oultre vo(stre) plain souffire
Grant tresor en *tirelire*   995
En aves qui tousjours dure,
Pri par affection pure
Qu' a moi trespovre figure
Apaisies le treshaut sire
Metans pour moi hors closture   1000
Grace qui en *faisant* cure
Point ne descroit ne empire.

v.] vie yH
tirelire bHq &c.] terre lire a
t. temps L
Pur aff. tres p. x, Par a. sire trez p. p, Ge vous pri p. priere p. L
Que m. P A moy x, m. qui ay vostre f. $\mathfrak{P}$
A-r le t. grant s. A
M-t pxP^1, cloisure M choscure P
f-sant $b\pi kMAxPP^1L\mathfrak{P}$ f-soit ayH
d-ist ne nempire $L\mathfrak{P}$

Confesseurs et vierges saintes,
  En pitie voies mes plaintes
Et receves benignement!   1005
En moi sont miseres maintes
Plus asses quë en encaintes
Femmes prestes d'enfantement.
Tant scai je bien certainement,
Se m'aïdies piteusement,   1010
Tost venrrai a mes ataintes,
Et de Sathan sens targement
Et de tout son machinement
Seront les barres enfraintes.

—et HPP^1, C. v. et s. p
Les receuant b. $\mathfrak{P}$
sont] ya k
—1007 M, q. qui en est enc. p, —en π en] es h, quen femes enc. $PP^1\mathfrak{P}$
Toutes P^1, Tres prouchaines d. $\mathfrak{P}$, F. plaines d. x
Or s. $\mathfrak{P}$, —je pAL
Si H, Si vous m. PP^1 Que se m. $\mathfrak{P}$, maides $q\pi ix\mathfrak{P}$, prochainement x
vendra
de bq &c.] se a, s. t.] prochainement P^1 virilement $\mathfrak{P}$
mascinement x
barrieres k, bartes estaintes x

Benoit, ne me puis pas taire   1015
  Quë a toi ne doie braire
Qui mon pere es et (ie) ton fil [sui].
Se n'ai fait ce que doi faire
Et toi, mon droit exemplaire,
N'ai comme bon fil ensui,   1020
Las m'en claim comme 'i' tor en mui,
Car refuire ne scai a cui
Et me doubte a toux desplaire.

B. (Saint B. $L\mathfrak{P}$) ie ne me puis t. $AxL\mathfrak{P}$
Q. ge ne d. a t. b. L, nen M, d.] voise px, Qua t. ne d. faire repaire $\mathfrak{P}$
et ton fil sui bqH &c.] ie t. f. a, Que x Quar L
Se iay f. q. ne doie f. P^1, ce q.] q. ie h
A t. P Enuers t. x
fil bon M sil bon q, com b. f. poursuy k, c. filz bien p, Et ie ne tay bien ensieui x
L. ien cry com taureau en m. $\mathfrak{P}$, L. me claime a grant misere h, comme tor et m. x, tort k, t. amui L
Que P, refuir x refuiere A, refaire nen M, recourre L, r. nay a c. h

Aïde moi en cest ennui!
Autre fois as aidie autrui　　　　1025
Et (c)este tresnecessaire.

en] a *MqπikLPP*¹𝔅
a aultrui *P*
este *bqH* &c., t.] doulx et debonnaire 𝔅

Bernart, Bernart enten[t] a moi!
Tu doublas la coroune a toi
Pour donner charitablement.
Ce previlege as tu du roy:　　　　1030
De ce que donnes as reploi
Et restabli es doublement.
Si ques refuser nullement
Ne dois de donner largement
Aus supplians en bonne foi.　　　　1035
Pour ce te pri devotement
Quë a mon besoing prestement
De ta pitie faces octroi.

Saint b. ent. *L*, B. mon pere e-s 𝔅
le courpine *x*

Cel *L*, tu] eu *P*¹
donne *Akp* donnras *h*, as] es *P*, remploi *ikπP*
Rest. en es 𝔅, est *h* as *yH*
—1033 *p*

Qui *M*, Qua ce grant b. 𝔅
faire *M*, p. me face (faiz 𝔅) *P*¹𝔅

Guillaume qui es mon parrain
Comme filleul je te reclain,　　　1040
Comment que ne m'aies mie
Leve de fons, mes autant ain
Que des miseres ou je main
Me lieves si com m'i fie.
Tu sces que de t'abaie　　　　1045
Je sui et de ta mesnie,
Si m'en dois miex tenir en main,
Mesmement quant te supplie
Et humblement je te prie ;
Et se ton nom ai pris en vain,　　　1050

Guilame, partain *x*

Combien q. *hL*, Ja soit ce q. tu ne
des 𝔅, m. auant *ipAx*, tain *kM* te aim *L*
　laym 𝔅 main *Ax*
—1043 *Ax*, de m. *p*, Pour ce du misere *k*
Mi *y*, l. car moult je my *k*, comme me f. *p*,
　Comme ie te prie *Ax*
de ta maisnie *P*¹
Moyne suis 𝔅, de ton abbaye *P*¹
Je m. *qπiAxp*, doy *qπi*, Tu m. d. plus t. *L*

ten *p*𝔅, Et moult h. te *x*
si *P*, Se t. n. ai porte e. v. *P*¹, Pour t. n. que
　iay p. *Ax*, Combien quaie pris t. n. en
　v. *k*

1038 a.—Que ie soy vray amy du roy *p*.

Le Pelerinage de l'Ame. 41

Je n'ai a cui moi adrecier,
  Qui requerre pour moi aidier.
Jë appelle toute la court.
N'y a cil qui ne m'ait mestier
Pour ma povre cause plaidier,   1055
Së en pitie vers moi se tourt.
Tous vous appel, n'y ait si sourt
Qui n'oie mon haut cri et lourt
En moi secourant sens targier ;
N'y ait cellui qui se destourt   1060
Et qui de Sathan le grant hourt
Ne m'aïdë a deslacier.

Du relief de vos merites
  Precieuses et eslites
Je requier avoir donnee.   1065
Charite, se m'escondites,
Ne vous en tenra pas quites,
Ma povrete est prouvee.
Charite pour ce fu nee
Que sa chose abandonnee   1070
Soit selon les lois escriptes,
Et point n'est faite assemblee
De relief qui aumousnee
Ne doie estre aus gens petites."

Le pelerin. En ce point se leva tantost 1075
             Une dame et dist au prevost :
Justice.   "Sire juges, tu sces tresbien
             Et mentir ne t'en puis de rien
Penitence,   Qu'en ceste court penitance,
contrition
et repen-   Contriction, repentance   1080
tence
                        G

Se *bP*¹ Si *qAP*, Ge nai plus (Je ne scay 𝔓) a
  qui madr. *L*𝔓, moi radr. *H*
Que *p*, Que requiere *ikπ*, requerir *x* requerray
  P, Ne q. r. p. maider 𝔓, p. maid. *L*
Sy 𝔓
Ne a 𝔓, Cil ni ait *L*, cellui q. ne met m. *A*
A ma 𝔓
Et en *iπ*, Sen p. deuers m. 𝔓, secourt *h*
  secour *P*
ny a *kyHhAPP*¹, a-lle *A*, a-lle na si s. 𝔓, si]
  nul *L*
Q. bien n. 𝔓, Tous oient m. *L*
me 𝔓
Et nait c. 𝔓, Nul nen y ait q. *L*, sen d. *H*,
  destour *A* descourt *Mh*
Pour le faux S. qui est lourt *x*
Tost (Bien tost 𝔓) ne maide *b*𝔓 Ne me
  sequeure (sequerre π secourt *M*) a *qπik*
  Mp, a] ou *p*, De moy aidier et d. *x*

Nest pas raison que mesc. *P*¹
Ne nous *i*, tenrray *h*, entradra *M*, Charite
  veult come vous dictes *P*¹ tenrra *G*
= 1,070 (Q. soit la ch. hab.) *P*¹, —est *k*, p.
  esprouuee *L*
Or ch. a ce 𝔓, ce] toy *p*, Aux poures et que
  sa liuree *P*¹
la] sa *bqπikpx*, En ait chascun sans
  demouree *P*¹
sel.] et *h*, les] ses *bqπikphP*, Sel. l. l. qui sont
  e. *P*¹, Feust a tous par les l. e. 𝔓
nait f. *M*, fait *xM*, ne face a. *AG*, P. ne
  doit len faire a. *L*
Du *qπikps*, que *bqπPL*𝔓 qui a*AGHM*

doit *H*, Estre ne d. 𝔓 petites *G*

cest *L*
dit *M*
S. j. vous sauez b. *L*
nen puet len d. r. *L*

ce seruent gens apres la mort. ℘ (T.)	N'ont point de lieu ne priere. Advocas aussi arriere En doivent estre, se la jus En terre mortel retenus N'ont este par grans pensions De grans services et de bons Et ce pelerin que la oy Semble que contre ceste loy Vueille venir par son crier Et par la court toute exciter, A quoi ne me puis consentir; Ou temps passe asses loisir A ëu de faire oroisons, Ses cris et lamentacions D'avoir establi procureurs Qui maintenant ses *promoteurs* En ceste court fussent pour li. Trop tart vient a faire son cri. Tu ne le dois mie souffrir, Aussi ne s'i puet consentir Dame Verite m'amie Qui me porte compaignie; Et certes se ce (je) suffroie, Pas bien dite ne seroie Justice qui tout justement Doi ordener et droitement. Pour ce me baillas a porter Tes balances pour *ens* peser *Par* rigueur de droit mal *et* bien Rendant a chascun qui est sien, Si que contraindre tu le dois De respondre selon ses fais; Se bien a aucun, *quel* mette En balance *ou* bacin destre!	1085 1090 1095 1100 1105 1110	lien *G* ainsi *π* e. cela j. *GP*, Sy en d. e. la j. *x* Mis et en t. r. *x* Ne sont par g. p. *GA*, Car on na mestier de seruices *x* lons *M qπikpsPP*¹, Chiens ne dons ne de grans delices *x* cil *L*, Or ce p. q. la voy ℘ celle l. ℘ pour *G* pour *π*, tout *M*, t. troubler *L* A eulx de *H*, De f a eu ses o. ℘ Et c. *L* e-s *H* promot. *bqphAxGLP*¹℘ promet. *H* promect. *aP* procureuz *π* Quen *p* a] pour *AG*, a safaire s. *L*, —son *M*, s. pry *P* Vous ne le deuez pas s. *L* Par quoy tu ne le d. s. ℘, —le *π*, mis *A* si] le *L*, si doit c. *H* Q. me tient bonne c. ℘ ce je] ce ci *M* ie ce *qpx* ie ice *A* ie le *GL* Je pas bien dire ne scaroie *x* —a *π*, Et p. ce doy ge p. *L* ens *bqπHAPP*¹ en *G* dedans *L*℘] eux *a* eulz *M*, Telz b. *M* Bal. p. dedans p. *L*℘ Par, et *bqH* &c.] Pour, ou *a* . ch. et q. *A*, ce quest *x*℘*L* Par quoy c. ℘, Pour ce c. le deuez *L*, contredire tu ne d. *H* quel] que le *π* qui le *a* quil le *MqpxhyH* si le *bGA*℘, Saucun bien a il le doit mettre *L* mecte *G* ou *bqH* &c. au *ax*

Le Pelerinage de l'Ame.

Asses de grans maux a comble	1115	A. a de g. m. c. *bqMpx*, A. de m. a acomble *H* Prou d. g. m. a cumule 𝔓
Son accuseur a l'autre le."		S. aduersaire *ML*, a] de *AGH*

Le pelerin.
Adonc a voix de buisine   a] de *G*, buihine *x*
Fu dit: Bien est chose digne   F. que b. π
Que responde le pelerin
De sa voie et de son chemin,   1120   vie *H*
Des ouvrages quë il a fait   oultraiges *H*, Et d. o. quil a f. *x*𝔓
Et que n'ait d'autre chose plait,   que il n. *L* quil n. 𝔓
Car ceste court ainsi le veult   Et *L*, aussi *hG* haulte *A*, Ceste c. a. le requiert 𝔓
Et autrement faire ne seult.   f. nestuet *M* f. ne veult π f. naffiert 𝔓, Du contraire f. se deult *L*
En ce point quant oui tel son, 1125   A ce (cel *L*) p. *GL*, q. iouy 𝔓, tel] le *x*
A pou ne laissai mon bourdon.   p. que ne laisse *A*
Bien pensai que le juge estoit   —le *x*
Qui a tel ton ainsi parloit   tel son π*AGHL*
Le quel moult je redoubtoie   m.] tres fort 𝔓
Pour ce que nulle n'avoie   1130   Car n. cause ie nau. 𝔓
Deffence qui fust vaillable ;   Defensable 𝔓, que fut *M* valable *G*
Non pour quant, fust voir ou fable, N. obstant f. ou v. 𝔓
Je pensai que deffendroie
Ma cause au miex que saroie :   q. ie pourroye *x*𝔓
"Glorieux juge saint Michel, 1135   —juge π
Dis je, qui es prevost du ciel,   Lors dis q. 𝔓, q. demoures ou c. *L*
Advis m'est quë ouir ne dois   quescouter ne 𝔓, ne] me *H*, ne deuez *L*
Sathan que tresbien tu cognois ;   q. tu tres b. *x*, b. cognissiez *L*
Et a denunciacion   Na point d. 𝔓, Ne nulle d. *L*
Qu'il facë ou a action,   1140   Q. me f. ne ac. 𝔓, Que il f. ne ac. *L*, —a π*AGH*
Si com n'a pas moult t'en parlai   Comme n. 𝔓, ten] vous *L*, parla *M*
Quant de ma cause te priai,   ten *G* vous *L*, pria *M*
De rien respondre je ne doi.   Nul ne deust a lui resp. *L*
Jnfames coindempnes par toi   Il ne puet faire nul semondre *L*
A este piec'a et jugies,   1145   Ait e. et p. j. *M*, Il fut p. par vous j. *L*
Banis et du ciel hors chacies.   B. du c. et h. π*AGH*, et h. du c. ch. *h*, Forbani et d. c. ch. *L*
Et avec ce excepcion

Puis je bien faire par raison
De li, car annemi prouve
Il m'est et m'a tousjours este ;   1150
En toux temps il m'a persui
Si com appertement le vi
Jadis, quant le trouvai tendant
Ses engins et ses rois portant.
D'autre part il n'est pas raison   1155
Que li, qui soi a talion

De rien ne se puet obligier
N'aucune caucion baillier
Com cil qui est sens finement
Dampne et perpetuelment,   1160
Se doie point faire accuseur
Ou estre receüs aucteur ;
Et avec ce menteur [il] est
Et a mal *dire et faire* prest."

Accusation de sathan, de synderese, iustice, raison et verite. ℬ (T.)

Lors s'escria li Sathanas :   1165
"Ainsi pas ne m'eschaperas.
Le droit du ciel n'est pas autel
Com il est en terre mortel.
Saisine y ai dë accuser
A l'uis dehors sens ens entrer.   1170
Pour ce, se dedens je ne sui,
N'est ce pas que ne soie ouy
En tout ce que je di de voir.
Verite si com dois savoir
En tous temps y est ouye   1175
Quiconques soit qui la die,
Et suppose quë excepte
Fusse de dire verite,
Si est il qui t' acusera

et a *qπAHG*ℬ, et mest t. *M*, t. temps *L*
pours *HA*ℬ poursuivy *G*
Ainsi quapert. ℬ, le dy *H*

raiz *H* raix *G*
il] ce ℬ
De l. quil soit ℬ, soit π seur *p*, Q. il soit pris a t. *L*, Qui (Quil *x*) soit receu a caucion *Ax*
puest *p*

D. p-tuelem. ℬ
Se puisse p. ℬ, pour f. *h*
Ni e. *L*, r. pour act. ℬ
il *bqπMx*, —ce *b*
d. et f. *bqπMxAGL* f. ou (et *Hh*) d. a*Hh*, a] de *L*

Comme cil de t. m. ℬ
Jay s. d. a. *L*, S. gy a. dacc. ℬ, dacc. *A* S. jay d. a. *G*
Deh. l. s. dedens e. ℬ
P. tant si d. *L*, P. quoy s. d. ne s. mis ℬ, —je *bq*
—ce *G*, N. p. raison q. *A*, Ne tient p. *L*, Ne sensuit q. ℬ
Entent ce *H*, jai dit *AG* diray ℬ
Car v. comme d. s. ℬ
tout *qM*, Tous t. y a este o. ℬ En t. t. doit (doibz *x*) estre oye *Ax*
Quelque s. celuy q. ℬ
Par quoy s. quexc. ℬ
Susse *q*, Je f. d. d. v. ℬ
Si a il ℬ, Assez est q. *L*

SINDERESIS, THE WORM OF CONSCIENCE.　　　Line 1,199, p. 43.

H, p. 249.

C, fol. 94.

Le Pelerinage de l'Ame. 45

Autre de moi qui tost venra	1180	de *bqπxAGHh*𝔅 que *aL*, A. que ge q. *L*
Que contredire n'oseras		
Et par raison tu ne pourras ;		—Et *q* Ne 𝔅
Et miex aime sens point mentir		Et jaime m. s. m. *L*
Que ci te face convenir		Qui 𝔅, te le f. *A*, ci la te f. venir *h*
Et que contre toi s'oppose	1185	—que *L*, q. encontre *πh*, qualencontre t. supp. 𝔅
Que moi, car miex scet la chose,		s.] congnoist 𝔅, la cause *M*
Car tes pensees scet tresbien		Et toutes tes p. voit b. 𝔅
Des quelles ne scai nulle rien		ge ne *L*, D. q. certes ne s. r. 𝔅
Fors par conjectures sens plus		F. que p. *GH*, s. pl.] seulement *q*, F. quen ocurte par assens *x*
Selon le[s] fais que j'ai scëus.	1190	les *bqH* &c., jai congnuz 𝔅, S. ce que ie fais seus *x*
Tes fais, tes dis tresproprement		Sy te dira plus pr. *x*
Sai, mes non plus, dont sui doulent.		S. n. pl. m. d. s d. *π*, pl. du remenant *M*, Tes fais que moy d. s. d. *x*
Si ques or sus Synderesis,		Or sus dist il S. *L* Or ca ca doncques S. *A*, Parquoy vien ca S. 𝔅, sus suy de heresis *p*
Vien dire ce qu'il t'est advis !		Bien d. *p*, que t. 𝔅
Tu sces et fais et pensees	1195	
Et les choses plus secrees.		selees *A*
Bien scai, de rien n'en mentiras		
Car de rien apris tu ne l'as."		Q. mie ap. *H* Q. iamais ap. 𝔅

pelerin. Adonc se monstra devant moi
    Une vielle qui en recoi   1200   delez m. *qπM*

Deles moi s'estoit tenue		Si estoit pieca (des p. *π*) t. *qMπ*, Bien pres de m. *L* Aupres de m. 𝔅
Et que pas apercëue		Que iusqualors p. 𝔅, Et onc mes ne lauoie ueue *L*
N'avoie qui moult hydeuse		hid. fut 𝔅, El estoit m. aspre et h. *L*
Me fu et moult monstrueuse.		Et m. m. apparut 𝔅, Et de parler m. angoisseuse *L*
Forment elle me rechignoit	1205	Moult aigrem. me *L* Qui durement me 𝔅
Et ses gencives me monstroit,		
Car des dens elle n'avoit nuls		de d. *H*, Q. les d. au. (elle a. 𝔅) rompues (perdues 𝔅) *L*𝔅
Fors quë uses et tous rompus.		q. tous u. et r. *H*, Et vsees et vermolues *L*, Ou toutes vsees et rompues 𝔅
Quant je l'apercu et la vi,		
Tresgrandement fu esbai,	1210	

46   *Le Pelerinage de l'Ame.*

    Mesmement car sens corps estoit
    Et sous sa teste rien n'avoit   sus sa t. *M*, la t. *A*
    Fors une queue seulement
    Qui sembloit estre proprement
    De ver, mes grosse moult estoit   1215   Dun v. 𝔓, uers π, m. moult gr. *A*, De serpent m. moult gr. *L*
    Et bien grant longueur ell' avoit.   Et l. assez grant a. *qMπ*
    La vielle a moi parla ainsi :   p. a moy *AGHhπ*
nderesis. "Pour toi accuser vien ici.   v. ie ci π v. ci *A*
    En tous lieux je sui creable,   Ge s. en t. l. c. *L*, Car en tout lieu 𝔓
    Nulle fois je ne di fable ;   1220
cerca- Je scai quanquë onque pensas,   Jessai π, s. tout que o. *L* s. tout ce quonq. 𝔓
n entre
derese Quanquë as dit et fait tu as ;   Tout q. dit et 𝔓, fait et d. *Hh*, d. et quanque
le pele-   f. as *L*, et que f. as π quanques *G*
et entre De rien ne me pues excepter,   puis *L*
ice et le
pelerin. Contredire ne refuser.
(T.)
    Jë ai bonne renommee   1225   Quar iay b. *L*
    Et moult t'ai este privee,   Et si tai e. m. p. *h*, m.] touz temps *L*, prouuee *H*
    De tes fautes t'ai avisie   Ge tay repris de tes pechiez *L*
    Souvent par tresgrant charite,   Souuente foiz et chastiez *L*
    Pour ce que ton bien vouloie   Et p. c. q. *G*
    Et ton salut pourchacoie.   1230
    Pour tes meffais et tes mesdis   et mesd. *M* et pour tes diz 𝔓
    T'ai si souvent mors et repris   —si *G*
    Que tous mes dens en sont uses   Q. m. d. en s. vsees (tout vsees 𝔓) *L*𝔓
    Et tous rompus et tous quasses.   toutes r-ues et q-ees (froissees 𝔓) *L*𝔓 casses *G*
    Si dur as en tous temps este,   1235   d. en t. t. as 𝔓, tout *q*, as tout t. *M*
    Et si rebours et obstine   Si r. et si o. *bqπM*𝔓, r.] charnel *L*, hostine *G*
    Que pour mordre *ne* remordre   —pour *b*, ne *bqπMAGHh*𝔓] et *α*, m. ou rechignier *L*
    Ne t'ai peu [de] mal destordre,   N ete poi oncques chastier *L*
    Si que drois est que m'en plaigne   Pour ce d. *L* Par quoy d-t 𝔓, me π
    Et quë em portes la paine ;   1240   emporte *AL*
    Et te dëusses recorder   Tu te *L*, d. bien r. 𝔓
    Que, quant jadis te vi aler
    La sauvage beste vëoir   Quelque s. b. 𝔓, La b. s. *H*
    Quë on gardoit en ï manoir   Quon regardoit en vng miroir 𝔓

Le Pelerinage de l'Ame.   47

  Et que tu donnas ton argent   1245
  Pour vëoir la tant seulement,   P. la v. *hπAL*, P. la beste v. s. 𝔓
  Je t'avise des lors et dis :   tauisai *bqHG* &c.
  S'en toi ëusses bon avis,   t. tu e. 𝔓
  Toi meïsmes regardasses   mesmes *q*𝔓
  Et plus loing de toi n'alasses   1250
  Ja sauvage beste vëoir,   La s. *AGH* Le s. π Ceste s. 𝔓
  Car asses l'estoies de voir.   C. prou sauuaige estois d. v. 𝔓
  Et avec ce encor te dis :   —ce *GM*, e. ie te d. 𝔓
  Se tu estoies bien soutils,   Que se tu *L*𝔓
  A ton prestre t'en iroies   1255
  Disant que li monsterroies
  La sauvage beste de toi
  Que tu gardoies en recoi,   tu regard. *H*, Q. touz temps gardes *L*
  C'estoit t'ame deguisiee,
  Par lais pechies deffourmee,   1260   P. tes grans p. *L*
  Affin que pour la vision
  Te donnast absolucion.   asaluc. *M*
  Tel loyer voulentiers donne   T. l. d. entierement *L*
  A cil qui li abandonne   q. se confesse vraiement *L*
  A vëoir tel lait visage   1265   —1,265 *h*, A regarder sa laide face 𝔓, Dieu
                      enuoie sa grace et lesse *L*
  Et tel deguisiee face."   —1,266 *h*, Et sa fort d. grimace 𝔓, A cil qui
                      vraiement se confesse *L*

Le pelerin.   "Qui es tu ?" lors li ai je dit.—   lors] ce *L*
Sinderesis.   "Se, dist elle, il te souvenist   Lors d. sil te s. π, D. e. sil (si *A*) te s.
                       *AGHL*𝔓
  De la dame qui le sermon
Synderesis   Du maillet de Contriction   1270
et sa figure
et descrip- Te fist, de moi souvenance
tion et les Ëusses et recordance.   et bonne remembrance 𝔓
accusations
quelle fait D'un ver elle te sermonna   Du 𝔓, el *L*
contre le
pelerin. 𝔓 Que de conscience nomma
(T.)   Le quel du maillet contrisoit,   1275   —1,275 *L*, conteroit 𝔓
  Quant son manoir contrit avoit ;   —1,276 *L*, s. maillet c. *AH*, contret *M*
  Et par cellui ver m'entendoit,   P. c. v. el m. *L*, v. nent. π, Elle ment. par
                      icelluy 𝔓

48   Le Pelerinage de l'Ame.

Pour ce que bien elle savoit
Que je runge tousjours et mort
Ceux qui a eux mesmes font tort,   1280

Et point ne muir, se tuee
Du maillet et assommee
Ne sui, le quel point tenu n'as
Et point ferue ne m'en as,
Ains m'as a ton mal gardee   1285
Espargnee et deportee.
Grant queue et grosse ai maintenant,
Bien le saras, et bien poignant.
Ta conscience large et grant
L'a fait et laissie(e) croistre tant ;   1290
Se plus estroicte ell' eust este,
Tel grandeur n'eust pas acqueste.
En lieu estroit par nature
Ne croist rien sus la mesure."—

le pelerin. "Puis, dis je, *quë* ·i· ver te dis,   1295
Et ver tu es a mon avis,
Asses je te puis excepter
Par raison de moi accuser ;
Car qui es de vil nature
Contre moi qui Dieu figure   1300
Porte, ne dois estre ouye.
Hair devroie ma vie,
Së audience y avoies
Et a ce tu me menoies."

Sinderesis. Lors dist la vielle couee :   1305
" Se la noblece gardee
Eusses que Diex te donna,
Quant a son semblant te forma,
Ou së au mains refourmee,
Quant a este deffourmee,   1310

q. elle b. s. π, Quar de uraie science s. *L*, Ver car veu auoit et ouy ℔
—je *H*, t. temps *L*
—a *G*, —mesmes *A*, Cil (ceulx *M*) q. a li m. fait t. *bqπM*, Corps q. par pechie sont ors *L*
Ge ne me tes p. si t. *L*, tornee *made into* estonnee *M*

Et iamais frapce ne ℔
a tout m. π en tout m. *H*, Pour ton domage mas g. *L*

Vieng le π, Trop tost s. com est a. *L*
Ta grande et l. c. ℔
laissie *bqH* &c., Ma ainsi l. *L*, La fait c. a si grant puissance ℔ lesse *G*
estroit *qM*, —ell *L*
gardeur *A*, neusse a. *L*
En e. l. *L*
R. ne c. dessur sa m. ℔, sur *hAM* sans *H*, Ne pourroit croistre grant ordure *L*
que *bqπMhGHL*℔ qua a quar *A*, que v. *GH* que (quar *A*) v. tu te d. ℔*A*
voir *M*, v. es tu ce mest a. *L*, P. ce d. ge que uerite d. *L*
Ge te p. tres bien refuser *L*
t.] moy *H*
C. tu ques ℔, Tu q. *L*, C. cilz q. est *h*
Pour ce ne *M* Point ne *H*, deuroies *L*
H. d. bien m. v. *G*
aud. tu me menoies π
—1,304 π
tu mamenoies *L*, Et se tu de riens macusoies *A*

Tu e. q. ℔

sau m. leusses r. ℔

Q. tu lauoies d. *L*

L'ëusses par penitance,		P. bonne et digne pen. 𝔅
Asses croi et sens doubtance		creusse s. d. π, A. c. ie que s. d. 𝔅
Que bien me peusses excepter		Adroit me p. e. 𝔅, Q. me p. refuser *L*
Non digne de toi accuser.		Indigne *L*, Comme non d. tacc. 𝔅
Jë aussi ne le dëusse	1315	d.] peusse *L*, A. faire ie ne 𝔅
Faire ne faire pëusse,		F. ne ne le deusse *L*, Et plus fort f. ne le p. 𝔅
Mes tu t'es tout deffigure,		tu es t. π
Deffourme et defaiture		Quant a lame et def. *L*
Par mains peches et par divers,		—par *L*, P. pluseurs p. et d. 𝔅
Par mauvais dis et fais pervers	1320	et par diz p. *L*
Et par honteuses pensees		P. viles h. p. 𝔅
Que n'as pas tousjours monstrees,		—1,322 *L*
Par voulentes corrumpues		Quar v. *A*
Que j'ai toutes bien scëues,		Q. ie scei b. t. s. *A* Quentierement iay t. s. 𝔅, b. t. *AGHL*
Pour quoi finablement te di	1325	Par q. *M*, fiablem. *GH*
Que plus ne soies si hardi		Q. tu ne s. pl. si 𝔅
De moi contredire de rien,		
Car devant tous prouverai bien		
Que plus vil es que moi asses.		q. ge dassez *L*, dassez 𝔅
En moi n'a nuls maux amasses,	1330	
Nulle repruche de meffait.		
Se laide sui, ce m'as tu fait		
Qui par tes meffais tristee		Car p. *M*, triboulee *L*
M'as maintes fois et troublee,		
Mis en souci et en paine	1335	Mise *AL* Maiz π
Plus de cent fois la semaine.		
Onques croire ne me vousis,		
Combien que tout mon pouoir mis		
Aië, et tout mon temps use		Jaye et trestout m. 𝔅
En toi qui ne m'en sces nul gre;	1340	me s. π
Si ques bien te puis accuser		Par quoy te p. b. a. 𝔅
Et tu ne me pues refuser.		p. recuser 𝔅
Si ai de ce tresgrant desir		Pour ce ge tr. *L*, Et presentement iay d. 𝔅
Tost interloqutoire ouir."		T. dint. *A*, De int. en o. *L*𝔅

Le pelerin.	Adonc fu crie a haut ton: 1345	h. son π*L*𝔅
	"Par arrest de droit nous dison	de] et *A*
	Que ceste court a usage:	Quen c. *MAGHL*𝔅, a] est vn *L*
	Qui verite en langage	
	Veult maintenir, il est ouis,	
	Ja ne sera si contredis. 1350	si] cy *A*𝔅 tant *L*
	Nul lieu n'y a excepcion	Nulluy ny 𝔅
	Fors me[n]conge que hors geton."	menc. *bqH* &c.
Sathan parle.	Lors s'escria li Sathanas:	Loscria li *A*
	"Forclos donques je ne sui pas	d. ne s. ie p. *AGH*𝔅 d. ne seray p. *L*
	Que je ne te puisse accuser 1355	—te *A*
	Et tes maux en appert monstrer,	
	Mes pour ce que ne scai pas tant	
	Com Synderesis, la vaillant,	Que S. 𝔅, le π𝔅
	Je li lais toute l'accion;	laisse *A*, Luy laisse 𝔅
	Tant seulement tabellion 1360	
	Vueil estre de ce que dira	quel d. *L*
	Et de ce que proposera."	quel p. *L*
Le pelerin parle.	Lors ne sceu je plus que dire.	Alors ie ne s. p. 𝔅
	Sathan s'assist pour escrire.	
	Synderesis dist au juge: 1365	
Synderesis parle.	"Onques voir puis le deluge	O. pour vray p. 𝔅
	Ne vi pellerin qui fëist	Je ne v. p. q. fist 𝔅
	Autant de grans maus et dëist,	Tant de merueilleux m. ne dist 𝔅, —et *G*
	Ou qui les pensast com cestui,	que *q*π𝔅, penst *A*
	Car ainsi fist il et ainsi. 1370	Q. f. π
	Ainsi dist et ainsi pensa,	= 1372 𝔅
	Lors fist il ce et lors ce la."	En ce lieu cy en ce lieu la 𝔅
	Et saches bien certainement	sachies *qh*, sachent touz c. *L*
	Quë onques tant celeement	Quar o. jour t. *L*, Quonq. chose t. c. 𝔅
	Rien je ne pensai ne ne dis 1375	—je *M*, Ge ne p. r. *L*, Je ne p. ne ie ne d. 𝔓
	Et onques nul mal je ne fis	Nonq. aucum m. 𝔅
	Que ne dëist en presence	Quel ne *L*, Quelle ne les dist 𝔅, deysse *A*
	De tous et en audience.	

Le Pelerinage de l'Ame.

Longuement le mist a dire,	Elle m. long. a les d. 𝔅
Et je aussi a ce escrire 1380	ge a ce quel dist e. *L*, Aussi se les vouloye e. 𝔅
Trop longuement y mectroie,	Tres l. ge m. *L*, Pour voir l. π, A ce t. l. m. 𝔅
Faire aussi ne le vourroie,	v.] pourroie *M*, Pour grant chouse ne lescriproie *L*
Car ce seroit irrision	i.] derision 𝔅
A moi et grant confusion.	

<small>Sathan est tabellion et scribe pour escripre l'accusation que synderese fait contre le pelerin. 𝔅 (T.)</small>

Le Sathanas de bout en bout 1385	
En ·i· grant papier escrit tout.	escrist *A*, En vng p. escripuit t. 𝔅
Aussi tost com celle parloit,	= 1388 *A*, comme elle 𝔅
Tout aussi tost il escrisoit.	= 1387 *A*, escripuoit *ML*𝔅
Moult me pesa de cel escript	ce *A* cest 𝔅 cel] tel *G*
Et aussi de ce que fu dit. 1390	qui *q*π
Autre chose n'en peu faire.	ne p. *HG*
Bien eust este necessaire	B. euste n. *q*, meust este π*AGH*𝔅
Quë advocat eusse trouve	Que vng a. ieusse t. 𝔅
Qui lors ëust pour moi parle.	Q. alors e. 𝔅
Nulle rien dire n'osoie 1395	r.] chose *L*
Pour la honte que j'avoie,	
Toutevoies il me fu dit	Toutes voiz *L*, Et neantmoins il 𝔅
A haute vois, et fu, ce cuit,	ce] ie π𝔅
Du juge que respondisse	Le j. 𝔅
Et ma cause deffendisse, 1400	
Së aucun droit y avoie.	Sauc. d. y auoir pensoye 𝔅
Je dis quë asses cuidoie	Je respondiz quassez c. 𝔅
Quë ainsi fust com estoit dit,	fut *M*, Quainsi f. comme elle auoit d. 𝔅
Mes que fusse ouy ·i· petit	
Je suppliai moult humblement. 1405	Lors s. *q*π*M*

"Sire, dis je, qui jugement	
De ma cause dois terminer,	De mon fait deucz t. *L*
Vueilles en pitie regarder,	
Se je fis onques rien ou dis	Se fis o. chouse ou d. *L*, ou] ne π
Pour quoy je doie estrë ouis. 1410	d. bien e. 𝔅, q. ·i· poy puisse e. o. *L*

J'ai en tout temps bourdon porte	tous *M*π*AGHL*𝔅
Et point ne me sui descherpe	
De l'escherpe que jadis prins.	
Les maus qu'ai fais, pas ne les fis	point ne *M*
En mon createur despisant, 1415	desprisant *AGM* despitant 𝔅
Mes pour l'inclinacion grant	par 𝔅
Quë a nature j'ai ëu	Quouec n. *L*, Qua ma n. ay tosiours eu 𝔅
Qui m'a souprins et decëu.	surprins *ALh*, et ma d. 𝔅
Enclins sont a corrupcion	aux c-ns 𝔅
Les sens et cogitacion 1420	Le *bqAG*, Le s. et la c. *L*, Des s. et c-s 𝔅
De tous hommes si com Diex dist	Les h. ainsi que D. 𝔅
Et en Genesis est escrit.	—1422 *AH*, Quar en *L*, Et ou g. en esc. *G*
Et pose que souffisance	Et sainsi est q. 𝔅
N'ait en soi ceste excusance,	
Si y met jë addiction, 1425	y mettray a. *L*, Je mectz cy par a. 𝔅
Car ce mauvais tabellion	Par *A* Que 𝔅, cel *L*
Qui ores a mes maux escris	a ores *Mq*π, Q. tantost a 𝔅, Q. a tous mes pechiez e. *L*
M'a en tous temps si de pres prins	Ma tout mon temps 𝔅, d. p. *G*
Que pas n'ai ëu grant lesir	ie nay eu 𝔅, g.] bien *L*
De bien deles le mal choisir. 1430	Du *AL*𝔅, del.] iouste *L* daupres 𝔅
Une fois mal pour bien monstre	b. p. mal *H*𝔅
M'a, autre fois envolope	
M'a mal en semblance de bien	
En tel maniere que, quant rien	
Mal au premier ne savoie, 1435	nen *G*
Decëu je me trouvoie.	
Et si dirai encore plus,	
Comment par li sui decëus:	s.] ie fuz 𝔅
Quant je m'ai voulu amender	Q. me ay *L*, Q. me suis v. *A*𝔅, Q. ie me vouloie a. *G*
Et par Penitance passer, 1440	
Paresse m'a mis au devant	
Qui m'a fait empeschement grant	f. gr. emp. 𝔅

1422.—Gen. viii. 21 : Sensus enim et cogitatio humani cordis in malum prona sunt ab adolescentia sua

Le Pelerinage de l'Ame.

Destournant que n'y alasse
Et point ne me confessasse   men *G*
Et que bien a temps iroie   1445   q. vne autre foys bien giroye 𝔓
Et asses espace aroie.   auoye *A*
Et ce a il tout fait faire   ce mal t. f. f. π, cecy ma il 𝔓
A moi en tous temps contraire.   En m. en trestout t. *G*, Qui t. t. ma este c. 𝔓
S'en bon propos il m'a scëu   Son π, Et sen 𝔓
Ou a aucun bien esmëu,   1450   —a *qMH*, Et a quelque b. faire e. 𝔓
Une autre entente m'a donne   donnee *M*
Et en autre chose occupe   occupee *M*
Pour mon bon propos empescher   —bon *LH*
Et pour moi faire destourber.
Pas n'a souffert que prëisse   1455   Et pas na s. q. ie prisse 𝔓
Le maillet dont contrisisse   contriccisse *G* conterisse *A*, d. ge contrisse *L* d. contrisse *H*
Ceste ci qui m'a accuse
Que ne puis avoir refuse,
Dont il me poise et doit peser,
Mes je ne le puis amender.   1460
Et di encor(e), sire juge,   encor *MAGH* en oultre 𝔓, s.] treschier *L*
Que je tien a mon refuge
Que le monde qui la jus est   m. que *L*
A este contre moi moult prest.   moult] tout π
Il m'a ses houneurs monstrees,   1465   ses] asses *G*
Ses vanites, ses denrees
Ou mon corps qui la jus pourrist   la bas p. 𝔓
Maintes fois deliter me fist,   M-te f. *M*, Pluseurs f. *L*, delecter 𝔓
Et aussi li fis deliter   le y f. delecter 𝔓, delitier *L*
Par ma folie et encliner.   1470   et souhaitier *L*
L'un l'autre decëu avon,   L. l. ainsi d. 𝔓, d. a.] deceuion *L*
Quant ensemble nous estïon,   Q. n. ens. e. *L*, ens. ius n. e. 𝔓
Le monde moult nous promectoit   Le m. n. p. moult 𝔓
Que point donner ne nous vouloit.   Ce q. p. d. ne v. *A*, Et rien d. *L*, Q. iamais d. ne n. voult 𝔓
Et s'aucune fois il donnoit,   1475
Tantost apres il retoloit.   il] le *L*, il le r. *A* il le rotoit *M* il le rostoi 𝔓

54   *Le Pelerinage de l'Ame.*

    Il est tel de sa nature   Le monde est t. *L*
    Que nul n'y puet vie pure   nully ny pourroit ₧
    Mener, se n'est par Grace Dieu   si ₧, se ce n. *A*
    Qui a seignourie du lieu,   1480   Laquelle a s. ₧, s. en tout l. *L*
    Si ques aucune excusance   Pour ce a. e. *L* Par ainsi a. e. ₧
    Doi avoir, quant a l'instance   Doit *M*, D. a. par ce qua l. ₧
    D'autrui ai fait ma folie   aie *L*, faite *M* .
    La quelle ie ne ni(e) mie."   —je *G* ie ne ni mie *bL*

Justice plaide constamment contre le pelerin. ₧ (T.)

    Adonc parla moult hautement   1485   m.] tres *L*
      A mon tresgrant empeschement
    Celle qu' autre fois avoie
    Ouy que pas ne vëoie.   Oie *LA*π₧
    Justice fu, bien l'entendi:
    "Sire prevost, tu as ouy   1490   Pr. dist elle auez oi *L*
    Que confesse publiquement   Qua c. p. ₧
    Il a ci devant toute gent   Deuant toy et t. la g. ₧
    Quanque li avoient sus mis   Tout q. li a. (auoit *L*) sur mis *L*₧
    Le Sathan et Synderesis,   Sathan *L* Sathanas *Mqis*
    Et ce ne pouoit il nier;   1495   porroit *M*π, Aussi ne le p. n. ₧, Ce ne puet
                                                         il refuser *L*
    Mes quant ce vient a l'escuser,   —ce *HG*, a exc. *G*
    Null[e n']est l'excusacion,   Nulle nest *qM*₧ Nest nulle *b* Nulle est π*AG*
                                                         HL
    Tesmoing Verite et Raison   et] aussi ₧
    Qui ici sont presentement   Q. cy s. *GH*, Q. s. ici *L*
    Assistens a ce jugement.   1500   a] en *H*, cest *L*, —ce *A*
    Ce sont deux dames trop sages   trop] tres *q*π*ML* moult *b* assez ₧, dames qui
                                                         sont s. *h*
    Qui scevent les vies usage[s];   sauent tous l. vieulx u. ₧, s. nuefz et vielx
                                                         u. *A*
    A leur correpcion parler   Soubz l. *L*, correction *Mq*π*hAGLH*₧
    Vueil, si que, së a amender   V. cy affin que samend. *A*, si q. se riens am.
                                                         M, —a π*GH*, Bien ie v. si q. sam. ₧
    Y a riens, qu'elles l'amendent   1505   r.] chouse *L*, Y puet auoir q. *M*, R. il y a, q.
                                                          sam. ₧
    Selon que les drois entendent.   S. ce q. *G* lentend. π*AHL*₧

                    1487.—See above, 1075-1116.

Le Pelerinage de l'Ame. 55

Premierement je di ainsi,		
Que ce pelerin la ouy		cel *L*
Ne doit estre en excusant soy,		
Car bien il a scëu la loy	1510	Q. il a b. congneu l. l. 𝔓, la foy π
Comment *tous temps eulz* gouverner		tous temps eulz (se 𝔓) *bMq*π𝔓] se doiuent α*Hh* se deuoit *AGL*
Et par quelles voies aler		p. lesquelles 𝔓
Doivent pelerins esmëus		Deuant p. *HG*, D. les p. esmuz 𝔓
D'aler en la cite lassus.		
Il dit que le corps decëu	1515	dist *H*, q. son c. la d. 𝔓
L'a et a maint mal esmëu,		—maint *M*, Et la a pluseurs maulz e. 𝔓
La quel chose ne li vaut rien,		Quele ch. 𝔓
Car ce eust il amende bien,		C. lui e. il a-der b. *M*, a. tres b. 𝔓
Së il l'ëust bien regule		il eust *M*π*G*, il se feust b. *A*, recule *H*, Sil se fust a tout b. regle 𝔓, Se son corps eust doctrine *L*
Et selon la loy gouverne,	1520	bien g. *A*
Qui pour ce li fu baillee		Et p. *A*
Et monstree et enseignee		
Es dix devins commandemens		diz diuers c. *L*
Et en ses renouvellemens		Et es beaulx r. 𝔓, Et es nobles conseillemens *L*
En l'euvangile contenus	1525	
Dont excuser ne se puet nuls.		
D'autre partie il a scëu		Et dautre part il a bien s. 𝔓
Les fais des sains qui ont tenu		
La loy du roy sens devier,		denier *G*
Et pour la quelle enteriner	1530	
A grant exil ont leurs corps mis		
Et ont este les uns occis		
Et martiries durement		martiriziez 𝔓 martirez *q*π*MH*, m-rez tres-durem. *H*
En tex guises que nullement		g.] fassons 𝔓
Langue dire ne le pourroit	1535	
N'oreille ne l'escouteroit		
A cui le cuer ne fremisist		fremist *AG*𝔓, A qui tout le c. ne fremist 𝔓, nen esmeust *L*
Et qui grant hideur n'en prëist.		g.] merueille n. prist 𝔓, ne *hAGH*, nen eust *L*

56   *Le Pelerinage de l'Ame.*

Les autres ont fait leur corps sers
En hermitages et desers,   1540
En diverses religions,
Et ont fait tant d'afflictions
Que, qui ouyes les aroit,
Par raison pou se priseroit.
Il a aussi vëu leurs dis,   1545
Leurs enseignemens et escris
Comment on doit faire servir
Le corps a l'ame et obeir
Et comment ce qu'il disoient
Loyaument acomplissoient.   1550
Bien ëust aussi fait com eux
S'il eust voulu, mes pareceus
Toute sa vie il a este
Et a le corps si deporte
Et si souffert ses voulentes   1555
Et li servi si a ses gres
Que du tout l'a fait seignourir
Quë il devoit faire servir.
Quel excusance puet avoir,
Quant Grace Dieu en son manoir   1560
Les armëures li bailla
Et l'aprist et endoctrina
Comment soustenir les devoit
Et comment armer s'en devoit
Contre tous ses adversaires,   1565
Et coment ne prisa gaires
Quanque li dist, car n'en fist rien.
Je le vi et m'en souvient bien.

le c. *M*, s.] fers *q*, Les vns ont mis les corps en gages *L*
Es h. 𝔅, et] es *A*, En d. et en h. *L*

Et] Ou *bL*𝔅 Qui *q*π, tant o. f. d. *L*𝔅, ont t. f. *hMH*
q. bien o. 𝔅, ores *H*

veuz *H*, a souuent oiz l. d. *L*, Aussi a il v. l. beaulx d. 𝔅

d. asseruir *L*

c. et l. et luy o. 𝔅
com ce que les sains d. *L*
De faiz ilz a. *L*
Aussi b. leust il f. c. e. 𝔅, f. a. *qL* f. ainsi *M*π

si] tant *L*𝔅

Et sof. a. s. v. 𝔅, Obei a aus desirs charnelx *L*
En le seruant tant a 𝔅, Plus que il na fait aus vouleirs diex *L*
segeurir π seigneur *H*, Il a f. le corps s. *L*
Lequel d. π𝔅, serueur *H*, Et il le d. si asseruir *A*
Exc. ne p. a. *L*, Que e. peust a. *A*
—Dieu *L*
Ses *A*, Bonnes a. 𝔅
lend. *qAGH*𝔅
C. il les porteroit *L*
deuroit *qπMhL* pouoit 𝔅, Et que deffendre sen pouoit *H*
Et toutesfois ne 𝔅, gueres *G*

Between 1538 and 1539 eight lines, between 1540 and 1541 four, and between 1544 and 1545 two other lines are inserted in *L*. See Appendix, end of this volume.

Le Pelerinage de l'Ame. 57

Justice parle.	Apres ce, pour li miex sommer		le 𝔓, p. m. le s. *L*
	Et que ne se peust excuser,	1570	puist *L* puet *G*
	Une fois quë il se gisoit		f. ainsi quil g. 𝔓
	Et que dedens son lit estoit		
	Encourtine com ·i· seigneur		
	Elle li fist si grant houneur		El *L*
	Que ses lectres li envoia	1575	ces l. *H*
	Que lut, mes si pou les prisa		Quil *HG*
	Quë il les gecta a terre		Quapres il 𝔓
	Et icelles j'alai querre		Et ge les y al. q. *L*, y al. *A*, requerre *M*𝔓
	Et les prins ; je les vous lirai,		Je l. p. 𝔓 Il les prist μ, liuray *G*
	En mon seing gardees les ai.	1580	g-dee *M*, g. ie l. 𝔓
	Et saches, prevost, vraiement		sachiez *qaA⁴GHjc*
	Que son nom ordeneement		ordrenem. *g*λμ, Q. tout s. n. ordonnement 𝔓
	Es lectres des comancemens		de c-ment *A⁴*
	De[s] couples et copulemens		conplus *ep*, capulement *A⁴* couplemens *b*, D. complex et des complemens *A¹*
	E[s]t mis, affin que ce nier	1585	Est *qba* &c., —ce *L* ce] se μ les 𝔓, q. semer *P*
	Il ne puist ne desavouer."		puet *A⁴*, ne] de μ, Ne puisse ne 𝔓, Ne le puisse ne renier *L*
	Adonc les lectres de son saing		
	Ataint et les print en sa main		Tira et le pris 𝔓, Atainssit et mist en *L*, p.] mist *epcMHL*
	Et mot a mot toutes les lut		De 𝔓, m. et a m. *g*
	La quel chose point ne me plut.	1590	p. me desplut *c*, La quelle ch. ne m. p. 𝔓
	Ci ai escripte la teneur,		Ci *qba* &c. Si *a*λ*gy*, Ci est e. μ, Ci en ay escript *L*𝔓, escripst *p*, Ci apres sensuit la t. *c*
	Chascun en doit avoir pëeur.		Dont ch. d. a. *c*, d. bien a. 𝔓, a. grant p. *P¹*, p.] hideur λ fraieur μ
Copie des lettres envoyees au pelerin par grace dieu es lettres capitales desquelles est le nom et le surnom du pelerin. 𝔓 (T.)	Grace Dieu du ciel royne,		G. de D. μ*H*
	Semper regnans sine fine,		
	Cognoissant pous et orine	1595	C-s ξ*MGHgAA²PP¹p* C-sse *epca*, vrine *L*𝔓 origine *p*
	Et magistra medicine		ma grace *epcA*
	A cellui qui fait gesine		c. faites g. *A¹*, q. fu g. ο
	Hic in medio cortine,		—1598 *g*, Hoc *A¹*
	Pocion et medicine		—1599 *g*, Porcion ξ
	In salutem vite bine.	1600	bine *baA⁴GHyhAA²qπi*λμ*MPP¹L*𝔓 viue *ep* ξ*gA¹p* pure *α*

I

Visiter je vueil ta vie	—1601-1822 λ
Ad pu[l]sum consciencie,	pulsum *qba* &c. pulsim π*P* pulsin *H*, con-
Quell' est ta phisonomie	science *ab*
Interiori facie,	phinosomie *g* philonommie *a* philosomie *hi*π
En quoi as mis t'estudie, 1605	*PP*¹*cs* philozom. ξ
Si te rexisti sobrie,	In inter. f. μ*L* Jn teneri f. *s* In chori tui f. *A*¹
S'a mestier ta maladie	En que *L*, Ou tu as *M*, m. est *A*¹
Medela flebotomie.	—te *c*, te vixisti *L* te xpriste *P*, Sire resisti *s*
	Se a π*A*² Ce a *c* Si a *AL*, Et se as 𝔅
	flebotome *GP* flob. *sA*¹ flenbot. ρ flobothomie
	G
Je pense que contenue	Et, continuo *s*, continue *ai*ξ*pcp*, q. la contin. μ,
Te tenuit continue, 1610	Je croy q. chaulde contin. 𝔅
Que sueur n'as pas ëue	temuit *c* tennuit *A*⁴, c-nuo *s*
Flendo culpas vite tue.	sonnour *h*, pas nas *a*, na *ghA*²*PP*¹ρ, Si ques
Fort sueur te faut qui pue,	s. tu n. μ Et q. s. tu nas 𝔅
Si purgari vis congrue.	culpe *sc*
Bien se gist qui ainsi sue 1615	= 1615 *A*¹, Sueur forte μ, suer te f. quelle
Memor miserie sue.	p. *A*², prie *sM*
	= 1613 *A*¹
	= 1614 *A*¹, se garist q. *c* se gasta que *s*
	—1616 *A*¹, misericordie *L*, sue miserie *b*
Le pous que tu as s'acorde	as sade *g*
Quod plenus es magna sorde,	Quos *P* Que ε*G* Qui *A*¹, pl.] le pelerin *s* li
Que ta vie trop est orde	peleri *c*, —es *g* est *yH*, magno *a*, mala s. *H*
Actu cum mente concorde. 1620	Car *p*, est trop *q*π*eaA*⁴*GHygAA*¹*A*²𝔅
Pour ce de misericorde	Aten *s*, cum]a *b*, m.] ore *L*, cum corde *AA*¹*LP*
Et pio misericord(i)e	Accu m. que cum corde μ
As mestier, avant que morde	—1622 *qbgs*, =1623 ε*pc*, pie m-die *P*
Mors tollens vitam a corde.	Ay ie m. *c*, q. te m. 𝔅
	tolens *A* collens *A*⁴ tollans ε*ps*πξ collaux *c*,
	vitam tollens *G*
La mort contre toi s'oppose 1625	encontre moy s. μ, suppose *aep*ξ s'accorde *sc*
Accedens impetuose;	Accidens *L* Attendens *A*¹*H* Attendans ξ
Onques elle ne compose	Que qui a elle *c*, Onc en nul temps el *L*,
Cum ullo, sed rigorose	Jamais naccorde ne c. 𝔅, ne se c. μ
Grans et fors assaillir ose	nullo cest r. *A*⁴, uigorose *L* riga orose *s*

Instead of line 1623 ε*pc* have: *Ne auant que ainsi sestorde*. This line was added in compensation of the line 1622 omitted in these MSS. as in *bqsg*.

Le Pelerinage de l'Ame.

Palam et insidiose.	1630
Bon fait savoir ceste chose	
Ut quilibet penset pro se.	

et] vel 𝔓 incid. $A^4Gh\mu$
s.] congnoistre ρ Trop b. il f. s. tel ch μ
Et G quislib. μ quolib. sc

E̲ncor t'en di autre note,
    Ut caucius agas pro te.
Gros et menus, tout fagote   1635
Clamans: parati estote!
Tout fait ouny, tout rabote,
Huicque preces sunt ignote.
Elle se gist en ta cote,
Sicque adest, non remote.   1640

te di $aA^4GgyAA^1H\mathfrak{P}\mu\epsilon\xi pc$ te dirai $b\mathfrak{P}$ ten dirai $A^2\pi P^1\rho$, n.] chose ξp
Cauc. ut μ, cautus b cancius c conscius A^2, tancius G, agat P
—tout g tous $MGA^1LA^2APH\rho\xi$
Clamant ρ
f.] soit h, onnir P vni $A\mathfrak{P}$ vns A^1 vuit L, reboute sc
Hinc AA^1, —que ρ, H. te p. A^2 Ille p. L, sont A^1
si g. et ta couste A^4, in A^1, desoulx ta ρ, ta] sa gsc, coste aA^4Ghp

R̲epostement ens t' espie
    Nulle cuius inducie
Viellesce *avec* Maladie
En assunt eius nuncie.
A son tour chascune crie: 1645
Quid facimus tota die?
Trop a vesquu, trop charrie,
Vertatur currus hodie!

Resp. A^4 Lepotem. s Eespertement P, Receleement dedans t. $\mathfrak{P}$, ens] elle $c\mu\rho$ au corps
Nullo sc Nullus A, eius $\mathfrak{P}$, i.] medicine baA^4gyGHA iusticie A^1
auec $bq\pi MaA^1gyGHAA^1A^2PP^1$ auecques $\mu\mathfrak{P}$ Lp hante a auoie s auoie et c
—-En ξL Enaserunt sc En affert A^1 Adsunt e. prenuncie L
t.] pouoir c, ch-un AA^2p chatiue M, ch-un escrie μ cascune delle c. ρ
f. cotidie c, cothidie A
a] as $iA^2\pi p$, t. ha charue g, charue c
curus c

M̲ainte fois t'ai ammouneste.
    Privatim et manifeste   1650
Que tousjours fusses apreste
Te tibimet facto teste.
Rien fait par toi n'en a este,
Synderesis hoc penes te
Le dit que en a enqueste   1655
Et scit modum rei geste.

M-tes $\mu\rho cgAGH$, ta P^1
P-tin A^4 P-te A^1 P-tum sc, magnif. μG
Quen touz temps f. L
Te tremet GA^4 Te temet a, *space left for* tibimet H, finis t. s fons t. c teste G
R. p. toy f. L
hec L
qui $bq\pi M\epsilon pcaA^4HLAA^2$, quil P, as A^4, acq. sc
sit $sp\epsilon p$ fit c sic A^4P

V̲ers moi qui sui ta miresse
    Appetens tibi prodesse

V. toy moy μ, Lors, ta maistresse s, fui M

Mesprens de fausse promesse,
Nam promiseras expresse   1660
Quë iroies a confesse,
Et ultra tibi p[r]eesse
Ne lairoies ta baiasse,
Sed cogeres hanc subesse.

M. defaulte de p. ρ
—1660 A^2
—1661 A^2, tost a c. μ
preesse q b π M &c. pie esse A^1 presse e
laisseroies c lauoies H, ta seruereresse L
cogens P^1 congeres pAA^2 cogeas s cognas c, h.] eam ψsepg, cong. h. super se A^2, c. ca fabesse c

Sus toi ell' a trop domine   1665
  Usurpans jura domine,
Mes fol n'est pas endoctrine
Nec acquiescit doctrine.
Devant qu'il est du tout mine
Et grandi datus ruine,   1670
Tous jours se tient pour espine
In adventu discipline.

Sur cA^2A^1L𝔅 Qua toy s, S. t. touz temps a d. •L
—1666 gA^4A^1
point bqMech$A^2A^1LP^1P$𝔅
Rec p, Per aq. c, Ne qui a cheitif d. A^1
qui e. A qui soit 𝔅, quil du t. soit m. L, —du sc (que il t. c)
—1670 A^1, d. nimie c
T. temps L, —pour P post g, espure c

De tout le grief qui s' oppose
  Contra te injuriose
Et de toute male chose   1675
Illata tibi dolose
Dois ressembler a la rose :
In spineto gaudiose
Flourissant et s'oudeur close
Exibenti graciose.   1680

Et t. le bien q. s, le bien q. supp. c, le bien que A, le gre que supp. P, le droit H, que hA^{1}AA^2P, supp. cA^4A^1P
Contre g, te que i. A^1, injur. b
ch. ose ρ
Lata t. dolorose A^1

spinato P spineta L spinis c
—et A^1, F. son od. μ, sourdeur p sundeur s son odeur cP𝔅
Exhibent s Cohibenti A^1

Entent a moi et t'esveille,
  Soporemque tuum pelle !
N'est pas sage qui sommeille
Cui orior vice stelle.
Souvent as tourne t'oreille   1685
A sono mee vielle,
Moi boute hors de ta celle
Cum delato tibi melle.

En tant A^4 —a g, tenaille P
Sap. s, —que M

Qui H Cum πi, orror cP^1 honor s error h, scelle A^1c
a A^4, trouue t. s, loreille GAMπi𝔅
sonno A^4, sonmee v. s
Boute moy sc, selle A^1hc ξ scelle μ
Cil c, dilato ML

Le Pelerinage de l'Ame.

D i moi, *par* l'ame ton pere,
    Si solus de muliere   1690
Es nes sens peche de mere,
    Aut sic mundus qu*o*d lugere
Par contriction amere
    Non debeas acque flere
La vilte et la misere   1695
    Cui nosti te subiacere?

E n toi, au mains se n'es nice,
    Conflictum lucte bellice

Sens tu, et que par malice
    Cuius vires sunt modice   1700
Cil qui a haute justice
    Et virtutis magnifice
Suppedite qui est vice
    Dampnandum a te judice.

G rant hont' est que cil t'abate   1705
    Qui deberet vinci a te,
Quë a l' eschequier te macte
    Scacus minor potestate,

Quë apres *ce* tant te flate

Pigricie tarditate   1710
Que ne li retens la pate
Te vindicans indilate.

U ne fois estre surmonte
    In duello prima fronte
Puet uns homs d'asses grant bonte,   1715

par *bqH* etc.] pour *a*, l. compere *s*
Si scelus *s*
nes] nasqui *p* nascu *c*, —de *g*
si m. μ*pA*^{1}*L* sit m. *G*, mondus *agp*, qui *A*

atque *G*
vilite *A*, —la *p*, v. de la masure *P*
Qui no (*the remainder of the line left in blank*) *A*^{1}, Qui nosci *c*, nosci *Gec* scis *p*, —te *G*𝔅, te jacere *P*
—1697 *c*, Enten *M*, a m. π, nice] iree *s*
—1698 *c*, Conflictim *A*^{1} Conflutum π Confluctum *P*^{1}*s* Cum fluctum *p*ξ Cum fluctu *A*, luce*m* *As*
—1699 *cA*, Sant tu π, Sen sens tu bien *p*, —que *A*^{4}
—1700 *c*, Cui *P* sunt vires *aA*^{4} *GygH* v. sont *A*^{1}
—1701 *c*
—1702 *c*, v-tes *s* virtutem *A*^{1} virtus *P*^{1}
—1703 *c*, Suppditte *P* Suppeditement *A*, nice *A*^{1} vire *s*
—1704 *c*, D. absque j. *A*^{2}

est] cest *g*, tabata *k*
Cui *sc*, debet *A*^{2}, vinci deberet
Qui *sc*, Et qua l. μ*L*, Et que a *P*^{1}*p*, —a *A*^{4}*G HAyg*
Scatus *ayg* Status *ep*ξ*A*^{4}*GHAA*^{2}*A*^{1}*LPP*^{1}*p* Satus *sc*, Factus junior pet. μ
ce *qb* &c. se *aM*, Qui *scAP*^{1}, Et quap. *L*, —tant *P* Qui a. ce t. te (ta *c*) mate *sc* ce tant te *G*
Pugr. *c*, Pingrecie tradit. *P*, P. tradit a te *P*^{1}
retiens *scA*^{1}*P*, retaus la place *A*^{2}
Et v. *sc*, vincans *A*, Ne te vincat i. *A*^{1}

dulle *A*^{1}, pr.] sine *p*
Puest *p* Puit *g*, honte *A*

In MS. *c* stanza 1689-1696 stands between lines 1736 and 1737, and begins with *Las di moy*..., the initial being therefore *L*; the next stanza (1697-1704) is altogether omitted. The initials of the 23 stanzas giving the author's name read therefore in this MS.: *Guillermus de Guillevilla*.

1715 stands on the first line of page 258 after line 1720, followed by a blank line *H*.

Sed iacere sic sub *sonte*

Sens pener d'estre remonte
Non decet virum de monte ;
De [s'] houneur seroit desmonte

De cenit sub orizonte.   1720

Jeunece plus ne t'excuse
    Senecte cedens intruse.

Se m' as fait atendre a muse,
Jam non cedit tempus muse.
Ren[t] qu'as promis, ne refuse   1725
Aut erit tibi confuse.
Fouls est qui de moi se ruse
Nec satisfacit deluse.

Longuement ta forfaicture
    Sustinui et iam dure   1730
Que ne t'amendes endure
Nec subicis te culture.
Amende toi et t'espure
Per penitenciam pure !
D'autre amende je n'ai cure,   1735
Sufficit pro meo iure.

Esli tost que dois eslire
    Ad quem portum tu vis ire,
Au port de salut ou d'ire !
Venit finis, dies ire,   1740
Mis en coche a ja sa vire

—1716 *H*, sonte $bq\epsilon p c\pi M A^2 Lh\mathfrak{P}$ sompte *P* sunte μ sente ξ] fonte $asaA^4ygAP^1\rho$ fronte *G*, sic substante A^1, sic] se *P* pouoir *P*, de faire r. *g*

Desonneur ϵp De honneur $b i\pi M\mu PaA^4GgA$ A^2A^1L Donneur $P^1\rho\mathfrak{P}$, D. s. tout d. ρ D. si s. d. $\mathfrak{P}$
—1720 *LH*, Detenit $\epsilon p\xi P$ Deuenit μ, ceuit qb ceius ρ ceni P^1, Decerne $scaA^4G$ Decernit A^1 Decreuit *P* Teneri A^2, De crine s. oriente *A*

ne exc. *g*, te excluse *L* Jennesce *G*
Se nocte *s* Senectus *L*, cedent ρ tedens *P* sedens $aA^4GHygAsc\mu\xi h\mathfrak{P}$, intra se *A* in cruse *bc* in cruce *s*
Et *A*, ma A^1, entendre scA^2, a] la *A*
—1724 *p*, cedat *sc*, corpus m. A^1
Rent *qba* &c. Rens *hAP* Riens μM Rendre $A^2LP^1\mathfrak{P}$ Rendres ρ, qua as *s*

Faulx *P* Foul *G*
Et *P*, N. seu facit A^1, s-ciat *s* s-fecit ρ, de luce πGL deluce *G*

Longuam. A^1

Et que t. *L*, te am. A^1 tamendas π
s-ci *L* s-cit *P* subijcis $\mathfrak{P}$ subiscis μ
A-des $aA^4G\gamma Ah$, te esp. $L\rho$

Ge nay d. a. c. *L*, De nulle a. a. nay c. $\mathfrak{P}$, am. nay nulle c. ρ

Elli *q*, Eli ce q. *g*, d.] veulz *cL* veulx *G*
portam *c*, quam p-tam *s*, —tu $q\pi\epsilon p sc$, p. vis venire π
—port ρ pont *P*, de ire *GAL*
V. d. f. i. π, Venis fraus *A*, f.] suus *s* suis A^1L, die *P*
Mise ϵp, encochie *p*, Mais en c. est ja μ, c. ara sa v. A^1, Son dart tient et vers toi se vire *L*

1720.—Blank space left for De cenit *g*, space left between ceni and sub P^1.
Stanza 1689-1696 between 1736 and 1737 *c*, see note above, line 1689.

Le Pelerinage de l'Ame.

Mors applicans te ferire.
Tel cop te ferra que mire
Non poterit subvenire.

V eille bien a ce et pense,   1745
　Non ad cibaria mense,
Voi que n'as point de deffense
Vibrato desuper ense,
Voi que nu es, et intense

Est nota tue offense   1750
Et que grant est la deppense
Anime tue expense.

J adis [je] t'avoie intime
　Vires virtutis intime,
Toi exempte et exime   1755
A preda fere pessime ;
Mes ces biens fais as [pou] rime

Fovendo vitam anime,
N'encor n'es pas bien anime
Dandi rubiginem lime.   1760

L 'oisel quant chante et volete
　Super ramum multum lete,
Est tost feru de saiecte
Vel involvit eum rethe.
Or t'ai dit que Mort t'aguecte,   1765
Et parum cogitas de te
Qui mains es(t) d'une fauve(s)te
Intus fosso pariete.

a-quans pour t. f. ρ, finire A^1
col te fera ξ, te] que h, T. copure fera s, c. elle f. ρ, frapera μ
Tibi n. p. s. A, poterat P^1

Veilles aA^4GHy Vielle π, a] en A^1, ad ce G

Vois $scMA^2L\mathfrak{P}$, qui g, plus nulle def. ρ
Virbrato ξ Vbi cito aA^4Gyg Vbi cito *made by the copyist into* Vibrato H
Vois LP, Tu sces q. $\mathfrak{P}$, q. myes A^4 q. tu es nudz μ, Vigorenses et int. s, et viteuse AA^1 et bien y pense ρ
uota c vota ξ mota A^1 note aA^4Hyg nocte G, deffense $g\xi\epsilon psc$,
—que A^1, q.] quant e. L, g. et l. A, deppense ϵp
A. cure expresse c

je $b q a$ &c. —je aA^1
—1754 s, virtutes c virtutum A^1
—1755 A^1
predi c, ferre sc
pou qba &c. pour A^1, tes $esc\xi\pi\mu aA^4GHgAP$ telz $\mathfrak{P}$ ses A^1M, bienfais $q\epsilon\pi i\mu sP^1\rho Lh$ meffais A, as] a $p\mu P^1 aA^4G$, f. poume P, a peu ame μ as perime s
Foue π
—1759 πyg, Encor $\mu\xi A^1$, nest ξ, nas p. *is*, nas auine A^2
rubigiem c ynibigiem L rubigimen a rubag. A^1, rubing. bine π

Oisel s Loiselet ρ, chant p chantette P^1
r.] frondes μ
tout g, frape $\mathfrak{P}$, f. et saette ξ
eam MA eum G eum intra A^1, recte G tethe s teche c
Or te di A^1, Je t. bien d. μ
paruum s parmum c
mendres $c\mathfrak{P}$, est aA^4GH, Q. es fors d. f. ρ, faufette A^2 flamesche H, Q. es meindre que vne merlete $\mathfrak{P}$
Imcus c Lucus G, Durus fausse A^1, fosse $schAL$

For 1747 MS. p has: Que vas point de deffense
Quas point de deffense.

Las, que diras au grant sire
  Die illa die ire?   1770
Trop as tarde toi eslire
Quasi volens te nescire.
Pomme pointe tost empire.
Si te cupis garandire,
Ton mehaing monstre a ton mire,   1775
Sibi causamque fac scire.

Adonc quant seras *espure*
  Suppositus sue cure,
Que refait et refigure
Eris labore culture,   1780
Lors seras tu assëure
Et *pausabis* jam secure

Et en seras bonëure
Data carne sepulture.

Quant ot tout lëu, tantost dist: 1785
"Or voi, prevost, comment li fist
Grace de Dieu houneur tresgrant
Et comment d'amour grant semblant
Li voult monstrer, quant l'avisoit
En tel guise et endoctrinoit;   1790
Si ques voir *nulle excusance*

N'ara ja *par ma plaisance,*
Et a plus grant confusion
De li et grant irrision
Il avoit Ethiques vëu,   1795
Et dedens avoit l'art lëu
Comment se devoit gouverner

ques *A*, diray *P*, au tres bault s. μ
Dies i. dies *epschgya*A^4GA^1
T. atardes A^2, tarde a bien esl. *p*
te vestire *H*
P. pourrie A^1A^2, tout *g*
—Si te *H*, garant. *bpcaA⁴GgALP¹*𝔅 garent.
  yHA¹
Ta maladie mo. 𝔅, —ton A^1
Sub c. *c*, Sibique c. f. *g*, S. c. facque s. *ML*

espure *qba* &c. espire *α* espine *yH* depure 𝔅,
  serras ρ
s. ciue ε*p*
Qui *cgA*, Qui te fait *c*, Q. r. et fig. A^4
laboure *a* laboris *gM*, l. et c. *c*, cultiue ε*p*
sera tu ξ, tu bien a. μ𝔅 tu tous ass. ρ
pausabis *qbaHyAA²P¹*ρ𝔅 pensabis α*Mπίξμε
  psсghPA¹L* pansabilis A^4G
ensy s. ρ, ben. *qbeaGycPA¹L* bien eure π*pA⁴
  gHAM*𝔅, Trop mieulx tu en s. eure μ
D. terre s. *H*

—tout $A^4HPP^1ρA^1$𝔅, leu tout *G a* veu tout
  g, elle ot μ, il eut leu ρ, ce leu ξ, Q. elle
  eut ce leu 𝔅
voiz *ML*, comme *Gg*, come le *g*
—de *gHGAM*
—Et gA^4G, come *g*, g.] biau ρ
Qui v. *A*

nulle exc. *bqH* &c.] pour ma plaisance α,
  Pour cela v. *L*, Telement que n. c. 𝔅,
  veoir *MP*
par ma pl. *bqH* &c.] nulle excusance α

les eth v. 𝔅
Et la ded. 𝔅, lart] la GA^4A ia *H*

1779-1782 repeated on the first lines of fol. 16 a *q*.

Le Pelerinage de l'Ame. 65

Et par quel(le) voie cheminer,		quel *bqH* &c.
Que devoit le chemin destre		Qui *M*, Que il d. *L* Et quil d. 𝔓
Eschever et le senestre,	1800	Eschuer *M* Eschiver *G*
Et le moien chemin tenir		
Sens point ca et la divertir,		et] ne *AL*𝔓
Mes il y perdi tout son temps.		—1803 *iπ*, —y *AH*, il a perdu 𝔓
Sens faire rien pou vaut li sens.		—1804 *iπ*, S. r. f. 𝔓, S. r. en f. p. v. s. *L*, voult *A*
D'escherpe aussi il s'est vante	1805	De lesch. *H*, a. sest il v. *A*, il est v. *A⁴* il est verite *G*, Desch. sil ny a euures *L*
Et du bourdon qu'il a porte,		Le fruit du b. qua p. *L*
Mes certes, prevost, tu sces bien		C. pr. vous sauez b. *L*
Que, s'il eust eu a faire rien		Se eust *L*, —eu *HπM*, Que saffaire il eust eu d. r. 𝔓
De la grant persecucion		
Qui fu jadis au temps Neron,	1810	Que *G*, au] ou *hHL* du *AA⁴G*
De Maxime et (de) Domician,		maximien *A*, et] en 𝔓, et de D. *aA⁴GH* et D. *bMqiπpsA*𝔓 et de donacien *L*
Anthon[i]n, (et) Dioclecian		Anthonion (A-nium *h*) et D. *Hh*, De Antoine D. *L*, A. et d. *aM*, —et *bqiπpsA⁴AL*
Et des tirans qui estoient		
Qui pelerins descherpoient		
Ou tost les avoient occis,	1815	bien t. 𝔓, auoit *A⁴*
Tost jus ëust s'escherpe mis.		Tantost e. j. lesch. 𝔓, T. j. lesch. e. m. *M*, eust jus *bqA⁴GHA*𝔓, —jus *π*, lesch. *AA⁴*𝔓
Së Arrian eust encontre,		Et se A. 𝔓, Se nairon e. e. *A*
Tost l'ëust certes descherpe		Moult t. 𝔓, Prestement l. d. *L*
Et tost eust brise son bourdon		br.] prise *A⁴*
Et mene en chetivoison.	1820	en] a 𝔓
N'est rien dont se doie vanter		Rien na fait d. *L*, il se d. v. 𝔓
Ne rien dont se puist excuser.		puisse *H*𝔓 puet *M*, se doie e. *L*
Il dit aussi que decëu		dist *iH*, redit a. 𝔓
L'a Sathanas et esmëu		La le S. 𝔓
Aus maus faire quë il a fait	1825	Au *q*, fais *λH*
Et quë empesche et retrait		en pechie *M*, Et as pechiez et que r. *L*, r-s *H*, Et quemp. la et r. 𝔓
L'a de penitance faire,		Il la *i* Il a *π*, De digne p. f. 𝔓
De quoi miex vausist soi taire ;		vousist *π*, se t. *L*𝔓

1805 a, b.—Les euures sont de la foi preuu(r)es
Par son vanter a auorte. *L*

Car s'il eust este fort arme,
De li il se fust bien garde.   1830
Nulle force n'a Sathanas
A cil qui li garde le pas.
Onques par li n'est nul vaincu
Fors qui s'est a li consentu.
Et tout autel du monde est il :   1835
Qui veult, il y est en peril,
Mes qui fort li clot la porte
Contre li n'a point de force;
Mes cil la s'est a li ouvert
En tous temps a li descouvert;   1840
Tout c'est a li abandonne
Sens avoir l'uis vers li ferme,
Et a joie l'a receü
Toutes fois qu'est a lui venu,
Et aucune fois grant erre   1845
Par dehors l'es[t] ale querre,
Si ques null' est s'excusance;
Rendre tu en dois sentance,
Se Raison qui ci est le dit
Et Verite n'y contredit."   1850

Le pelerin parle.

Adonc Raison jë entendi
Quë autres fois j'avoie ouy:

Raison parle.

"En quanques a, dist elle, dit
Justice, n'a nul contredit.
Tresbien avoit au pelerin   1855
Grace Dieu monstre son chemin,
Comment son anemi estoit

Sil e. e. bien a. L
De sathan se f. L

que M
Jamais p. $\mathfrak{P}$, nest p. l. h, p. li ne fu v. M,
   Hons ne fut onc p. l. v. L
quil π, a lui sest c. AL, Sil ne s'est a li
   consentus λ
a.] aussi L ainsi $\mathfrak{P}$
—y AA^4G, v. y lui est A, v. y est en grant p. λ
f.] tresbien $\mathfrak{P}$
Le monde na contre li f. λ
Cestuy ci sest λ M. cestui s. $\mathfrak{P}$
tout t. M, a li] et tout $bMqi\pi A$, Touz t. et a
   li d. L
= 1842 (Ses h. ne li a point f-ez) L, Toute h,
   T. est $\mathfrak{P}$ T. s'est G
= 1841 (Ains sest a li ab.) L, luis $aAGA^4H\mathfrak{P}$
   huis $bMqi\pi$
a grant j. $\mathfrak{P}$

a-es h
lest bqH &c., il est a. $i\pi\mathfrak{P}$
Par quoy $\mathfrak{P}$, n. nest M, nulle excus. H, Point
   na bonne excusacion L
Prendre h, Na pas cy en ta presence H, Dictes
   nostre entencion L
nen c. L

Lors ient. dame raison $\mathfrak{P}$, Reson prist apres
   la parole L
Quaut. H, Quar a. f. lau. λ, f. au. A, De qui
   moult prise la lecon $\mathfrak{P}$, Qui onc jour
   nama friuole L
Et q. A, En tout ce qua d. e. $\mathfrak{P}$, q. d. e. a
   dit λ, dit e. dit πA^4GH, d. e. dist bqA,
   et dist ce que Justice a dit L
Est loiaute sans c. L

Between 1844 and 1845 fourteen lines more in L, see Appendix.

Son corps propre et le decevoit,
Comment s'en devoit deffendre
[Et a li faire le rendre],   1860

Et comment se devoit garder,
Et comment pourroit eschever
Ou rompre les las l'anemi;
La quelle chose aussi je di
Du monde et de sa vanite   1865
Dont legierement soi garde
Fust, së a tous ses 'v' postis
Ëust closture bonne mis.
En rien ne voy quë il n'ait tort
Et que n'en doie souffrir mort.   1870
Verite, doulce compaigne,
Dites en ce qui vous semble!"

Verite parle.

A donc dist celle: "Il m'est avis
Que bons et justes sont tes dis
Et qu'en rien n'a excusance,   1875
Car s'a dame Penitance
Apres ses meffais fust ale
Et a li se fust expose
Et que se fust fait balier,
Bien buer et bien fort laver   1880
En sa grant lavenderie,
Lors ne dëisse je mie
Qu' aucune excusance n'ëust

—et λ
—1859 λ
—1860 aλ] 1860 bqH &c., Et a son vueil le f. r. 𝔓, le] du tout *iπ* sathan *A*, Et lui en seruage r. *h*, Et par labour tout moul le r. *L*
—Et *A*⁴*GHhA*, Comme il sen d. g. λ, sen d. *AA*⁴*GH*
comme λ aussi 𝔓, eschiver *G*
Et r. 𝔓, Ou l. l. r. a lenn. *A*
Les quelles ch. *A*, ainssi *iπ* ainsi *G*

soit *A* bien 𝔓
Se fust sa t. 𝔓, a tout s. *H*, se a luis ou au p. λ, F. si aus v p. de son corps *L*
closure *M*, Il e. cl. et b. m. 𝔓, E. m. cl-s fors *L*
voit qui n. *A*, ie ne v. quil λ𝔓, Ge ni v. chouse ou il *L*
ne d. *H*λ, Il est digne de s. m. *L*, Et q. ne soit digne de m. 𝔓
c-gnie *A*⁴, V. ma d. amee *L*, Vous v. qui ne flatez rien 𝔓
quil v. *bqA*⁴*GH*, D. le voir que bien v. s. *h*, D. men vostre pensee *L*, Ce que v. s. d. en 𝔓
Donc d. *A*, d. elle 𝔓, Verite d. il *L*, il] y π*GL*
—justes *A*, b. et j. a*MA*⁴*H* j. et b. *bqi*π*GL*
que na nulle exc. λ*L*
Qua sa d. *M*, Si a sa d. *L*

a elle tout exp. 𝔓
baillier *AA*⁴ baignier *MH*, quil se f. f. bien baignier *L*
et tresf. l. 𝔓, Et bien lauer et b. netoier *L*
g.] sainte *L*
Λlors certes (Certes lors *iπ*) ne d. m. *iπ*𝔓
Quil exc. *L*

1868 a, b, c, d.—Ou les eust aussi dru treillez
Et si soigneusement veillez
Comme celuy quen la haye vit
Qui auoit croisey son esperit 𝔓

68 *Le Pelerinage de l'Ame.*

Et qu' avoir respit ne pëust.		il ne p. 𝔓, ne deust *L*
Mes së a li il est ale	1885	M. sa elle il 𝔓, li] elle λ*h*𝔓, —il *L*
Aucune fois, pou a este,		A-es *h*𝔓
Et si a este povrement,		p.] laschement 𝔓
En propos de renchaiement,		Comme en p. 𝔓, rech. *H* recheem. π rencheem. *h*𝔓 renchieem. *i* retournem. *L*
Sens lermes, sens contriction,		
A trespou de devocion	1890	O *L*, —de *A*⁴
Et sens paine enjointe faire		
Et sens soi des maus retraire.		de *M*π*AA*⁴*GH*
Tel repentance di nulle ;		r.] penitance *HL*, Ge di t. p. n. *L*
Plus va avant, plus recule		P. voit *L*
Comme la roe du moulin	1895	
Qui tourne voulentiers, a fin		t. touz temps a la f. *L*
Que revoist dont est venue		reuoit *qis* reuoise 𝔓, Qui *M*π*hH*, Quel retourt dom el est v. *L*
Premierement et mëue.		P. elle est m. *G*, et dont est m. 𝔓
Et pour ce m'est il bien avis		il] si π
Quë a mort il doit estre mis."	1900	Que il a m. d. *L* Qua m. a droit d. 𝔓

Le pelerin. Adonc s'escria le Sathan: A-cques s. S. 𝔓
Sathan.   Enhan Michiel, enhan enhan! En hault M. ahan *H*, Ahan M. prouost ahan *L*

Or ne pues tu dissimuler		peu tu 𝔓
Que ne le me doies livrer;		me le *i*, ne le doie *A*, doie *M*
Si te pri que par jugement	1905	—que *A*⁴
Le me livres sens targement!		
Trop longuement ai actendu,		iay 𝔓, attendu *G*
Mes asses tost sera rendu.		a. t.] tantost il (lui *MH* 𝔓) *bqM*iπ*A*⁴*GHA*𝔓
Tormens en ara doublement		T-t *A*⁴*M*, auras *A*⁴
Sens fenir pardurablement."	1910	finer *A*𝔓

Le pelerin Lors en paumoisons je chëi Adonc e. p. ch. *L*, en] a *A*⁴*G*, p-n *M*π*H*
parle.   L. en tres grant paour ch. *A*, L. tout espasme ie tumby 𝔓

De tresgrant paour tout transi. De g. p. ie fu t. tr. 𝔓, Et tout paume et t. tr. *A*

    1890 a, b.—Et par contenance souuant
      Que ne fu repris de la gent 𝔓

Le Pelerinage de l'Ame.

Nul mot dire ne pouoie		Vn m. d. *L*, d. ie nosoie *A* ie n. p. *G*
Et que dire ne savoie.		Ne du d. riens ne s. *h*
De sentencier estoit prest	1915	De contencier *M*
Le juge et dire par arrest,		
Si com croi, ma dampnacion,		Comme cr. 𝔅
Quant la dame de grant reno*n*		la] ma *L*
A qui vi porte[r] la corde		porter *bqH* &c.
Qui se dit Misericorde	1920	se dist *h*, se nomme M. *iπ*𝔅 est nommee M. *L*
La parole tost pour moi prist		—tost *L*, L. p. tantost prist *A*
Et en audience ainsi dist:		
"Sire prevost, bien ai ouy		iay b. o. *L*𝔅, as *M*π*A*⁴*GH*
Raison et Verite aussi		
Qui avec Justice ont parle	1925	
Que tu as moult bien escoute.		Jay m. b. tout e. *L*
Si te pri que soie ouye		te] vous *L*
Aussi pour (la) povre partie.		poure] meisme *L*
Se m'office ne faisoie,		
Pas bien dite ne seroie,	1930	d.] nommee *L*
Si com sces, Misericorde		Comme tu s. 𝔅, Par mon droit nom M. *L*
Qui, sens ce que point se torde		—que *A*, p.] de rien *iπ*, se corde *hAA*⁴*G* sacorde *H*
Justice de droite ligne,		
De ma douceur fas benigne.		ie foiz 𝔅, beguine *A*
Bien sces que par hum*a*in chemin	1935	Len dit q. *L*, quen h. *M*, p. le droit ch. *A*
En terre n'est nul pelerin		
Qui souvent ne se forvoie		
Et n'i voist par orde voie,		ne voie p. *A* ny voise p. 𝔅 ny aille p. *L*
Mes li uns plus, li autres mains		les u. p. les *L*, Toutesfois lun p. lautre m. 𝔅
Et onques n'en fu nul si sains	1940	nul] vng 𝔅 hons *M*
Qui n'y ait este desvoie		d-ez 𝔅
Aucune fois et fait pechie		A-es *h*𝔅, peschez 𝔅
Excepte ma haute dame		—1943 *L*, ma] la *A*
A cui n'est per hom ne femme		—1944 *L*, na p. *A*, par *M*
[Et] excepte le haut seigneur	1945	Et *bqH* &c.]—Et *aGL*, Exc. le tres h. s. *L*

Miseri-
corde
plaide et
defend
doulcement
et vtile-
ment la
cause du
poure
pelerin.
𝔅 (T.)

Qui une fois fu viateur
Pour les pechëours en terre

Et pour venir les jus querre.

Par moi le fist, je l' en requis,
Comment que bien grans *contredis*   1950
Y mëist et empeschemens
Dame Justice par son sens ;
La quel chose a mon propos di,
Car a acort et moi et li
Serons encor si comme lors,   1955
Se devant toi a nuls *descors*

De ce quë a dire j' entent
Contre sa rigueur qui trop tent.

A vis m'est, puis que le seigneur
 Jadis *destendi* sa rigueur   1960
Et du haut trone descendi

Pour sauver sa gent, qui du ny

Ou mis estoient desnichoit

Li huas d'enfer et ostoit,
Que ses subjes excemplaire   1965
Par *droit* doivent de li traire,
Que tu qui tiens son assise

Dois en tout avoir sa guise
Mesmemeut en tes jugemens
Devant qui passent toutes gens.   1970

P. hommes pecheur de t. *bMqiA*, en] de π,
 P. les pouures p-s en t. 𝔓, Qui pour
 repentans acquerre *L*
p. les v. *h*π𝔓, p. les aler la j. q. *A*, p. les v.
 cy bas q. 𝔓, Voult souffrir la mort sur
 terre *L*
ie le r. *A*
contred. *bqH* &c.] entredis α, Combien q. *A*,
 Nonobstant les g. c. 𝔓
Qui mist et les e. 𝔓, mist *A*

—a *A*
—a *M*, C. a tort π, C. a bon ac. m. 𝔓, m. a
 li *q* Que a ac. et ge et li *L*
e. ainsi que l. 𝔓
descors*bqiAA*⁴*GH*] destors α*M* discors *hL*𝔓,
 deu. vous a mis d. *L*, ait mis dest. *M*, t.
 auons desc-t π
qua d. *A*, qua te d. 𝔓
Oultre *L*, sa] ta *AA*⁴*H*, que 𝔓, tr.] fort *L*

d. *bMqiπHh*] descendit α*A*⁴*AL*𝔓 descendit
 de r. *A* descendi *G*

sa] la *bq*, que *bMqA*⁴*G*𝔓, Et p. ceulx en
 la croiz pendit *L*
mise estoit la d-cha 𝔓, d-cha *A*, Qui pensent
 en sa passion *L*
huat *qi*π hua *A* huyau 𝔓 hault *M*, osta 𝔓,
 Souuent ou grant discrecion *L*
Touz s. s. *L*
droit *bqH* &c.] dant α, A bon dr. 𝔓
toy 𝔓, Vous q. tenez sa grant ass. *L*, son
 office *M*
Doies *M*, a. en t. *A*, Deuez ou pres a. *L*, a.]
 retenir 𝔓
M. es j. *L*, en ses j. *A*
Par q. p. t. les g. *L*

 Between 1946 and 1947 ten lines in *L*, see Appendix.
 1965 a, b, c, d.—Et qui portent o paciences
   Enfermetez par tes offences
   Et font bien a leurs malfeiteurs
   Et dient bien de leurs mesdiseurs. *L*

Le Pelerinage de l'Ame. 71

Tous les dois aidier *a* sauver		a *bMqiπA*⁴*GHA*𝔅] et α, Tu *A*, T. l. deuez vouleir s. *L*, Tendre tu d. a les s. 𝔅
Et du huat d'enfer garder,		hua *G* huau *A* huyau 𝔅 sathan *L*
Mesmement ceulx qui bourdon ont		
Et (l)escherpe par ou il vont,		esch. *bqH* &c., p. la ou *A*⁴
Suppose quë entierement	1975	qui *M*, ent.] autrement *q* haultement *A*, Presupp. quent. 𝔅
L' a(uo)ient gardee [et] franchement.		Laient g. et f. *bqH* &c., Ilz l. g. 𝔅
Or est il ainsi, bien le scay		scoy *G*
Que ce pelerin, qui esmai		cel *L*, Ce p. q. grant e. 𝔅
A grant du huat que j'ai dit,		hua *hA*⁴ sathan *L*, A de ce huyau 𝔅 Ad ce huau *A*
A bien ce fait sens contredit.	1980	A ce b. f. *A*
S'aucune fois s'est desvoie,		Auc-s f. *A*
Erre et este empeschie,		Eue et *M*, E erre et e. en p. π
Si com chascun l'a entendu		Comme ch. 𝔅, l'a] a *H*
Qui aus assises est venu,		au a. 𝔅
Aucune penance a il fait	1985	penitance ait f. 𝔅
Ou d' aucun mal il [s']est retrait		Que d. *A*, s'est *bqH* &c.
Pour l'amour de son createur,		
Ou qu' autre n'y prëist erreur		Oncques a. *A*, que nul a. y prist 𝔅
Pour raison dë exemplaire,		P. cause d. mal e. *L*
Point n'a vëu ainsi faire	1990	aussi *bMqiπA*⁴*GL*, v. exemplaire
Comme firent les anciens		Comment *G*
Qui anciennement fervens		Q. aucunem. π, seruans *A*
Furent *par* vertu prochaine		par *bqH* &c.] pour α
De Jhesucrist et sa painne.		
Selon que plus pres estoient	1995	prest *qA*⁴, estoit *A*⁴
Du feu, plus en eschaufoient,		p. en chauf. *M*
Selon qu'il en sont eslongies,		Et sel. quen s. e. 𝔅, S. ce q. s. e. *HA*⁴
Selon en sont il refroidies.		S. ce s. il r. *HA*⁴, S. ce en s. π*A*, Aussi en s. plus r. *L*, De plus en s. 𝔅
Et pour ce que rien n'a vëu		nas *A*, il na 𝔅
De leur grant ferveur, esmëu	2000	—grant *L*
A faire ainsi n'a pas este,		Dainsi f. na 𝔅, Aff. na p. aussi e. *M*, aussi *A*⁴*GπAhL*
Non pas que du tout excuse		N. q. d. t. soit e. *A*⁴, *G* has soit, *but cancelled*
L'en aie, car bien a scëu		ay *M*, Doye estre c. b. a congneu 𝔅
Qu' a son createur (il) est tenu		—il *bqH* &c.

Autant com li autre furent 2005 les a-s *L*, Tout a. que les a-s ℬ
Qui pour li la mort recurent.

Si di aussi a mon propos Or dy ℬ
  Que pas ne doit estre forclos
De la grant grace Jhesucrist
Que jadis pour pechëeurs fist, 2010 p. les pecheurs *qπA*ℬ, Qui p. les repentans soufrit *L*
De la mort et la passion Pour *A*, et de l. p. ℬ
Qu[e] souffri pour redempcion Que *bqH* &c. Quil *L*
Dë humaine creature
Qui sens faute tousjours dure. faillir *MA* defaillir *π*ℬ, Q. a le servir met sa cure *L*
Ma dame aussi qui le porta 2015 La ℬ, que *M*
Et le nourri et alaita lalaita *π*ℬ
Jamais ceci ne soufferroit, cesti *L*
S'a sa cognoissance venoit. Se a *H*, Mes que charite en li ait *L*
Pour pechëeurs advocate P. les p. *qπH*, Qui des p. est a. ℬ, P. repentans est a. *L*
Est en tous temps de[s] la date 2020 des *bqMA⁴GH* depuis *πL*ℬ, Et en t-t t. *M*, En t. (trestous ℬ) t. depuis *L*ℬ
Que Gabriel la salua le *A*
Par aue gracia plena.
Si grant plante ell' en recut g. plaisance *A*, Tant de graces adonques r. *L*
Que des lors le fil Dieu concut Quelle le f. de D. *L*
Et li fu donne tel pouoir 2025
Que de li feroit son vouloir s. deuoir *h*
Et li mueroit sa rigueur Et si li ℬ
En grant pitie et grant douceur, et en g. doleur *A*
A fin que feussent deportes fusses *A⁴*
Pechëeurs d' estre a mort dampnes 2030 Les pecheurs *MqπA*ℬ, Repentans desire a martire liurez *L*
Si ques, prevost, ne dois ouir Par quoy pr. ℬ, Prouost ne deuez pas o. *L*
Du tout Justice pour punir
Ce pelerin pour ses meffais Cel *L*
Principaument a tousjours mais." P-palment *G* Mesmement *L*, Au moins que fust a t. ℬ

Justice replique contre Misericorde.

Adonc l'autre tantost a dit: 2035 A. justice t. dist ℬ, t. dist *H*, Justice se leua et dist *L*
  "Certes, prevost, quant grace fist q.] grant *MA*
Jhesu a humain liguage, a lumain *A*

Ne fist pas pour avantage
De pechier et occasion
Donner leur, mes s'entencion　　2040　　Leur d. *L* Luy d. 𝔓
Fu que miex il s'en gardassent　　　　　senz *M* se *AL*
Et pour ce se disposassent　　　　　　Desormais et si d. 𝔓, De pechier et quilz sordenass. *L*
A entrer haut en paradis　　　　　　　Dentr. *A*, Dentrer en h. 𝔓
Par mi le passage et par l'uis
Quë il leur avoit defferme　　2045　　Lequel l. 𝔓, a. destoupe *L*
Qui devant estoit si ferme　　　　　　Que *A*
Que n'estoit nul qui y entrast,　　　　Quil *hL* Qui *A*
Ja si bien ne se disposast,　　　　　　si] tant 𝔓, se] si *qM*𝔓 le *π*
Pour quel que bien quë il fëist.　　　 Ne p. quelconque b. quil f. 𝔓, q. y souffrist *A*
N'a pas souffert mort Jhesucrist,　2050　Et s. m. na J. 𝔓, M. ne souffrit p. J. *L*, s. moult J. *G*
A celle fin que pechëeurs　　　　　　q. les pecheurs *qπMA*𝔓
Soient sauves, se leurs erreurs　　　　Fussent *L*𝔓
A leur pouoir il n'ont laissie.　　　　ilz ont l. *M*
Moult aroit fait tresfol marchie,　　　Dieu a. *L*, Car m. a. f. fol m. 𝔓, tresgrant pechie *A*
Së il s'estoit a mort livre　　2055　　il estoit *h*, De souffrir m. espouentable 𝔓
Pour ceux qui n'en saroient gre,　　　ne les s. *L*, q. le tenroient a fable 𝔓
Qui pour li rien ne feroient　　　　　ne souffreroient *L*
Et point ne s'amenderoient.　　　　　Ne p. 𝔓, Et qui p. ne samedr. *π*, Et de mal ne se garderoient *L*
La mort Jhesucrist vaut a ceux　　　vaulx *A*¹
Qui retournent de leurs erreurs,　2060　de] a *h*, Q. lessent pechiez et e. *L*
Non mie que ce soit par moi,　　　　cc feust p. 𝔓
Car ce fu fait contre ma loy　　　　—fu *L*
Par dame Misericorde
A cui faut que je m'acorde　　　　　A laquelle f. q. m. 𝔓
Aucune fois; mes quant alors,　2065
Voulu je quë il en fust mors,　　　　Accorde ie q. *A*, quil en feust *H*, —en *L*

2061 a, b, c, d, e, f.—En leur sante et en leur force
Non pas pour paour ou par force
Par viellesce ou par maladie
Quar ce ne seroit que faintie
Mes pour lamour de ihesucrist
Qui a mort se liura et mist. *L*

74 *Le Pelerinage de l'Ame.*

Car chose merveilleuse et grant	Quant ch. *A*
Estoit de sauver ceux qui tant	q. de t. *A*⁴
Avoient devers li mespris.	enuers *A* encontre 𝔓, A. contre dieu m. *L*
Et tout aussi a mon advis 2070	ainsi *A*⁴𝔓
Est il de la douce mere	
Jhesucrist, fil Dieu le pere.	
Nul pechëeur acceptable	Nuiz p-s a-s *h*, A li p. *bMqiπA*, N. p. luy est a. 𝔓
Ne li est ne agreable.	Ne li sont *h*, Onques nest *bMqiπA*, Plaisant a veoir ne 𝔓
Abhominables tous li sont 2075	
Et en desdaing fors ceux qui ont	
Ferme propos d'amender eux	deulx am. *L*𝔓
Et de [de]laissier leurs erreurs.	de del. *bqiπ*𝔓, de laiss. l. grans e. *h*, Et delaissent toutes e. *A*, Et de l. e. delaissier 𝔓, Et de l. pechiez retarder *L*
Parti ne seroit pas a droit	
Le gieu, se cil qui mal feroit, 2080	
De la dame avoit l'amistie	a. amist. *HA*⁴
Comme cil qui soi de pechie	C. celuy q. de p. 𝔓
Garderoit et soi retourner	Se garde ou qui tost r. 𝔓, soy amender *L*
Vourroit de mal et amender,	Veult de son m. et sam. 𝔓, V. de pechie et garder *L*
Si ques, comment que recorde 2085	Par ainsi c. 𝔓 Pour ce c. *L*, conuient q. *MA*
Dis piteux Misericorde,	Pit. diz *L*
Pas ne dit [tout] outreement	tout *bMqiπ*, Toutesfois ne d. o. 𝔓, doit *MA*⁴*G*
Comment ce qu' elle dit entent.	
N'est pas doubte, Dieux n'a cure	Sans nulle d. D. *L*, Car do. n. que D. 𝔓
Ne sa mere, vierge pure, 2090	Naussi sa 𝔓
De pecheur qui ne s'amende,	q.] quant il π sil 𝔓
Qui ne veult paier amende	Et sil ne v. p. lam. 𝔓
A Penitance des meffais	
Qu'il a penses et dis et fais ;	
Et que le pellerin aussi 2095	le] ce 𝔓 ceul *L*, ainsi 𝔓
Ait fait, rien n'e[n] scai, je li ni."	nen *bqiGHL*𝔓, A. r. f. ie ne s. *A*, r. ie ne li ni π

Misericorde replique contre Justice.

"Prevost, a l' autre respondu,   Misericorde dist oiez *L*
Si comme tu as entendu,   Ainsi que tu 𝔓, Preuost ces diz et entendez *L*
Aucune fois s'est Justice

Acordee a moi sens vice,	2100	
Et encor croi qu'a li acort		que o le ac. *L* qua elle ac. 𝔓
Arai sens point faire li tort.		p. li f. *L*, s. luy f. aucun t. 𝔓
Le pelerin pour qui plaid(i)on		plaidon *bqH* &c., Cel p. de quoi pl. *L*
A este de religion.		
A celle fin jadis s'i mist	2105	se m. *MπA⁴G*
Quë il y servist Jhesucrist.		—y *A*, seruisist *h*, il s. a J. *L*, il y s. a J. 𝔓
N'eust pas ce fait, së amender		Et n. 𝔓
Ne se vousist *et* soi cesser		et *bqH* &c.] ne a, et s. garder *L*
De tous vices et tous pechies		Des grans maulx et des p. *L*
Des quiex il (s')estoit ent(r)echies.	2110	est. entech. (entaches *G*) *bqH* &c. De quoi il est. *L*
Penitance des l'entree		
Trouva qui li fu livre[e]		liuree *bq* &c., fist l. 𝔓, fu baillee *H*
Pour estre sa chamberiere		P. lui seruir comme chambr. π
Et aussi sa lavand[i]ere.		l-diere *bqH* &c., Sa buerresse et l. 𝔓, Et pour estre sa l. π, Et de ses pechez l. *L*
Së aucune fois se tachoit	2115	Saucunes f. il se soilloit 𝔓, f. le chassoit *A*
Ou ort par pechie devenoit,		Ou p. p. ort d. 𝔓, Ort pich. ou le demenoit *A*
A la lavendiere laver		laver] buer *A*
Se faisoit tantost et buer.		et nettoier *A*
Ordure nulle longuement		
Ne retenoit a escient.	2120	receuoit *A* (re- *in other ink*) tenoit *G*
Et pose que passast l'eure		Et neantmoins q. 𝔓, quil p. *L*
Et fëist trop grant demeure,		et par foiz fist 𝔓
Apres ramender le faisoit		A. lauender *G*, A. la lauender la f. *A⁴*, le] se *L*
Et plus fort lexive vouloit		f. pas noublioit *A*, v.] souffroit 𝔓
Que Penitance li fëist	2125	li] ne *A*, li refist 𝔓
Pour l'amour du roy Jhesucrist ;		
Si que pas elle ne die		elle pas *HA⁴G*, Pour ce justice p. ne d. *L*, Par ainsi ne fault quelle d. 𝔓
Que rien n'en scet, et le nie ;		Quel n. sc. r. et li n. *L*, et quelle n. π et le luy n. *A*, Q. riens en scet elle nye *G*
Car, sauve sa reverence,		
Presente estoit tousjours a ce."	2130	Tousj. e. pr. *H*, t. temps en ce *L*, a] en π*L*

Justice replique contre Misericorde.

Justice adonc si respondi: J. a ce li r. *L*
"Tout suppose qu'il fust ainsi,

Si di je que penitance
Pou vaut, quant recidivance
Est en aucun propos ou fait   2135
Et tous les jours ceci est fait.
Ne pert chose qui soit faite,

Quant tantost ell' est deffaite.
C'est un tournement de roe
Qui prestement de la boe   2140
Se gecte hors par derriere
Et devant s'i met arriere.
Se le pelerin qui est la
En la religion entra
Et il ne l'a pas gardee   2145
Si com pensoit a l'entree,
Non pas qu'on li ait empeschie,
Mes seulement par son pechie
Et par corrupcion de li,
Il m'est advis et ainsi di   2150
Que pou vaut sa religion.
Que vaut avoir habit et non
Et dessous n'a rien qui vaille ?
N'est que le chapel sens faille
A l'enchanteur ou il n'a rien,   2155
Et y *mescroit* on aucun bien.

Ce di je pour le pelerin
Qui onques ne tint le chemin
Dë Innocence a lui monstre.
Se de la boe s'est gecte   2160
Laissant le monde derriere
Et il s'est boute arriere
Appertement sens honte avoir,

—Pou *L*, reincidance *A* residuance *A*⁴ resinduance π
ou] au *L*

Ne par ch. *M* Nappert ch. *A*𝔓 Ne soit ch. *H*, que y s. π quel s. 𝔓, Rien ne vaut vne ch. f. *L*
Q. el est t. d. *L*, elle sest π, Q. incontinent est d. 𝔓
t-noiement *A*⁴*GH*𝔓, de noe *L*
presentem. *A*⁴*G* hastiuement 𝔓, de] en *H*

se *bqπA*⁴*HL* ce *G*, mest *A*⁴*G*
Cest le *h*, Ce p. *G*, le] cel *L*

Ainsi quil p. 𝔓
N. p. qu'en *G*

corrupcion 𝔓
auis aussi et di *A*, et aussi dy 𝔓
Qui π
Poi v. *L*, veult 𝔓
que *A*⁴*GM*, Quant d. na chouse q. v. *L*
Ne q. *A*

Au tregeteurs *L*, —il *A*
m. *bMqi*] mestroit a*A*⁴*L* monstroit *H* mettroit *hA* metroit *G* mettoit π, Et len y mestr. a. b. *L*, Ja soit quil y ait semble b. 𝔓
dis *H*, —je *G*, le] ce 𝔓, Ge di ce p. cel p. *L*
Quiconques *A*⁴, Q. poi ala par l. ch. *L*
Dinnoc. *A*, m-ree *A*⁴ moustre *G*
b. est g. *q*, nest g. *A*
L. les pechez d. *L*
Se il s. *A*
Comme deuant s. h. *L*

Chascun se puet appercevoir
Que le roy ne li scet nul gre   2165
S'en religion est entre.
C'est chose qui ne li vaut rien,
Car gardee ne l'a pas bien."

se] ce *G*

Ceste ch. ne 𝔅, que *Mq* —qui *L*
Puis quentretenue ne la b. *L*

Sainct benoist est appele pour assister au jugement du pelerin pour ce quil auoit este moyne soubz sa regle a Chaaliz. 𝔅 (T.

Misericorde parle.

Misericorde respondi:
"Il seroit bon que feust ouy   2170
A ceste chose Saint Benoit
Qui de tout ce bien savoir doit.
Des moynes doit savoir l'abbe
Et de ses subges tout cure."

Justice parle.

Justice a dit: "Je m'i acort.   2175
Benoit, nous voulons ton recort
Avoir de ce pelerin la
Qui jadis en ton ordre entra,
Se bien y a fait son devoir,
La quel chose bien scai de voir   2180
Quë onques encor ne le fist."
Adonc Misericorde dist:

Misericorde parle.

"Benoit, je ne puis pas croire
Que la chose soit si voire,
Quë aucun bien il n'y ait fait,   2185
Que de mal ne se soit retrait,
Qu' aucun bien d' obedience
En enclins et en silence
Ou service de Dieu paiant
En li devotement loant   2190

quil f. *q*
celle ch. π, —saint *qπA⁴GA*
—bien *M*, Q. toute sa vie b. congnoist 𝔅
s. la cure *A*
sub. la nature *A*, tout] le 𝔅
a dit] dist *H*
t. rapport *H*
cel p. *L*

scez *A*
Quonq. c-res 𝔅, Quonq. nul iour bien ne *L*
le] li *Mπ*

Q. ceste ch. cy soit v. *A*, si] tant *L*

—En *H*, enclinant *A* senclinant 𝔅, Ou encliner ou en s. *L*
En s. *H*, Ou en s. a D. *L*, de] a π, poient *A*, penant *A⁴* priant *G*
le 𝔅, Ou dieu tres hautement l. *L*

2168 a, b, c, d.—Aincois en sera plus pugni
    Quant il ses veuz na acompli
    Plus sont pugniz les reguliers
    Dun seul pechie que seculiers. *L*

En messes ou disciplines	ou] en *MA* et en *h*𝔅
Ou vacacions divines,	Et en v. 𝔅 En v. *A*, vocat. *AH*
En jëunes ou oroisons	Ou j. *h*, ou] et *A* en *Mqπ H* ou en *L* et en *G*𝔅, or.] afflictions *H*
Ou aucunes afflictions	Ou en a. *M*, Et en pluseurs af. *L*, Ou en deuotes oroisons *H*
En aucun temps il n[i] ait fait. 2195	ni *MqπhA*, En quelque saison il nait f. 𝔅, il nayt fait *G*, A il auc. bien dit ou f. *L*
Si en diras, së il te plaist,	Tu en d. *L*, De quoy tu d. 𝔅
Ton avis et que t'en semble.	q. il ten s. *G*, te s. *L*
Pour nous accorder ensemble."	

Le pelerin parle.

Saint Benoit dist —bien l'entendi	—dist *M*
Par les paroles quë ouy— 2200	Pour *L*, q. ge oi *L*𝔅
Que voulentiers s'aviseroit	
Et que par escript bailleroit	
Comment je m'estoie porte,	
Puis qu'en son ordre estoie entre.	Depuis q. lordre 𝔅, orde π, mestoie *A*⁴

Saint Benoist.

"Nest pas, dist il, bon que die 2205	Il nest p. b. ce dist q. *L*
De cil la toute la vie,	cestui t. *HM*
La court tendroit longuement;	t. moult (trop 𝔅) l. *L*𝔅
Mes par escript en jugement	
Tout baillerai, et vous feres	Vous baildray et v. *L*
Entrementres qu'a faire aves." 2210	E-ntes *Mqπ*, Entretant ce q. 𝔅 Endementiers *H* Entrementiers *G*, En demandes ce que vouldrez *L*, que *Mh*, arez *G*

Le pelerin fut peze en la balance le iustice par Sainct Michel preuost de paradis. 𝔅 (T.)

Adonc a sa vois buisinant	a] o *L*
Le prevost, le lieu Dieu tenant,	
Dist a Justice que prëist	quel p. *L* quelle prist 𝔅
Ses balances et se mëist	Les *G*, et quelle se mist 𝔅
En tel lieu que fust vëue 2215	quel f. *L*
En appert et connëue.	
"E[n] la ballance tu mectras,	En *bqH* etc.
Dist il, et a droit peseras	poiser. *qπ*
Quanquë a fait le pelerin,	Q-ques *h*, le] cel *L*, Tout qu. a f. ce p. 𝔅
Pour mectre tost sa cause a fin. 2220	
Qui rien y ara a mectre,	—2221 π, Q. nulle chose y a a m. *L*, Que r. ni a. *q*, Et que r. ne demeure a m. 𝔅
Soit bien soit mal, tost l'i mecte!	t. lui m. *A*⁴ tout y m. *H*

[Et] quant Benoit ara escript,   Et *Mq*πᵨ, Q. saint B. *L*
Dedens il mectra son escript.   Il m. ded. s. e. (dit *L*) ᵨ*L*
Quanque aussi Sathan veult dire, 2225
Et quanque puet contredire   q. veult c. *G*
Le pelerin et ceux qui sont
Pour li, en balance mectront.
Le bien, s'aucun est, a destre   b. chacun et a la d. π, Touz ses biens faiz seront a d. *L*
Soit et les maux a senestre, 2230 le mal πᵨ, Et ses mauuez faiz a s. *L*
Si que chascun appertement
Soit enfourme du jugement.   inf. *H*
De nul je n'ai recëu don   Ge nay de n. r. d. *L*
Pour quoi doie estre en souspecon.   Par *H*
Aussi ne doit juge faire 2235 Tout j. d. ainsi f. *L*
Qui s' ouneur ne veult deffaire."   Q. son hon. v. d. *A*⁴, Se ᵨ, Sil ne v. son hon. d. *L*, sonneur *G*

Lors fu leve un eschaufaut
  Sus la courtine tout en haut   Sur *G*
Sus le quel dehors se monstra   Sur *G*, laquelle *M*, se] me *h*
Justice qui tost aporta 2240 que *M*
Ses balances aprestees
Et egaument ajustees.
Uns yeux avoit estincelans   Les y. *L*ᵨ
Et comme flambe reluisans
Et avoit cainte une espee 2245 a. surcincte u. ᵨ
A une renge doree.   r.] cincture ᵨ
Bien sembloit estre duchesse   d.] princesse *H*
Et une noble princesse.   p.] duchesse *H*, Ou roine ou grant mestresse *L*
La n'estoit nul qui la vëist   La ny auoit n. q. ᵨ
Qui de paour ne *fremisist*. 2250 fr. *Mq*π*AH*] frenist *a* fremeist *G* fremist *A*⁴*L*ᵨ, Q. de grant creinte ne f. ᵨ
Raison aussi avec li fu
Que j'avoie autre fois vëu
Et une autre qui bouche avoit
D'or luisant, si com il sembloit,   Luis. c. or ce me se. *L*, l. ainsi que se. ᵨ
  il] me *A*⁴*HA* il me *h*
Que Verite appelloient 2255 Laquelle v. nommoient ᵨ

Ceux qui bien la cognoissoient.
Toutes les *trois* moult doubtoie
Pour ce quë ouy avoie
Par devant tout leur parlement
De moi et de mon dampnement, 2260
Et qui pour ce' encor venoient,
S' autre chose ne vëoient
Par le pois de la balance
Ou n'avoie pas fiance;
Car que mectre n'y avoie 2265
Fors m'escherpe qu'en ma voie
Et mon bourdon avoie ëu.
Pou estoit, apres bien le sceu.
En la balance je les mis,
Mes d'autre part li anemis 2270
Son contrepois tantost geta:
Ce fu tout ce dont m'accusa
Synderesis *qu' avoit* escript
Si comme par devant est dit.
Onques tabellionnage 2275
Ne me fist si grant domage.
Le bacin si jus appesa
Quë en l'autre rien ne sembla
Chose quë y ëusse mis,
Et que pis est, Synderesis 2280
Se mist avec le plus pesant,
Pour ce que le pois fu[st] plus grant,
Et s'escria le Sathan haut:
"Or ca, dames de l'eschaufaut,
Vous vëes bien comment il est. 2285
Faictes que rende son arrest
Le prevost! Trop ai ci este
Et trop sens cause demoure."

trois *MqH* &c.] deux a, les] ces ℔
iauoye ℔
auant ℔, le p. *M*

que *M*, q. enc. p. ce ℔
Dautre ch. se ne *M*, Sautres biens faiz ilz n. ℔, ni π
Pour *MH*, le pezon ℔
Ou gauoie poi de f. *L*

a. receu ℔
cestoit ℔

de laut. p. lennemis ℔
t.] dedens ℔
Et *MqA⁴*, fu ce dont il m. *H* fu ce dom moi acc. *L*
quauoit *MqH* &c.] quauoie a, qui *G*, Sid. *M*
Ainsi que p. ℔
Jamais nul t. ℔
—me *A⁴GH*, Ne f. si tres g. *H*, f.] porta ℔, d.] hontage *Mq*
si fort a. *L*, j. pesa *h*, La balance si fort peza ℔

Quaucune ch. y ℔
qui *q* ℔, Sid. *M*
auecques le pez. ℔
fust *MqH* &c. fu aπ, Affin q. *L*℔, P. q. le p. f. pl. pesant *GA⁴*, —le *M*
Lors *H*, Et lors s. S. h. ℔
dame *MπGA⁴HL*℔

r.] donne ℔

Le Pelerinage de l'Ame.

Le pelerin parle.
 En ce point jë oui parler
  Misericorde et supplier   2290
 Au prevost quë il actendist
 Jusqu'a tant que Benoit mëist
 Ses escris en la balance,
 Et qu'elle avoit grant fiance
 Que tel chose dedens mëist   2295
 Qui alligance me fëist:
 Ou jëunes ou oroisons
 Ou aucunes afflictions
 Ou autre chose qui vausist.
 Apres encor ainsi li dist: 2300

Miseri- corde parle.
 "Et si te pri encor Michiel,
 Pour ce que j'ai a faire ou ciel,
 Que m'atendes une espace.
 La vueil jë empetrer grace.
 En ton prejudice n'est rien."   2305
 Le prevost dist: " Je le vueil bien."

Le pelerin parle.
 En cel point suspendu estoit
  Le jugement qu'on actendoit
 Jusqu'a tant que monta en haut
 Misericorde en l'eschaufaut   2310
 Qui du ciel estoit venue
 De nouvel et descendue.
 C'estoit la douce et la belle
 Qui hors avoit la ma*m*melle
 [Du sain, qu'en l'enfermerie]   2315
 [Avoit conforte ma vie.]
 Lors aussi moult me conforta
 Des nouvelles qu'ell' aporta.
 En sa main tenoit ·I· escrin

Et sur ce p. iouy $\mathfrak{P}$, En celle heure joy prier *L*
quil *M* et quil *G*, q. vng peu a. $\mathfrak{P}$
mist *G* venist *L*
—2293 *H*
—2294 *HA*⁴
—2295 *HA*⁴, t.] celle *G*, tele bonne ch. y mist $\mathfrak{P}$
—2296 *H*, Q. me feissent aleg. *A*⁴

a-s ch-s que v. *M*

aussi *H*, dis π
si] ge *L*, Je te p. e-res $\mathfrak{P}$

m-de vn poi desp. *L*
je v. *h*$\mathfrak{P}$, Ge y v. aler imp. *L*
toy *M*
—dist *A*⁴*HL*

ce *Mq*π*GH*$\mathfrak{P}$
com *qh* con *G*
m-tast $\mathfrak{P}$

Nouuellement et d. $\mathfrak{P}$

—2315 *abMq*π*iA*⁴*GH*, D. s. q. (qui en *L*$\mathfrak{P}$) l. *hL*$\mathfrak{P}$
—2316 *abMq*π*iHA*⁴*G*, A. c. (ia c. $\mathfrak{P}$) ma v. *hL*$\mathfrak{P}$
L. a. *h*$\mathfrak{P}$μ, Et lors plus me c. *L*, Du sain qui mo. me c. *abMq*π*A*⁴*GH*

2313-2315 refer to *Vie* 13,323-13,366.

Et bien avoit le chief enclin	2320	Qui b. *M*
Vers la balance que tenoit		
Justice qui mes fais pesoit		
Et lors dist elle: "Comment va?"		Misericorde dist quest cela *L*
Respondi l'autre: "Des piec'a		Justice r-dit pieca *L*𝔓, de p. *M*π*A⁴GH*
Fust le pelerin tout jugie,	2325	Veust l. p. *G*, le] cel *L* ce 𝔓, —tout *L*
Se ce n'ëusses empeschie.		Se tu ne leusses 𝔓, neussiez *A⁴H*, Si par toy ne fust relachie *L*
A la balance tu vois bien		En 𝔓, Tu v. a la ba. b. *L*
Que pour le pelerin n'a rien		le] ce 𝔓, —na *A⁴GH*, Po. le p. ny a r. *L*
Qui li face alegement,		Q. pour lui f. *A⁴GH*, f. soulagement 𝔓
[Et] que ne voist a dampnement.	2330	Et *MqH* &c., —ne *A⁴G*, voise 𝔓, Q. il naille a d. *L*
Piec'a Verite et Raison		
Et moi bien dit le t'avïon."		m.] ge *L*, m. aussi d. le tauon 𝔓, tauon *M*
Lors vint et monta haut Benoit		h.] sainct 𝔓
Qui deux grans sedules tenoit		
Et dist: "Dedens vous trouveres	2335	
Tout ce que demande aves.		T. quanque d. *L*, mauez 𝔓
En l'un escript sont contenus		contemis *G*
Biens, en l'autre les maus sceüs		Les b. 𝔓, —les *L*
Du pelerin de mon habit.		
Or y vëes, je m'en acquit."	2340	y] les 𝔓

le pelerin
parle.

Lors prirent elles ensemble		prisdrent *G*, Adonc elx lurent ens. *L*
Les escris si com me semble		ainsi que me s. 𝔓, moi s. *A⁴GH*
Et les lurent priveement		tout priuem. 𝔓 presentem. *H*
Entr' elles et secretement.		et] bien 𝔓
Rien je ne sceu qu'il y avoit.	2345	—je *A⁴GH*, Pas ne scai bien q. *L*
Tant vi bien que rien n'i prisoit		b.] ie 𝔓, ne p. *MLG*𝔓
Justice qui y fust escript;		q. il f. *M*, J. ce q. y ert e. *L*, J. ce questoit e. 𝔓
Toutevoies elle les mist		Et toutesfois 𝔓
Es balances, l'un(e) a destre,		lun *Mq*𝔓
L'autre autre part a senestre.	2350	dautre p. *M*, Et l. a la p. s. *L*
Un pou la destre s'avala,		la] a 𝔓, sen ala *G* sen ala *made into* saualla *A⁴*
Mes (tan)tost l'autre se rapaisa.		tost *Mq*π*L*, rapesa (rep. *L*) *Mq*π*L*, M. tantost l. plus peza 𝔓

Le Pelerinage de l'Ame.

Se Misericorde ne fust
Pour moi, trop petit y ëust.
Elle ouvri son escrin et dist: 2355

Misericorde impetre la grace et remission du pelerin. ℬ (T.)

"Je vien de devant Jhesucrist,
De devant sainte Marie,
De devant la compaignie
Qui en haut est assemblee.
Pour le pelerin donnee   2360
Est grace. Je la vous lirai
Et la copie en baillerai,
S'aucun est qui la vueille avoir."
Adonc ataint elle de voir
Unes lectres sëelees   2365
D'un sëel d'or et *signees*.
Ycelles elle lut tantost
Ainsi com s'ensuit mot a mot:

La teneur de la lettre.

"Je Jhesus, haut seigneur du ciel,
   A nostre lieutenant Michiel   2370
Et a tous les coassistens
Qui la sont pour nos jugemens
Salut, et diligence grant
A faire selon que je mant.
Requis m'a moult et supplie   2375
Misericorde et fort prie,
Et aussi a sa requeste
Ma mere, qui moult est preste
Et encline a sa voulente,
A grant instance m'a prie   2380
Que pour les pelerins chetis
Qui a moi venir ont empris
Un don de grace especial,
Oultre la grant et general
Que jadis pour eux fis, (je) face   2385

Beaucop t. p. il y e. ℬ
o-rist ℬ, escu π

Q. lassus est a. ℬ Q. h. est lassus a. π Q. en paradis est a. *L*
le] cest *L* ce ℬ
—Est *A*⁴*GH*, le π
—en *A*⁴*GH*

de] pour *MqπA*⁴*GH*ℬ, Atant ataingnit el d. v. *L*
U-e l-e s-e *M*
sign. *MqH* &c.] figurees α
Y-e *M*, Et l. les letres t. *L*, Lesquelles e. l. du tout ℬ
A. que s. ℬ, c. morrez m. *L*

Jhesucrist h. *A*⁴*G*ℬ, h.] roy *M*

dilection *M*, grande ℬ
s. ce q. *H*, f. ce q. ie comant *L*, mande ℬ
s. ce q. j. m. *G*
f.] moult π
sa] la ℬ
que *M*, est m. *MqπA*⁴*GHL*ℬ

ma moustre *L*

Qua m. v. o. entrepris ℬ

—je *MqL*, fis] fu *M*

Si vous senefi(e) que grace		Pour quoy v. 𝔓
Telle leur fas comme s'ensuit		c. il s. *q*π, *L*. faz si com ci est escript *L*
Aus requestes de qui est dit:		
"Grant fu la grace que je fis,		
Quant mon sanc espandi jadis	2390	s. pour eulx respandis 𝔓
Pour les pelerins rachepter		
Qui se voudroient retourner		Lesquelz s. 𝔓, v. bien r. *L*
Droit a moi par Penitance.		
Et certes fole cuidance		Car c. f. oultrecuid. 𝔓
Aroient qui s'atendroient	2395	
Et en leurs cueurs penseroient		leur cuer *H*
Que les sauvasse par ma mort		les] ceulz *Mq*π
Qui ne mectroient nul effort		Et q. *L*, n.] aucun 𝔓
A eux de nul pechie garder		daucun p. *L*, de p. se g. 𝔓
N'a eux aidier pour eux sauver.	2400	p. leur s. 𝔓, aid. a s. *L*
Telle m'entente onques ne fu.		T. merite *A*⁴*G*, M. o. t. *L*
A tel gent est tousjours dëu		telz (teles 𝔓) g-s π𝔓 celle g. *A*⁴*G*, touz temps d. *L*
Enfer sens jamais diffiner.		
Pas ne souffist mon nom porter		
Ne bourdon et escherpe avoir	2405	Ne le b. nesch. a. 𝔓
Qui ne veult faire son devoir,		
Tous mes commandemens faire		M. x c. f. *L*
Et penre a moi exemplaire		m.] ma vie 𝔓
De fairë aussi com je fis		Et f. *L*, ainsi *M*π*A*⁴, comme *Mq*π*A*⁴*GH*𝔓
A son pouoir et son avis.	2410	et] a *M* et a π
Toutevoies pour priere		par pr. *A*⁴*GH*
Que m'a fait ma mere chiere,		ma treschere mere 𝔓
Aussi pour Misericorde,		Ainsi *A*⁴
D'especial grace accorde		
Que d'enfer soient relaschies	2415	Que ilz s. d. r. *L*
Ceux qui en la fin leur pechies		—en 𝔓, Mes ilz seront espurgiez *L*
Aront dit en confession		—2417 *L*, Aront *MqH* &c.] A tout a

After 2408 six lines, and after 2414 eight lines, inserted in *L*, see Appendix.

Par dëue contriction	—2418 L, P. bonne et d. c 𝔓
En moi humblement requerant	=2414 g L (*see* Appendix), En h. me r. 𝔓
Et vraie merci suppliant. 2420	=2414 h L, vrai *Mq*, Pardon et m. 𝔓
Et pose que la balance	P. ores q. 𝔓
Des pechies aval s'avance	
En plus pesant que les bienfais,	pensant A^4
A fin que retourne li trais,	les traiz L
Du tresor de ma passion 2425	
Dont remanant ai grant foison,	iay, 𝔓, g.] a L
Des merites de ma mere	
A cui nul ne se compere,	nulle 𝔓, Qui ou monde neut onc sa pere L
Des merites de tous mes sains	Et de mes s. et de mes saintes L
Dont grant ou ciel sont les remains, 2430	Desquelz ou c. 𝔓, Qui ou monde firent uertuz maintes L
A Misericorde ai baillie	
En un escrin et octroie	
Largement a souffisance,	
A fin quë en la balance	quen la *H*
Le mecte ou seront les bienfais. 2435	
Lors jugeres vous le quel fais	
Par la langue plus pesera	
Et le quel d'eux l'emportera.	
Toutevoies par la grace	
Pas ne vueil quë on *ne* face 2440	ne *MqH* &c.] me a, Ne v. pas q. L, P. nentens q. chascun ne f. 𝔓
Condigne satisfacion	
De toute la transgression	
Qui ara este trouvee	
En la balance et pesee,	
Car bien punis et corrigies 2445	
Par droit doivent estre pechies.	
Nul devers moi venir ne doit	
Qui du tout bien purgie ne soit.	Q. tres b. espurgie n. s. L
Un purgatoire ai establi	
Ou chascun iert purge ainsi 2450	Ou tous seront p. a. 𝔓, ch. est p. π, ch. p. sera si (ainsi A^4G) HA^4G, purges G
Exceptes ceux qui purgie sont	

Ou ceus qui nul mestier n'en ont,   Et c. *L*
Et exceptes les condampnes   Et l. c. ex. 𝔓
Qui en enfer sont deputes,   en] a *qA*⁴*GHL*
Qui ont este faux pelerins   2455
Et erre par mauvais chemins
Assidues et entechies,   Acoustumez 𝔓
De croupir en mortex pechies   cr.] gesir *L*𝔓
Obstines et desesperes   O-nas *Mq*π, O. en desesperance 𝔓
Et sens repentance fines: 2460   Et decedez s. r. 𝔓
A ceux ci n'est point donnee   pas π*H*
Grace qu'il ont refusee.   G. car ilz lont r. *L*𝔓
Grant grace leur avoie fait,   Quant g. *L*
N'en puis mais s'il s'en sont retrait.   Ne 𝔓, si sen *M*, sil se s. π, —sen *q*
Les autres l'aient que j'ai dit   2465   loient *q*.
Tout ainsi com *ci* est escript."   ci *MqH* &c.] il a, aussi *A*⁴, a. que cy *H*𝔓

Justice
contredit
a grace.

Justice en ce point ragarda   cel p. esg. *L*
   Misericorde et dit li a :
"Bien as pour aucuns laboure,   p. autrui *H*, aucun *G*, l.] impetre 𝔓
Mes pour cestui rien empetre   2470   c. as poi ouure *L*, e.] laboure 𝔓
Tu n'as, si com il me semble."   Si c. ge cuide et uoir me s. *L*
Raison, (et) Verite ensemble
A Justice dirent tantost: disdrent *G* distrent π
"Alons et parlons au prevost!
Et selon qu'en voudra dire   2475   s. ce que v. π, Et tout quanquil v. *L*
Soit tenu sens contredire;
A li ceste chose appertient
Et a li le mandement vient."   le] cest *L*
En ce point se retournerent   cest p. *L*, Et sur ce p. sen r. 𝔓, se tourn. *A*⁴*G*
Et au prevost ce compter(er)ent.   2480   compterent *MqH* &c. comptempter. *A*⁴, pr. tout racompt. 𝔓
"Prevost, dist Justice, vois ci   vecy *H* ueez ci *L*
Misericorde qui ennui
En tes assises fait moult grant   A t. *HA*⁴*G*, En ces a. *M*𝔓
En nos jugemens retraictant   En voz j. *M*, En mez j. retardant 𝔓, ratr. *M* retraiant π esloignant *L*

Par ces lectres qu'a empetre	2485	ces[ses *Mπ𝔓* celles *A⁴G*, quas e. *H*, qua aporte *L*
Dont tu diras ta voulente.		
Et bien m'est avis tout de voir		Et m. b. a. 𝔓
Quë aucuns poins a recevoir		Quen *q*, a-n p-t *M* a. des p. 𝔓
Pas ne sont, car subreptices		c.] ains que 𝔓, surr. π subret. *qL* subrect. *M*
Par droit puent estre dites.	2490	Ces lettres sont et obreptices 𝔓
Comment sera ce recëu		
Que cellui, qui a offendu		
Le seigneur qui tousjours dure		touz temps *L*
Grans sens fin et sens mesure,		Quant s. f. *M*, Qui g-t est s. f. et m. 𝔓
Ara paine aterminee	2495	p. determ. 𝔓
Et du pou de temps bonnee?		de *G*, p.] petit π, bournee *L* donnee *GH*
Tes balances, je le voi bien,		lez *M*
Ne pueent plus servir de rien."		Ne te p. pl. s. r. *H*, Ne te seruiront pl. de r. *L*

Michiel parle.
Adonc a sa voix buisinant		
Une convocacion grant	2500	
Fist le prevost, si com j'ouy,		p. ainsi que o. 𝔓
En parlant et disant ainsi:		
"Cherubin, trescher conseillier,		
Present es pour moi conseillier,		Presentez *q*, Vostre tres bon conseil requier *L*
Tu Justice et tu Equite,	2505	Toy j. toy eq. 𝔓
Tu Raison et tu Verite,		Toy r. et toy v. 𝔓
Tu Pierres, grant portier du ciel,		Toy g. p. des cieulx 𝔓, Tu priere *H*, Pierre *G*
Et tuit autres, jeunes et viel		tous *GL*𝔓, vieulx 𝔓
Qui ci endroit estes presens,		Que *M*
Conseilles moi, il en est temps!	2510	—en *H*
Vëes ci Misericorde		Vez ci venir m. *L*
Qui unes lectres aporte.		vne l-e *M*
Qui pas ouies ne les ont,		Ceulx q. o. *L* Ceulx q. p. o. 𝔓, oie π
Oent les, lëues seront."		Oyez *G*, leuent s. π, Si les oyent leutes leur s. 𝔓

Le pelerin parle.
Adonc fu le conseil si bas	2515	
Quë en rien il ne sembloit pas		Quen nul estat ne s. *L*
Quë aucun fust ens demoure.		a-ns *q*, ens] illec *L*𝔓

Du silence me remembrai	De *L*, ram. π
Qui autre fois este avoit	
De toute gent, quant nuit estoit. 2520	
Ce conseil dura longuement	Cel *L* Le *H*
Jusques a tant que hautement	
Fu dit qu'a rendre sentence	
Fust reprise la balance.	Seroit raportee l. b. 𝔓
Ainsi fu fait com il fu dit. 2525	comme fu *H*
Justice tantost la reprist,	reprit 𝔓
Par ·I· annel la tint sens plus,	Et p. lanel lanel la t. s. pl. π
L'un bacin haut et l'autre jus.	
Ou haut par semblant pou avoit,	
Mes l'autre plain estre sembloit. 2530	
Lors parla la balanciere	
Que tousjours trouvai moult fiere:	Qui estoit aspre justiciere *L*
"Prevost, vois ci que j'ai trouve,	vecy q. *H*
Or fai du seurplus a ton gre!	Faites en oultre a vostre g. *L*
A toi est tout le remanant, 2535	A vous en est le r. *L*
Temps est que je m'en taise a tant."	me taise *H*𝔓
Misericorde tantost dist:	
"La grace qu'a fait Jhesucrist	
Tu, prevost, as bien vëue	Toy 𝔓, Vous p. auez b. v. *L*
Et l'a ton conseil lëue, 2540	Et t. (tout le π) c. la l. *q*π, Vostre c. la l. *L*, Et deuant tout le c. le. 𝔓
Et m'est avis finablement	
Quë a la grace se consent	a] en *M*
Tout le conseil avecques toi,	auec *q*, toi] moy 𝔓, ouecques vous *L*
Si ques, vois ci, par ton octroi	vecy *H*, Pour ce vez ci lottroiez vous *L*
L'escrin qu'ai du ciel aporte 2545	que d. c. a-tai π
En la balance je mectre!	je] se *M*, metrai *q*π𝔓
Si verrons tous comment ira	verront *Mq*π*L*𝔓, —tous *H*
La balance et se portera."	
Ou bacin destre le mist lors	
Et de li fu li pois si fors 2550	
Que non obstant l'autre pesant	

In margin: *ustice | parle.*

Miseri- | corde | parle.

Jus l'avala tout maintenant,
Et dist Misericorde ainsi:
"Prevost Michiel, tu vois ici
Comment du remanant feras   2555
Par la grace que vëue as."

J. auala *H*, t. promptement 𝔓
M. d. a. *L*
v. ainssi π, M. prev. veez ceci *L*
ferez *L*
Quant la g. v. auez *L*, veuee *q*

Sentence
et arrest
donne par
sainct
michel
pour le
pelerin
quil ne
seroit
damne.
𝔓 (T.)

Le prevost adonc hault parla
    Et dist: "Pelerin, entent ca!
A la court as ëu amis
Et amies, ce m'est avis,   2560
Tex et telles que ne di pas
Et que ci apres bien saras.
De Misericorde sces bien,
Je ne t'en puis mentir de rien.
Sentencies fusses a mort,   2565
Se n'ëust fait si grant aport
De la grant grace Jhesucrist
Que pour toi a grant pene quist
Et qu'en la balance elle a mis
De quoi Sathanas n'a pas ris,   2570
Si te dirai que [tu] feras.
Ton bourdon [tost] tu reprendras
Et ton escherpe com devant,
Et a Justice je comant
Qu'elle te face ton fardel   2575
De tes pechies et ton troussel
En la balance si vuidant
Que point n'y ait de remanant.
Cellui fardel tu porteras
En purgatoire ou tu iras.   2580
La dedens feras tout ardoir,
Et tant te faudra remanoir
Ou feu ardant que bien purgies

entens π enten *H* entent *G*
eus π, eu des a. 𝔓
ce *MqH* etc.] se *a*π, Et des a. 𝔓
et telx q. ge ne *L*
Que tu ci a. *L*
tu s. *L*

S-cie *q*π𝔓
Sel n. *L*, Selle n. f. le g. 𝔓, Se ne teust f. π

painne *qH* &c. poine *M*
la] sa *G*, Et quelle a m. en la b. 𝔓
Dont S. na p. fait dance 𝔓
tu *MqH* etc.] —tu *aG*
tost *Mq*π𝔓
Et tescherpe comme d. 𝔓

Quel te f. t. troussel *L*
tr.] fardel *L*
si] ci *M*

Ou feu le feras deuourer *L*
ty f. *H*, fauras *M*, r.] demourer *L*

Tu soies de tous tes pechies,
Que ton fardel soit degaste,   2585
Pour faire a Justice tel gre
Que finablement s'accorde   Q. f. elle s. 𝔓
Du tout a Misericorde,   auec 𝔓
A cui point ne s'accorderoit,
Se ton meffait puni n'estoit   2590
Par aucun temps, a quoi envis   a] en π
Elle s'accorde, car avis   c. bien a. 𝔓
Li est que perpetuelment   p-tuement 𝔓
Dëust avoir punissement.   Deusses π𝔓
Or va et te depart de ci!   2595   te part G, dici M𝔓, va ton ange o toy aussi L
C'est la sentence que te di."   te] ie HGL ie te M

Mais pour ce ne se souffri pas   —se G, M. de ce content ne fu pas 𝔓
   Sathan, ains cria en haut: "las!   aincois c. haut l. L, c. h. ha l. Mqπ𝔓
Michaut, Michaut, n'est pas raison   Michiel michiel GH, Michiel preuost n. L
Que tu me fais, mes traïson.   2600 Ce que me f. 𝔓, Q. tu me faces estorcion H
A une painne qui fin a   q. finera L
Et qui tousjours pas ne durra   que H, Q. t. j. p. ne durera 𝔓, q. poi de
L'envoies pour la priere   temps durera L
Sens plus de celle cordiere;   par l. p. L a la grant pr. 𝔓
Et sces bien que l'empetrement   2605 lenpretem. M
Qu'ell' a fait surrepticement   surrectic. M
Ëust este bien contredit,
Et qu'au contraire, si com cuit,   cont. com ge cuit L𝔓
Eust Justice bien empetre
Ou moy, voir, së y fusse ale.   2610 —voir G, m. mesmes si f. M, Ou ge si
Et saches, se conseil en ai,   peusse estre a. L
De ta sentence appellerai   sachiez L, se] que G
Com de fausse et [de] mauvaise,   ta] la L
Non obstant qu'il t'en desplaise,   et de m. MqH &c.
Devant Dieu le juge souvrain   2015 quil vous en d. L, Quelque chose qui t. d. 𝔓
                                          —le L, souuer. MqπHL𝔓

SOULS PASSING FROM PURGATORY TO HEAVEN. Line 2,641, p. 91.

II, p. 272.

A son grant jugement derrain.   Et *MqH* &c., Et des m. *L*
[Et] maintenant appellasse,
Se certainnement cuidasse   pl. au maistre L. 𝔅
Quë il plëust a Lucifer
Et a son grant conseil d'enfer,   2620   a] en *M*
Si ques ma protestacion   Pour ce m. p. *L*
Fas de faire appellacion   Fay *H*, den f. 𝔅
Dedens les ·x· jours ordenes   —les *H*
Qui a ce faire sont donnes,
Suppose *que* conseil aie   2625   que *MqH* &c.] qui a, c. en a. *L*, Combien q. meschant c. iaye 𝔅
Qui de rien ne s'en esmaie;   Q. peu ou r. 𝔅, De quoy mon cuer moult se gramoie *L*
Et saches que le pelerin
Ne sara aler tel (tel) chemin   a. tel ch. *MqH* &c., sama *L*
Que ne le grieve, se je puis,   greue *q*𝔅
Et ne soie ses annemis."   2630   Touz temps seray ses e-s *L*
Moult estoit li Sathan dolent,   le 𝔅 ce *Hπ* cil *Mq*, M. sont les sathanas d-ns *L*
Quant il vëoit que son talent   ilz voient q. leurs t-ns *L*
N'estoit fait, et grant joie avoit   Ne sont faiz et g. j. auroient *L*
Quant qui que soit li eschëoit   Q. les mauuez leur escherroient *L*, Q. aucun tumboit et venoit 𝔅
Par jugement a partie.   2635   a] en *M*, j. de sa p. 𝔅
Dont avint que taire mie   ce q. 𝔅

Justice fait le fardel du pelerin pour le porter et purger en purgatoire. 𝔅 (T.)

Ne doi ou point que j'estoie   doit v. p. ou ie e. *M*, ou] en ce 𝔅, q.] ou *L*
Que mon fardel actendoie
Le quel Justice me faisoit,
Si com le prevost dit avoit.   2640   Comme le p. 𝔅
Merveilleuse chose je vi
Et aussi merveilleuse ouy: meruleuse *q*
Une compaignie bien grant   compaige *q*, Ce fut dune c. g. 𝔅, b.] moult *G*
De pellerins en haut chantant
Vi qui devers terre venoit,   2645   que d. t. venoient *M*

2616 a, b, c, d.—Le quel te priuera dhonneur.
              Sen ton iugement trouue erreur
              De quoy ahonte tu seras
              Et ta preuoste en perdras. 𝔅

Et chascun plus luisant estoit
Que n'est le souleil en midi.
N'i avoit cil qui deles li
N'eust son ange qui le menoit
Et droit en haut le conduisoit.   2650
Et estoit telle la chancon
Quë il chantoient a haut ton:
"Aoures soies et loues
Jhesu qui fu[s] de vierge ne[s],
Qui par ta mort nous rechaptas   2655
Et ame et sanc pour nous donnas!
Aussi Dieu le pere aoure,
Hounoure et magnifie
Soit et le Saint Esp(e)rit aussi
Avec ta vierge mere qui   2660
Ta grant grace deffermee
Nous a et abandonnee!
Aoures tous temps soies tu
Nostre doux redempteur Jhesu
Qui ou feu de purgatoire   2665
De nous as ëu memoire!
Se long temps y avons este,
Tresbrief est, quant est compare
Aus grans exhorbitacions
De nous peregrinacions,   2670
A nos grans pechies et meffes
Que contre toi avïons fais.
A toi venons qui es la fin
Ou doit tendre tout pelerin."

Quant ainsi chante avoient,   2675
   Les anges qui les menoient
Redisoient autre chancon:
"Jhesu, a toi nous revenon

Dom ch. *L*, estoit *made into* estoient *M*

en] a *MG.L*𝔓

celi q. jouste li *L*, a. nul q. pres de li 𝔓

angle *M* angre *q*

Quilz ch. a moult h. t. *L*, t.] son 𝔓

s. tu et *L* sois tu et 𝔓, l.] sauuez π

fus *MπH* &c., q. de v. f. *L*, v.] mere π

rachet. *MqGHL*𝔓

a.] eiue *L* chair 𝔓, —pour *G*

M. et hon. *L*

—et π*H*

auec π𝔓] Et a*MqGHL*, ta mere virge *L*

—2662 *G*, Et a tous est ab. π

au f. π*L*

n. pouures as eu m. 𝔓

este] demoure *H*

Tresbien *H*, Brief est q. e. comparage *L*, q. c. π

nos *MqH* &c.

Et n. *M*

auiens *M* auons π*H* nous auons 𝔓

est π

Apres quainsi ch. 𝔓

angles *M* angres *q*

Si r. a-s ch-s 𝔓, Dis. des a-s ch-s *H*, Dis. aussi leur ch-n *L*

ANGELS WELCOMING FREED SOULS, WHO NEED NO MORE THE SCRIP OF FAITH NOR STAFF OF HOPE.

G, fol. 104. Line 2,699, p. 93.

Le Pelerinage de l'Ame. 93

 Et ramenons tes pelerins
 Qui a toi ont este enclins ;   2680
 Et pour eux avons pene ëu,
 Tu Jhesucrist l'as bien scëu,
 Tu le nous remunereras
 En tel maniere que vourras.
 Së aussi pour eux retardes   2685
 Avons este et arrieres,
 Compare l'ont moult longuement
 Par longue paine et grant torment
 Qu'il ont en purgatoire ëu,
 Non mie que plus lonc dëu   2690
 Ne leur fust, se ta grant pite
 Es tourmens ne leur eust aide.
 A garder tu les nous baillas,
 De ce negligens n'avons pas
 Este, nous *les të* amenons,   2695
 Fait avons ce que nous devons.
 Glorifies et hounoures
 En soies tousjours et loues !"

tamenons *H*, dez p. π

Se po. *ML* Et se po. 𝔓, Se paine po. e. a. eu *GH*

Doulx Jh. tu l. b s. 𝔓

remuneras *HL*

t. guise com tu v. *L*, tele facon q. v. 𝔓, q. tu v. π

Et se 𝔓, r-der π

A nous este *HG*, et deboutez *L* et separez 𝔓

g.] lonc *qπH*𝔓

N. toutesfois q. 𝔓, dehu *M*

Es paines ne *L*

le π

n-gent π n-gence 𝔓

les te *MqH* &c.] te les a, ramen. *L*𝔓

F. en a. ce q. d. 𝔓

A t. j. en s. et l. 𝔓, t. temps et aourez *L*

Le pelerin parle.
 En chantant et louant ainsi
  Par l'uis de la courtine vi   2700
 Quë ens tous ensemble entrerent ;
 Mes li ange avant passerent,
 Et tant y ot que par dehors
 Laissierent les pelerins lors
 Chascun s'escherpe et son bourdon   2705
 Pour ce qu'il n'estoit plus saison
 De porter les, car termines
 Estoit leur voiage et fines,
 Et ce dedens jë entendi
 Par i· chant qu'on chanta ainsi :   2710
 "Loues soies tu, Jhesucrist

ens] eulx *Mq*π dedans *L*

angre *q*, les angles *M* les angelz *G* les anges *L*𝔓

---par *H*

lors] hors *G*

pl.] pas *GH*

De les p. *L*𝔓

le v. *M*, l. voyagez π, Estoient les v-s *L*

ceulx *H*, Ceulx d. chanterent ainsi *L*

qui *HG*, chantoit a. 𝔓, Quar le chant moult bien entendi *L*

Benoiz s. *L*, tu doulx Jh. 𝔓

De qui tout bien [et] vient et ist! et *MqπG*, trestout b. v. *L*
Or croist nostre compaignie Or sacroist 𝔙
De ceux dë humainne vie. Des ames de h. π, Des peregrins dum. v. *L*𝔙
Se lonc temps ont pelerine, 2715
Maintenant est atermine
Du tout leur pelerinage De tant l. p. *L*, De tous poins l. p. π𝔙
Dont fin es, port et rivage, est *H*𝔙, Dom tu yes f. p. *L*
Pour quoi temps est que mectent jus est] et π, q. m.] de mettre *MqπGHL*𝔙
Escherpe et bourdon les quiex [nus] 2720 nus *MqH* &c., Lesch. *MπGH*𝔙, et le b. *H*
Onques dignement ne porta
Quë il ne venist jusques ca, Qua toy ne v. 𝔙, iusqua sa *M*
Quë acceptable ne ëusses Et q. a. *L*, Et q. a. meusses 𝔙, a-bles *G*, tu neussez π
Et aussi ne recëusses. ainssi tu ne π, Et o grant ioie ne r. *L*, Et tresdoulcement ne r. 𝔙, que ne *G*
Mercies en soies Jhesu, 2725 M. tu en s. Jh-s 𝔙, s. tu Jh. *L*
Vous aussi soies bien venu venuz 𝔙
Entre *vous* nouveaus pelerins vous *MqH* &c.] nous α, pel. nouv. *L*
Qui des tentes et des engins Q. d. engins et des gluiaux *L*
De vos trois mortex annemis
Et des ·vii· vielles du pais 2730 Aussi des 𝔙, vii] vi π
Par la grace Dieu eschapes
Estes du tout et delivres!
Loues Dieu et magnifies L. en et graciez dieu 𝔙
Avec nous et regracies Ainsi que vrayement luy est deu 𝔙
Tousjours mais perpetuelment 2735 T. temps m. *L*, T. p-tuelement 𝔙
En actendant le jugement
Derrenier que rejoins seres Derrain q. *H* Dernier q. *M*π, Derrier q. r. vous s. 𝔙
Aus corps que devant avïes Au *q*, A voz c. 𝔙
Qui jusques a ce temps seront iusqua a *M*, a ceul t. pourriront *L*
En terre et tousjours pouriront. 2740 et] ou 𝔙, et y demouiront *L*
C'est 'i' purgatoire pour eux,
Car n'estoit pas droit que vous seuls C. ce nest p. *L*, nest p. *HG*, s.] ceux *M*π
Eussies este *pour* vos pechies pour *MqH* &c.] par α, Eusses *G*𝔙, Fusses du tout pour v. *L*
En feu et en tourment purgies Au *H* Ou 𝔙
Et les corps qui compains furent 2745 compaignons *L*𝔙

Le Pelerinage de l'Ame.

Des pechies et moult leur plurent		
N'en ëussent leur purgement		—2747 *q*, = 2748 *iπ*
Par lonc et vil pourrissement.		Feront la ius leur purgement *iπ*
Mes apres la purgacion		
A la grant resurrection	2750	Et *M*
A vous du tout rejoint seront		O v. *L*
Et a vostre bien partiront,		a] en *L*
Si ques sens fin tousjours loes		Par quoy s. f. 𝔓, Pour ce s. f. t. temps l. *L*
Cil qui a ce vous a crees."		Celuy qua ce 𝔓

En ce point d'autre partie	2755	cest *L*, p. vne melodie 𝔓
Ouy une melodie		O. qui dune autre partie 𝔓
De divers instrumens sounans		—De *q*, Venoient i. personnans 𝔓
Et de pluseurs doulcereux chans.		De pl. et d. *HG*, De pl. d. ch. *L*, Et pl. melodieux ch. 𝔓
La regardai et vi venir		
Une feste de grant plaisir :	2760	Compaignie de g. p. *L*
Un pelerin moult plus luisant		
Que n'estoient ceux de devant		
Le quel acompagnie estoit		q. en compaignie e. *L*
Dĕ anges dont chascun avoit		Des a. *GH* Dangles *M*, Danges desquelx ch. a. *L*
Ou vïelle ou symphonie	2765	Une v. *HG*, Herpe v. 𝔓, cyfonie *M*
Ou oustil de sonnerie,		de chanterie *L*
Et par le doi mene estoit		p. la main m. 𝔓
De son ange qui haut chantoit :		
" Jhesucrist, tu soies loues,		Doulx Jh. 𝔓, s. aourez *L*
Hounoures et glorifies	2770	Gl. et h. *L*𝔓
En toutes saisons et tous temps,		—En *L*, et en t. t. *π*, tout t. *Mq*
En tous liex et de toutes gens,		Et tout lieu et t. g. *M*
De toutes tes creatures		
De tous leurs pouoirs et cures,		leur *Mqπ*, Et de t. l. p. et leurs c. 𝔓
Quant en terre tu m'envoias	2775	De ce quen te. men. 𝔓
Et tel pelerin me baillas,		A *MπGH*, t.] cel *GL*
Car bien a chemine tousjours		C. il sest b. porte t. *L*
Sens aler par mauvais destours.		

Marginal note: Graces rend a Dieu lange dun pelerin de ce que par sa grace le luy rend a salut. 𝔓 (T.)

Nulluy il n'a crëu que moi
Pour l'amour et houneur de toi.   2780
Il n'a pas crëu Huiseuse
N'ale par sa voie herbeuse.
A Penitance s'est tenu
Qui tousjours l'a net maintenu,
Et a fait son purgatoire   2785
Pour li tout droit en ta gloire
Envoier sens plus rien souffrir.
Son corps toutevoies pourrir
Convient jusques au jugement
Pour punir ce que bonnement   2790
En terre eschever ne pouoit,
Tant comme la il habitoit.
Pour li n'ai pas grant pene ëu,
Bien s'est en tous temps deffendu
De toutes les temptacions   2795
Et les griefs impugnacions
Que li ont fait ses anemis,
Si quë en l'ordre des martirs
Le devra mectre ta grace
Ou en autre haute place   2800
Aus confesseurs reservee
De lonc temps et ordenee,
Si ques, Jhesucrist, vois le ci,
Mercis t'en rent, graces t'en di."

Ainsi dedens la courtine   2805
  Ou la feste pas ne fine,
Ains va tousjours en accroissant
De plus en plus, plus que devant
Fu ce saint pelerin mene,
Pas ne scai comment est nomme.   2810
Et vous di bien certainement

il a c. *MGH*, A personne na c. qua m. 𝔓,
  Il na tenu conseil quo moy *L*
et lonnour *H*
p. mene vie oiseuse *L*, na c. paresce moy-
  seuse 𝔓
Ne a. π𝔓, sa] la *MGH*
O p. *L*
t. temps lauoit m. *L*, la nest m. *G*
a] en π
P. franchement dr. 𝔓, t. dr.] du tout *Mq* de
  tous poins π
Len-r 𝔓
t-ie *M* toutesu-s π toutevoiz *L* tenuoye *H* ce
  neantmoins 𝔓

eschiuer *HG* eschuer *M*
Le temps quil y h. *L* Ce pendent quil y
  demouroit 𝔓

tout *Mq*, d.] maintenu *L*
Et foui l. t. *L*
Et griefues i. *L*, l. grans i. 𝔓

ques *HM*, Par quoy en l. 𝔓 Et pour ce en l. *L*
deuroit *L*
en quelque a. bonne pl. 𝔓
A. saincts c. ordonnee 𝔓
Et de ta bonte reseruee 𝔓
Or donc Jh. voy 𝔓, vez *L*
Merci *M*π*GHL*𝔓, grace π

Qui *HG*, p.] nul temps *L* iamais 𝔓
t. temps *L*, en croissant *M*

cel *L*, s.] bon 𝔓
scoy *G*, estoit *M*

Que tout ce grant festoiement	trestout 𝔓, cel *L*
Onques Sathan ne regarda,	
Mes des lors quë il commenca,	d. leure q. 𝔓, M. quant la joie c. *L*
Aussi com 'i· *tor* fist grant cri 2815	tor *MqπC²H*] cor *αG*, Comme vng toreau f. vng g. c. 𝔓, Comme vn corbin geta vn c. *L*, Ainsi *MH*, A. c. ·i· t. g. c. fit *M*
Et sus ses pates jus chaï.	sur s. p. a bas chey 𝔓, Et trebucha j. et chei *L*, chaist *M*
En regardant l'a terre jus	
Bien vousisse que jamais sus	
N'en fust leve, mes autrement	Ne remontast m. a. *L*
Fu fait asses hastivement. 2820	

Justice qui m'avoit baillie   sur *L*𝔓
   Mon fardel et sus moi chargie
En la maniere qu'estoit dit
Sus l'eschaufaut monta et dist :   Sur 𝔓

Sentence et arrest contre pluseurs damnez contenant les vices pour lesquelz estoient condemnez, et illec le pelerin declare quelle figure auoient iceulx damnez. 𝔓 (T.)

"Venes et oes sentence 2825	Venez] Lever *C²*, et receuez e. *H*
Au recort de la balance !	Au retour d. *L*
Entre vous tous qui estes la	—tous *HGC²*, t.] gens *L*
Et aves actendu piec'a	Qui *L*
Moult estes *pour* qui n'a rien fait	pour *MqH* &c.] par *α*
Misericorde qui se taist. 2830	tait *M* test 𝔓
Bien a pour aucuns empetre,	p. pluseurs imp. *L*
Mais pluseurs en sont excepte	
Ou jë et Misericorde	La ou moy et m. 𝔓, Car pour iceulx m. *πC²*
Point a graces ne s'acorde.	a ses g. *πC²*, grace *MH*, a la grace 𝔓
Ce sont ceux qui sont trespasse 2835	t-ez 𝔓
En mortex pechies de leur gre,	Qui *M*, p. m. *HL*𝔓, l-s grez 𝔓, En p. m. tassez *L*
Qui sont demoures obstinas	hostinas *G*
Et par penitance n'ont pas	non p. *π*
Passe si com il dëussent,	P. repentens c. il d. 𝔓
Combien qu' asses temps ëussent: 2840	a. de t. *GL*, le t. en e. 𝔓
Faus pelerins et desvoies,	—et *H*, d.] renoiez *L*
Parjures et faus renoyes,	—2842 *M*, Pariurs *πH*, Et p. et desuoiez *L*, P. putiers renuoyez 𝔓

After 2840 thirty-six lines inserted in *L* (*see* Appendix).

Traïtres, murtriers et larrons,
Conspireurs, usuriers, gloutons
Et ceux qui se sont empliques   2845
Plus voulentiers en *vilz* peches
Et en leur volentes faire
Quë eux a leur Dieu retraire.
Tous ceux [ci] et autres pluseurs
Ont deles eux leurs accuseurs.   2850
Chascun voit a la balance
De quel part elle se panche.
Misericorde rien n'y fait
Pour chose qu'empetre ell' ait.
Pour ceux pour qui a empetre   2855
La balance l'a bien monstre.
Ceux iront en purgatoire
Et puis revendront en gloire
Si *com* aucuns, n'a pas gra*n*ment,
Y sont venus joyeusement;   2860
Si que de par le lieutenant
De Jhesucrist, Dieu tout puissant,
Comdempnes estes par arrest
A Sathan qui est ci tout prest,
A fin qu'en enfer vous tiengne   2865
Et jamais nul n'en revi[e]gne
Excepte au grant jugement
Ou vous seres chascun present
Pour vos mescheans cors retrousser
Et avec vous au feu porter   2870
Ou ensemble tousjours ardres
Et sens finer y demourres.

Traistres et murdr. $\mathfrak{P}$, murdr. $G\mathfrak{P}$, —et q
Ribaus u. et gl. L, et gl. G
apliquiez (a-quez $C^a\mathfrak{P}$) $q\pi C^aH\mathfrak{P}$ emp-quiez M, q. sont entechiez L
vilz MqH &c.] leur a, De rancunes et v. p. L, en] a $\mathfrak{P}$
en] a $\mathfrak{P}$, En touz l-s v-z f. π, v-te MGH, Qui desirs charnelx veulent faire L
Qua d. et vertu se r. $\mathfrak{P}$, Sans resister au contraire L
ci $Mq\pi\mathfrak{P}$
O. de jouste e. L, O. au pres deulx l. $\mathfrak{P}$
a] en M
quelle p. e. p. HG, el sauance L
na f. $\mathfrak{P}$
que imp. a. L
= 2856 (La b. a b. m.) L, Car p. c. quelle a imp. $\mathfrak{P}$, a] la π
= 2855 (C. p. quel a imp.) L
Quar ilz i. L
p.] si (se M) πM, en] a $q\pi$
com $Mq\pi GL\mathfrak{P}$] quant aH, Comme a. nagaire y tenuz $\mathfrak{P}$
Y s. j. v. $\mathfrak{P}$
Pour ce de p. L Par quoy de p. $\mathfrak{P}$. de ce p. H
Dieu] li $M\pi$ —Dieu G

est ycy p. $\mathfrak{P}$, Vez la les s-nas touz prestz L
v. en mainent L
Et sans fin illec vous tiengnent L

s. trestouz p-ns L
m.] ordoux L
au] ou L
—jours π, t. temps L, Ou t. j. vous a. ens. $\mathfrak{P}$
Et a touz temps y d. L, Et s. fin d. en flambe $\mathfrak{P}$

  2854 a, b.—Misericorde ne fait rien
    A ceulx qui onc namerent bien. L
  2872 a, b.—Quant en ame et en corps pechastes
    A enfer lun et lautre obligastes. L

DEVILS LEADING SOULS AWAY TO TORMENT. Line 2,877, p. 99.

G², fol. 183.

Fuies vous en de ci bien tost!
Ainsi le mande le prevost."

dici b. *M*𝔅, ci tantost π, Trebuchiez en enfer tantost *L*

Ainsi fu fait *comme* il fu dit. 2875
Nul ne fist la endroit son lit,
Et lors le Sathan se leva
En haut criant: "Or ca, or ca,
Avec moi tous vous en venres!
Trop longuement ici aves 2880
Este, dont me poise forment,
Pour actendre ce jugement."
Et adonc vint une flote
De ceux a la noire cote
Qui flëutant et tabourant 2885
Vindrent moult joyeux au devant.
"Or ca, disoient il, alons,
Laisses chëoir tous *ces* bourdons
Et vous escherpes, car besoing
Ne vous est plus d'aler plus loing. 2890
Fait avez vostre voiage
Et vostre pelerinage,
Et estes a la fin venus
Dont jamais ne partira nuls.
Vous gardians s'en sont vole, 2895
D'eux n'ares plus societe,
De vous ferons nostre vouloir
En enfer, nostre chaut manoir.
Ploures, cries, braies, ulles
Disans: pour quoi fusmes nous nes 2900
Pour parvenir a tex douleurs
Ou ne valent lermes ne pleurs,
Ou n'a nulle redempcion,
Clarte ne consolacion."

comme *MqH* &c.] quant α, —il *HG*, Tantost com iustice ot ce dit *L*
s. nyd 𝔅, Prestement chescun senfuit *L*
Doncques vindrent les sathanas *L*
En. cr. h. 𝔅, En disant aus pecheurs las *L*
Auecques m. t. en ve. *HG*, Ouec nous vous en venez *LC*²
T. a. l. estes *M*
Yci d. *M*, me] nous *L*
cest *L*
Ad. v. u. grant fl. *LC*²
a] o *L*, que ont π*C*², n.] charbonnee 𝔅
Q. cornant et rechignant *L*, Q. bruyant fl. t. 𝔅
V. aus chetifx au d. *L*

ces *MqH* &c.] ses α, Laissier *H*, Lessiez choeir t. voz b. *L*
vos *MqH* &c. ces *C*²
est pas d. *MHC*², Naurez james d. *L*
F. a. tout vost. pelerinaige *C*²
—2892 *C*², Ou vous serez en puant cage *L*
Vous e. en tel lieu v. *L*
nen p. *MG*𝔅, p-rez *H*
Voz *MqH* &c., volez 𝔅
Pl. n. d. s-tez *L*𝔅
n.] vostre π
n.] vostre π, ch.] haut *q*π grant *C*², En n. froit et ch. m. *L*
hulles *MH* hurlez 𝔅, c. comme dampnez *L*
D-t *M*π*GHL*, nous] onc *GL*
P. venir a *M*, P. demourer en t. d. *L*
Ou rien ne vaut l-e ne p. *L*

Or dirai quiex gens c'estoient 2905
 Et quiex figures avoient.
Li uns si estoient cornus,
Les autres com sengliers dentus,
Aus autres les yeux sailloient
Dont les pruneles issoient, 2910
Aucuns grans ongles et crochus
Avoient et les dois tortus,
Pluseurs avoient ventres gros
Et pluseurs tous pourris les dos,
Si que leurs bouyaus issoient 2915
Et a terre jus chaoient.
Li autre avoient pies moussus
Et liés com fussent rompus,
Et que plus laide chose estoit,
Moult pou de nombre en y avoit 2920
Qui n'eussent toutes ou pluseurs
Les dites ou autres laideurs.
Orde chose et orrible estoit,
Le cueur de paour m'en trembloit.
Lors pris mon ange a regarder 2925
Et li vouloie demander
Quel gent c'estoient, quant me dist:
"Grant grace t'a fait Jhesucrist,
Quant t'a mis hors et dessevre
D' avec ceux la qui sont dampne. 2930
Vois com sont lais et defformes
Et par pechie deffigures.
Ces cornus la sont orgueilleux
Qui ont este si desdaigneux
Qu'il n'ont nullui fors eux prisie 2935
Ne nul sage fors eux cuidie ;

sestoient 𝔅 estoient πL
f. quilz a. M
Les MπGHL𝔅
Et les a. q, £.-s comme s. 𝔅
A aucuns l. L
Ou l. L, Et ieurs p. HG, Et les p. leur i. 𝔅
crossus π

a. les v. HG𝔅, Aucuns a. les v. plains L le v-re g. C²
leurs d. HG, Aussi com vne vache prains L
lour M, Aucuns pourriz les rains auoient L
Et iusqua t. πC², Tant que leurs boiaux trainoient L
a-es M, Les a-es πHG𝔅, les p. G, Les vns a. les p. m. L, p. m. a. C²
L. comme sestoient r. 𝔅, Et reliez comme r. L
qui MqπL𝔅, pl.] moult H, q. orrible ch. L
—en M, n. illec a. 𝔅, auoient q, En tout le moncel pas nestoit L
Q. neust t. L
Semblables ou 𝔅
Tres horrible ch. e. L
me tr. GC²
angle M angre q
Pour lenquerir et d. 𝔅
Quelz g-s M𝔅 Quelles g-s L, g-s est. M
t'a] te q
et separe 𝔅

Voi π𝔅, comment M
p-es Mq, Par p. et d. πC²
C. c. s. les o. M, la] ce 𝔅

Que no. aucuns f. 𝔅, null.] aucun Mq
Ne aucun s. Mqπ, Et nulz s-ez 𝔅

After 2904 forty lines, and after 2906 eight lines, inserted in L (see Appendix)

Tous par leur fiere maniere
Ont hurte et mis arriere.
Li autre a cui pendent les yex
Sont meschans chetis envieux 2940
Qui par regarder fierement
Bien d'autrui et avancement
Ont boute [hors] leurs yeux et mis ;
Onques bien ne leur fu amis.
Envie, quant tu l'encontras, 2945
A dire ne l'oublia pas.
Ceux qui ont les dens com sengliers
Sont de fait ou vouloir murtriers,
Gens vindicatis et ireux,
Plains de rancune et haÿneux, 2950
Qui sont tex que nul ne dure
Pres d'eux pour leur endenture.
Ceux aus ongles et dois tortus
Sont gent qui, de tant qu'il ont plus,
Couvoitise ont de plus avoir ; 2955
Acrocheteurs d'autrui avoir
Sont par manieres diverses,
Torconnieres et perverses.
Avarice t'en sermonna
A celle fois que t'encontra. 2960
Les ventrus sont gloutonnaille
A cui ne chaut comment aille,
Mes qu'aient les ventres farcis.
Et ceux qui ont les dos pourris
Sont ceux qui sont luxurieux. 2965
Les autres sont dis pareceux
Qui les jambes ont moussues
Et lïees com(me) rompues.

Les bons p. *L*, treffieres *C*²
m.] boute π*C*² gecte 𝔓
Les autres *G*, Autres a qui 𝔓, p.] saillent *C*²
S. maleureux e. *L*

et lau. 𝔓
hors *MqH* &c., O. b. lour y. h. et m. *M*
—fu *HG*, auis π
tu] pieca 𝔓
d. noubl. p. *q*
o. d. comme sa. *L*𝔓, senglers *G*
v.] pensee *L*, murdr. 𝔓
et] ou *G*
Rempliz d. 𝔓
tel *H*, s. si maulx q. *L*, nul est qui d. 𝔓
Jousteulx p. *L*
droiz *q*
g-s *M*𝔓
Plus grant c. o. dauoir 𝔓
Acrocheurs *L*
Ont este p. voyes tres peruerses 𝔓
Torsonn. *HG*𝔓, Et tors. et diuerses 𝔓
tant s. π
Quant el sur terre t. *L*

A qui *G*, Ausquelz ne 𝔓, nen *M*, A qui il ne ch. c. tout a. *L*
quilz a. *L*
d.] rainz *L*
Se sont puans l. 𝔓, q. ont l. *H*
dit π les 𝔓
Q. piedz et j. 𝔓
com *Mq*

2945, 2946 refer to *Vie* 8245 *et seqq.*
2959, 2960 refer to *Vie* 9169 *et seqq.*

Or regarde dilige*m*ment
Ceux qui ont especiaument   2970
En eux les ‵vii‵ condicions,
Et coment estoies beaus homs,
Quant ainsi tu les portoies
Ou temps passe par le[s] voies."

"Comment, dis je, qüe as tu dit? 2975
Onques ne fu si lait, ce cuit."—
"Si lait, dist il, mes tu que dis?
Qu'est ce dont que lïe et mis
Est ou fardel qüe as trousse?
Tantost il sera deslie,   2980
Met le jus et le deslie,
A fin que ne cuides mie
Que je t'aie de rien menti!"
Tost le fis et tantost je vi
Enseignes de ce qu'il disoit.   2985
Cornes, ongles, dens y avoit
Et asses de mainte ordure
Dont me tais pour la laidure,
De quoi se fusse appertement
Trousse, bien fusse voirement   2990
Aussi lait ou plus comme ceux
Que devant moi vëoie aus yeux.

"Ha, dis je, chier ange merci,
Vueilles que relie ce ci!
Folement parle avoie   2995
Et pas ne me cognoissoie.
Grant folie est et domage,
Quant qui fait pelerinage
Ou monde et en vie mortel,
Ne se veult regarder autel   3000

diligaument *G*
o. generalement 𝔓
les] ces 𝔓
tu est. *L*
Q. tu aussi l. *L*, Q. toutes teles l. p. 𝔓, toutes les *C*²
les *MqH* &c., t. parmi l. π*C*²

quas t. π, C. d. je auez vous d. *L*
ce] ie π
m. q. tu d. *qC*², Lange me dist garde q. dis *L*
Garde q. est l. et m. *L*, —ce *C*²
As *G*, ou] en ton 𝔓, Ou f. que tu as t. *L*
destrousse 𝔓, Il s. t. deshousse *L*
et] si *C*²
cuide *M*
—ie π, tay *Mq*, de nul r. 𝔓
Com il dist le f. et ge vi *L*
Lenseigne de 𝔓
C. d. o. y a. *ML*
dautres o-res *L* dautre grant (vile 𝔓) o. π*C*²𝔓, m-es o-es *M* m. laidure *H*
les l-res *L*

vraiement *L*

lais *G*
Q. ge voy (veyoie 𝔓) d. mes y. *L*𝔓

Te plaise q. 𝔓, Souffres q. ge r. *L*
iauoye 𝔓
Quar *L*𝔓

en la v. *L*, En cestui m. et v. m. 𝔓

Le Pelerinage de l'Ame. 103

	Com il est, et que chascun jour		Comment quil est *M*
	Ne se mire en bon mirouour.		Mireour *M* mirour *HGLC²*𝔓 mirouer 𝔓
	Ne puet, quant ses fautes vëist,		peust *GLC²* pourroit 𝔓, p. que s. f. ne v. *M*
	Que meilleur il n'en devenist,		
	Que les laides taches n'o[s]tast	3005	nostast *MqGL*𝔓, Et 𝔓, Q. ses la. *L*
	Aucunement et deffacast."—		deffasast π deffessat *M* effac. *L*
L'ange parle.	"Tu dis voir, dist il, mes tresbien		vray 𝔓, Uoir dis dist lange m. *L*
	Me souvient que n'en fëis rien,		Men π*H*, faisoies 𝔓
	Quant la merciere ou temps passe		
	T'eu(s)t le bon mirouour monstre.	3010	Test *C²*, Teut l. b. mirouer *GL*𝔓, mireour *M* miroir *H*π
	Tost *ou* pennier le regectas,		ou *MqHGL*𝔓] au aπ, premier π
	Quant ta laidure regardas."—		ta] la *q*, y r. *H*
Le pelerin parle.	"Il m'en souvient, dis je, tresbien		
	Et maintenant chetif m'en tien."—		
L'ange parle.	"Or ne l'oublie, dist il, plus,	3015	Or noblie d. *M*, loubli π
	Et voi comment tu es tenus		—voi *M* vez *L*, combien tu 𝔓
	A ton createur mercier		
	Qui par sa grace a fait lier		
	En ·i· fardel tes ordures,		
	Tes viltes et tes laidures	3020	
	Pour ardoir les tout autrement		P. l. a. *LC²*𝔓, a.] outrem. *L* telem. 𝔓 maintenant *H*
	Qu'a celle treschetive gent		—tres *C²*
	Qui en enfer vont les galos."		v. grant g. 𝔓
	Or m'en revieng a mon propos.		Ge *L*, me π*H*
	Les sathanas ceux chacoient	3025	Tous ces s. si chantoient 𝔓
	En enfer et les menoient.		Et en enfer l. trebuchoient *L*
	Moult fu grant la chanteplure.		fu] yert *L*, ch-pleure *Mq*π*GL*𝔓
	Li un chante et l'autre plure,		vns *GH*, chantre π, li autre *G*, La ou lun ch. 𝔓, pleure *Mq*π*GL*𝔓
	Li annemi s'en vont chantant		Les e-is *G*𝔓*C²*, Les sathenas *L*
	Et li povre chetif plourant.	3030	les p-res *G*𝔓*C²*, ch.] damnez 𝔓, Les damnez pl. et criant *L*
	Grant horreur a vëoir estoit		h.] erreur *H*, v.] oir *M*, Moult g. h. a v. cest. 𝔓
	Et rien plaisant il n'y avoit.		Quar *L*
	Ainsi se departirent tous		En enfer entrerent t. *L*

	104 *Le Pelerinage de l'Ame.*

<table>
<tr><td></td><td>Fors ·i· des sathans qui tousjours</td><td></td><td>F. vn. sathanas *MG*𝔓 F. vn des sathanas *H*π*L*</td></tr>
<tr><td></td><td>Regardoit que je feroie</td><td>3035</td><td></td></tr>
<tr><td></td><td>Et quel voie je prendroie.</td><td></td><td>v.] chemin *L*, Et par q. v. tireroie 𝔓</td></tr>
<tr><td></td><td>Bien avoit ma sentence ouy</td><td></td><td>ouye 𝔓</td></tr>
<tr><td></td><td>Dont il avoit le cueur marri.</td><td></td><td>Dom il estoit au c. m. *L*, D. a. grant melancolie 𝔓</td></tr>
<tr><td></td><td>Tant actendi que trousse fu</td><td></td><td></td></tr>
<tr><td></td><td>De mon fardel moult malotru,</td><td>3040</td><td>f.] troussel *L*, malost. *H* malcut. *L* malant. *M*</td></tr>
<tr><td></td><td>Si com il estoit ordene,</td><td></td><td>Ainsi quil e. 𝔓</td></tr>
<tr><td></td><td>Et quë ainsi fu encherpe</td><td></td><td>Quant aussi fu esch. *L*, Et aussi f. en e. *C*² quaussi ie fu 𝔓, aussi *MqL*𝔓, escharpe *M*π*L* eschappe *H*</td></tr>
<tr><td></td><td>Et me fu rendu mon bourdon</td><td></td><td></td></tr>
<tr><td>L'ange parle.</td><td>Et que mon ange dist : " alon !</td><td></td><td></td></tr>
<tr><td></td><td>Il faut qu'en purgatoire droit</td><td>3045</td><td></td></tr>
<tr><td></td><td>Je te mainne tout orendroit.</td><td></td><td>tost *G*</td></tr>
<tr><td>Ange du pelerin le meine en purgatoire. 𝔓 (T.)</td><td>Paine ai ëu asses pour toi,</td><td></td><td>eue *MG*, P. iay ass. eu 𝔓</td></tr>
<tr><td></td><td>Car pou tu as crëu a moi</td><td></td><td>C. trop poi *L* C. mou peu *C*²</td></tr>
<tr><td></td><td>Et encor(e) faut il qu'en aie</td><td></td><td>encor *Mq*π*GL*𝔓</td></tr>
<tr><td></td><td>Et (que) pour toi retarde soie</td><td>3050</td><td>—que *Mq*𝔓</td></tr>
<tr><td></td><td>De retourner lassus ou ciel</td><td></td><td></td></tr>
<tr><td></td><td>Avec mon maistre Saint Michiel</td><td></td><td>Auecques m. m. M. 𝔓</td></tr>
<tr><td></td><td>Qui de moi et des gardiens</td><td></td><td>et dautres g. *L*</td></tr>
<tr><td></td><td>Apres Dieu est prince tous temps."</td><td></td><td>tout *Mq*</td></tr>
<tr><td></td><td>Et lors le sathan s'avanca</td><td>3055</td><td>Adonc li s. *L*, lors sathanas 𝔓, sauance *q*</td></tr>
<tr><td></td><td>Et dist : " Sens moi mie n'yra."</td><td></td><td>mie] pas il 𝔓</td></tr>
<tr><td></td><td>Et me vint adonc costoiant</td><td></td><td></td></tr>
<tr><td></td><td>Aussi com avoit fait devant.</td><td></td><td>Ainsi *HG*π𝔓</td></tr>
<tr><td></td><td>Dolent au feu m'en aloie</td><td></td><td>Tremblant *L*</td></tr>
<tr><td></td><td>Que ja devant moi vëoie.</td><td>3060</td><td>Q. ie par d. π, Q. d. m. ia v. *L*</td></tr>
<tr><td></td><td>Noir estoit moult et flamboiant,</td><td></td><td>Moult est. n. *L*, —et *G*</td></tr>
<tr><td></td><td>Et toutevoies transparant</td><td></td><td>t-ie *M*, toutesfois tresapparent 𝔓, transp. *L*</td></tr>
<tr><td></td><td>Me sembloit si que vëoie</td><td></td><td>si] ce *H*, q.] com *G*, q. gy v. 𝔓</td></tr>
<tr><td></td><td>Aussi com par une toie</td><td></td><td>Ainsi *MGH*𝔓, Ainsi que p. my u. taye 𝔓, taie *q*π*LC*²𝔓 roie *H*</td></tr>
<tr><td>Tourmens de purgatoire sont merueilleux. 𝔓 (T.)</td><td>Pluseurs autres pelerins ens</td><td>3065</td><td>Pl. a. estoient dedens 𝔓, —ens *L*</td></tr>
<tr><td></td><td>Qui la souffroient grans tormens</td><td></td><td>Q. s. horribles t. 𝔓, Q. auoient touz les corps espris *L*</td></tr>
<tr><td></td><td>De feu ardant et embrase</td><td></td><td>—et *H*</td></tr>
</table>

Le Pelerinage de l'Ame.

Et tresasprement avive.		alume 𝔓
La fu mis moi et mon fardel		f.] troussel *Mqπ HGA*⁴*LC*²𝔓
Dont il ne m'estoit mie bel.	3070	De quoy il ne m. pas b. 𝔓, mie] pas moult *L*
Doux Jhesus[crist], qui penseroit		Jhesuscrist *qL*𝔓 Jhesucrist *C*²
Et qui est cil qui me croiroit		Et ou e. *L*, cellui q. π*C*², —me *qC*²
Des grans paines quë y souffri		De π, q. ie y s. π*L*𝔓
Et qu' a autres souffrir y vi ?		qua] quaus *Mqπ L* que *GH*, —a *G*, que dautres s. gy vy 𝔓
Il n'est langue qui le dëist	3075	N. nulle l. q. le dist 𝔓
Ne escrivain qui l'escrisist,		Nescriv. q. l' (les 𝔓) escripuist *G*𝔓, lescreist *L* lescript *M*
Et nul ouir ne le pourroit		les 𝔓, p.] voudroit *L*
Qui le crëust, se ne l'avoit		sil ne *GHL*𝔓, laueoit *M*
Esprouve ainsi com je fis.		aussi *Mqπ LC*², a. que ie 𝔓
La endroit fu ars et rostis.	3080	Illec ie fuz 𝔓, Ge fu ou feu a. *L*
De toutes pars le feu ardoit		
Et ainsi ens com hors estoit.		aussi *Mqπ G*, a. h. c. ens *GC*², Et dedens c. dehors est. 𝔓, Dedans comme dehors bruloit *L*
Et ne cuide nuls homs mortex		ne se pense homme m-l 𝔓
Que le feu de la soit autex		s. itel 𝔓
Com est feu terrien mondains,	3085	f.] le 𝔓
Car ce n'est voir quë 'i' feu pains		—voir *Mq*, Cestuy n. q. comme f. peincts 𝔓, Feu terrien n. q. f. p. *L*
Qui bien sentiroit cellui la		—3087 *L*, senter. *M*
Et sentu eust cil de deca.		—3088 *L*, senti *G*, eust s. 𝔓, celui de sa *M* cil de ca *qH*
Illec je fu par moult lonc temps,		—moult *G*, l.] de *H*, Ge fu ou feu qui mespurgoit *L*
Ce me *sembla* plus de mil ans,	3090	s-bla *MqH* &c.] s-bloit α*L*, Pl. de m. a. ce me s-bloit *L*
En ardant illec mon fardel		il.] tousiours 𝔓
Et moi, dont ne m'estoit pas bel.		Qui mapesoit comme jardel *L*
Sathan m'i monstroit grant ire,		me m. *G*

In place of 3087 and 3088 these six lines in *L*:

a, b, c, d, e, f.—Au regart de purgatoire
   Chascun en doit auoir memoire
   Si ne fut la bonne esperance
   Que ge auoie dauoir leiance
   La fieure quarte mielx amasse
   Auoir mil ans si tant durasse. *L*

Mais ne m'i pouoit pas nuire
A son vouloir dont li pesoit   3095
Et bien le semblant en monstroit,
Et mestier je n'en avoie,
Car asses painnes sentoie.
Mon ange de li me gardoit
Et souvent me reconfortoit   3100
En soi tenant bien pres de moi
Et en disant a moi: "Or voi
Comment se fait mal devoier
De la voie et du bon sentier
Que pour les pelerins monstra   3105
Diex en la vies loy de piec'a
Et quë en la nouvelle aussi
Derrainnement il establi;
Si que, pour ce quë as erre,
Es tu maintenant tourmente   3110
Et ce as tu bien desservi
Et plus encor, se Diex merci
Asses ne t'ëust deporte;
Si ne dois pas desconforte
Estre, car quant seras purgie   3115
Et de ton fardel deschargë,
Si que tout soit outreement
Ars, tu aras finablement
Delivrance desirree
Dont grant m'est la demouree,   3120
Car pour toi garder sejourne
Ai longuement et demoure,
Et voulentiers m'en alasse,
S'eusses fait, et t'en menasse.
Nulle autre chose je n'atent."   3125

l'ange parle.

me p. *G*𝔓

Et il b. s. me m. *L*, Selonc le s. quil m. *MqπC²*

Et ge nul m. n. a. *L*

p-ne *q*𝔓, a. de peine souffroye 𝔓

Qui s. *L*

se t-ns 𝔓 se tenoit *L*

En m. d. ami or v. *L* En d. amis or v. *H* Et souuant me d. or v. 𝔓

Com il se f. *L*, m.] bon *GH*, desuoier *MqH* &c.

et] ou *GM*, —bon *qC²*

vielz *G* vieux *H* viel *C²*, vieille l. p. *L*𝔓

quen la *ML* ce quen la 𝔓

Darrienem. *M* Dernierem. *H* Derrenierement *C²*

Et par quoy p. ce quas e. 𝔓, quas e. *M* q. es e. *G*, P. ce ques foles voices as este *L*

Et *q*

Ainsi que bien as d. 𝔓

Fait ne t. et teust supporte 𝔓

Et n. *C²*, desc-ter 𝔓

q. p. seras 𝔓

Et t. f. desch-geras 𝔓

Quant t. sera o. *L*, tous soies *H*, o.] entierem. *H*𝔓

La tres grant joie d. *L*

D. m. g. *πC²G*𝔓

te g. 𝔓

Jay 𝔓

Se f. e. *C²*, temmenasse *G*

3099 a.—Qui si pres de moy se tenoit *M*

Le Pelerinage de l'Ame.

  Lors li demandai je, comment
  Pouoit durer sens arsure
  En tel feu et tel ardure,
  Et se nulle paine sentoit
  Qui si pres de moi se tenoit. 3130

Feu denfer ou de purgatoire nont actiuite de bruler fors peche. ℬ (T.)
  Adonc respondit il et dist:
  "Le maistre qui ce feu ci fist
  Tant seulement le fist actif
  En dispose subjet passif;
  En ceux *est il* actif sens plus 3135
  Qui sont de peches corrompus.
  En moi n'a pechie ne tache,
  Si ne truis qui mal me face.
  Se nul onques pechie n'ëust,
  Ceste painne n'autre ne fust. 3140
  Un innocent pourroit passer
  Par tout ce feu ci et aler
  Qui ja painne ne sentiroit;
  Et se dedens enfer estoit,
  Painne n'y aroit ne tourment, 3145
  Combien quë [y] fust longuement.
  Avec pechie paine *nee*
  Est et de li seul causee,
  Et pour ce que [n'ai] nul peche,
  Au feu ne sui point oblige. 3150
  Nul ennui n'ai fors que de toi
  Qui as este commis a moi,
  Et toutevoies ai (ie) joie
  Plus grant que [ne] te pourroie
  Dire de ce que tousjours voi 3155
  La joyeuse face du roi,

Ne p. π, pooit *G* porroit *H*
ard.] laidure *H*
p.] engoisse *L*

A. me r. *L*, r. et me d. ℬ
Dieu tout puissant q. cest feu f. *L*

d-sant ℬ

est il *MqH* &c.] il est a
Q. par p-ie s. c. *L*

Et *G*, Pour ce ne t. *L*, Par quoy nest rien q. ℬ S. n. t. feu *C²*, q. me mefface *MqC²*
nul p. o. *L*

et a al. *H*, Et par t. purgatoire a. *L*
ia ardour ny s. *L*, nen s. ℬ
si ou puis denfer est. *L*

y *MqH* &c., Comment quil y f. ℬ, quil y *L*ℬ
nee *Mqπ*ℬ] cree *aGH* causee *L*
—et *H*, et pour lui s. cree *L*, Et de s. peche est c. ℬ
nai *MqH* &c.
oubligie *H*, Par f. ne puis estre blecie *L*
ennemy *G* ennemi *made into* ennui *M*, Ge nay nul e. f. pour t. *L*, de] par *C²*
t-oie *M*, toutesfois si ay ie j. ℬ
ne *MqH* &c., q. dire ne p. ℬ
D. pour ce q. t. temps v. *L*, De ce quincessament ie v. ℬ

3148 a, b.—Qui tout pechie eschiueroit
  Sathan nenfer ne li nuiroit. *L*

La quelle joie me croistra,
Quant je t'arai mene dela."

<small>Peines de purgatoire par quelz biens sont diminuees. ℬ (T.)</small>

"He Diex, dis je, verrai je ja
L'eure et le jour que ce sera?" 3160
"Ouil, dist il, mes moult verras
Avant de choses que n'as pas
Ou temps passe cognëues
Ne aprises ne vëues.
Avant faut que sainte Esglise 3165
Dont tu dois savoir la guise
T'envoie celle au tariere,
Que tu vëis ca arriere,
Qu'elle perce le ciel pour toi
Et qu'elle voist parler au roi 3170
Et que grace te raporte
Et que la gent de ta sorte,
Freres de ta religion
Qui te sont loial compagnon,
Ceux aussi qui sont tes parens 3175
Par dons et par aumousnemens,
Par faire des messes chanter,
Par Dieu devotement prier
Te facent aïde et secours,

<small>Ange du pelerin le consoleque par prieres ses peines seront abregees. ℬ (T.)</small>

Car par tex choses moult les jours 3180
De tes paines abregeront
Et asses les aligeront.
Et si te di que les pardons
Dont sainte Esglise te fait dons
Par ses menistres te vaudront 3185
Autant de temps comme dit ont.
Suppose que bien dispose

diex dis ie *Mq*π*L*] dis ie dieu *a* dieu sire *GH*, Helas dieu et v. ℬ
quant ce ℬ
voiras *M*
des ch. *G*ℬ

Ne sceues napr. ℬ

au] o le *L*, T. la dame du t. ℬ
Q. iadis tu vis cy a. ℬ
Et quel p., Q. parte *q*
voit *Mq* aille *L*ℬ
g. elle ten r. ℬ, q. de dieu g. taporte *L*
Aussi q. *L*, les g-s *L*ℬ, q. ceux qui sont d. *C²*
F. et seurs religieux *L*
Tous te soient l. c. ℬ, l-s c-s *M*, Te soient loiaux et amoreux *L*
Tes compaignons et tes p. *L*
P. prier p. a. *L*, —par *q*

Pour *M*, Jeuner dev. p. ℬ, Pour les cimitieres hanter *L*
A. te f. ℬ, feront *L*
Toutes ces ch. *L*, les] tes *M*

a.] de moult *L*, les] sen *G*
Et te di q. l. allegences ℬ
ta f. *Mq*, f. ses d. *L*, De lesgl. et les relaschances ℬ
De ces m. ℬ

Par ainsi q. ℬ quen b. *H*

After 3174 eighteen lines inserted in *L* (*see* Appendix).

	Fusses a ce et ordene,	A ce f. ℙ, F. asses et o. *GH*
	Et quant [tout] ce aras ëu	tout *MqH* &c., cecy a. ℙ
	Et que ce t'ara moult valu, 3190	m. tara *L*, q. t. gramment v. ℙ
	Si que bien alegie seras,	
	Ces paines ci moult miex verras	ci] a *M*
	Et celles dë enfer aussi	ycelle (y celles *C*²) denf. π*C*², Et les peines denf. ℙ, denfer *Mqπ GHL*ℙ
	Et qui y est et leur ennui.	
	Si tost aussi pas ne t'ennuit, 3195	ten nuit *M* tanuit *H* tauint *G*
Peche mor-	Car savoir dois qu'il est escript	q. nest e. *q*
tel requiert penitence	Es papiers de Penitance	perchemins de p-ces ℙ
de ·vii· ans.	Que ci ou ailleurs penance	a.] autre part ℙ
ℙ (T.)	On doit faire au moins par ·vii· ans	En d. *G*, Conuient f. au m. vii a. *L*, D. f. au m. pour lui ·vii· a. *H*
	Pour chascun des peches plus grans, 3200	—plus *L*
	C'est que chascun mortel pechie	q.] pour *L*
	Soit au moins ·vii· ans corrigie;	Quil en soit ·vii· a. espurgie *L*
	Et n'entent pas mauvaisement,	
	Car pour chascun renchaiement	Et p. *G*, p. voir ch. rencheem. ℙ, rencheem. *L*
	En ·i· mesme tout seul pechie 3205	—tout *L*
	Par ·vii· ans on rest obligie,	on] en *G* len *L*
	Si ques de rien ne t'esbais!	Pour ce d. *L* Par quoy d. ℙ
	Tost ne seront pas acomplis	Si t. ne s. ac. ℙ
	Tous les ans quë encor tu dois.	quencores ℙ, q. t. d. encore *L*
	Et toutevoies bien cognois 3210	Toutesfois assez c. ℙ, Quar tu as dit b. men recole *L*
	Que, quant penitance encharge,	
	Apres qu'estoies confesse,	que testois c. ℙ, bien c. *L*, c-ssie *Mq*
	On t'a, de rien acomplie	Len tauoit d. r. a-pliee *L*, Ont tu d. *M*, tauoit d. ℙ, ta bonnement ac. π*C*²
	Ne l'as; et si n'estoit mie	
	Selon le pechie suffisant, 3215	
	Car certes li prestres autant	les p-s ℙ
	A un pecheur n'enchargeroit	
	De penance, combien en doit.	penitance *MH*ℙ, en] on π*H*, comme il d. ℙ, com suffiroit *L*
	Ce li souffist qu'en la voie	Et ℙ, que la v. *q* quant il lenuoie *L*, en] a *C*²
	De purgatoire il l'envoie 3220	p. en l. *L*, il enu. *M* il le renu. ℙ
	A parfaire le remanant	A faire *q*

Selon que le pechie est grant.
D'autre part trop hastivement
D'issir veuls tenir parlement
Qui maintenant y es venus   3225
Par ·i· momen[t], n'a gaires plus."—
" Par ·i· moment, dis je, he las !
Bien voi qu'il ne t'ennuie pas.
Ci ai plus de mil ans este,
Ne scai comment y ai dure,   3230
Comment en cendres je ne suy
Et le bourdon ou je m'apui.
Diex, doulx Diex Jhesucrist, comment
Pourrai plus vivre en tel tourment?"

Ainsi fu ainsi demoure   3235
Par lonc temps tousjours tormente,
Mon fardel pou se degastoit
Et petitement descroissoit
Dont pesance grant avoie,
Mes plus faire n'en pouoie.   3240
Ou monde n'a fer ne acier,
Esparre, roche ou en rochier

Ne diamant ne aÿmant
Qui y durrassent tant ne quant.
N'est rien qui dedens fust gete   3245
Que tantost ne fust tresale.
Salemandre qui ou feu vit,
Ja de vivre n'aroit respit.
La grant mer, se par la passoit,
Toute seche tantost seroit.   3250
N'est fontaine ne riviere

Et d. p. si tost parler 𝔓

Desir *q*, D. tu me tiens p. *L*, D. ne dois ne tant haster 𝔓

P. ·vii· ans na g. *L*, non gueres *G*
m. ce d. 𝔓, P. ·vii· ans d. ge las *L*
qui ne 𝔓, ne vous enn. p. *L*
Si *GH*, iay 𝔓, Ge y ay ce croy m. *L*
Et ne s. c. ay d. 𝔓, ge y *L*
c-e *Mπ*, Quen c-re reduit ie 𝔓, Et com. tout deueni ne s. *L*

O d. 𝔓, Tresdoulz D. Jh. *H*, Doulx dieu doulx Jh. *G*, Ge ne voy ne ne scay c. *L*
Puisse endurer si grant to. *L*

Leans fu *C*ᵃ, fuz 𝔓
tousj.] ainsi *L*𝔓

D. doleur moult grande iau. 𝔓

M. autre ch. n. 𝔓, ne p. *G*
Au 𝔓
Esparre] Espaue a*MqπisGH*, —ou *GH*, en] a *qπ*, Caillou ne r. ne rochier 𝔓 Ne pierre de si fort rochier *L* Pierre ne roche de r. *C*ᵃ
Cuyure d. 𝔓, daim. en a. *H*, ny *L*
durast ne t. *qC*ᵃ*L*

Ne r. 𝔓 Rien nest *L*
f. degaste *L* f. consume 𝔓
ou] de *L*, vif *q* gist 𝔓
dy v. 𝔓, De v. ny ar. *L*, v.] mourir *C*ᵃ
Si par l. g. m pass. *L*

Ny a f. 𝔓, Il nest r. ne f. *L*

3232 a, b.—Doulx Jhesucrist sainte Marie
Combien auray ie tel hachie. *L*

Le Pelerinage de l'Ame.

Qui n'y devenist cendriere."		Q. seiche ny fust ne brehaingne *L*
Toutevoies quant par lonc temps		T-vois *M* Et toutesfois ℬ, q.] com *L*
Actendu o en ces tourmens,		Oi (Os π) att. π*L*, A. ieu en c. ℬ, eu *G*
J'apercu une lumiere	3255	u.] en grant *L*
Et vi la dame au tariere		
Qui du ciel venoit avolant		aualant *GHC²*
Plain pennier de boites portant.		
A l'encontre de li vola		En l. *M*, de le ala *L*
Mon auge a cui s'acompaigna	3260	angel *M* angre *q*, M. a. et la acomp. *L*
D'anges autre compaignie		Dangles *M* Dangres *q*, Dautres a grant c. *C²*
Qu'avant ne vĕoie mie.		Que par auant *L*ℬ
Yceux gardiens estoient		
Et com moi ou feu gardoient		
Les autres pelerins penans	3265	
Et la grace Dieu actendans.		
Lors fu entr'eux ·i· parlement		fust e. p. *G*, fut vng p. entre eulx ℬ
Que j'escoutai de grant talent		de] o *L*, Q. descouter fuz moult soingneux ℬ
Et dist la dame au tariere		au] o le *L*
Qui appellee est Priere:	3270	estoit ℬ, e. saincte P. *L*

Prieres sont acceptees ou empeschees pour les causes contenues. ℬ (T.)

"Je vieng et ai fait message		reuiens ℬ, fay *M*
Au roy devant son bernage,		r. et a son b. *L* r. present tout s. b. ℬ
Envoiee de l'Esglise		Enuoye *G*, De par les gens de sainte yglise *L*
Y ai este a sa guise		Iay e. *G* Ay e. *H*, Ici ai π, Suis messagere en ceste g. *L*
Pour empetrer et *raporter*	3275	raporter *MqH* &c.] reporter *a*
Ce que jë ai pĕu trouver		Trestout ce q. iay p. ℬ, Le bien q. iay pehu t. *L*, ie nay p. *G*, q. iay p. *H*π
Pour faire bien aus prisonniers		
Qui sueffrent tourmens grans et griefs		s.] feussent *HM*π, s. grans t. *L*, t. durs et ℬ, griefs] fiers *C²*
En ce feu ardant la dedens.		cel *L*
Et bien scai qu'estes diligens	3280	q. anhelans ℬ
De ce que *raporte* savoir,		raporte *MqH* &c.] iaporte *a* je porte *C²*
Si vous senefie de voir		
Que Grace Dieu si *a broie*		a broie *MqH* &c.] auroie *a*, Q. la g. d. a braie *L*
Mains oingnemens que m'a baillie		quel m. *L*
Qui generaument vertu ont	3285	v-uz ℬ

Que, qui sus leur chies en aront,
Leur tourmens seront alliges
Et leurs fardiaus appetices.
Autres ai d'autre maniere
Selon ce que messagiere   3290
Ay este de divers prians
Diversement moi envoians.
Aucuns sens plus de parole
Pour leur contenance fole
M'ont baillie leur legacion   3295
Sens avoir y affection.
Aucuns autres m'ont envoie
Asses de cueur, mes en pechie
Estoient sens repentance
De tous les quiex sens doubtance   3300
Les boites vuides raporte.
Pour eux je trouvai la porte
Du ciel close et bien fermee,
Et me fu raison monstree
Qu'estoie une vierge fole   3305
Des cinq de la parabole."

Autres par grant devocion
  De cueur et bonne affection
En bon estat a leur pouoir
M' envoierent de leur avoir   3310
Departissant a povres mains,
A fin que ne fust mie vains
Le labour que je feroie
Ou par eux menee estoie.
Si vous di, seigneurs, que j'ai fait   3315
Briefment pour eschever lonc plait :
Aucuns amis, aucuns parens
Pour les leurs qui sont la dedens

l. chief 𝔓 chiefs GC^2
alleges G
ap-ciez qH apetesiez M
en ai $\pi C^2 HL$ y ait M, d-s m-s q
S. q. ge suis m. L S. q. je m. C^2
Jay e. 𝔓, A folx ou a sages p. L
Tous d. menu-s 𝔓

Pour $q\pi GHL$] Par aMC^2𝔓
baillee G

S. y. au. C^2𝔓, S. y au. deuocion L

m. empechie M

boestes G
ceulx H, Et p. telz iay trouue 𝔓, Ge tr. p. e. la p. L, Car p. yceulx t. C^2 trouueray M

Ceste r. me fu m. L
lune des v-es f. 𝔓
Designees en l. p. 𝔓

distreccion C^2
et] de H et de G, et par devocion C^2
a] en $HM\pi$
Menuoient π Menuoiar. M
D-ns $Mq\pi G$𝔓, Departans a p. plusours L
qui M, fussent 𝔓, q. fussent les labours L
Les l-rs q. pour eulx f. C^2𝔓, Valuables q. L
menes G menez H conduicte 𝔓, A ceulx pour qui meue est. L

Le Pelerinage de l'Ame.

	Me commirent qu' empetrasse	connurent *q'* commisdrent *G* commistrent *L* couuint *H*
	A l'un plus, l'autre mains grace. 3320	A lautre pl. a l. π, a laut. *MπGL*𝔓
	Plus en ai pour ceux empetre	p. eulx *GπL*
	Qui plus et miex ont supplie,	
Messes sur autres biensfaiz profitent aux trespassez. 𝔓 (T.)	Et pour ceux especiaument	c. singulierem. 𝔓
	Pour qui a este sacrement	
	Celebre dedens la messe 3325	C. en disant l. m. 𝔓
	Et de qui memoire expresse	Et pour lesquelz m. 𝔓
	A este faite en memento,	fait *q*, en] ou 𝔓
	Si ques ves ci, je vous des[c]lo	desclo *MqH* &c., Pour ce v. *L*, veez *qπGH*, Et par ainsi ie v. 𝔓
	Ce que j'ai fait a ceste fois.	Et q. *GH*
	Prenes tout, arriere m'en vois. 3330	a.] de rechef 𝔓
	Bien sont les boites signees	boestes *G* bouoites *M*
	Pour les quiex sont empetrees ;	P. qui elles s. imp. 𝔓, P. l. elx s. imp. *L*
	Et ou rien vous ne trouveres,	Et la ou r. ne t. *L*, v. r. *q*, trouues π
	A cui a tenu, bien saves.	A qui ce a t. *L*, —a *M*, saurez *HC²G*
	Les causes en ai dit devant. 3335	
	Et une en y a d'abondant,	Vne boiste y a d. *L*, a hab. π*GH*
	Car se pour ceux qui sont da*m*pnes	se] ce *M*, Faite p. telx q. *L*
	Ou pour ceux qui sont ja sauves	—ja *GH*, p. telx q. s. coronnez *L*
	Ignora*m*ment ai requeste	Ignoraument *G*, ay fait r. 𝔓, requise *L*
	Fait, bien est drois que la boite 3340	Faite π, b. e. a d. *G*, B. e. afferent q. sa b. 𝔓, boeste *G* bouoite *M*, Mes toutes uois en bonne guise *L*
	Toute vuide reportee	rapportee *MqπGH*, Elle sera tres bien gardee *L*
	Soit, *se* par Grace donnee	se *MqH* &c.] de a, Au moins se 𝔓, Se nest p. g. dieu d. π*C²*, g. nest d. *H*, Et a cel el sera d. *L*
	N'est plainne, a cil qui l'envoia	Plainement a c. *H*, Plenie a cellui q. π*C²*, Qui es cielx l. *L*
	Qui pour autrui prier pensa.	Bien fist quant p. a. pria *L*
Generales prieres de leglise profitent moult aux trespassez. 𝔓 (T.)	Une en y a, la general, 3345	
	Qui est de sainte Esglise aval;	
	Celle a tous est proffitable	Ycelle a t. e. valuable *L*

        3344 a, b.—Ou saucune ame son amee
            Est ci si li soit donnee. *L*

Et necessaire et vaillable.	n-rement v. 𝔓, et proufitable *L*
Or faites distribucion	Ou *L*
Si com saves qu'est de raison!" 3350	A chascun comme d. r. 𝔓, comme s. q. r. *M*, Selonc vostre discrecion *L*

Le pelerin parle.

En ce point la messagiere	cest *L*
S'en retourna tost arriere	
Et souvent aloit et venoit	
Ainsi, de quoi moult me plaisoit,	De quoy a pluseurs joie fesoit *L*, De q. certes m. *C*²
Car m'estoit medicinable 3355	C. moult est. med. *L*
Sa venue et profitable ;	
A tous aussi elle l'estoit	—3357 *L*
Et chascun de li joie avoit.	—3358 *L*, A ch. *M*
Toutevoies quant alee	T-uoiz *M*, Et toutesfois apres qualee 𝔓
Elle s'en fu et volee, 3360	renuolee 𝔓
Chascun ange sa boite prist	angle s. bouoite *M*, prit 𝔓
Selon ce qu'il cognut et vit	vist *G*, q. y vit escripst *L*
Que a son pelerin duisoit	Qui *M*, diuisoit *GH*, Et q. a s. p. estoit *L*
Et que pour lui faite ell' estoit,	f. il e. *M*
Et quant rien ne trouvoit dedens, 3365	
Semblant avoit qu'en fust doulens	S. fesoit q. *L*, que f. *C*²*q* quil f. *M*, fut *G*, d-nt 𝔓
Et de rien il ne s'en chargoit,	
Mes toute vuide la laissoit.	Ains t. 𝔓

Biens faitz communement pour les trespassez comment profitent. 𝔓 (T.)

Mes de la general vous di	
Que tous les anges, si com vi, 3370	De t. *M*, a. com ie vi *L*𝔓
Ensemble les mains y mirent	misdrent *G*
Et leverent et conduirent	c.] espandirent *L*
Droit au dessus de nous en haut	
Qui bas ardïons ou feu chaut.	Q. embas a. 𝔓, ardiens *M*
"Or ca, dirent il, pelerins, 3375	sa *M*, disdrent *G*
La grace receves enclins	R. tous l. g. e. 𝔓
Que sainte Esglise dë aval	de laual *H* de la a. *L*
Vous fait envoier general.	Enuoie a tous en g. 𝔓
Apres especial l'aront	lespec. ar. *GHL*
Qui amis especiaus ont. 3380	

THE OINTMENT OF GRACE. Line 3.399, p. 115.

C², fol. 123.

Comparaison des poures ames de purgatoire qui sassemblent a receuoir les aulmosnes des prieres pour eulx faites: ainsi que font les plyes, oestres et moules de mer a receuoir la rousee et eaue doulce. 𝔓 (T.)

Et saches que pleïs de mer
A la rosee eux assembler
Ou de l'eaue douce conches
Vëu[e]s ne furent onques
Comme tost nous assemblasmes   3385
Et illeuc nous aunasmes
En levant tous en haut les yex
Disans : Merci, beau sire Diex !
Lors verserent il l'oingnement
Qui *estoit plus doulx* que piment   3390
Et nous fist grant refrigere
Allegant nostre misere.
Moult en fu enluminee
Nostre vëue troublee.
Ainsi ce avenoit souvent,   3395
Tant que m'apercu grandement
Que mon tourment assouagoit
Et mon fardel appeticoit.

A pres a son pelerin vint
Chascun ange dont aucun tint   3400
Boite de grace especial
Oultre la dicte general.
A tout une s'en vint a moi
Mon ange, puis me dist : "Or voi
Com bons amis tu as ëu ;   3405
Vers toi ont fait bien leur dëu
Aucuns tes amis et parens
Pour toi aidier en tes tourmens.
Ceste boite t'ont empetre,
Moult leur en dois savoir bon gre,   3410
Aussi tout li autre feront
Qui a ce bien fait partiront.
En ce disant la boite ouvri
Et *l'oingnement* en espandi

plais *GH* peleys *C*², q. les plyes 𝔓
rossee π rouse *L*, enz ass. *ML*
doulces c. *H* den ces c. *G*, d. les conques 𝔓
—3383-4 *C*², Veues *MqH* &c.] Veus *aG*, V. assembler ne f. 𝔓
Ainsi que tous n. 𝔓, Ne veistes com n. a. *C*²
adun. *L* arriuasmes 𝔓 amassasmes *GH*
tout h. *HC*²

L. besierent *L*, longuement *M*π
estoit pl. d. *MqH* &c.] pl. d. est. *a*, est *M*
refig. π, Il n. f. g. aleiance *L*
A-gent *M*, Et adoucit n. penance *L*

v. forment t. *C*²

ce] nous 𝔓, Cela nous auint bien s. *L*

sassouag. 𝔓

d. chascun t. *GC*²
Bouoite *M* Boeste *L* Boestes *GH*
d. en g. *H*
O t. *L*, Adonc u. 𝔓
a. et p. *Mq*π, Et p. me d. mon a. or v. 𝔓
bon *M*
bien f. *Mq*π*GH*𝔓
A. de t. *GC*², Tes compaignons et tes p. *L*
P. taider en tes grans t. 𝔓
bouote *M* b. ont *q*π*MH*

tuit *H*, tous les a-s *GC*²𝔓, Tous tes compaignons y partiront *L*
Et de ce moult sesioiront *L*

loingn. *qGHL*𝔓] longuement *aM*π

Ou feu et sus moi tout entour, 3415
Et tel bien me fist que nul jour
N'avoie mais senti si grant,
Si com il me vint a semblant.
Et de ce tantost il avint
Que chascun devers moi s'en vint 3420
Et dirent tous : "Je te merci
Du bien quë ont fait ti ami.
Nous en soumes tous amendes.
Tu et eux soies mercies !"—
"Qu'est ce, dis lors a mon ange ? 3425
Vois ci chose moult estrange.
Se fust ma boite especial,
Ne fust pas pour le general."
Lors respondit : "Ne sont pas tex
Ces biens ci com les temporex. 3430
Qui ci endroit fait bien a un,
Il le fait a tout le commun.
Tu ci apres bien le saras,
Car a leurs biens fais partiras
Toutes les fois qu'il en aront, 3435
Ja si petit n'en recevront.
Et quant ainsi tu en aras,
Par droit les remercieras.
Commune est a tous Charite
Si com est exemplefie 3440
De la chandoile alumee
La quelle, quant (ell) est portee
Devant i pour esclairer li,
N'est pas doubte que ceux aussi
Qui li tiennent societe 3445
N'aient partie en la clarte,
Et mains n'en a mie cellui

sur *G*
Qui *L*, jour *made into* odour *M*
m.] onques ℙ
Ainsi que me v. ℙ

ch-ns *H*, ch. droit a m. *L*
disdrent *G*, disoient tous mille m-iz *L* d. tous grandes m-iz ℙ d. nous te mercions *Mqπ C²*
q. tont f. tes a-s ℙ q. nous fet tes a-s *L*, Et tes a-is dont nous auons *Mqπ C²*
t. auanciez *L*, Le bien dont s. am. *Mqπ C²*
Toy et e. en soient m. ℙ, Dieu en soit pour toy m. *L*, Mercis auoir bien en deues *Mqπ C²*
Je voi πC², m.] bien C² bien fort ℙ
Ce fu *GHML*, boueste *G* bouoite *M*, Se m. au b. est esp. ℙ
N. fu p. p. la g. *GHML*, Comment sert elle g. ℙ
Mon ange dist ne s. *L*
b. comme l. ℙ, t-reulx *H*
Que *M*

apres] endroit *C²*, Asses tost ten aperceuras *L*
Quant a. l. *C²*, bienf. *ML*

aussi *MqπGL*ℙ
A bon d. ℙ, l. en r. *q*, r-ciras *L*

Ainsi quest ex. ℙ
ch-delle *GHMLC²*ℙ, aluminee ℙ
—ell *MqπC²*
esclairier *H* aclarier *M*

N. leur part de la c. *L*, en] de *M*
Et riens m. ℙ

Le Pelerinage de l'Ame.

   Pour qui fu alumee ainsi ;
   Ainsi est il de tous biens fais
   Qui pour ·i· sont ci endroit fais.   3450
   Tous y partissent, tous en ont,
   Charite tous les y semont."
Le pelerin Tres bien me plu(s)t ce que me dist,
parle.
   Et voir fu tout, et bien me fist;
   Mes toutesfois qu'ainsi venoit   3455
   Telle grace pour qui que soit,
   Especial ou commune,
   Fust dix fois le jour ou une,
   Sathanas et sa mesnie
   Estoient en dessverie.   3460
   A ·i· coing *du* feu fuioient

   Et la endroit rechignoient
   A si grant murmuracion
   Que tous en oioient le son,
   De quoi nulle rien n'entendi   3465
   Fors que Sathan disoit ainsi:
   "Chier ami et chier compaignon,
   Icy endroit rien ne faison.
   Celle messagiere volant
   Trop de grans biens va ci faisant   3470
   Et ces gardiens qui la sont
   Riens ci meffaire ne lairont.
   Alons, si nous vengons tresbien
   De tous les nos ou ne puet rien
   Celle messagiere faire !   3475
   Puis nous pourrons ci retraire
   Pour vëoir së a g[ä]aignier
   Y trouveron (rien) au derrenier."

  A dont a mon ange je dis:
   "Moult grandement sui esbais   3480

---

alume *G*, aussi *GH*𝔓
Aussi *Mqπ C²L*, Et a. est d. 𝔓, —il π, bienf. *LM*
s.] soul *M*, ci] si *H*, ci e. s. f. 𝔓
partent et t. *L*

plut *qH* pleut *MπG*𝔓, plot ce quil *L*
vray 𝔓, Il me dist v. grant b. *L*
toute f. *Mq*
p. qui questoit *M* Et t. g. apportoit *C²*

mesnie] compaignie *C²*
deruer. *H*, En est. en grant d. *LC²*
du *MqH* &c.] de a, c.] cornet *L*, fuient *M* fumoient π*C²* couroient *GH*, Car au c. d. grant f. *C²*
Et touz ensemble r. *L*, recheno. *M*
O si g-s m-s *L*
oirent *H*, t. la noise en oions *L*
que *L*
F. S. qui d. *L*
Entre nous dampnez c-s *L*

ses *L* les 𝔓
Meff. point ne nous l. *L*
si] et *LC²*𝔓, n. en v. *M*
De noz hostes ou *L*, t. autres ou 𝔓, nos] nez *made into* nostres *M*

gaaignier *qL*, P. v. (gaitier 𝔓) së riens a g. *C²*𝔓, —a *H*
—rien *MqH* &c., Nous y t. au derrier 𝔓

Et lors a. m. 𝔓
sui] fu *GH*

Que Sathan la si longuement	De S. qui s. C^2, laidement L
Nous rechigne et si laidement.	longuement L
Mal ne li suffist quë aion.	q. souffrons ℬ
Ne scai, s'il en a ëu don	a receu dons ℬ
Ou s'il *y* pense a gäagnier　　3485	y *MqH* &c.] en α a *G*, a riens gaingner ℬ
Aucune chose au derrenier.	A. rien sur le derrier ℬ
Et si vousisse bien savoir,	
Se dedens le feu, sens avoir	
Ardure ou chaut, il puet durer,	Arsure *H*ℬ, Ardeur ou tourment p. *L*, il] y *H*
Si com de toi voul demander."　　3490	Ainsi que t. vueil d. ℬ, c. veoulx ge bien d. *L*, vueil *G.H*π
A ce li ange respondi:	lange me r. *L*, mon a. ℬ
"Toute la cure et le souci	
Que Sathan a de tourmenter	
Les pelerins et eux grever	et les g. ℬ, garder C^2
Est par envie seulement,　　3495	C'est C^2
Car tristes est et moult doulent	traitres *L*, m.] tres *Mq*π
Quant [on] leur a le lieu donne	on *qH* &c., Que ilz doient le l. auoir *L*
Dont il a este hors boute.	Dom il fut trebuchie de uoir *L*
Tousjours venger il s'en voudroit	T. destourber il en v. *L*
Et ja säoul il n'en seroit,　　3500	iamais s. ℬ, soul *M*
Et tousjours il s'en vengera	touz temps *L*
De ceux que par devers lui a	qui *M*, q. d. l. il a *L*
Et de ceux qui encor livres	
Li seront a tousjours dampnez.	touz temps *L*
Nul autre don avoir n'en seut　　3505	seult *GH*, ne sceut *M* n. peut ℬC^2
Et autre gäagne il n'en veut	gaigne *GH* gage *q*πC^2, gaing aussi n. ℬ g. auoir n. *L*
De toi et de ceux qui sont ci.	tout et de tous c. q. *M*, et c. q. s. ici *q*, ycy π
Saches quë il est moult marri,	Dois sauoir quil ℬ
Quant vous li deves eschaper,	Dont v. ℬ
Et ne vous ose tourmenter.　　3510	
Et saches que tant plus en a,	t.] quant *L*, en y ait *M*
Tant plus meschief et douleur a;	d. et m. *H*
Et ne cuide pas quë il soit	Et ne fault q. cuides quil s. ℬ
Sens tourment, quel que par[t] il soit.	part *MqH*&c., t-ter quel p. qu *GH*, quelle p. *L*, qu'il soit C^2

denier ou quilz soient, les vngs plus, les aultres moins. 𝔓 (T.)

Tousjours est en feu, tousjours art, 3515
Sens ardure n'est nulle part.
La cause est car est enteche
Dë irremissible peche
Ou point il n'a de rëencon,
Pour ce que, sens suggestion 3520
D'autrui, le fist et ou treshaut
Qui a pouoir qui point ne faut.
Pour ces ii choses rachete
Ja n'iert [ne] de tourment gete.
Mes se par le conseil d'autrui 3525
Ou par ignorance de lui
Ou feblece ou enfermete
Pechie ëust, non pas de gre,
Par autre pëust estre aide
Et resqueus de mauvais marche. 3530
Tout aussi comme a homme fist
La douce grace Jhesucrist.
Par autrui fu jus trebuche,
Par autre est aussi redrece.
Par li seul Sathan trebucha, 3535
Nullui ne le redrecera.
Qui par autrui est decëu,
Plus tost doit estre recëu
A merci que cellui ne fait
Qui *par* li de gre s'est meffait." 3540

"Pour quoi, dis je, donc dampne sont
Ceux qui dedens enfer s'[en v]ont?
Et que n'ont il secours d'autrui
Qui par autrui s'en vont ainsi,
Et sont mis a perdicion 3545
Par estrange suggestion?"
"Il ont, dist il, asses pis fait

Touz temps e. e. f. touz temps a. *L*
arsure *H*𝔓
—est *qis*, Et l. c. e. c. ent. 𝔓, est quil est ent. *LC*²
Est dirrem. 𝔓, De vieil et obstine p. *L*
p. ny a de rens. 𝔓, na eu de ranc. *GH*, James naura remission *L*
—que *GH*, subiection *G*

Q. p. a q. 𝔓, q.] et *GHM*π

ne *q*π*HL*𝔓, —de *H*, Point nest ne d. 𝔓, Ne sera ne d. *L* J. ny i. d. *G*
c. autruy *GH*
lignor. *L*
Par f. *L*, flebece *qM*
et non *G*, Il e. pech. non 𝔓
puet *G*, Aide et secours par aut. auoir 𝔓
rescous *L* requeux *G* raqueus *M*, Eust peu, et grace receuoir 𝔓
T. ainsi c. a lh-e f. 𝔓
La g. du doulx Jh. 𝔓
autre *GHL*
P. a. aussi fut r. 𝔓
—3535-3872 *G* (ff. 109 and 110 wanting)
Autre ne 𝔓

m.] grace *H*, ne doit *L*

par *MqH* &c.] de a, par son orgueil s. *L*, par son bon gre se m. 𝔓

—donc *L* donc] tous *C*²
sen vont *MqH* &c.
Pour quoy n. 𝔓, nont conseil d. *L*

P. violente s. 𝔓, subg. *A*⁴

Que Sathan et les siens n'ont fait	Sathans *H*, non f. *Mq*
Selon ce qu'il pourroit sembler	pourront *HA*⁴*M*π, puet apparoir *L*
Par ce que je te vueil monstrer : 3550	—je *H*, je vouldray *C*² q. veulx dire de uoir *L*
Car se Sathan eux conseille	se le S. c-z 𝔓, eux] eust π*A*⁴
A et esmëu a peche,	Eulx et *H* Les a et 𝔓, A resmeu π, Destresmeu a p. *A*⁴
Aussi ont il conseil ëu	il] le *HA*⁴, bon c. 𝔓
D'autre part qui a miex valu	
Et que meilleur il savoient 3555	q. certain et bon s. *L*, m. bien le s. 𝔓
Et plus proffiter pensoient :	pr. y pooient *L*, pr. iugeoient 𝔓
Il ont este aus bons sermons,	Les vns oir les questions *L*
Aus saintes predicacions ;	Les autres p. *L*
Et tex y a qui ont preschie	pechie π
Et bien les autres conseillie. 3560	—bien *M*
Tex y a qui ont mis cures	y] qui *H*
A vëoir les escriptures,	A lire et v. 𝔓
Les doctrines approuvees	espr. *M*, *L*. grans doct. allouees 𝔓
Des docteurs et alosees,	et approuuees 𝔓
Leurs exemplaires et leur fais 3565	Leur e-e *M*
Par tout escrips, pains et pourtrais,	poins *H*, et] si *A*⁴
Les quiex choses contrë eux sont,	Lesquelles ch. 𝔓
Quant parfait crëu ne les ont,	Q. par euure c. 𝔓
Ains ont fait tout le contraire,	
A Sathan et (a) son afaire 3570	
Du tout en tout eux conformant	enformant *H*
Par mauvais cueur non repentant	
Et par grant obstinacion.	—Et q, g.] dure 𝔓
Et puet estre que, se sermon	se] ce *H*, q. si question *L*
Ou aucun bon enseignement 3575	
Eust ëu au commancement	Eut eust *M*, E. sathan a. c. 𝔓
Sathan, avant qu'il eust pechie	Ouy a. 𝔓
Et qu'il eust este enseignie	
Com les hommes presentement,	prestement π
Voulente ou assentement 3580	ou] ne 𝔓
A pechie n'eust onques donne	n. point d. *L*

Le Pelerinage de l'Ame.

Et ne s'i fust abandonne.		Ne ne *L*, se f. *A*⁴
Pour quoi je di et puis dire		
Que homs semble de li pire		homme *HA*⁴, lhomme s. que l. 𝔓, Q. pluseurs s-lent que l. p. *L*
Qui a loyal conseil ëu	3585	c. l. *HC*², c. receu 𝔓
Et en rien [il] ne l'a crëu,		il *MqH* &c., —il α*L*, Et nullement il 𝔓
Et que, quant a Sathan ahers		
Il s'est par son cueur tres pervers,		—tres *L*
Avec li perdurablement		—3589 *L*
Paine doit souffrir et tourment	3590	—3590 *L*
Et ne le doit autrui aidier,		lui *H*, Nulli ne li d. aid. *L*
Car par li s'est fait trebuchier."		

Enfer et ses parties est traicte longuement. 𝔓 (T.)

Quant me tenoit ce parlement,		cel *L*
Une chose soutainement		
M'apparut dont fu esbai :	3595	M-roit π Mapperceus *M*, fus *H*
Le feu de purgatoire vi		
Com une espere tout röont		En vne esp. t. r. *L*, esp. rond trestout 𝔓, reont π*A*⁴
Et devant, n'avoit mie mont,		Et par avant n. pas moult 𝔓, moult *MHLC*²𝔓
Ne l'avoie pëu vëoir		Que ne l̕. *A*⁴*C*², Onques ie ne l. 𝔓
A plain ne sa fourme savoir.	3600	Bien a p. ne sa f. veoir 𝔓
Au dessus tout entour de li		Dess. dessoz t. *L*, autour *qA*
Une autre espere encor revi		encores vy 𝔓, enc. ge vi *L* enc. vi *HM*π
Ou n' avoit feu ne fumee,		Qui n. *H*
Mais sembloit a la nuee		semblant *q*
Qui est clere et enclot souvent	3605	cler *q*, enclost *H*
La lune circulierement.		
"Tresbien, dis je, me plaist pour voir		pour] de *Mq*π*C*²*L*, T. m. p. d. j. de v. *C*²
De la facon du lieu vëoir		de ce l. 𝔓
Ou sui mis, comment quë asses		Ou feu m. *H*, Ou ge suis m. combien q. *L*𝔓
Griefment y soie tourmentes,	3610	Griefuem. 𝔓
Mes en paix je ne sui mie,		M. a aise ne s. *L*, en bonne p. ne s. 𝔓, nen *A*⁴, bien apaix ne seray m. *C*²
Se ne scai que senefie		Que *L*, qui *M*, q. ce s. *H*
Celle autre espere blenchace		blanchece *M* blanchatre *C*²

Qui tout en tour tient la place."
" C'est, dist il, le sain Abrahe 3615
Ou le bon Ladre fu porte
A cui le riche demanda
De l'eaue c'on li *devea*.

La endroit jadis estoient
Les justes qui actendoient 3620
De Jhesucrist l'avenement.
Qu'il actendirent longuement.
La estoit le Baptiste Jehan
Et les premiers Eve et Adam,
David et les prophetes sains, 3625
Patriarches et autres mains
Qui bien avoient Dieu ame
Et ses commandemens garde.
La furent il emprisonnes
Et en tenebres enfermes 3630
Sens jamais avoir issue,
Se n'y fust l'ame *venue*
De Jhesu qui les delivra
Et en paradis les mena.
Pour lui est le lieu plus luisant 3635
Qui tenebreus estoit devant.
Tenebres de dehors nomme
Estoit d'aucuns et appelle ;
Toutevoies les justes dis
Par feu n'estoient pas punis, 3640
Et si estoient tous exens
Des [grans] tenebres de dedens,
Mes defaut de la vision
Dieu estoit leur punicion."

ent. la pl. *M* ent. de la p. *q*, Q. est t. ent. de la p. μ*C*²
saing *HC*² sainct *A*⁴

devea *Mqπis*] demanda a *A*⁴, com li desueait *M* que len li veia *L* com lui demanda *A*⁴ quon lui reffusa *H*, Goute deau quon l. denya 𝔓

q. entendoient 𝔓

Qui a-doient *H*, a-disrent *M*
Saint ioh. b. ·i· an *L*
Y fut o eue et o ad. *L*
O les patriarches s. *L*
Gens qui ne furent pas uains *L*
b.] de cuer *L*

A tousiers sens a. i. *C*²
venue] descendue a *MqH* &c., ne *A*⁴, Si l. ny f. *L*

est] et *A*⁴
tenebres *L*
—de *MA*⁴, T. par deuant n. 𝔓, T. foraines ert n. *L*
Daucunes gens et a. *L*
T-uoiz *M*, le *qi*, l. dessuz d. *L*, Mais l. bons j. dessudiz 𝔓
Ny est. point par f. pu. *L*

grans *in* 𝔓

De d. ert (fut 𝔓) l. p. *L*𝔓

After 3624 eight lines inserted in *L* (see Appendix).

Le Pelerinage de l'Ame.

"Je sui, dis je, moult esbahis   3645   A. d. ge com suis merueillez *L*
    De maintes choses que tu dis.   m.] pluseurs 𝔓, Des chouses q. dit auez *L*
L'Eglise militant maintient   mii-ns A^4
Pour verite, bien m'en souvient,
Que Jhesucrist si descendi   —si *L*
En la divinite de li   3650   A son a. jeuques en e. *L*, A. sáme j. 𝔓, —jusqu *M*
Avec l'ame jusqu'en enfer
Pour faire humain lignagë her   lhum. 𝔓 le hum. *L*, hoer *H* hoir $M\pi A^4 C^2$𝔓
De l' erite de paradis,   Desherite C^2 la herite *L* leritaige $HA^4\pi$
Especiaument ses amis.   Et mesmem. s. bons a. 𝔓
Et en l'espere que voi la   3655   q. ge v. *L*
Tu dis qu'enfermes les trouva,   Dites que enf. *L*
Et de la les delivra il   —Et A^4
Com bannis et mis en exil.
Ceste chose forment me meut   f. mesmuet HA^4L
Et me semble qu'estre ne puet,   3660
Se celle espere d'enfer n'est   Ce A^4, ceste e. enf. 𝔓
Ou l'Eglise deceüe (n)est.   d. est $HA^4\pi C^2 L$𝔓, Sainte ygl. *L*, d. en est 𝔓
Quant aussi parles d'Abraham,   ainsi $q\pi C^2 A^4$, parlle *M*, parlez de a. *L*
Des anciens Eve et Adam   deue et dadam C^2
Et des autres que justes tiens,   3665   de q, dautres q. tu j. 𝔓
Forment esbahis en deviens,   ien d. 𝔓
Car a tout le mains sce je bien   o t. l. m. s. b. *L*, s.] fais π
Par l'Escript qui ne ment de rien   P. esc. q. nen m. 𝔓, que A^4
Quë Eve et Adam tel pechie   Q. ad. et eue *L*, vng t. p 𝔓
Firent que le monde antachie   3670
En a este, est et sera   et encor s. *L*
Tant com Dieux durer le laira;   T. que D. 𝔓, comme dur. A^4
Si que, se feu ne sentirent,   se] ce *M*, Pour ce (Pár quoy 𝔓) se le f. *L*𝔓
A mon avis bien choisirent;
Car devant la mort Jhesucrist,   3675
Quant nostre redempcion fist,   Que n. C^2
Je n'ai nul si juste trouve   nul] point πC^2—nul HA^4, Que nul si j. nay t. *L*
Qui de feu deust estre exempte,   Que C^2, du f. $HA^4\pi$, doie *L*, excepte A^4

Se n'est li Baptistes Jëhans,
Les Machabeus, les Innocens   3680
Et aucuns par aventure
Dont pou parle l'Escripture."

"Or entent, dist l'ange, i petit
  Et je t'apaiserai, ce cuit.
S'aucun estoit qui te noncast   3685
De qui que soit qui nois mengast,
Du nouyel tu entendroies,
Et jamais ne penseroies
Qu'esquale ou escorse mengast
Et que ces choses bien n'ostast. 3690
Et toutevoies ensemble
Tout est dit nois, ce me semble.
Enfer *aussi* comme nois est
De ·iii· couvertures couvert (est).
Il est le noyel du milieu   3695
Du quel trouver n'est point de gieu.
Une pelace a entour li
Qui est dite l'ourle de li,
Qui tout ainsi l'environne
Com pelace fait la pomme.   3700
La sont les enffans non purges,
Non laves et non baptises
Et qui d'originel peche
Tant seulement sont entache.
En tenebres tousjours y sont   3705
Et jamais goute n'y verront.
Paine leur est que Dieu vëoir
Il n'ont et n'aront ja pouoir.
Sus ceste pelace mise

Excepte le b-e 𝔓, le b-e *Mq*HL𝔓
machabeurs *q* m-bes *HA*⁴π*L* m-bees 𝔓
aucun *A*⁴, a. autre a lau. 𝔓
Des quelx p. p. *L*𝔓, —pou *Mq*C², D. pa. la sainte esc. *iC*² D. pa. bien lescr. *s*

attens d. 𝔓, Enten ce d. *L*
ce] se *A*⁴𝔓 ie π

De quelque vng q. des n. m. 𝔓
Tu *q* De *A*⁴, nouel *MA*⁴ noel π*L* noyel *H*, noyaul cela ent. 𝔓, tu] sans plus *C*²
Que j. *H* Car j. 𝔓
Quescaille nescorce m. 𝔓, Que leschale ou coque m. *L*
ses *Mq* telz 𝔓, c. deux ch. nost. *L*, notast π*A*⁴
toutes uois tout ens. *LC*² toutesfois le tout ens. 𝔓
ce] se *A*⁴, Est dit vne n. ce *L*, Est d. (dicte 𝔓) n. si com (comme 𝔓) il me s. π*C*²𝔓
aussi *MqH* &c.] ainsi *as*, com *q*, noir si est *C*²
—est *MqH* &c., couuers 𝔓
nouel *qA*⁴ noel π, Le noyau qui est ou my lieu 𝔓
Le q. t. n. mie g. *L*
place *A*⁴ pelote *s* pelette *M* peleure *L*
—3698 *qs*, dit *M*, Appellee l'ourle *C*², leurle *L*
aussi *MqL*, Q. totalement l. 𝔓
pelate *Mq*, C. la peleure la p. *L*

et non] ne *M*
Q. de lorig. 𝔓

touz temps *L*, y] ilz *M C*²𝔓
voiront *M*
est] et *HA*⁴, L. p. tele est q. 𝔓
et] ne 𝔓, naient *HA*⁴, James nul temps nar. p. *L*, Ne peuvent ne n'a. *C*²
pelate *Mq*, Sur celle peleure *L*

3694 a, b.—Par contrariete de fait
    Quar en lui na ordre ne droit *L*.

Pres est l'escaille et assise,	3710	Au plus pr. est l. as. $\mathfrak{P}$, Apres est la coque et a. *L*
C'est le purgatoire present		
Ou du feu tu sens le tourment.		Ou *MqH* &c.] Et *a*
Sus ceste escaile l'escorce est		Sur yceste C^2, Sur c. coque leschale est *L*
Qui toute la nois dehors vest,		
C'est ou Jhesucrist descendi	3715	
Et le lieu ou enfer mordi.		Cest le l. *L*, ou en enf. *M*
Le mors fu grant, quant en sacha		s.] tira $\mathfrak{P}$
Ses amis et les emmena,		amena *q*
Si quë entendre ne dois pas		Par quoy e. $\mathfrak{P}$ Et pour ce e. *L*
Que point erre l'Eglise bas.	3720	
Tout est d'enfer et hors et ens;		est enf. *L*, est enf. h. et dedens $\mathfrak{P}$
Mes distintes sont les tourmens		distinguez $\mathfrak{P}$
Et le nom d'enfer largement		Cest le *L*
Entendu et estroictement,		et] est HC^2
Car estroictement est cellui	3725	Tres estr. *L*, est] cest $\mathfrak{P}$
Ou dampnes sont, et *est* emmi;		est $Mq\pi C^2 is\mathfrak{P}$] sont *a*, —et est e. *H* et en ennuy A^4, s. qui est ou my $\mathfrak{P}$, Ou les d. ont grant ennui *L*
Mes appelle est largement		M. e. ap. *M*
Pour les peines que chascun sent		
Dedens le cercle ou il est mis,		
En quel degre qu'il soit assis.	3730	d. il s. $Mq\pi C^2 H$
Et certes bien est de raison		est b. $\mathfrak{P}$
Que tous aient leur mansion		trestous a. l. maison $\mathfrak{P}$
Et receptacle ou soient mis,		Et *MqH* &c.] Ou a Ce A^4, receptable *H*, v. ils s. C^2
Quant de leur corps sont departis,		
Mais c'est par grant distincion	3735	M. est *H*
Si comme l'ordena Raison.		lordonne *H*
Ou milieu sont mis les dampnes,		m. si s. les d. $\mathfrak{P}$
A l'ourle entour sont deputes		leurle *sL*
Seulement ceux qui entache		
Sont de l'originel pechie.	3740	de or-naulx p-z *L*
En ce purgatoire present		cest *L*
Sont deputes piteusement		

Ceux qui actendent quë ait fin,
Et que le roy leur soit bening.
En l'ourle dehors que vuida   3745
Jhesucrist mais nul[le] ame n'a;
Par la passent tous et s'en vont
Ceux qui de ci montent amont,
Et ont joië et grant soulas,
Quant ont passe oultre ce pas   3750
Et que voient qu'est courroucies
Sathan de ses forsbours vuides.

Si te di aussi [d'] Abraham
   Et de[s] premiers Eve et Adam
Et des autres que justes tien   3755
En quoi je ne mespreing de rien,
Car bien je regarde le temps
Combien il furent ci dedens,
Mesmement ceux qui mesprirent
Aucunement ou meffirent,   3760
Car n'est pas doubte que lonc temps
Il y souffrirent grans tourmens.
Leurs fardiaus il y ardirent
Et si le feu y sentirent
Que Dieu ot miseracion   3765
D'eux par abbreviacion
De leurs paines et leurs tourmens,
Et leur fist tex alligemens
Que jusques a sa venue
Nulle paine d'eux sentue   3770
Ne seroit fors que l'absence
De sa vëue et carence.
Et pour ce qu' estoit fermee
Du haut paradis l'entree,
Et que nul entrer n'y pouoit   3775

qu'il a. 𝔓, aient A^4C^2, at. auoir f. L

veuyda A^4
nulle ame na $M\pi i$ nul ame na aA^4L nul amena qH, Jh. ou plus de ames na 𝔓, Jhesus les siens et amena C^2
q. dicy m. 𝔓

grant j. qC^2L𝔓
passe ont o. tel p. L
quilz v. L, quappercoiuent quest courcez 𝔓
fors bourgs 𝔓 faulz bours C^2

d' MqH &c.
des MqH &c.
de q, Et a. q. j. ie t. 𝔓, juste L
—je H
ie garde q, b. se r-dez M b. veu et bien r-dey 𝔓
C. tous ilz furent d. C^2, Le temps que f. cy gardey 𝔓
cilz H
Ou qui auc. m. C^2
p. n. L, N. p. d. q. bien l. 𝔓, q. le loing t. M

se 𝔓, si fort f. il y s. iC^2, Et greigneurs tourmens y s. L
ot] leur s est H

paine (pain s) et de l. t. Ls, et de l. C^2
t.] dieu L
j-qua de luy la v. 𝔓, Qui m estoient a s. v. s

—que L
venue HC^2, De luy et de sa v. c. 𝔓
Ainsi p. 𝔓, —ce L

q. e. on ny p. M, ny] y H

Le Pelerinage de l'Ame. 127

Devant que pour *tous* mort seroit,	tous *MqπA*⁴𝔓] ceux a, q. partout m. *H*, q. ihesus m. *L*
Quant de ci hors les delivra,	Q. dicy h. 𝔓 Q. dieu h. *H*
Ensemble en haut les transporta,	Ou sain abraham les mena *L*
Affin que mal ne sentissent	
Et la endroit l'atendissent. 3780	
Et (de) ce que d[ë] Adam te di,	Et ce q. de *A. MqH* &c., dadam ge te d. *L*𝔓
De tous les autres croi aussi !	Et t. *M*, a.] iustes *L*, ainssi π*is*
Tuit ont icy este purgie	Tout *H* Tous *MLC*²𝔓, i.] ainsi s, e. i. *H*, o. ci e. espurge *L*, i. purgement eu 𝔓
Qui ont ëu en eux pechie,	en eux eu q*HA*⁴, Q. en e. o. eu p. *M* Q. en e. o. p. receu 𝔓
Suppose que predestine 3785	
Fussent a vie et ordene,	
Et suppose quë autrement	Et ia soit ce fust a. 𝔓
N'aient ëu leur purgement;	Ilz n. receu l. p. 𝔓
Et quant ainsi justifies	—Et *M*, Et suppose quainsi purgiez *s*
Je les ai bien consideres, 3790	
Et qu'est le grain hors de paille,	Comme est le 𝔓, h. la p. *M*, de la p. π*isC*²*L*𝔓
Justes les ai dit sens faille."	l. puis dire s. *L*
Le pelerin. Quant furent fais ces parlemens,	f.] diz *L*
Li anges me dist: "Il est temps	angle *M* angre q angelz *H*, Lange si me 𝔓
Quë autres choses tu voies 3795	Q. tu a. ch. v. *L*
Dont apres recordans soies.	r-nt *MA*⁴ recordables *L*
Et lors par la main il me prist	Et alors p. l. ma. me pr. 𝔓
Et tantost a chemin me mist,	au ch. *HA*⁴
Mes point ne me laissa l'ardeur	
Que je sentoie et la chaleur; 3800	et] ne 𝔓 a *H*
Tousjours me suivit mon tourment	
Et tous temps il m'estoit present.	tout *Mq*, il est. 𝔓
Selon le feu en costoiant	f. ie cheminoie 𝔓
Alai et en li rivoiant.	Et au long de la riue aloie 𝔓 en li] entour *C*²
Plus grant que la terre il estoit, 3805	terre nestoit *s*
Car en son milieu l'encl[ö]oit	lenclooit *MqH* &c

3778 a, b.—Que ci sur nous vez blanchoier
Et resplendir et claroeir. *L*

128   *Le Pelerinage de l'Ame.*

<small>erre et
tres
ioses
rporelles
nt trans-
arantes
lame
parec du
orps.
(T.)</small>
 Et toutes choses qui y sont   t. les ch. q. ens s. *s*
 En lonc, en le et en p*ar*font.   prof. 𝔓
 (Et) en l'air selon terre aloie   —Et *MqH* &c., Par lair *L*
 Si com de costume avoie,   3810 Ainsi que d. 𝔓, descoustume a. *s*, Tost ou
 Mes asses plus legierement   en paiz si c. vouloie *L*
 Et asses plus soutil[e]ment.   Et de moult pl. *L*, subt. 𝔓
 N'estoit maison, mur ne haye   N. mur mais. *H*
 Qui point empeschast ma voie.   p.] de rien 𝔓, my e. *i*
 Au souleil par la verriere   3815
 N'est pas voie si legiere   la v. *LC*², N. mie la passee si l. 𝔓
 Com legier passage avoie
 Par tous les liex ou passoie.
 N'estoit rien, tant espes il fust,   Nest r. t. e. f. *s*, —rien *M*, Chouse nest t.
 Pierre, terrë ou fer ou fust, 3820 espesse f. *L*, quil f. 𝔓, —il (*erased*) *C*²
 Par qui tantost ne passasse,   T. p. *qC*², P. ou t. *L* Scit p. ou t. 𝔓
 Sans que rien y arrestasse.   quoy *MqπC*²*L* ou *s*
 En ce seul pas je n'estoie :   r.] point *s*, gy a. 𝔓
 Tout ainsi faire vëoie   A ce p. s. *L*, Et en ce p. s. 𝔓
 Qui ainsi com moi estoient 3825 Tous *qπisC*²*A*⁴*L*, aussi *qL*
 Et par purgatoire aloient.   aussi *qHL*, comme ge e. *L*, A ceulx q. c. 𝔓
                En pu. et cheminoient 𝔓

<small>imes font
ucunesfois
urs peni-
ences en
erre es
ieux la ou
lles ont
ieche.
𝔓 (T.)</small>
 Or vous di, ne demoura pas
  Quë en tous les liex et les pas, Et le p. *M*, et toz l. p. *L*𝔓
 Ou j'avoie fait folie   Ou au. *H* Ou iamais au. 𝔓
 Ou mene mauvaise vie   3830 Et m. *s*
 Ou fait aucun vice ou peche,   v. et p. *L*𝔓
 Je fu mene par tel marche
 Que, selon quë y avoie   s. ce q. ge y a. *L*, Q. tout s. q. fair a. 𝔓
 Fait peche, jë y estoie   Les p-z illecques iest. 𝔓
 Mai[n]s ou plus tourmente griefment, 3835 Mains (Moins) *MqH* &c.] Mais a*s*
 Et me duroit plus longuement
 Le tourment es liex ou pechie
 Avoie plus, së abregie   Jau. pl. au moins se a. 𝔓
 Par penance ne l'avoie,   penitence π*sHL*𝔓

Le Pelerinage de l'Ame.

Quant faire je le devoie. 3840	Fait quant f. le d. *s*, Q. ge f. l. d. *L*, Ou temps que f. l. d. πC^2, Q. acomplir il la d. $\mathfrak{P}$
Maintes grans peines y souffri	M-e g-t p-e *s*, Pluseurs g. tourmens y s. $\mathfrak{P}$
Et a mains autres souffrir vi	Et mains (aus *s*) a. s. y vi *MHs*, souffir *q* m.] pluseurs *L*$\mathfrak{P}$
Paines de maintes qualites :	
Les uns es liex ou furent nes,	—es *s*
Les autres ou seigneurie 3845	
Avoient eu en leur vie ;	eu] possede $\mathfrak{P}$, —leur *qis*
Aucuns en murs ou maisieres	ou] en *L*, maz. $\mathfrak{P}$ mass. *M*
Ou en mer ou en rivieres,	
Aucuns en terre, aucuns en air ;	lair *s*$\mathfrak{P}$ en t. ou e. a. C^2
Li autre *ou* souloient manoir 3850	ou *MqH*&c.] en *a*, Les a-es$\mathfrak{P}C^2$, A-es la ou s. *L*.
Ou en desers et boscages,	Ou *MqH* &c.] Qui *a*, En d. ou en b. *s*, et] ou en *MqsC²L*$\mathfrak{P}$
En fosses, en liex umbrages,	Ou f. ou l. *Mq*, en] et *s* et en *H* ou en $\pi C^2 \mathfrak{P}$
Les uns en feu et ardure	et] ou *sH* ou en C^2
Ou en glace ou en froidure ;	Les autres en gl. ou f. $\mathfrak{P}$
Dont il avint a ce propos 3855	*a*] en C^2, cest p. *L*
Quë un en vi en glace enclos	Q. lun deulx v. e. g. clos $\mathfrak{P}$
Qui a son ange ainsi parloit	
Et tex paroles li disoit :	
"Chier gardien, je te suppli	
Que me dies, se point de ci 3860	se] ce *qA*⁴, se iamais dicy $\mathfrak{P}$, dici *A*⁴
Istrai qui tout sui engele	q.] que *L* car *MπH*, Nistray ou s. t. e. $\mathfrak{P}$
Et bien mil ans y ai este.	Quar b. cent a. *L*
Le feu ne me fust pas si griefs	fu *HA⁴MπL*
Et pas n'y eusse tex meschiefs.	—Et *L*, ny fusse a tel m-f *MqC*², tel m-f *HA⁴L*$\mathfrak{P}$
Se j'ai ame baigneries, 3865	Je ai *qis*
Estuves et drueries,	Et estuffes *L*
Ce fu pour le corps [ä]aisier	aaisier *MqH* &c., les c. *HA⁴L*, P. mon meschant c. solacier $\mathfrak{P}$
Qui ore n'est quë un fumier.	ores est *H*, Q. de present n. q. f. $\mathfrak{P}$
Il m'en poise et moult m'en pesa	
Avant que venisse de ca. 3870	q. je v. ca *πisL*, —de *q*, de dessa *A*⁴
Confes en fu, tu le sces bien,	Confes] Dolent C^2, tu] ie *π*, fu bien le sauez *L*
Je ne t'en puis mentir de rien."	p.] vueil $\mathfrak{P}$, Ne vous en p. de r. faussez *L*
Son ange lors li respondi :	—li *HA*⁴

Froidure tourmente en enfer ceux qui se sont soulaciez en baings estuues et semblables voluptez. $\mathfrak{P}$ (T.)

L'ame.

Ame de quelque vng estant en purgatoire en glace et gelee ou il nauoit este que trois iours cuidoit y auoir este plus de mil ans. $\mathfrak{P}$ (T.)

S

"Bien scai qu'a confesse(r) te vi
Et quë ouy quauque *dëis*.   3875
Mestier t'a este, car ravis
Eusses este de Sathanas
Et gecte en enfer la bas.
Mes apres la confession
Faut faire satisfacion,   3880
La quelle pas tu ne fëis
Ne aras fait a mon advis
En ·x·^m ans, se Grace (de) Dieu
Et Priere ne t'i tien(nen)t lieu,
Car n'y as que ·iii· jours este   3885
Qui tout ton temps t'es delite
Es drueries quë as dit,
Dont tu me fëis grant despit
Et hors de ta maison bouter
Et aussi mes sens estouper,   3890
Que ne sentisse *ou* vëisse
Tes horreurs, et que n'ouisse
Tes dissolues paroles,
Laides et vaines et foles,
Pour les quiex choses m'as prive   3895
De toi souvent et hors boute.
Sathan deles toi tenoies
Et ses vouloirs tous faisoies.
Dehors l'uis estoie doulent
Actendant ton amendement ;   3900
Pou t'en chaloit com monstroies,
Car pour moi rien n'en laissoies.
Onques ne me portas houneur,
Si en es ore a grant douleur
Et seras encor longuement,   3905
Jusqu'a tant quë abriegement

comfesse $q\pi i HA^4\mathfrak{P}$ confesse *G* confession *L*, que confesser ten (c-sses te *M*) vi *sM*
deis MqL] tu dis $aHA^4C^2\mathfrak{P}$, Si q. o. q. tu d. *G*, Et oi bien q. d. *L*
M. testoit *s*, M. ten est c. tu r. *L*
Este fusses d. *L*, des $\mathfrak{P}$
la] a $\mathfrak{P}$

tu p. *L*, p.] iamais $\mathfrak{P}$, fis *G*
Ne nauras $isC^2L\mathfrak{P}$, f. ce mest a. *s*
—de MqH &c., dix mille iGA^4 deux mil $\mathfrak{P}$ ·ii· cens *L*
tient $\pi i C^2 H G A^4 L \mathfrak{P}$, prieres ne ti t-nent *s*, te t. $Mq\pi HGA^4L$, p. ny tient son l. $\mathfrak{P}$
Encor ny *L*, q.] pas A^4
t. ton delit tes d. *L*, tas d. *M*
Es folies q. tu as d. *L*, q. tai d. *q* q. jay d. *s*
De quoy me faisoies g. $\mathfrak{P}$, —tu *L*, —me *s*
ta] ma GHA^4
ainsi *sH*, Et trois de m. s. *L*, sons *q*
ou $Mq\pi isL\mathfrak{P}$] ne $aGHA^4$, Q. ne v. ou ne s. *L*
T. honneurs *H* T. erreurs *sL*, T. err. ou ne les oisse *L*
Tres tresdiss. *i*, d. viles p. $\mathfrak{P}$
L. villeinnes et f. *s*, L. sotes v. $\mathfrak{P}$
Par GHL, la quelle ch-e *s*, m. ouste *L*
boute] chassie C^2, S. de o t. et deboute *L* Et de t. s. h. b. *s*
d.] au pres de $\mathfrak{P}$, S. de iouste t. tenois *L*
voulentez *H*, s. erreurs trop f. *s*, Et tous s. v. tu f. $\mathfrak{P}$, Et trestouz s. v. fesois *L*, tu lui f. C^2
D. lui e. *H*, e.] me tenoie $\mathfrak{P}$

te *H*

ne $M\pi GA^4L\mathfrak{P}$

ores GA^4, Et pour ce yes tu en g. *L*
s. tres l. *L*

Le Pelerinage de l'Ame.

  Y voudra mectre Jhesucrist   vendra *s*
  Qui moi et toi crea et fist ;
  Si ques ne te desconforte,   Mes pour ce ne *L*
  Mes ton bourdon tout droit porte   3910 ·touz temps d. *L*, Pren t. b. et d. le p. 𝔅
                    M. le tien b. tousiours p. *C²*
  Jusqu'a tant que tu aras fait   J-ques a t. q. a. f. *s*, quauras par droit *L*
  Le purgement de ton meffait,
  Le quel, s'il est en froidure,   si est *s*
  Puis apres par aventure   Ap. bien tost par a. *L*, Bien tost ap. *C²*
  Sera mue, quant il plaira   3915
  A cil qui froit et chaut crea.   cil] dieu *L*, q. ch. et fr. *MqGH*
  A moi n'est mie du muer   A moi *MqH* &c.] A u roy *a*, de le mu. 𝔅
  Ne du tourment faire finer,   du] le 𝔅
  Mes bien scai quë il avra fin
  Et qu'en istront tuit pelerin   3920 que i. π*GH*, tout π*G*𝔅, tous p-s *ML*
  Qui y sont pour leur purgement
  Et actendent leur sauvement."   En *C²*

Le pelerin. M oult vi lors de merveilles grans,   Ge vi adonc m. g. *L*
Juger on ne   Car au temps *où* fu demourans   ou *MqH* &c.] que *aL*,au] ou *MHL*, feu *i*
doit per-   sui *s*
sonne ainsi Au lieu ou je [me] songoie   3925 me *MqH* &c.] ce *L*, Ou *s*, me seiournoie *iC²*
quil appert
par bon Et ma penance faisoie   penitance *L*𝔅
exemple.
𝔅 (T.) Avoie ëu un mien voisin   Jau. congneu vng 𝔅, eu] vue *C²*
Esperit qui Qui a mal faire estoit enclin ;
durant sa
vie auoit Onques bien faire ne li vi,   = 3930 *H*, le *Mq*
este tout
mauuais Onques bien dire ne l'ouy.   3930 = 3929 *H*, Nonques *H*𝔅, Ne onc b. d. ne li
apparut   oi *L*
neantmoins Jamais de li nul ne parlast
estre en
voye de Qui tousjours mal n'e[n] *racontast*.   nen racontast *MqH* &c.] ne recont. *a*,
salut.   recitast 𝔅, Q. mauuestie non r. *L*
  Mort fu et sens confession
  Et aus champs a confusion   Et es ch. *L*
  Fu enfouy, de tous juge   3935 Fu enterre *L*, de] et *MC²*, tous] hors *C²*
  Estre dampne pour son peche.   par *sHL*
  Cil dehors sa maison je vi
  Qui aus passans crioit merci   c.] prioit *Mq*
  Et d'unes verges se batoit   dune v-e *M*

Toutes les fois qu' aucun passoit. 3940	T-te f. que a. *s*
Ainsi le fist quant passoie	
Dont esbahi moult estoie.	De quoy m. esb. gest. *L*μ

    Je li demandai et li dis: Se l. μ
      "Nes tu mie cil qui jadis   Nest tu π*G*, Et nes μ, celuy 𝔓, que *Ms*
    La ens souloies demourer   3945   = 3946 *GA*⁴*H* (—Et), e.] dedens 𝔓, s-loie *M*
                                                                                s-liez *q*
    Et te faisoies 'N· clamer?"—   = 3945 *GA*⁴*H* (Et la ens), ·N· α*GA*⁴*H*ρ𝔓]
                                                                               ·R· *Mq* roi π*i* tel ξ, Et tel t. f. c. *C*²,
                                                                               Nychole te f. cl. *L* f. nicole nommer λ f.
                                                                               ainsi nommer μ, Et te faisoit reclamer *s*

J'ame du   "Ce sui je, dist il, voirement   vraiement *L*
enancier.
𝔅 (T.)   Qui ci ay este longuement   Que *M*, Et ay ci e. *L*, Si ay e. ci l. *s*
        Et serai tant com Diex plaira
        Qui sa grant doulceur monstre m'a, 3950   Que s. g. d. monstrera *H*, sa] si *C*²
        Quant il ne m'a mie dampne   En ce que ne 𝔓, Que il *C*²
        Qui a tous avoie monstre   Q. tousiours au. *H Q*. a tousiours au. *G*, au.]
                                                                                estoie *q*π*is*
        Forme de mauvaise vie,   m-sie *i*
        De mauvais fais, et folie.   Et de maulx f. et de fol. *L*, et] par ma f. *C*²
        Et saches que paciemment   3955   sachiez *Mq*π*sGHL*, S. q. paciennem. *L*
        Je preing ici mon purgement   pren ci m. *M*
        En moi publiquement batant   pupl. *L*, A fort me batre et crucier 𝔓
        Et a tous ceux merci priant   m. criant *L* m. crier 𝔓
        Qu'ai pour mes meffais offendu."   par *qL*, mes forfaiz 𝔓

Le pelerin.   Lors dis: "Aucun bien fëis tu, 3960   ie d. 𝔓, d. ie *H*, a-s b-s *M*, L.. li d. a. b. fis tu *s*
        Quant d'enfer tu es deportes
        Et a peine d'enfant taxes,   denfer *H*, tapes *M* t.] charges *C*²
        Së autre paine n'as ëu?"—   Au moins sault. p. 𝔓

L'ame.   "Las, doulent, dist il, cuides tu   cuide *M*
        Que ces verges tant seulement 3965   ces] ses *q*𝔓 t.] dont *i*
        Je sueffre sens autre tourment?   souffre pour mon purgement *s*
        En flambe sui et en feu mis   ·et feu plongie 𝔓
        Et dedens art a mon advis;   ars is*C*²*L*, ars ce mest ad. *L*, Et dardeur
                                                           iusquaulx os rongie 𝔓
        Mes en mon bourdon ai confort.   en] a *M*, iay c. 𝔓
        Et saches que devant la mort, 3970   sachies *MGHA*⁴*L*

THE PENITENT.   Line 3,943, p. 132.

THE WICKED EXECUTORS.   Line 3,977, p. 133.

C^2, fol. 127.

Le Pelerinage de l'Ame.

  Comment que nul bien n'ëusse
  Fait et confesse ne fusse,
  Repentance et contriction
  Et propos de confession
  Eu, c'est [ce] pour quoi Jhesucrist 3975
  De ci venir grace me fist."

Le pelerin.
  Apres ï autre tantost vi
  Qui du tout purgie estoit si
Faulte de nauoir execute le testament dun trespasse le fist demourer plus longuement en purgatoire. ℜ (T.)
  Que son ange hors l'*em*menast
  Së il n'ëust qui l'empeschast. 3980
  A une huche estoit lïes
  Et tresforment enchaënes,
  Et a ses amis et parens
  Durement parloit com doulens:
Le penant.
  "Vous, disoit il, qui mes amis 3985
  Pour le mien estïes jadis,
  Je vous fis mes exequuteu[r]s
  Et cuidai que fussies paieurs
  De mes debtes et mes torfais.
  De mes dons, aumousnes et lais 3990
  Asses, si com ai memoire,
  En trouvastes l'inventoire.
  Or est ainsi que rien ou peu
  Vous n'en aves mis en mon preu.
  En vostre huche tout *tenez* 3995
  Ce qui es[t] mien, pour quoi lïes
  Y sui si que je n'e(n) voise
  Ou doi aler, dont me poise.
  De ci tantost me deslies
  Et mon testament tost paies 4000
  Ou je vous di certainement
  Que vous estes a dampnement
  Jugies, et non obstant ce la

Combien q. *sπGH*ℜ
confes *L*, ne] me *q*
Toutesfois ieu c. ℜ, En plourant grant c. *L*
p.] desir *L*
ce *MqπiS*, Et cest *s*, Pour ceste cause Jh. ℜ
Dicy v. ℜ

t. est. p. si *iC²GH*, p. du t. e. si *s*
—hors *GL*, h.] tost ℜ, lamenast *πGH* len amen. *L* len mena *s*
Sil ny eust eu q. ℜ, lempeescha *s*
huge *ML*, vng cofre e. atache ℜ
tresfermem. enchaisne ℜ

P. c. chetif et d. *L*, com] tous *s*

P. mes biens vous e. j. ℜ, estoies *s*
ex-teurs *MqH* &c., —vous *s*
q. vous f. *L*
—mes *L*, tors fais *sL* forfais *MπGH*
d. aus moinnes et l. *M*, les *L*, A ceulx a qui ien auoie faiz ℜ
A. c. lay en m. *L*, Largement ainsi quay m. ℜ, iay *s*
en l. *MH*ℜ, liuentoire *i*

nen] en *qC²*, en] a *qπGH*ℜ
tenez *MqH* &c.] aues *a*, huge *M* cofre ℜ, voz huges est trebuchiez *L*
est *MqH* &c., myen est ℜ, q.] ce *M*
ne *MqH* &c., s. affin q. ne voisse *L*, Gy s. telement q. ℜ, Je suis ycy q. j. ne v. *C²*
De ci al. *s*
Dicy pour dieu me d. ℜ
—tost *L* tout *π*

v. irez en d. *L*

La grace Dieu m'aïdera
Et rompra ce qui me lie, 4005
Car a moi il ne tient mie
Que vous n'aves ex[e]quute
Le mien que tenes enferme."

g. de D. 𝔓
que *M*𝔓 quil *H*
Par ce qua m. ne t. il m. 𝔓, il] certes *iC²*
exeq. *MqH* &c., Q. ne a. *L*, naies *sH*𝔓
m.] bien *H*

Le pelerin. Asses vi de telles choses
Que pas n'aroie descloses 4010
Par an, se tousjours parloie
Et rien plus je ne faisoie.
Par tout mon ange me mena
Et, com avoit dit, me monstra.
Moul[t] estoit le lieu des penans 4015
De grant longueur, larges et grans,
Point ne cuidasse que fust tel
Moi estant en vie mortel.
Moult est grief chose *de* pechie
Qui devant la mort n'est purgie. 4020
Es lieux, ou est fait, demoure
Et ne s'en part de nulle heure,
Se n'est fait par la plaisance
De Dieu et son ordenance.
La endroit cellui il atent 4025
Qui l'a fait jusqu'a finement.

Peche et le liable tourmentent ensemblement les damnez. 𝔓 (T.)

Feu devient ou autre(ment) paine
Pour li, quant on l'i remaine.
Des peches mortex autrement
Vueil dire, car chascun descent 4030
En enfer actendant celui
Qui l'a fait jusqu'il est feni.
La l'assaut il et envaist

Et contre li forment s'asprist.
Selon la qualite qu'il est 4035
De li tourmenter se fait prest

t.] pluseurs *L*

En vng a. *GH* P. vn a. π*isC²L*𝔓, ans *s*, si *H*
Que *G*, Et autre chose ne f. 𝔓

Et *q*𝔓] Si a Et si *M*π*GHL*, auant di *M*,
  mauoit *HC²*, Et ca et la tout me 𝔓
Moult *MqH* &c., M. est le d. penitens 𝔓
longe *M*, g. largeur *s*
qui fut *M*

v.] terre 𝔓
de *Mq*π*is*𝔓] que *aGHL*

ou la f. et d. *C²*
de] pour *H*, nul π
Si non que soit p. l. pl. 𝔓

Ains la e. tousiours a. 𝔓, cesti *s*, —il π
j. au f. *s* j-ques f. *M* j-ques a afinem. *L* j. au
  iugem. *GH*, Sans point faire departem. 𝔓
autre *MqH* &c.
on le r. π*i*𝔓, ram. *MGL*
De pechies *C²q*
car] que *GH*

Ou il a (la *i*) f. tant quest f. π*iC²*, Ou il a f. j.
  e. feru *s*, j.] tant quil *L*, est] soit *GH*𝔓
Il lass. la et le en. *L*, Illec lass. et lenu. 𝔓,
  lenv. *C²*
sapr. *M*π*iHL*, Et fort c. l. se marrist 𝔓

le *L*𝔓

PURGATORY.   Line 4,043. p. 135.

G, fol. 112.

C², fol. 121.

Le Pelerinage de l'Ame. 135

Le Sathan qui l'a amene	La S. *i*
La endroit et atrahine.	Jleucques et *s*, Illec end. et at. 𝔅, et ait trahinee *M*, atrahaine *q* entraynne *C*²
Avec le pechie së ajoint	Auecques l. p. sadroinct 𝔅
Et eux deux ne se fei*n*gnent point 4040	Et tous d. *L*, deulx 𝔅
De tormenter le maleureus	les *GH*
Et de li faire asses douleurs.	Plain de pechiez et pareceux *L*
Le pelerin. Ainsi le vi appertement,	ap.] asses briefment *Mq*π*isC*²
Car sens faire departement	deport. *L*
Des grans paines que souffroie 4045	p. ou gestoie *L*
En purgatoire ou estoie,	Qui en p. souffroie *L*, iest. is*C*²
Mon ange me mena avant	
Aussi com dedens terre entrant	Ainsi que d. 𝔅, d.] en *L*
Dont une grant pueur me vint	—grant *G*π
Qui aler avant me retint. 4050	Q. vn pou daler me r. *Mq*π*iC*²
Et voul vëoir ce que c'estoit	Si volz *C*², voult *q* vouls *M*π*GH* vos *s*, Ge voulu v. q. ce est. *L*, Car ie voulu v. q. cest. 𝔅, v. q. (qui *M*) ce est. *MqisHL* v. q. cest. π𝔅
Qui entour moi ainsi puoit.	aussi *G*
Lors regardai ·i· lieu plain d'os	l. moult ors *L*
Debat du De pluseurs corps la gisans mors	g-t *GHC*², Qui estoit plain des os des m *L* dedens *C*²
cors et de Entre les quiex je vi du mien 4055	
ame Les os que tantost cognu bien	
ongue et Des quiex la pueur me venoit	puer *s*
profitable. Que sentoie qui grant estoit;	que g. *Ms*
𝔅 (T.) Mes non obstant punaisie	
Pour rien ne passasse mie 4060	ne laissasse m. *s*
Que de li ne m'aprouchasse	du 𝔅
Et quë a lui ne parlasse :	qua mon corps ie ne p. 𝔅
'ame du "Es tu, dis je, le corps mescheant,	tu la d. j. c. m. *C*², la c. *GL*𝔅
elerin. Tres vil, tres ort et trespuant,	T. ort t. vil π*iH*𝔅, o.] hors *M*
Viande a vers, pourriture, 4065	aus v. *M*
Horrible et laide figure?	f.] creature *Mq*π*is*
Ou est ton orgueil maintenant,	
Ton boban, ton fier cueur et grant?	bomb. *H*, —fier *s*, t. c. f. *H*, Cuer puant π*i*
A quel gieu, *en* quel lieu et temps	en *MqH* &c.] a α*C*², en q. t. et lieu 𝔅

As perdu tes cointoiemens ?	4070	As t. acointemens p. ℘
Se sces quel tu es, si le di !		Si tu s. q. (qui C^2) es C^2℘, qui t. L, si laidi M, que es si erlaidi (en *added above*) s
Onques si lait com toi ne vi,		plus let de t. *s*, c.] que ℘
Et certes bien est emploie,		Et vrayement cest b. emp. ℘
Car certes dignement vengie		C. de toy d. H
Je ne pourroie estre de toi,	4075	e. ce croy H
Car tant com tu fus avec moi,		C. quant tu GH, c.] que ℘, auecques H
Tresmale vie me menas		Tresmauuaise v. men. H, —me GH
Et me fëis perdre mains pas,		Et mas fait p. m-t *s*
Perdre mon temps et foloier		
Et par chemins tors forvoier.	4080	p. trois ch. f. ℘ p. maint ch-n f. *s*
Tes aiaises tu queroies		aaises q aises $M.HG\pi is C^2$, aises tu y q. $G\pi$, Toutes tes aises *i*, Toutes tes voluptez q. ℘, tu] toutes *s*, T. desirs acomplir vouloies L
Et languir tu me faisoies,		Et par ce l. me f. L
En tous temps a moi contraire		tout q, Tousiours estoies a ℘, Tu mas t. t. este c. L, te. mas este c. C^2
En tout ce qu' avoie a faire.		t. quanque iau. ℘, touz les biens que vouloie f. L
A faire en ai ëu asses	4085	Affaires ien ℘
Et ai encor tant que lasses		t.] si ℘
En sui et serai longuement,		
Se Dieu aucun aligement		
Ne m'en fait, et loe soit il,		
Quant grace m'a fait du peril	4090	Grant L
Ou estoie de dampnement		La ou iest. ℘, du d. qG a d. C^2
Acquis par ton pourchassement."		

le corps
u pelerin.

Lors leva il le haterel		L. il leua L, le] son π, hast. πGHL℘
Un petit et son lait musel		
Disant fierement : "Que dis tu ?	4095	
Tu soies or li mau venu		le (li M) mal MqH &c., ore m. v. *s*
Qui ci endroit moi laidoier		Quant *s*, me *s*℘, l-dier *sL*
Viens que dëusses soulacier !		qui *s*℘, q. me d. ℘ q. tu d. G

4098 a, b.—Tu scez bien que la iournee
　　　　　Qui de touz sains est desiree L

THE SOUL AND THE DEAD BODY.   Lines 4,051 & 4,093, p. 136.

C³, fol. 194.

Le Pelerinage de l'Ame.

Ne sces tu pas que dois dire:	Vient ou te conuendra d. *L*
En ma char verrai mon sire 4100	Ge uerray en ma ch. m. s. *L*
Et en mes os au jugement,	
Quant venra le suscitement	v.] sera *Mqπis*C², li s. *M*
De moi et de tous (les) autres mors	—les *Mqπis*L𝔓, et. t. les a. *GH*
Dont ci et ailleurs sont les os.	l. corps *LC²*
N'as tu mie piec'a sceü 4105	Car n. tu pas bien p. s. 𝔓, p. leu s p. veu *C²*
Que Jhezechiel jadis fu	
En ce champ ci et en ce lieu	cest ch., cest l. *L*, ch.] temps *M*, En ce l. ci et en ce ch. 𝔓
Disant que la parole Dieu	
Entre nos os nous oï(n)ssions	—4109 s, oissions *qπisH* ouyssons *GML*, A nous os que escoutessions 𝔓
Et que en verite sceüssions 4110	—4110 s, s-ssons *GML*, quen bonne v. 𝔓
Qu'a nous venroient esperis	Entre n. s, v. noz e. *L*, reuenroient noz espriz 𝔓
Et quë apres serïons vis,	quen 𝔓, q. arriere s. *L*, serriens *M*
Et que mocion se feroit	quen *G*
Si que chascun os revenroit	Et q. *MqπisGHL*
En son lieu et en sa place 4115	E. leur propre l. et pl. *C²*
Sens avoir vilaine trace?	v. tache 𝔓 vilaines taches *C²*
Si ne me deusses pas blasmer	Tu *L*
Si rudement et arguer,	Tant r. ne a. *LC²*
Mesmement car, se defforme	c.] que *LC²*
Je sui et vilment tourmente 4120	villainem. *H*, S. et vilem. 𝔓, s. v. et abosme *L*
En pueur et en ordure,	ardure *G*
Entre vers et pourriture,	Remply de v. 𝔓, et] en *M*
Mieux puis dire que c'est par toi	
Que ne te dois plaindre de moi.	te pues pl. *H*
Quant le feu a ·i· fust se prent 4125	Q. vng f. a vng bois s. p. 𝔓
Et il l'a ars a son talent,	la] a *Mq*, Et la bruley a 𝔓
En cendre mis et degaste	—4127 𝔓, Et en *qis*, Et mis en c. *C²*, et gaste *is*
Et puis ainsi s'en est ale,	—4128 𝔓, p. sur lair s. e. monte *L*
Quel cause a il de rependre	
Et venir blasmer la cendre?"— 4130	De v. *M*, reuenir *L*
L'ame. "Nulle cause, dis je, n'en a,	Vraie c. d. j. pas ni a *L*, dist il rien a s
Mes de moi et de toi ne va	de t. et de m. *L*𝔓, M. d. nous ainsi pas n. v. *C²*

corps. Pas ainsi."— "Certes, dist, si fait.
N'attendis pas que fusse trait
Du ventre ma mere et hors mis 4135
Que tantost a moi te prëis

Et m'as par lonc temps degaste
Et si jusques a fin mene
Que, quant plus rien bon n'i trouvas,
Ainsi com cendre me laissas; 4140
Mes bien croi que, se tost laissie
M'ëusses, ou quë enchacie
On t'ëust par violence,
De cendre faire silence
Dëusse et moi dire brule, 4145
Ars, noirci et encharboune."

ame. "Suppose, dis je, que soit voir,
Si me doi jë encor douloir
De ta compaignie et de toi,
Car aussi com trespur en soi 4150
Est le feu sens commixtion
De quel que soit infection,
Et que fumee et obscurte
Il prent ou fust et impurte,
Aussi jë estoie trespur 4155
Sens rien avoir ort ou obscur,
Quant en voie je m'approuchai
A toi et m'en acompaignai.
Et puis dire certainnement
Que n'ai nul obscursissement 4160
Fors de toi et (de) tes fumees
Et (de) tes vapeurs hors getees."—

corps. "Respondre, dist il, bien y puis:
A toi, qui es actif, passis
Je sui com est le fust au feu. 4165

d. il *qis*, P. a. lors d. il si f. *i*, P. le corps d. *L*, Lors le corps d. cert. si f. C^a
Tu n. q. 𝔓

Que incontinent a m. te pris 𝔓, m. tu te pris *GH*, preist π, Ou ventre en m. ten uenis *L*
Tant que tu mas tout d. C^a
Et jeuques a la f. deboute *L* E. j. cy C^a
Et q. pl. r. tu n. *L*, r. pl. *M*, q. r. b. tu ny *GH*π, pl. r. tu n. 𝔓
Aussi *qi*C^a*H*, A. que ce. 𝔓

—Mes C^a, si *M*, Si tu en jeunesce l. *L*
Ne m. se ench. *M*, entachie π*sGH*, q. dehors chace 𝔓
On ne teut *M*, p. force ou par v. 𝔓, p. quelque v. C^a

Deusses *M* 𝔓, et mappeler b. 𝔓

n.] verci *H*, A. ou nerci ou charb. *L*

quil s. 𝔓

ainsi *sM* 𝔓, c.] que 𝔓
commistion *iL* corrupcion C^a
quoy qui s. *s*, q. q. vile i. 𝔓
feust et imprunte *H*, f.] bois 𝔓, et en purte *G*
Ainsi *s*, Semblablement iest. t. 𝔓, e. cler et p. *L*
ou] ne *M* 𝔓, S. a. r. en moy obs. *L*
en ceste v. m. 𝔓, v. men ap. *s*
De t. 𝔓, my *L*
Ge p. *L*, Par quoy d. 𝔓
Puis q. n. n. obscurement 𝔓
—de *qM*
—de *qM*

R. ce d. il ie p. 𝔓, R. d. le corps b. p. *L*

s. ainsi com le f. *M*, s. comme le bois au f. 𝔓, au] ou π

Le Pelerinage de l'Ame.

<table>
<tr><td>Comparaison du boys mis ou feu, et du lumignon et de la flamme. 𝔅 (T.)</td><td>

Mes humeurs ne puis en *tel* lieu
Mucier que toutes hors saillir
Ne les faces et tost issir.
Ne les met pas hors de mon gre
Fors pour ce que ta voulente   4170
Il me faut faire, vueille ou no*n*,
Pour ce qu'a toi est l' action
Et que matere sui sens plus
De la quelle, se tu impurs
En deviens et obnubile,   4175
Par toi est qui l'as procure.
Baillie te fu a gouverner,
A enseignier et doctriner.
Maistre as este, quant as voulu.
Se voulentiers jë ai tendu   4180
Au païs dont je venoie,
Et la terre dont estoie
A corrupcion mondaine,
Pour quoi j'ai a souffrir peine
Et en ai mon purgatoire,   4185
Si com plaist au roy de gloire,
Tu, qui estoies de haut lieu,
Un ouvrage noble de Dieu,
Te dëusses estre tenu
A li dont estoies venu,   4190
Et moi avoir atrait a toi
En gouvernant selon la loi
Qui pour moi t'estoit baillee
De Raison et enseignee ;
Mes tu as fait tout autrement.   4195
Et non mie tant seulement
A mes vouloirs t'es consentus,
Mes souvent par toi esmëus
Ai este a pluseurs peches

</td><td>

tel *MqH* &c.] cel *a*, honneurs *G*

tost] hors *MqπisC²*

H. ne l. m. p. d. 𝔅, Ge ne l. m. p. h. de g.
Mes p. *L*
Me conuient veulx ge ou n. *L*
que t. *s*

toi *H*, tu nes puis *s*
et] si *s*

Ens. et endoct. 𝔅, et] a *L*
q. tas v. *M*
Et se v. 𝔅, Si iay v. ent. *L*, v. as entendu
   ay attendu π
Audroit p. *C²*, Au lieu de la ou ie v.
p. de quoy ge estoie *L*
En la t. *s* Cest a la t. 𝔅, A foul vsage obeissoie

q. maintenant seuffre p. 𝔅

Ainsi quil pl. 𝔅
Mais toy q. 𝔅, de noble l. *L*
Et o. 𝔅, o. du puissant D. *L*
Te q*is*𝔅] Tu a*MπGH*, Tu te d. *L*
A celuy d. 𝔅, estoie *s*
m. at. auecques t. *L*, Et mauoir retire a. t.
En me g. par la l. 𝔅, la] ta *H*
m. est. *M*, m. ta este b. 𝔅
Et d. r. bien ens. 𝔅, De dieu du ciel et e.
Car certes non t. s. 𝔅
voulers *s*, m. desirs te yes c-tue *L*
s. tu les as e. 𝔅, esmeue *L*
Et ay suiuy p. p. 𝔅

</td></tr>
</table>

Que tu mesmes m'as enseignes	4200	toy 𝔅, —m'as *s*
A faire cautuleusement		cautel. *MqH* &c. cautil. *G*
Dont devant n'avoie talent.		d.] auant *G*
Et se proprement parloie,		
Tous mes meffais te mectroie		
Sus, car rien meffait que par toi	4205	—4205 to 4537 *G* (fol. 113 and 114 wanting)
N'ai ou au mains par ton octroy.		—N'ai *s*
Onques par moi rien je ne fis		ie r. ne f. *M*
Et ne peu faire a mon advis.		Ne ne poy f. *L*, pou *Mi* puis 𝔅
Së en moi a ou mal ou bien,		en] a *M*, Et sen m. y a 𝔅
Tout vient de toi et de moi rien.	4210	Il v. de t. quar d. m. r. *L*
Quant puant tu m'as appelle,		Quar *q* Se *s*, —tu *L*
Bien deusses avoir regarde		
Dont me vient la punaisie.		puantise *Mqπis C² HA⁴ L*
Pense bien et si t'avise		Or. p. b. et te au. *L*
Que en cire ne en limegnon,	4215	nen l. *Mq* ne l. π, c. ou en l. *HA⁴C²*, lum. s𝔅 ligminon *A⁴*, Quen chandoile nen l. *L*
Soit de chanvre ou de coton,		S. ou de ch. *Mqis*, chanue *M* 𝔅 chambre *H*, ou soit de c. 𝔅, De cief de cire ou *L*
Onques n'est pueur trouvee,		Que o. *i*, Aucune p. nest t. 𝔅, Point nest ou poy p. t. *L*, puant π
Se n'a este alumee		nest e. *M*, Si non quait e. 𝔅, Jeuques el a e. *L*, Savant na *C²*
La chandele de ce faite;		faire *s*, Suppose quelle soit nette *L*
Mes bien est voirs, quant retraite	4220	v.] droit que 𝔅
Est la lumiere par souffler		
Et [que] la chandele fumer		que *MqH* &c., Que la la ch. par f. *L*
Faut, la fumee put forment,		F. que la f. pue grammant 𝔅, la chandelle p. f. *C²*
Si que, së une prains jument		Telement se 𝔅, preins π*i* print *A⁴*
Celle punaisie sentoit,	4225	
Incontinent avorteroit,		Presentement a. *L*, a-tiroit *Mπ HA⁴*
Si com Aristote m'aprist;		Ainsi quarist. 𝔅
Si te *demant* dont vient ou ist		demant *MqH* &c.] demande a𝔅, Se *i* Je d-nde dou v. 𝔅, ou gist *L*
La pueur, quant ne pues dire		puis *M*, tu me peux d. *C²*
Que *ou* fil soit ne en la cire?"	4230	ou *MqH* &c.] au a, nen la *q*, Q. soit du f. ne de la c. 𝔅

L'ame. "Selon, dis je, m'entencion
moppinion 𝔅
Elle ist de la corrupcion
Celle *M*, Ellest et i. *H*, E. vient d. *s*

Le Pelerinage de l'Ame.

Qu'en la chandele a le feu fait	Quant *A*⁴
La quelle, quant il s'est retrait,	sest *i*, se r. *s*
Par violence ou autrement, 4235	Ou p. ℬ, P. souffler ou a. *L*
Ainsi com se plainsist forment,	Aussi *qC*², Ainsi que sen plaignist ℬ Si c. *s* se pl. *L*, painsist *q* pre*n*sist *s*
Fumee met hors et vapeurs	Fumees *s*, dehors ℬ
Qui sont ses lermes et ses pleurs	Ce s. *L*, —sont *HA*⁴
De la mespreison et forfait	
Que le feu dedens li a fait. 4240	f. a d. le fait *L*, li] y ℬ
Et me semble que la pueur	
De tant se monstre estre greigneur	
Comme ce qui est corrompu	Que cela q. ℬ
De plus noble matiere fu,	
Si com on puet asses vëoir 4245	Ainsi comme ℬ, voeir *L*
En ces mesmes termes de voir;	cel m-e t-e de uoeir *L*
Car la chandele de cire	
Estainte, plus l'air empire	E. l. pl. fort e. ℬ
De pueur que celle de cieu	Par p. *Mqis*, de sieu *sC*²*HL*ℬ
Qui point si noble n'est nul lieu." 4250	

Le corps. "Ta response, dist il, souffist, | La r. *MC*² |
Et mon propos asses y gist;	
Car se ce qui est corrompu	C. cela q. ℬ, se le corps q. *s*, —est *M*
Est seulement puant sentu,	p. tenu *A*⁴
Et la cire et le limegnon 4255	et] ou *Mπ HA*⁴, lemaign. *L* lum. ℬ
Ont seulement corrupcion	Ou *sH*
Par le feu qui y a este	A par le f. q. a e. *s*, —y *H*
Et qui la pueur engendre	que *s*, Et ha l. ℬ, p. a. e. *H*
A par issir hors et partir,	Et p. *M*, P. i . et dehors p. ℬ
Mal a point me fais convenir 4260	M. donques me f. ℬ, f.] sez *M*
En moi de pueur arguant	—4261 *L*
Et de moi appeller puant.	—4262 *L*, Et dainsi mapp. ℬ

4250 a, b, c, d.—Tout ainsi des clercs literez
Ou qui de dieu sont inspirez
Son trop plus puans les defaulx
Que des poures simples ruraulx. ℬ

En moi as comme feu este	C. f. en m. as e. P
Si com devant t'ai ja parle,	c. par d. t. p. *qpisC²*, ja] ie *A⁴*, Ainsi que d. t. monstre P
Mes se m'as ars et corrompu 4265	Puis que m. *L*, M. se a. tu mas P
Et puant en sui devenu	ien s. P
Depuis que tu t'en es ale,	
De la puantise argue	punaisie *i*P
Asses miex dois estre que moi,	A. plus d. *L*, doy e. q. toy *H*
Et miex me doi plaindre de toi 4270	Et plus me d. P
Que tu de moi a mon semblant.	a] en *M*, —a *L*
Et ce sens plus senefiant	ce] se *i*
Va la pueur quë as sentu	Est l. p. q. tu as s. *L*, La grande p. P
Soi plaingnant *que* m'as corrompu.	que *MqH* &c.] qui a*A⁴*, Se p. P Moy p. *A⁴*
Se ta presence m'a pare 4275	De ta p. ma paie *H*
Aucune fois ou temps passe	A-es P, ou] au *A⁴*
Com le feu la chandele fait	Comme feu P
Qui sa bonte toute hors trait,	
Ce n'estoit que farderie;	Se *M*, nest q. la f. *s*
Car dedens n'estoie mie 4280	d. tu nestoies m. *L*, nestoit il m. *s*
Tel comme hors me monstroies,	T. que par dehors P
Et ma mouelle succoies.	mes mamelles suco. *s*, sussoies *i* sucso. P
Et bien scai, point ne püisse	Ge s. b. que po. *L*, s. que po. *iH*, B. s. que tant ie ne pu. P, ne me pu. *M*
Se sens plus ne fust ton vice.	—4283-4 *C²*, Com ie fais neust este t. v. P
Ton peche seul tu sens en moi 4285	
Qui point n'en ai fait fors par toy.	Quar *L*, nay f. *A⁴*, ai fors que p. t. *MqpisP* fait que p. *C²*
Et encor oultre je te di:	encore plus je *s*
Mains sont en ceste place ci	Pluseurs s. en cest lieu ci *L*
Qui entiers sens pourreture	
Gisent en leur sepulture. 4290	Gisant *L* Gigent *q* Reposent P
Causë est que diciplines	La c. est P, La c. car d. *H* C. pour quoy d. *L*
Furent et de pechie gardes.	
A bonne escole furent mis	
Et soubs bons maistres bien apris.	bon m-e *s*P, a.] assis *πi*

Between 4263 and 4264 line 4267 inserted in *M*.

	Se ainsi m'ëusses court tenu,	4295
	Pas ne fusse(s) si corrompu.	
	Par tes peches je sui ainsi	
	Corrompu, puant et pourri."	
Lame.	Qui est, dis jë, ou sac boute	
	Et par dehors forment lïe,	4300
	La maistrise du sac n'a pas,	
	Ains a la maistrise li sacs	
	De cellui qu'i enclos il tient.	
	Or sces tu et bien m'en souvient	
	Qu'en toi enclos me tenoies	4305
	Et chierement me gardoies,	
	Affin que point n'en ississe	
	Et mon vouloir ne fëisse.	
	Par toi ai este empesche,	
	Et la cause es(t) de mon pechie."—	4310
Le corps.	"Certes, dist il, tresfolement	
	Tu argues et nicement;	
	Car ce est miex a mon propos	
	Quë au tien, car qui est enclos	
	En sac, plus grant pouoir asses	4315
	A que li sas qui demenes	
	Est si com veult cil qui est ens,	
	Mesmement quant li sas est grans	
	Et quë ens on est largement	
	Et ont les sens leur jugement.	4320
	Le sac mouvoir ne se pourroit,	
	Se l'ensachie ne se mouvoit.	
	De toi n'ai que le sac este,	
	A ton vouloir m'as demene,	
	Et largement y estoies,	4325

Et saussi *i* Et sainsi *s* Sainsi tu m. 𝔓, aussi *MqiL*, gourt t. *L*

fusse *MqH* &c., —si *s*, f. ainsi c. 𝔓 f. tant c. *L*
P. auenture com ie sui *Mq*π*isC*²
Par toy sui p. et p. *Mq*π*isC*²

ou] en vng 𝔓
f.] tresfort 𝔓, Quant p. d. est bien vorte *L*

cil qui en dedans lui t. *L*, que e. *Mq*π*is.1H*², il] y *H* le *C*²
tu b. et m. *L*, me s. *s*𝔓

ch.] soigneusem. 𝔓

iay 𝔓, empeeschie *s* en pechie *MC*²
es *MqH* &c.

foullem. *s*
nissem. *s*

Q. cest mi. *Ms*, ce vient m. 𝔓
c. cil q. 𝔓, —est *H*
Ou s. pl. g. p. dass. *L* Ou s. a pl. p-air dass. 𝔓
Que le sac lequel est menez 𝔓, A commen *s*, le sac *MqH* &c., q. tout d. *L*
Comme v. cil q. e. dedans 𝔓, E. comme veus *s*
que 𝔓, le sac π*HA*⁺*L*
qui *s*, q. len est dedans l. *L*, Par quoy y est a large assez 𝔓
Sans que ses s. soient empeschez 𝔓

ne le m. *MqisC*²

Et a large tu y e. 𝔓, En moy si l. e. *L*

4320 a, b.—Faire leurs operations
Et necessaires actions 𝔓

Et si tes sens y avoies
Que point n'en vousisses partir
Et point ne vousisses souffrir
Que desclos fusse et deslie
Pour ton issue et defferme."   4330

e pelerin. Adonc mon ange s'avanca
ange.   " Qu'est ce, dist il, aves vous ja
Trouve cause de rioter?
Bien est temps que doie cesser
La dissencion de vous deux,   4335
Car a vostre salut n'est preux.
Entre ceux doit estre tencon
Qui sont mis a perdicion,
Qui a enfer sont deputes,
Et ici ont leurs corps dampnes;   4340
Mes vous qui estes ordene
A salut et predestine
Et qui ensemble rau[n]i
Seres et rejoins com ami,
A bon accort estre deves,   4345
Et ainsi vueil que departes."

e pelerin. Lors mon cois tost se *rabaissa*
Et onques puis mot ne sonna.
Jë aussi plus rien ne li dis
Fors seulement: " A Dieu, amis!   4350
Dieux doint que je te revoie
Ci apres en haute joie!"

enfer et   Tantost par le chemin devant
c sa   Tousjours (et) en ap*ar*fondissant
unaisie
des   En terre l'ange me mena;   4355
orribles
eines qui Mes lonc temps pas ne demoura
sont.
(T.)

Telement t. 𝔓, sens demenoies *s*, Que tous t. vouloirs fesoies *L*
nen *MqH* &c., Et po. *L*
Ne ne vousis onques s. *L*, Ne p. permectre ne s. 𝔓
feusses *i*, et] ou 𝔓, Q. il fust ne clos ne lie *L*
ten *q*, issir *i*, ten yssir ne d. 𝔓, Mes p. issir appareillie *L*

sauensa *M*

d. arester *L*

ne p. *s*, Qui dieu grace estes bien eureux 𝔓
tencion *H*, C. ont touz temps discencion *L*
m. en dampnacion *L*
= 4340 C², a] en *M*𝔓, Q. en e. trebucheront 𝔓
= 4339 C², —4340 *q*π*isL*, les *M*, C. et ames damnez seront 𝔓
o-nes *ML*𝔓
p-nes *ML*𝔓
rauni *q*π*i* reuniz 𝔓] raui a*MA*⁴*L* rauiue *s*, ens. et ammj *H*
resioins *H*
En b. *L*
q. vous partez 𝔓
rabaissa *MqH* &c.] rebessa *a*, Donc m. c. se r. *L*
Si q. p. vn m. *s*, onc p. m. il ne s. *L*
Moy a. 𝔓 Et a. *iC*², Et je ainsi r. *s*, Et ge a. p. r. ne d. *L*
D. me d. q. je te voie *s*, D. vueille q. *L*, q. brief ie 𝔓
A. le jugement en j. *L*

Tant p. *H*
—et *MqH* &c., Et t. j. *s*

4338 a.—Qui meurent en leur vielz pechiez π*i*.

HELL-MOUTH. Line 4,361, p. 145.

C.², fol. 131.

Le Pelerinage de l'Ame. 145

	Que tel punaisie senti	Q. mon cuer t. puour s. *L*
	Qu' a pou que n'o le cueur parti,	Qua *MqH* &c.] Que *a*, Qua peu le c. ne me p. *s*, Qua bien poi que il ne p. *L*, noy πi nos *HC²* neu 𝔓, parti] failly *C²*
	Pour quoi mon gardien me dist:	Par 𝔓, q. le g. *s*
L'angle.	"Celle pueur que sens, si ist 4360	q. tu sens i. 𝔓, sens frist *s*, si] ci π*iA⁴C²*, Que celle p. denfer i. *L*
	D'enfer que je te vueil monstrer.	Le quel ge te v. bien m. *L*
	A la pueur pues esprouver	Et la p. p. bien prouer *M*
	Quë ens a grant pourreture,	
Puanteur et horrible punaisie sont en enfer pour les pechez des damnez. 𝔓 (T.)	Grant vilte et grant ordure.	Q. il a dedans g. p. *L*
	Ce est peche qui put ainsi 4365	Cest p. *Ms* Et cest p. 𝔓
	Dont y ont fait pecheurs leur ni	Ou ont *s*, Ou les p-s o. f. l. *C²*𝔓 Dom p-s o. f. l. *L*, o. p. f. *M*
	Qui com huppe mis ont cure	Comme h. (hupes 𝔓) o. m. c. *L*𝔓, o. m. *Mq* π*isL*𝔓
	D'avoir ni en leur ordure.	De faire leur niz en o. *L*
	La faut il que je te mainne,	f.] conuient *LC²*
	Mes point n'en croistra ta paine; 4370	ne *Mqi*
	Sens plus verras quë on y fait	quel il y f. 𝔓, on ni f. π
	Et comment peche et meffait	
	Y tourmente forment pecheurs	t-tent *ML*𝔓, t-tent souuent p. *M*, t-tent fort les p. 𝔓
	Et leur fait souffrir grans douleurs.	l. y font s. d. *L*, Qui seuffrent horribles d. 𝔓
	Et ce sera a celle fin 4375	Ge te y maine a c. f. *L*
	Que tu en soies plus enclin	Q. tousiours en 𝔓, s. moult pl. *L*
	Par devers nostre createur	
	Qui t'a forclos de tel douleur,	
	Et que preignes le remenant	
	De tes painnes paciem*m*ent." 4380	tes] ces *q*π*i*, pac.] en te oignant *L*
Le pelerin.	Lors point contredire n'osai.	—point *HL*, c. ne scay *s*
	Apres li precedent alai,	procedant *s* pie tendant *H* prestement *L*, Deuant ala apres al. *C²*
Ame separee du corps passe parmy la terre comme les oyseaulx parmy laer. 𝔓 (T.)	Aussi par terre passïons	Ainsi *M* Tout aussi *C²*, Tout ainsi p. t. 𝔓
	Com font par l'air les oisellons.	Comme p. 𝔓
	Rien n'estoit que ne vëisse 4385	Chouse niert q. *L*, R. ny auoit q. ie ne visse 𝔓
	Par tout com en l'air fëisse.	Tout p. t. c. 𝔓, lair les veisse *s*
	Et pour ce' avint il asses tost	—il *s*
	Que ne me fu mie repost	Ce q. 𝔓, ne mestoie mie r. *L*, fust *s*
	L'ourle dont il est dit devant	L. vi dom e. d. d. *L*

U

Qui enfer va environnant,	4390	va] est 𝔓, auiron. *L*
Qui est moult noir et tenebreus,		m. est n. 𝔓, —et *i*, et ennuieux *L*
Ou quel je vi habiter ceux		Illec sont les maleureux *L*
Des quiex mon ange me parla,		De quoy m. a. *L*, me] mon π
Qui en grans pleurs estoient la		
Et qui goute ne vëoient,	4395	Et nulle g. ny v. *L*
Mes *teurdans* leur mains disoient:		teurd. *Mq* tuerdans πi*HA*⁴ terdant *s* en tortant *L* en tordant 𝔓] tendans α
"He las, malëureux! pour quoi		m. et p. 𝔓, *L*. pour quoy m. p. *C*²
Ne nous a fait Diex tel octroi		a D. f. *Mqπis HA*¹𝔓
Qu' ëussions este baptisies		eussons *sLC*², Q. este nous euss. b. 𝔓
Et de l'originel purgies	4400	—de *A*⁴
Que chascun de nous compere		Fault q. ch. 𝔓
Pour pechie de pere et mere.		Le pech. 𝔓
Comment que n'aions nul bien fait,		Combien q. *LC*², nauons *H*, naiens nuls b-s f. *M*
Aussi n'avons nous rien forfait,		
Mes est pour le forfait d'autrui	4405	Se nest par *s*, f.] pechie 𝔓
Que nous soumes ainsi puni."		suymes p. a. *L*

Diuerses peines des ennemis et des damnez et des iniures quilz sentredient. 𝔓 (T.)

En leurs plaintes ainsi oiant		A l. *s*, oient *M* oyans *C*²
Et tout oultre tousjours passant,		Et o. t-rs passent *M*, passans *C*²
Tantost je vi les grans douleurs		
Quë ont a souffrir les pecheurs:	4410	Qui *M*, l.] dolens 𝔓
Flambë et fumee obscure		Grande fl. 𝔓*C*², Fl. comme f. *L*
A tous les le lieu enmure.		De t. costez le l. *C*²𝔓, les] costes *HA*⁴π𝔓, En t. leur lieux et iniure *s*, t. les lieus enm. *M*, Tout le pourpris denfer enm. *L*
Les Sathanas a grans troupiaus		
Par mi se monstrent moult isniaus.		
Les uns pour le feu ont souffles,	4415	Aucuns p. *s*
Aucuns fourches, aucuns croches.		
Les uns vont, les autres viennent;		
Pou en y a qui reviengnent		Et p. sen treuue q. 𝔓, q. y remaignent *L*
Qui n'atrahine aucun pecheur		Quil *C*², Q. na try ne a. *s*, natrachine *A*⁴, Qua soy natrayne 𝔓, Au reuenir daucuns p-s *L*
Et qui present a son seigneur	4420	Font p. a leurs s-rs *L*

Le Pelerinage de l'Ame.

N'en face, c'est a Lucifer	Qui iadis ot nom L. *L*
Qui est leur grant maistre en enfer.	Q. ores e. m. denfer *L*
Selon quë il me fu advis	il] lors 𝔓, fust *M*
Toutevoies de petit pris	Toutesfois de trop p. p. 𝔓
Sa grant maistrise me sembloit. 4425	S. g. ma. ressembl. *C*²
En *chaëre* de feu sëoit,	chaere *qπiA*⁴ chaiere *M*] chaire *a*𝔓 cheire *s*, En siege de f. se s. *H*, f. se s. 𝔓 f. se soit *A*⁴ f. estoit *M*, Quar son siege de f. estoit *L*
Lïe par les pies et les mains,	L. et (ert *L*.) p. p. et p. m. *sL*
Entour le col et par les rains	corps et 𝔓
De chaënnes de fer tresgrans,	En chaiennes *H*, chaines *MA*⁴*Ls*, chayenes de metal t. 𝔓 chaynes de f. ardans *s*
Grosses [et] lourdes et pesans. 4430	et *MqH* &c., Longues et gr. et p. *s* G. aspres et trespes. 𝔓
La vielle que vi chevaucher	
L'autre vielle com 'i' coursier	
Et qui la corne ou front avoit	ou] au *s*, f. portoit 𝔓
Ces grans chaënnes *fort* tenoit	fort *MqH* &c.] fors *a*, Ses g. chaynes *s*, grandes chesnes 𝔓, Qui o les chaaingnes lestraingnoit *L*
Et li chantoit une chancon 4435	
Si hautement et a grant ton	et si hault son 𝔓, Orriblement com en tencon *L*
Quë app*er*tement je l'ouy.	Quap-t ie lentendy 𝔓, Quar tout clerement loi *L*

Altercation dorgueil et de lucifer, et des sathanas buffetans lucifer, et eulx et lucifer foulans orgueil aux piez. 𝔓 (T.)

Orgueil, fille Lucifer.	"Pere, dist elle, je di: fi	P. disoit e. *L*, fi] si *A*⁴
	De toi, qui eus nom Lucifer	t. ens mon (non *A*⁴) L. *HA*⁴
	Jadis et es Tenebrifer 4440	et] mais 𝔓 or *L*, tenebrisier *HA*⁴
	Maintenant par droit appelle.	
	N'est pas merveilles, se te he,	se *MqH* &c.] si *a*, N. m. se te ay lie 𝔓
	Quant pour venir ci m'engendras	—ci *s*
	Et a ce faire te hastas,	a] de *L*𝔓 pour *H*
	Aussi tost com cree tu fus. 4445	Ainsi t. c. c. f. *s*, A. telx com tu cr. f. *L*, com que 𝔓
	Or soies tu li mal venus!	Tu s. touz temps le m. v. *L*
	Je te tien, pas n'eschaperas,	Bien te t-s 𝔓, tiens ne meschap. *s*, ſ. ne mesch. *L*

4430, 4431 refer to *Vie* 7349-68.

Puis que chëu es en mes las.	q. tu es ch. en 𝔅, q. choeist yes *L*
Se tu es roy d' Iniquite,	Tu es le r. de i. *L*
Pour quoi tu es enchaëre, 4450	Et p. ce tu es encharey 𝔅 Et p. ce yes tu enchaingne *L*, enchayne *s* enchaire *MC²* enchere *q*
Aussi royne clamee	Ainsi *s*, A. r. suis c. *L*, Tout a. bien r. c. 𝔅
Sui, car des filles l'ainsnee	Estre doy c. ta f-e ains. 𝔅, C. de tes f. suis l. *L*, de *s*, —filles *H*, f. la meisnee *M*
[Je] sui qui t'ai acquis pluseurs	Je s. *i*𝔅, Qui ta quis des gens pl. *L*
Et pourchacie malëureus."	Pouures damnez tres m. 𝔅, Mal. et pecheurs *L*, malur. *q*, de mal. *M*
"Mes tu, dist il, mal venue 4455	Et tu *L*, toy 𝔅, M. d. il tu m. *H*
Soies or vielle chanue,	ore *Mqi* orde *sH* touz temps *L*
Et maudite soit celle heure	Et sans fin m. s. lh. 𝔅, s. vsure *L*
Que de toi fis engendreure,	En le pris ton e. *L*
Car point venu ci ne fusse	pas *M*, p. ici v. ne f. *L*
S'engendree (je) ne t' ëusse. 4460	—je *MqπisH*, Se mal eng. ie 𝔅
Je fusse en *houneur* souv(e)raine,	honneur *MqH* &c.] louneur α, Ains f.
En ma gloire premerainne;	
Mes aussi tost com nee fus,	Quar si t. c. tu n. f. *L*, ainsi *s*, comme nez (ney 𝔅) f. *H*𝔅
Trebucher me fëis ci jus.	ñs ca j. *i*
Aussi as tu tous mes subges 4465	Ainsi *s*, Tu et mes autres s. *L*
Qui contre moi sont moult engres.	Me estes trop felons et griefz *L*, Moult encontre toy forsenez 𝔅
Plus me presentent de chetis,	Tant pl. mamenent de ch. 𝔅, Quant pl. mamenez de pecheurs *L*
Plus en sui de tourmens afflis,	Et gen sueffre pl. de doleurs *L*
Et sens faille je le vueil bien	Non obstant ce ge l. *L*, f.] faulte *C²*
Et nul desir n'ay d'autre rien. 4470	Car d. ie nay 𝔅
Ta mauvaise sueur Envie	
A ce me contraint et lie."—	
"Certes, dist elle, menti as,	dit *M*
Car d'autre chose desir as,	Et da. *i*, Bien da. 𝔅, d-s ch-s *s*𝔅, de. nas *H*
Se jamais la peusses (r)avoir." 4475	auoir *MqC²πisL*𝔅, Si tu la p. a. *L*, le *Hs*, le puissez *s*, les p. 𝔅
"Bien voudroie, dist il, [r]avoir	rauoir *MqC²πis*𝔅
La grant joie qu'ai perdue	
Par toi et que m'as tolue	Et q. p. t. on ma t. *C²*
Par condicion certaine	
Que, s'avoie char humaine 4480	.

Le Pelerinage de l'Ame.

La plus passible qu' onques fust	paisible iA^4, fu M
Et de ci i· pillier mëust	depuis cy vng p. eust $\mathfrak{P}$
Jucques au ciel de fer ardant,	J-quau c. tout de f. a. $\mathfrak{P}$, feu $M\pi HL$, c trestout a. C^2
Plain de rasours a *bon* taillant	bon $Mq\pi iL\mathfrak{P}$] bout a, rasouers iHA^4 rasoirs $M\pi\mathfrak{P}$, r. tres bien t-s sHA^4
Avec toutes les painnes qu'ai 4485	O t. l. p. que iay L
Et que sens fin tousjours arai	touz temps a. L
Sens repos et sens cessement	
Jucques au jour du jugement,	
Parmi ces rasours trahine	rasouers $HA^4AL\mathfrak{P}$ rasouoirs i, traine $L\mathfrak{P}$
[Fusse nu et retrahine], 4490	—4490 aHA^4M, F. nu et r. $qC^2\pi isA$ Tourne vire et retrayne $\mathfrak{P}$, ratrainne A
Tout descire et despecie,	de cire A^4 dessire C^2 desirre M deserie s Tant que t. dessire ic fusse $\mathfrak{P}$
Et qu' ëusse par ce marchie	Et eusse p. tel m. s, que jeusse i, cel L, E apres p. ce m. ieusse $\mathfrak{P}$
Certainete de retourner	
Ou jamais je ne puis aler."	—je A^4

Le pelerin. Adonc pluseurs des Sathanas   4495   de s

Les Sathanas. Dirent: "Voir dis, jamais n'iras,   voirs H vray $\mathfrak{P}$

Fai la bufe! voir a chante   a $q\pi iH\mathfrak{P}$] as aA^4s en M, Fait s, vray $\mathfrak{P}$, b vieil enfume L

Orgueil, et par toi tous dampne   —et M, P. ton org. suymes d. L P. ton pu o. t. d. C^2

Le pelerin. Soumes!" Et lors s'apruchoient   Les sathenas de lui s. L

Et grans bufes li donnoient   4500   li] il q

Les Sathanas. Et disoient: "mescheans feusmes   En disant $qC^2\pi is$, m.] bien mauldiz nous $\mathfrak{P}$

Quant de rien nous te crëusmes;   Q. oncques d. r. t. c. C^2

Fi de toi et (de) ta maistrise,

A honte doit estre mise!"

Le pelerin. Apres les Sathan(a)s se prirent   4505

A la vielle et puis la mirent   v. orgueil et la m. L, la laide v. et la m. $\mathfrak{P}$

Tout jus, et aus pies defouler   A terre et a. p. la fouler $\mathfrak{P}$, Soubz leur pie pour la fouler L

Crueusement et pesteler   Cruelem. $\mathfrak{P}$ Cruelm. L

La commencierent en disant: Sus touz ses membres e. d. L

Les Sathanas. "Tu as ëu pance trop grant.   4510   La p. as tr. malement g. L

Drois est que soit aplatie   Raison e. $\mathfrak{P}$, quel te s. plaitie L, q. soies H

Soubs nos pies toute ta vie."   nos] mes qis, ta] ma π

Le pelerin. En foulant et disant ainsi

Lucifer.
    Lucifer se coula vers li
    Et s'assist dessus sa teste   4515
    Disant: " Chaëre que ceste
    Puis ci avant ne vueil avoir.
    Aussi la vueil tenir de voir
    Comme par chaënes me tient.
    Foules, foules, bien me souvient   4520
    Du grant damage que m' a fait.
    Avec li ainsi soient trait
    Ces cornuaus, *ces* pancuos

    Qui de vent ont les ventres gros,
    Ceux qui ont soufles et bastons   4525
    Et ont chaucies *ces* esperons.
    Trahes les ca et bien foules
    Et de feu tous les embrases!"

Le pelerin.
    Tost fu fait le commandement,
    Tost furent mis soubs pie tel gent.   4530
    Aucuns asses bien je cognu,
    Comment quë autrement vëu
    Je les ëusse aucune fois,
    Mes il en y avoit bien trois
    Dont plus me fu quant les vi la ;   4535
    Car en ce monde par deca
    Porte s'estoient humblement
    A mon advis et doucement ;
    Mais la cause je demande
    A mon ange qui m'en fist gre :   4540

se coucha s*A* senclina *L* se tira 𝔓
Et dist ch. *H*, D. autre chaiere q. *C*²𝔓, chaire qua c. *s*
De ci *s*, De cy en a. *C*² Dor en auant *L*𝔓
Ainsi bs*HA*⁴𝔓, le *H*, la vielle t. *M*
C. de chaines elle m. t. 𝔓, chaingnes *L* chaynes *s*
—foules *H*, F. la fort b. *L*𝔓, men *s*
Des g-s d-s q. m. faiz 𝔓, quel m. *L*
A *i*, aussi *MqH*𝔓, soie *A*⁴, O le doit len fouler par droit *L*
Ces, ces *sC*²*L*𝔓] Ses, ses a*MqπiC*²*HA*⁴, panss. *H*𝔓 pancheros *s* patrios *M*, et c. pensuos *C*², Ces orgueilleux ces enuieux *L*
Q. deuant o. *M*, Q. ont eu v. si g. *C*² Ces rancuneux ces couueiteux *L*
q. s. o. 𝔓, Ces luxurieux ces gloutons *L*
=4525 *L*, ces q*HA*⁴𝔓] ses a*Mi*, Et qui o. ch. e. *C*², —ont *H*, —ces s*C*²
Traheles sa *M*, Tirez 𝔓, et les f. 𝔓*L*, b. souffles s*M*
de ce f. les (ce *added above*) *s*, embrass. *M*

piez *sL*𝔓, telz *s*
je] y *LC*²
Combien q. *L*𝔓, quen tout autre estat v. 𝔓, autreffois *C*²
le *M*, a-es *L*, e. par pluseurs f. 𝔓
Outre les autres en vi t. *L*, M. en ceulx en y a. t. 𝔓
Merueille fut 𝔓, D. me f. pl. *H*
cest m. q*L*
Portes *sMπHL*𝔓, Se est. p-z h. *L*
Ce mest a. *s*
Dont l. 𝔓, jen d. *MqπC*²*L*, d-dai is*G*𝔓
que *M*, quil *q*, me feist *s*, gray *LG*

Religieux faincts et ypocrites comment sont puniz en enfer. 𝔓 (T.)

L'angle
    " Ceux la, dist il, et autres mains
    Ont este religieux fains,
    Ypocrites au blanc mantel

Y. o le m. *L*, aux b-s m-teaulx 𝔓

THE PUNISHMENT OF HYPOCRITES IN HELL.   Line 4,541, p. 150.

G, fol. 199.

Le Pelerinage de l'Ame.

Qui ont este vestu de pel
Dë aigniaus, et estoient leups 4545
De tresfier cueur et orguilleus.
Se (par) dehors humbles estoient,
Pour le monde le faisoient,
A fin que proudons appelles
Il fussent et bien renommes, 4550
Ou monde tu vëis leurs corps

Et quiex estoient par dehors.
Or vois ce qui estoit dedens.
Asses tost verras leurs tourmens.
Lors furent tous ensemble pris 4555
Et lourdement en bas feu mis.
Foules furent et tempestes
Et de grans bastons pesteles.
Si orde fumee en issoit
Que tout environ en puoit. 4560
Tant furent foules et marchies
Que dë eux on fist marchepies.
N'estoit nul qui par la passast
Qui a deux pies ne les foulast.

Justices sont exercees selon diuers vices. 𝔅 (T.)

Apres vi maintes justices 4565
Faites selon divers vices.
Haus tres et lons et estendus

Vi ou estoient mains pendus
Au dessous des quiex feu avoit
Qui de toutes pars les ardoit. 4570

Diference des peines denfer. 𝔅 (T.)

Aucuns y estoient moult secs,
Moult mal nourris et moult maigres
Et a qui paroient les os.
Atachies par les yex a cros
Y pendoient honteusement. 4575

Par dehors reuestuz de peaulx 𝔅
De brebis et L, Daigniel et dedens e. l. 𝔅

—par MqC²πisGH
P. plaire au m. MπC²𝔅
q. bons homs ap. 𝔅
Ilz y f. et b. nommez L
—4551 to 5599 (1 leaf and 1 layer wanting between fol. 39 and 40) q, m. vis tu bien l. 𝔅, Ou m. eurent honneur l. c. L
Pour que est. simples p. d. L
v. tu ce quest. 𝔅, v. quelz estoient d. esL, q. est par d. M

en] ou es, l.] rudement 𝔅L, Et rudem. soubz les piez m. L
et pesteles es𝔅
p.] bestel. A defoulez H tempestes es𝔅
f.] pueur s fumee corr. from puour e

Q. trestout env. p. H, —en L
T. f. batus et m. M
deulx Hπ, deulx o. f. les m. G deulx f. on des m. 𝔅, Q. len en f. m. L
—nul GH, Nul nest. L
a] aus es o L de GH

Exercees s. 𝔅
4567 over eras. e, Longs t. h. et est. s, H. gros et l. M, H. gibez l. 𝔅, H. t. leuez et e. GH
m.] pluseurs L

dess. deulx grant f. 𝔅
Que M
A. en y auoit m. 𝔅, A. en y auoit m. megres L
Et mo. secs et mo. halegres L
Et telx a q. L, Tant que nudz appar. leurs os 𝔅, peccoient i pauuient C²
Il p. i Moult p. L A quoy p. 𝔅

151

Deles eux avoit autre gent		Jouste e. *L*, Pres deulx y a. a. g. ℔
Qui par les langues pendoient		—4577 *M*, leurs lang. ℔
Des quiex ·ii· langues avoient		Des] Les *es*, Dont aucuns ·ii· ℔
Aucuns, par quoi fort ahoquies		Par lesqueles f. acrochiez ℔, acrochiez *L*
Estoient haut et atachies,	4580	Y est. et at. (est. *s*) *es*
Entre les quiex un seul je vi		vn en vi *es*
Dont grandement fu esbai.		fu et esb. *G*
Toute la bouche close avoit		Cl. il auoit t. l. b. ℔
Et aussi com or reluisoit		Qui *L*, ainsi *M*π*s*, Qui rel. comme or de touche ℔
Et par la gorge li issoit	4585	—4585 *es*, la] sa *b*, luy partoit ℔
Sa double langue a quoi pendoit,		
Et tant li com ses compaignons		
Parmi les cueurs et les pommons		le cuer *GH*, leurs c. et leurs p. ℔
Avoient coutiaus grans fichies		A. g. cost. *GH* A. de g. cost. ℔, Cout. au. en fich. *s*
Dont oultre estoient trespercies.	4590	D.] Tout *es*, D. tout o. e. trepciez *L*
Moult estoit le pendëis drus		pendement ℔, durs *GH*
De tel gent et ne saroit nuls		telz g-s *MP*, sauron n. *L*
Jamais le nombre recompter.		rac. *bMC*²π*iesGHL*℔
Bien se puet le bourrel vanter		
Que tous autres bourriaus qui sont	4595	a. q. b. s. *L*
Tel nombre de pendus pas n'ont.		pas] point *L* si π
Pluseurs autres y vi pendus,		
De gros, moyens et de menus,		et des m. *M*
Aucuns a chaennes d'argent		A. de chaennes (chaynes *s*) d. *es*, chaines *MG* chaignes *L* chaiennes *C*²
Par les langues crueusement,	4600	les oreilles *s*, cruelment *esL* cruelem. ℔
Et aucuns autres par les mains,		leurs *C*²
Et par oreilles autres mains		p. les o. *M*π*C*²*GH*, Par les or. ℔
Y pendoient honteusement,		
Et trop seroit le parlement		
Lonc, se de tous ceux parloie	4605	
Qu'ainsi la pendus vëoie.		Que la p. a. v. *L*, Q. p. ie regardoye ℔

Damnez sont principalement puniz par les membres par lesquelz ilz ont peche. ℔ (T.)

O r voul mon ange demander
  Que me vousist endoctriner

vueil *s G* weil (*over erasure*) *e*, Mon a. voulu d. *L*, O. v. a m. a. *C*², v. a lange *M*, d.] supplier ℔

Le Pelerinage de l'Ame.

Cause de tel penderie	Des causes 𝔅, de celle p. esπiC²
La quel ne savoie mie ; 4610	Du quel s Lesqueles 𝔅
Mes il n'en fu mestier de rien.	fut fut m. (—de rien) π
Tost le bourrel le m'aprist bien :	Quar le b. es𝔅L Le b. t. C², les map. 𝔅, b. le ma fait b. L
Par les rens des pendus aloit	
Et a chascun garde prenoit	De ch. C²
Quë en rien ne se deshoquast 4615	deshochast Mi deslocast s, Quen r. il ne se descrochast 𝔅 Q. point ne se destachast L
Ou que sa hart ne desnouast.	Et GHC², dehoq. C² desuouast 𝔅
A chascun a son tour parloit	sa t. L
Et un langage tel avoit	vn t. l. es
A ceux de la penderie	Enuers c. 𝔅

Le bourrel d'enfer. Enuieux detracteurs sont puniz en enfer. 𝔅 (T.)

Premiere : "Vous, fils d'Envie 4620	Premier sathan v. M, fil de vie e
Et fils du grant Tenebrifer,	Hee f. s, Et vous f. de t. G
Le maleureus prince d'enfer,	—Le L
Aies memoire et bien penses	—bien b, m. en b. pensiz 𝔅
Quë a juste cause pendes	c. ycy p. H, c. vous p. L, Qua j. c. vous pendiz 𝔅
Par les yex qui onques maintien 4625	y. quar touz temps desdaing L
N'eurent a vëoir aucun bien !	Reuerend a v. quelque b. 𝔅, Eustes de v. autrui b. L, a] de s
Bien vëoir vous ne pëustes,	vous] onques esL
Et s'en aucun le scëustes,	sens a. ne sc. s, sa a. bien vous s. H
Regarde l'aves de travers	
D'un regart tresfier et pervers. 4630	Du r. M, D. tr. r. et p. L, D. r. fel et diuers s
Fe[r] de glaive ne de lance	Fer briesGHL𝔅 Fair M, Car f. d. g. ou C²
Ne puet faire tel grevance	F. ne pourroit t. 𝔅, t.] greigneur L, p. auoir t. contenance s
Com voulentiers fait ëussies	f. leussiez H f. leusses G
A vous regars, se pëussies.	vos beH &c., rigueurs s, peusses G
Le mal d'autrui et l'encombrier, 4635	daucun 𝔅
Ce sens plus aves ëu chier,	Ce beH &c. Cela 𝔅] Et u, eu ch.] veu M, Touz temps a. eu moult ch. L
Ce voulentiers aves vëu,	—4637 M, Cela 𝔅, Et v. lauez v. L, a. v. s
Ce seulement vous a plëu.	Cela 𝔅
D'autrui meschief estes nourris,	estiez 𝔅
Megres en estes et chetis. 4640	Pour ce estes m. et ch. L, et palis es
Or vous tenes ci a tousjours	
Ou nul temps mais n'ares secours.	En M, Ou en n. t. n. s. es, Ou iames vous n. s. L, m.] ia C²

Aussi entre vous detrateurs
Qui aves este robëeurs
De bon nom et renommee 4645
Par la langue enveninee,
Par quoi a droit vous ai pendus,
Souviengne vous que decëus
Vous a vostre mere Envie !
Vostre plus grant estudie 4650
A este de ceux diffamer
A cui de rien n'estïes per
Et qui de vous miex valoient
Ou que de vous plus savoient.
Moult est tresmauvais instrument 4655
Langue qui scet repostement
Bon nom embler a son voisin.
N'est mie si grant larrecin
D'embler joyaus, or ou argent
Ou deffondrer i' tresor grant 4660
Con c'est de fortraire bon nom
Par langue de detraction;
De fait maintenant l'esprouves.
Pou m'en chaut, se ne m'en crees.

Et vous, que faites, trahiteurs, 4665
Fausse gent et mauvais flateurs ?
Tousjours doubles aves este
Et double langue aves porte.
Vous aves monstre par devant
A ceux bon vout et beau semblant 4670
Que par derriere occisïes
Et faussement trahissïes.
O trahistre, felon Judas,
Ne souffist mie, së au las
Te pendi Desperacion, 4675

Ainsi G, v. traitteurs C^2
Et qui L, desrobeurs $\mathfrak{P}$, Q. larrons estes et r. es$M\pi i$ Vous larrons et vous r. C^2

A nostre lang. L, enuenimee $\epsilon b GHC^2$
Pour q. i, A bon d. ie v. $\mathfrak{P}$
Et v. s. q. d. $\mathfrak{P}$
—4649-5114 (three leaves wanting) A^2, —a b

de] a L
A qui G, Aus quelx d. $L\mathfrak{P}$, vous n. $M\mathfrak{P}$, A qui nest d. r. p. C^2
de] que L, q. m. de vous v. H
O. qui GC^2, de] que L, q. pl. de v. H, q. dassez trop pl. $\mathfrak{P}$
M. e. perilleux i. L Faulx est et mauv. i. $\mathfrak{P}$
receleement $\mathfrak{P}$

D. arg. j. et or M, arg. ou or $bC^2\pi ies GHL\mathfrak{P}$
deffonder πG de fondre s, vn gr. tresor bM $C^2\pi ies GHL\mathfrak{P}$
Que $\mathfrak{P}$, C. est H, sest bs

Par f. es$MC^2\pi i$, mainte esprouuees G, Et de f. maint esp. H
me ch. $b\epsilon\mathfrak{P}$, En enfer estes bien trouuez L

qui f. GHL qui fuites (fustes ϵ) $M\epsilon$, qui faictes tricheries H
F-s g-s $M\mathfrak{P}$, et faulx fl. L, F. g. par voz flateries H
T. temps d. L

vult C^2 vent M, b. boule et s, et bon s. $bMC^2\pi$ $ies GHL$, A c. bonne chere et s. $\mathfrak{P}$
Q. vous p. $\mathfrak{P}$, —par s, occies ϵs occeiez LC^2
Et tresfauss. $\mathfrak{P}$, moult f. C^2, vous tr. s
Ha tr. π Faulx tr. $\mathfrak{P}$, O f. tr. J. GH
Ne s. il assez se $\mathfrak{P}$, aus b
P-iz de D. $\mathfrak{P}C^2$

Le Pelerinage de l'Ame.

Quant ëus fait la trahison
De ton bon maistre que baisas
Et quë aus Juifs delivras,
Mes autrement il te failloit
Estre pendu ici endroit, 4680
Car a double langue pendu
Tu y dois estre, ce sces tu.
Et pour ce que ne puis toucher
A la bouche, de qui baisier
Vousis le roy, qui luist toute 4685
Et qu' en tous temps je redoubte,
Pour ce *tes* langues sachiees
Par ta gorge et atachees
Ai au gibet des maleureus
Et des faux autres trahiteurs. 4690
Ci pendres pardurablement,
Et au cueur sens deffinement
Les halenas fichies ares
Dont les autres aves tues."

Le pelerin. Lors vi dedens le feu ardant 4695
Deux esperis tous en estant
Qui tous deux navres estoient
Et coutiaus es mains tenoient,
Qui leverent un hideux chant
En li hideusement chantant. 4700
La teneur en ai mise ci
En la maniere que l'ouy:

Q. tu eus f. *b*, Q. faicte tu e. ℬ, faicte *iπ*C²ℬ
t. m. q. tu b. *bMiπ*C²*es*ℬ
a. felons J. ℬ, del.] tu liuras *esiπ*C²ℬ

e. si yes tu *L*
pues *s* puez *L*
quoy *esC*²
V-ist l. r. en cui l. *s*, V. le tresdoulx Jhesucrist *L*, que *M*
tout *M*, Que ge crains pour ce que tout fist *L*
tes *bMC²πiGHL*ℬ] ces *aes*, —ce *s*, —sachiees π, l. iay tirees ℬ
Ay par *e*, Ai estraites et a. *s*
—Ai *es*, As auz g-t *M* Cy au g. ℬ
Et d. a. mauldiz t. ℬ Des a. f. traiteux *L*, traiteux π
Vous pendiez p. ℬ, Si penduz p. *L*
aus c-s *L* es c-s ℬ
alenas *bMGH* alesnez *iπ* alesnes C², alesnaz a. f. *L*, L. aslesnes (alaysnes ℬ) fichiees *es*ℬ
aurez *H*, tue auez *iπ* auez naurez ℬ, D. l. a. occiiez *L*

e. qui tout μ, tout *b*es*MHL*
Q, griefuement n. e. ℬ, N. et ensemble est. μ
C. en leurs m. t. *L*, De c. quen leurs m. t. μ
Et *s* Lors *iξ*C², h.] piteux ℬ
li] le *ξπ L* mont *es*ℬ, Et tres h. ch. μ Et tres orriblem. ch. λ
—4701 π, —en *L*
—4702 π, la forme q. ie l. ℬ, q. iouy *MiλC*² q. oy *es* quai ouy *A*

Complaincte ou chanson piteuse et lugubreuse faicte en enfer par traistres et detracteurs [contre trahison]. ℬ (T.)

He [he] maudite Trahison!
De mal[e] heure fus tu nee

Trahison, fille d' Envie 4705

He e m. *e*, He m. soit T. *ξμ*C²
=4719 (Bien est droit que la m.) μ, male *bMH* &c., He de m. *M*, fu *A*⁴, fustes n. *s*, tu fus *A*¹, Tu f. en m. h. n. *L*
=4720 (Au vespre et a la mat.) μ

Trop longuement es en vie.
De ta mere et toi lison
Licon orde et diffamee.

Des mauls d' autrui ta mere vit,
    Onques voulentiers bien ne vit. 4710

S'ell' en vëoit garnison,
Morte seroit ou desvee.

Nul bien n'a en son demaine.
    Le grain het et la paille aime.
N' est pas chose que prison,   4715
C'est l'ordure hors vanee.

Point n'a nouel en s'escaille
Ne point de grain en sa paille,
Drois est que la maudison(s)
Le soir et la matinee.   4720

Pour bien du tout desconfire,
    Du grant Sathan fist son sire
Et dist: ensemble gison,
De toi vueil avoir ventree.

Adonc *jut* il a ta mere,   4725
    Tant y fist qu'il est ton pere,
Pis en vaus, mains t'en prise on.
Il y ot laide acolee.

=4707 (De sa m. et lui lison) μ
=4708 (Orde l. tres dif.) μ, et de toy H
=4704 (De mauvaise h. fu n.) μ, La couarde et diff. A^1 La concorde diff. L
=4705 (T. la f. d.) μ, vist ξ rit *bes*$\lambda A^4 G$, Dautrui m. ta m. v. M, D. m. d. vit ta m. $A^1 L$
=4706 (T. l. tu es en v.) μ, —4710 H, O. v. nul b. v. G, Nul b. na en sa tesniere A^1 Des biens dautrui cest chose clere L
=4709 μ, Sellen v. g. *i* Si el v. g. L
=4710 μ

=4711 μ
=4712 (Tost se morroit de desuoison) μ, —4714 M, —et ξC^2
q. nous pr. μ, prise on $A\mathfrak{P}$
=4714 (Quant heit grain et a. la p.) μ, Soit l. A^1, h. boutee L

—4717-4812 λ, =4713 (N. b. na en elle qui vaille) μ, na de n. $\xi C^2 L$, en lesc. $aAMG$ en esc. $i\pi$
=4716 (Cest ord. dehors v.) μ
=4717 (P. na de n. en s.) μ, le A, m-dision ξ
=4718 (Ne p. na de g. en sa p.) μ

Et du t. p. b. d. μ
Le faulz S. *besc*A De lucifer f. L, Du g. Sathanas f. μ Du g. S. qui f. toń s. ξ
Et lui d. μ, ens. le g. A^4
De t. ie v. μ, a. vueil v. A

iut *bec*.$A^4 MH$ ieut G iust $a\mu$] vint as$A$, il j. C^2, a] o $GP\mathfrak{P}\mu$, ta] sa μ, A. quant il ot tam. A^1
=4727 (prison) s, y] il $AP\xi$, T. f. il q. π, T. f. que il fut t. A^1 Ou tant f. q. $\mathfrak{P}$, quelle est ta mere $b\epsilon(s)$
=4726 (T. y f. quelle est ta m.) s, vault aA^4, prison $b\epsilon(s)\pi\xi A^1 L\mathfrak{P}$

4703-4836.—The beginning of each "quatrain" is indicated by large or coloured initials in *escπikd* $AA^1\mathfrak{P}$. A^1 adds to each stanza the refrain: *He maudite trahison*, thus changing the quatrains into stanzas of five lines. μ has large initials from six to six lines (4703, 4709, 4715, 4721, 4727, 4733, &c.,) and L from eight to eight lines (4703, 4713, 4721, 4729, &c.). There are no stanzas at all, and the text reads entirely different in $P^1\rho$, *see* Appendix.

Le Pelerinage de l'Ame. 157

O toi ëus sueur jumelle,

 Detraction qui grumelle,   4730
Quant voit que nous souffison
D'aucune grace donnee.

A tes parens bien ressembles:
 Bien d'autrui voulentiers embles
Et murtris en ta prison   4735
Tollant bonne reno*m*mee.

A ce ta sueur bien t'aïde
 Detraction qui raÿde
De raviver le tison
Pour haut lever la fumee.   4740

C ontre Innocence murmure
 Vous aves et par foy jure :
Alon, si la destruison,
Prestement soit aterree !

G ens innocens alons tuer,   4745
 Nos dars a leurs postis ruer !
Rien n'y ait que ne brison
Tout a une randonnee.

I l sont a nos fais contraire.
 Soyons un a eux detraire   4750
Et d'acort leur confison
Une sausse bien pevree !

A lons nos langues aguisier
 Pour p*er*cier *eus* cueur et gisier

Tu as une s. C^2, A t. e. (eus tu M) $Mi\pi$, A t. yot s. *besc*A, Auec t. e. (eu A^4) $HGA^4\xi$, Auecques t. ot s. μ, eus ta s. A^1, j.] charnelle ξC^2
De traison *besc*$A\mathfrak{P}$
Q. elle v. q. s. P, vois *bes*, q. ne nous s. M
Sauc. H

paiens L, Tes p. assez r. c, r-ble P
Biens b, emble P, Car bon nom v. e. L
murdris $A\mathfrak{P}$, en tapison b
Ostant b. r. $\mathfrak{P}$

—4737 b, s. moult b. t. $\mathfrak{P}$, s. la omicide L
—4738 b De detr. A, que s, D. bien te aide L, q. te raide $\mathfrak{P}$, q. est r. μ, q. regarde H
—4739 b, Et de μ, A r. *esc*$A\mathfrak{P}$, De (A $\mathfrak{P}$) remuer l. t. $P\mathfrak{P}$ De remuer loccision H, t.] charbon C^2
—4740 b, lev.] voler H

C. i-nte P, fort m. μ, m-ree A^4H
—et HGA^4, V. p. vo f. au j. μ
A. tost si μ et si C^2
enterree M entamee L

Al. g. i. t. $\mathfrak{P}$
Nous a l. p. r. *bes*M Alons a l. p. r. $i\pi\xi C^2$ Et a l. p. fort r. $A\mathfrak{P}$ Et fort a l. p. r. c
Il ny a. r. q. μ, q. nous ne b. c
Tous π

nous fait b
un] bien ξ, a les d. A^1
Et que d. μ
U. saiette bien penee H, b. (tres b. μ) puree $MC^2\pi i\xi\mathfrak{P}\mu$ b. poudree aA^4GA

—4753 π, A tous n. L, nos] leurs *bec*, languifier b
—4754 π, eux $\xi bescAaA^4GHA^1$] ens *a* leur $Mi\mu P\mathfrak{P}L$, —eus C^2, cuers $M\mu P$, jusier *bec*$Ai\iota C^2$ jugier μ, P. leur p. foie et g. L

Et dë eux tant mesdison 4755
Qu'il aient honte alevee !

F erons les fort de nos langues
   Et batons de nos palangues

Et leur los si debrison

Que n'aient teste levee. 4760

D isons quë il sont enrages,
   Et qu' anemis ont encages,

Si leur nom leur esbison
Que le sache la contree !

N ous soumes trois, ce est asses. 4765
   Se voulon, tost seront quasses,

Mes que menconge elison
Qui puist estre couleuree.

R ien ne nous chaut, se nous menton,
   A ce avons asses menton. 4770

Pas les dens ne se brise on

Pour menconge conspiree.

Q uerons tesmoings par pecune
   Et faison tant qu'aions une,
Soit Harsant ou Alison, 4775
Qui a ce soit appellee.

M es que nous n'aions angoisse
   Ou quë on ne nous cognoisse,

—4755 π, ceux *besAi*ξC^2, Et deulx autant m. $\mathfrak{P}$, Et deulx trestouz (tr. tant μ) m. Lμ
—4756 π, Que leur aion h. L, a. haute alenee A^1, alenee Hξ esleuee μc$AC^2\mathfrak{P}$
le f. *bec*ξ, F. frapons f. μ, de friuoles L
bastons *a*, p*a*rlengues MC^2AA^1, de paraboles L
Et tous leurs os d. $\mathfrak{P}$, leurs os *bec*AL (leurs los, *l* of *los* added *s*), lox G, si] tant L, Que l. l. si en d. μ
—4760 *b*, Quilz n. c$\mathfrak{P}$μL, t.] ceste *aGC*² telle A^4, Q. n. bonne renommee L, Quaient male renomee A^1
—4761 *b*, quilz s. $MAL\mathfrak{P}$, quilz s. tous esr. μ, esragies ε errag. A enrang. A^1 entechiez M
—4762 *b*, Et ennem. enc. $\mathfrak{P}$, que a. *sA*¹L, sont enc. *aG*, enchargiez P, E. que de mal sont entechies C^2
—4763 *b*, Se l. n. l. obis. M L. n. si l. e. C^2 Et si (tant L) l. n. l. abesson *cL* Ainsi l. loz l. abaisson μ, Si de l. n. mesdison ξ Tant l. n. l. deprison $\mathfrak{P}$, l. non nous esb. A^1, desprison A
Car nous (Au moins M) s. iii cest a. μM, N. suimes 'iii' cest a. A^1L, cest a. *besAA*⁴$G\mathfrak{P}$
Si L, Tantost il s. q. A^1, —tost $\mathfrak{P}$, t. sont q. M, q.] lasses *bec*
meschance esl. *s*
puisse $L\mathfrak{P}$, coleree M couleuree *b*

—Rien $\mathfrak{P}$, Ne vous chaille si n. m. L, m-ns A^4
Nous avons *b*, Assez au. a ce m. P, m-ns A^4, Se ass. jurons et m. ξ Car assez apris nous lauons C^2
Par πP Et p. C^2, Mie l. μ, b. hom P, ne b. hom L, briseron M, ne se brison πes$A$ ne nous brison *b*, P. la dent nauons brizee $\mathfrak{P}$
Par *besc*$\mathfrak{P}$

Querir P
Or M
H.] richext L mahault $\mathfrak{P}$ marguet μ, alipson *c*

naiens M
Et q. *i*, Et com ne n. c. π, Et q. arme (Ou q. ame $\mathfrak{P}$) ne *b*$\mathfrak{P}$ Que iamais ne *c*, on] len HA^4, nen GA^1

Bon est que (nous) nous deguison
D'une figure empruntee. 4780

He, com mauvaise trinite
 Et trespestilente unite,
Pire asses que n'escrison !
Pas n'y souffiroit journee.

Trahison au(s) faux visage, 4785
 Is hors de ton tapinage,
Affin que nous t'avison
Et ta face deguisiee !

Il n'est beste si sauvage
 En desert ne en boscage 4790
Ne enclose en l'orizon
Dont terre est environnee.

Tu es cerastes en voie
 Qui mors avant qu'on te voie;
Avant que të avise on, 4795

Envais geule baee.

Par ta queue d'éscorpion
 Destruisis le fort Ylion.
Aussi, se bien y vison,
Par toi fu Troie gastee. 4800

Mis as a mort des barons mains
 Et des francois et des romains
Et mains que pas ne dison,
Grant seroit la demouree.

q. n. d. $MC^2i\xi c\mathfrak{P}$, d-sion AP
Comme f. e. $b\epsilon sc A\mathfrak{P}$, imprumtee A^4

Ha L, com] que $\mathfrak{P}$, c. tres m. π
—Et c, t-nt $\xi bs A\mathfrak{P}$ t-nce $M\pi\mu A^4GHL$
P. dassez $\mu\mathfrak{P}$, nescripson $b\epsilon A^4 C^2 \mu$ nescrion A ne crion P
Pis P, j.] ornee H, Plus y faudroit dune j. L

au $Mb\epsilon s AH$ &c. o le L, v.] ymaige A
His h. μ, As h. b Iscs h. C^2
n. te rauison μ
Et $b\epsilon M$ &c.] En a$\mathfrak{P}$ O A^1

b.] face $b\epsilon sc A\mathfrak{P}$, si] tant L tant soit μ
nen b. A^4 nen nul b. H
Encl. A^1, Nencl. en lariz. b Nencl. en tout l. $\mathfrak{P}$
auir. AHL

corastes L ser. $iA^1\mathfrak{P}$ scer. π serates $b scA$ seraces ϵ terast. H, terreste enuoyee P
que len te L que on $b\epsilon$ quen te A^1 com te $a\epsilon$
Car auant q. ta v. $\pi\xi i C^2$ Ne a. q. tav. $\mathfrak{P}$, —te H, q. tauise on MG q. tau. hon. $A^1 L$ q. te aduison μ
E. a g. bee $M\mathfrak{P}$, Tu mors a g. b. A^1, Enmy leux (eux s saulz A) g. bee bA Entre eulz g. b. c

—4797 $b\epsilon sc A\mathfrak{P}\mathrm{i}\xi\pi C^2$
—4798 $b\epsilon sc A\mathfrak{P}i\xi\pi C^2$, Destruiz as l. f. L, f. lyon P, illion H
—4799 $b\epsilon sc A\mathfrak{P}i\xi\pi C^2$, Et a. se b. y vise on μ, Ainsi GA^4, sy b. P, vision $A^1 GH$
—4800 $b\epsilon sc A\mathfrak{P}i\xi\pi C^2$

—as $A^4 GH$, M. a m. as d. L, M. a m. as b. m. $\mathfrak{P}$
De f. et de r. $\mathfrak{P}$, de f. et de r. $esc\pi\mu$
maint $b\epsilon sc$, Pluseurs autres q. ne d. μ, Et dautres q. ne d. L, m. autres q. ne d. C^2, p.] mie A^1

Trahison, euvre ta bouche, 4805
    Monstre nous la male touche
Qui tous fiert sens garison,
C'est ta langue sursemee.

Tu ris aus gens par les rues,
    Puis apres *eus* tes dars rues 4810
Et dis d'un: "Vois tu cils hom!

Rien n'est que mon cueur tant hee."

Au moustier es(t) bien vëue
    En religion vestue
Chantant Christeleyson, 4815
De faus mantel affublee.

Pour faire Loyaute l'abit
    T'e*m*mantelas tu de l'abit.
L'abit pas ne despison,

Mes toi ens emmantelee. 4820

Ainsi le fil Dieu p*ar*süis
    Quant tu le vendis *as* Juis,
En l'abit que devison
T'estoies envelopee.

Tu ëus habit d'apostre. 4825

Pas n'estoit pour patenostre
Dire ne pour oroison,
Mes pour poindre en recelee.

euure (r *made from* i) A^4 emue G enuie aH, ta] la b*es*cA*iξπ*C^2
Et n. monstre μ
tout M, fiers μP, Q. f. a mort s. g. L
ta] la aA^4GHC^2 (ta *made into* la s), sorsamee e

as e

—4810 aA^4GHLP, eux b*es*cA &c.] ens a, a. t. d. lui r. C^2
Tu d. P, Et puis se dis vois t. μ, cis h. G Et dis v. tu la cil h. $\mathfrak{P}$, daucun L, ci h. A^4H, dis amis tu (mest *c*) cest h. *bec* dis amis v. tu cest h. sA
Nest rien $\mathcal{E}\mathfrak{P}$, R. est πi, Il nest chouse q. ge t. h. L, c. tanchee P

es a.A^{1b}b*es*c$AMC^2G\pi i\mu LP\mathfrak{P}$] est $aq\xi H$, Es m-s P, tu es b. $\mathfrak{P}$, venue $A^4G\mu$
De r. v. b*es*cA, Et en r. $A^1L\xi\mu$
En ch. christe el. μ, christe el. $A^1L\mu$ kyrieleyson $\mathfrak{P}$
f.] bon L

f. a L. $MC^2\xi\mu aA^4GH$cAPA^1, f. a L. la pit L
f. a L. habit *bes*, P. a L. f. habit $\mathfrak{P}$
Tenmentelles tu $P\xi$ Ton mantel as tu bA^1, Tu tenment. de $\mu\mathfrak{P}$, tu] ca aA^4GH
=4823 *b*, Le hab. L, L. p. nous ne μ, desprison e*s*$\mu A^1GMC^2\mathfrak{P}$, desprise on A, ne mesprison cλ
=4824 (Testoies enm.) *b*, Mis t. aA^4G, Mal en es enm. A^1, M. t. qui es enm. $A\mathfrak{P}$, M. t. quen es affublee *c*, M. la dessoz en recelee L
Aussi $MC^2\pi i\xi\lambda APL$, f. de D. A^1, pours. $H\mu\mathfrak{P}$
as *be* aus *sc*AH &c.] es a, —tu *c*, Q. pieca le v. $\mathfrak{P}$, v-deis G
q. nous d. (div. A^1) $A^1\mathfrak{P}$, diuision s
enmantelee *sc* enuelopee *corr. from* enmantelee *b*

Tu eus] Tu as eu A^1 Ainsi euz μ T. e. aussi ξ
Se tu es *b*, Tu estoies en lab. d. L, Veue tu (Leue A) fuz en h. $A\mathfrak{P}$, Veus ore lab. d. *s*, labit b*es*$M\pi i\lambda\mu A^1LPaA^4GH\mathfrak{P}$, Dehors os vie d. *c*
ne fu μC^2, Mes ce nert p. p. L

p. prendre P, recolee aG

ui l'aguillon de quoi tu poins

Ceux quë as oins, tendroit aus poins, 4830

Faire t'en devroit frison

Et qu'en fusses escourtee.

Jhesucrist, le fil Marie
 A maudicons te marie.
Nous aussi te maudison   4835
Et de bouche et de pensee."

Le bourrel. Adonc le bourrel s'escria:
 "Saches quë il ne convient ja
Que de rien [plus] maudite soit.
Asses maudite elle se voit   4840
En ses subgies et ligniee
A mon gibet atachee."
En ce point mon ange parla
Aus deux chanteurs et demanda :
L'ange. "Bien vousisse, dist il, savoir   4845
De ce qu'aves chante le voir.
Que vous a meffait Trahison
Que li aves dit tel licon?"—
Les ij. "Trahison, respondirent il,
chanteurs. Nous a mis en ce grant exil.   4850
Jadis nous nous entramïons
Et en bon estat estïons,
Quant Trahison tint parlement
A nous [deux] sequestreement,

—4829 λ, Se l. d. q. tous p. *c*, Que l. de (que *A*) ceulx qui (que *A*) p. *bA*, de quoi tu (*over erasure*) *s*
—4830 λ, C. q. a. oint *G* Que tu as poins (p-t *bs*) t. (tenrent *b*) *Abs*, q. apoins *C²*, o.] poins *eπiP* point *ξ*, quas p-s on t. $\mathfrak{P}$, tenrois *M*, au (aux *ξ*) mains *A¹ξ*, Te rompoit entre tes ·ii· p. *c*
—4831 λ, F. on t. $\mathfrak{P}$, F. en d. *ξ*, te d. freisson *A¹*, deuer. *μ*, en f. *P*, Moult aroies au cuer f. *c*
—4832 λ, Si *MπξsA*, fusses] feu *G*, escourcee *aA⁴GH* escorchee *sA*$\mathfrak{P}$, Trop en seroies adolee *c*

A m-on *MμcA*$\mathfrak{P}$ mauldicion *ξ*, te maudie λ
Et n. *c*, Et n. a. m. $\mathfrak{P}$, ainsi *s*

plus *Mπi*, Q. elle plus m. s. *es*, Q. maintenant m. s. $\mathfrak{P}$
Bien ass. $\mathfrak{P}$

—4841-2 *C²*, En *HG*, estachee *A⁴*
cest *L*, mon] li *esA*, a.] corps *H*
d. enchanteurs dem. *es*

le] de *M*

Qui*bA⁴GHiL*$\mathfrak{P}$, li] vous *H*, licon] chancon *C²*
T. lors r. $\mathfrak{P}$

—ce *b*, cest ex. *L*
Car j. $\mathfrak{P}$, J. n. e. *L*, e-miens *M*
nous estions $\mathfrak{P}$, estiens *M*
t. son p. $\mathfrak{P}$
deux *iC²πL*$\mathfrak{P}$, A n. d. tout s. $\mathfrak{P}$, A n. deux (tout *es* moult *C²*) secretement *πC²es*, O n. d. diuisement *L*

  4836 a, b.—He maudite traison
   De male heure tu fus nee *A¹*

	Et dis a l'un qu'il se gardast	4855
	De l'autre qu'il ne le tuast,	
	Et que pour faire li ennui	
	Devenu estoit annemi.	
	Et a l'autre tout autel dist	
	Si quë entrehair nous fist,	4860
	Cuidans que tout fust verite,	
	Qui pas n'estoit, mais faussete ;	
	Si avint que nous tuasmes	
	L'un l'autre, quant nous trouvasmes.	
	Or en soumes ci descendu	4865
	Et a tousjours sens fin perdu,	
	Si que bien dire n'en pouon,	
	Quant par li tant de mal avon."—	
L'ange.	"Certes, dist l'ange, maudicon	
	Elle n'a mie sens raison.	4870
	Maudite soit elle de Dieu	
	En tous estas et en tout lieu !"	
Receueurs desloyaulx sont puniz en enfer. ℬ (T.)	La avoit 'i' tournoiement D'une roe tournant forment.	
	Du parfont de terre venoit	4875
	Par 'i' postis et haut sourdoit	
	Et droitement a une tour	
	Isnelement faisoit son tour	
	Si qu'au tour en la tour entroit	
	Et par en haut bas s'avaloit	4880
	En retournant celeement	
	Au postis et repostement.	
	Cros de fer estoient fichies	
	En la roe et fort atachies	
	Et desciroient deux chetis	4885
	Qui estoient a ce postis,	
	Les quiex aus cols de toutes pars	

dist C^2, que se $M\pi sA^4GH$
De] A ϵ, que ne $M\pi A^4GH$
—4857 ϵs, Car de vray p. ℬ, p. li f. e. LC^2ℬ
—4858 ϵs, D. ert son a. L
—a G, a l. autressi d. L, t. autant ℬ, dit M
Et ent. il n. f. ϵs, Ainsi e. L, Telement quentreh. ℬ, entrahir H
C·t MA^4GH
Et ce est. grande f. L
Quant n. nous entretrouasmes L
Mors nous entretuasmes L, q. n. rencontrasmes ℬ
Pour ce suymes L
t. temps L, s. f.] mes ϵ
—4867 L, De li b. d. ne p. s, ne p. $M\pi is GH$
—4868 L, pour HG

El L, nest m. M, Ne souffre elle m. ℬ

tous l. s

La pres a. ℬ
f.] roidement ℬ
profund ℬ

Hastiuement ℬ
—4879 s, Si quen tour ϵ
en] le ℬ
—4881 b, En tourn. s, En sen r. c. ℬ
—4882 b, Aus L, et secretem. ℬ
Crochetz de ℬ
—fort s
Qui d. d. las ch. ℬ
Tresfort liez a ℬ, cel L
au col Lℬ a. corps G, q. a tous de s

A DEVIL TURNING A WHEEL OF TORMENT. Line 4,874, p. 162.

II, p. 308.

Le Pelerinage de l'Ame.

Estoient chargies de grans sas		Si est. P, saaz es sacs C²
Plains d'argent et de monnoie		
Que par les sas bien vëoie.	4890	—sas b saas es
Sus la tour 'i' roy apuie		Sur besπiGHP
Estoit par semblant courroucie		courrcie s
Qui aus carniaus ainsi parloit		au creneaulx C²P aus chetifz L
Aus chetis, eux monstrant au doit:		eux] en esiC², les m. a d. P, Et les moustroit o son d. L
"Malëureus, aies recort	4895	mesureux C², Vous m. soies r-rs P
Que jadis me fëistes tort,		fist. grans tors P
Trahison, et desloyaute		et grant d. P
Qui vous amoie en verite.		
Jadis vous fis mes recepveurs,		
Maistres du mien et despenseurs.	4900	disp. sGLP deffenseurs H
Ensemble a moi vous venistes		Et ens. a m. ven. es a m. tous deux v. C²
Et faussement vous dëistes		Et cauteleusement P, v.] me besMπiGHLP
Que point ne me souciasse		
Et que du tout vous laissasse		
Demener mon gouvernement,	4905	
Et que de monnoie et d'argent		
Si largement m'aquerrïes		vous m. P, me a. L
Que mon tresor emplirïes		Et m. s, Q. tout m. tr. P
Et que mon royaume et païs		et mon p. P
Si deffendrïes d'anemis	4910	Deff. vous des an. es, D. de tous a. HP
Par gens d'armes et soudoiers		gent i
Quë il ne seroit ja mestiers		Et quil ne P
Que de rien m'en souciasse		me s. L
Ou de rien m'en travaillasse.		—4914 π, Ne que ie m. s, Ne que de r. P, de] que i, me L
Je vous cru moult legierement	4915	
Cuidant que fussies bonne gent.		fussez L, b-s g-s M
Lors ceste roe fëistes		f.] compassastes L
Et grans sas vous y pendistes		Et ces g. s. y p. HπI, p.] meistes s pendistes corr. from meistes e, Et de ces g. s. v. cheriastes L
Les quiex tous les jours emplïes		tous vous e. H, emplissiez C²P
De l'argent que vous prenïes	4920	—vous H, De lor et arg. q. p. P

Ou vous voulïes en mon nom
Sens avoir en commission,
En faisant nouviaus estatus,
Ordenances et nouviaus us,
De quoi je ne savoie rien 4925
Fors en espece de grant bien
Quë entendre me faisïes
Par les causes que disïes.

Moult fu celle roe soutil.
Un tel engin n'a point en m[i]l, 4930
Car les sacs entrer vëoie
En mon tresor, et cuidoie
Que me fëissies grant profit
Par vostre sens qui est maudit.
Mes quant en mon tresor entrai 4935
Et grans biens trouver y cuidai,
Tout trouvai vuit, rien n'y avoit.
La roe au tour qu' elle faisoit
Par dessoubs terre raportoit
Quanque par dessus me monstroit. 4940
Tout remenoit en vos maisons
Dont vous et mains des compaignons
Aves este combles et plains
Et j'ai este povres, pou plains.
Pluseurs en ont ëu joie 4945
Pour ce qu' en vous me fioie.
Il vous cognoissoient tresbien,
Mes n'en osoient dire rien,
Car il cuidoient que [de] moi
Tenissies celle male loi. 4950
Non estoit, vous le saves bien,
Au barat ne pensoie rien.
Sens plus pensoie qu' ëusse

Le Pelerinage de l'Ame. 165

De quoi deffendre pëusse
Mon royaume *des* anemis 4955
Et garder en paix le païs.
Et toutevoies creance

Vous m'avïes ce et jure,
De quoi rien vous ne fëistes
Ne peine aussi n'y mëistes. 4960
Tant com la roe tournastes
Et com vous vous en jouastes,
Ne fu deffendu le païs
Ne le royaume d'anemis,
Ains a este plus impugne, 4965
Plus guerroie et plus gaste,
Que n'avoit este autre temps.
Et semble, ce dient les gens,
Quë une roe privee,
Dessoubs terre bien celee, 4970
Dessoubs ceste roe avïes
Jadis que tourner faisïes
Au *tournement* de ceste ci
De la quelle on m'a dit ainsi:
[4975
Grant chose est d'un seul *tournement*
Ou d'un circulier mouvement,
Car mains autres tour[ne]mens fait,
Li uns tost les autres atrait
Par les paignons qui y sont mis
Ordeneement et assis. 4980
Les petis paignons font les grans
Tourner par lons delaiemens
Et les grans les petis tourner
Font isnelement sens tarder
Et maintes fois obliquement 4985

—4954 *s*, Assez de q. mon royaulme p. $\mathfrak{P}$ me p. C^2
des $M\pi H$ &c.] de $aC^2\mathfrak{P}$, Et m. r. C^2, Deffendre de mes a. $\mathfrak{P}$

t-ie *s*, t-evoiz bien creante *M*, Toutesfois mauiez creancey $\mathfrak{P}$, creante $MisHLC^2$ creaulte *G*
Le m. vous et j. *s*, —ce *L*, et fort j. *M*, Leaulte me garder et j. $\mathfrak{P}$
vous rien ne f. *L*, r. ne vous f. *HG*
Ne onques p. ni *s* Ne nulle p. ni iC^2, Naucune p. a. $\mathfrak{P}$, vous ne m. *G*

comment *i*, comme v. en j. *M*, Et que ainsi v. v. j. *s*, Et a vostre vueil en j. $\mathfrak{P}$

des a. $\mathfrak{P}$
Aincois estoit p. *L*, ay e. *M*, empugne *s*
Pl. gaste et pl. guerroye $\mathfrak{P}$ gu.] offendu *s* degaste C^2
nauoie *M*

ce] se *MiG* comme $\mathfrak{P}$
Quencores autre r. p. $\mathfrak{P}$

Soubz c. r. vous $\mathfrak{P}$
vous f. $\mathfrak{P}$ faisiez C^2G
tournement $i\pi C^2HL\mathfrak{P}$] torment a tourment *G* tournaiem. *M*, mouuem. de celle ci *s*
Et de l. q. on d. a. $\mathfrak{P}$, q. len d. *L*

tournement $i\pi sHL\mathfrak{P}$] torment a tourment *G* tournoiem. *M*
du c. $\mathfrak{P}$
tournemens $L\mathfrak{P}$ tournoiemens *M* tournoier $i\pi C^2s$ tourmens aGH
Les aMH &c. Le vns π, tort *M*, tantost les autre $\mathfrak{P}$, autre *HG*
Tout ord. $\mathfrak{P}$, Qui deuement y sont a. *M*

lons] leurs *L* les *HG* grans *s*

i.] hastiuem. $\mathfrak{P}$
m-te *G*, m-teffois C^2

Selon le divers tournement
Si com horloges et moulins
Se monstrent avoir tels engins.
Or vous di qu'il m'a este dit
Que par le vostre sens maudit   4990
De ceste roe ci paignons
[Avez este et compaignons]
En autres compaignons mouvant
De dent en dent et somounant

Par aliance *enclavee*   4995

D'un en autre et conspiree
Commee paignons entremesles,
Entrelacies, entrendentes,
A fin quë un grant roement
Fust paignonne repostement   5000
Hors du royaume aus anemis
Et que mes secres par escris
Et lectres leur fussent nuncies
En recevant dons et deniers
Et quë au tour de la roe,   5005
Sens doubter tendre la poe,
Contre mon royaume osassent
Et seurement y entrassent,
Ainsi mes secres reveles
Aves et mes deniers embles,   5010
Le royaume et moi desrobe
En moi faisant desloyaute
Par fausse conspiracion
Et pestilente trahison.

O r vous tenisse a bien soutils   5015
Plus asses quë onques ne fis,
Se par les deniers quë aves

S. d. tournoiem. *M*
Ainsi que horol. 𝔓, horol. *L* oroleg. *s*, et] ou *M*
t. chemins *H*
Et *L*, mest e. *M*
—le *HL*, p. v. s. tres m. *Mi*π*s*𝔓 tres mal dit *C*²

—4992 a, A. e. et c. *MsH* &c., estes *M*
mouent *H*
sem. *iL* cem. π semonnent *H*, semonnant *C*²*G*, en d. ensemonant *s*
enclauee *M*π*isGHL*𝔓] enclamee *a*, P. vostre al. 𝔓
De lun a lautre 𝔓, Et dun en a. c. *i*, Et dun a. c. π, —et *sL*

entred. π*sGHL*𝔓

A ceste f. q. 𝔓, g. mouuement *L*
Fut pai*n*g non mie r. *M*, F. p-non et r. *s*, p. ocultem. 𝔓
de mon r. 𝔓

Ouuers leur f. et n. 𝔓, nonciers *L*
retenant *L*
q. alentour 𝔓, Vous vousistes par vostre r. *L*
Que s. *L*, et t. 𝔓
Entour m. *s* Alencontre m. 𝔓
Et que hardiement 𝔓, y] ens *s*

Mon r. *s*, Et le reaulme 𝔓, et] a *M*, m. robe *HG*
me 𝔓
faussee *H*
p-nce *HGM*π, p-ce et tr. *s*

Ge v. *L*
quonques ie ne f. 𝔓, que ne feis *HG*
l. grans d. quauez 𝔓

After 5004 eight lines inserted in *L*, *see* Appendix.

Et que m'aves piec'a embles,	
Peussies avoir redempcion	
D'enfer et liberacion, 5020	
Qu' a Sathan en envoiessies	Et qua S. 𝔓 Si a S. *L* Que S. πis, enuoissiez *HGM*π*isL*𝔓
Et que si le decëussies	Et telement le d. 𝔓, Et q. tant le d. *L*, decepuissiez *H* deceuessies *M* decepvissiez *G* deuisissiez πi, Et q. ainsi li deissies *s*
Que d' enfer vous vousist geter	
Et de vos paines delivrer;	v.] ses *s*
Mes voir ainsi ne puet estre, 5025	ne] me 𝔓, M. ainsi ne pourroit e. *L*
Tout ouvrage ensuit son maistre	Chascun o. 𝔓, Chescune euure ensieult *L*
Et en nul temps il ne le laist,	En n. t. elle ne *s*, t. ne le lesse *L*, lait *HM*πis
Soit bien ou mal, ce qui est fait.	quil ait f. *M*, S. en lieu large soit en presse *L*
Celle roe vous demourra	C. pour v. demourera 𝔓
Et vous a li tant com sera 5030	a] et *M*, t. que s. 𝔓, t. c. dura *L*
Dieus, pour vous [vous] la fëistes,	vous vous *M*πis𝔓, D. viuant p. v. v. la fistes 𝔓 Dieu, car p. v. l. f. *C²*
De mal' eure y aprëistes.	mal heure vous y *M*, h. comme a. *s*
Par congie sui venu monstrer	
Vos fautes et vous arguer,	
Dire vous que povres seres 5035	Vous dire *LC²*𝔓, q. povre soiez *C²*
Et jë arai tousjours asses,	Et moi iauray 𝔓, t. temps *L*
Car meilleur conseil je crerai	croiray *HM*π*C²iL*𝔓 crerray *G*
Et miex je me gouvernerai."	

Le pelerin. Puis recommenca a perler
    Le bourrel et ceux aresner 5040   et eux aresuier *s*, c. arrester π, et sanz arester *M*, c. infester 𝔓
    Qui autrement, si com est dit,   Q. outreement *L*
    Pendoient et ainsi leur dist: Pensoient *s*, et telement l. 𝔓, dit *G*

Le bourrel d'enfer. "Or aves vous vostre soulas   Ores a. vostre s. 𝔓
    Seigneur plaideurs, faus avocas,   S-s *C²*, S-s flateurs 𝔓, folz a. *M*
    Vous aussi menteurs parjures 5045   Et faulx a. π, ainsi *s*

    5028 a, b, c, d.—Aussi en est dieu justiciers
        Sathenas sont ses iecoliers
        Sans son congie ne pourroient
        Faire a aucun bien silz le vouloient *L*
    5021-4.—Que Sathan vous voulsist getter
        Denfer et du tout delivrer *C²*

Et vous qui fustes faus juges. q. fu. mauuais j. 𝔓
A l'argent qu'aves pourchasse =5048 (P. les l-es atachiez) L, Pour l. s, p-acie HGMπisL𝔓
Par la langue estes atachie. =5047 (Estes par argent p-ciez) L
Celle doit bien avoir l'argent
Et avoir en son paiement 5050 en] a M, Et en a. s. parem. L, Et en receuoir s. p. 𝔓
Qui tousjours a sa paine mis t. temps L
Affin quë a li fust acquis. Par fin q. s, Que grant argent luy f. a. 𝔓, A auoir richesces et pris L
Certes grant paine y mectïes, C. quant p. s, g-s p-s L, g. estude y 𝔓
Qui la cause sousteniës Que s, Quant l. c. C², Pour quoy la 𝔓
Que saviës torconniere 5055 Q. vous s. (sauez π) HπiL Q. bien vous s. 𝔓, tourc. H torsonn. Ms𝔓
En metant la juste arriere, mettent M, le j. s, j. derriere 𝔓
En prolongant et empeschant proloingn. πi prolonguant HGMs prolongeant 𝔓 alongeant L
Les justes causes et troublant,
Afin que ne fust sceüe q. nullement f. 𝔓
La verite, et rendue 5060 et] naussi 𝔓
La sentence hastivement
Ne fust pour avoir plus argent, Et tout p. a. pl. darg. 𝔓, pl. de larg. L, p. a. en arg. Ms p. en a. arg. iπC²
Et que despens et fres et couls q. les d. fraiz et coustz 𝔓, coustz C²G coux H coulx L
Ceux qui se fioient en vous q. auoient fiance en v.
Plus grans asses y fëissent, 5065 Trop pl. iC², y] les s, Trop pl. g. ilz fiss. assez 𝔓
Mes qu'en vo(u)s mains les mëissent. voz HGMπC²isL𝔓, que v. m. vous y missez 𝔓, maissent L tenissent C²

Vous aussi juges desloyaus ainsi s
Estes coulpables de ces maus, ces] telz HLC²𝔓
Quant aves vëu clerement Q. vous a. 𝔓
Et de plain et somierement 5070 —Et L, pl. souuerainement H, sommerem. ML
La quel partie avoit le droit Quele p. s𝔓, auoir s, Laquelle p. a. d. H
Et la quelle le tort avoit, —Et π
Aves prins dons repostement deus s, receleement 𝔓
De ceux qui veritablement que i𝔓
Vous saviës le tort avoir, 5075 s. bien le M𝔓
Puis estes venus vous sëoir P. vous e. v. s. 𝔓
En chaere de jugement En la ch. 𝔓, chaire s
En sentenciant faussement sentec. 𝔓
Contre cellui qui avoit droit Pour ce mesm. q. s

Le Pelerinage de l'Ame.

Mesmement pour ce qu'il estoit 5080
Povres et n'osast appeler
Ne a vostre dit resister.
Bien vous deust estre souvenu
De Cambises, le roy cremu,
Qui un juge qui faussement 5085
Avoit rendu son jugement
Fist devant li vif escorchier,
Et fist estendre et atachier
Sa pel entiere (et) a tout le sanc
Sus la chaere et sus le banc 5090
Ou ses juges se sëoient,
Quant leurs jugemens faisoient,
Affin qu'a chascun souvenist
Que juste sentance rendist,
Qu' en prëissent exemplaire 5095
Tuit balliff, prevost et maire.
Exemple n'y aves pas pris,
A tousjours vous en se sera pis.

Menteurs, pariures, faulx tesmoings comment sont puniz en enfer. 𝔓 (T.)

A utel je di a vous menteurs
   Parjures et faus tesmongneurs. 5100
Pour promesses, dons et argent
Aves tesmongne faussement,
Menti, jure et parjure
Et l'autrui a tort acqueste,
Menconge du voir affermant 5105
Et de menconge voir disant.
Si lonc temps languoie aves
Que temps est, com savoir deves,
A mon tour vous relanguoie
Et que vostre bouchier soie 5110
Et qu'aus *langues* sursemees,

P-re et qui n. 𝔓, P. ne nous. *s* P. ne*n* os. *H*, noso\`it *M*
Na v. *i*, *N*aucunement vous r. 𝔓

C-se *L*

que *M*

d. le peuple esc. *L*
ext. *M*
—et *HGM*π*C²isL*𝔓, La p. *s*, ent. auec du sanc *L*
Dessus 𝔓 Sur π*C²isL*, Sur les sieges *s*, et sur *G*π*isL*𝔓

les j. rendoient *HG* (leur j-t ilz r. *G*) le j-t 𝔓, j-t *M*

Quelle s. il r *s*
Et q. *HG*π*i*, Et que y p. *L* Que y p. *s*, Et qua ce priss. ex-s 𝔓
Tout b. *L*, T. li p. b. et m. π, Tous juges p. *s* T. li bailli *C²*
Exemplaire ny a. pris *H*
t. temps *L*, —se *G*

A. vous di *M*, dis ie *H*

Par 𝔓, p-esse π, dor et darg. *s*
A vous jure f. *s*
Jure m. et p. *L*
conq-te *C²*
de *sL*, affirm. *s*
de] la 𝔓, Et v. m. dis. *L*
langueie *L* languete *M* langue *H* langoie *C²G*
com] que *HG*
relangaie *L* pelongoie *s*, je v. langoie *C²*
q. de vous b. *L*
langues *HGM*π*isL*𝔓] bouches α, qua voz l. s. 𝔓

Fauses et enveninees   enuenimees *HGMπC²isL*𝔓
Vous soies a tousjours pendus   s. tr. temps p. *L*
Et ainsi ne languoi[r]es plus. languoirez *H*𝔓 langoyerez *Gπi* languirez *L*
                                languirois *s* languerois *M*, —Et π*iL*

Et [vous], que faites (vous) oreillars, 5115   Et v. q. f. o. *HGMπispL*𝔓, Et qui fustes
                                               aurill. 𝔓, qui *G*, orillas ρ ores las *HG*, Et
                                               v. aussi damps o. *A²* Et v. q. faictes o. *C²*
Qui fait de vos oreilles sacs   faites *Ms* feistes *A²*
Aves pour les maus ensachier   le mal *L*, ens-ies *s*
Qu'ont reporte li mal parler?   Quai rap. qui sont pluriers *s* Que a rap. le *L*,
                                               rap. *HGπisL*𝔓
A ceux qu'ai dit qui sont larrons   —qui *M* quil(z) *q*𝔓, seront π sont *from*
Vous aves este compaignons.   5120   seront *i*
Les larrecins quë aporte   Et l. l. quapportez 𝔓, qui *M*, qua a. π, A
                                               ceux quai dit quont rap. *s*
Vous ont, vous aves recepte   v. laues *MπL* aůez *from* lauez *i*, Les larrecins
En enquerant et escoutant   a. r. *s*
                                               acq-t *C²*
Voulentiers chascun mesdisant,
Mesmement la larronnesse   5125   larsonnesse *M*
Detraction qui ne cesse
De bon renom d'autrui embler,   b nom *LC²*
La quelle, pour ce que celer
Vous voulïes ses larrecins   ueullies *s*, Biens v. vouliers 𝔓
Qu' elle faisoit a ses voisins, 5130
Aportes les a voulentiers   Apporte *G*
A vous commë en ses greniers.   s. bons g. 𝔓
Et saches bien së *receptes*   receptes *HGMπC²isL*𝔓] escoutes α, sachiez
                                               HMπisL
Ne les eussies ou *escoutes*,   escoutes *HGMπisL*𝔓 receptes α, eusses *HG*,
N'eust pas tant emble comme ell' a. 5135   ou] et *M*
Les grans greniers qu'en vous trouva
Qui voulentiers l'escoutïes   Q. tres v. 𝔓, les esc. *H*
Et a ses dis vous offrïes   vous v. o. 𝔓
L'a moult enhardie d'embler   La beaucoup enh. 𝔓, enhaitie *G*
Et de bonne gent diffamer;   5140   b-s g-s 𝔓

    5114 a, b.—Et plus ne seres langes bourdes
            Par uoz males paroles lourdes. *A²*

Le Pelerinage de l'Ame.

Si qu' a droit par les oreilles
Qui voulentiers tex nouvelles
Ont ouy pendus demourres,
Miex de larrons point ne vales.

<small>Larrons comment sont puniz en enfer. ℬ (T.)</small>

 Avous autre *larronnaille*   5145
 Drois est aussi que je parle.
Mains glueuses aves ëu
Par les quelles estes pandu,
Rien il ne vous est eschape
Que vous puissies avoir hape.   5150
Embler soulïes coiement
En cele et repostement.
Maintenant bons larrons seres,
Se de mes mains vous vous embles,
Se vos mains poues si mucier   5155
Que du mien puisses rien pincier."

<small>Le pelerin.</small>

 Ainsi a ces pendus parloit
 Le bourrel et les deganoit.

Des uns aus autres tost saillus
Il estoit et tost descendus   5160
Pour le feu soubs eux atiser
Et rembraser et raviver.
Tost en haut remonte estoit
Et pareceux de rien n'estoit
De chascun souvent visiter   5165
Et de leurs tourmens aggrever.
Et je qui tout ce vëoie
Aussi com pasme estoie;
Moult me faisoit grant mal l'orreur
De ces pendus et la hideur,   5170
Mes [a] tant ne demoura pas :

Si que drois est p. *s*, Pour ce a bon d. *L*, pas *H*

demoures *Ms*ℬ

M. que l. point neschaperez (schaperez *over erasure*) *L*, Car que l. pis vous v. ℬ point] pas *C*²
O *H* De *G* Et ℬ, larromaille *a* larsonnaille *M*, gent l. *C*²
Droit *L*, Bien est droit ℬ, ainsi *s*
Les m. ℬ, glieuses *G* glouses *L*

Il ne v. est r. e. *L* R. ne v. puet estre e. *s*

puissez ℬ peussiez *H*, h.] emble *s*

vous s. ℬ, soloies quoiem. *s*, s. priueement *L*
cele *HGMi* celle π celie *L*, En repost et celeem. *s* En sccret et receleem. ℬ
Tres b. l. seriez *L*

mains v. e. *G*, mains eschapiez *L*

—5155 *L*, si] cy *HGM*π, Et v. m. telement m. ℬ
—5156 *L*, r. puiser ℬ

ces] ses *HGM*πis, A. aus condampnez p. *L*, A. parl. a. c. penduz ℬ
degannoit *H* degaboit πis desdaignoit *G*, et deulx se moquoit *L* et se moquoit deulx ℬ regardoit *C*²
saluz π sailli *L* sailloit ℬ
d.] reuenus *s*, Ert il niert pas trop failliz *L*, Couroit racouroit descendoit ℬ
dessoubz e. *G*, dessoubz at. *i*, Et tout *par* le f. at. *s*, atisier πis
rem-sier *L* embras. *s*, et ralumer ℬ
Tout *s*

agrauer *H* agregier πis ragreger ℬ
ce resgardoie *s*

Ainsi *HGM*πisℬ

la puour L
a tant *isMLG*ℬ, M. tart ne *H*π

D'autres chetis vi tost deux tas
Dont les uns grans loups rungoient

Et aus dens les cherpissoient
Et les desciroient aus pies 5175
Les ongles trais et hors sachies.
Les autres envers gisoient
Et gueule beee avoient
Et Sathan dedens leur getoit
Arain fondu que prest avoit. 5180

"Chier gardien, dis jë adonc,
Ces tourmens m'esbaissent mont.
Enseigne moi qui sont ceux la
Et së autres tourmens y a."—
"Des tourmens, dist il, y a moult 5185
En lonc, en le et en parfont
Et pou encor en as vëu;
Or a primes commences tu,
Se tous monstrer les vouloie.
Seulement selon ta voie 5190
Aucuns vueil bien que tu voies
Affin que plus humbles soyes
De mercier ton createur
Qui t'a gete de tel douleur.
Tourment n'y a que desservi 5195
N'eusses, se la grace de li
Ne te fëist purgier ailleurs
Ou tous tourmens ne sont que fleurs
Aus tourmens d'enfer compares
Qui jamais ne seront fines. 5200

ch. y vi d. *L* deux] grant *s*
D.] De quiex *i*, leus r. *HπiC²G*, Que serpens et crapaus menioient *L*, r.] mengoient *MπC²isL* deuoroient 𝔓
Et poignoient et ch. *L*, descharpiss. *Ms*𝔓
aus] leurs 𝔓, defouloient o les p. *L*
Leurs o. *L*𝔓, —hors *L*

Et les g-s baiees a. *L*, Et leur g. fort bee a. 𝔓
baee *C²* baiee *G*

Metal f. 𝔓, p. estoit *G*

adont *HM*, d. ge a mon ange *L*, g. ces grans tourmens 𝔓
moult *HGMC²s*, Vez ci plus fort que aler en lange *L*, Me font grans espouentemens 𝔓
Enseignez *LG*
sautres t. il y a 𝔓
y a mont *i* y a tant *L*, dist a sans mesure 𝔓
et profondure 𝔓, Quil me vont tout esbahissant *L*
encores 𝔓, Et enc. en as poi v. *L*
au p. *H*, a prime 𝔓, c-nce tu *M*
Si *L*, tout *i*, les te v. *Mi*𝔓 le tes v. π, Et trop longuement y mettroye *H*
=5189 *H*
A. ie te v. b. monstrer 𝔓
Afin de te plus couraiger 𝔓, pl. tenu tu soies *C²*

g.] liure 𝔓, telz *M*

Naies *L*
fist repurgier 𝔓
ton t-nt *s*, Pour amander tes feus erreurs *L*
—5199 *L*
—5200 *L*, Que *M*, nen s. *G*

5182 a, b.—En long en le et en parfont
Que jay veu bas et amont *H*

Le Pelerinage de l'Ame. 173

Auarici-
culx sont
durement
puniz en
enfer.
𝔓 (T.)

Or te dirai de ces gens la
Dont demandes comment leur va.
Se de rien il te souvenoit
De la vielle qui boistoioit,
Qui de mains avoit grant foison 5205
Et estoit de laide facon,
Asses tost pourroies savoir
Quelle gent ce sont la de voir.
Ce sont voir de ses escoliers
Qui estudie voulentiers 5210
En ses escoles ont pieca ;
Et saches qu' aucuns pendus la
A qui le bourrel a perle
De ses escol(i)es ont este ;
Et a ce bien le saroies, 5215
Së aus paroles pensoies
Que te dist, quant tu l'encontras
Dont grant joie tu n'ëus pas.
Ceulx la que menguent les leus

Pour verite ont este ceux 5220
Qui ont mengie la poure gent
Et leur ont tolu leur argent.
Le leur par voies trouvees
Et malices pourpensees
Com la vielle Couvoitise 5225
Leur en a apris la guise
Aussi com aus autres ont fait
En tel maniere on leur refait.
Toute leur vie ont loups este,
Onques ne furent saoule 5230
De mengier les povres brebis
A grans morseaus et a petis

Que d. *s*
—il *L*, souuient *M*
boyt. *G* boust. *s* basteioit *L*
des *L*𝔓, a. a f. *L*
Qui *s*
tu p. 𝔓
Q-s g-s *s*𝔓 Quelx g-s *L*, Q-s g-s ycy s. de v. 𝔓
Car ce s. de 𝔓, de ces *HG*π, v. les esc. *s*
e-dient *HGM*π*L*
ces 𝔓, Ont en s. e. p. *s*, esc. ou p. *M*, e. de p. *HL*
A cui *Ms*
ces *M*, escoliers *HGC*²𝔓, esc. ou e. *s*

p. bien tu p. 𝔓
q. la enc. *L*
grande 𝔓, ne heus p. *L*
leups *Gs*𝔓 loups *M*, Et ceulx que voiz manger aux leups 𝔓, C. la q. les serpens descirent *L*
estes *M*, Et que les crapaus detirent *L*
Ont m. la menue g. *L*

par (added above) *s*, controuuees 𝔓
Et par m. *LC²*𝔓
—a *H*, apris] monstre *C²*
Ainsi *is*, Afin com *H* Et ainsi comme 𝔓
celle m. *s*, m. le l. r. *L*, en l. *G*
leups *Ms* leux *HC²*, estes *M*
Et onq. 𝔓, Qui onc ne f. *L*

Aus g. mengiers et aus p. *s*

5201-5206 refer to *Vie* 9059-9104.   5215-5217 refer to *Vie* 9117-9137.

Selon ce qu'il y trouvoient.		qui li t. *M* que il y t. π que ilz t. *H*, ilz *C*²
Et que mordre il y pouvoient.		pourroient *H*
A leurs grans ongles rapineus	5235	r-neurs *H*, Comme serpens ou comme leux *L*
Ont descire celles et ceux		= 5235 (O l. g.) *L*, d-res *M* ou c. *G*
Qui ont ou crie ou belle		—5237 𝔓, beelle *M* beele πi baille s, Q. o. c. ou qui ont bele *L*
Ou qui en rien ont rebelle		—5238 𝔓
Et les ont jus agraventes		—5239 *L*, acrau. *MHC*²πs𝔓
Sens jamais estre releves.	5240	—5240 *L*
Les autres qui deles eux sont,		q. iouste e. *L* q. aupres deulx 𝔓
Qui les gueules baees ont,		bees *G*πs, leurs g. ouuertes o. 𝔓
Usurier sont qui haut nommer		Vseries *M*
N'osent leur mestier ne crier,		lez m-s *M*
Et toux ceux qui generaument	5245	generalm. *HGMC*²
Leur cueur ambicieusement		L-s c-s *ML*
Ont mis a argent amasser		
Et a li sens cause garder.		le 𝔓
Se la terre fust or moulu		Se *HAM*πis*L*𝔓] De α
Et toute la mer or fondu	5250	Et la m. argent f. *L*
Et tout fust leur, ce scai je bien,		ce] se *M* si *L*
Il ne leur souffisist de rien.		souffiroit *L* souffiroit *C*² ne *added iG*
Voulentiers y adjoustassent		aiousteroiont *L*
Et jamais rien n'en ostassent		ne o. *G*, ia r. nen ousteroient *L*
Pour chose que peust avenir,	5255	P. rien qui *L*, p. venir *M*πis
Se ne[l] cuidassent restablir.		ncl *H* ne le *GM*πis*L*𝔓, c. remplir *MC*²πis𝔓
Ainsi Avarice les a		
Servis et tousjours servira.		et les s. *L*
En la gorge leur fait geter		
Leur argent pour eux saouler.	5260	Or et arg. p. les s. 𝔓, Pour eux ensach*ier* s. s

  5248 a, b, c, d, e, f.—Comme sont prestres et moines
    Et mandiens et chanoines
    Qui des biens ont touz temps assez
    Et encor veulent amassez
    Ce sera leur dampnacion
    Sil nest fait o discrecion *L*

	Asses leur souffist maintenant,	suffit 𝔓
	Car si chaut est [et] si ardant	et *HGMC²πisL*𝔓
	Que tous leurs cueurs dedens leur art.	tout le cueur 𝔓, Q. leur cuer tout d. *H*, t. les c-s *M*π*is*, Q. le cuer ou uentre l. a. *L*
	Mauvais fait aprendre tel art	a prendre *L*, ap. a t. *M*
	Qui est mue en ardure 5265	muee *M*
	Qui en tous temps art et dure."	—en *L*, Q. t. t. a. et tousjours d. *C²πi* Q. en t. t. tous jours d. *s*
Le pelerin.	Puis mains autres lais tourmens vi	a. t. laiz (la *H*) vy *G*π*sH*, Aut. t. horribles vi *L*
	Dont grandement fu esbahi,	
	Mes de chascun m'endoctrina	
	Mon gardian et enseigna. 5270	
Impatiens, rioteux et inquietz sont griefuement puniz. 𝔓 (T.)	Une fornaise vi ardant	
	Et tout entour et au devant	Ou t. *L*, t. autour *G*
	Laides assemblees avoit.	a-blez π, ens-ees *M*, a. y au. 𝔓
	En ·i· des liex Sathan faisoit	Et en un lieu S. *s*, f.] estoit *i*
	Grans [h]ars et a son compaignon 5275	hars *HGMC²πisL*𝔓
	Les bailloit par condicion	
	Que tantost grans fagos faisoit	Qui *s*, Q. g. fag. il en f. 𝔓
	D'une gent qui illeuc estoit	De vne g-s *L*
	Qui estoit moult espineuse,	Q. apparoit m. 𝔓, Q. m. est. esp. *L*, m.] tres *MC²is*
	Poingnant, aspre et nououlleuse. 5280	Tres p. et a. 𝔓, P. et a. *L*, nouell. *H*π*s* noueill. *G* nouill. *M* noill. *L*𝔓 nouleuse *C²*
	De ceux le fagoteur faisoit	Diceulx 𝔓, le] ce *M*, le f-rs *L*
	Fagos et de hars les lioit	des h. *G*π*i*𝔓, hart *M*, lioioit *H*
	Et pluseurs lioit ensemble,	loioit *H*
	Bien dix ou plus, se me semble;	Diz ou douze si com moi s. *L*, B. douze *C²*π𝔓, ce me *HGM*π*i* come *s*, comme il me 𝔓
	Et puis ·i· autre en y avoit 5285	aut. les prenoit *s*
	Qui a sa fourche les getoit	a] o *L*, a la f. 𝔓
	En la fornaise la dedens	la] sa *s*
	Ou n'est pas le feu d'ardoir lens.	Qui n. p. d. l. *H*, Ou le f. n. p. d. l. *L*, Ou n. p. d. le f. l. 𝔓
L'angle.	Lors dist l'ange: "Vëoir pues bien	tu peuz v. b 𝔓
	Gent qui n'ont pëu souffrir rien, 5290	G-s *HGM*π*i*𝔓 Sont g-s 𝔓, q. aient p. *M*, poueu *s*
	Impaciens et rioteus,	
	Gens nououleus et espineus,	nouell. *H* noueill. *G* noélieux *s* no*n*nouill. *M* noill. *L*𝔓, G. tous n. 𝔓 noueleux *C²*
	Qui ont tous jours vengance quis,	t. temps *L*, q.] pris *C²is*
	Et tous temps par fais et par dis	tout *M*, t. jours *Hs*, et] ou 𝔓, En pensees en faiz et en d. *L*

	Se sont fait aus autres hair,	5295
	Et ont voulu tous jours tenir	
	Rancune sens rien pardonner	
	Pour chose qu'on sceust prier.	
	C'est de Ire la lignieé	
	Que vëis, la hericie(r)e.	5300
	Tel gent convient il fagoter	
	Et a fourches ou feu geter.	
	Miex vaut qu'on en face arsure	
	Qu'il fëissent plus pointure.	
	Tant ont occis, navre et point	5305
	Sans charite qu'il eussent point	
	Quë il est temps que soient ars,	
	Fagotes et liés a hars."	
Le pelerin.	Au joignant une roe avoit	
	Qui sens mesure grant estoit	5310
Tristesse qui est ennuy de bien faire est griefuement punye. ℜ (T.)	Sus la quelle estoient assis	
	Et atachies pluseurs chetis.	
	Et celle roe isnellement	
	Et tres impetueusement	
	Deux fors Sathan[a]s tournoient	5315
	Et ceux qui sus se sëoient	
	Faisoient tresforment hurter.	
	A chascun tour a ·i· pilier	
	Qui deles la roe estoit mis	
	En tel maniere a mon advis	5320
	Qu'au hurter s'escerveloient	
	Et que leurs yex hors yssoient.	
	De ceux ci li anges me dist	
	Et grant paour au cueur me fist :	
L'angle.	Ce sont les fils de Tristece,	5325
	Gens endormis en parece,	

fais *HGM*π*is*ℜ

t. j. v. *G*ℜ, t.temps *L*

con les sceut *M* com seut *s* que on seult *H*
de ira *HG*, C. dire la maise l. *M*, C. de dure ire ℜ, C. de rancune l. l. *L*
hericiee *HL*π*i* hericee *G* h-ssee ℜ hirecie *M* herecie *s*, Q. veiez *M* Q. pieca vis ℜ

a] aux *HG* o *L*, ou] au *HGMi*

—vaut *s*

Que quilz faissent (fiss. ℜ) *L*ℜ

Tout *L*, —ont *H*
que il est p. *MC*²π*is*, De ch. uorent onc p. *L*
Quil e. ores t. ℜ, quil s. *HG*, Que ilz s. brules et a. *MC*²π*i*, Que il s. liez a hars *s*, Et pour ce sont ilz ainsi a. *L*
a] as π o *L* en *M* de ℜ, l. et ars *s*, F. l. et ars *HG*

r. estoit *L*

grans *H*

Sur *sL* Et sur ℜ

isnelem. *L* horriblem. ℜ

—5314 *s*, Tournoit impet. ℜ

Sathanas *HGM*π*sL*ℜ, Dous *M*, D. grans S. ℜ D. f. et grans Sathans *i*
q. sur le se s. *L*
Ilz f. rudement h. ℜ
—A *M*, piller *M*
d.] jouste *L* pres de ℜ
celle m. *s*
saceruell. *M*
Et l. y. hors du chef y. ℜ
c. ici lange *L* ces gens cy lange ℜ, mon ange *C*²
p.] tremeur ℜ, men *HG*ℜ
de paresce *L*
G-t *s*, End. en chetiuesce *L*

Le Pelerinage de l'Ame.

Gens negligens et pareceux		G-t endormis et p. *s*
Lasches [et] fetars et huiseux,		et *HGM*π*C²is*, Laschens et fait. *M*, L. vagans et oeis. *L*, L. languissans et oys. 𝔓
Qui sens cause ont bourdon porte,		b-ns 𝔓
Pour ce que par li releve	5330	Leur presme nont point conforte *L*
Ne se sont, quant il estoient		Ne releuez q. *L*
En la boe ou se gisoient.		la fangue
D'eux relever tousjours remis		Dont releue t. j. r. *M* De e. occuper t. temps r. *L*
Ont este, et leur salut quis		leurs 𝔓
N'ont nulle fois par penance,	5335	
Comment qu'aucuns desplaisance		Combien q. *L*, C. quaucune d. π*is*, C. quant mis d. *H*
Aient ëu d'ainsi gesir.		eu] ou *H*, den ce point g. 𝔓
Et aucuns y a sens mentir		Et les auc. deulx s. m. 𝔓
Que la desplaisance si grant		Qui *L*, leur d. *s*, Ont eu d. 𝔓
Ont ëu en eux apesant,	5340	En eulx gisant et ap. 𝔓, ap.] et pes. *M* amandant *s*
Que jus il ont mis le bourdon		Que *HGM*π*C²isL*𝔓] Qui *a*, Q. il ont j. m. *sL*, leur b. *HGML*𝔓
Par fole desperacion		Et p. *M*
Et tristement sont absorbes		Et iustem. 𝔓
Com fu Cayn le premier nes.		Comme c. *L*, Caym *Gs*𝔓
Affin donques que desdormis	5345	Miex ilz soient sur 𝔓, sur π𝔓, s. celle r. *M*π *C²is*
Soient, sus une roe mis		
Les a enfer bien *fermement*.		fermem. *HGMC²*π*isL*𝔓] forment *a*, Liez enf. *H*, b.] trop *L*
La les tourne si roidement		La le t. *H*, Montez impetueusem. 𝔓, r.] lourdement *C²*
Que n'y a nul qui so*m*meille		Quil niait *M* Quil nen y a *L* Si quil n. 𝔓, Q. nul ny a *G*, Quil ny a n. q. sil s. *C²*
Et quë au tour ne s'esveille,	5350	qui *HGM*π*is*, Q. atour ne *i* q. encor ne *s*, Quau tourner tost ne se resu. 𝔓, Et font nuit et iour la veille *L* Que assez tost il n. *C²* —-vient *C²*, a h. *L*
Mesmement quant vient au hurter		
La teste forment au pilier.		Ouec la t. o le p. *L*, piller *M*
Qui ne s'esveille par deca,		dela *MC²*π*is*
Esveille sera par dela.		deca *MC²*π*is*
Bien se dev[r]oient esveillier	5355	deuroient *HGM*π*isL*𝔓
Pecheurs sans ja mais so*m*millier		P. s. plus s. *L*

5330 a, b.—-Ne dieu serui diligeaument
Ne laboure uertuaument. *L*

>   Et eux garder de la roe,
>   Des tourmens et de leur poe."

Le pelerin.

>   Autres vi a cui on fendoit
>   Les gorges du lonc et ouvroit 5360

Glotons comment sont puniz en enfer. ℞ (T.)

>   Et aus ongles leur sachoit on
>   Les langues dessoubs le menton
>   Et estoient sus tables mis
>   Ou souffre avoit et charbons vis
>   Qui a tous les les ardoient 5365
>   Par la flambe que getoient.
>   De ceux ci l'ange me parla :

L'angle.

>   "Gent sont de quoi nul cure n'a.
>
>   Ce ne sont que gloutounaille
>   A cui ne chaut comment aille, 5370
>   Mes que soient bien aoulles
>
>   Et bien emplis leurs sacs percies.
>   Tousjours ont voulu eux sëoir
>   A la table sens eux mouvoir,
>   Et a este leur entente 5375
>   Seulement d'emplir leur ventre.
>   Ce sont avaleurs de grans vins,
>   De lecheries et (de) lopins
>   Qui en ont prins si gloutement
>   Et si desmesureement 5380
>   Que de leur superfluites
>   Pluseurs autres bien saoules
>   Eussent este et bien nourris,
>   Mes tant ont ame les delis
>   Du passage de la gorge 5385
>   Et la dame de la forge
>   Qui a fait a ses dens forgier

Pour e. *L*
tournes *M*, Qui ainsi parresceux enroe ℞

a qui len f. *HG*π, qui *C²*
La g-e *L*
Et o les o. *L*, l. tiroit on ℞
d.] par soubz *GL*
sur π dessus ℞, t-e *M*
a.] estoit ℞, ch-n *H*π℞
a] par ℞, t. les costes (boyaux s) a. *HG*℞s, Qui celle langues a. *L*
quilz g. *L*℞

G-s *H*℞, Ceulx s. des quelx dieu c. *L*, s. desquelz n. ℞, de cui nulle c. *M*, nul dieu *s*
Se *M*℞, glouten. *M* gloutonn. *G*
A qui *HGC²*π*iL* Ausquelz ℞, comment quil a. s*L*, com. tout a. ℞ com. il a. *C²*
quil(z) *MsL*, q. b. s. *HG*, quilz aient b. aouilliez *L*, aoulliez *M* saoules *s*π*C²*℞, q. b. peuz et bien saoulez ℞
Soient et rempliz ℞
Qui t. j. se sont v. s. ℞, T. temps *L*, v. aux s. π
s. en m. *G*
Et ne a *i*, na e. *C²*, Et este toute l. e. ℞, e. toute l. e. *L*
Fors seul. *C²i*, l. pance *H*
g.] fors ℞
—de *HGMis*℞, Et de lech. *s*, et] de π, et bons lop. ℞
Quilz o. p. *L*
si tres d. ℞

b. saturez ℞ b. visitez *L*
Este euss. *L*, estes *M*
leurs *G*

de] par mi *iC²*
Et de la d. *Hi*C²℞

Le Pelerinage de l'Ame. 179

  Tost ce que vouloit engorgier,
  Et tost ce qui ne li plaisoit
  De sa forge hors regetoit.   5390
  Tel gent ont ëu souffrete
  Que n'ont ëu gorgerete.
  Pris les a si Gloutonnie
  Par leur gorge desgarnie
  Que par la il sont descires   5395
  Et pourfendus et mal navres.
  Dame Langue, leur maistresse
  Et leur administreresse
  Est hors mise de sa forge
  Dessoubs son postis par force;   5400
  Et la endroit il sont assis
  Ou jadis ont pris *leur* delis.
  Or pueent asses gorgoier
  Le feu d'enfer et langoier.
  Il en ont grant avantage,   5405
  Ouvert est le fenestrage.
  En ce feu et celle ardure
  Aront tousjours sepulture
  Avec le riche qui avoir
  N'i puet un pou [d'eaue] a sa soif."   5410

Le pelerin.
Luxurieux comment sont puniz en enfer. 𝔓 (T.)

  Apres je vi *trepies* assis,
  Ou deux et deux estoient mis
  Tresgrant foison de maleureus
  Dessous les quiex estoit li feus
  Qui de toutes pars les ardoit,   5415
  Et entour eux foison avoit

Tout *HGπisL*𝔓, quel v. *L*, volons *s*
tout *HGπsL*𝔓, que *HGMπi*𝔓 quil *C²*
f.] gorge *HGMπ*, De son uentre h. *L*, h. gettoit *HG*
Teles g-s si o. 𝔓
Qui *s* Quilz *HG* Que il *πi*, Q. point n. e. de g. 𝔓
Cer p. l. si gl. *π*, si] tant 𝔓
la g. *GL* la leur g. 𝔓 leur g-s *M*
la s. ilz d. 𝔓
Et tous fenduz 𝔓, malmenez *L*

admen. *H* a-straresse *M* a-sterresse *L* amenistèrresse *G*
E. m. h. *πC²*, m.] retiree 𝔓, sa] ta *G*
D. les po. 𝔓, po. a grant f. 𝔓
il] y *G*, s. ilz 𝔓, Ilz s. tourmentez sur tables *L*
leur *HGMπisL*𝔓] les *a*, j.] ia il *s*, La ou j. comptoient leurs fables *L*
Et *HGM* Ou *π*, g-geoyer 𝔓 gorieier *L* gorgeter *C²πi*
Ou f. *L*, l-gueier*L*
o. moult bon a. 𝔓
la f. *M* leur f. 𝔓
cel f. et en cel a. *L*, et] en *s*, arsure 𝔓 ordure *H*
t. temps *L*
O le r. q. deau finer 𝔓
deaue *HGMC²πis*, Ny pot deaue pour son auoir *GL*, Ne pot goute par son pouoir *L*, Ne p. pour se refrigerer 𝔓

trepies *C²iπsMH*] trapiers *a* trespres *G*𝔓 au pres *L*
En *H* et] a *π*, est.] il estoit *L*, La ou d. a d. estoit m. 𝔓
—Tres *L*
estoient grans feux 𝔓, li fouz *π*
ardoient 𝔓
f.] plante *s*, auoient 𝔓

  5402 a, b.—Sur les tables tourmentez sont
    Pour les sourfaiz que pris ont. *L*

180   *Le Pelerinage de l'Ame.*

	De crapos et couleuvres grans		c-poux C^aH c-paulx $G\mathfrak{P}$ c-paulz M troupiaus s gripons L, et] de s, et de grans serpens $\mathfrak{P}$ dautres L
	Et autres vermines nuisans		a trestous les m. s, t. les costez m. HG t. costez les m. $\mathfrak{P}$, Q. les costez leur reugeoient L Q. de toutes pars les m. $C^2\pi i$
	Qui a tous les les mordoient	
	Et tresgrant grief leur faisoient.	5420	grans g-fz $M\pi i$, Et g. greuance l. f. $\mathfrak{P}$ Et grans angoisses l. f. L
	De ceux parla l'ange briefment :		lange p. b. C^a
l'angle.	"Ce sont, dist, deshonneste gent,		Yci s. desh. s, dist il desh. H, s. tres desh. πi, s. diffamee g. L, g-s M
	N'en puis dire que chose vil	
	Et dois savoir que *ce* sont cil		ce $HGMC^2\pi isL\mathfrak{P}$] se a, Tu d. L
	Qui a moi et mes compaignons	5425	et a mes c. sL
	Puent plus en toutes saisons.		Plus mal p. en $\mathfrak{P}$, Desplaisent en L
	Car ont vescu tresordement		C. v. o. L, C. vestus sont t. s, —tres C^2
	Et tresluxurieusement	
	Et en guises deshonnestes,		En pluseurs g. d. C^2i
	Privees et manifestes	5430	Prouees s, Soient recelees ou m. $\mathfrak{P}$
	Pour la quel chose tresvilment		ch. vilement $\mathfrak{P}$
	Puni sont et treslaidement."		S. pugniz Ls
Le pelerin.	La ravoit une fosse grant, Tresorrible et orde et puant,		T. o. $HG\pi iL$, T. et tres p. s, Laide horr. o. et p. $\mathfrak{P}$
	Plaine de vermine et horreur,	5435	et de orrour (dhorreur $\mathfrak{P}$) $L\mathfrak{P}$
	De feu et souffre et grant ardeur.		fer et s. et puour L, f. de s. $H\mathfrak{P}$, s. et de g. $\mathfrak{P}$, s. g. a. πi
	La grant foule et l'assemblee		et ass. $HG\pi i$ et grant a. $\mathfrak{P}$
	Ne pourroit estre enpensee		Nen L, enp.] pensee $HGisL\mathfrak{P}$ nombree π, N. p. pas e. pensee C^2
	Qui la estoit de meschant gent		la ert de m-te g. L, m-s g-s $G\mathfrak{P}$
	Et y estoient en tourment.	5440	En horrible peine et t-s $\mathfrak{P}$, en grief t. L, t-s G
	Mains Sathanas la estoient		M-t s Pluseurs $L\mathfrak{P}$
	Qui entour l'environnoient		Q. tout e. la auironn. L, les enuir. $C^2\pi i\mathfrak{P}$

5420 a, b, c, d.—Ilz puoient de si grant orrour
          Que en tout enfer na tel dolour
          Des le numbril jeuques aus genoiz
          Estoient en feu touz auiuez. *L*

5432 a, b —Luxure est abhominable
          A dieu et aus siens sans fable. *L*

Le Pelerinage de l'Ame.

	Atout fourches et atout cros,	Ouec f. et o c. *L*, A grans f. et a grans c. ℬ, —et *M*
	A mailles et a bastons gros	O croces et o b. *L*, A grans m-letz et b. ℬ, mailletz *GC²*
	Et a mains autres instrumens 5445	a] o *L* —a *H*, Et pluseurs a. i. ℬ
	Dont il leur faisoient tourmens.	Desquelz l. f. grans t. ℬ
	La estoit la grant criee,	e. tres g. *L*, Illec e. dure cr. ℬ
	La grant noise et la huee:	Moult g-de n. et grant h. ℬ, Orrible n. et grant h. *L*, et lassemblee *s*
Les dampnes.	"Las, chetis! pour quoi fusmes nes	
	Pour estre ci ainsi dampnes 5450	P. e. a iamais cy d. ℬ
	Onques ne vousismes croire,	
	Ne tenir a chose voire	Et n. tenions *C²*, Ne reputer a ℬ, Que ne cuidions a ch. *s*
	Ce que piec'a on nous disoit,	Ce ce q. *G*
	Et le bien qu'on nous enseignoit,	le lieu q. *M*, com n. *s*
	Or mourons nous par nostre tort, 5455	pour n. *s* a n. *L*
	Et ce mourir ci est sens mort."	ci| si *HGMπis*, Et nostre m. et s. m. ℬ, Et est nostre m. s. m. *L*
Le pelerin.	Par tout enfer aussi tel cry	ainsi *HGMsL*
	Estoit de toutes pars ouy.	t-e part *L* t-es pars *C²G*
	Par tout estoit crie ha las!	
	Par tout couroient Sathanas. 5460	
	Tous jours nouviaus aportoient	j. gens n. ℬ, n.] chetifz *L*
	Et tous ou feu les getoient.	
L'angle	Lors dist mon ange: "Que dis tu?	
	D'enfer as partie veü.	as vne p. ℬ
	Se bien sages tu estoies, 5465	Si ques (Pour quoy ℬ) se b. s. e. *C²πi*ℬ Si tu assez s. e. *L*
	Du remanant bien croiroies	ramanant *s* demourant ℬ
	Quë il y a asses tourmens	Quil y a a. de t. π ℬ
	Et asses tourmentes de gens.	t-te *s* t-teurs ℬ, De toutes manieres de g. *L*
	Ce ci te doit bien souffire,	Et si te *HG*, —bien *H*, deuroit ℬ, b.] assez *L*
	A fin que Jhesu no(stre) sire 5470	
	Soit de toi tous temps mercies,	tout *M*, tousiours m. ℬ
	Honnoures et regracies,	
	Quant ne t'a pas souffert dampner	—pas *L*, souffrir *M*, p. permis damner ℬ

After 5448 ten lines inserted in *L* (*see* Appendix).

	Ne ainsi, com vois, tourmenter."—	
le pelerin.	"Et je, dis je, moult l'en merci,	5475
	Et avec ce je te suppli	
	Que me dies de ces derrains	
	Qui en celle fosse sont mains."—	
l'angle.	"De la fosse dois, dist, savoir	
	Que d'enfer est ·i· grant manoir	5480
bisme enfer et ceulx ui y sont longiez. (T.)	Cellui qui est dit abisme,	
	Qui tant a gent que la disme,	
	Non pas la centiesme vëu	
	N'as pas, si com j'ai bien scëu.	
	Chaudiere est ainsi nommee	5485
	Et puis d'enfer et clamee,	
	Et par aventure autrement,	
	Dont pou me chaut presentement.	
	Mes savoir dois que la Juïs,	
	Paiens et mescreans sont mis	5490
	Persecuteurs de l' esglise,	
	Tirans et gens d'autre guise	
	Qui sont mors sens confession	
	Et tousjours en confusion	
	De divers vices ont vescu	5495
	Et voulente n'ont point ëu	
	De garder la loy Jhesucrist	
	Ne faire chose que dëist.	
	Ceux ci et tous communement	
	Qui maintenus confusement	5500
	Se sont, sont la dedens getes	
	Et sens ordre tousjours dampnes.	

Nainsi comme 𝔓, aussi G
Lors d. ie m. ie l. m. 𝔓, Certes d. ie ie l. m. s, d. m. l. m. G d. m. bien l. m. π te] li M
Q. tu me d. 𝔓, die M, darr. iGL
foule πC²
f. dist il s. 𝔓, dois d. il i, dist il dois s. s, dis s. G, d-t d-s C²
Dois q. d. est le m. 𝔓, Mil piez de parfont a deuoir L
d.] nomme 𝔓, Et est nommee fousse dab. L
Que M Ou s, a de gens 𝔓, Tant de g. y a q. l. d. L, dixme G
la MπsH] le «GLi, c-tisme HMπsL, la dix milliesme v. 𝔓
comme j. sc. s, c. je ay s. M, si comme b. lay s. 𝔓
Ch. elle est 𝔓, aussi HGML, n-mez πi, aussi est n-mez C², a. appellee s
Et si est p. d. clamez C²πi, et] est HGMs𝔓, Et p. d. reclamee L
Et saches tout certainem. L
D. te doit souffire a present 𝔓, pr.] quant a present s, Que de icelles en y a cent L
M. d. s. q. s, la les iuifz 𝔓, la mis HG, Les vnes sont les sarrasins L
Payans 𝔓, mescroians i, Et es autres sont les juifs L
=5492 (T. et g. de male g.) L, de sainte egl. iC²M
Qui ont destruite sainte eglise L
contriction L

Ains t. temps en c. L
sont vestu s
Et la v. 𝔓

Ne a f. HGM, quil d. L quil ait dit 𝔓
tout s

Se s. la d. s. g. 𝔓, Se s. la d. boutez L
o.] aide Hπ fenir C², a t. HGMπ𝔓, Sont et s. o. degetez L

5493 a, b.—Et sans uraie confession
Et digne satisfacion. L
After 5490 twenty-eight lines in L (see Appendix).

Le Pelerinage de l'Ame. 183

  Point ne retourne qui y va,
  Nulle redempcion n'y a.   ny y ait *M*
  Sens faillir tousjours y dure   5505   t. temps *L*
  (Toute) punaisië et ordure,
  Et quant le monde fenira   finera *GMs*𝔅
  Et Diex le renouvelera,   les *s*, Et d. par feu le espurgera *L*
  Toutes ordures qui y sont   que *M*, T. les puours q. *L*
  Illeuc tantost s'assembleront,   5510   Ill. se renouelleront 𝔅, En ces fousses toutes cherront *L*
  A fin quë ordure n'y soit   —5511 *s*, q. nulle o. s. 𝔅, ne s. *GM*, Toute chouse mal ordrenee *L*
  Qui la ens getee ne soit."   —5512 *s*, Que *HG*, la dedens g. 𝔅, Q. dedens eulz (*iπC*²) passage nait *iπ*, Par droit y doit estre getee *L*

<small>Le pelerin. Interrogation du pelerin pour quoy peche qui est perpetre en vng moment est puny eternelment. 𝔅 (T.)</small>

  "Moult sui, dis jë, esmerveille   M. ie s. 𝔅, s. ie dist e. *s*, s. ce d. ge meru. *L*, M. s. d. ie, moult e. *C*²
   Comment par droit il est juge   Comme *G*, C. il est p. d. j. *L*, il] cil 𝔅
  Que pour ·i· seul peche mortel   5515   Qui 𝔅
  On a peine perpetuel,   Ou *G* En *s*𝔅
  Quë a tousjours mais on pleure   t. temps *L*, Et qua t. sans fin o. pl. 𝔅
  Le pechie d'une seule heure."—   Le seul p. 𝔅, Vn p. fait en vne h. *L*

<small>L'angle.</small>

  "A ce, dist l'ange, te respont :
  Les pechies consideres sont   5520   c-derer font π
  Selon ce que contre cellui   S-nc *M*

<small>Raison pour quoy on est eternellement damne pour vng seul peche mortel qui se fait en vng moment. 𝔅 (T.)</small>

  Il sont fais qui est infeni ;   impuni *s*
  Selon qu'il est pardurable   S-nc *M*, perd. 𝔅
  Et sens fin est *p*armanable,   —5524 *L*, perm. *G*𝔅 parmen. *HMπis*
  Si faut qu'a celle mesure   5525   —5525 *L*, Il f. *MπC²is* Il conuient 𝔅, que c. *HG*
  La paine du pechié dure.   —5526 *L*
  D'autre part, pour ce que pechie   —5527 *L*
  Occist bien qui est co*m*mencie   —5528 *L*, O. le b. quest c. 𝔅
  Pour devenir pardurable,   —5529 *L*, P. estre sans fin p. *iC²* P. estre venir perd. 𝔅
  La paine aussi infinable   5530   ainsi *s*
  A droit contrepois estre doit.
  Encor plus te di que voudroit   te] ce *s*, E. te dy pl. q. *HGπ*
  Pecheeur sa delectacion   Pecheur *HGMC²πisL*𝔅
  Maintenir en toute saison.
  Son vouloir est pardurable   5535

Et la paine aussi sens fable.
Encor t'en di exemplaire :
On puet bien ·i· contrait faire
En pou de temps et bien briefment
Qui dure perpetuelment.   5540
Contrait fait le pechie mortel
Que sa paine est perpetuel.
En pou de temps est fait pechie,
Mais qui le fait, il fait marchie
De perpetuel paine avoir.   5545
N'est rien que miex doies savoir.
Encor te di qu'estre navres
Puet estre uns homs et tost tues,
Et toutevoies sens cure
Sa mort pardurable dure.   5550
Aussi te di de cil qui chiet
En abisme, si li meschiet
Qu'en pou de temps il est chëu
Et jamais ne sera vëu.
Mains exemples de tel guise   5555
Ai, mais ce ci te souffise,
Et loe Dieu ton createur,
Quant tu n'es mie en tel douleur."—

Le pelerin. "Loe, dis je, sens finement
Soit il et pardurablement,   5560
Quant de la il m'a exempte
Et par sa grace deporte.
Par rigueur dampne estoie
Et mauvaise cause avoie.
Toi aussi je doi mercier   5565
De ce que m'as voulu monstrer
Enfer sens point entrer dedens

ainsi *Ms*, Si doit l. p. estre s. faille 𝔓
te d. *Ms*, E. entens autre ex. 𝔓, di au contraire *s*
·i·] tel *A*⁴, b. tel contrefaire b. contrefaire *H*, contrat *L* contract 𝔓
et moult br. 𝔓
pardurablem. 𝔓
Contrat *ML* Contract 𝔓, Le c. de p. *L*, f.] est *s*, le] de *H*π
Est dampnement perp. *L*
est p. fait 𝔓
le commect m. faict 𝔓
De paine p-elle a. *H*, perp. mal a. 𝔓
doie *s*𝔓, Tout *chrest*ien le doit s. *L*
que est. mors *L*
P. vn. homme briefment tot hors *L*
toutes fois (touteffois *C*²) s. nulle c. *C*²𝔓, Et non obstant toute c. *L*
p-blement *C*²π*is*𝔓 perpetuelment *L*
de] que *sL*, celui *M*
sil li *is*𝔓 quil li *L*
Q. bien p. 𝔓, En poy de t. y est ch. *L*
Mes *L*, Et si ne s. iam. v. 𝔓, il ne *M*
Maintes ex. *i* Pluseurs ex. *L*
En ay *C*², A y m. *L* Va m. 𝔓, mis *HG*π
Et si l. 𝔓, loez *i*
Que *s* Dont 𝔓, Pour que nies m. *L*
dist il *s*

la] ci *L*

A la r. d. iest. 𝔓
c. iauoye. 𝔓
Vous *L*, ainsi *s*, Bien te d. a. m. 𝔓
Qui mauez v. adrecier *L*
=5568 (Enfer sans sent. ses t.) *H*, A enf. s. p. e. ens *L*

5554 a, b—Si nest au jour du jugement
Pour estre pugni doublement. *L*

THE GREEN TREE AND THE DRY TREE.   Line 5,591, p. 185.

C, fol. 121.

Le Pelerinage de l'Ame.

Et sens rien sentir ses tourmens.

Je t'en merci, faire le doi
Et saches que je sent et voi 5570
Que les tourmens que j'ai sentu
N'ont mais contre moi tel vertu
Com il ont ëu par devant,
Et si n'est pas mon fais si grant
Com par devant il a este, 5575
Bien est a moitie degaste."
En parlant ainsi me sembloit
Quë enfer de moi s'esloignoit
Et qu' aussi m'en eslongnoie,
Mes tous jours bien le vëoie. 5580
Onques depuis si loing n'en fu
Que de moi il ne fust vëu.
Quant vers li me retournoie,
Dont plus paciant estoie,
Mes ne demoura pas gra*n*ment 5585
Quë ëusmes repairement
Sus terre dont avant parti
Estïons, et la endroit vi
Tel chose quë apparcëu
N'avoie mie ne vëu. 5590

Pomme dont se iouent les pelerins quesignifie. ꟗ (T.)
Pluseurs pelerins vi jouans
  D'une pomme et eux esbatans
En une plaine ou il avoit
Deux grans arbres dont l'une estoit
Delictabie de grant verdeur 5595
Et l'autre seche sens humeur.

L'angle.
Le pelerin.
L'angle.
"Vois tu, dist mon ange, ce la."—
"Ouil," dis je.—"S'ainsi piec'a
Ëusses fait, dist, miex te fust."

=5567 (Et sans p. e. d.) *H*, r.] point πsꟗ, r. souffrir ses *M*, ces t. *G*, Cest sans s. point s. t. *L*
te s, Ge graci dieu f. *L*
sachens *M*, Et vous merci quar bien ge v. *L*

N. c. m. si grant v. ꟗ

Comment *HC²*, p. cy d. ꟗ

p.] maix *Mi*

Que ꟗ, Comme p. d. a e. *H*
a] par *L*
Emparl. *H*, aussi *G*
Quenf. de m. fort s. ꟗ, Q. de m. enf. s. *MC²πis*
Et ainsi m. *s*
Toutesfois t. j. le voye ꟗ, t. temps *L*, t. j. a lueil b. v. *s*
O. si l. dep. *L*, ne *Ms*ꟗ
m. bien il ꟗ, m. bien v. ne fust *L*
rot. *M*
Adonc p. p. e. *L*, De quoy p. p. iest. ꟗ, p. en e. *HC²πi*
p.] plus *s*
Q. nous e. *iC²L*ꟗ, Q. en mes r. *M*, reparem. *G* retournem. ꟗ
Sur *C²iL*ꟗ
Estiens *M* Nous est. ꟗ, Estoie et la e. je vi *s*, et la ge vi *L*, je vi *C²*
Vne merueille quaperc. ꟗ, qua parc. *M*, —que *C²*
Encores ie nau. ne v. ꟗ, Ge nau. ne v. *L*

—et *L*, abatens *M*

il y a *G*

lun *HGMπis*ꟗ

D. et de *LC²*ꟗ, valour *M*

sec *C²s* tout sec ꟗ, sechie s. verdour *M*

Vez *L*, cella *HG* ceulx la *Mπis*ꟗ

Oy d. *M*, Saussi *i* Si aussi *L*

Tu e. f. moult m. ten f. ꟗ, Veisses d. il m. *L*, dist il m. *C²is*, E. f. m. ten feust *M*, ten *HC²Mπ*ꟗ

L'angle.

Lors li dis je : " Bien me plëust 5600
Que ton pense m'en dëisses
Et le voir m'en aprëisses."
" Il n'est, dist il, nul pelerin,
Tant sache tenir bon chemin
Qui aucune fois tristece 5605
Ne truist qui au cueur le blece
Et qui n'ait maintes fois mestier
De soi jouer et soulacier
Et d'estre apaisie com enfant
D'aucune chose confortant. 5610
Si saches que ceux que jouer
Vois la pour leur ennui oster
Ont trouve soubs ces arbres la
Une pomme ou grant soulas a
Dont se jouent et joueront 5615
Toutes fois quë ennui aront.
Et dois savoir que ce n'est pas
Pommë ou il n'ait grant soulas,
Et n'est pas celle dont on dist
Quë Aristote 'i' livre fist, 5620
Et si n'est pas la pomme Adam
Dont au monde vint grant ahan,
Mes est la pomme qui pour li
En ce haut arbre sec pendi ;
Et avoit crëu par devant 5625
En ce vert arbre florissant
D'arbre en arbre translatee

—li *H*, ie moult b. me p. 𝔓
Q. de ce t. p-ser me disses 𝔓, p-ser *M*𝔓, tu me d. *i*, Q. vostre sens m. d-ssiez *L*
Et tout le vray tu m. apriss. 𝔓, ap-ssiez *L*
Il est *HGi*, ny a d. il p. 𝔓

Quaucunes f. de la t. 𝔓, tristresse *G*
truisse *L* treuue 𝔓 truit *G*
quil n. *M*, m-te *q*, n. bien souuant m. 𝔓
se j. 𝔓, De a pacience soy apaier *L*

comf. *q*
Et 𝔓, qui c. *M*, qui j. *G*, q. esioir *L*
Tu v. p. *iπ*, —la *q*, par l. *π*, l. anuit *M*, Vez la si com tu puez oir *L*
On tr. *q*, cel a-re *Mqiπ L*𝔓
D. ilz s. *H*𝔓, se ieuent *q* se jouoient *i*, et se iouront 𝔓, Ilz se y mirent et reconfortent *L*
T. les f. quenn. 𝔓, quanuiet seront *M*, Quant aucuns maulx les desconfortent *L*
Saches que celle noble pomme *L*
P. ou ny a. moult g. 𝔓, —grant *HG*, Fist et fourma le premier homme *L*
Quar n. *Mqiπ*𝔓, Ce n. *L*, dist *HGMπiL*
laristote 𝔓 ar-tes *qi*, vne l. f. *s*, l. en f. 𝔓
Ne n. p. la p. dad. *L*
au] ou *HG*, au mordre *M*, enhan *G*
M. cest *L*𝔓
cel *L*, h. sec a. p. 𝔓
—5625 *iπ*, Et qui a. 𝔓
—5626 *iπ*, cest *L*
De a. tr. *L*

5623 a, b, c.—Et pour les iustes qui de lui
Issirent iuifs et paiens
Auans foy et bons *chrest*iens *L*
5624 a.—Et ainsi la vie leur rendit. *L*

Et du vert au sec portee
Pour faire restablissement
De l'autre pomme, indeuement   5630
Par le dit Adam ostee
Qui li estoit devëe[e].

Pommier qui porta la pomme dont Adam mangea comment fut ente. 𝔓 (T.)

Et entent bien a ce premier,
 Car avant dirai du pommier
Que de la pomme et dont venu   5635
Il est et comment ente fu.
Adam, quant la pomme menga,
Les pepins dedens soi planta

Pepin de pomme pose que soit franche semey en terre produit pommes aigres et sauluaiges. 𝔓 (T.)

Pour quoi ses pomiers boscages
Furent apres et sauvages.   5640
Tel est la guise des pomiers,
Car, comment qu'il soient rentiers
De porter dous fruit bon et fin,
Qui en veult planter le pepin,
Le pommier en est sauvage   5645
Et le fruit sur et boscage
Jusques a tant c'om ente sus
Greffe(s) de franc pommier venus.
La pomme de quoi voult mengier
Adam fu de tresbon pommier   5650
Et *ert* belle, doulce et bonne
Si com Genesis (le) tesmoigne,
Mes pour yce que pas n'estoit
Le ventre Adam tel com failloit
A faire les pepins germer   5655
Et en pomiers renouveller,
Il avint une autre chose ;
Car es pepins fu enclose

v. arbre C^2
Fut p. r. L
la p. s, p. que ind. 𝔓, indignem. H
—le L, Qui estoit par A. o. $i\pi$, Si fut par A. despendue 𝔓
deueee qL desveee C^2, Q. li ot este d. M, Q. li avoit este donne (este *added above*) s, Et si li e. d. $i\pi$, Apres que luy fut defendue 𝔓
Or L𝔓, Or e. a cest p. L
te dir. H, du i^{er} L

Q. Ad. L
Le p-n 𝔓

ses] ces GM les C^2i, b.] sauuages $Mqi\pi C^2L$, Mes de lui p. sauu. L
aspres 𝔓, et] es $i\pi$, s.] boscages $Mqi\pi C^2L$, Apres issirent et bosc. L
Celle H Telle C^2
combien q. L𝔓, r.] coustumiers L

en plantera le 𝔓
en sera s. 𝔓
Et aigre le f. et b. 𝔓, f. aigre et L
Jusqua t. G, quon e. $HGMi\pi C^2$𝔓, quon hante s. 𝔓, t. vn mestre ait ente dessus L
Greffe $HGMi\pi s$𝔓 Gresse L, fr.] grant s
veult L, p. dont voulut m. 𝔓

ert] estoit aHM &c.
—le $Mq\pi i$
Toutesfois p. ce q. n. 𝔓, p. ce q. HL
t. que f. 𝔓

pommes s enter L
Il y auoit H
es] en ces C^2

5652.—Gen. iii. 6 : Vidit igitur mulier quod bonum esset lignum ad vescendum et pulchrum oculis aspectuque delectabile.

D' Adam l'innobedience		Ad. *G*, sinobed. *HG* la inob. *L* grande in. 𝔓
Qui le germe et la semence	5660	la g. *L* le guernier *iπ*
De li et sa pepiniere,		
Eve la femme premiere,		Que la *G*, la] sa *s*, E. des f-s la p. 𝔓, Cest deue le *iπ*, Cest deue la pr-e mere *C*²
Altera, et fruit sauvage		Altera *HGMqπies*𝔓] Alecta α, Fut changie et *L*
En fist venir et boscage,		v. en b. *G*, et plain de rage *L*
Car tout son lignage entachie	5665	
Fu de l'originel pechie		lorgueilleux p. *G*
Qui ne peut onques fruit porter		pout *M* pot *L*, p. aucun f. 𝔓
Fors sauvage, sur et amer,		F. tres s. aigre et 𝔓, F. aigre digne de auorter *L*
De quoi li maistre des pommiers		
Point ne mectoit en ses greniers,	5670	nen *H*, Ne m. p. en *L*, garn. *q*
Ains les getoit on *aus* pourceaus		aus *qMiπC²HGL*𝔓] es α, le g. *GMπL*, A. le lessoit prendre a. p. *L*
D'enfer a tas et a monceaus		De fer *s*, morseaulx *G* mousseaulx 𝔓
A tousjours pardurablement		Jeuques a tant finablem. *L*
Jusques a tant quë entement		J-qua t. q. vn e. *HG*, t.] ce *π*𝔓, q. vng e. 𝔓, ensement *s*
Fist Dex faire sus 'i' pomier	5675	F. f. sur vn bon p. *L*, sur *C²isL*𝔓
D'un greffe quë il avoit chier		quil a. molt ch. *M*𝔓
Qui fu pris sus la racine		sur *C²s* en *L* dessus 𝔓
De Jesse qu'il trouva fine,		qui t. *π* que t. *s*
Non pas que ne fust sauvage,		
L'une et l'autre de boscage,	5680	et de b. *L*
Mais pour ce que predestine		
Estoit le greffe et ordene		la g. *π*
De recevoir exempcion		
De Dieu par sa benëicon.		sa] la *HGM*, p. benediction 𝔓, Par diuine inspiracion *L*
Apres ce quë ente seroit	5685	En a. q. e. il s. 𝔓, q. en ce s. *s*
En l' *estoc* ou estre devoit,		estoc *HGMqπisL*𝔓] escot α, deuroit *HL*, Tout ainsi com e. d. *C*²
C'est en Sainte Anne ou l' entement		lenfantement *s*
Fu fait tresconvenablement		
De Marie qui greffe en fu		que *M*, q. leg. 𝔓, —en *sL*

5672 a, b.—Par cincq mille ans ou enuiron
    Com en lescripture lison. *L*

Le Pelerinage de l'Ame.

Que Dieux despoulla et fist nu 5690
De toute vie[s] sauvagine
Qu'avoit prins en sa racine
En li du tout saintefiant
Et de l'originel purgant.

Si que quant ce greffe repris 5695
Fu en l' *estoc* ou il fu mis,
Pommier devint co*n*venable
Pour franc fruit et agreable
Porter, et n'eut onques greigneur
Pris autre pommier ou valeur. 5700
C'est l'arbre dont il est escrit
Que Nabugodonasor vit
Qui emmi la terre est mise,
Enracinee et assise
Pour ce que de chascune part 5705
Ait chascun a li son regart
Quë excuser nul ne se puist
Que de ligier on ne la truist.
Bien sont aucuns sains en destours
Et quë on ne congnoist pas tous 5710
Fors seulement en leur païs
Et es destours ou il sont mis,
Mes ceste ci a Dieu mise
Com Ihezechiel devise
Entre son peuple droit emmi 5715
Et toutes terres entour li.
Chascun la puet trouver tresbien,
Së a faire a aucune rien

Q. desp. et f. tout nu *L*
viez *Hq* viel *M* vieil 𝔓 vieille *L* grief ϵs, De toutes vies *G*, la vie *C²*, sauuasine *L*
Quelle eust tire de s. r. 𝔓
la *L*𝔓

dorig. preseruant 𝔓

Quant cel tres bon g. fut pris *L*
estoc *HGMiπsL*𝔓] escot *a*, Ou bon estoc ou *L*
P. il fut tres c. 𝔓, Ente d. moult c. *L*
P. porter fruit tres proufitable *L*
neust *G*, o. si grant 𝔓, Fruit si tres bon ne si cortois *L*
ou] en *M*, p. tant fust franc 𝔓, Comme celle fist en neuf mois *L*

N-gondonos. *G*, En daniel que le roy v. *L*
Q. ou my 𝔓, Q. ou milieu de t. *L*

Afin q. de 𝔓, —de *iπ*
Eust 𝔓, A. ch. en li ϵ A. a li ch. *Mqπ C²*𝔓, Fust aus viuans en leur esgart *L*
Et e. 𝔓, Q. nul e-se ne fust *L*
on] il *MqπC²ϵL*, Q. il trouuer ne la peust *L*

Que on ne c. p. bien t. *G* Et q. ne congnoissent p. t. *H*, Qui ne sont p. sceuz de t. *L*

s. pechie *qπϵ*, s. temple d. ou my 𝔓, Ou plus haut lieu de tout le monde *L*
Et ou milieu tout a la ronde *L*

Se affaire en a a. 𝔓, f. auc. r. i, S. a a f. a. r. *G*

5692 a, b.—Se par grace dieu preseruee
Este nen eust et exemptee. 𝔓
After 5698 six, and after 5716 eight lines in *L* (see Appendix).
5701.—Dan. iv. 7-13 : Ecce arbor in medio terre, &c.
5714.—Ezech. v. 5 : In medio gentium posui eam et in circuitu eius terras

Dont Saint Bernart, son clerc, disoit :
A li com au milieu tout droit 5720
A fichie chascun son regart,
En quel que lieu soit ou quel part,
Qui en terre et qui ou ciel sont
Et ceux qui furent et seront,
Affin quë il puissent avoir 5725
Sa grant grace et son bon vouloir.
Cet arbre est aussi fort et grant
Et jucques au ciel avenant,
Car soustenir et deporter
Puet bien quicunques apuier 5730
Se veult a li fiablement,
Et li puet aidier prestement
Et Grace du ciel envoier
Toutes fois qu'il en est mestier.
Regart a par toute terre, 5735
Car voit bien ceux qui requerre
Le vont de cueur ou autrement
Et quel est chascun, et comment
Tous les jours il se demaine
Et ainsi quel vie il maine. 5740
Feulles a [qui] paroles sont,
Qui en elles grant beaute ont,
Car quanque dist, amiable
Et doulx est et charitable
Et bon si feroit umbroier 5745
Qui las seroit et soulacier,
Si com bien puet estre vëu
En son magnificat feullu.
Soubs li les bestes habitent,
Car qui bestiaument vivent 5750
Et com bestes en leurs pechies,
Soubs l'ombre de li, espargnies

au] ou *H*
Affiche ℬ
l. ou quelque p. ℬ, ou] et *M*
t. ou ou c. s. *HG*, Q. ou c. et q. en t. s. *L*

quilz p. tous a. *M*, quilz p. receuoir ℬ
—bon *M*, bien v. *iπC²HGL*
aussi est *Mq*eℬ est si *HGπL*, f.] haut *L*
Que j. *L*, au] ou *H*
et supporter ℬ, Q. haut porter et conseillier *L*

a] en ℬ, feabl. *L* finab-t *C²*

en ait m. *M*
R. elle a p. t-s t-s ℬ, Son r. a sur t. t. *L*
C. el v. ℬ, El v. tres b. c. *L*, C. elle v. c. *C²*
La *HGMqiπesL*ℬ, du c. e*L*

Par chascun jour il ℬ, Bien soit com chescun
  s. d. *L* Ch-n t. l. j. s. *C²*
—5740 *M*, aussi *HGMqiπC²esL*ℬ, il] si π
qui *MqiπesL*ℬ, F. en qui s
biautelz *M*
C. q. elle d. *L*, quanqua preist s, dit est a. *C²*ℬ
Et est moult d. et ch. π, Et tresd. et tres
  ch. ℬ

Q. ser. l. et apuier *L*
comme peut b. es. ℬ
m-facat *i*, foueillu *M* fouillu *L* foillu ℬ
Soulz *M*, Et dessoubz les b. ℬ
bestialem. ℬ
Comme b. ℬ
Soulz *M*, expurgiez s

Sont et deportes longuement,		loing. *q*
A celle fin qu' avisement		
D'eux amender aient asses	5755	ilz ayent 𝔓
Sens estre surpris ne hastes.		souspris *M* soupris 𝔓
En ses branches et en ses rains,		ces, ces *G*
C'est en ses benefices mains		Ne en *s*, ces b. *M* 𝔓
Conversent les oiseaux des ciex,		
Ce sont gens esperituex,	5760	s. hommes spirit. 𝔓, espiritieulx *H*
En pensee contemplatis		En leur p. 𝔓, p-s *Ms*
Qui en haut ont tout leur cuer mis.		—tout *L* tous *M* si *s*, l. cuers *M*π
Cet arbre ci fruit a asses		Cest *HGMq*π *C*² *ies L* 𝔓 Ceste *L*, yci si a *s*, a fr. ass. *L* 𝔓
Dont toutes gens sont saoules		Fruit dont *s*, t-e g-t *q*π*ies*, D. touz seroient bien s. *L*, sont saisiez 𝔓
Chascun jour et chascune heure	5765	et a ch. *C*² 𝔓
S'a eux ne tient ou demeure ;		ou] et ne *s* dune 𝔓, Si en e. nen fust la d. *L*
C'est la pomme de quoy jouer		p. en q. se mirer *L*
On se doit pour ennui oster.		—se π, On d. p. son e. o. *H*, D. len p. e. uirer *L*
Que l'arbre que je di porta,		porta (*corr. from* planta) e
Qui seule fu, plus n'en *charga*;	5770	charga *HGMq*π*iesL* 𝔓] menga u, Que *M*, —plus *H*
Plus elle n'en devoit porter		El n. d. pl. p. *L*, ne *M*
Pour la pomme restituer		P. lautre p. raporter *L*, resusciter *M*
Dont ai parle qu' Adam menga		D. iay *L* 𝔓
Et dont parler encor faudra,		dom parleray e. ia *L*, d. e. p. *C*²
Car drois est que saches comment	5775	droit *M* 𝔓
Vint l'arbre ou restablissement		ou] en *s*, rast. *M*
Fu fait de la pomme dite		p. sus d. 𝔓 p. quay dicte *C*²
Sens le quel ne pouoit quicte		laquelle *HG*π
Estre Adam ne sa ligniee		naussi 𝔓, lignie *M*
De celle qu'avoit mengiee	5780	que il a. *L*

Oppinions en ont este
   Et ont aucuns enregistre
Que, quant Adam malade estoit
[Et au lit de la mort gesoit,]   5784 *qMi*π*C*²*esHGL*𝔓, au] ou *HL*
Seth qui estoit ·i· de ses fils   5785 Seht *M*, lun d. *HGM*𝔓

Le Pelerinage de l'Ame.

Ala a l'uis de paradis
Pour medicine demander
Par quoi sante peust recouvrer
A cui ·i· raim l'ange bailla
De l'arbre dont Adam menga,   5790
En li disant qu'il le plantast
Et que, combien qu'il demourast,
Grant arbre portant fruit seroit
Par qui sante Adam aroit.
Et avint que, quant retourna,   5795
Adam son pere mort trouva ;
Et le dit raim planta sus li
Qui puis devint arbre espa(r)ni
Et fu coupe pour estre mis
Ou temple Salomon depuis,   5800
Mais n'y peust estre et fu gete
En un lieu repost et secre
Pour la royne de Sabba
Qui au roy Salomon (de)manda
Quë en cel arbre *tel* pendroit   5805
Par qui la vielle loy faudroit,
C'est la doulce pomme Jhesus
Qui crut ou pommier dit dessus.

Or di(t) que, s'aucun souspecon
Il a en ceste oppinion,   5810
Si puet on asses maintenir
Que le fust de la croix venir
Convint de l'arbre dont menga
Adam et quë il despouilla;
Car quant pour tel meffait punir   5815
Et pour la pomme restablir,
Il convint que le fil Dieu fust

Par *HM*π∈𝔓 Pour α*GqC*ª*is*, pourroit 𝔓, r.]
  trouuer *q*π∈𝔓, Et pour sa s. r. *L*
A lui *H* A qui π*C*ª*G*𝔓 Auquel *L*, vng grain l.
  𝔓, laingle *M*
dont] que *HG*
que le *qs*, quil lemportast *L*
Et comb. *i*π, comment que d. 𝔓 c-n il d. *G*
fr. p. *Mqi*π*C*ª*es*𝔓
quoy ∈, Ad. s. *HGMqi*π*C*ª*esL*𝔓
—il *HGsL*𝔓, —que *Mi*π*C*ª, il r. *C*ª Or a. *L*
Seth s. p. *L*
Celui r. *L*, d. grain 𝔓, Et larbre il pl. s, sur
  *GMisL*𝔓
espany *HGMqi*π*C*ª𝔓 esparny (*corr. from* es-
  pany) ∈, a. espin *s*, Q. d. a. espanoui *L*
fust copes *M*
t. de s. 𝔓, sal. jaidis *M*
pout (pot *LC*ªπ) *M*π*L* peult *G*𝔓, —estre *H*
l. secret et cache 𝔓
P. ce que la r. saba 𝔓
manda *HGMqi*π∈*L*, Au r. s. annoncia 𝔓
tel *HGMqi*π∈*sL*𝔓] cel α, en] a *M*, Quen
  celui a. 𝔓, Q. tel en cel a. p. *L*
quoy *M*∈, v. foy π, —loy *H*

di *HGMqi*π*C*ª∈*sL*𝔓, di chascun que s. ∈, dy ie
  saucune s. 𝔓, que auc. π*C*ª
Y a 𝔓

quil d. *M* que il le d. *H*, et de fruit d. 𝔓
par t. 𝔓
p. tel meffait r. ∈*s*
Conu. q. le f. de d. f. 𝔓, li filz *M*

Pommë et qu'en arbre de fust
Atachie il fust et pendu
Notairement et estendu. 5820
La chose est asses notaire
Et convient qu'elle soit voire
Que le fust ou il fu pendu
Est du tout cause et venu

De l'autre vies fust desrobe, 5825
Quel que moyen y ait este.

Et se n'eust este desvestu
L'autre fust ainsi com il fu,
Ja ou monde n'eust este fust
Ou Jhesus mis este ëust; 5830
Et ja pomme n'ëust este
Pour estre ou *fust* restitue,
Si ques occasionnelment
L'un a de l'autre naissement.
Toutevoies cestui secha 5835
Pour Salomon qui le coupa
Ou pour ce que fust percëu
Des passans estre desvestu
De sa pomme et qu'il entendoit
Estr' en restabli selon droit, 5840
Si ques en li n'ot nulle humeur

Ne demonstrance de doulceur,
Jusques a tant que vint avant
Une dame de fier semblant,
Qui Justice estoit nommee 5845
Par qui la chose muee
Fu asses tost tout autrement.
Or entent, se tu veulx, comment:

de] et en *Mqi*π*eC*²𝔓
Il f. at. *L*𝔓, fu *HM*
et ent. 𝔓
Ceste ch. 𝔓
comment *HGs*, quel s. *L*
Et ne l. *C*², il fust p. 𝔓, fruit dont il f. venu *es*
Et *HGC*²*qies* Feust 𝔓, Et d. t. c. est v. *HG*, et est v. *L*, Et d. t. c. et meu (est c. meu s) *es*
vieil *HGL*𝔓, f. viez (vielx *M*π viel *es*) *qMi*π*es*, v. fu d. *G* v. fust et d. *H* f. v. et d. *C*²

desuestu *HG*π*L*𝔓
aussi *G*
ou] on *M*
iesucrist mist e. e. 𝔓 ih. est m. e. e. *M*, este m. eust *es*
Aussi ia 𝔓
fust *HGMqi*π*esL*𝔓 feu a, restue *L* recote *es*
que *H*π𝔓, o-el(l)ement *HGM*π𝔓, Pour ce o. *L*
—de *qs*, naisce. *Gq*
Toutes u. celui s. *L*, Toutesfoiz cestuicy s. 𝔓
Pour ce que s. le c. 𝔓
par q. f. *L*, qui *s*, fut *M*, parc. *G* aperceu *qi*π*esC*²*L*𝔓
De sa pomme e. d. *es*
Da s. p. q. *G*, Des passans et *es*, q. attendoit *Mqi*π*esC*²*L*𝔓
Estre r. *HGMqi*π*esC*²𝔓
Si comme *es*, Si quen l. n. aucun h. 𝔓, Et pour ce en li n. point de h. *L*, neust nul h. *G*
desm. *M*, de] ne *HG*, douloour *L*

de dur s. *L*, La d. qui a (au *Mq*) f. s. *Mqi*π*es*
est appellee *Mqi*π*esC*² estoit appellee 𝔓
ch. fut m. *L*
Du tout en tout et aut. *L*, —tout *qs*
entens *C*², enten ge diray c. *L*

Altercation de iustice et de virginite. 𝔓 (T.)

	Entre les branches du pommier	
	Et les feulles qu'ai dit premier 5850	di *M*
	Une dame reposte estoit	r.] cachee 𝔓
	Qui tresdiligemment gardoit	d-gement *M* d-geaum. *qL*
	La dicte pomme et le pommier	—le *L*
	Que mal n'y fust fait par toucher.	—mal *M*
	De ce pommier la fleur estoit 5855	cest *ML*
	Qui par blancheur noif surmontoit	blanche et n. *H*, noiz *M* neif *L*, neige sembloit 𝔓
	Et estoit com basme odourant	Comme b. est. od. 𝔓
	Et plus que le souleil luisant,	s-loil *M*
	Suer des anges appellee	
	Et Virginite nommee. 5860	
	De li Justice s'aproucha	Delle j. 𝔓
Justice.	Disant: "Dame blanche, entent ca!	
	Il fault que m'oies un petit	q. tu me oies *L*, Fault q. mescoutes vng p. 𝔓
	Et que faces sens contredit	face *M*π
	Ce que ci apres te dirai 5865	
	Si com raison t'en monsterrai.	Com par r. te m. 𝔓
	Adam une pomme menga	
	Dont cet arbre sec despoulla	sac *M*
	De quoi faire nul droit n'avoit,	q.] ce *L*
	Ains le fist du tout contre droit. 5870	f.] prist *L*, c.] tout *H*
	Si saches que, së a mon gre	Et s. *M* Or s. *L* Ore s. 𝔓, sachiez *HGL*
	N'est li arbres restitue	li] cest 𝔓, larbre *HG* larbre sec *M*
	D'autel pomme ou melleur asses,	De tel p. 𝔓 Daultre p. *M*
	Adam et tuit si hoir dampnes	tous ses hoirs *HGLC*²𝔓
	Sont sens nul rapel a tousjours 5875	S. s. r. ames t. *L*
	Et sens avoir jamais secours.	s. jam. av. *HGC*²
	Or est ainsi que le pommier	
	Et la pomme que gardes chier	g-de *H*
	En cellui Adam sont crëus	Et celui *G*, Et celle ou A. cr. *H*
	Et commë hoir avant venus 5880	c.] ainsi que 𝔓, com ses hers a. *L*
	Pour le sec arbre restablir	
	Et de sa pomme revestir.	De s. p. et r. π, sa] la *C*²

Si faut que me laisses prendre   Par quoy f. 𝔓, Pour quoy comment q. l. p. *L*
La pomme quë as pour pendre   prendre π
En l'arbre sec et atachier   5885   estach. *M*
Et ens a clos forment fichier,   Et dedens a cl. fort fi. 𝔓, Ouecques cl. tres f. f. *L*, ens enclos f. *M*
A fin que qui va la voie   va] ira π*C²L*
La restitucion voie   La bonne r. *L* Celle r. *C²*
Et quë Adam soit descoupe   q.] par ce 𝔓, destoupe π
De l'autre qu'il avoit oste."   5890   De celle q. *L*

Virginite lors respondi:
  "A fin qu'il ne fust pas ainsi   A ce que ne 𝔓, que ne *qπC²*
Contredire bien vouldroie,
Mes point plaidier n'en saroie.   ne s. *M*π
En vergongne et en simplece   5895
Vueil bien garder qu'on ne blece   Bien v. ie g. 𝔓, g. come nobl. *L*
La dicte pomme et le pommier,
Mes certes bien aroie chier   certainement iaur. ch. 𝔓
Que, pour cognoistre bien raison
Par fait, exposasses ton nom.   5900   ex-sse *M* exposas π
Alixandre, qui fu jadis
Loing en un sauvage païs,   Moult l. et en s-es p. 𝔓
Trouva deux arbres qui nommes
Estoient lors et appelles   E. pour l. 𝔓
Du soleil et de la lune,   5905   Lun du s. lautre de l. *LC²* Arbres du s. et de l. 𝔓
Qui de li et sa fortune
Dirent aucunes nouvelles   Diroient *M* Disdrent *G*
Qui li [ne] furent pas belles.   ne *MqH* &c. Ne li f. mie b. *C²*
Si semble sens prejudice,   Il s. s. p. *L*
Se de fait tu es Justice   5910   Que d. *L*
Ainsi com le nom tu en as,   Aussi *HGL*π A. que l. 𝔓, —tu *C²*
Ces deux arbres parler feras
Aussi com les autres qu'ai dit,   Ainsi *MqπHG*𝔓, Ainsi que l. 𝔓
Si que celle qui de son fruit   Et q. 𝔓
Estre despoullee *se* sent   5915   se *MqπHL*𝔓] ne *aG*, E. mal d. 𝔓

Arbres de soleil et de lune. 𝔓 (T.)

Et qui quiert restablissement,   Tout p. 𝔓
Au premier sa plainte fera
Et l'autre arbre li respondra   arb. respondera *M*, li] si *C*²
Si com cuidera que bon soit   Comme cu. 𝔓
Et y sara avoir son droit;   5920
Si que, quant aront pledïe,   quant bien a. *MqHGL* quant il a. π*C*²𝔓
Se plait y faut, de toi jugie   Se pl. *MqπHG* Si droit *L*] Si fait a, font *H*, Ce que voulront de 𝔓
Sera, comment la chose ara
Fin, et que faire en conviendra;   en] y *MC*²π, conuendra *MHL*
Et ainsi point n'en plaiderai   5925   ne pl. *MC*²π*HGL*, ne me plaindrai *L*
Et a meilleur paix en serai."   a] en *MHGL*
Justice dist: " Je le vueil bien,
Ja ne t'en desdirai de rien.   Je *M*, ten faudray de r. *L*
Entre vous deux arbres aves
Congie de parler, se voules."   5930

           Altercation piteuse entre l'arbre verd et l'arbre sec. 𝔓 (T.)

Lors dist l'arbre sec: " Je me plain   L. larb. s. d. *HG*, sac *M*
De ce quë homme premerain   De cel h. *L*, q.] vieil 𝔓
Indeuement me despoulla   Qui ind. 𝔓
De ma pomme quë il manga.   q. il] laquel 𝔓
Onques puis a houneur ne fu   5935   a] en *L*
Et grant franchise en ai perdu   Grande f. 𝔓, franchie *G*
Com sauvage devenue
Sens porter fruit de value,
De mon *estoc* dessevree   estoc *MqH* &c.] escot a, desseunee *H* separee 𝔓
Et de lieu en lieu getee,   5940   en autre g. *LC*²
A nulle rien convenable
Et du tout abhominable,   Ains comme toute ab. 𝔓
Pour ce que semblance ai ëu   ai] a *H*, ce s. iay eu 𝔓
Aus autres arbres qui trëu   —arbres *M*, trehu *L* tribu 𝔓 creu *HG*
Ont paie pour ceux justicier   5945   —paie *M*, c.] eulx *G*
Qui sont dit larron et murtrier;   l. ou murdr. 𝔓
[Si que pour m'onneur recouvrer]   5947 *qπG*𝔓, = 5948 *H*, p. mon honour *M*, P. mon. honn. r. *L*, p. mon nom r. *C*²

Je ne puis [plus] dissimuler =5947 H
Que n'aie restablissement, Q. ge n. L𝔓
Mesmement com presentement 5950 c.] que 𝔓, Tant c. ge uoy p. L
En ce pommier vert florissant cel L, ce tresbeau p. v. la 𝔓
Pomme voie bien souffisant P. moult plus que s. L, P. tant s. y a 𝔓
Dont tost et sens dilacion
Puis avoir restitucion, P. bien a. L
Si que Justice je te pri 5955 Pour ce J. L
Que me faces raison de li faites L
Et me fai tost restituer fais M
Sens plus targer ou demourer." ou] ne 𝔓

Lors l'arbre qui pommier est dit q. bonne ente e. d. L
Hochant ses feulles ainsi dist: 5960 Hach. L Mouuant 𝔓, flours M, dist q
"Se dë Adam je sui nee du vieil A. L, du lignage A. s. πC²
Et en li enracinee,
Si n'est point en moi le venin Que 𝔓, ou] au GL
Qui par Adam vint ou pepin.
Entee a[i] este franchement 5965 ai MqH &c.] a aG
Et exemptee outreement exceptee G, o.] entierement 𝔓
De venin et *toute* tache, toute MqH &c.] de autre a
Qui tous autres arbres tache, Pechie na en moy point de place L
Et n'ay nulle sauvagine sauuasine L
Dë *estoc* ou de racine, 5970 estoc MqH &c.] escot a, Destoc M, En e. ny
Si que nul restablissement en r. L, ou] ne 𝔓
Ne doi selon mon jugement. Pour ce n. L
Ceux le doivent qui sont tachies doient M
Et corrompus du venin vies. de π, vielz 𝔓, c. de viez (vielx G vilz C²)
D'autre part onques ne portai 5975 peches HGC²
Fors la pomme seule que j'ai la s. p.
Dont le pepin du ciel me vint
Et par 'ix' mois en moi se tint Qui p. 𝔓, —Et M
Prenant *ou* milieu de mon corps ou MqH &c.] au a, Prenent G, Et prist ou
  m. L

L'escorce quë on voit de hors 5980
Par l'influance (en) descendant
Du souleil et en moi entrant,
Affin quë arbre nommee
A droit fusse et appellee
Portant fruit sens corrupcion 5985
Et sens estrange mixtion,
Pour quoi aussi mie n[e] voi
Quë estrangee hors de moi
Doie estre ma doulce pomme
Que Jhesus autrement nomme. 5990
Du ciel tout m'a este donne,
D'Adam n'est rien en li cause,
Se n'est l'escorce de dehors
Dont se couvri dedens mon corps,
En la quelle nul pechie n'a, 5995
Car n'ala onques jusques la.
En l'*estoc* ou entee fu
Si com dit est *recoupe* fu.
Onques plus haut ne monta puis.
Se l'arbre est sain, encor li fruis 6000
Plus sain et plus noble est asses,
De tout pechie franc exemptes ;
Si ques comment oseroit on
Dire que restitucion
Dëust faire qui ne meffist 6005
Onques encor et ne mesdist.
Ja Justice ne le dira,
Si com croi, n'arrest n'en rendra.
A ceux seulement appertient
Jucques aus quiex le peche vient 6010
Qui par pechie et lignage
Succedent en l'eritage."

q. len uait *L*, quon v. par d. *M*𝔓
—en *MqH* &c.
—et *H*
q. je a. n. *C*²
Par d. *L*, Je f. a dr. 𝔓
—fruit *M*
mistion *qπ*
ainsi *MH*𝔓, ainsi pas ie ne v. 𝔓, q. nulle cause ne v. *L*
e-ge *Hπ* estraingier *M*, separee estre de m. 𝔓, h. de o m. *L*
e.] pour rien 𝔓
a.] filz de dieu *L*
t. a e. 𝔓, c. me a t. e. *L*
en l. n. r. c. *MqπC*² en l. r. n. c. 𝔓
Ce 𝔓

estoc *MqH* &c.] escot *a*, ente *GL*, ent. ie fu 𝔓
recoupe *MqπHL*𝔓 recouure *G*] retouppe *a*, Comme d. 𝔓
nen *HG*

n. franc *H*, —est *M*, dassez *L*
t-s p-s *M*, f. et ex. *HG*
Pour ce q. c. *L*

O. nul jour ne ne m. *L*, O. en rien ny ne m. 𝔓, —et *G*
La *G*
Comme c. 𝔓, Ce cr. ny arr. *L*, r.] donra *HG*

et] de *G*
S-dant *M*

Le Pelerinage de l'Ame.

A donc l'arbre sec respondi :
"Certes je ne met pas en ny   Ge ne m. point de contredit *L*
Que les hoirs Adam pech[ë]eurs   6015   hers *G*, h. de Ad. *Mq*, l. enfans dad. ℬ
Et qui de li sont successeurs
Restablir ne me dëussent   De droit rest. ℬ
Se bien le pouoir ëussent,   Se *MqH* &c.] Si *aL*, Si ilz le p. *L*, Se la force et le p. ℬ
Car non mie tant seulement   Par ce que n. m. s. ℬ
Il doivent restablissement,   6020   establ. ℬ
Mes l'amende doivent aussi
Entiere poier a cellui
A cui il desobeirent   Au quel il (iadis ilz ℬ) d. *L*ℬ
Et contre son vouloir firent,
La quelle amende selon droit   6025
Convient par raison que grant soit,   gr. foy π
Car le meffait si tresgrant fu
Quë homme et femme en ont perdu   Q. lh-e ℬ, —en *q*
Les ames d'eux de Dieu bannis   Leurs a. et de D. *L*, de] et *M*
Et en enfer en chartre mis.   6030   Et en la ch. denfer m. ℬ
Si faut entendre par raison   fait *H*
Que double satisfacion
Doie estre faite entierement   Doit *L*ℬ
Avec mon restablissement;
C'est que paiee l'amende   6035   Qui requiert que p. lam. ℬ
Soit a Dieu et tant s'estende
En pris et grandeur com est grant   et] en π*M*, pr. gr. c. dieu e. g. *L*
Et point ne soit mains suffisant.   pas ℬ
L'autre chose est que racheptes
Soient ceux qu'il avoit crees   6040   quil] lesquelz ℬ
A son ymage, a son semblant   A sym. et a s. s. *q*π*MGH*, A son bel y. et sembl. ℬ
Predestines a sauvement,
Aus quiex dignement racheter
Faut pris equivalent trouver   equiualement *H*
Ou greigneur com sont estimes   6045   g.] plus grant ℬ
Ceux qui sont tenus enchartres,

Mesmement com cil qui les tient	M. que ceulx q. l. tiennent 𝔓
Et en sa chartre les opprient	opprent *H*, leur ch. l. oppriement 𝔓, en sa prison dom tout mal vient *L*
Si pervers et si cruel soit	Tant p. *L*, Si tres p. et crueulx sont 𝔓
Que du pris rien ne lascheroit. 6050	laisseront 𝔓
Et ne vueil mie maintenir	Ge ne *L*, Et ie ne v. pas m. 𝔓
Que [le] pommier vert restablir	le *Mqπ GHL*𝔓
Ne doie pour ce que pechie	Ne *MπGH*𝔓] Me *aqC*²*L*, doice *M*
Ait en li et qu'en soit tachie	Aie en li ne q. 𝔓, que s. *C*²
Ou que sa pomme ait rien meffait, 6055	
Mes autre cause a ce me trait.	cho(u)se *L*𝔓
N'est pas doubte que sont venus	Que n. p. d. *M* Car n. d. 𝔓
Pomme et pomier et decendus	P. ou p. *G*, et d.] que sont venus *M*
Dë Adam et que sont si hoir,	q. ilz s. ses hers *L*, Dadam et tous deux s. si h. 𝔓
Et a la pomme le pouoir 6060	—a *H*, les pouers *L*
Seule de restitucion	
Faire et de *satisfacion*	satisfacion *MqH* &c.] satisficion α, —de *C*²
Par tout et a qui appertient	P. tant *H*, Paier a q. il ap. *L*
En la maniere qu'i[l] convient,	quil c. *qπC*²*MGHL*𝔓
Pour quoi, tant qu'ape*r*tient a moi 6065	P. t. quil ap. *H*, t. com il touche a moy *L*
Et que restablie estre doi,	
La dicte pomme je requier,	p.] somme *GH*
Moi souffrant asses de ligier	Me passant a. 𝔓
Du remanant et me tairai	Au r. 𝔓
Quant restitucion arai." 6070	Q. ge r. *L*, iauray 𝔓

L'arbre vert.

Adonc respondit l'arbre vert : [sert	dr. qui ne d. *Mqπ C²GH*𝔓, Est ce droit que qui ne d. *L*
"Est il donc drois, (que) qui [ne] des-	
Paine, qu'il la doië avoir	qui la d. *G*, que la d. receuoir 𝔓
Pour ce qu'il est de grant pouoir,	g.] bon *L*
Ou que paie qui rien ne doit, 6075	O. qui p. *H*, Ou q. cil p. *L*
Et soit quicte cil qui acroit,	Et que s. q. *H*, Et quipte s. c. *L*
Ou que pour chose petite	
Ja on ne puist estre quicte	Nulx homs ne p. *L*, ne] en *q*, puet *M*, Ou ne puisse bien e. q. 𝔓
Qui ne fait restituement	restablissement *GH*

A cent doubles et paiement.	6080	c.] mille 𝔓
Certes la pomme que menga		=6082 *H*, quil m. *G*
Et que de l'arbre Adam osta,		=6081 *H*, Ad. et q. de l. o. *L*
Quant de soi petit pris avoit		pr. valoit *L*
Et moult petite chose estoit,		petit de ch. *L*
Si me semble grant desraison,	6085	
Quant avoir restitucion		
Veult l'arbre sec de ma pomme		
Dont le pris ne pourroit homme		
Ne la valeur onques penser,		Et *H*, pezer 𝔓
Ja tant ne s'en scëust pener.	6090	sceut *M* sauroit 𝔓
D'autre part grief chose seroit		
Que li qui nulle rien ne doit		q. (que *G*) nulle chose d. *HG*, Q. q. nulle chose ne d. *L*
Et qui nul mal n'a desservi		que *M*
Payast et de paine puni		
F[ë]ust, et ceux qui ont mespris	6095	Feust *GH*𝔓 Fust *aqπL* Fut *M*, et que c. π
Feussent quictes et non punis.		
Ja jugie ceci ne sera		
Qui adroit y regardera."		

L'arbre sec apres respondi: ap.] adonc π
"Onques mais arbre je ne vi 6100 —mais *GH*, a. nul ne vit *L*
Qui bien sauver ne se vousist saner 𝔓, Q. s. ne se deust *L*
En sa racine, se pouist, Et larrecine s. p. *H*, se il peusist 𝔓, Par son fruit se il peust *L*
Qui ne prëist cultivement Et ne p. cout. *L*, Et qui ne prist c. 𝔓
Pour son bien et amendement. En son fruit et a. *L*
Se restablissement requier 6105 Ce r. r. *qGH*
Que pour mon houneur ai bien chier, Et p. π*C*², Q. ge p.m. h. ay ch. *L*
En ce ne pert l'arbre vert rien,
Mes est son proffit, ce scai bien. Ains e. *L*𝔓, ce] et 𝔓, pr. scay ge b. *G*, c. scay je b. *C*²
Tant com la pomme gardera c.] que 𝔓
Ainsi, pou proffit en ara, 6110 Entiere rien ny gaaignera *L*
Mes quant devers moi je l'arai
Et restablie j'en serai, Et ge r. en s. *L*

Quant ara este batue,
Tourmentee et desrompue,
Qu' a clous l'arai atachee 6115
Et par tout sera percee,
Le jus qui de li hors istra
Et qui a terre coulera
Sera grant medicinement
A tout son enracinement, 6120
C'est a tout le lignage humain
Qui sa racine est tout a plain
Qui par tel liqueur rachepte(e)
Sera du tout et delivre(e).
Autre raencon il n'y faut. 6125
Miex que la racine asses vaut
Et n'est pas doubte que valeur
Plus *grant ara l'arbre* et vigueur,
Et endurra plus longuement
Et moult plus proffitablement, 6130
Se du dit jus arrousees
Ainsi et medicinees
Sont les racines que je di.
D'autre part je vueil dire ainsi
Que de la pomme estendue 6135
Et crueusement batue.
Et du jus qui en istra hors
Avec la fourme de son corps
Dieu qui offendu se tient moult,
Qui ce verra du ciel amont, 6140
Grandement apaisie sera,
Et pour amende recevra
Ce precieux sacrifice
En pardonnant tout vies vice.
Et ainsi a moi agreant 6145
Les deux choses qu'ai dit devant

aray *GH*, Et quaura e. fort b. ℔

Et o clouz sera at. *L*
A moy et p. t. deperciee *L*
iust q. h. delle en i. ℔, lui coulera *L*
Et sur la t. ℔, Et a t. deualera *L*

rachete *MqΠ* rauiuee *L*
deliure *MqΠ* rachetee *L*
Nulle a. r. *L*℔ rencon *GM*℔ rancon *HL*
q. or ne argent y v. *L*

P. g. a. l. *MqH* &c.] Pl. a. l'arbre grant et v. α
endura *LM*, Et durera p. l. ℔
En honneur et pr. *L*, pourfit *q*
Et *G*, Si du juis sont ar. *L*, iust sont ar. ℔
Et a. bien m. ℔, De la pomme et reconfortees *L*
Cestes r. ℔, Les r. q. ge vous di *L*
partie v. ℔

cruelem. ℔, Et tres cruelment *L*
iust ℔

q. se t. pour offendus *L*, D. le pere de toute offense ℔, q. s. t. o. m. *C²*
Q. v. ce du c. la sus *L*, Par si tresgrande obedience ℔
Grantem. *M*
am.] a moi π
Le corps ainsi s-fiez *L*
Qui p. *H*, tous vielz v. *G* t. le vieulx v. ℔ tous vielx pechiez *L*
a] en *G*

Seront du tout affinees
Et en paix aterminees."

  enterm. *GH*, en vraie (bonne 𝔅) p. term.
  π*C*²𝔅

Adonc dist l'arbe verdoiant:
 "Ma pomme a bien vertu si grant 6150
Que tresbien medicinera
Racines et moi quant voudra,
Et se mectra en la main Dieu
Pour estre son joiel et gieu
De l'amende li apaisant   6155
Comme la pomme fait l'enfant.
Et ja n'en sera batue
Pour ce, ne a clous pendue;
Si que li arbre sec requiert
Chose qui par droit point n'affiert, 6160
Ce m'est advis; pour quoy requier
Justice qu'en vueille jugier
Qui pour autre chose n'est ci."
L'autre dist: "Je le vueil aussi."

  v.] florissant *L*
  p. est bien si puissant *L*

  Les rac. q. il v. 𝔅
  se] ce *M*

  Et de lam. lappaisant 𝔅, apeiant *L*

  n. s. ia b. *Mq*π*L*𝔅
  ny a clou *L*, ne en crops p. *M*
  Pour ce larb. *L*, Par quoy cest a. 𝔅, larb. *GHL*
  —qui *L*
  Se *G*, p. ce r. *M*
  que v. *GH*, veulles *M* vueill *q*
  par *H*
  ainsi *GHLM*π

Justice. Justice la parole prist   6165
 Et en audience ainsi dist:
"Force n'est pas, drois ne raison.
Pour ce, s'aucun dominion
A en soi ou seigneurie,
Pour tel cause ne doit mie   6170
Injustement rien ordener
Ou contre droit rien commander.
Par droit sens plus puet ce qu'il puet.
S'autrement fait, Raison s'en deut.
Se la pomme, dont est tenu   6175
Ci parlement, a tel vertu
Que puist faire sens contredit

  —Et π
  Fors *M*
  Si auc. a seignouraison *L*
  ou] et *GHMC*²𝔅, Sur le monde ou grant
    mestrie *L*
  I. chouses amender *L*
  Ne 𝔅, Encontre *C*²
  qui p. *GH*, Ce quil fait doit faire par droit *L*
  R. s. d. sil ne le fait *L*

  Ce p. π𝔅 Cest p. *L*
  peust *H*, Quel puisse f. s. desdit *L*

6160-6178 partly, and 6179-6193 entirely, cut off in *M* (fol. 166 b).

	Quanque le vert pommier a dit,	Ce que v. p. *L*, la v. pomme *GH*
	Pour ce n'est pas que faire rien	P. tant ne doit el f. r. *L*
	Doie fors justement et bien ; 6180	F. par congie par droit et b. *L*
	Car nul lo(r)s avoir ne pourroit,	los *GHL*𝔅 les *C²*, ne deuroit *L*
	Së injustement rien faisoit;	. r. inj. 𝔅, Si justem. ne le f. *L*
	Mains bel en seroit son pouoir,	Et deuroit perdre s. p. *L*
	Pour la quel chose est assavoir	P. quele ch. 𝔅
	Que Dieu le pere qui tout puet 6185	
	Et qui rien fors raison ne veut	De q. par raison tout muet *L*
	A ces choses pensa jadis	
	En disant ainsi a son fils:	
Dieu le pere.	"Tu vois que pour celle pomme	Filz tu sceiz q. *L*
	Grant amende me doit homme, 6190	lhomme 𝔅
	Et vois qu'il faut qu'il soit perdu	qui s. p. π, Et sceiz q. f. q. s. pendu *L*
	Pour tant quë il m'a offendu;	P. ce q. *L*, P. autant quil 𝔅, quil m. *GH*
	La quel chose moult me desplait,	ch. me despleiroit *L*
	Car ensemble l'avïons fait,	nous l. f. 𝔅
	Affin qu'il fust de paradis 6195	que f. π
	Heritier ou l'avïons mis.	
	La chose aussi pour li mal va,	Le fait p. li malement va *L*
	Car il qui le meffait fait a	il] cil π li (lui) *GH*𝔅
	N'a rien dont se puist rechapter	peust 𝔅, racheter *MqC²*𝔅, aidier *GH*, d. rachept. se puisse *L*
	Ne rien dont me puist agreer. 6200	
	Quant a l'amende qui est grant,	
	Quictier ne li doi tant ne quant,	li] le *qπL*𝔅 la *GC²*
	Car il faut quë il face droit	q. ie face *qC²HL*𝔅
	Et qu'en ceste cour raison soit.	Et uerite comment quil s. *L*
	Si vousisse que fust trouve 6205	
	Aucun par qui fust rachepte,	
	Qui l'amende paiast pour li	

6188 a, b.—En la heure que adam ot pechie
    En meniant du fruit deueie. *L*
6194-6204 partly, and 6205-6214 entirely, cut off in *M* (fol. 166 c).
After 6196 fourteen lines in *L* (*see* Appendix).

	Et que fust l'arbre restabli.	q. l. f. *L*
	Or n'ay ange qui ce pëust	
	Ne qui aussi tenu y fust. 6210	Et (*inserted in paler ink*) *C²*, Ne a. q. t. 𝔓, ainsi π, or *G*
	Homme tout seul l'amende doit,	
	Au paier est tenu par droit.	
	Si m'en diras que t'en semble	me d. *H*𝔓, Dy moy mon filz ce quil te s. *L*
	Pour bien tractier en ensemble."	P. cecy b. t. ens. 𝔓 P. ce t. tresbien e. *C²*, Sil nest aidie enfer lemble *L*
Dieu le filz.	"Pere, dist il, il est bien voir 6215	P. d. le filz il e. v. *L*
	Que par fraude li decevoir	le d. *L*𝔓
	Vint le serpent; si seroit bon	V. Sathenas s. s. bien *L*
	Qu'aucunement li aidast on,	aid. len *L*
	Qui la voie pourroit trouver	
	Ou se pëust droit accorder; 6220	O. d. si s. p. a. *C²*
	Mes il qui fait est pech[ë]eur	f. estre p. *G*, q. sest (se est *qπC²*) f. p. *Mqπ*𝔓, M. lhomme q. sest f. p. 𝔓
	Ne puet ja avoir successeur	ja] pas 𝔓, p. a. nulx s-rs *L*
	Ne hoir qui ne soit entechie	De h. π
	Du premier meffait et pechie	
	Et qui puist estre souffisant 6225	Ne q. puisse *L*𝔓
	De paier amende si grant,	
	Et bon est qu'en die qu'en sent	que d. *MLC²*, que d. ce q. s. *L*, Sainct esperit d. ce quil en iuge 𝔓
	Le Saint Esp(e)rit qui est present.	Bon est den aler a refuge 𝔓
	A li le conseil appertient	le] tout *L*, A lui qui bien saura regler 𝔓
	Et bien scet que faire en convient."—6230	Il s. ce q. f. *L*, Tout cest affaire et desmesler 𝔓
	"Certes, dist il, il est raison	Cest d. il c. bien r. *M*
	Que proprement cellui soit hom	
	Qui celle amende paiera,	c.] tele *M*𝔓
	Car le meffait tout seul fait a;	Et qui les bons hons sauuera *L*
	Si faut que cil innocent soit 6235	Et f. *L*𝔓, c.] il *L*
	Et que pouoir aussi grant ait	qui π, ainsi *G*, quaussi g. p. il a. 𝔓
	Comme nous trois ensemble avons;	
	Mes ne scai ou le trouverons,	Or gardons ou le t. *L*
	Se l'un de nous n'est fait homme	nous 'iii' est f. *πC²*, Si non que l. de no. soit h. 𝔓, Il faut que vn de no. deuiegne h. *L*

6235-6241 partly cut off in *M* (fol. 166 d).

Du quel aussi com de pomme 6240 Ou q. *H*, ainsi π𝔅
Le pomier du tout restabli
Soit devant tous et ressaisi, S. tout d. et r. 𝔅
Et que paiee par li soit
L'amende si com est de droit.
Et croi *qui* ceci ne fera, 6245 qui *MqH* &c.] que *a*, Bien scay q. *L*, ne sera π sera *L*
Jamais homme *sa* paix n'ara."— sa *MqH* &c.] se *a*, Tout le monde dampne sera *L*
"Certes, dist lors Dieu le pere, d.] a dit π
Bien croi qu'il faut que compere que f. π*G*, Il conuient que vn de nous comp. *L*
Ceste folie l'un de nous Le mors que adam fist en la pomme *L*
Ou quë hommes perissent tous. 6250 Ou condampne sera tout homme *L*
Que t'en semblë il, treschier fils?"—
"Il m'est, dist il, ainsi avis; aussi *L*, m. aussi d. il av. *q*𝔅
Mes moult grief chose ce seroit griefue ch. s. 𝔅, M. grieue painne soufferra *L*
A cil qui commis y seroit."— C. a q. ce com. sera *L*
"Tu dis voir, fils, ce seras tu, 6255 d. vray 𝔅, ce] se *M*
Mes que ce soit a ton plëu. Cent mille ans a q. las sceu *L*
Si te pri quë il te plaise Il me plest q. *L*
A souffrir ceste mesaise."—
"Ha, dist il, com male pomme, il] le filz *L*
S'il convient que porte somme, 6260 Il c. *L*, S. fault q. p. ceste s. 𝔅
Et que je deviegne sommier
Pour la redempcion paier
De cellui qui mengiee l'a cil q. la pomme menia *L*
Et qui par aventure ja
N'en sara gre n'a moi n'a toi. 6265 saurai g. na t. na moi π, a t. na moy *H*, Si charite ne fust ge croy *L*
Je croi que repentir me doi Que me repentisse pour quoy *L*
Quant fu a sa creacion Ge f. *L* Dont f. 𝔅
Pour avoir en tel gueredon; P. en receuoir t. guerd. 𝔅, P. a. tribulacion *L*
Mes, pere, s'ainsi le convient
Et a ton plaisir ainsi vient, 6270 Puis que a vostre pl. v. *L*, aussi *C*²

6244 a, b.—Cest que il mourra a tort
        Pour ramener les bons de mort *L*
After 6256 sixteen, and after 6264 twelve, lines interpolated in *L* (*see* Appendix)

Comment que tresgrant grief me soit,   —grant *q*, q. grief chose *C*² Vostre voulente sera faitte *L*
Ton vueil, non pas le mien, soit fait.   m. fait soit *GHMC*², N. p. la moie quant il vous haite *L*
Tousjours vueil faire ton plaisir   Touz temps f. vostre pl. *L*
Et jusqu'a la mort obeir.   J-ques a l. m. veulx o. *L*
Mes une chose dois penser,   6275   ch. mediter *L*
Chier pere; car se moi haster   c. si tost h. ℬ, Vueil si me faites h. *L*
Fais, ja homme gre n'en sara,   Me f. lhomme g. ℬ, H. ia g. ne men s. *L*, ja hom g. ne men s. *G*
Car esprouve encor pas n'a   Quant esp. e. naura *L*, Pour ce quenc. prouue nara ℬ
Les miseres et les perils
Ou par son pechie il s'est mis.   6280   Ou il est par ses p-s m. *L*
Si est bon quë il les sache   Bonne chouse e. quil le s. *L*
A celle fin que, quant grace   f. quapres que g. ℬ
Faite li sera, mercier
Nous en doie et regracier."—   d.] vuille *L*
"Certes, dist le pere, bien dis,   6285   Dieu le p. dist moult b. d. *L*
Et des maintenant vueil qu'afflis   Nous attendrons ainsi beau fils *L*
Par .v^m. ans ou environ   P. cinq mil a. ℬ
Soit, et apres li aideron.   En cel temps bien li a. *L*
Et par ce temps je pourverrai   cel t. *L*
Le premier pommier que pourrai   6290
Trouver que souffisant voie
Et qui miex plaire te doie,   que *GHLM*
Le quel le Saint Esp(e)rit garder   —le *M*
Voudra et li faire porter   fera p. *L*ℬ
Par sa vertu fleur nouvelle   6295
Que virginite appelle
En la quelle tu descendras
Et en li pomme devendras,
Affin que de toi restabli   qui *M*
Soit l'arbre despoulle ainsi,   6300
Et que soies mediateur
Entre moi et homme pecheur,
Car quant pomme je te verrai,
Com enfant apaisie serai,

	Mes que te laisses sus et jus	6305
	Flaeller pour issir le jus ;	
	Car le jus vueil pour m'amende,	
	Et qu'enfer pour ce me rende	
	Homme quant rachete l'aras	
	Aussi tost com la tu iras."	6310
Justice.	Si que pommier vert je te di,	
	Considere quanqu'as dit ci	
	Et quë a dit *li* arbre sec,	
	Considere aussi avec	
	Le parlement dont ai parle	6315
	Qui fu fait de la trinite	
	En sentenciant par arrest	
	Que le pomier sec qui ci est	
	Iert de ta pomme restabli	
	Du tout en tout et ressaisi,	6320
	Et ce dis jë en verite,	
	N'a pas moult, a Virginite	
	Qui a la pomme longuement	
	Gardee selon son talent."	
Le pelerin.	Or diray apres qu'il avint :	6325
	Justice en son propos se tint	
	Et li temps vint et la saison	
	Que faite separacion	
	Fu de la pomme et du pommier,	
	Car la pomme sens riens blecier	6330
	Ou dit pommier a terre vint	
	Mëure asses com il convint,	
	A la quelle vint Envie	
	Qui pres de ce lieu tapie	
	Nulle autre chose n'atendoit	6335

l.] seuffres 𝔓
Batre fort p. *L* .
Le sanc de toy v. *L*, par m. *H*, p. lamende *G*
par *MqGHL*, Et que par ce enf. m. r. *L*, par toy m. r. *M*, pour tel ius m. r. 𝔓
Lho. *P*, Les bons que r-tez aur. *L*
Ainsi *MH*, to. la c. tu *M*
Par quoy p. 𝔓 Pour cel p. *L*, Ly p. v. que je *G*, ques or p. je *M*, P. v. doncques j. *C*³
quanques d. (di *M*) *GHM*
li *MqπG*] le *aL*, larb. *H*𝔓, Et aussi qua d. larb. 𝔓, Et ce q. *L*
Trestout c. ouec *L*

Le noble fait d. *L*, iay *L*𝔓*M*

que *M*, q. crest *G*
Et *L* Sera *GH* Soit 𝔓

De ce *G*
Nagaires a v. 𝔓, m. en v. *M*

G. bien a son t. *L*

faire *H*
la p. sans blecier *L*
Et sans corrumpre le pommier *L*
En son p. sur t. 𝔓, La ou li plot la pomme v. *L*
A. m. c. 𝔓
Jouste la q. *L*, A ceste pomme v. 𝔓
p. dillec estoit t. *L*𝔓, fu t. *C*³
Ou nu. ch. ne att. *L*

After 6310 interpolation of 562 lines in *L* (*see* Appendix).

Disant que bourrelle seroit
De Justice pour haut pendre
Celle pomme et pour la rendre
A l'arbre sec et restablir
Si com en avoit grant desir.   6340
Ainsi com le pensa et dist,
En tel maniere elle le fist.
Pendue fu en l'arbre sec
La pomme du douls pommier vert
Si haut et si publiquement   6345
Que de pres et loing toute gent
De toutes pars et environ
Virent la restitucion.
Et en ce point prist a plourer
Le pommier et soi dolenser   6350
En toutes ses branches tordant
Et a haut cri ainsi disant :

Fors q. b. estre cuidoit *L*
De dame J. p. p. 𝔅

en] on *M*, El en a. trop mal d. *L*
c.] que 𝔅
telle m. le f. *ML*
P. f. el sec ramier *L*
du bon uert pommier *L*

Q. de l. et p. *Mq*, Q. l. et p. de t. g. π

—Et *q*, cest po. *L*, Et alors se pr. 𝔅
p. uert et d. (et soi d. *M*) *L*𝔅*M*, doulouser *Mq*π*C²GHL*𝔅
s.] les *L*, 'tendant *GH*

Complaincte piteuse de la vierge Marie pour la mort et passion de son filz.   𝔅 (T.)
La complainte de larbre vert.   *C²*

"He Dieu le pere com crueus
   Tu te fais a qui que tu veuls !
Ne scai qui tu espa[r]gneras   6355
Quant ton fil a mort baille as
Qui onques vers toi ne mesprist
Ne a autre meffist ou dist.
Quant le me baillas a vestir
Et d'escorce humaine couvrir   6360
Pour estre pomme, grant joye
M'en vint au cueur, car cuidoie
Que tousjours je m'en jouasse,

com] que 𝔅
Tu yes a ceulx a qui t. v. *L*, te monstres a qui t. v. 𝔅
espargn. *q*π*H* etc.
Q. a m. t. f. b. *L*, b.] liure 𝔅
mesfist 𝔅
—a π, mal fist *q*π*C²GHL*𝔅, Ne aut. mal ne f. ou d. *H* Na aut. mai f. onc ne d. 𝔅 Ne ou monde aucun mal ne f. *L*

Il m. aduint car ie cuid. 𝔅
Qua t. 𝔅

—6353-6462 through loss of one leaf between fol. 167 and 168 *M*.
6358 a, b.—Mes a enseignie uoie de vie
    A ceulx qui le bien ont enuie. *L*

Mes povre, dole͞nte, lasse !
Le gieu m'est tourne en douleur　6365
En lamentacion et pleur.

　He Saint Esperit, conforteur
　　　Des cueurs et vrai conseill[ë]eur
Qui de ta vertu m'obumbras,
Affin que ne m'esblouast pas　6370
Ou esbahi[si]st la clarte
Luisant de la divinite
Au temps quë en moi descendi,
Que ne m'obumbres tu ainsi
Maintenant, afin que tapis　6375
Me fust le grief de mon chier fils
Du quel, se de toi n'ai confort,
Rien ne me(n) viengne que la mort?

　He Gabriel, quant tu venis
　　　A moi et salut me dëis,　6380
Et estre de grace plaine,
Pour quoi tel grace estre vaine
En la fin estre ne dëis?
Tu vois bien et des lors vëis
Que, quant joie m'est tolue,　6385
La grace est jus espandue.

　He Helisabeth cousine,
　　　Moult autrement s'atermine
Ce qu'en la montaigne dëis
Que lors il ne t'estoit avis.　6390
Ma benëicon tournee
Est en lermes et muee,
Et sui asses plus dolente
Que ne puet estre autre femme.

d. et l. *L*

et en pl. *L*

vrai c. *qπ*

De *qπ*, De cu. dolens et cons. *qC²*, et le v. 𝔓

mesblouist *πL*𝔓 mebloyst *C²*

esbahisist *qπ*, Nofuscast la tres grant cl. 𝔓

Ou *GHL* A ce 𝔓

aussi *qπC²*

Ne *GH*, g.] duel *L*, ch.] doulz *qπC²*, le g.
 mal de m. f. 𝔓

me *qπH* etc., Ge ne requier ne mes la m. *L*

veneis *G*

—6381 *L*, de g. dieu p. *C²*, Et que iestoye de
 g. p. *H*𝔓
—6382 *L*
—6383 *L*, ne] me *G* ne me 𝔓

Tu veis b. *L*

Q. (Comment 𝔓) toute j. *L*𝔓
Ma g. *H*, g. dieu est esp. *πC²*, —jus *qπC²*,
 esband. *L*, Et toute g. respand. 𝔓

Mont *q*, Bien tout aut. 𝔓 M. par a. *C²*

m. n͞e d. *G* m. me dis *H*𝔓

—ne *HL*, l. te est. a. *G*

Et en grans l. est m. *π*, En pleurs et en
 m. 𝔓
Et croy que s. la pl. d. *L*

Questre ne p. f. viuante 𝔓 Q. onc mes fust
 en cest monde ente *L*

Le Pelerinage de l'Ame.

H e femme qui te tenoies 6395
    En la tourbe et haut disoies
Que benoit mon ventrë estoit
Qui dedens soi porte avoit
Le fil Dieu qui est ci pendu,
Que n'es tu ci et ou es tu? 6400
Si vëisses le doulereux
Ventre rampli de grans douleurs!

Helas *C*², q. tescrioies *H* q. iadis estoies 𝔓
t.] courbe *H* couche *G*, Entre les gens et h. *L*
benoist *G*, Q. m. v. b. (benist 𝔓) e. *L*𝔓

q. cy e. p. 𝔓

veissiez *C*²
V. plain de toutes d 𝔓, g. pleurs *H*

H e Symeon, bien me dëis
    Piec'a et rien n'y mesprëis
Que le glaive dont est tranchie 6405
Le cueur mon fil et trespercie
L'ame de moi tresperceroit
Et plaie mortel m'i feroit.
Plaiee y sui et navree
Et a tel tourment livree 6410
Que, qui la plaie bien verroit,
Plus que martire me diroit.

Ha *L*
ne m. *G*𝔓, Trente ans a point ny m. *L*
gl. de quoy percie *L*
Seroit m. f. et detrenchie *L*

me f. *GHL*𝔓
y] en *L* ie 𝔓
Et a (en 𝔓) si grant to. l. *L*𝔓
—la *G*] ma 𝔓

H e Joachin, mon chier pere
    Et sainte Anne, chiere mere,
Pour quoi m[ë] engendrastes vous, 6415
Pour parvenir a tel courrous?
David qui vostre pere fu
Herpoieur et conforteur fu
De ceux qui avoient courrous;
Si m'est avis asses que vous 6420
Qui successeurs vous fëistes
De li, vers moi mesprëistes
Quant ne laissastes instrument
Aucun pour mon confortement.
Confort n'ay nul; se le saves, 6425
Pour mon grant dueil plourer deves.

Et A. ma tres ch. m. 𝔓
me eng. *L*, Et. p. q˙ meng. 𝔓
P. venir *qπC*², P. souffrir si grant c. *L*

Haypoier π Herpeeur *G* Herpeur *HL*𝔓, confortateur 𝔓, Harpeur e. rec-eur *C*²

en f. *C*²
Deuers moy moult m. *L* A lencontre de m. m. 𝔓

reconf-t *C*²
se le] comme 𝔓

He douls fils, a toi parler veulh,　　　　　　　　Ha *L*
　　Car a toi seul doi avoir l'ueilh.
Tu sces quë amiablement
Te nourri et tresdoulcement　　　6430　　　　Tai n. $\pi\mathfrak{P}$
Et mes mammelles alaitas
Souvent gesant entre mes bras.
Or te sevre de moi la mort　　　　　　　　　　ta s. de o m. *L*, s.] depart $\mathfrak{P}$
Et fait partir a tresgrant tort.　　　　　　　　a si gr. t. *GH*, Et te separe a moult gr. t. $\mathfrak{P}$
Si ne dois mie, *fil*, penser　　　6435　　　　fil $q\pi HL\mathfrak{P}$ filz C^2] si a*G*, d. pas mon filz p. $\mathfrak{P}$
Que je puisse ce endurer,　　　　　　　　　　Q. si grant dueil p. e. $\mathfrak{P}$
Et que de dueil ci ne muyre　　　　　　　　　muiere *H*, du. a mort ne tire $\mathfrak{P}$
A douleur et a martire.　　　　　　　　　　　A grief d. et grief m. C^2
Or te voi je lassus tout nu,　　　　　　　　　l. pendu $\mathfrak{P}$
A honte mis et estendu,　　　　　6440　　　　m.] nudz $\mathfrak{P}$
Monstre a tous *et* descouvert,　　　　　　　et $q\pi H$ &c.] a a, A t. m. et d. $\mathfrak{P}$
Par tout deferme et ouvert,
Si que est le cueur de toi monstre　　　　　　Tant q. *L*$\mathfrak{P}$, —est $q\pi C^2$
Par l'ouverture du couste,　　　　　　　　　　Est a tous parmi ton c. $q\pi C^2$
Et t'est fait ceci en plain jour　　6445　　　　Et cest cecy *GH*, en] a $\mathfrak{P}$
Le peuple du païs entour,　　　　　　　　　　Au veu de tout l. p. ent. $\mathfrak{P}$
Et es mis entre les larrons
Aussi com fusses mauvais homs.　　　　　　　Ainsi que f.$\mathfrak{P}$
Et s'aucun est si estrange　　　　　　　　　　estoit $\mathfrak{P}$, si] ci *q* ici *L* e. cy si C^2
Qui de toi n'ait cognoissance,　　6450　　　　neust point c. $\mathfrak{P}$
Pilate a mis sus toi ton nom　　　　　　　　　sur C^2
A fin quë a confusion　　　　　　　　　　　　qua grant c. $\mathfrak{P}$
Tu soies de tous cognëu　　　　　　　　　　　dutout C^2
Qui a ce faire sont venu.
Et mes yeux qui ceci voient,　　　6455
Comment tenir se pourroient　　　　　　　　　Las c. C^2
Que ne monstrassent en plourant
La douleur de mon cueur tresgrant.　　　　　doul. que iay au c. gr. *L*
Se pere ëusses qui plourast　　　　　　　　　que π
Avec moi et *te* doulousast　　　6460　　　　te $q\pi GH\mathfrak{P}$] se a*L*, delous. *L*

Le Pelerinage de l'Ame.

Pour ce qu'en toi partie ëust,   Par ce q. t. pitie il e. ℬ
Mendre asses ma douleur en fust,   Meneur dass. ma d. f. *L*, —en *qπC²L*
Mes pere en terre onques n'ëus,   p. onq. en t. n. *LC²*, t. nas pas eu ℬ
A toi plourer n'est nuls tenus   nest] est *GH*
Tant com moi qui tout seul es mien   6465   T. que m. a q. seule ℬ, Fors m. quar t. s.
Et en toi fors moi nul n'a rien.   yes m. *L*
     moi] ge *L*
De mon sanc es entierement,
Si en est double mon tourment.   Et pour ce ay ge double t. *L*
Fil, autrement, s'il te plëust   s. te pleu π sil teust pleu *MqC²*ℬ
Et a ton vouloir venu feust,   6470   f. venu *MqπC²*ℬ
Eust este l'arbre restabli   E. l. este r. *L*
Et d'autre pomme ressaisi.
Et fort (y) a qu'on ne t'abate   —6473 *L*, Et doubte y ℬ
Et jus venir (on) ne te face   —6474 *L*
Par les paroles de despit   6475   —6475 *L*
Quë on te rue et qu'on te dit.   —6476 *L*, et on *Mqπ*

He douls fils, pour quoi approucher   N. de t. p. e. *Mqπ*, N. de t. p. tembr. *C²*ℬ
N'ose je pour toi embrasser?
Voulentiers tes clous ostasse   Car v. *C²*
Et tes plaies estanchasse   6480   t. griefues pl. ℬ
De ton sanc que voi jus couler   Et t. *G*ℬ, v. decoul. ℬ
Et dedens celle terre entrer,
Et bien vousisse aussi touchier   Moult volentiers a. touchasse ℬ
Ta doulce bouche pour baisier.   bo. et la baisasse ℬ
Judas com traïstre y toucha,   6485   c.] ton *Mq*ℬ, tr. la baisa ℬ
Ne scai comment faire l'osa
Ne comment aussi l'i souffris,   lui *qπGH*ℬ le *L*
Abevree aussi les Juis   Abouiree *L* A-re *H* A-res *M* A-rey a. tont l.
     J. ℬ
L'ont de fiel et beuvrage amer,   Tont *H*, De f. et de b. ℬ
Quant la soif t'ouirent clamer   6490   la] de *GH*, Q. s. il t. c. *Mqπ*
Et je, lasse, en sui sevree!   Et l. de toy s. s. ℬ
A pou que n'en sui desvee.   Pres quen s. a la mort liuree ℬ

H e mort, com tu es amere
   Hui au fil et a la mere.
Trop amere es quant occis l'as,   6495
Amere quant occis ne m'as.
Approche de moi et m'occi!
Deles li vueil mourir ici.

H e lune, estoilles, firmament,
   Comment vous tenes vous, comment,
De vostre createur plourer   [6500
Que vëes yci tourmenter?
Ploures fort, avec moi ploures
Et dites par tout et cries:
Nostre createur est hui mort   6505
Par grant desraison et grant tort.

H e haut souleil, *il est* midi.
   Se mon fil vois nu, si me di
Pour quoi est que si en appert
Tant le laisses a descouvert?   6510
Autant et plus tu es tenu
A lui couvrir quant le vois nu
Com *Sem* a son pere Noe
Fu quant l'appercut desnue.
Tost et sens targier le couvri.   6515
Se bon fil es, si fai ainsi!
Retrai tes rais, couvert sera,
Rien plus il ne te coustera.

H e terre, comment soustiens tu
   Cel arbre sec ou est pendu   6520
Cellui qui te fist et crea
Et de verdures t'aourna?
Croule de dueil et par mi fent

c.] et que 𝔓
Ennuyt *L*𝔓, a mon filz *C*²

Et dure q. *L*

Jouste li *L*, Aupres de l. v. m. cy 𝔓

estoille *M*
Comme *q*

Q. voyez ainsi t. 𝔓
—fort *M*π*C*², auecques *qC*², P. .f. o m. et
  huchiez *L*, P. a. m. tendrement 𝔓
p. t. en plourant 𝔓
Vostre *q*
A g. 𝔓, P. d. et par g. t. *L*, et] a *M*

il est *MqC²HL*𝔓] est il a*G*, h.] beau 𝔓
v.] est *GH*, S. tu veiz m. f. si *L*
P. que ce e. q. *L*, si] ci *q* tant 𝔓
Tu le 𝔓, a] au *H*
et] ou *LC*²𝔓
veiz *L*
sem *MqH* &c.] sen a, Comme S. s. p. 𝔓, p.
  nouel *M*
l-ceust d-nuel *M*
tardier *L*, T. s. t. le recouury 𝔓
Si son f. yes *L*, es dois faire a. 𝔓

Cel *MqH* &c.] Tel a

v-re *M*𝔓
Tremble de *L*

Et tout le sanc de li me rent		
Quë as bëu et qui est mien	6525	b.] veu *G*, Q. tu as b. et est m. *L*
Et pas n'as gaignie que soit tien,		P. n. g. quil s. t. *L*, point n. 𝔓
Ou a tout le moins gete hors		A t. le m. met de toy h. *L*
Ceux quë en toi tu contiens mors !		qui *M*, —tu *GH*, Les sains corps qui en t sont m. *L*
De tel arrousement sentir		
Se doivent bien et revesquir.	6530	reuequir *M*
Et mesmement tu Cauvaire		M. tu escauuaire *L*, m. mont de C. 𝔓
Es tenus a ceci faire.		a] de *C*²
He fil, a mort m'as ferue		Ha *L*, doulz f. *C*², ma fe. 𝔓
Et en moi l'as embatue		en] a *H*, la as e. *L*
Quant a autre tu me donnes	6535	Q. tu a a. m. *L*, donne 𝔓
Qu'a toi et que me redonnes		qui *GH*, et fault q. me ressoingne 𝔓
Autre que toi, comment que soit		qua t. *H*, quil s. 𝔓
Vierge ; mes qui pois fait a droit,		—qui *GH*, V. q. peseret a d. *L*
N'est pas pois de toi et de lui		Egal n. de t. *L*, N. pareil de t. 𝔓
En la ballance asses onni.	6540	b. a poix vny 𝔓
Il est disciple et tu seigneur,		—et *H*
De li te scai estre greigneur;		te] ne *C*², e.] sans fin 𝔓
Et ce fait doubler mon tourment,		Et si f. d-ble m. t. 𝔓
Car semble que departement		
Tu faces a tousjours de moi	6545	F. pour iamais d. m. *L*
Mesmement, car avec je voi		Mesmes *L*𝔓 Mesmes c. a. ce je v. 𝔓, je] ce je *Mq*π le *G*, M. qu'avec ce je v. *C*²
Que femme m'as appellee		
Ainsi com së avolee,		Aussi *GHLC*², comme a. *L*
Espave fusse ou estrange		ou] et *L*
Et de nulle cognoissance;	6550	Nullement de ta c. 𝔓, Nesoye si puis dire a. *C*²
Pour quoi dire je puis asses,		—6551 *L*, Par q. 𝔓, P. ce d. *M*
Puis que de moi t'es transportes		—6552 *L*, —que π, tes estranges 𝔓
Ainsi ostant i de mon nom,		En soubztraiant i 𝔓, A. osteray *M*, Bien puis oster vn d. *L*
Justement et bien me puet on		
Appeller et nommer Mara,	6555	
Et que plus dite Maria		

Ne soie; car i, c'est Ihesus, car le bon Jh. *L*
M'est hui ostes et n'y est plus. et ne lay p. 𝔓
C'estoit la doulceur de mon nom,
Amere en remaing par raison. 6560 —en *L*

He Jëhan, beaus tresdouls amis, He J. mon tr. b. a. 𝔓
Or es tu mien, tu es mes fils. Ce yes tu orendroit mon f. *L*, mon f. *GLC*²𝔓
Mon autre fil j'ay hui perdu, Jay m. a. f. h. p. *L*
Crueuse mort le m'a tolu. Cruele *L*𝔓
Mes Jëhan, de moi que feras? 6565 Ores J. 𝔓
Povre mere recouvre as.
Mestier ëusses comme moi
D'avoir confort, car scai et voi Car bien s. *H*, car ge v. *L*
Que du tout es desconforte Q. tu yes tres d. *L*
Et de grant dueil au cueur naffre, 6570
Si que l'un l'autre ne pouons Pour ce l. l. *L*
Reconforter ne ne savons R. et ne s. *MqπGH*, saurions 𝔓
Et povre assemblee en nous a. Moult p. 𝔓, en] a π, Et pour ce assemblez
   on n. a *M*
Mourons ci, l'un ca, l'autre la! ca] et *ML*, Cy m. hui ca *C²*

He anges, se forment ploures 6575 Ha *L*, si *G*
Et faites dueil, nul tort n'aves. naurez *M*
Vostre createur ont occis
Et vilainement a mort mis
Ceux que vous soulïes garder,
Conduire par tout et mener, 6580
Car ce sont ceux quë il avoit quil a. *L* lesquelz a. 𝔓
Plus chiers et que plus [il] amoit. il π*C²*𝔓, pl.] miex *MqC²π*𝔓

He fine amour qui me joinsis —6583 *C²*𝔓, me ioingnis *H* mesiouys *G*
Et aünas a mon chier fils, —6584 *C²*𝔓, aun.] assemblas *L* lias *H*
Ta lieure m'est hui trop fort. 6585 —6585 *C²*𝔓, liuree m. *M*, —hui *L*
Elle m'estraint jucqu'a la mort. —6586 *C²*𝔓, mestaint *L*

Le Pelerinage de l'Ame.

H e povre mere, que feras,   Ha *L*
   Povre Marie, que diras,
Non Marie, mes marrie
Et de grant douleur ramplie   6590   raemplie *L*
Et qui ne doi pas plus mere   Je ne d. pl. dicte estre m. 𝔓
Estre dicte *quë* amere?   que *Mqπ* mais *GHL*] ne *a*, d.] appellee *C²*,
                                        Mais mara cest a dire am. 𝔓
Amour me fait le cueur amer,   —6593 *C²L*
Comment qu'il soit douls sens amer,   —6594 *C²L*
Et n'est femme de mer a mer   6595   —6595 *C²L*, a] en *G*, de ca la mer *H*, Nest
                                          en terre nen m. a m. 𝔓
Que miex de moi on doie amer.   —6596 *C²L*, on] en *G*, Quon doiue mi. que
                                        m. am. 𝔓

H e fils Adam, que n'acoures   Ha *L*, dAd. 𝔓, nacourres *M*
   Et a venir tant demoures?   V. a moy troy d. *L*
Ves ci ma pomme entemmee!   Voyez cy 𝔓, Ma p. en cent lieux e. *L*
(Qui) tant a este flagellee   6600   —Qui *Mq*, flauelee *H*, Est et batue et
                                          deciree *L*
Que de toutes pars en saut hors   tous costez en part dehors 𝔓
Le jus a ondes et a gors.   gorgs 𝔓
Venes, succies, n'est rien si douls!   Beues *H*, succer r. n. si d. 𝔓
Faites quë yvres soies tous   quen y. 𝔓, q. y. en s. *L*
De la grant amour qu'a vous a!   6605   quen v. *GC²*
Mere ne vëistes piec'a
Qui si tost sa cote fendist   sa] la *M*, Q. sa c. en cinq lieux f. *L*, cotte *G*
Pour enfant qu' elle nourrisist   P. son e. q. nourrist 𝔓 P. les e-ns q. nourrist
                                        L, nourrist *GHL*𝔓, nourisissis *π*
Et pour mammelle li donner   P. la m. 𝔓, Quar p. m. a touz d. *L*
Comme tost s'est laissie fourrer   6610   t. soit l-ssee *G*, l.] permis 𝔓, Se est la mort
                                        l. donner *L*
Et son escorce trespercier   Et s. coste par mitie fendre 𝔓
Pour vous faire son jus succier.   P. tout son sang et j. vous rendre 𝔓
Venes, ma pomme a forage   feurage *L*
Est mise et a pertuisage   pertraisaige *M*, M. en broche et en p. 𝔓
Et son jus mis si a bandon   6615   S. j. m. a si grant b. 𝔓, S. j. est m. en
                                        vencion *L*
Quë en aies redempcion.   aues *M*, Q. tous en ayent r. 𝔓, Qui veult en
Venes, ouverte la verres   a r. *L*
Et dedens li vëoir pourres   li] elle 𝔓, li v.] regarder *L*
Cinc pepinieres degoutans,

Et jus habundamment rendans. 6620	Just en abundance r. $\mathfrak{P}$
De bonne heure furent ceux nes	
Qui pepins en seront clames,	
Qui la feront leur mansion	la] y L
Par pitie et compassion.	
Mieux ne se pourroit nul logier 6625	puet nulx hom l. L
Que la endroit et hebergier.	la dedens ne h. $\mathfrak{P}$

Arbre sec, a toi reparler — t. veulx parl. L
Vueil, *se* me daignes escouter. — se MqH &c.] si *a*, Si tu me d. e. L
Tu es venu a t'entente — venue πGL, a tente π
De quoi je sui (or) moult doulente, 6630 — or $Mq\pi C^2$, s. au cuer d. L s. tresfort d. $\mathfrak{P}$ s. forment d. C^2
Car mon cueur as en toi fichie
Dedens ma pomme et atachie.
Son cueur et le mien n'est quë un,
A l'un et a l'autre est commun. — a M
De li tu es notairement 6635
Devant tous et publiquement
Restablie et revestue
Et est de (trop) plus grant value — trop $Mq\pi L$, Mil foiz e. de pl. g. v. L, Qui e. $\mathfrak{P}$, E. si e. d. plus g. C^2
Que celle dont despoullee fus.
Si me semble que ne dois plus 6640 — ne M
Li retenir, puis qu'est ton gre — Le $L\mathfrak{P}$
Du tout fait a ta voulente. — a] et $qL\mathfrak{P}$
L' ouneur en as, souffire doit, — as chescun le uoit L
Chascun le scet, chascun le voit." — Ren le moy souffire te doit L
A li l' arbre sec respondi : 6645 — Adonc larb. L, Lors larb. s. luy r. $\mathfrak{P}$

L'arbresec. " Certes douls pommier je te di — Florissant p. L
Quë il me souffist voirement, — il] bien $\mathfrak{P}$
Car non mie tant seulement — Mesmes c. n. t. s. $\mathfrak{P}$

6626 a, b, c, d.—Qui est la est herbergie
Qui ny est est deslogie
Qui nest o dieu il conuient estre
O sathan quar nul nest sans mestre. L (fol. 150 b)

Le Pelerinage de l'Ame.   219

Ai de ceste chose l'ouneur,
Mes recouvre y ai *valeur*   6650
Et pris et noblesse tresgrant,
Car n'iert nul des or en avant
Qui de rien doubter l'annemi
Doie, se de moy est muni.
Et saches, seche ne sui plus,   6655
Moullee (sui) du precieus jus
Qui de celle pomme est issus
Verdeur donnant a ma vertu.
Et ne te deüsses pas tant
Plaindre com monstres le semblant,   6660
Car passible ta pomme estoit
Quant l'a recu, et bien pouoit
Tourment avoir et mort souffrir,
Mes puis ci en avant morir
N'avoir passion ne pourra,   6665
Ains immortel tousjours sera.
Si te pri que tu t'apaises
En boutant hors tes mesaises
Et la pomme asses tost rendray,
Si tost com queulleur trouveray,   6670
Et la ferai en mes greniers
Mectre et garder 'iii' jours entiers,
Si que, quant sera paree
Et a son droit bien *fannee*,
Glorifiee la raras,   6675
Et bien donner lors la pourras
A tes amis a leur diner,
Fruit meilleur ne pourras trouver."

Jay 𝔅
valeur M*q*H &c.] honneur a, Ains y ai r. v. L
p. nobl. H
ny yert nul M, C. nul niert d. πL, C. nest
    (ny est G) nul doresen a. H𝔅G
Q. doie do. l. L
mu.]garny 𝔅L, Mes quil soit bien de moy g. L
sa.] certes 𝔅, Arbre sec ne seray pl. L
—sui qπH, Nouuellee du H Meilleur s. du L
    Puis qu'ay eu d. C², premier j. π
Q. dicelle p. M, ceste p. L

te] ie G —te π, ne te plaindre de moy t. L
monstre Mπ, Ains doiz faire bon s. L
paisible G mortel L

p.] de 𝔅, M. dores en a. L
Ne av. tristece ne p. L
touz temps s. L
Pour quoy te p. L
t.] toutes 𝔅, Met ton cuer h. de amalaises L
p. ge te r. L
c.] que π𝔅; queillir G couleur C²L

Et lors q. el s. L, p.] sanee 𝔅
fannee HGL fanee Mqπ] sannee a paree 𝔅
G. lors lauras H Toute gl. lauras 𝔅
la] le M

pourront π, M. fr. ne pourroient t. L

6658 a, b.—En te florissant ne doiz mie
        Plourer ny estre marrie. L (fol. 150 c)
After 6678 six lines interpolated in L (see Appendix).

L'ange.
Pomme qui
est iesucrist
doit estre
le solaz de
chascun
bon
pelerin.
℘ (T.)

En ceste pomme confort grant
    N'ont pas seulement li enfant, 6680
Mes tous ceux de grant ëage
Pueent trouver, s'il sont sage.
En tout le monde n'a jouel
Qui a tous doie estre si bel
Pour eux jouer et soulacier   6685
Com li et pour eux *elleecier*,

Li sentir et li hodourer
Et sa doulceur souvent gouster,
Li tourner et tenir souvent
En son pense et parlement   6690
Font toutes douleurs oblier
Et tous ennuis adnichiler,
Et pour ceste cause l'ont pris
Ces pelerins a mon avis.
S'ainsi jadis fait ëusses   6695
Piec'a delivre tu feusses
De tes paines et (de) tes tourmens
Que je scai bien quë encor sens."

Le pelerin. Lors dis : " Le pommier qui porta
La pomme et qui pour li ploura   6700
Me doint de li si bien jouer
Que mes tourmens puisse oublier ! "

Oultre passasmes et puis vi
    Autres choses dont m'esbay.
En i· lieu par ou je passai   6705
Pluseurs tombes [je] regardai
Ou en chascune estoit grave
Un asne dessus et fourme.
Et sembloit que la enfouis
Feussent les asnes du païs,   6710

Asnes
escriptz et
figurez sur
les tumbes
ou sepul-
tures, que
signifie.
℘ (T.)

c-rs g-ns ℘
Non p. *HGL*, les enfans ℘
g-ns aages ℘, M. toutes gens et de toz aages *L*
Sen sauueront s. *L*, si sont s. *Mπ*

P. e. en uertu s. *L*
elleecier *qM* eslessier *πGH*℘ esleescier *C²*]
    allectier *a*, p. lui esl. *π*, Com est la
    pomme et le pommier *L*
La pomme souuent od. *L*, A s. sa tresbonne
    odeur ℘
sa] la *GH*, Et g. so. sa d. ℘, La g. et la
    sauuourer *L*
Li ten. et to. s. *GHI*, Le cercher et to. s. ℘
    penser ℘
Fait *L*℘, Fait pechez mortelx delessier *L*
=6691 (Et t. d. o.) *L*

p. ce mest av. *L*

Piesse a *M*, Des pi. ℘, Tu pi. d. f. *L*
—de *MqH* &c., tes] ces, ces *L*, et des to. ℘
sc. q. encore *L*, Q. si com sai b. enc. *MqπC²*
Ge d. *L*, dist *HMπ*
La p. q. la mort mort a *L*
La me do. si b. manier *L*, Moctroit *qπC²GH*
    Moctroye ℘, Mostroit si b. de li j. *M*

A-re ch-se *M*℘

je *πGH*℘
En ch. imprime est. ℘
et sembloit ℘
Quenterrez la et enf. ℘

SEPULCHRES OF ASSES.   Line 6705, p. 220.

H, p. 336.

Le Pelerinage de l'Ame.

Dont il me vint merveille grant,
Mesmement *quar* au lieu joignant
Estoit ï grant hermitage
Loing asses de tout village,
Et ne sembloit pas qu'enterrer   6715
On deust *la* asnes n'aporter.
"Ange, dis je, car or me di,
Se tu veuls, quel chose c'est ci ?
D'asnes n'ai pas acoustume
Que soient ainsi honnoure."—   6720
"Certes, dist il, së asne autel
Eusses este en corps mortel
Comme ceux ci furent jadis
Qui ci dedens sont enfouis,
N'ëusses pas si longuement   6725
Este en paines et tourment.
A saint Bernart vint une fois
Un clerc, fil d'un riche bourgois
Demandant que faire il failloit
Qui en religion entroit,   6730
Au quel saint Bernart respondi,
Qu'il failloit quë asnes fust, qui
Les fais quë on li chargeroit
Soustenist tous, fust tort ou droit,
Et qui nulle fois ne groncast   6735
De viande qu'on li donnast.
Si dois pour tel cause savoir
Que ceux qui sont en ce manoir,
En cel hermitage prochain,
Tex asnes sont, car soir et main   6740
Ont les bas mis pour tout porter
Quant quë on leur veult commander.
N'est fais si grant dont voulentiers
Ne soient en tous temps sommiers.

quar *Mq*π*L*𝔓] que *GH*] quant π, au] en *M*

Ass. loingnet de π*C*² Tres bien l. de *L*

la *Mq*π*C*²𝔓] les α*G*, —la *HL*, Y d. len asn. et ap. *L*, Asn. on d. la n. 𝔓
c.] lors 𝔓, or] sa *M*, Dites moy a. dis ge li *L*
ch. est cecy *H*𝔓, Sil te plaist q. ch. est cecy 𝔓 Si vous voulez que cest ici *L*
Point nay veu que sepulturez 𝔓
Asnes s. nainsi h. 𝔓, Quilz s. comme gent enterre *L*
—il π, alne aut. *M*
Eussent *GH*𝔓, Este euss. *L*, encorz m. *M*
Comment ce. *GH*𝔓

Demoure en 𝔓, paine *GM*π, et en t. *M*π, p. nen t. *L*
—vint *L*
du r. *L*
D-da *L*
Que *G*, r. estoit 𝔓

Que f. *G*, Quil conuenoit q. 𝔓, fust dit *L*
Le *G*, Qui les fes q. *L*
S-nir tout *G*, ou] fust *GM*
nulles *G*, groucast *GH*𝔓
v. com li d. *q*
t.] celle *M*
cel m. *L*
Et c. *M*

bas͡ts m. p. p. *L*, bastz m. prestz p. p. 𝔓, m. aporter *G*
Ce q. *L*
N. si g. fes que v. *L*, d.] que *ML*
tout *q*

Et ne leur chaut de leur mengier,   6745
En gre prennent grain et paillier.
  En grain p. 𝜋
Et tex furent jadis trouve
  tr-ez *L*, j. tr. furent 𝔓
Les hermites du temps passe
  des t. p-ez *L*, h. qui a dieu pleurent 𝔓
Qui ci endroit sont enfouis,
  Que *M*
Si com vois, et en terre mis.   6750
  Comme v. 𝔓, Et signe de asnes sur eulx m. *L*
Tous bons aussi religieux
  Nul homme qui r. *L* A. t. b. r. C^2
Sont et si doivent estre tex
  —si *Mq*, Si sont et d. πC^2, S. au moins d. 𝔓,
  Est ne doit e. dangereux *L*
En portant la croix Jhesucrist
Pour li ensuir, si com dist,
Et pour fair' en bas pour porter   6755
  —Et πL, Pour en faire bast a port. *L*, Et en
  faire bastz (bas C^2) C^2𝔓
Toutes grietes et endurer.
  Et t. g. end. *L*, grieftes GHC^2 griestez 𝜋
  greetez *M* durtez 𝔓
Ysachar un tel asne estoit
Du quel Jacob ainsi disoit
[Quant estoit au lit de la mort:]
  6759 $q\pi C^2 d$𝔓, —6759 a*MGHL*
[Ysachar est un asne fort].   6760
  6760 $q\pi C^2 d$𝔓, —6760 a*MGHL*
Repos estre bon tresbien vit,
  —6761 *L*
Et pour ce l'espaule il sousmist
  —6762 *L*, —il 𝔓
A soustenir et a porter
  Qui voult s. et p. *L*
Ce qu'on li vouloit commander,
  Ce com li *q*, que len li voult c. *L*, voulroit 𝔓
Et se voult mectr' en servage   6765
Et de soi faire treuage,
  de luy f. truage *H*, trehuage *G*, s. rendre
  grant truage 𝔓
C'est a dire paier trëu
  trehu *G*, p. le t. 𝔓, Pour porter les fes de
  leglise *L*
D'obedience a son pëu."
  D. mieulx qua p. 𝔓, au sien p. C^2, De bon
  cuer et sans faintise *L*
En moi de ces asnes parlant
  ces] tex qMC^2𝔓, M. de c. sains a. p. *L*
Et leurs condicions comptant,   6770
Hommes et femmes terriens
  Des h. et f. ensemble 𝔓
Des quiex y ot de mes parens
  Et de mes p. ce me semble 𝔓
Et d'autres que cognoissoie
  —6773 $q\pi C^2 d$, q. ie ne c. *M*
Vi et trouvai en ma voie.
  et cognu en mi ma v. *L*
A eulx voul parler, mes ne peu,   6775
  m.] et 𝜋 ie 𝔓, ne pouay *L*

  6758.—Gen. xlix. 14: Issachar asinus fortis accubans inter terminos.
  6774 a.—Que autrefois veu auoie πC^2, Par laquelle ie cheminoie *d*

Le Pelerinage de l'Ame. 223

	Mes asses tost en conte peu,	
	Car ne me firent nul semblant	
	Ne regarderent tant ne quant.	
	La cause en voul tantost savoir.	
	"Di moi, dis jë, ange, le voir	6780
	[Pour quoi je n'ai pëu parler]	
	A ceux que la je voi aler,	
	Et pour quoi semblant ne m'ont fait	
	Qui ne leur ai de rien meffait?"—	
L'ange.	"As tu ja, dist il, oublie	6785
	Que de ton corps es separe,	
	Et ceux la ne le sont mie,	
	Mes sont en corporel vie	
	En la quelle tant com seront,	
	De toi vëoir nul pouoir n'ont.	6790
	Il ne t'ont vëu ne sentu.	
	A eux aussi tu n'as pëu	
	Parler, car n'en as pas congie.	
	De ligier n'est pas octroie	
	Aus esperis dë arresner	6795
	Hommes mortex n'a eux parler.	
	Raison y est, car molestes	
	Il en seroient et greves,	
	Mesmement quant ne verroient	
	Ceux qui a eux parleroient.	6800
	S'aucuns en ont ëu congie	
	Et që Dieu leur ait octroie,	
	Don a este especial,	
	Point n'en y a de general."	
Le pelerin.	"Je te pri, dis jë, or me di,	6805
	Comment est ce que ce feu ci	

contai *Mq*, t. men chalu (chailloit 𝔓) p. π*C*²𝔓,
De quoy ge moult me merueillay *L*
De moy ne f. *L*
Ne me r. poi ne grant *L*
veulx *L*
Dictes men dis ge *L*, a.] tantost *M*
6781 *Mq*π*C*²*GHL*𝔓 &c., —6781 a
q. je v. la al. *GHd*
Et point s. *H*, P. q. de moy s. nont f. *L*
ne] de *H*
tu d. il ia o. *Mq*π*C*² *L* tu d. lange o. *d*
es] est *GHM*π, Q. tu as t. c. delessie *L*
c. quas veuz ne 𝔓, c. la lessie nont m. *L*
Leurs corps ilz s. en mortel v. *L*, c-elle *C*²
t. quilz s. 𝔓
De ame v. *L*, De te v. n. p. nauront 𝔓
t. senti ne v. *L*

e. que puissent parler 𝔓, A. ames de parler
aus gens *L*
Aux viuans n. e. sermonner 𝔓, Combien
quilz les uoient toz temps *L*
y a c. tribouilliez *L*, R. c. molestation 𝔓
En s. les gens et trichiez *L*, Ilz en auroient
et passion 𝔓
M. car ilz ne v. 𝔓, Esbahiz seroient quant
orroient *L*
C. a q. ilz p. *dGH*, Paroles et rien ne
uerroient *L*
Aucuns *M*
diex *q*, Et d. le l. a. o. *L*, lour at o. *M*
Ce a este don esp. *L*𝔓
P. ne y *G*, nen ni ait de g. *M*
p.] supplie 𝔓, Dictes moy d. ge ge vous pri *L*
q. cest f. *L*

After 6804 fourteen lines interpolated in *L* (*see* Appendix).

	Qui entre nous esperis art	Que *M* Lequel 𝔓
	Hommes mortex n'en ont leur part,	Homme mortel *GH*𝔓, Que h. *L*
	Mesmement quant parmi il vont	—il *L*, q. par dedenz v. 𝔓
	Et sens pechie onques ne sont."— 6810	pechies *M*, Et o. se. p. ne s. *L*, Et bien a tard se. p. s. 𝔓
L'ange.	"Certes, dist, en mortel vie	Il d. cest feu en m. *L*
	Par ce feu ci ne vont mie.	Les gens mortelx ne sentent m. *L*
Corps humains ne sont puniz en purgatoire, mais les ames. 𝔓 (T.)	Au corps n'a point de purgement	de mestriement *L*
	Ci endroit ne punissement.	Cest feu ci ne p. *L*
	Apres la mort puni seront 6815	=6816 *qπC²d*
	En la terre ou il pourriront.	=6815 *qπC²d*, —la *GH*
	De leurs esperis aussi di :	a. ie dis 𝔓
	N'est pas drois qu'il soient puni	Ce n. pas *L*
	Devant que jugies les ara	
	Le prevost si com te juga. 6820	prouost *q*, pr. comme il te j. 𝔓
	Se pecheurs il sont maintenant,	—il *L*
	Apres pourront bien faire tant	
	De penitance et de grant bien	grans biens *M*
	Quë en eux ne trouvera rien	
	Ce feu ci ne autre a purger, 6825	Cest f. ci ny a. *L*, f. ycy naut. 𝔓
	Et aucuns pourront empirer	
	Tant qu'en enfer il s'en iront	
	Avec les autres qui y sont,	Ouec cent mille q. *L*
	Si que ne di pas qu'il soient	—6829 *L*
	En ce feu ou par mi voisent. 6830	—6830 *L*
	A ceux sens plus le feu se trait	Cest f. s. pl. a c. se tr. *L*
	Qui pour eux mesmes tel l'ont fait.	mesme *Mq*, Q. leurs penitances nont f. *L*
	Leur feu n'est rien que leur pechie	p-iez *M*, L. f. n. fors leurs pechez *L*
	Apres la mort quant sont jugie.	q. est j. 𝔓, j-iez *M*, Ou ap. la m. s. j-z *L*
	Tu le dois avoir esprouve 6835	Bien *L*, Av. esp. tu le dois 𝔓
	Et autre fois t'en ai parle."—	Quar *L*, P. je t. ay aut. f. 𝔓
Le pelerin.	"Certes, dis je, encor l'esprouve	Encor ce d. ge le esp. *L*, —je *q*, lespreuue *GHL*𝔓*qπ* lesprueue *M*
	Et la chose voire trouve.	vraie *L*𝔓, treuue *GHL*𝔓*qπ* trueue *M*
	Je ne scai combien ce sera,	Ne sc. co. le esprouueray *L*
	J'atendrai tant com Dieu plaira." 6840	t. qua d. 𝔓, T. c. d. vouldra attendray *L*

Le Pelerinage de l'Ame. 225

En alant et parlant ainsi
Ne demoura guaires que vi

Une dame qui se sëoit   que *M*
En chai[e]re et la langue avoit chaiere *MπC*ᵃ*dGH*, En sa chaiere 𝔓, Sur vn
Hors traite dont aloit lechant 6845 siege et *L*, sa l. *C*ᵃ
Un pelerin par li passant d.] et *GH*
Qui lait estoit et deffourme li] le *L* la *M*
Et treslaidement faconne.
Mon ange regardai et dis: Langre r. et li d. *d*, Lors r. m. a. et d. 𝔓
"Or ne fu je si esbahis 6850 Onc mes ne fu tant e. *L*
Piec'a com maintenant je sui; c.] que 𝔓, Comme presentement ge s. *L*,
Si te requier que de ceci   —je *G*
Tu me vueilles endoctriner!"— Je *G*, Ge vous r. *L*
            Vous *L*

L'ange. "Se ouis, dist il, onques parler —il *qM*, Noys tu d. o. p. 𝔓, Ouys o. d. il p.
Comment sont ours imparfais nes 6855 *d*, Oys tu d. lange onc p. *L*
            Comme homs s. *L*, o. nez imperfaiz 𝔓
Comparai- Et comment apres sont fourmes com ap. s. refourmez *L*, Et ap. f. et refaictz 𝔓
son de la
ourse Par la langue de leur pere P. la grosse voiz l. p. *L*
lechant son
faon. Et le lechier de leur mere,
𝔓 (T.) Aussi est de tout pelerin Ainsi *MGHL*𝔓
Qui passe par mondain chemin, 6860
En pechie y naist imparfait, y] il *Mqπ GH*, p. n. et (tout 𝔓) i. *L*𝔓, nait *H*
            nest *GC*ᵃ est *M*
Injuste, defourme et lait, Diff. l. et contrefaict 𝔓
Sens vertu et en carence v-us ains en defaillance 𝔓
De tout avis et science, tous π bon *L*
Tout en maniere de mort ne 6865 mor ne π
Et sens vie tout avorte. S. v. et du t. a. 𝔓
De quoi l'appostre Pol disoit Pour q. saint poul aus gens d. *L*
Que Dieu a li monstre s'estoit
Aussi com a un avorte
Et en laidure deffourme. 6870
Or te di, se fo[r]macion form. *MqH* &c.
Veult avoir et perfection,

6867-6869.—I. Cor. xv. 8 : Nouissime autem omnium tanquam abortiuo visus est et m..ọ..

Quelconque pelerin ce soit,
Il faut que sus li mise soit
La langue d'endoctrinement,   6875
D'avis et grant enseignement,
Et que du tout s'abandonne
A li quant elle sermonne.
Et ce pele[r]in bien le fait,
Car pour ce quë il se sent lait   6880
Et imperfait, bien s'encline
A la langue de Doctrine.
Ainsi par nom est clamee
Celle dame et appellee.
C'est la maistresse de fourmer   6885
Science en homme et imprimer,
De bonnes vertus planter y
En ostant les vices de li,
De parer son entendement
Qui tout est au commancement   6890
Com table rese ou rien escript
N'a com le philosophe dit.
Së ëusses este jadis
A ses escoles aprentis,
Tu n'ëusses mie tourment   6895
Tant souffert ne si longuement,
Car miex te feusses cognëu
Et plus justement maintenu.
Et comment que bien t'enseignast
Grace de Dieu et sermonnast,   6900
S'il t'en souvient ou temps passe,
Si te vit elle si tanne
De li ouir que soi cesser

Quiconq. 𝔓
sur C^2L𝔓
de doct. L
et] de L
q. de t. son cuer ab. L
A la langue q. el (qui li L) s. 𝔓L
pelerin MqH &c., ce] se GM, Cel p. moult b. L, Le p. quas veu le f. 𝔓
Ca GH, Que p. ce quil se s. tres l. L, quil se cognoist l. 𝔓
Et tout i. il s. 𝔓
de] dite πC^2, A lang. de bonne do. 𝔓
cl.] nommee GH

lhomme 𝔓, emprim. Mq
De y pl. b. v. L
Et en ouster faiz maloutruz L
payer G, En parant s. d
Et science a son cuer ouurant d
—6891 d, tauble M, raze 𝔓
—6892 d, —le q, Ny a comme aristote d. 𝔓

neusse d, mi π, n. peine ne t. 𝔓
longem. M

Et ia soit q. 𝔓, Et combien q. te ens. L
G. D. et te s. 𝔓, surmontast π
Ton cuer estoit trop gay et lie L
tenne $Mq\pi$ lasse C^2𝔓d, De penser a este lasse d, Et pour ce estoies tout ennuie L
la o. pour ce enseigner L, Quelle te vueille pardonner d

6902 a, b.—A lui pour quoy tu es tenu
De prier souuent et menu d (fol. 161 b)

Le Pelerinage de l'Ame.

Se voult de toi plus sermonner.	Ne te v. pl. ains voult cesser *L*, Se ne las ouye serm. *d*
Et en as asses valu pis 6905	Car ass. en as v. *d*, as] a *GH*
Et moins ëu de bons amis,	m. as eu 𝔅
Et affin que crëu soie,	
Nous prendrons droit nostre voie	N. iron d. *L*
A la dame que nous voions	
Et de qui parlement tenons, 6910	De q. le p. 𝔅, quoy *L*, p. faisons π
Et orras ce que te dira	Et *M*𝔅 Tu *L*, quel te d. 𝔅*L*
Sens ce que li demandes ja."	S. q. le luy d. 𝔅, d-de *M*

Disputation vtile entre le pelerin et doctrine. 𝔅 (T.)

Le pelerin.
Doctrine.

Quant pres de li fu, tost me dist:	p. delle f. 𝔅, fust tantost dit *M*, t.] el *L*, dit *GM*
"Tu ne te cognois *pas*, ce cuit,	pas *M*π𝔅] mie *a*, Pas ie ne te co. se cu. 𝔅, Ton corps ce dist elle hier mesprist *L*
Et n'es cogneu ou temps passe 6915	Et ne congnois ou *H*, Ne nay c. 𝔅, Que tu ne te yes pas c. *L*
Si com par lectres m'a mande	mas *G.HM*, Ou temps passe naperceu *L*
Ton corps a qui tencier alas	q.] cui *qM*, A lui lautrier t. *L*
Quant par la ou estoit passas,	ou il e. 𝔅
En li mectant sus tes meffais	
Qui par li n'ont pas este fais. 6920	estes *M*
Fors en tant qu'il s'est accorde	
Com ton instrument a ton gre,	C. tout i. *G* Ainsi quinstr. 𝔅
Car li qui point vie n'avoit,	C. en lui p. de v. n. *L*
Quant y entras, fors qu'il estoit	
Organise naturelment 6925	O-nice *G*, natureem 𝔅
Et en potence seulement	petence π puissance *L*
De toi dedens li recepvoir	
Et par toi mouvement avoir.	
Tu fus sa premiere action,	
Son premier fait et mocion, 6930	
Et onques ne fist rien sens toi	
Ou sens ton congie et octroi.	s. c. et ton o. *L*
A toi sont operacions,	En *L*
Forces, vertus et actions	

Dont los ou blasme dois avoir. 6935	ou] et *M*
Sens toi ton corps n'eust nul pouoir.	c. not *L*, c. neu p. *M*
Matiere fu dont fourme fus,	M. fus *G* M. fut *ML*𝔅, d.] tu *L* toy 𝔅
Dont maintenant il est tous nus.	Dom orendroit est deuestus *L*
S'autre fourme a, accidentel	Daut. *M*, a] et *GHM*, a-tele 𝔅 a-tal *G*
Ell' est, non pas substanciel. 6940	s-cielle 𝔅 s-cial *G*
Pour li donner gouvernement	
Te crea Dieux tant seulement,	
Et en toi vegetative	
Mist potence et sensitive	—et *H*
Avec raison pour parfaire 6945	po. te p. 𝔅
Toi et a l'image faire	T. a son ym. et f. *L*, Et a la noble im. 𝔅
Et similitude de luy,	A la s. *L*, de mi *M*
De la quel chose je te di,	
Selon quë Augustin m'aprist	m.] le dist *M*π le dit *qdC²*
Qu'en trinite Dieu homme fist 6950	lhomme 𝔅
En li sa semblance donnant	
Par *convenancë* afferant;	conuenance *MqH* &c. conuenience *G*] continence *a*, affermant *H*
Car memoire qui appertient	
Au pere a qui de tout souvient,	sourvient *M*
Et entendement qui au fil 6955	Ent. q. au f. duit π*C²*
Et vouloir qui au Saint Esprit	Volente q. 𝔅
Apertient, a homme donna	A. que a h. *M*, lhomme 𝔅
Quant a l'ame et l'entrinita,	
Pour quoi puissance ell' a en soi	qui *GH*𝔅, —puissance *L*
De comprendre tout a par soi 6960	
Sens nul corporel instrument	
Toutes semblances droitement	Tout s. *d*
Des choses intelligibles,	=6964 π, De toute ch-e i-ble 𝔅
Espiriteux et soutiles.	=6963 π, E-tuelz *GHC²qM*, sentibles *M*, Et sp-tuele et subtile 𝔅
Mes les corporelles comprent 6965	c-relx *L*
Par le corporel instrument,	
Non obstant que diversite	
Y ait et contrariete,	ait] est *M*, et] en *GH*π*L*

Le Pelerinage de l'Ame.

Si com par le tast chaut ou froit	Comme p. le t. ch. et fr. 𝔓
Ou par vëue blanc ou noir." 6970	ou] et *qπ*𝔓, b. et n. voit *πC*², v. auoir pourroit *d*, P. la v. bel ou leit *L*

Le pelerin.
    Lors fu en doubte, si li dis: Ge *L*, d. et si 𝔓
    "Dame, par foy, il m'est avis
Que moult est grant en verite,
Quant a en soi capacite,   en] a *q*, Q. en s. (elle 𝔓) a c. *d* 𝔓
Si com me voules aprendre, 6975   Ainsi que me 𝔓
De tant de choses comprendre."
Mes tantost a ce respondi: Et lors a ce me r. 𝔓, M. tost de ce me r. *L*

Doctrine. "De ce tu m'entendras ainsi: Tu dois dist elle entendre a. *L*
Je t'ai ja dit qu'ell' a semblant   quel *L*, quelle est s. *M*
Par congruite afferant 6980
A son createur qui la fist,
Du quel sainte escripture dit   dist *GHπdL*
Qu'il est mirouour sens tache   mireour *HM* mirouer *GLC²*𝔓 mirouoir *dπ*
Ou creatures leur face
Pueent bien toutes regarder; 6985
Pour la quel chose dois penser   P. quele ch. peuz p. 𝔓
Que l'ame faite a son semblant
Aucunement com respondant   A. correspond. *MqπC*³
Com mirouour doit estre a lui,   mireour *HM* mirouer *GLC²*𝔓 mirour *π*
Affin qu'il ne soit chose qui 6990
En li sa semblance mirer
Ne puist et bien considerer;   puisse *L*𝔓 peust *H* peult *G*
Pour la quelle capacite   quel *G*
N'est il mie necessite   Il nest nulle nec. *L*
Que de rien l'ame plus grant soit, 6995
Car petit mirouour recoit
Plus grans semblances quë il n'est.   g-nt s-ce *MH* 𝔓
A ce fairë est tousjours prest   Et a ce f. *MqπdL*𝔓, e. touz temps p. *L*
Sa vertu, si est sa grandeur   —si *L*, sa] de *GH*

6982.—Sap. vii. 26 : Candor est enim lucis eternae et speculum sine macula Dei maiestatis &c.

Qui te doit bien garder d'erreur	7000
Que *ne croies l'ame* estre grant	
N'avoir quantite tant ne quant	
Fors en vertu et potence(s).	
Corporel n'est pas, (et) y pense(s),	
Car se corps et grandeur avoit,	7005
L'une de l'autre plus seroit	
Grant, selon qu'est grans ou petis	
Le corps qui est a li commis;	
Car en grant corps gregneur seroit	
Et en petit mendre par droit,	7010
Et se le corps en rien croissoit,	
Aussi dedens elle croistroit,	
Et s'il appetissoit aussi,	
Elle descroistroit, et *ainsi*	
Les grans plus sages seroient	7015
Et les petis mains aroient	
De sens, qui n'est pas verite	
Si com souvent l'ay esprouve."	

Le pelerin. "Se donc, dis je, quantite n'ont
    Ames, toutes pareilles sont, 7020
Et par consequent sens avoir
Pareil devroient et savoir,
Et comprendre pareillement
Toutes semblances egaument,
Mes non *font*, si com vous saves, 7025
Car aucuns sont souvent trouves
Qui rien ne pueent aprendre
Ou trespou de sens comprendre."—

Doctrine. "A ce, dist elle, te respont:
Bien est voir que pareilles sont 7030
En leur estre et leur essence,
Mes leur vertu et potence

7000 Si *d*, te] se *qπd*
lame ne cr. a*MqH* &c., crois *L* croie π doie *d*
Nauoit *qπd*
en p. *C*²
et] or *d*𝔓
de] que 𝔓 et *H*
G. com seroit g. *L*
li] moy *GH*, q. a elle e. c. 𝔓 q. li seroit c. *L*
en] ou *H*, en meneur meneur p. d. *L*
r.] haut *L*, cr. en r. 𝔓
Lame crestr. a. par droit *L*, Lame recroitr. a. bien 𝔓
s'il] cil *M*
ainsi *MqH* &c.] aussi α, El *L*, E. se d. a. 𝔓

Les p. m. de sens a. 𝔓
sen *L*, Q. n. certes p. v. 𝔓
approuue π

T. am. p. *L*
sen *L* senz *q* scens *G* sans *M*, P. c. doiuent a. 𝔓
P. et d. s. *L*

equaulm. 𝔓
font *MqdL*𝔓] sont α*GH*π, ne f. *L*
sont] font *q*
Q. comme r. 𝔓, pourroient π*C*²
Ou bien peu ne d. 𝔓, sen *L*
De ce dit e. *M*
vray 𝔓
et ess. *G*, et en l-s ess-es 𝔓
possence *M* p-ces 𝔓

Le Pelerinage de l'Ame. 231

<small>par crea-
cion
toutesfois
nont sem-
blables
entende-
mens ne
vertus, et
illec aultres
bonnes
difficultez.
𝔓 (T.)</small>

Pueent bien despareillement
Comprendrë et inequauiment;
Car les unes tost comprennent,   7035
Les autres tart et entendent
Selon quë a delivre sont
Ou aucun empeschement ont;
Car si com le mirou(u)our cler
Puet miex asses representer   7040
Ce que li est au devant mis
Que ne fait cil qui est salis,
Aussi l'ame, a qui est donne
Un corps bien complexionne
Et de matiere plus soutil,   7045
Comprent miex que l'ame de cil
Qui a corps complexionne
De rude matiere et fourme,
Ou qui l'a tachie et sali
De mains peches et enordi,   7050
Ou qui n'a cure d'aprendre,
Affin que puist bien comprendre,
Pour ce que paine faut avoir
Qui quelque chose veult savoir.
Tex choses font empeschement   7055
A l'ame et son entendement,
Et mains asses prisee en est
Tant com li corps avec li est,
Car a Dieu son exemplaire
N'apert pas si bien retraire   7060

Qui sens aucun empeschement

Peulent 𝔓 Puet *Mq*π, Puet moult b. π
inegaum. *GHd* non egaum. *L*
vns t. comprendrent *M*
et mal ent. *d*, attend. *G*, Et l. a. t. y auiennent *L*
S. ce q. *L*
Ou quauc. 𝔓
mirouour *q* mireour *M* mirouer *GHL*π𝔓
dassez *L*
qui π
s.] faillis *d*, Q. mirouer ort et s. 𝔓
Ainsi *GH*𝔓, —a *H*
compless. *L* comble cionne *d*

complensionne *d*

q. t. la et s. 𝔓, et] ou *H*, t. a honni *L*, s.] failli *d*
m.] vils 𝔓 ordoux *L*
qui *M*, quil ne p. π, puisse *d*𝔓, q. miex p. c. 𝔓, Ou ne met paine de c. *L*
P. q. p. f. a av. *L*, Car premierement f. sauoir *d*
quelle ch. *H*, Q. vuelt nulle science auoir *d*
f.] sont *GL*
et a s. *C*²
ass] de tant *L*, prisez 𝔓
c.] que 𝔓, T. c. ouec son corps e. *L*

si] tres *L*, r.] atr. *q*π𝔓, Ne sap. p. si b. atr. π*C*²
Ne se peut p. du tout attr. 𝔓, Napertient p. si b. affaire *d*
Que *d*, a-ns *M*

    7054 a, b, c, d.—Et nul nactaint vraye sapience
               Sans grant et vehement violence
               Se faire et se contrarier
               Et sa nature delaisser *L* (153 b).

	Com vrai mirouour tout comprent,	mireour M mirouer $GH\pi d$ miroir $\mathfrak{P}$, C. m. v. t. H
	Et en li representees	li] lieu G, sont r. C^2
	Sont toutes choses cr[e]ees,	creees q, —Sont C^2, T. (Tout d) ch. qui s. crees πd
	Et il toutes les visite 7065	il] ly G
	Et par puissance ens habite."—	p-ces M, ens] en eulx L, Par sa pu. et les h. $\mathfrak{P}$
Le pelerin.	"Dame, dis je, selon vos dis	
	Ne puet pas l'ame a mon avis	pas] tout π, l.] homme L
	Faire, car par tout habiter	t.] droit H
	Ne puet pas ne tout visiter."— 7070	
Doctrine.	"Certes, dist elle, mes par tout	
	Va et vient, et de bout en bout	vi. de b. L
	Veult tout cercher, et si n'est rien	Vont π, To. v. c. L, nes r. q
Forces et puissances de lame declairees. $\mathfrak{P}$ (T.)	Que ne vousist cognoistre bien,	Qui M Quil L
	Pour la quel chose nul repos 7075	
	N'a, et tost mue son propos	—7076 H
	Pour aler ailleurs visiter	
	Et loing et pres sens arrester.	Et p. et l. L, sans et rester M
	N'est rien ou habitacion	R. nest L
	Ne face sens grant stacion. 7080	
	Ou son vouloir va, elle va.	
	La habite ou son amour a.	
	Et si te puis dire autrement	si p. ie d. $\mathfrak{P}$
	Si com Augustin le m'aprent :	Ainsi quaugust. $\mathfrak{P}$, c. saint A. q, c. saint A. m. L, —le C^2
	Ainsi com en son monde est Dieu 7085	Aussi $HGMLC^2$, Tout ainsi quen s. $\mathfrak{P}$, son] cest ML ce πH
	Par tout, et sens li n'y a lieu,	
	Ainsi en son corps l'ame maint	Aussi $HGMLC^2$, e. s. propos C^2
	Com en son monde, et ne remaint	son] ce M
	Quelque lieu ou toute ne soit.	
	Et pour prendre l'exemple adroit : 7090	pr. ex. L, pr. exemplare droit H
	Ainsi com plus principaument	Aussi $HGML\mathfrak{P}C^2$, A. que pl. $\mathfrak{P}$
	Dieu est ou ciel, së on ne ment,	D. e. hault ou c. voirement $\mathfrak{P}$, c. generalment L, on] len G
	Aussi plus intense(ment) [mise]	intensement mise MqH &c., ineussement C^2
	Est l'ame ou cervel assise	et assise C^2G
	Et ou cueur aussi sens mentir, 7095	Et a. ou c. L

Le Pelerinage de l'Ame. 233

Sens nul des autres liex guerpir.	S. les aut. membres g. *L*
Si ques di tout sëurement	Pour ce dit t. *d*, di] du *GH*, Par touz ses membres uraiement *L*
Que par tout est entierement	Est chascune ame ent. *L*
Dedens son monde qui est dit	Par ded. s. corps q. *L*
Long temps a le monde petit. 7100	Le m. lonc tant a p. *M*, En grecisme m. p. *L*
Ainsi en ton corps estoies	
Jadis quant le gouvernoies.	
Membre, tant fust petit, n'avoit	f.] soit *qC*², M. si p. ny auoit *L*
Ou tu ne clamasses ton droit,	
Ou toute par gouvernement 7105	tout *M*
Ne fusses mise entierement,	
Si que par toi fist quanqu'il fist,	Se q. pour t. 𝔓, quant il f. *G* quanquelle f. *L*
Suppose que bien le vousist	le] il 𝔓
Ou aucune fois (t')excitast,	f. excitast *MqH* &c., Que a. *H*, et souuantesfois tex. 𝔓, f. existat *G*
Cemonsist ou ammonnetast, 7110	ou *MqπGHL*] et a𝔓, Semonnist 𝔓*C*² Enioinsist *G*
Et pour ce plus pacie*m*ment	Pour ce pl. paciennement *L*, paciaument *C*²*G*
Tu en dois souffrir ton tourment."	En d. soustenir t. t. *MqπdC*² En d. s. ton grief tourm. *L*, s.] porter 𝔓

Le pelerin. "Merveilles, dis je, me comptes,   compter *L*

Quant sens quantite dit aves	quandite *L*, d. maues *GH*
L'ame d'omme, et affermes puis 7115	
Qu'en li n'a membre si petis	Que ou corps na 𝔓
Ou toute entierement ne soit ;	tout *M*𝔓
La quel chose estre ne pourroit	Quelle ch. 𝔓
Se l'ame në estoit pluseurs,	l. nestoit pl. π, Si non que l. fust pl. 𝔓, ne est. deuisee *L*
Plurifiee en pluseurs lieux."— 7120	Pleuref. *M* Purifiee *GdC*², En plus. l. purefiee *L*

Doctrine. "Je te respon, a elle dit,

Mes que *m'entendes* 'i' petit.	mentendes *MqH*] matendes α
Se l'ame de matiere fust	
Ou aucune matiere ëust,	
Quantite la determinast 7125	
Ou aucuns termes li donnast ;	Ou] Et *C*²

7110 a, b.—De bien faire et mal euiter
Et tout vice et peche laisser. 𝔓 (128 c).

Mes nulle matiere elle n'a,
Car de noient Dieu la crea,
Si que grandeur ne puet avoir
Fors en vertu et en pouoir.   7130
Forces a montepliees
Asses et plurifiees
Et potences qui se rendent
Par tout le corps et estendent,
Si com fantasie est mise   7135
En la premiere partie
Du cervel ou se vont monstrer
Toutes semblances et mirer.
Et si com raison est mise
En la seconde partie   7140
Pour rendre arrest en jugement
Par le conseil d'entendement,
Et jugier par discrecion
Apres l'examinacion
De ce que li a presente   7145
Imaginement et livre.
Et si com memoire est mise
En l'autre tierce partie
Pour ce qui' est jugïe garder
Com tresoriere et enfermer.   7150

Forcë a (aussi) vegetative
  Comprenant generative
Pour son espece conserver
Et li tousjours monteplier,
Et aussi la nutritive   7155
Avec la augmentative
Qui sont pour garder seulement
Le subget miex et longuement.

M. aucune mat. na $\mathfrak{P}$
dieu si la c. $\mathfrak{P}$
Pour ce g. *L*
v.] grandeur *H*
moultepliees *C*²
Grandement et pl. $\mathfrak{P}$, purifiees *GdqC*²
que *M*, Et puissances qui sestendent *L*
Et p. t. le c. se rendent *L*
c. est m. fantaisie *L*
primeraine $\mathfrak{P}$, Du chief en la prime pa. *L*
—7137 *L*, voult *G*
—7138 *L*, mirier π
—7139 *L*, Ainsi c. d, Et la part raisonnable e. m. $\mathfrak{P}$
—7140 *L*, Du chief en s. p. $\mathfrak{P}$
en] et $\mathfrak{P}$

qui *M*, q. reson li pres. *L*
Limag. $\mathfrak{P}$ Ymaginaument *q*, Imaginant en uraie entente *L*
est logie *L*
En la t. ensuiuant p. π*C*², En t. et derriere p. $\mathfrak{P}$
quest j. bien g. $\mathfrak{P}$

—a *MqπdC*²
Comprenent *G*
espere *H*
li] la $\mathfrak{P}$, le touz temps m. *L*
Semblablement la n. $\mathfrak{P}$

7141 stands both after 7136 and 7140 in π.

Le Pelerinage de l'Ame.

Forces a aussi sensibles
Et par les ·v· sens partibles   7160
Qui a ·i· commun sens quë ont
Toutes cinq ramenees sont,
Aussi com cinq dois a la main
Qui en juge comme souvrain.
De celle qui irascible   7165
Et l'autre comcupiscible
Et *la* racionnel me tais

Et d'autres maintes, car li plais
En durroit ja si longuement
Que tart *seroit* le finement.   7170
Forces et potences a tant
Que n'est royaume, tant soit grant,
Que ne gouvernast bien adroit,
Se de ses forces bien usoit ;
Car ell' est toute en chascune   7175
Et n'est seulement quë une,
Conformee tresproprement
Au corps Dieu ou sa vie prent
Qui, departi en pluseurs pars,
En chascune est tout et n'est pas, 7180
Pour ce que ne demeure entier
Et ·i· sens plus et singulier.
Tu me[ï]smes le pues savoir
Qui une te vois bien de voir,
Et sces que, quant gouvernoies   7185
Ton corps, par tout ens estoies
En chascun membre toi tenant
Et force et vertu li donnant.
Et pues savoir, se carence
De toi en quelque potence   7190
Ou force ëust, rien ne fëist

—a *d*
Qui sont par C^2, ·v·ᶜ p. *d*, patibles 𝔓 pacibles *M*
Que *M*, —·i· *G*, sen *L*, quë] quel *d* quell *Mq* quelle 𝔓 quelles *π*
Tout *d*, T. les cinq 𝔓
Ainsi *M* 𝔓, a] en *qd* 𝔓
comment souuer. *G* com souuerain *qπ* comme forain *M*, Q. ont vn j. souuer. *d*
q. est i. C^2
Et de l. *d* C^2
De la r. 𝔓 De lautre r. C^2] Et lautre r. a*Mq* *πGH* Et lautre raisonnel *d*, Et r. donc me t. *L*

Enduroit C^2, dureroit si l. 𝔓
seroit *MqH* &c.] feroit *a*

possances *M*, Chescune ame a de force t. *L*
Que il n. *L*, Quil ny a r. 𝔓
Quel ne g. *L*
ses] ces *G*
Par ce quelle est. t. 𝔓
Touteffois n. s. quune 𝔓, Si n. s. C^2
Conformee *MqH* &c.] Confermee a𝔓, trespurement *M*
c. de D. ou sacrement 𝔓

toute *qπ*, pars *H*
Par 𝔓
En *GH*
Et toy m. 𝔓, mesme le p. bien s. *MqπC²* m. p. bien s. *d*

Tu s. *d*
dedens C^2
te ten. 𝔓 toi tenauant *q*

Et sceiz bien que si c. *L*
q.] aucune *π*𝔓C^2

236 *Le Pelerinage de l'Ame.*

  Le membre a qui appertenist.
  Et ce a ta doubte par droit,
  Se l'entens, souffrire devroit
  Et miex cognoistre t'en devras,   7195
  Affin que tu ne croies pas
  Sens juste cause avoir tourment
  Qui ton corps tresnegligem*m*ent
  Gouvernas, et le blasmoies
  Dont coupable tu estoies."   7200
Le pelerin. Tex paroles asses me dist
  Et longuement penser m'i fist.
  Tart fu, nul retour n'avoie
  (Lors) au corps que laissie avoie.

  Tantost apres ce parlement   7205
   Un haut et fort maconnement
  Vi sus quoi estoient mises
  Deux ymages et assises
  Qui grans et hauls a merveilles
  Estoient et despareilles.   7210
  L'une d'un chevalier estoit
  Arme a cheval qui monstroit
  A son maintieng que fust moult fier
  Et prest du tout *pour* bataillier.
Statue veue par Nabugolonosor et vtile signi-fication d'icelle. $\mathfrak{P}$ (T.)   L'autre ymage ne savoie   7215
  Jugier, se n'en demandoie,
  Fors tant que il m'estoit avis
  Qu'a l'estatue que jadis
  Nabugodonasor songoit
  En toutes choses ressembloit.   7220
  En quantite estoit bien grant
  A vn regart espouentant
  Qui chief avoit d'or affine,

m. au quel ton bien fausist *L*
ce] se π, p. bon d. $\mathfrak{P}$

te d. $\mathfrak{P}$
quen *q*, A celle fin q. ne crois (croyes $\mathfrak{P}$) p. *L*$\mathfrak{P}$

t-gentement *LG* t-gligent π

D. tu le plus c. e. πC^2, De ce dont c. e. *L* De ce d. tu c. e. $\mathfrak{P}$
dit *M*
m'i] me *GHd*

—Lors *Mq*π*d*$\mathfrak{P}C^2$, Au c. q. ie l. *d*, A mon c. q. $\mathfrak{P}$, A tout ce q. ie pensoie *L*

cel p. *L*
et] ·i· *GH*
Japerceu sur q. $\mathfrak{P}$, sur πL, q.] lequel *d*

haultes *d*$C^2\mathfrak{P}$

et] mes moult *L*

quil fut *M*, moult] bien π, A s. estat q. moult ert fier *L*
pour *MqH* &c.] de a a $\mathfrak{P}$, pres *M*, Et apreste pour b. *L* Et du t. pr. a b.$\mathfrak{P}$
De l. y. ne sauroie *d*
Parler se ie n. *d*
F. dautant q. $\mathfrak{P}$, quil *M*
Que la stat. *M* Qua celle stat. $\mathfrak{P}$, Estre lest. de j.*d*
Que N. s. *d*
Et entour li r. *d*
b.] moult *dG*$\mathfrak{P}$

Le Pelerinage de l'Ame.

	Bras et pis d'argent espure,		Poitrine et br. d. pure *L*, pis] espis π, d.] dor *G*, espine *HM*
	Le ventre et les cuisses d'arain,	7225	
	Les jambes de fer tout a plain,		
	Les pies se mipartissoient		jmpartiss. *M* mespartiss. *HGL*
	De terre et fer dont estoient.		De f. et de t. est. *L*, dont] tout π ilz 𝔓
	Lors pris mon ange a regarder		
	Et li vouloie demander,	7230	li] le *G*, Auquel ie v. 𝔓
	Quant il me dist que ce estoit		Q. le me d. quel ch. e. *L*, qui se e. *M*, d. ce q. cestoit 𝔓
	Et quiex choses senefioit.		quel chose *Mq*π*C²*𝔓, Et quoy elle s. *L*
L'ange.	" Bien as, dist il, piec'a vëu		Tu as *L* B. tu as 𝔓, d.] fit *M*
	Et en Daniel l'as lëu		l'as] as *M* tu as 𝔓
	Comment dedens son lit jadis	7235	Com nabugodonosor j. *d*, jadis] assis *C²*
	Nabugodonasor pensis		Dedens son lit et com p. *d*
	Estoit de son gouvernement,		
	Comment son royaume et sa gent		et sagement *q*, Com s. r. saigement *d*
	Estoient traities et menes		Estoint *L*, Seroit t. et demenez *d*
	Et par quelles loys gouvernes,	7240	
	Et comment seroit apres li		sestoit *GH*
	Le regne garde et de qui,		g.] gaste 𝔓
	Et quel en la fin il seroit,		Aussi quen la f. 𝔓
	Et en quel main il escheroit.		escharroit *MqC²*
	Si as apres vëu aussi	7245	Tu as *L*
	Qu'en ce pensant il s'endormi,		Que en *L*, pensent *M*
	Et li fu l'estat revele		
	De ce qu'il pensoit et monstre,		—ce *H*
	Si com Daniel l'avisa		dan. auisa π
	Par l'estatue que songa	7250	lestature *H*, la (celle 𝔓) stat. quil s. *ML*𝔓
	Qui estoit de telle façon		tel π celle *G*
	Com devant toi vois le patron.		Que 𝔓

O r te di que par le conseil
 Et le los du dit Daniel los de Dan. *L*

7234.—Daniel ii.

Cil roy Nabugodonasor 7255
Celle estatue a ce chief d'or
En la maniere qu'il la vit,
Figurer et mectre ci fist,
A fin que roys et empereurs
Et tous principaus gouverneurs 7260
Y preignent leur exemplaire
Pour bon gouvernement faire.
Or entent bien que t'en dirai
Et qüe oui dire j'en ai :
Estatue si est dite 7265
De racine bien eslite
Qui ne doit estre mue[e]
D'un lieu ne desracinee.
Ell' est nee de statuo
Et d'un *estoc* qüe on dit sto, 7270

C'est a dire que [est] estable,
Establie permanable,
Ou que tousjours doit remanoir
Sens soi remuer ne mouvoir ;
Dont on dit qüe estatue 7275
Est cil qui ne se remue.
Establie elle fu jadis,
Affin que le roy du païs
A tous fust en remembrance
Et que n'en fust oubliance. 7280
A son ymage faite estoit
Au plus proprement qu'on pouoit,
Affin que mieux en souvenist
Et en l'image on le vëist.

L'ymage du roy proprement ·7285
Se monstre en son gouvernement.

Ce *H*𝔓 Celui *L*
estature *H* statue 𝔓, cel stat. o cel ch. *L*
quil]que *G*𝔓 qui *M*π, Telle com il la songea *L*
ycy 𝔓, La fist faire, regarde la *L*
empereus *q*

preissent π*C*² prenissent 𝔓
b.] tresbien π
Et *H*
Et ce q. 𝔓, j'en] en *GH*, Si com ge d. oy lay *L*
La statue 𝔓, Statue e. uraiement d. *L*, E. par droit e. *C*²
muee *MqH* &c.

Diriuee e. de st. 𝔓, n.] dicte *d*, n. destatue *M*, d. statuto *C*²
estoc *MqH* &c.] escot α estoit π, —Et *d*, Sur un e. qui a nom sto *L*, quon nomme sto 𝔓
est *MqH* &c.
Estable et p. *H*, E-ie et p. π*C*²𝔓 Ordrenee p. *L* Et que e-ie p. *d*
Et *q*π*dC*²𝔓, Onques t. *M*, toùz temps d. *L*
—soi *L*, ne] ou π*C*²𝔓
q. statue *d*, De quoy on d. q. vne stat. 𝔓
E. cellui *C*²
Estable *H* Et est. π, El f. est. j. *L*, Ainsi est. f. 𝔓
q. o le *G*, li rois *C*²
A tousiours f. *GH*
ne f. *d*, en o. *dL*
fait *GHLM*
q.] com *q*

Et quen lym. len v. *L*, quon le vist 𝔓

dun *qC*²

Le Pelerinage de l'Ame.

Tex est li homs, tel (est) sa terre,		—est $Mq\pi C^2$, lhomme $\mathfrak{P}$
Autre ymage n'y faut querre ;		
Si comme chascun se maintient		Ainsi que ch. $\mathfrak{P}$, se] le GH
A sage ou a fol on le tient.	7290	
De ce' en Ecclesiastique		
Escript le sage disant que		
Le gouvernement du sage		
Est tousjours ferme et estable.		tout temps $MqC^2\mathfrak{P}$ touz temps $L\pi$
Tel com li juge se porte,	7295	Ainsi c.L
A faire aussi tous enhorte.		ainsi $GHL\mathfrak{P}$, tousiours GH, Aus autres f. ainsi enh. L
Quel est le roy d'une cite,		Tel quest C^2
Tel est le peuple en verite.		
Roy qui n'est sage pert sa gent,		
Mes par bon sens il la deffent ;	7300	pour H, sen L, s. ila d. M
Pour quoi di que son ouvrage		P. ce ie dy $\mathfrak{P}$, —di GH
Est s'estatue et s'ymage,		Sa statue est et $\mathfrak{P}$ E. sa statue L E. statue GH, E. statue son ym. d
Ou gouvernement fourmee		
Est s'ymage et painturee.		En son g. $\pi L\mathfrak{P}$ O. son g. C^2
A l'estatue et l'image	7305	A la stat. ML, A sa stat. et son ym. $\mathfrak{P}$
Le voit on ou fol ou sage.		Le MqH &c.] La *o*, v.] cognoist $\pi C^2\mathfrak{P}$, V. len sil est f. L
Aus estatus aussi qu'il fait		A. statuz L Et aux statuz $\mathfrak{P}$, ainsi H
Comment est estables on voit,		C. il e. e-ble $\mathfrak{P}$, Comme est stable moult len v. L
Car së estables bien ne sont,		establiz $\pi\mathfrak{P}$, si b. est. ne L
D'estabilite n'a pas mont.	7310	De stabil. $q\mathfrak{P}$, Tout son estat se gaste et font L
Nulle ordenance n'estatu		o. et statu L, ne statu $\mathfrak{P}$
Ne doit faire qu'il n'ait ëu		qui n. M, nen ait $\mathfrak{P}$
Deliberacion avant		deuant M
Comment puist estre demourant ;		puet M, d.] permanent $\mathfrak{P}$, Quil soit bon et bien durant L
Car quant les lois *per*manables	7315	les] ses $M\mathfrak{P}$

7291.—Eccles. x. 1-3 : Principatus sensati stabilis erit. Secundum iudicem populi, sic et ministri eius; et qualis rector est ciuitatis, tales et inhabitantes in ea. Rex insipiens perdet populum suum, et ciuitates inhabitabuntur per sensum prudentium.

Et estatus sont estables
En monstrant que de sto sont nes
Tres franchement et dirives,
De grant constance est renomme,
Et en tel (e)statue hounoure. 7320
Onques Nabugodonasor
En sa haute statue d'or
Ne fu tant prisies ne loues
N'a son de jugleurs hounoures
Com sera en ses estatus 7325
Bon roy, se sont bien maintenus,
Mes que il soient estables,
Fermes, bons et permanables;
Si ques, a parler proprement,
Un roy a son gouvernement, 7330
A sa loy et (a) son estatu
Et ordenance est cognëu;
Et est de li remembrance
Et memoire et recordance
Telle com jadis en avoit 7335
En l'estatue qu'on vëoit
Du roy pour qui estoit faite
Et figuree et pourtraite.
Pour quoi bien aviser se doit
Tout roy quel s'estatue soit, 7340
Affin qu'elle soit amee
De son peuple et hounouree.
Chascun y a les yex souvent,
Car en tel lieu publiquement
Est mise que chascun la voit, 7345
Dont Constantin jadis disoit:
De tant com plus haut lieu tenons
Entre les hommes et avons,
De tant sommes nous miex vëus

Ses statuz fermes et est. ꟼ
sto] ce *GH*

c. et renommee *GH*
statue *qπdGHL*ꟼ stature *M*, —Et *π*, tel] sa ꟼ

hault *G*, En la sienne grant st. ꟼ

Ne de ses j. *G*
Comme s. en s. statuz ꟼ
—Bon *H*, Bons roys *C²*, se] si *M* silz *L*ꟼ
Durables ꟼ, Beaulx et loyaulx et profitables *L*
Pour ce a *L* Par quoy a ꟼ

—7331 *H*, —a *q*, et a ses statuz ꟼ
o-ces *π*ꟼ contenance *L*

c.] que ꟼ, en] on *qM* len *L*
En (A ꟼ) la stat. que len v. *L*ꟼ

Taillee f. ꟼ, f.] aduisee *d*

que statue *d* q. estat. *HC²* q. statue *G*, q. statue il fait *L* quele statue il s. ꟼ
A la fin quel s. *L* A celle fin que s. ꟼ
Et de tout s. p. h. ꟼ
sonnant ꟼ

dis. jadis *π*
c.] que *π*ꟼ, haulx liex *L*

m.] plus clair ꟼ

Le Pelerinage de l'Ame.

De chascun et apperceüs.	7350	
Et pour ce quanque nous faisons		q. n. f. v. *L*
Ou quanque faire nous voulons		
Doit estre en tous temps *louable*		lo(u)able *MqH* &c.] loage *a*, En t. t. d. e. l. 𝔓 D. en t. t. e. l. *L*, tout *qM*
Et ou rien n'ait reprenable.		Droit et ou 𝔓, ou] que π, Et sans reprouche et rep. *L*
Et vouloit (cil) Constantin dire:	7355	—cil *Mq*
(Car) pour ce qu'il avoit l'empire		—Car *Mq*π*C*², Que p. 𝔓
A gouverner, tex estatus		g. que t. statuz 𝔓
Il vouloit establir que nuls		
Rien a reprendre n'y trouvast,		a] que *L*
Et që ainsi chascun prisast	7360	q.] par 𝔓, q. ch. a. pr. *H* q. ch. aussi pr. *G*, q. aussi *C*², Et pour cela ch. pr. *L*
Son gouvernement et sa loy		Ses ordrenances et *L*
Par qui est prisie tout bon roy.		Pour quoy e. 𝔓 P. quoy e. *MLC*²
A l'exemplaire cognoist on,		
A la figure et au patron,		
A l'estatue et l'image	7365	la stat. 𝔓, A lordrenance et a lym. *L*
Pres aussi com au visage		daussi *M*π*C*²*GL*
Un homme qui onques veü		O h. *G* Ou vn h. *H*
N'avra este ne p*er*ceü.		napperceu *GHLC*², Este naure ne ap.
Et pour ce ai je dit et di		ce] tant 𝔓
Që uns roys et un prince qui	7370	
A un royaume a gouverner		
Ne se puet miex aus gens monstrer,		monster *L*
Ne soi mectre en cognoissance		—soi *GH* scoy *L* se 𝔓, en] a *M*
Qu'il fait par sa gouvernance,		Que p. sa bonne g. 𝔓
Par la quel il est hounoure,	7375	Pour *C*²
Selon ce qu'il fait, ou blasme		ou] et π, Ou poure homme et diffame *L*
Toutevoies que qu'il aille.		—7377 *L*, T. comment quil a. π𝔓 T. lequel quil a. *H*
Aussi com espoentable		—7378 *L*, Ainsi *G*𝔓, esp-taille *C*²
En regart est l'estatue,		E. son r. *C*², la statue 𝔓, La stat. est estable *L*
Aussi tousjours est cremue	7380	Et en regart espoentable *L*
L'ordenance que fait le roy		Aussi des estatuz du r. *L*
Et a chascun doubte et effroy		Dont ch. a d. 𝔓, Doit auoir ch. homs ef. *L*

Qu'il n'en face trespassement
Par mespreison ou escient.

De l'estatue en general 7385
  Me tais, mes en especial
Je la te vueil si distinguer
Que tu saches distribuer
Par rayson le gouvernement
D'un regne et *l'establissement* 7390
Des ordenances qui y sont
Et de ceulx qui en bail les ont,
Mesmement selon que comprent
L'estatue en figurement.
Raison, Justice, Verite 7395
Nature, Droit et Equite
Tindrent jadis ˙i˙ parlement,
Et par accort communement
En grant deliberacion
Et advis et discrection 7400
Firent uns fermes estatus
Quë en estat ne fust mis nuls,
Se de tous le miex souffissant
Il n'estoit et le miex vaillant.
"Il appertient, disoient il, 7405
Que sus les autres soit mis cil
Qui plus digne est [et] le meilleur
Et p*er*fection a greigneur."
Or est ceci bien figure
En l'estatue et demonstre : 7410
D'or est le chief qui est dessus
Qui un metail est digne plus
Que les autres qui dessous sont,

ne f. *G*
ou a esc. *L* ou autrement *H*𝔓

la statue *L*𝔓

si] cy *GHM*𝔓

lestablissement *MqH* &c.] restablissem. *a*𝔓
  Du r. *q*π*d*𝔓

baillies ont *L*

Sel. ce que dit et c. *L*
La statue *L*𝔓, figurant *GH*

j. et v. *L*

Par g. *Mq*π*C*² O g. *L*
Grant a. 𝔓, —Et *C*²
vn tres bon e. *L*, F. bons et fermes statuz 𝔓
Qui *M*, Quen mestrise ne f. *L*, Quen est
  esleue f. nuls 𝔓
les m. *M*, t. nert plus s. *L*
m.] plus 𝔓, Et plus loial et dieu amant *L*
ce d. 𝔓
sur π𝔓, Q. celui en estat soit mis *L*
et *MqH* &c., Le plus d. et le m. *L*
Et ha p. g. 𝔓 Et en p. g. *L*
Et ce ci est b. f. *L*
la statue *L*𝔓, et monstre *H*

Que *M*, Q. des metaulx 𝔓, De touz metaulx
  le d. p. *L*
Et quaultres q. d. luy s. 𝔓

After 7404 four, and after 7406 eight lines interpolated in *L* (*see* Appendix I.).

Qui leur ordre par degres ont   ordres $M\mathfrak{P}$, leurs estaz p. L, degre C^2
Selon qu'il ont valeur et pris,   7415   et] ou GH
Les uns haut, les autres bas mis,
La quel ordenance tous temps   tout t. M
Doit estre en tous gouvernemens.   tout g-nt M
Et la doivent tous gouverneurs,
Tous princes, roys et empereurs   7420   T. r. p. et e. $\mathfrak{P}$
Et aussi prelas d'esglise   tous p. C^2
Maintenir en ceste guise.
Au regart dont des subges doit
Estre le chief d'or selon droit
En monstrant qu'est bien ductile   7425   quil est d. L, En se m. estre ductible $\mathfrak{P}$, ductible $M\mathfrak{P}$ dutile H
Et tousjours on le puet d[u]ire   duire $MqdLC^2\mathfrak{P}$, Et quen touz temps le p. len d. L
Comme bon or qui point ne fent
Au bon martel d'avisement,   A b. π
Aius s'eslargist et rent douls son   —et L
En recevant impression   7430
Telle com on li veult donner   on] il $\mathfrak{P}$
Et quë on veult en li fourmer.   q.] comme $\mathfrak{P}$
Bien est tel chose appertenant
Et convenable et avenant
A tout chief de communite   7435   tous M, communaute H
Qui par conseil est gouverne.   est] face L
Ne puet avoir meilleur signe
Qu' estre ductile et benigne,   dutile H ductible $M\mathfrak{P}$
De recevoir benignement
Bon advis et apensement   7440   B. conseil o auisement L, ap.] conseillement $\mathfrak{P}$
Sens avoir indignacion   Et o deliberacion L

    7444 a-d.—Qui touz temps croit les diz des bons
        Et les apelle compaignons
        Qui eschiue touz pechiez
        Et toutes gens mal entechiez L (f. 156 a).

Et en prenant impression
Telle com on li veult donner
En loyaute et imprimer.
Tel chief doit estre bien nomme 7445
Chief d'or par droit et appelle,
Mes qui le verroit esclatant
A l'aviser et soi crevant,
Qui amender ne se vouldroit
Et trop hautement sonneroit 7450
Par paroles despiteuses
De desdaing et orguilleuses,
D'or estre dit pas ne devroit,
Mes un rude metail par droit
Ou ne puet estre fourmee, 7455
Entaillee ou figuree
Fors figure de laidure
Dont on ne doit avoir cure.
Comodius empereur fu
De tel orgueil qu'estre vestu 7460
D'une pel de lion vouloit
En signe que roys il estoit
Des hommes comme le lion
Estoit des bestes environ.
Tel chief pas de fin or n'estoit, 7465
Car nul avis n'eust pris adroit ;
Tost fust fendu, tost fust creve
Et tost impacient este.
Nul bon ouvrier, nul bon forgeur,
Nul bon et loial conseilleur 7470
Jamais voulentiers n'ouverroit
En tel matiere com feroit
En or fin qui est ductile
Au conseil sens contredire.

Mais en p. 𝔓

—bien L

q. v. le e. L
Au conseillier et L𝔓
Que M

Desdaigneuses et o. d𝔓

un] dun π de H en G, M. met. trop r. p. d. 𝔓

ou] et qπ ne dHL
Si non fig. 𝔓
Dom nen d. L

q. il roy est. L
c.] si com L
A sur b. dominion L
ch. de f. or pas n. MqdC²L𝔓
av.] conseil 𝔓, Nul conseil ne preist ad. L
fut (fu G) fe. t. fut c. MG, T. este fe. t. cr. 𝔓
T. eust i. este 𝔓
N. o. L

nouureroit d𝔓L nen verroit M, Pas si v. nourer. L
Et GH, maniere MG𝔓, En nul metal c. il f. L
En f. or pour quil e. d. L, q. e. doulx a duire 𝔓, ductible M
A bon c. L𝔓

Le Pelerinage de l'Ame.

Et di que, quant le chief d'or fin	7475	Et sy dy quant 𝔓, Quant le bon ch. qui est d. f. *L*
Est et *a bon* conseil enclin,		a bon d𝔓*L* a son π*C*²] au α*G*, Est a tout bon c. *L*
Et on li embat ou emprient		on en li *M*, luy lembat et emp. 𝔓, emprent *H*, Et len li dit en conseillant *L*
Impression qui mesavient,		que π, Vne chouse mal auenant *L*
N'est mie loial conseilleur		Il n. m. bon c. *L*
Qui *ce* fait ne bon ymageur.	7480	ce *MqH* &c.] se α
En matiere dë or ne doit		En la m. 𝔓, m. dor *M*π*dGHL*𝔓, dor len ne doit *L* dor pour voir *H* dor ne d. voir π dor d. auor *d*
Fors belle et noble fourme avoir.		F. n. et b. f. *G*, Ne doit fors n. et b. f. a. *H*, Forme qui b. et n. soit *d*, Mettre fors b. f. adroit *L*
Qui vil et laide li emprient,		empraint *H*, James dieu bel chapel ne doint *L*
Grant joie est, se li mesavient.		Quant j. *d*, sil li 𝔓, li en m. π, A qui en or rudesce empraint *L*
En chief d'or se laidure avoit,	7485	Si en ch. d. l. a. *L*
Il semble qu'au conseil tendroit,		
Car ainsi com l'or *est* baille		est *MqH* &c.] fu α, aussi *GHLC*², c. est l. b. *GH*
A l'orfevre qu'il soit forge		Au feure afin q. *L*, A louurier pour estre f. 𝔓
En fourme bien convenable,		=7490 α, b.] belle et 𝔓, Et mis e. f. *C*²
Aussi un prince se baille	7490	=7489 α, Aussi *Mq*π*dH*𝔓 Ainsi α*G*, un] bon *G* saige 𝔓, Et a toutes gens acceptable *L*
Au conseil com a un forgeur		Aussi vn prince se surmeit *L*
Pour li forger tresbien s'ouneur,		P. li bien f. son hon. 𝔓, A son conseil quant bon le creit *L*
Et que fourme de hounestete		—7493 *L*𝔓, f. non de honneste *M*, de honneste *H* donnestete *C*²
Li forge et baille en loyaute		—7494 *L*𝔓
Pour son royaume gouverner	7495	P. bien s. 𝔓
Sens li espargner ne flater.		le *L*, S. lesp. ne le f. 𝔓
Bien scet que qui impression		sce *H*, s. on que i. 𝔓
Veult faire *de* bonne façon		de *MqH* &c.] en α
En or, sens martel n'est mie		mortel *d* metail *GH*
Ou sens coup de forgerie,	7500	Ne nest s. π*C*²
A quoi ne valent rien flateurs,		
Onques ne furent bons forgeurs.		Jamais ne f. 𝔓, Tricheurs ne faulx conseilleurs *L*
De plumes seulement fierent,		

Car en rien l'ouneur ne quierent	
Du seigneur, et ne curent rien 7505	s. ne leur chaut de r. *L*, et ne leur chault r. 𝔓
Se forge est ou mal ou bien."	Sil (Cil *L*) est f. ou m. 𝔓*L*
Le pelerin. " Comment, dis jë, entrepanra	Et com. 𝔓, e-ray *M*
Et comment hardement ara	Ne com. 𝔓, aray *M*
Uns petis homs de marteler	
Sus son chief pour le aviser ? 7510	Dessus son ch. p. le duiser 𝔓, Sur s. ch. p. le enmanteler *L*
⟨E⟩n aventure et en peril	En lauent. *G*
⟨E⟩n grandement se mectroit cil	En auenture se m. *L*, motroit cil *M*, cil] il *G*
Q⟨u⟩⟨r⟩ien contre sa voulente	
Li voudroit dire, suppose	voulsist 𝔓
Que ne li deïst fors que bien 7515	dist f. q. tout b. 𝔓
Et pour s'onneur sens mentir rien."	Pour son hon. *L*𝔓
L'ange. A donc me respondi ainsi :	Don (Lors 𝔓) il me r. *L*𝔓
"Foy que dois Dieu, mes or me di	doy *G*𝔓
Comment sera il si ose	si] tant *L*
Que vueille estre du tout dampne 7520	veult *M*, Quil v. e. a tousiours da. 𝔓, Quil se sueffre e. da. *L*
Pour faire li entendre faus	P. li f. e. *HL*, P. luy donner ent. fa. 𝔓
Qui croit quë il lui soit loyaus ;	Et il cr. quil li s. *L*, qui li s. *M*, Le seigneur cr. quil s. lo. 𝔓
Et l'a a ce faire establi	Et le a a *L*, —a π a] pour 𝔓
Et soi du tout baille a li,	soi] soit *M* sest *L*𝔓
A ce qu'en face forgement 7525	Afin q. *L*, que fa. 𝔓
Et quë y mecte loyaument	quil y m. *L*𝔓
Telle fourme comme il convient	il] y *M*
Et com a bon or appertient.	
Se ceci certes ne faisoit,	
Pas son devoir bien ne feroit, 7530	Son d. pas b. *L*, b.] il 𝔓
Et au fort n'en aroit ja gre,	En la fin nen a. *L*, Et en fin n. 𝔓, a.] aura π
Et par aventure appelle	Et seroit mis hors du segre *L*
En pourroit estre par raison	
De faussete et trahison.	Appelle lors de tr. *L*
Et saches bien que nul chief n'est, 7535	sachies *q*
Se d'or fin et ductile n'est,	ductible *M*𝔓, Se de fin or apure n. *L*

Le Pelerinage de l'Ame.

Qui ja voulentiers a forgeur		f-rs *L*
Se baille ne a conseilleur,		Ne se b. na c. 𝔓, b. cest a c-rs *L*
Se ce n'est par contenance		Si non que soit p. c. 𝔓
Et d'or avoir la semblance ;	7540	Pour a. d. la s. *LC*²
Car ja chose qu'on li die		Ja nulle ch. 𝔓, Mes bon conseil que len li d. *L*
Il ne fera en sa vie,		Ne voulra faire en 𝔓, Ne f. ia iour de sa v. *L*
Ains resistera au martel,		
Au forgeur et a son conseil.		Aus f-rs cest au c. *L*
Et ainsi ja bien figure	7545	aussi *H*
Il ne sera ne bien fourme,		
Pour quoi tout son gouvernement		
Que par l'estatue j'entent		Lequel p. la stat. 𝔓, Nira ia bien ne honorement *L*
Ja ne sera agreable,		—7549 *L*
Gracieux ne acceptable ;	7550	—7550 *L*
Car quant le chief est figure		—quant *M*
Laidement et mal faconne,		Indeuement et f. *L*
Tout le remanant mains prisie		Touz ses gens en sont m. p-ez *L*, T. le demourant m. on prise 𝔓
En est et mains auctorisie ;		Et touz ses biens amenuisiez *L*, M. on lestime et auctorise 𝔓
Si qu'a fin que l'estatue	7555	Et pour ce (Pour quoy 𝔓) af. q. la stat. *L*
Ait facon a li dëue,		li] elle 𝔓, Par quoy mestrise est estendue *L*
Il faut que d'or le chief en soit		Sencline a tout ton bon fait *L*
Et que soit forge a son droit."		=7558 (Il f. q. de pur or el s.) *L*

Le pelerin. "En un royaume, dis je, mains   ce d. 𝔓
         Ai vëu chiefs et chevetains   7560   Jay v. et ch. 𝔓, chief *M*, capitains *L*
Qui tous d'or n'estoient mie,   Q. trestouz d. *L*, Les quelz t. d. *C*²𝔓 ne furent m. 𝔓
Et avoir grant seigneurie   auoient *L*
En divers liex se monstroient   lieu *q*
Selon les pouoirs qu'avoient.   le p-r *LC*²𝔓
Et te parle tant seulement   7565   te] ce *H* se *M*, Je p. cy t. s. 𝔓, Ge vos di ce t. s. *L*
De ceux qui du roy mandement
Avoient des villes garder   Lors av. 𝔓, des] pour les *L*
Pour adversaire reprimer."—   a-aires *MqHC*²𝔓, P. les ennemis debouter *L*
L'ange.   "A quoi sces tu, respondit il,   r. il] me r. 𝔓 ce me dist *L*

Le pelerin.
    Que d'or n'estoient mie cil !"— 7570   Q. de fin or n. pas c. *L*, n. ceux cy quas dit 𝔓
"Car, dis je, selon le conseil   —7571 *L*
Des villes n'estoit pas leur v[u]eil.   —7572 *L*, vueil π*GH*𝔓 veul *M*, nestoient 𝔓
En rien ductile n'estoient   ductibles *M*𝔓, Quar nul conseil ne creoient *L*
Et rien faire ne vouloient
Fors du tout a leur voulente, 7575
Pour quoi maint bon païs gaste   mainx b-s *M* mon b. *GH*, p. tout g. 𝔓
A este et pluseurs occis,
Et au besoing s'en sont fuis   fouys *GH*
Les chevetains donnans voie   ch-aines *C²L* capitaines 𝔓, d-nt *M*
Aus annemis et fait proie 7580   A. e. faisans grant p. *L*, et faisoient p. 𝔓
De ceux que garder devoient   qui *M*, g.] defendre 𝔓
Et qui a eux s'atendoient."—   a ceulx s. *G*, Qui du tout a e. s. 𝔓, a e. du tout s. *L*

L'ange.
"*Comment*, dist il, qu'e[n] ·i· regne ait   Comment *MqπdGH* Combien *LC²*𝔓 Conuient *a*, quen *MqH* &c., C. quen ·i· royaume a. *L*
Un chief principal qui d'or soit,
Si ne puet il pas seul garder 7585
Tout son royaume et gouverner,   Trestout 𝔓, et] ne *L*
Mesmement en temps de guerre
Et qu'il tient et a grant terre ;   qui t. *GH*, —et π, Quant il a g. et large te. *L*
Car se ce faire bien pëust,
Le païs tout assëur feust, 7590   T. le p. bien asseure f. 𝔓 t.] dentour *C²*
Si faut que pour li chevetains   Cy, luy ch. *G*, q. pluseurs ch-taines *L*
Soient envoies en liex mains   Si so. 𝔓, —en π, Enuoiet es parties lointaines *L*
Pour garder les frontieres si   si] ci *M*
Quë ou royaume n'ait ennui.   ny ait 𝔓, ennemy *GH*, Q. en son r. n. e. *L*
Or te di quë en establir 7595   di ge q. a est. *L*
Ces chevetains, erreur venir   Les *H*, ch.] gardiens *L*, e-rs π
Puet bien quant a eux eslire,   b.] grant *L*
Pour ce que tel est de cuivre   t.] aucun *C²* ce] autant 𝔓
Quë on pense que d'or *il* soit   il *MqH* &c.] y a, Quon cuide q. d. pur il s. 𝔓
Qui estre d'or a ce devroit 7600
Et precieux en loyaute
Par bons orfevres esprouve ;   b.] vous *G*
Et tel fust il qui autrement   fut *M*, que π*L* q.] mais 𝔓

En fëist, et entent comment :
A chascun corps est plus loyal 7605
Le propre chief especial
Que ne pue(s)t estre ·i· emprunte.
Cellui qui de Roan est ne
Et y a son heritage,
Ses amis, biens et lignage, 7610
Se la personne le valoit,
Meilleur chevetain en seroit
Que ne seroit un Toulousain
Ou un Lombart ou un Romain,
Car un estrange s'en fuira 7615
Ou tousjours l'autre demourra.
A l'estrange ne chaurra rien
Comment tout voist ou mal ou bien.
Rien n'a que perdre la endroit,
Et aventure tel seroit 7620
Que dons penroit des annemis
Pour habandonner le païs,
Et a eux se lairoit prendre
Sens honte avoir de soi rendre,
Ou à cautele il s'en fuiroit 7625
Et diroit que plus n'en pourroit.
Et tex furent ceux que vëis.
Mes se le chevetain feust pris
En son lieu ou lieu dont il est,
Jusqu'a la mort fust tousjours prest 7630
De tout le païs garentir
Et deffendre sens point fuir.
Bien doit estre difference
Entre chief et apparence.
Autre chose le vrai chief est, 7635
Autre le timbre qui sus est,
Le chief se tient et se deffent,

Le f. or ent. c. *L*, En est fait or ent. c. 𝔓
—A *GC*², co.] chief *H*

peust 𝔓, ne seroit un e. *L*

Roen *qdL* Rouen *eπC²G* Paris 𝔓 France *b*
ait *M*
Son bien, s. a. son l. *L*, bien π
la] sa *dL*
capitaine *L*

lambart *L*

Ou cil du pais d. *L*, demoura *M*
est-gier *H*, chaurait *M*, ne chaut de r. *L*
voit *Mqπ* vayt *G* aille *L*𝔓

Par av. *HL*
Qui *MqGH*𝔓, don *H*

se] le *qd* lerroit *L* lesseroit *G* laisseroit *H*,
Aux ennemis se lairront p. 𝔓
S. a h. de se r. 𝔓
—il *L*𝔓
pl.] mais *G*𝔓

capitaine est pr. 𝔓, f.] yert *d*
s. l. et (—et *M*) duquel il e. *MqπC²d*𝔓, Et
mis ou l. d. il ne est *L*
Jusques a l. m. sera p. 𝔓, m. touz temps f p. *L*
Pour *L*

p.] se 𝔓, fouir π*H*

lappar. 𝔓
Une ch. *GH*, —vrai *L*
que *M*
se, se] le, le 𝔓

Et le timbre a 'i' pou de vent
Ou a 'i' cop est abatu,
Car en li n'a point de vertu   7640
Fors de cornes ou dens monstrer   dens] deulx C^2 ou] et π
Pour les musars espouenter.
Tex sont chevetains empruntes,
Car des gargoules ont asses,   Qui 𝔓, de GH𝔓, gorgoules L gorgoilles H
Mes pou en sont qui fermement   7645   poi en est q. L
Se tiengnent sens vacillement,   tiengne L v.] variement C^2
Et jamais ne se tendroient   Ne 𝔓, Jam. si bien ne L
Si forment com ceux feroient   Ne si fort c. c. f. L
Qui sont natureux du païs   natureis M naturelz $G\pi LC^2$𝔓
Et de leur corps par conseil pris. 7650   leurs GH𝔓, Et pour l. bien p. c. pr. L
Tex chiefs recoivent bien conseil   —chiefs GH, Tel (Telz M) chief $d\pi M$
En la maniere que l'anel,   la] tel H𝔓
Qui est [d'or], en son parement   dor MqH &c.
Une gemme recoit et prent,   g.] perle 𝔓, Vn saphir r. L
Que jamais ne refuseroit,   7655   Jam. ne le r. L
Se bon orfevre li mectoit.
Et saches que gemme appella   g.] jame d perle 𝔓, ap-le GH, Pierre precieuse
Balaam conseil et nomma,   ap. L
                                            Barl. M, Cons. bal. L, nomme GH donna d
Quant assëoir il la vouloit   assoir M, le L, voulit 𝔓
En Josaphat que d'or sentoit.   7660   sentit 𝔓 sauoit d

Par raison aussi et par droit
  Le col de tel or estre doit,   t.] cel π, L. c. aussi dor e. do. 𝔓
Car comment que rien n'en dëist   combien q. L ia soit ce q. 𝔓
Daniel le maistre qui fist   D. prophete q. L
Et declara lors l'istoire,   7665   lors] puis $Mq\pi C^2 d$
Notablement fait memoire   Notoirement 𝔓
Que le col d'autel or estoit   de tel or 𝔓
Comme le chief, et c'est bien droit.
Col de roy est son lignage,
D'un mesme sanc sens partage   7670   Du π, —sanc q, Tout d. sa. s. depart. L, Qui
                                               d. m. senz et p. d, Quest de m. sa. s.
                                               portage 𝔓

Qui apres le chief est assis
Sus les autres membres et mis,
Et est du chief le soustenail
Et le pilier et l'apuiail
Comme coulomme est appelle   7675
Du haut edifice et nomme,
Et doit estre le passage,
Le trespas et (le) rappassage
Du chief aus membres qui *bas* sont
Et des membres au chief amont ;   7680
Car par li le trespassement
Doit estre du gouvernement,
Et doit le chief tout soustenir
Et droit com pilie[r] soi tenir
Sens decliner ou varier   7685
Ou sens soi tortement porter.
Par ce col a son souspirail
Le chief de quanque vient d'aval,
C'est a dire, se nouvelles
A li roys non mie belles   7690
D'aucuns des subges dessous li
De quoi soit desplaisance a li,
Par son col se doit respirer
Et par son conseil conforter.
Par le col aussi envoie   7695
Le chief que pour vivre octroie
Aus autres membres de dessous,
C'est a dire, pour ce que tous
Ont mestier de graces avoir,
Le col en doit estre de voir   7700
Moyenneur mesmement pour ceux
Qui mestier ont en cas piteux,
Et si doit estre moyenneur
Entre le peuple et le seigneur,

Sur π Et sur l. a. m. m. 𝔓
ch.] ciel π

coulombe *GML* colompne *H*, ap-lee *HL*
Dun *MqπC²dL*, Dun ed. et renommee *L*, nommee *H*
Lequel d. 𝔓
—le *MqGH*, repass. *MHL*
bas *MqπC²dGL*𝔓] las α la *H*

tout] tant *G* bien *Mqπ*
pilier *MqH* &c., Et c. p. dr. se t. *L*, soi] le 𝔓
S. v. aucunement *L*
soi] se 𝔓, soi p. t. *L*, t.] tournant *H*, p.] pouer π
ce] le 𝔓, souffiral *L*
v. aual 𝔓

r. qui ne soient b. π*C²* r. qui ne soient mie b. 𝔓
dessuz π

Et p. π*C²*
ch. ce q. *L*, —que *M*
—de *M*, de] que *GH*

O. bien besoing de g-ce a. 𝔓, grace *MH*𝔓

mesmes *G*
Q. o. m. *L*

E. les gens et les s-rs *L*

Si que tousjours sens discorde 7705
Il y ait paix et concorde
Par juste dispensacion
Qui y doit estre par raison.

Or te vueil je des bras parler
Qui d'argent se font reclamer. 7710
Bras sont les membres [plus] aidans
De tout le corps et plus puissans,
Et sont plus pres de deffendre
Le chief et li autre membre
Qui contre tout empeschement 7715
S'opposent plus hastivement,
Et se font bien souvent saignier
Pour chief et membres miex aisier,
(Puis) a senestre, puis a destre
Pour le corps faire sain estre, 7720
Car tresloyaus membres ce sont
Et point en eux faintise n'ont.
L'un de ces bras sont les barons,
Les dus, les contes, les [h]aus homs
Du royaume qui sont nervus 7725
De fors amis, et bien vainus
De cler sanc et grant lignage
Et qui ont main d'avantage
De gens d'armes bien doitue,
Bien enjointee et ossue, 7730
Si que plus fors en sont asses.
L'autre bras sont ceux appelles
Qui offices ont principaus
Sus gens d'armes com mareschaus
Et chevetains, quë appeller 7735
Ne scai pas bien ne tous nommer,
Qui conduisent les guerroieurs,

Par ainsi t. 𝔅, touz temps L, desc. Mq
Par tout y 𝔅

y] il M, Sans point faire decepcion L

plus MqH &c., Les br. s. les plus a. L
Au chief des membres apparans L
Et qui pl. s. pr. 𝔅, de] pour L
li] chascun 𝔅, a-s m-cs M
Et c. L

s.] blecier 𝔅, Et se sueffrent estre saigniez L
P. tout ch. et m-re a. L, chiefz GH, miex] plus π, ayder GC^2H
Dom de s. p. de d. L, P. a. d. p. a. s. 𝔅

Les braz t. m. s. L, ce] se MqC^2 ilz 𝔅
p. de (—de q) f. en e. n. $q\pi d$, P. en e. de f. n. L
ces] ses π
haus MqH &c.
Dun r. $q\pi C^2 L\mathfrak{P}$, n.] venus d vainnuy L
vainnus $q\pi G$ veynuz 𝔅 venus Md vanus H neruuz L
De bon s. et de hault l. L
Telx gens o. la m. d. L, mains d-ges π mains a lav. 𝔅 maint avant. G
= 7730 𝔅 (B. e-tes et b. o-es), Des GH, dortue M dossue H doctrine d
= 7729 𝔅 (doitues), e-tice ML e-te qd
Pour ce pl. L, q. plusieurs en s. G, fort $Mq\pi d$

Sur $\pi L\mathfrak{P}$
capitaines 𝔅, q. bien nommer L
p. cy t. ne no. H, b. t. et (cy πG) n. $Mq\pi G$, p. t. ne appeller L
conduient L

Le Pelerinage de l'Ame.

Soient a pie, soient seigneurs
Ou gent de chevalerie
Privee ou (de) soudoierie,   7740
Sus tous les quiex est establis
Li connestables qui hardis
Doit estre et tresbien estable
Sens onques estre (point) muable,
De grant constance et prouesse,   7745
De grant cueur et hardiesse,
Si com de ce bien proprement
Est dit et convenablement ;
Car bien doit fermement ester
A cui se doit l'ost allier   7750
Et apuier de tous coustes,
De toutes pars et a tous les.
Et pour ce n'est il pas sens main,
Car pouoir il a tout a plain
De soi faire de tous aidier   7755
Toutes les fois qu'en est mestier.
De ces deu(l)x bras ne di mie
Le quel a destre partie,
Mes bien scai que chascun destre
Se doit tousjours faire et estre   7760
Si com d'Ahoth est figure
En Iudicum et recite
Qui chascune des mains avoit
Destrë et com de destre usoit.
Chascun des bras soy avancier   7765
Se doit tousjours pour miex aider.
Nul ne se doit asenistrir,
Se bon destre puet devenir.
Tous deux pour le gouvernement

Soit *Mqd*, S. peons s. s. *H*, S. ualez ou s. s. *L*,
  S. pietons ou s. cheuaucheurs 𝔅
gens *L*
—de *d*
Sur π𝔅

—point *Mqπ*C²*d*, S. e. o. p. m. *H*, S. nulle
  foiz (nullement 𝔅) e. m. *L*𝔅
et preuoste π

—ce *L*
E. nomme c. 𝔅
d. cil forment e. *GHC*², Cil d. b. f. *L*
A qui l. se d. arrester *L*

C. il a po. t. *L*, t. pl. *H*
se f. 𝔅, de] a *L*
T. f. quil en est m. *HL*

q. est a d. *L*
dextre 𝔅
f. t. π f. touz temps *L*
dahoc π dahoch *H* dahet *G* dahot *C*²,
  Comme de aioth 𝔅
En indicion *d*, Ou tiers des iuges r. 𝔅
Q. les deux m. telles a. *L*
—de *GH*, Que destrierement en u. *L*
d. deux b. sauanc. 𝔅
touz temps *L*
assen. 𝔅

7761, 7762.—Iudic. 3, 15. Aod (*English version* Ehud).

254 *Le Pelerinage de l'Ame.*

Du royaume et deffendement	7770	et le d. *L*𝔓
Aus anemis eux opposer		—eux *L*
Se doivent pour tost reprimer		
Leur force et malivolence		malviolence π magniuol. *H* male vueillance *d*
Que il ne facent pas nuisance		A ce quilz ne f. n. 𝔓, f. pestilence *L*
Au chief n'aus membres par dessous.	7775	Aux chiefs *H*
Avant devroient estre roups		e. derroz *L*
Ou tout outreement brisies		Voire et t. oultrem. 𝔓, entierement *C*ᵃ
Ou estre mortelment saignies		Ou trescruelement naurez 𝔓
Que chief ou membres ëust mal,		ou] ne *L*, m-bre *M*, Q. le ch. ou m-bre eussent m. 𝔓
Se d'argent sont et bien loyal,	7780	darg. s. (est *L*) bon et l. 𝔓*L*
Sens rououl, sens composture		rouil *Gd* raoul *H* gourgous ou *C*ᵃ, s.] ou *Mqd*, S. souldeure ne c. 𝔓
De quelque male mixture.		mauuaise π, misture *M* jurecture *G*
Car aussi com n'a rien oscur		ainsi *Md*𝔓, doscur *qd*
Ne tenebreus en argent pur,		
Tout aussi rien souspeconneux	7785	ainsi *M*𝔓
Ne doit estre vëu en ceux		—estre π, v] apperceu 𝔓, v. entre eux *L*
Qui ont les autres a garder,		
Ains doivent estre net et cler		est. tout n. *G*, necte *d*
En tel guise qu'on puist dire		t. point que len puisse d. *L*
Et par les parais escrire :	7790	pareiz *L* parois *MdG*𝔓 paroirs *H*, Et puis pas le paroist esc. π
Les bras du royaume d'argent		r. sont d. 𝔓 regne sont d. *Mqπ C*ᵃ*d*
Sont et se portent loyaument.		Et se p. tresloy. 𝔓, Bien se p. et loy. *MqπC*ᵃ*d*
Il ont gaigne estre dores		gaagnie *qL*] mery 𝔓, destre d. *L*𝔓
Et de tout le peuple hounoures.		
Puis te dirai du pis d'argent :	7795	pix *M*
Si com on dit communement,		
Pis est aussi com closture		ainsi com cloisure *M*, Le p. e. comme la cl. 𝔓
De tresor et couverture		Du 𝔓
Tout aussi com huche close		ainsi *M*𝔓, huge *G*
Ou en met secrete chose	7800	en] on *M* len *GHL*𝔓, s.] aucune *L*
Sus quoy on met ·i· affichal		Sur *GHL*𝔓*d*, effichault *M*
Qui autrement est dit fermail		fermaul *M*

Pour estre sus com fermeure
De clef et de serrëure.

Et est par ce pis entendu   7805
L'estroit conseil et eslëu
Que, pour a droit gouverner soi
Et son royaume, prent le roy,
Affin que doie bien celer
Tout son secret sens reveler,   7810
Et que ne soit pas sens fermail
De serement et affichal.
N'est pas outrages, së uns roys
A des affins ou deux ou trois
Des quiex il face aucun escrin   7815
Et aus quiex il soit si benin
Quë ens mecte ce que celer
Veult seurement sens deffermer.

sus] seur G, seruure H, Qui est en lieu de f. L fermence C^2
chief *corrected in a later hand* clef M, serrure H servence C^2
cest p. L

Qui par droit a g. s. $\mathfrak{P}$
En G, le] ·i· $Mq\pi d$
quilz doient L
Son conseil sans le r. L

serment L secrem. *made into* sacrem. M
fermeture $\mathfrak{P}$

aff. deux L

auc.] vn bon L
Ausquelx il soit doulx et b. $\mathfrak{P}$, —si L
ens] dedens $\mathfrak{P}$, Q. en eulx m. L
seur.] loyaument L, sens] et G

Conseilliers principaulx que doit auoir vng prince $\mathfrak{P}$ (T.)

Mes tant com parle des conseus,
 Tu dois savoir que conseilleurs 7820
A un roy de maintes guises
Des quiex jë ai sept aprises
Dont te dirai quant a present:
Le confesseur premie[re]ment
Est son conseillier principal   7825
Et secretaire especial
Qui selon l'ame conseillier
Le doit tousjours et adrecier.
Il a aucuns prives amis
Ou il se fie et qu'il a pris   7830
Pour eux dire et eux reveler
Ce que tresbien il veult celer
Et dont veult leur oppinion
Avoir par grant discretion

M. quant a parler d. conseulx $\mathfrak{P}$, Pour quoy p. d. conseilleurs L, consoilz M
conselleuz M] pluseurs L
En a L
Desquelles jay ja s. L, jen $GC^2\mathfrak{P}$

premierem. MqH &c.
c-lleur MC^2, E. c. plus pr. L

Q. s. dieu le c. L
D. en touz temps et a. L
auc.] autres $\mathfrak{P}$
Ausquelz se f. $\mathfrak{P}$, —et GH
P. leur d. et leur (—leur L) r. $\mathfrak{P}L$
Ce questroictement v. c. $\mathfrak{P}$
Et desquelz v. loppin. $\mathfrak{P}$
A. et leur d. $\mathfrak{P}$

Des quiex (j')ai parle par dessus,	7835	ai $Mq\pi C^2dGH$
A parler ne t'en pense plus.		te q
Seigneurs de loy a, ses secres,		S-nour M, lois $H\pi L\mathfrak{P}$, a ses] asses $Mq\pi C^2d$
Avec les maistres des decres		des] de $GHMqC^2$
Et (si) a advocas et plaideurs		—si $HL(\pi\mathfrak{P})$, —Et (Si a...) d, —si a πC^2, Et a ad. et plaidoieurs $L\mathfrak{P}$
Qui aus causes sont conseilleurs.	7840	
Conseilleurs a pour monnoie		C-llers $\mathfrak{P}$
Comment demener se doie,		
Et miex encore il les devroit		
Avoir selon raison et droit		A. pour ordonner a dr. $\mathfrak{P}$
Comment seroit permanable	7845	C. el fust p. L, permen. H
Sens soi muer et estable.		Et sans m. tousiours est. $\mathfrak{P}$ et] tousiours e. C^2
Il a aussi pour garnisons		g-isson M
Et pour negociacions		Ou GH, n-cion M
Diverses divers conseilleurs		c-llers L
Selon ce qu' apertient a eux.	7850	quen ap. G, quap. ce a. e. π, Pour acomplir leurs mestiers L
Pour osts et pour guerroiemens		ost $M\mathfrak{P}$, —pour L, p. leur g. $\mathfrak{P}$
Et ses batailles et ses gens		
Ordener, conseil doit avoir		
De ceux qui en doivent savoir.		
Conseil aussi pour soi garder	7855	
Et, quant temps est, mediciner		q. est t. GH
Tousjours il a et seult avoir.		Touz temps a ou doit av. L, Il a et coustume dauoir $\mathfrak{P}$
Et tous ces sept conseus de voir		conseilz $\mathfrak{P}$ consoilz M
Doivent tousjours estre secres		touz temps L, Soient tenuz secretz et serrez $\mathfrak{P}$
Se par li ne sont deffermes.	7860	Se C^2
Et ce a droit est figure		ce] se GHM, ce fut moult bien f. L
Par les sept anges qui lie		a. painturez L
Et cains estoient sus le pis		Qui c. e. par s. L
D'unes saintures d'or jadis		Dune s-re M, De c. de or j. L
Signifians que le secre	7865	les s-es $G\mathfrak{P}$
Du roy tenoient bien ferme.		f-mes G, t. b. serrez $\mathfrak{P}$

7861.—Apoc. 15, 7.

Le Pelerinage de l'Ame.

Ainsi fait tout bon pis d'argent
Dont je parle quant a present.
Jamais le conseil n'ouverroit
Qui dedens soi ferme seroit.   7870
Bien est verite qu' aucuns sont
Qui point nature d'argent n'ont.
Bien pueent estre hors parans
Aussi com vers de nuit luisans,
Sus les quiex qui sa main mectroit, 7875
Seulement vilte trouveroit.
Tex nul secret ne tendroient
Et bien ne conseilleroient.

C[e] est conseus sens loyaute,
Dë ort metail plain de vilte,   7880
Mes cellui conseil tieng d'argent
Qui sonne veritablement
Et a trespur et trescler son
En monstrant par vive raison
Que ce que dit, est loyaute   7885
Et rien n'y a fors verite.
Un tel conseill[ë]eur par droit
Com Aaron estre devroit
Qui un fermail avoit assis
Et affichie dessus son pis   7890
Que racionnal on disoit
Ou quel tel escripture avoit:
Discretion et jugement,
Verite et doctrinement,
Aussi com dire vousist on,   7895
Tout evesque com Aaron
Devra estre tresbon jugeur
Et veritable conseilleur,
En monstrant par discretion

Aussi GH, t.] on C^2
jay p. L
noureroit $Gd\mathfrak{P}$ nomeroit M
soi] luy L
Et b. est $\mathfrak{P}$

parens π, B. (Mais $\mathfrak{P}$) par dehors sont apparans $L\mathfrak{P}$
Ainsi $M\mathfrak{P}$, verts G, Si comme v. par n. l. L

Rien quordure ny t. $\mathfrak{P}$
T. gens nul s. $\pi d\mathfrak{P}$, tendront $q\pi d$
Ne b. (d)$HL\mathfrak{P}$, Et (Ne d) ia b. $Mq\pi C^2d$, conseilleront $q\pi d$, Ne bon conseil ne donneroient $\mathfrak{P}$
Cest aGH] Ce sont $Mq\pi C^2dL\mathfrak{P}$
et pl. $L\mathfrak{P}$
M. cel. ge t-s pur d. L

tres cler et tres pur s. $\mathfrak{P}$, et tres bon s. L

quil dist $\mathfrak{P}$, Q. son dit si e. l. L
f.] que π, Et plain de toute v. L
Et vn t. $\pi\mathfrak{P}$, c. [est] p. d

son] le $\mathfrak{P}$
r-nel $\mathfrak{P}$
Et que celle C^2 a.] estoit $Mq\pi C^2dL$

Ainsi $\mathfrak{P}$

Deuroit G

Que son conseil sera tresbon,	7900
Plus est en haut estat pose,	
Plus est ce qu'il dira pese ;	
Et tresgrant honte a li seroit	
Se bon conseil il ne donnoit.	
Ne doit pas estre en estat mis	7905
Se n'est sage et de grant advis	
Ou soit trouve[e] verite	
Plus qu' en ung aultre et loyaute;	
Mes pour ce n'est il pas raison	
Quë ung aultre de mendre nom	7910
Ne se doye monstrer d'argent	
En conseillant tresloyalment,	
Ou ainsi faire on li devroit	
Com on fist au serpent qui' avoit	
Adam conseille faussement,	7915
Qui jugie fu dëuement	
Que de terre tousjours vivroit	
Et sus son pis rampant iroit.	
Certes faux conseilleur serpent	
Doit estre dit bien proprement	7920
Qui de langue envenimee	
Diffame la renommee	
De cellui quë il conseille	
En li mectant en l'oreille	
Le venin de decevance.	7925
Pour *quoi* est drois que vengence	
En soit par jugement prise	
Selon la fourme et la guise	
Qu'il se voult faire decepveur,	
C'est que de terre soit mengeur	7930
En bien la langue punissant,	
Et que sus le pis voist rampant	
Pour le conseil quë a donne	

h.] grant *H*
Pl. sera quil (qui *M*) d. p. *Mq*π Et pl. seront ses dis p. *d*, pe.] glouse *L*
—honte π

Sil n. *L*𝔓
trouuee *MqH* &c., Ou quel s. 𝔓, v.] humilite *L*
l.] verite *L*
M. p. tant nest p. desreson
Q. quelque a. 𝔓, meneur n. *L*

Et *GC²*, aussi *GC²H*, Ou f. ainsi *M* Ou f. aussi *q*π*dL*
Quon f. *C²*𝔓, C. dieu au s. q. a. *L*
Q. de dieu j. 𝔓, fu bien dehuem. *L*
touz temps *L*
reptant *L*

Est dit b. et pr. *L*, b.] tres 𝔓
d. sa l. *C²*
Veult diffamer l. r. *dC²*𝔓
De la personne qui cons. π*C²*𝔓, quil *C²*

vemim *q*
quoi *MqH* &c.] ce α, cest d. *L*

f.] maniere 𝔓
Qui *G*, veult *MHL*, Q. v. estre d. *L*
Soit q. 𝔓
En la l. fort p. *L*
sus terre v. *H*, Et sur son p. voise r. 𝔓 Et sur le p. aille reptant *L*
quil a d. 𝔓

Mauvais et plain de faussete.
Et ne doit on pas mains faire 7935
De cellui qui ne scet taire   sc.] puet *L*
Du seigneur le conseil secre   segre *L*
Que doit tenir clos et ferme.   Quil *L*𝔓

Puis te fault du ventre parler
  A cui appertient dispenser 7940
Aus membres leur nourissement
Par les receptes quë il prent,   Et p. 𝔓
[Et] faire distribucions   Et *M*] Pour π*C*², F. les d. 𝔓
Par diverses mutacions
Pour le corps en sante tenir 7945
Et pour sa vie maintenir.
Or est que le gouvernement
D'un royaume communement,   Daucun r. 𝔓
Qui fu trouve pour le commun   par π
Generaulment et pour chascun, 7950
Par telle gent doit estre fait   teles gens 𝔓
Ou grant bonte et grant sens ait,   Ou loiaute et g. *L*
Qui se pregnent garde de tous   preigne π
Et ceux dessus et ceux dessous   De c. *M*, Tant de c. dessus que dessoubz 𝔓
En faisant distribucions 7955
Telles et dispensacions
Que chascun ait ce quë il doit   a. bien ce quil d. 𝔓, ce quil d. *M*π*GHL*(𝔓)
Et nul par eulx faulte n'y ait;   f. nait *L* faulsete nait 𝔓
Si que les membres sens languir   Q. l. m. s. doleance 𝔓
Soient et mesaise souffrir. 7960   mesaises *G*] sans besoing *L*, S. et sans m. et souffrance 𝔓
A ce doivent estre establis   d.] convient *C*²
Les gens des comptes et commis   La gent *G*
Qui la principalite ont
Sus tous ceulx qui en leur main sont.   mains *M*, m. ont *L*
Ce sont recepveurs tresoriers, 7965   Qui s. r. thesauriers 𝔓
Changeurs, orfevres, argentiers,

Toute maniere d'autre gent
Qui ont en bail or et argent,
Qui de monnoye sont faiseurs   Et q. $\mathfrak{P}$, monnoies M
Dont les manieres sont pluseurs.   7970
Les quiex tous je di un ventre   dis M] nomme $LC^2\mathfrak{P}$
Dont tout ist et ou tout entre.   ou] dont G, et t. y ent. $\mathfrak{P}$
Et est d'arain bien figure   Et b. d. e. f. $\mathfrak{P}$
Pour [ce] qu'a li est raporte   ce MqH &c.
Tout le demaine de l'arain   7975
Par ou passa et par quel main,   passe $GHC^2\mathfrak{P}$
Comment et quant est receü,
A quiex et pour quoy despendu.   Et quel M, p. q. est d. GH
D'arain aussi est appelle   ainsi H, est aussi L
Gardant le nom du temps passe,   7980
Car d'arain au commancement
Fu la monnoie seulement,   la] faicte $\mathfrak{P}$
Et estoient dis aranniers   est. nommez erariers $\mathfrak{P}$
Les tresors, ou tous les deniers   ou] et π, les] leurs $M\pi L$
Metoient les roys de piec'a ;   7985
Si que, se d'arain facon a   Pour quoy se d. $\mathfrak{P}$, Pour ce ci d. L
Ce ventre cy, c'est a bon droit.   cest] est G
C'est cil qui distribuer doit
A chascun ce qu'il appertient   qui ap. M
Selon ce quë arain li vient ;   7990   —ce L, Et sel. ce q. $\mathfrak{P}$
Mes a ce faire convient il   ce faut et conv. L
Que ceulx des contes le nombril
En soient et le principal,
Pour ce qu'entour, amont, aval   P. ce que am. et av. L, quent. am. et av. M
Miex faire distribucion   7995   quentout, quamont, quaval C^2
Scevent a tous selon raison.
Et pour ce disoit Salomon   Sal. p. ceste causse a dit $\mathfrak{P}$
Que tournant entour environ   ent.] est tout $Mq\pi C^2d$, Q. en tourn. toux
                                                       env. L Qualentour il est tournatil $\mathfrak{P}$

7997.—Cant. vii. 2 : Vmbilicus tuus crater tornatilis.

Aussi com ·i· hanap porte
Est tout entour pour faire gre   8000
A tous ceulx qui veulent boire.
Job aussi en fait memoire :
C'est le nombril ou toute gist
La force du ventre, ce dit.
Mes n'est pas drois que sa force   8005
Contre les membres s'efforce
En faisant tex ordenances
Qui leur soient aggrevances.
Car point n'ont les membres sante,
S'en soi n'est le ventre atrempe,   8010
Que mene soit ruïeement,
Sens trop ou pou, moyennement.

Or te fault des cuisses parler
Qui faites furent pour porter
Les membres qui dessus sont toux   8015
Et pour droit mener ceux dessous.
Par eulx se drece tout le corps
Et voit on comment il est fors.
Par eulx est repos et travail
Dispense amont et aval.   8020
Par eulx drecier fait travailler,
Et reposer par eulx ployer,
Et sont choses appertenans
A tous juges, petis et grans,
A tous prevos, a tous ballis   8025
Et tous justiciers du païs.
Premierement de leur seigneurs
Il doivent garder les houneurs
En leur droit tousjours soustenant

Ainsi c. ·i· h. borde 𝔓

ce] se *GH*
— pas *GH*, sa] la π

—8007-8012 *C*ᶜ
l. tournent (venissent 𝔓) a grev. *L*𝔓

v.] monde π
riulem. *G* riueelem. *M*π, Et q. m. s. regleem. 𝔓 Si s. m. reilliem. *L*

m. dr. *H*
P. elles se d. le c. *L*𝔓
com il e. f. *L*
P. elles r. *L*𝔓, est] et *GH*
D. est am. *L*, Est d. am. av. 𝔓
P. les d. 𝔓, Les tenir reides tr. *L*, f.] font *MC*² fault *H*
Fait r. p. pl. *L*, p. les pl. 𝔓

A t. *H*𝔓, Et a j. de p. *L*

Et l. 𝔓, toz temps *L*

8002.—Job xl. 11 :—Virtus illius in vmbilico ventris eius.

Sens point flechir ne tant ne quant.	8030	flechier π
Pour ce coulombes et pilliers		—ce G
Les dit Salemon bien entiers,		dist π ditz G nomme 𝔅
Et si doivent par droit *mener*		mener M*q*H &c.] nener α
Et par equite gouverner		
Les autres qui dessous eulx sont,	8035	
Quant afaire devant eux ont.		affaire M 𝔅
Par leur bon, juste adrecement		
Et leur droiturier jugement		
Voit on, s'est adrecie par droit		si est adroicie L cest ad. M ceste adresce H, adroit C² sadrecey est p. d. 𝔅
Un royaume, et së il est droit.	8040	Un chascun r. sil e. d. 𝔅
Et mieux asses est scëue		Et trop plus clerement sc. 𝔅
La force qu'a et vëue,		f. car est mieulx v. π v.] mieulx comme C²
Car certes, tant com [il] sera		il M*q*H &c.
Gouverne par droit, fort sera,		f.] il H
Et tost il afleboieroit	8045	Et bien t. il affoibliroit (affeblir. H) 𝔅H, t. y aflebloi. M, afeblaier. L afoibloi. G affeblieroit C²
Se bonne justice y failhoit.		le L𝔅
A li tenir en force aidier		
Doivent jointes par jointoier.		D. joinctures p. ioincter 𝔅, pour M
Ce sont plaideurs et advocas		
Qui tost jointoient haut ou bas	8050	iunct. 𝔅, ou] et GHC²
Mains juges si com il leur plaist		—8051 L
Plus tost que cuisses par leur plait.		—8052 L
Dieux doint qu'il les tournent a droit		que l. *q*H qui l. M, q. le facent a d. L, D. leur d. a dr. les tourner 𝔅
Si que tousjours justice soit.		Et q. loiaute gardee s. L, Et j. estre son en entier 𝔅
Sus jugement et justice	8055	Sur j-ns π, Car s. bons j-ns est mise 𝔅
Est l'ouneur du regne assise		dun r. M(L) dun royaume L𝔅, Tout l'honn. dun reaulme est a. 𝔅
Si com David en sermonna		—8057 *q*πC²d
En son psaultier qu'il fist piec'a.		—8058 *q*πC²d
Si di que par bons justiciers		Ge di L, dist H, b.] vous G
Est donne repos voulentiers	8060	E. r. d. v. L

8031, 8032.—Cant. v. 15 : Crura illius columnae marmoreae...
8055-8058.—Ps. lxxxviii. 15 : Iusticia et iudicium preparatio sedis (tuae).

A ceux qui debonnairement
Se portent et hounestement.   h.] ueritablem. *L*
Il aussi grant repos en ont,   g.] quant *M*, r.] mestier *H*
Car de pener eux mestier n'ont.   de se p. m. 𝔓, m. ont *GH*π
Qui bien en paix se veult porter,   8065
Pas ne le doit on rioter.   Point *L*
Tout juge doit en paix laissier
Ou rien ne trouve a calengier,   Ou ne t. que chalang. *L* Ou ne t. a calumnier 𝔓
Et a li ploier se devroit   Et en tel pl. 𝔓
Pour aidier, se mestier estoit.   8070
Mes contre gent trop orguilleus,   gens *L*π
Fie[r]s, mellëis et rioteus,   Fiers *MqH* &c., malleis *M* meslis *G* et meslis (mellis *L*) *dL*, F. desobeissans r. 𝔓, m. trop r. π, rioteurs *M* Angleurs f. et trop r. *C*²
Malfaiteurs, larrons et murtriers   murtiers *G*
Bons juges *drecier comme* fiers   drecier comme *MqH* &c.] doiuent estre a
Se doivent en eux travaillant   8075 en les t. 𝔓
Et selon droit eux punissant,   d. les p. *L*𝔓
Et doivent bien pener que pris   —bien π, Et mettent grant paine q. p. *L*
Soient tel gent et bien punis.   telz (teles 𝔓) g-s *ML*𝔓, et fort p. *L*
Bien ossus sont et bien nerves,
Car des sergens il ont asses   8080 de s. *GHL*
Qui sont puissant dë eux aidier   Q. a les seruir s. tous prest 𝔓
Toutes fois qu'il en est mestier.   que en *M*, —en π, est] ont *G*, que besoing en est 𝔓
Et n'est pas doubte quë il ont   p.] nulle 𝔓
Aussi [sus] les membres d'amont   sus *MqdGHL* sur π𝔓
Auctorite d'eux travailler,   8085 A. les t. 𝔓
Se se meffont, et corriger   Se *MqH* &c.] Si a*L* S'ilz 𝔓
Com il ont sus ceux de dessous.   sur c. qui sont bas 𝔓
Meschief seroit et grant doulours   g. doulz *d* g. courroux *H*, Car m. ne s. ce pas 𝔓
Que leups *mengassent* les brebis   mengassent *MqH* &c.] iugassent a, leus *q* leux *H*π loux *L*, berbis *M*
Et *n'en seroient point* punis.   8090 nen seroient point π*C*²] noseroient estre a*Mq* *dGH*𝔓, Et ne les ousast len pugnir *L*
De mengier conge aroient
Toutes aultres quant voudroient.   T. les a. *LC*² Tous les a. 𝔓

Ces juges cy sont fais d'arain
　　Dont Ysodoire dit a plain
Que n'est nul metal si puissant　　8095
Et que c'est le plus haut sonnant.
Il sont puissant, quar ont pouoir
De leur roy ou doivent avoir,
Affin que sens flechissement
Facent justice et jugement.　　8100
Sonnant sont et haut sonnable,
Car chose est bien convenable
Que tout juge ait le haut parler
Et que sens aulcun redoubter
Devant tous en audience　　8105
Par droit rende sa sentence.
Tel son d'arain bien li avient,
Pour quoy de saint Pol me souvient
Qui a un sermon qu'il faisoit
Com arain sonnant se disoit　　8110
Selon une condicion
Dont il parloit en son sermon,
Et de li avoit aussi dit
Jheremias en son escript.
Sa voix, disoit il, sonnera　　8115
Com arain quant il parlera,
Si que bien est convenable
De juge estre arain sonnable
Et comme cuisse *soit* sëant
En loyal jugement faisant.　　8120

Des jambes de fer te dirai
　　Si com piec'a apris en ay.

Des j. *H*, cy] si *MqH*, —fais *GH*, Les cuisses so. faictes derain 𝔅
ysid. *MqH* &c., dist *G*
Quil n. *L*

s. fors q. ilz o. p. *L*, quant o. p. *GH*

et iustement π
Hault parlans s. et bien son. *L*
C. cest ch. b. co. 𝔅

s. personne doubl. 𝔅

P.] Selon 𝔅 sa] juste *C*²
Le s. *L*, Telz sont d. *H*, av.] affiert *G*

Qua u. s. que lors f. 𝔅
darain *qC*², darain sonner *d*, souuent se d. *GH*

en] a *G*
ainsi *GH* assez π
Jeremies *H*

voye ce dist il s. *d* se d. s. *C*²
Comme dar. q. p. *qC*²; —il *M* (*L*), q. preschera *L*
Par quoy b. 𝔅, Et pour ce est ce b. c. *L*
A j. dest. 𝔅, Que j. soit a. s. *L*
soit *MqH* &c.] estre *a*

De *L*
Comme 𝔅, Ci c. *M*, ap. p. π

8094-8096.—Isid. *Etym.* l. xvi. c. xx. : Inter omnia metalla aes vocalissimum est et maximae potestatis.
8108.—1 Cor. xiii. 1 : Factus sum velut aes sonans.
8115.—Jerem. xlvi. 22 : Vox eius quasi aeris sonabit.

Jambes doivent paine soffrir		peines 𝔓
Pour tous les membres soustenir.		
Coulombes de leur office	8125	
Sont, soustenans l'ediffice,		soustenantes 𝔓
De genous chapitelees		chapitul. L𝔓
Et sus bases bien fondees.		basses G, sur les piez bi. f. L
Par les quiex choses dois savoir		
Et raison t'i doit esmouvoir	8130	Que d, t'i] te y L te 𝔓 ci G
Que gens d'armes com chevaliers,		Qui M
Gentilz bourgois et soudoiers,		Et escuiers et s. L, b.] hommes 𝔓
Se bien sont enchapiteles		enchapitul. L𝔓
Et par bons genous gouvernes,		
C'est a dire par conduiseurs	8135	Q. sont s. g. GH Experimentez g. 𝔓, sout.] gentilz π
Qui soient soutilz guerroieurs,		
Leur royaume bien soustenir		Le C²
Devront tousjours et maintenir.		touz temps L
Rien n'y fault së emmoueles		Et r. 𝔓, —se H, se on mouelles M
Il sont de bonnes voulentes.	8140	
Asses sont ossus et nervus		
Dë aïdeurs gros et menus.		De bons a. 𝔓
Comme colonbes de fer sont		
Së en tous temps leur devoir font.		Et 𝔓, tout Mq
De fer est chevalerie	8145	est] et G, lachev. C²
Ou s'ouneur ne garde mie		son o. C²
Et ceux aussi qui d'estre armes		q. estre a. L
En bons faiz sont acoustumes.		
Tex ne se doivent pas laisser		Estre enroilliez par obliance 𝔓
Par negligence enrou[ou]llier	8150	enrououllier Mq enrouillier αG rouillier L enmoullier H, Ne doiuent ou par negligence 𝔓
Haubers fourbis ; mailles *routes*,		routes] rompues MqH &c.
Escus froissies, lances *mousses*,		mousses] croissues MqH &c. frossues G crochues C², E. quasses GH
Hyaumes casses, plaies pluseurs		
Sont a tel gent leurs grans honneurs.		a] en πC², telz g-s M𝔓, Font a gens darmes gr. h. L
Tex jambes de fer hounourer	8155	

Doivent toute gent et louer,
Et si dit on de *qui* que soit,
Quant bien jambu on l'appercoit,
Que moult bien devroit chevaucher,
Fust sus roucin ou sus coursier. 8160
Pour quoy je di, quant bien jambus
Est ·i· royaume, et est bien drus
De bonne chevalerie
Et de fort bachelerie.
Qui est de fer et bien ferres 8165
Et bonne voulente armes,
Sus les anemis chevauchier
Devra bien quant sera mestier.
Et dient aucuns qu'on mesprent
De hors d'un regne querre gent 8170
En aïde, puis qu'e[st] jambus
(Est) le royaume et bien soustenus.
N'est pas merveilles, se bastons
Ou potences queroit uns homs
Mal jambu ou a mauvais pies 8175
Ou qui es jambes est froissies ;
Mes qui a les jambes sainnes
Et bons pies pour asses paines
Soustenir, se quiert potence
Pour soy soustenir, lasch' en ce 8180
Sera dit, car mieux vault asses
Naturel membre qu'empruntes.
Membre naturel aydera
Ou l'emprunte tousjours faudra.
Membres natureux tous ceux sont 8185
Qui ou royaume leur vie ont,
Qui sens faillir sont tousjours prest
D'aider au roy qui leur chief est.
N'est pas doubte que mieux aider

t-es gens $dHC^2\mathfrak{P}$
'qui $Mq\pi C^2 dL\mathfrak{P}$] que a quel GH, Aussi di len d. L, doit G

Car $\mathfrak{P}$, —moult H

Soit sur $\mathfrak{P}$

P. ce je M

et tres b. d. L

Et d. bonne et forte maignye $\mathfrak{P}$

Q. sont d. $M\pi C^2$, Quant ilz sont tres b. ferrez L
En GH De $\mathfrak{P}$, Et de tres grant vouloir a. $Mq\pi C^2$ Et de bon vouloir a. L
S. a. aler pourra $\mathfrak{P}$
Doivent C^2, Deuroient q. il en ert m. L, Q. la necessite venra $\mathfrak{P}$
Et si d. $\mathfrak{P}$, A. d. que len m. L, que (quant G) len m. HG
du r. $Mq\pi C^2 L\mathfrak{P}$, reaulme querir $\mathfrak{P}$
quest $Mq\pi dGH$] que est C^2 que aL quassez $\mathfrak{P}$
—Est $Mq\pi C^2 dGH$ Est a$L\mathfrak{P}$, Est le regne et de grans vertuz L, Le r. b. et s. $Mq\pi$
M. n. p. si b. L

p-ce $\mathfrak{P}$

a] o L
q. auroit genoiz f. L, est] fust $\mathfrak{P}$

sil q. L se il q. πC^2 se tel q. $\mathfrak{P}$
P. se s. $\mathfrak{P}$, laiches M
v. dassez L

Le propre m. a. L
O. l. se laschera L
natures M
ou] dedens le $\mathfrak{P}$, r. heritage ont L
faille G, Ceulx s. f. s. touz temps p. L
Destre o le r. L, au] leur M

Le Pelerinage de l'Ame.

Ne ly puissent, quant est mestier,	8190	ly] les π
Que potences empruntees		
Qui sont d'estranges contrees.		
En eux a petit soustenal,		eux] elles *L* tel 𝔓
Rien ne leur chaut, *se* bien ou mal		se *MqH* &c.] soit *a*, Il ne *L*, Et ne l. ch. se est b. 𝔓
Est le royaume deffendu.	8195	Le r. ou ilz sont d. 𝔓
A ce seulement sont venu		seul.] sans plus il (y *d*) *Mqπ C²d*
Quë il voisent par tout fourrer		v.] puissent *L*
Et les biens despendre et gaster,		Les b. dautray prendre et g. 𝔓
De quoy les membres natureux		que *L*, natures *M*
Doivent vivre tout a par eux.	8200	aparaeux *M*, D. vser par reson mielx *L*
Et sont aussi a ce venu		Ilz *M*, ainsi *G*, Les empruntez pour ce v. *L*
Que pour eux soit tout despendu		par e. 𝔓, Sont q. par e. s. d. *L*
Quanque puet le dit roy avoir,		Quanque *MqH* &c.] Que que *a*, le royalme a. *M*
La quel chose espargnast de voir		
Et deffendu fust plus forment	8205	—fust *G*, pl. seurement *d*
Et mains souspeconneusement,		
Mesmement quant fors jambes a		Q. assez de fortes j. a *L*, fortes *M*
Ou mahaing ne roupture n'a ;		Et 𝔓, ne] ou *C²* Ou point de rompeure na *L*, rompure *H(L)* rompture *GC²𝔓* romptue π
Et n'y a nul qui voulentiers,		
Quant besoing seroit et mestiers,	8210	—et π, Ne venist a tous ses m. *L*
Ainsi n'aidast a son païs,		Et ne aid. *L*
Mes que du roy en eust advis.		Si le r. *L*, laduis 𝔓

Des pies te dirai ensuiant
    Qui *as* jambes sont bien aidant,   as *MqH* &c.] es *a*, —bien *L*
Car il en sont soustenement,   8215   soust.] le fondement *H*, Ilz sont leur sustentation 𝔓
Les bases et le fondement ;   Et estaches et f. *L*, L. basses et soustenem. *H*, Leurs b. et fundatiou 𝔓
Si que des pies je di ainsi   p. ainsi ie dy *G* p. te dy aussi *H*
Que ceux sont certainement qui
Les membres d'amont soustiennent   m.] iambes *H*
Et le royaume maintiennent.   8220
Ce sont divers menestereux   Et *G*, menestreus (m-treurs π*H*) *MG𝔓πH*, menestrels *C²* s. les d. m. 𝔓 s. gens de diuers mestiers *L*

Qui y sont et les laboureux
Sens les quiex li autre vivre
Ne pourroient n'euls conduire.
Et sont souvent les vilz mestiers 8225
Ceulx dont [il] est plus grans mestiers.
Les plantes des pies qui bas sont
A desprisier mie ne *font*.
Elles sont tresnecessaires,
Comment qu'on n'y pense guaires. 8230
Si petit ortel n'a ou pie
Qui point doie estre mesprisie.
Plus necessaire est un foueur
Quë ·i· orfevre ne changeur.
Miex se aïd'on d'un charretier, 8235
Dë ·i· couvreur, dë ·i· potier
Qu'on ne feroit d'un orgueneur,
D'un paintrë ou d'un ymageur.
Or voit on que mipartis sont
Les pies et entremelles sont 8240
De deux matieres qui entr'eux
Semblent estre moult despareux,
Mes tant n'est pas, com il semble,
Car nees furent ensemble.
Le fer de la terre est issu 8245
Et de terre est et terre fu,
Si que, se de fer est dite
L'une des pars, n'est pas quite
Qu'on ne la puist terre no*mm*er
Aussi com l'autre et appeller. 8250
Mes c'est moult dissemblablement,
Car pris a grant alterement
Sa fourme qui est muee

laboureurs MqH &c., Et l-reurs et ouvriers L
les a-s $G\mathfrak{P}$
Nullement p. $\mathfrak{P}$
v. ouuriers L
il MqH &c., e. greigneur m. $q\pi C^2 d(L)$, C. d. len a greigneurs m. L
p. basses s. L
font $Mq\pi dL$] sont $aGH\mathfrak{P}$, Pour tant a d. ne f. L, m.] certes $\mathfrak{P}$
Comme M, Combien q. $L\mathfrak{P}$, q. ne les prise g. $\mathfrak{P}$
artail H
desprisie $q\pi C^2 GHL$
Pl. vtile e. u. laboureur $\mathfrak{P}$ Mil foiz vaut mielx u. laboureurs L
Que nest ·i· o. ou ch. $\mathfrak{P}$, ne vn ch. GH ou vn ch. $qC^2 dL$
M. saidon (saide on GH) $MGH\mathfrak{P}$, Et m. saidon d. charpentier $\mathfrak{P}$, saideroit C^2, Cent foiz uaut m. ·i· ch. L
c. ou dun p. G, Ou dun c. ou dun p. $d\mathfrak{P}$, Vn c. ou vn p. L, p.] sanetier C^2
Que ne f. vn trumeleur L
Ou d. $\mathfrak{P}$, painture G, —ou M, ymagineur π, Vn p. ou vn flaioleur L
i*m*partis M imp. G inp. d, O. v. len mespart. s. L

manieres M
m. e. GH, disp. $\mathfrak{P}$
M. t. nel sont p. L, Toutes fois non t. c. $\mathfrak{P}$
nez ilz f. GH, C. il f. nees e. d

De t. est et de t. f. L
Si q.] Pour ce L Si di q. πC^2 Toutenoiez d Telement $\mathfrak{P}$, f.] terre GH
d. p. lautre n. L
Nest que len ne la puisse n. L
Ainsi que l. $\mathfrak{P}$

O grant feu o grant batement L
Prist sa f. L, q.] car elle C^2

Le Pelerinage de l'Ame. 269

En aultre et transfiguree. — En grant durte et figuree *L* En a. forme et figuree ₽
La terre est mole et le fer dur 8255 t. quest m. ₽, —fer *G*
Et devenu ferme et sëur. Est *dL*, et moult obscur *L*, sur *G*
Or dirai pour quoi tant en di. t. ien dy ₽
Pou sont de menestereux qui Car p. s. de menestreux q. π, menestreux *GH*(π) de maistres trouues q. *M*, Moult s. poy de mesterex q. *L*, de menestrelz q. *C*², Bien peu de mestiers y a q. ₽ mespartiss. *L*

N'aient grant mipartissement
De fer *et* terre aucunement. 8260 et *MqπL*₽] de *adGH*, anciennement *H* —leur *L*, M. dont lab. est f. ₽, f.] est *C*²
La matiere ou leur labeur fait
Est, [est] de terre ou *elle* en naist, Est est (et *qd*) d. t. ou elle *Mqd* Est de t. est ou elle π] E. de t. ou il *aGHL* De t. est faite ou elle ₽ Faicte d. t. est ou elle *C*²
Et les pluseurs a mon advis
De fer ont mains de leur oustis. maintz *G*, l. vtilz ₽
C'est 'i' grant mipartissement, 8265 mespart. *L*
Et toutevoies autrement toutesfoiz bien a. ₽
Les puet on dire mipartis, on bien d. imp. ₽, mipartis *d* mesp. *L*
Car de terre pour cause dis
Pueent estre les laboureurs, —les *L*, l-reux *L*
Foueurs [et] areurs et semeurs, 8270 et *Mqπd*₽ —et *aGHL*, arr. *d* erreurs π, Bescheurs sem. et herceurs *L*
Courtilliers, tuilliers et potiers Courtelleurs *M*, —et π, Chanteurs macons et p. *L*
Et toux ceulx qui en leur mestiers Combien quayent fer en l. m. ₽
Au fer n'ont mie le cueur tant n. pas mis le c. t. ₽
Com a ce qu[e] il vont faisant. que *qπdL*, Comme *MHL*₽, vouont *M*, C. au mestier q. ₽
A leur langage connëu 8275 la. sont c. ₽
Sont tost tel gent et p*er*cëu. Toutes telz g-s et app. ₽ S. tel g. et apparc. *LC*², teilz g-s *M*(₽), apparc. *G*(*L*₽)
De leur mestier et de terre
Tiennent leur plait sens enquerre. pl.] parler ₽, pl. par paiz et guerre *L*
De terre sont, saint Jehan le dit, —sont *H*, —le *L*
Quar de leur terre parlent tuit. 8280
Et tel gent pour leur porcion De telx g-s *d* Teles g-s ₽, telz g-s *M*, par *MπGHL*
Ont bien de pies condicion, des p. c-ns π
Car certes s'il ne portoient, Pour autant que s. ₽

8279, 8280.—Joh. iii. 31 : Qui est de terra, de terra est, et de terra loquitur.

Li autre membre charroient ;
Ja bien ne seroit soustenu   8285
Le royaume ne maintenu.

De l'autre partie qui est
  De fer, dire aussi sui je prest.
En deux manieres entendre
Le puet on bien sens mesprendre.   8290
Il est moult d'autres laboureurs
Que ceux qu'ai dit, com sont forgeurs
Com sont lormiers et serreuriers,
Haubergiers et armëuriers
Et com tous ceux generaument   8295
A cui appertient forgement
De fer, d'acier et de metal,
Quelquë il soit en general.
Tiex gens tous de fer j'appelle,
Car contr' eux ne se revelle   8300
Pas le fer, mes en est dante
Maugre sien a leur voulente.
De fer aussi parleroient
Plus tost qu' autres ne feroient.
Tiex pies de fer moult soustiennent   8305
Tout le royaume et maintiennent
Selon la porcion qu'il ont
Et que mipartisseure font,
Et sens eulx soustenir a droit
Le remanant ne se pourroit.   8310
Si dirai de l'autre guise
Comment de fer je l'avise.
Les jambes de fer appelle
Ai chevalerie et no*m*me
Les quiex je maintien par les pies.   8315
Estre tresgrandement aidies,

Ne ia b. s. s. 𝔓, seroient s-uz *L*
Vn r. *Mqπd*, Les r-es *L* Tout le r. 𝔓

—aussi *L*, je sui p. *MqπC²d*𝔓

p. len s. soy m. *L*
Il nest *L*
com] qui *C²*
Feures l. *d*, l. forgerons serr. 𝔓, l. armeuriers *L*
Haulberionniers 𝔓 Et haub. π, Et puis arm. *d*, Haubergeurs et haumoiers *H* Marechaux et feures grossies *L*
Auxquelx ap. *L*𝔓

Quelconque s. 𝔓, Espicial ou g. *L*
Tel gent *q* Toute tel g-t π Tout tel g-t *C²*
Contre telz ne se reb. 𝔓, C. c. point ne r. *H*
—Pas *H*, Le f. ains est par eulx d. *L*, doute π *C²*
M. soy *L*𝔓
Telz a. de f. p. 𝔓

Touz les r-s *L*, le] vn *MqπC²*

limpart. 𝔓 imp-ement *C²*, sont *H*
=8310 (Lautre partie ne s. p.) *L*
=8309 (Sans e. s. ad.) *L*, point n. p. *C²*
Or d. *L*
ie la deuise (diuise 𝔓) π*C²*𝔓
appellee π𝔓
ch.] les cheualiers *GH*, no*m*mee π𝔓
Laquelle est par l. p. portee *L*
E. bien gr. *Mqπd*𝔓, Et sorstenue et gouuernee *L*

Le Pelerinage de l'Ame.

Car tous ceux qui armes porter
Pueent et qu'on seult appeller
Gent de pie, les soustiennent mont,
Et ne fëissent que le pont   8320
Pour eulx, quant doivent assembler
Aus adversaires et chapler,
Premiers sont mis pour passage
Et faire leur avantage
Par bon cueur et grant voulente,   8325
Bien endurci en loyaute.
De fer sont et en sont bien dit.
Nul fer ne les vaut si com cuit
Aus adversaires resister
Et leur malice reprimer.   8330

O r t'ai dit de l'estatue
   Selon ce que fu vëue,
Et que Daniel en escript
De pluseurs membres *rien* n'en dist,
Car aventure rien n'en fu   8335
De Nabugodonasor veu,
Et aussi fourmee autrement
N'est point sus ce maconnement,
Pour la quel chose occasion
J'ay asses bonnë et raison   8340
Que plus ne m'en doie meller,
Mes la laisse du tout ester.
Sens texte ne faut pas gloser
Ne sens matiere edifier."

Gens $\mathfrak{P}$, Genz de pies *M*, le s. *H*, moult C^2 p. moult les soust. *L*
f. ilz fors le p. $\mathfrak{P}$, Et leur font le p. par ou viennent *L*
=8322 (A. ad. pour ch.) *L*, d. se ass. $\mathfrak{P}$
=8321 (Quant ils veulent ass.) *L*, ch.] coupler $Mq\pi C^2d$

Qui l. fait grant av. *L*

en vanite π

v. com ie c. *L*$\mathfrak{P}$
Pour aux ennemis r. $\mathfrak{P}$
l-s m-ces *H*

la statue *L*$\mathfrak{P}$
S. quelle f. v. *L*$\mathfrak{P}$ S. ce quelle f. v. C^2

rien MqH &c.] nen *a*, ne d. $\pi C^2 H \mathfrak{P}$
—8335 *L*, Par av. *H*
—8336 *L*, —De *H*
—8337 *L*, Est ainsi forme aut. *H*
—8338 *L*, Et p. cause sus ce nentent *H*
—8339 *L*
—8340 *L*, et b. MqH &c.
—8341 *L*
—8342 *L*, —la *G*
f. glose faire $\mathfrak{P}$
Nedifier qui na matiere $\mathfrak{P}$

Poeticus roy renomme diminua sa gloire pour ce quil auoit a linstigation daucun auaricieux chace liberalite et pris auarice. $\mathfrak{P}$ (T.)

lerin. "D u chevalier, dis jë, arme   8345
   Qui deles ly est eleve
Tu ne m'as dit encores rien."—

De celui ch. a. *L*
Q. iouste le e. esl. *L* Q. au pres delle e. e. $\mathfrak{P}$
Ne mauez enc. d. r. *L*

L'ange.	" Voir dis, dist il, je le scay bien,	—dis *M*, Vray est dist 𝔓, Tu dis voir dist il ge s. b. *L*
	Mes maintenant je t'en dirai	M. en present je *L*
	Si com parler ouy en ay. 8350	Comme p. 𝔓, oy p. en a. *L*
	Jadis fu ·i· roy qui ot nom	fu] ot *GH*
	Poeticus de grant renom	Poethicus *G*
	A cui venoient chevaliers	Au quel v. mains ch. *L*
	De toutes pa[r]s et soudoiers	pars *MqH* &c.
	Pour los entour li conquester 8355	P. ent. luy lors c. 𝔓
	Et pour aussi li honnourer	Et a. p. le h. *L*𝔓
	Et servir se mestier estoit ;	
	Car si grant nom par tout avoit	
	Que n'ot onques nul roy greigneur.	Q. onq. nul r. ne lot g. *L*
	Ce los ot il par grant longueur 8360	Et l. π Tel l. *LC²*
	De temps et grant succession	
	Sans riens perdre de son renom.	
	Apres une grant piece avint	Mais ap. vn g. temps av. 𝔓
	Qu'a sa court ·i· chevalier vint	
	Qui estoit d'estrange terre ·8365	
	Pour los et houneur aquerre,	
	Pour ce qu'avoit ouy parler	
	Du pris du roy et raconter.	
	A la cour du roy descendi,	
	Mes parler ne trouva a cui 8370	tr. o qui *L* ny *C²*
	Fors (a) ceux de sa compaignie.	a a*MqH* &c.
	Pensa que (le) roy n'y fust mie.	—le *G*π*d*, Pensant *L*
	Ca et la aler commenca.	
	Tant ala et vint qu'il entra	
	En ·i· jardin (ou), sous une ente 8375	—ou (jard. dessoubz u. e.) *d*
	Pleure une pucelle gente.	Pleure] Plouroit a*GMq*π𝔓*L* Pleuroit *C²* Pleurant *H*
Le cheva-lier.	" Dieux gart, dist il, damoiselle ! "—	D. vous g. *C²*
Liberalite.	" Vous aussi ! " respondi celle.	c.] elle *M*
Le cheva-lier.	" Qu'est ce, dist il, pour quoy ploures ? "—	
Liberalite.	" Sire, dist elle, deportes 8380	
	Vous de ceste cause savoir ! "—	cause] chose 𝔓

Le chevalier.	"Or me dites dont, dist il, voir,		dites dit il dont v. *M*, Dame dist il dites moy v. *L*
	Ou est li roys de cest païs?		ce p. *dG*𝔓
	Cïens n'est pas, ce m'est advis."		Ceans il n. p. 𝔓
L'aucteur.	Lors commenca plus a plourer	8385	
	Que devant et soi doulenser		doulouser *GC*²
	Disant au chevalier ainsi:		
Liberalite.	"Sire, pour l'amour Dieu vous pri		
	Que se vëoir vous le voules		
	Jucques a demain actendes	8390	Jusqua d. vous act. *L*𝔓
	En revenant icy a moi,		
	Et je vous promet par ma foi		
	Que je vous y menray tout droit		y] il *M*
	Et le verres ou quë il soit."—		v. quel part quil s. *L*
Le chevalier.	"Et se, dist, ne vous trouvoie	8395	Il d. si ne v. t. *L* Et d. il se ne v. t. 𝔓, d.] di je *M*
	Ou vostre nom ne savoie,		
	Je me tendroie a decëu.		—8397 *L*
	Pour noiant vous aroie veu."—		—8398 *L* neant *GC*²
Liberalite.	"*Liberalite nommee*		L. n.] Jesui distelleappellee *aMqπ C²dGHL*𝔓
	Sui, dist elle, et appellee.	8400	S. d. e. et ap.] Liberalite et nommee *aMqπ C²dGHL*𝔓
	N'e[n] demandes plus maintenant!		—8401 *L*, Nen *MqdGHL*𝔓
	Trop grief porte ma douleur grant."		—8402 *L*
L'aucteur.	Le chevalier se departi		
	Et l'endemain revint a lui		r.] se vint *G*
	Bien tost a la matinee.	8405	Assez *C²*
	Celle qui fust aprestee		C. q. ia ert ap. *L*
	Par la main le prist et mena		
	Au grant palais ou estoit ja		
	Li roys, asses petitement		
	Acompaigne de noble gent,	8410	Acompaignie *MπH*, n.] poi de *L*
	Et en sa compaignie estoit		sa] la *Mqπ*𝔓, En sa c. est voir *L*, —estoit *C²*
	La vielle a qui vëis avoir		vis *G*, auoit *M*, La v. que v. (vis 𝔓) qui (qu' *H*) auoit *πd*𝔓*H*
	Pluseurs mains, *laide*, bocue,		laide *qd* laides *M* laide et *π*𝔓] lorde *aGH*
	Espavigniee et tortue,		

8412 refers to *Vie* 9061 et seqq.

Et tenoit plait et parlement 8415	
Devant le roy moult baudement.	b.] hautement *L*
Et s'i portoit com maistresse	se (se y *L*) p. 𝔓*L*
Et de tous ordenerresse	tout *L* trestout 𝔓 chascun *d*
Selon ce qu'elle t'en parla	—8419 *L*
Quant son afaire te conta. 8420	—8420 *L*
Quant le chevalier bien vëu	
Ot ce, asses esbahi fu,	Et ce *M*, ce esb. en fu *L*, Eut tout cecy e. f. 𝔓
Et sens riens dire retourna	—riens *G*
Et point a li lors ne parla,	a li] au roy *L*
Mes a celle qui amene 8425	
La l'avoit, Liberalite,	

Le cheva-
lier.

Dist : " *Ou* est ce que ving querre	Ou] Qu *aMqπd*𝔓*GH*, D. et quest ce q. venu q. 𝔓, D. quoy suy ge uenu q. *L*, D. quest ce quen ceste terre *Mqπd* D. q. ce que cy que en ceste terre *C²*
De si loing en ceste terre ?	Sui de si 𝔓, De mon pais ving ci (vien ci *M* vien ycy *d* sui venus π*C²*) querre *qMdπ C²*
Trop grandement sui decëu	
De ce roy la que j'ai vëu 8430	—roy *L*
Dont ouy parler autrement	
Ai que ne voi presentement.	Jay 𝔓, ne] ie π
Dites moi, pucelle gente,	Or (Si *C²*𝔓) me d. p. g. *GHC²*𝔓
Que tel chose represente,	
Qui est celle vielle laide 8435	ceste 𝔓

Liberalite.

Qui devant le roy la plaide ? "—	le] cil *L*, la] ainsi 𝔓 —la *H*
" Ha, dist elle, treschier seigneur,	
Par li est que sui en douleur.	Par *Mπl*𝔓*GH*] Pour *aqd*, P. elle est 𝔓
Du roy souloie estre amie,	
Tousjours en sa compaignie, 8440	Touz temps et en s. c. *L*
Et lors seignouri il estoit	seignour *M*, l. honoure est. *L*
Et l'amour de chascun *avoit*.	auoit *MqH* &c.] auoir *a*
Sus tous avoit pris et renom	
Plus que n'ot onques Salomon,	Tout ainsi quauoit S. 𝔓
Mes lasse, doulente or dirai, 8445	—8445 *L*
Envis le di et grant dueil ai	—8446 *L*
Quant de li me faut rien dire	—8447 *L*, r.] mal 𝔓

Que trouvai a si bon sire.		—8448 *L*, Jay trouue *C*²
Il a nouvel conseil ëu		Or a *L*, cons. nouv. *GH*
D'une gent qui li sont venu,	8450	q. lont deceu *L*
Qui ont este aval terre		e. a male t. *H*
Celle vielle la li querre,		P. ceste v. 𝔓, C. faussse v. la q. π*dC*², C. orde v. a li q. *H*, C. v. a luy q. *G*
Affin que li soit amie		A la fin quel s. samie *L*
Et li tiengne compaignie.		
A li il l'ont amenee	8455	Ilz la li o. am. *L* Ainsi a lui l. *C*²
Et moi du tout hors boutee.		Et mont du t. h. deboutee 𝔓
Et pense bien que, s'il osast,		Ge p. b. q. cil o. *L*
Avec li tost me rappellast,		Oueques li me r. *L*
Mes il n'ose courroucier ceux		n. ceulx courr. *L*
Pour ce que sont ses conseilleurs	8460	quilz sont si conseillier *L*
Et que sont sages grandement,		sag. sont *L*
Tant quë Argus qui ot yeux cent		ot des y. bien c. *L*
Onques si clerement ne vit.		
Les bestes que saint Jëhan vit		Et les b. 𝔓
Plaines d'ieux derriere et devant	8465	
Point ne furent si cler voiant.		Pas *GH*, Plus ne f. plus cl. v. *L*, Ne f. onc si *d*
Or leur a il pour ce donne		Et pour ce l. a il d. *L*
Otroi que, quanques ordene		que tout quanque o. *L*𝔓
Sera par eulx, il soit tenu		quil s. *L*, tenus π
Et garde de gros et menu.	8470	menus π
Et ne pense mie le roy		
Que ce qui est fait, si com croi,		f. com ge cr. *L*𝔓
Soit contre son houneur en rien,		
La quel chose se savoit bien,		sil sav. *L*𝔓
Jamais il ne leur soufferroit,	8475	J. ne le s. *L*
Mes asses miex morir voudroit ;		Ass. mi. mo. il v. *Mq*π*C²d* Ass. plus tost mo. v. *L*
Car saches, leur ordenances		
Sont faites aus grans grevances		Seront *L*
Du peuple et grans oppressions.		g-t op-on *M*

8464.—Apoc. iv. 6.

Voir fu que li roys Pharaons	8480	Vray f. 𝔓
Les filz d'Israel fist servir		L. enfans d. 𝔓
Et en servitute tenir		
Ou moult eurent d'afflic*ti*ons		Mais m. *qC*²
Et contraintes d'exactions ;		c.] dextorquees 𝔓, dex.] vexacions *HL*, —d' *C*²
Mes de sa gent pas n'estoient,	8485	de ses gens *G* de sa loy *L*, M. (Toutesfoys 𝔓) du pais p. (mie *d*) *Mqπ C²d*𝔓
Ains de dehors tous estoient,		A. deh. t. *GH* venoient *H*, Aincoiz de d.
Pour quoi, së il les travailloit,		est. *d*, Ne son langage ne parloient *L*
Pas tant asses ne mesprenoit		dassez *L*
Com ëust fait, se ëust afflis		Comme sil eust tourmentez *L*
Sa gent et ceux de son païs.	8490	—8490-8501 *C*², Ses gens 𝔓, Son p. et ses parentez *L*
De Salomon aussi est dit		ainsi *GH*𝔓, Du sage S. e. d. *L*
Qu'onques par li ne fu afflit		Q. not triboueil p. lui *L*
Nul des siens par servitute.		Nul'] Aucun *aMqH* &c.
A ceux sens plus (y) mist s'estude		—y *MqπdL*(𝔓)] y *aG* il *H*, pl. m. son est. 𝔓
Faire servir qui venoient	8495	
De hors et estrange estoient.		et] qui 𝔓
A quoi se dëussent prend[r]*e*		prendre *MqH*, &c.
Garde ceux qui entreprendre		
Ont voulu le gouvernement		
Du roy par son assentement ;	8500	
Mes non font, ains sont toux afflis,		f.] sont *GH*, f. t. ont de par mains *L*
Et forains et ceux du païs.		C. du p. et les f. *L*
A leur vouloir le roy mainent		
Et conduisent et pourmainent		
Comme tuteurs et curateurs	8505	
Et de tout le *sien* ordeneurs		sien *MqH* &c.] dieu *a*
Aussi com *sousäagie* fust		sousaage *q* sousaigie *M* si soubzaigie *L* soubzaige *G* soubz aage *π*𝔓*H* soustragie *a*, Ainsi 𝔓, com se s. *πC²L*
Et gouverner ne se scëust."—		se] le *π*
"Saves, a le chevalier dit,		S. ce a l. ch. d. *L*
Se li roys y a grant proffit ?"—	8510	

8491-8496.—3 Reg. ix. 21, 22 : Horum filios qui remanserant in terra...fecit Salomon tributarios... De filiis autem Israel non constituit Salomon seruire quenquam.

Liberalite. "Mes rien, dist elle, n'en ara.
Tout par devers ceux tournera
Qui fait les ordenances ont,
Et miex que le roy en seront
Vestus et noblement pares 8515
Et en leur maisons tous dores.
D'autre part le roy en sera
Maudit, et se departira
La court et tous [bons] s'en iront,
Quant la vielle vëue aront; 8520
Et pluseurs s'en sont ja ales
Si com des ja vëoir poues.
Tex choses ne faisoit on pas
Quant me tenoit entre ses bras
Li roys et je li tenoie 8525
En nous entrefaisant joie.
Lors estoit li roys grandement
Loe et prisie de la gent,
Si ques quant voi la boiteuse,
Orde, vielle, monstrueuse 8530
Quë on li a amenee
Pour li tolir renommee,
Et qu'en sui hors a deshouneur,
De dueil en muir a grant douleur,
Et encor plus plaing je le roy 8535
Et son houneur que ne fais moi.
Plus grant houneur de moi avoit
Que de li ne pouoie avoir."

Le chevalier. Adonc li dist le chevalier :
"De plus plorer n'aves mestier, 8540
Et bien voi que le roy ames.
Mes dites moi, que me donres,
Se je puis faire vostre paix

il n. a. *MqπGH*𝔓
c.] eulx *C²L*
Q. ont l. ord. f. *L*
En prendront tout le proufit *L*

m-n 𝔓

—bons a*MqGHL*, et trestous sen ir. *d*𝔓
et les gens sen ir. π*C²*
Voire pl. s. s. al. 𝔓
Desia ainsi que v. p. 𝔓
Ytelx ch. ne f. p. *L*

la] sa *L*
Pour ce quant *L*, bouest. *G*
Lorde *L*𝔓, Celle meschant v. *C²*

Et quant s. h. de honneur *L*
Me d. et m. *G* D. d. ge en m. et de doul. *L*
enc. plains ie plus 𝔓
En *H*
Pl. h. a. de moy *H*, Ja roy grandes h-rs naura *L*
Q. de l. (delle 𝔓) av. (av. il 𝔓) ne pourroit π*C²*𝔓, Q. ne p. av. de soy *H*, Si liberalite o soy na *L*

Ge v. b. q. *L*, B. v. q. vous am. le roy 𝔓
D. m. q. me donnerez *L*, Que me d. vous dictes moy 𝔓

278   *Le Pelerinage de l'Ame.*

Liberalite

    Et que vous repreigne li roys ?"—
    "Certes, dist elle, ja nul jour   8545
    Vous ne faudrïes a m'amour,
    Et s'autre chose pouoie
    De grant vouloir le feroie."—

Le cheva-
lier.

    "Par saint George, dist il, parler
    Je vois au roy sens demourer."   8550
    "Sire roys, Diex vous doint houneur !
    A grant paine et a grant labeur
    De loing sui venu ci aval
    Pour vëoir vostre estat royal
    Et a mon pouoir hounourer,   8555
    Pour ce que moult ouy parler
    Ai de vostre excellent renom
    Dont par tout on fait menc*i*on.
    Si ai, puis que je ving, trouve
    Que tresbien estes gouverne   8560
    En justice et en jugement,
    En assises et parlement
    Par tous vos prevos et baillis
    Et les justiciers du païs,
    La quel chose est bien a mon gre   8565
    Et dont vous estes moult loue ;
    Mes autre chose ai a dire
    Qui moult ce grant los empire.
    J'ay trouve une pucelle
    Qui est gracieuse et belle   8570
    Se ne fëussent ses douleurs
    Et ses lermes et ses grans pleurs.
    Vous la soulïes bien amer
    Et bien vostre amie clamer.
    Rien elle ne vous a meffait,   8575
    Ains vous a bien et honneur fait
    La quelle boute hors aves

Notes (right column):

faudres πG(L𝔓), a mon amour L𝔓
ch. faire p. L, s. bien faire p. πC²
A g. H, la f. L
paler G

Et g. H, O g. mise et o g. l. L A moult g. p et g. l. 𝔓
De bien l. s. v. cy val 𝔓
Veoir v. noble r. 𝔓, estal π

—je L, Jay p. q. suis venu t. 𝔓

et en p. L
tout G, princes C²

Quar v. en est. L
a-es choses G
Q. toz voz bons l. L, ces grans l. G, m. vostre bon l. 𝔓

Si se ne f. 𝔓, ses grans d. MqπC²
—grans L
Laquelle s. 𝔓
Et v. bonne a. cl. 𝔓
Elle ne v. a r. m. L

boutee π, Toutesfoiz boutee h. lauez 𝔓

	Pour une truande qu'aves		
	Avec vous en son lieu mise		
	Pour la quel chose on vous prise	8580	
	Moins asses et moins prisera		a.] de trop *L*
	Tout le temps qu'avec vous sera.		
	Boutes la hors, tresbien feres,		Mectez la h. ie vous en prie 𝔓
	Et tantost l'autre reprenes!"—		Mes que vous l. repraingnez *L*, Et l. ayez pour vostre amye 𝔓
Le roy.	"Biau sire, dist il, vous parles	8585	S. d. le roy v. p. *C²L*
	De ce dont moult pou vous saves.		—moult π, Chouse de quoy petit s. *L*
	La pucelle n'ay pas mise		
	Hors ne celle vielle prise.		
	Mon conseil a moi l'amena		
	Et la pucelle hors bouta.	8590	Et h. la p. chassa 𝔓
	Il faut que croie mon conseil		
	Se bien et houneur avoir veil,		
	Si que point hors je ne mectrai		Par quoy p. h. 𝔓, —je *H*
	La vielle ne l'autre prendrai		La v. et l. reprend. *L*
	Se du tout ne le fas par ceux	8595	Se de t. ne le font c. *GH*
	Qui en ont este promoteurs.		prometeux *H*, Q. sont mes plus priuez conseilx *L*
	Et bien croi qu'il n'en feront rien,		Et cr. b. *GH*𝔓
	Autre fois m'en sui pene bien."—		
Le chevalier.	"Et comment voules vous soffrir, Dist il, vous laissier si trahir?"—	8600	—si *H*
Le roy.	"Je ne le sce pas, dist le roy.		Pas ne suis trahy d. 𝔓
	Tous me veulent honneur, ce croy."—		Tout me v. h. se c. *M*
Le chevalier.	"Et je vous veil tantost monstrer,		—Et *L*, je le v. 𝔓
	Dist le chevalier, et prouver		
	Que qui a ce conseil donne	8605	ce] se 𝔓 cest *L*
	Vostre bon(s) nom vous a oste.		bon *MqH* &c.
	Il est mauvais, faux, traître,		Il m. et f. tr. *G* Et si e. m. f. et tritre 𝔓, f. et tr. *C²HL*
	Quelque nom ait ou quel tiltre.		at *M* aye 𝔓, ou] et *HL*, quelque t. *G*
	Je l'appelle de trahison,		[Et] je l. 𝔓
	Et sens faire dilacion	8610	S. en f. d. 𝔓

Devant tout vostre bernage
J'en offre et en baille gage,   et b. *MqC²L* et si b. 𝔓, mon g. *C²*
Et veil en champ mortel entrer
Pour vous sa traison monstrer.   sa] se *G*, P. sa grant tr. v. m. 𝔓
Faites venir qui est celui !   8615   F. que vieugne a moy c. *L*
Prest sui de moi combatre a lui.   me c. 𝔓, de bataillier a l. *MqC²*
Se pluseurs sont, ja ne larai   je n. π, nen l. *L*
Pour la trahison qu'en eux sai
Que ne me combate a chascun   —me *qC²*
Et ne les vainquë un et un,   8620   Et [que] ne 𝔓, Et les vaincre touz u. *L*, et]
     a *HM*
Si que chascun dira: merci,   Tant q. *L*
J'ay voirement le roy trahi   vraiement *L*
Quant Liberalite partir
Fis et Couvoitise venir.   Conuertise *L*
Or me faites, je vous pri, droit,   8625
Sires roys ! on ne le me doit   —le *G*, S. roy si comme len d. *L*
En vostre court escondire,   mie e. *C²*
Et houneur au contredire   Aussi h. 𝔓
Point n'ariës, vous le saves."   Vous n. *MqπC²*, nares *GH*(𝔓), nares [bien]
     v. 𝔓
Lors dist le roy: "Et vous l'av[r]es! 8630   la(v)res *GMqπ𝔓L*] laues *aH*
Journee doins a l'uitainne   dains *M* doing *H* donne *L*, J. ie vous donne 𝔓,
     La j. mets a *C²*
A batailler en la plainne
Qui' a ce faire est ordenee."—   Pour [en] b. 𝔓, enmy l. *C²*

Li cheva-   "J'acept(e), dist il, la journee."—
lier.
Li roy.   "Et je, dist li roys, entendray, 8635
A querre celui que sarai   querir 𝔓
Qui miex deffendre se pourra   se sarat *M*
Et qui le conseil donne m'a."   c. me donna *L*

    A l'uitaine revint arme   A la huit. r. a. *L*
    Le seigneur, et ou champ entre 8640   Le cheualier ou ch. e. 𝔓
Est lance a feutre cointement,   La l. enfeutree c. 𝔓, Est tres bien et juste-
     ment *L* E. la l. ou poing tenant *C²*
A grant cri disant [h]autement: hautem. *MqH* &c., En d. ainsi h. *L*
Li cheva-   "Or ca, tresmauvais trahiteur   ca [ca] t. t. 𝔓
lier.

Le Pelerinage de l'Ame.

Qui aves trahi vo seigneur
En ostant sa bonne amie,   8645
Venes avant, (je) vous deffie!
Le cueur du ventre vous fendray
Et la trahison monsterrai
Quë y aves enfermee
Repostement et celee.   8650
Venes, yss(i)es, monstres vous cy,
Premier viengne le plus hardi!"—
La actendi moult longuement
Appellant tousjours hautement
Les trahiteurs, mes nul n'issoit,   8655
Dont au peuple moult enuioit
Qui la estoient assembles.
Li roys qui estoit haut montes
Sus l'eschafaut avec sa gent
Grant piece apres bien hautement,   8660
Quë on se tëust, fist crier,
Pour ce quë il vouloit parler
A cil qui estoit appellant,
Au quel fu dit tost ensuiant
Que du roy plus pres approchast   8665
Et quë a lui un pou parlast.
Celui tantost se deshiauma
Et vint et le roy salua.
"Biaus sires, dist le roys, vaillant
Je vous tien et dë houneur grant   8670
Estre suffisant et digne,
Et de pris portes le signe.
Nul n'ay trouve qui s'oppose
Et a vous bataillier ose.
Courpables sont, je le voi bien,   8675
Je ne les creray plus de rien.
Du champ l'ouneur je vous donne

voz M] le L

du] ou L
la] vostre $\mathfrak{P}$
—y M
Couuertem. et recelee $\mathfrak{P}$ R. en recel. πC^2, et [a] c. J.
ysses $G\pi\mathfrak{P}$, Issiez venez L
Et v. auant l. L
attendit L

En app. moult h. L
traitres M traitez π, trahitres m. nulluy nyss. $\mathfrak{P}$, nul n[en] iss. L
De quoy aus gens m. e. L, ennuyoit G
Lesquelx e. la a. L, estoit a. G, Q. illec estoit a-ble $\mathfrak{P}$
monte $M\mathfrak{P}$
S. esch. M, En l. lui et sa g. L
b.] tres GH moult $\mathfrak{P}$
Q. chacun se t. $\mathfrak{P}$, Fist ou champ dire a son banier L
il] lors $\mathfrak{P}$, Q. ilz vouloient pacifier L

q. il f. d. ens. $\mathfrak{P}$, d. tout en oiant L
Ou M, sappr. $\mathfrak{P}$
—8666 M, a] ouec L, Afin quauecques l. parl. $\mathfrak{P}$, l. parler alast $q\pi C^2$
Cil t. G, Le cheualier se d. L Et t. il se d. $\mathfrak{P}$
v. au r. et li clina L
et dhonn. tresgr. $\mathfrak{P}$, t. dores en auant L

De grans houneurs est. d. L
pris] bonte L, porter GH porterez $\mathfrak{P}$
Ge nay t. nul q. s. L
Ne qui a (o L) v. $\mathfrak{P}L$
Coulp. MqH &c.
crerray G croiray C^2H
De ce ch. C^2

Et a vous je m'abandonne
Pour vostre bon conseil tenir.
Si me faites celle venir   8680
Pour qui prëistes bataille !
L'autre veil que tost s'en aille."
Ainsi fu *rassociee*
La pucelle et ramenee
Au roy, et l'autre s'en ala,   8685
Pour la quel chose recouvra
Li roys son grant los et son pris
Et furent puis tous ses amis.
Et quant a ce point pues vëoir
Que, se Couvoitise dist voir,   8690
Quant te dist qu'emprisonnee
Avoit la pucelle amee,
Si fu elle puis hors mise
Au temps du roy que devise.

Or te di que cil roy vaillant   8695
  Pour l'ouneur et le bien tresgrant
Que li ot fait ce chevalier
Son ymage fist entaillier
Et la fist mectre ci endroit,
Pour ce que tresbien li sembloit   8700
Quë avoir en remembrance
On devoit et souvenance,
Affin aussi quë y prëist
Chascun roy qui par cy venist
Exemple de soi gouverner   8705
Et soi de faux conseil garder.
Et est chose bien congrue
Que soit pres de l'estatue."

je] du tout πC^2

P. quoy L, pr.] auez pris $\mathfrak{P}$
Car ie v. q. lautre s. a. $\mathfrak{P}$
rassoc. MqH &c.] ressociee α

Et par ainsi tost r. $\mathfrak{P}$, retourna L
Au r. L, et grant pris M
f. t. p. GHL, Et retournerent s. a. $\mathfrak{P}$
Par quoy a ce p. tu p. v. $\mathfrak{P}$, ce] cest L,
  peus G puet H poues M
sa c. dit H, Q. c. te d. v. $L\mathfrak{P}$

Lauoit L
Mais elle fu apres h. m. $\mathfrak{P}$, h.] fors L
Ou $\mathfrak{P}$

cil] ce $GH\pi\mathfrak{P}$
b. si grant GH
cel L li M le $q\pi$

le G

Con (Com q Que on πC^2) en deuoit r. $Mq\pi C^2$
En GH, Len deuroit L, Grant auoir et s. Mq
  Auoir et moult grant s. πC^2
prenist L
veneist G
de se g. $\mathfrak{P}$ soy GC^2
faul M, Et de f. c. se g. $L\mathfrak{P}$
Et cest ch. GH Et [ce] est ch. πC^2, est[oit]
  ch. $\mathfrak{P}$
Quel s. jouste la stat. L Quil fust au p. de la
  stat. $\mathfrak{P}$

Le Pelerinage de l'Ame.

Apres ce parlement fine,		cel p. *L*
De ces estatues cause,	8710	ces [ii] stat. *L*𝔓, [et] cause 𝔓, Que jay cy dessus divise *C²*
A mon propos je m'en revien		
Et me semble que pou ou rien		
De mes tourmens fu allegies		fu deschargies π*C²*
Qui bien vousisse estre abregies,		ab.] allegiez *q*π*C²*
Së il plëust a Grace Dieu	8715	Se bien eust pleu a 𝔓
Pour estre mis en autre lieu.		mis] mieulx *GH*𝔓
Et est voir que moult longuement		vray 𝔓, Cest uerite q. l. *L*
J'endurai et souffri tourment,		Enduray *L*
Mes tousjours il appetissoit		M. tous temps ap. *L*
Et de pou en pou descroissoit,	8720	Et poi a poi il d. *L*, descross. π
Et tant y fu et actendi		Mes t. y fuz *L*, t. il fut *M*
Que nul tourment plus ne senti		pl. ny souffry *H*
Et que mon faiz fu anulle		
Et du tout en tout degaste.		De t. en t. et d. *L*
Lors me sembloit que voloie	8725	
Et que le ciel haut vëoie		[tres] h. *L*, q. trestout le c. v. 𝔓
Qui estoit desclos et ouvert,		
Et que je v[ë]oie en appert		veoie *MqH* &c. voiaie *L*, —Et *H*
Ce qui me fu encourtine		que *M*𝔓
Par devant, de quoi j'ay parle.	8730	tay *C²*
Ce fu le grant prevost du ciel		Et *qC²*, Cest le prouost de tout le c. *L*
Sëant com juge, Saint Michiel,		—8732 *M*, Dessoz dieu j. *L*
Et les autres qui jugemens		j-ment *M*
Faisoient la de pluseurs gens.		gent *M*
La grant clarte que la estoit	8735	qui *GHLq*π𝔓
Et qui par tout resplendissoit		
Me faisoit si tresgrant joie		si grant j. *G*
Que nul mal je ne sentoie.		—je *G*
Mon ange souvant y vouloit		angle *M* angre *q*
Et souvant a moi revenoit	8740	s.] tantost *L*
En disant que j'attendisse		

8729, 8730.—See above, 302-306.

Encor ï pou et fëisse	
Bon semblant et quë iroie	s. car ge ir. πC^2, q. tost gyr. $\mathfrak{P}$
Tost en haut ou je tendoie.	Assez t. h. *L*, T. ou h. [lieu] ou πC^2 En paradis ou $\mathfrak{P}$
l'ange. "Asses tost, dist il, t'i menrai, 8745	ti $q\pi\mathfrak{P}L$] te $aGHM$, mainray *L* merray *G* mettrai π :
Car du prevost congie en ay.	en] ien $\mathfrak{P}$
Aussi ay je des assistens	Et aussi d. ass. *L*, assidens *M* accidens *GH*
Qui avec li sont tous presens.	—tous q (π); Q. auecquez l. s. p. πC^2 Q. t. temps s. o lui p. *L*
Maintenant Misericorde	Orendroit o mis.*L*
Avec Justice a concorde, 8750	at *M* ha $\mathfrak{P}$] et *GH*, Verite forment sacorde *L*
Aussi a ellë equite	Et justice et eq. *L* a e. a eq. C^2G
A Raison et a Verite.	Et paiz ont fait affinite *L*
Sans contredit toutes sont un,	tout *M*, —sont *L*
Leur voulente est en commun."	est *G*
Quant une piece o actendu 8755	Auant *M*, Q. grant p. ieu at. $\mathfrak{P}$, oi *ML* os πC^2 ot q
Et maintes choses o vëu,	m.] pluseurs *H*, os π. oz *H* oy *MGL*, oy et v. *G*, de m. ch-s v. C^2 m. diuersitez v. $\mathfrak{P}$
Que vëoie les elemens	voiaie *L*
Et quanqu'est contenu dedens,	
Angres voler et ravoler,	Angles *M* Angelz *GH* Anges C^2
Sathanas par terre et par mer 8760	
Et par l'air aler druement,	laer *G*, P. leur voler moult d. $\mathfrak{P}$
Fuir et rafuir souvent	Fouir et rafouir C^2GH, refouir *M* retourner *L*
En espiant les pelerins	
Par les voies et les chemins,	et [par] l. ch. $\mathfrak{P}$ et ch. q
Mon angre par la main me prist 8765	ange C^2G, les mains $\mathfrak{P}$
Et en chantant ainsi me dist:	Quant fuy purgie et a. *L*
"Or ca en la cite lassus	Guillaume en la c. *L*
Nous irons sens actendre plus,	
Car maintenant consummees	—8769 *L*, consummees *H*
Painnes sont et terminees. 8770	—8770 *L*, Tes p. C^2, e. enterm. *G*
Chanton, alon, monton, volon!	Chanter π
Pres est la joieuse maison,	Prest *b*, la ioie quattendon *b*$\mathfrak{P}$
Pres sommes de repos avoir	P. suymes du r. *L*

The text stops at line 8772 in *b* (fol. 163 a).

NGELS AND DEVILS PASSING TO AND FRO. Line 8,759, p. 284.

G, fol. 139.

Le Pelerinage de l'Ame.

	Qui jamais ne faudra pour voir."		ne nous f. uoir *L*
Le pelerin.	En ainsi chantant me menoit	8775	Et *GH*, A. en ch. *L* A ch. il m. m. *C*²
	Et le firmament me monstroit.		

Aloetes chantans iesus iesus : et de ce vtile doctrine de prier et louer dieu. 𝔓 (T.)

Mes en ce point je vi foison		En celle heure ge v. f. *L*, foisson *M*
Tout entour moy et environ		Sus et jus et env. *L*
Dë oiseles qui chantoient		Des *GH*, Dois. petis q. ch. *L* De doulx oisillons q. ch. 𝔓
En l'air en haut et disoient:	8780	En l. et doucement d. *L*
Jhesu, Jhesu tant seulement		Jh. Christe t. s. *L*
Et sens nul entrela(i)ssement,		e-lassem. π e-lessem. *L*, n. autre laissement *C*² n. a. chantement 𝔓
De quoi a mon ange je dis:		Pour q. *L*
"Qu'est ce, ou ont ainsi apris		Que ce veult dire ou o. ap. 𝔓
Ces oiseaus a tel chant chanter	8785	oissiaus la t. *M*, o. la ainsi ch. 𝔓
Et a Jhesu ainsi nommer ?		A Jhesucrist a. n. *L*
Dë (c)eux ouyr est soulas grans		eulx *GHMqπC*² les *L*𝔓, est] cest 𝔓
Et d'eux vëoir chose plaisans.		Et de les v. 𝔓, D. v. aussi ch. *G*
En chantant balent par deduit		—8789 𝔓, balant *GH* vollent *C*²*M*, Eulx ch-tent p. tresgrant d. *L*
Et com en croix s'estendent tuit."	8790	—8790 𝔓, —com *L*, sestendant *q*
L'ange. "Certes, dist il, pas esbai		point esb. *H*
N'en deusses estre, car ouy		
Et vëu autrefois tex as,		veuz a. [tu] les as 𝔓, t.] les *Mq*π𝔓
Mes ne t'[en] avisoies pas		ten *H*, Toutesfois ne tav. p. 𝔓 *M*. tu ne tav. p. π*L*
De leur maintien et leur doulx chans	8795	De *MqH* &c.] Se a, m. ne de l. chant *L*, chant *Hqπ C*²*L*𝔓
Dont as ëu domages grans,		d-ge grant *HMq*π*L*
Et douleur est quant gens mortex		Grant domage (pitie 𝔓) e. q. *L*𝔓, mortieulx *H*
A leur maintien n'entendent miex.		
Ce sont les oiseaux que Diex fist		Entre tous ois. 𝔓
Ou miex il vouloit que prëist	8800	Sont ceux ou v. dieu q. p. 𝔓, i. v. m. *C*²
Homme mortel exemplaire		
Pour aussi commë eux faire.		ainsi *HM*π𝔓, comment *G*, com elx (ilz 𝔓) font f. *L*𝔓
Aloes il sont (il sont) apelles		—il sont *MqH* &c., Elx s. al. ap-lees *L* Aloetes s. a-lees 𝔓, a-lees *ML*𝔓

Et de loer a droit nomes,
Purement veulent Dieu loer 8805
Et loing de terre haut chanter.
En croix ou se sont estendu
Par grant deduit chantent Jhesu.
Et n'est en terre nul oisel
Dont le maintien soit aussi bel. 8810
Il sont figure et le patron
Et vraie demonstracion
De la joie de paradis
Et dë anges et d'esperis
Qui la *louent* leur createur 8815
En grant reverance et honneur.
A eulx aussi exemple pris
Ont *terriens* contemplatis.
Jhesu tousjours en la bouche ont
Et leur langage et chant en font. 8820
De li font leur soulas sens plus,
Par compassion estendus,
Avec li en croix eleves
Sens estre de loer lasses.
A ce faire sont tous tenus, 8825
Non pas hommes mortex sens plus,
Mes toutes choses cr[e]ees,
Comment que soient nommees.
Soies, disoit Ananias,
Missael et Azarias 8830

nommees *ML*𝔓
P. volent d. louant *H*
chantant *H*
Chantans en c. sont est. 𝔓
ch-tant *C²G*
Il n. sur t. *L*, Et en t. na n. oyseau 𝔓, nul sybel *G*
m. en s. si b. π, beau 𝔓
s. la f. et p. 𝔓, —le *L*
Est π De *G*
Et *L*
dangelz *GH*, des a. *MqπC²*(𝔓), de esp. *L* des espris *M*, Des a. et des saincts e. 𝔓
louent *MqH* &c.] vout a, la hault lo. 𝔓
En r. et en h. *L*
A elles ont ex. p. 𝔓, ceulx *C²*
terriens *MqH* &c] elemens a, Les bons moynes c. 𝔓
touz temps *L*
ch. sont *GH*
De Jhesu f. leur chant s. pl. *L*
En c. π Pour c. *C²*
cr. et leues *qC²*, O l. en c. sont esl. *L*

q.] quelx *L* quelles *C²*, Par quelque nom q. s. n. 𝔓
Soiez *M*

8804 a, b, c, d.—Allauda en est le latin
      A louer dieu soir et matin
      Est prise leur propriete
      Proprement et en verite 𝔓 (137 a).
8812 a, b.—De repentir de confesser
      De sacrifier sans cesser *L* (164 a).
8829-8832.—Dan. iii. 88: Benedicite Anania, Azaria, Misael Domino, &c., and Ps. cxlviii

Le Pelerinage de l'Ame. 287

Et David en ·i· autre lieu,
Toutes choses pour loer Dieu
Aloes, quel que nom aies
Et gardes, onques n'en faillies !
Air et ciel et terrë et mer   8835
Et quanquë on y puet trouver
Ou penser singulierement,
Sans faire nul exceptement,
Loes Dieu si com vous poues
Et de tel vertu com aves!   8840
Et saches de voir, n'y a rien
Qui son devoir n'en face bien,
Se n'est homme mortel sens plus
Qui est enlacies et tenus
Au[s] files que le monde tent   8845
De son veil et consentement.
Pou sont qui veillent mais voler
Haut pour leur createur louer.
Saint Pol bonne aloete estoit
Qui rien que Jhesu ne savoit.   8850
"Rien ne sai, dist il, que Jhesu
En la croix mis et estendu,
Et ja n'aviegne que joie
En autre chose ja aie !
Se ëusses piec'a fait ainsi   8855
N'eusses pas *enquis* de ceux ci
Qu'avoies en exemplaire

ch. en lonneur d. *GH*, p. leur (le 𝔓) bon D. π*C*²𝔓
Loer q. q. n. vous aiez 𝔓 Quelx que soiez quel n. que aiez *L*
G-dez bien que o. n. f-iez *L*, g. que point ny f-z 𝔓
Aier *M*, *C*. feu air t. et m. *L*, c. la t. et la m. 𝔓
Et tout ce quon y 𝔓
s-lerem. *M* generalment *L*
nul defaillement 𝔓
si c.] tant que 𝔓
—Et *C*², De toute la v. quauez 𝔓
saichiez 𝔓, sachies d. v. ni ait r. *M*, s-z v. quil n. *L*
Que s. d. ne f. *M*
Ce *q*, Si non lhomme 𝔓

Aus *MqH* &c. Es 𝔓*L*, filez *H*π𝔓 filles *G*, Es rayseux q. *L*
vueil *GH*π𝔓 veul *M*, Par son chetif c. *L*
vuillent *GH* veullent *M*, mainz *q*] plus 𝔓, Nul nest m. q. vuille vo. *L*
p. son cr. *L*
paoul π, bon *GHL*

mist *H*

ni av. π ne mav. *C*²𝔓, Ja ne vuille dieu q. ge aie *L*
En quelconque a. ch. iaye 𝔓, ch. que ie aye *M*, ch. nulle joie *L*
Se p. euss. 𝔓, faint *M*, Sainsi e. f. ou monde *L*
enquis *MqH* &c.] empris α, —pas *H*, p. eu tant de honte *L*
Es aloes av. ex. *L*

    8835-8840.—Dan. iii. 52-88.
    8844 a, b, c, d.—En orgueil et en enuie
                    En rancune en conuoitie
                    En glotonnie en luxure
                    En oysiuete en vsure *L* (164 b).
    8851.—1 Cor. ii. 2 : Non enim judicare me scire aliquid inter vos nisi Iesum Christum.
           Gal. vi. 14 : Mihi autem absit gloriari nisi in cruce Domini nostri Iesu Christi.
    8854.—Et que tousiours Dieu servant soie *C*²

Pour tout aussi com eux faire.　　　　　　P. faire a. com leur veiz f. *L*
Toutevoies ainsi feras　　　　　　　　　Et toutesfois 𝔓, En la fin a. f. *L*
Ci apres quant *ou* ciel seras.　　　8860　　ou *MqH* &c.] au α, Q. deuant dieu la sus s. *L*
Ce sera bien prouchainement.　　　　　　Se 𝔓
Alons, montons, on nous atent."

Ciel et firmament sont traictez. 𝔓 (T.)

Ainsi li ange me menoit　　　　　　　　li] mon *GH*, lange π𝔓, lange [si] me m. 𝔓
Et le firmament me monstroit
Qui tourn(i)ant une armonie　　　8865　　tournant *MqH* &c., [en] tournant *L*, Ou avoit
Faisoit en grant sonnerie　　　　　　　　　　si grant melodie *C²*
Si melodieuse et plainne　　　　　　　　en] vne *H*, De moult diverse s. *C²*
De douceur et si serainne　　　　　　　　Tant *L*
Que tous terriens instrumens　　　　　　　d-rs *L*, ceraïnne *M*] tresplaine *H*
Qui ont este et sont presens　　8870
Dont Musique fait ses deduis,　　　　　　ces *q* les *GH*
Seroient reputes et dis
Mains quë une mouscherie
Qui la chose aroit oïe.　　　　　　　　　　q. son dune m. 𝔓, moquerie π*C²*
Causë en sont les mouvemens　　8875　　La cause 𝔓
Qui y sont et les tournemens　　　　　　—8876 *L*, tournoyemens *G* tourmens *q* tour-
　　　　　　　　　　　　　　　　　　　　　　mens *made into* tournem. *M*
Spere est Des esperes que vi tourner　　　—8877 *HL*, Desesperes *G* Desesperees 𝔓
declaration
du firma- L'une dedens l'autre et roer　　　—8878 *HL*, rouer *M*
ment et des
cieulx. Qui par contraires mouvemens　　—8879 *HL*, Car *G*
𝔓 (T.) Et par obliques tournemens　　8880　—8880 *H*
Doucement s'entrecontroient　　　　　　sentrencontr. *G* se rencontr. 𝔓
Et (en) circuite faisoient　　　　　　　　—en *MqH*, Et leur c. *G* Et vn c. π*C²*𝔓 Et
Entour terre et les elemens　　　　　　　　grans c-tes *L*
Sens eux reposer en nul temps.　　　　　　Enuiron l. quatre el. *L*

En .vii. de ces esperes grans　　8885　　·vii·] vng 𝔓
L'une dedens l'autre tournans
Sept autres esperes avoit　　　　　　　　esp. y a. 𝔓

Dont chascune petite estoit
Au regart et la semblance
Des grans de circumference. 8890
Et en chascune des greigneurs
Estoit mis[e] une des meneurs,
Et en chascune d'icelles
Mise vi a *grans* merveilles
Une des ·vii· autentiques, 8895
Appellees erratiques,
Qui faisoient mains mouvemens
Par pluseurs divers tournemens
Que es epicicles faisoient
Et quë ainsi leur donnoient 8900
Les epicicles tournians
Sens cesser mëus et mouvans,
Diversifians si leur tours
Que ne pourroit savoir leur cours
Nul astronomian mondain, 8905
Se ce n'avoit vëu a plain.
A ces mervelleus mouvemens
Aïdoit moult li firmamens
Ou sont estoiles fichiees
Com gros clous et atachiees, 8910
Et non pas si quë ·i· degre
Ne soit d'icelles aqueste
En cent ans devers orient
Contre le premier mouvement,
Si com[me] Ptolomee di[s]t 8915
Qui diligemment en enquist,
Car pour ce que contraires cours
[A] aus autres ·vii· et rebours,
Les planetes fait varier
Et leur epicicles tourner 8920
A semblance de la roe

e. a la C^a G

—Et L
mise MqH. &c., E. ausi vne m. de men. M

grans $q\pi\mathfrak{P}L$] grant $aMGH$, Mises vi g-t m. H

Que len appelle err. $L\pi$ C^a Quon appelle les er. $\mathfrak{P}$
mouv.] tournemens $\pi C^a\mathfrak{P}$ tournoiemens M
P. pl. tournoiem. L, t.] mouuem. $GM\pi C^a\mathfrak{P}$
Que epiticl. H Ques ep. $GMq\pi\mathfrak{P}$, epiticles $H\pi\mathfrak{P}$ epithicl. M epitiques L
aussi $C^a Gq\pi L$
epiticl. $\pi\mathfrak{P}$ epithicl. M epitiques L, t-noyans HMC^a
S. c. tournans e. m. C^a
D-nt $H\mathfrak{P}$, si] tant L, l. cours $\mathfrak{P}$
leurs GL le M
astrenomien L
ce] se q

merueilles L
Ardoit m. [fort] li f-s $C^aG\mathfrak{P}$
Ou les est. s. f. L les e. C^a
A M, g.] grans H, Par grant uertu et at. L
que $Mq\mathfrak{P}L$] quen aGH, p. tant si que vng d. $\mathfrak{P}$, si] tant L

comme H, dist $H\pi C^a\mathfrak{P}$, com tholomee GML, thol. [le] dit $Mq\pi C^a\mathfrak{P}$
diligaum. qL, enquist GM
c-aire qL
A aus L At aus M, Aux aut. ·vii· [fait] et r. $\mathfrak{P}$ Aux aut. ·vii· et [moult] r. πC^a
f. tourner L
epicicle G epiticles H epithimes M epiclines $q\pi$, epitiques varier L

Qui dedens l'orloge roe.
Mes pour ce ne di je mie
Que leur autre tournerie
Quë il ont de leur nature   8925
Sens cesser tousjours ne dure.
Tournement n'y a pour faire
L'autre tourner au contraire,
A une fin tous s'acordent
Et en rien point ne descordent.   8930
Et pour c'i est melodie
Tresplaisant et armonie.
Bon maistre fu qui cela fist,
N'est nul fors li qui la fëist."

  Ainsi com *ce* regardoie   8935
  Et que moult m'i delitoie,
Mon ange plus haut me mena
Et sus le ciel haut me monstra
Une eaue qui l'environnoit
Tout entour et forment couroit.   8940
Si clere estoit et si pure,
Qu'esbahie fust Nature
Se nulle tel eaue vëist,
Car onques tel elle ne fist.
Clerement par mi vëoie   8945
Quanqu'avant vëu avoie.
Terre et enfer dedens enclos
Ne me sembloient pas plus gros
Quë vne boule petite
Au regart du circuite   8950
Du ciel qui dess(o)us moi estoit
Et estre de cristal sembloit.

loreloge *M* lorologe 𝔓 lairloge *L*

tournoirie *L*

l.] propre π*C*²
touz temps 𝔓
Car t-mens (t-ment *C*²) y a π*C*²𝔓

r. ne se desc. *LC*²𝔓
c'i] ce *H*(π𝔓) ce y *GL* ce ci *M*, ce est tel
  (tele 𝔓) m. π*C*²𝔓

Bon *MqH* &c.] Ton a, q. la f. *H*
Nul nest fo. l. q. le f. *L*, la] tel *Mq*π*C*², q. len-
  tendist 𝔓

ce *MqH* &c.] ie α*C*²

sur le firmament me m. *L*
eiue q. lauir. *L*, U. grant eau l'env. 𝔓

f.] en fust *C*² en seroit 𝔓
Saucune t. *M*π*C*² Saucune semblable eau el
  vist 𝔓, eau vist *G*
o. de tele nen f. 𝔓

Trestout ce que av. 𝔓

—et *M*, La t. et mer d. e. 𝔓
—me *M*, Et ne me s-bloit p. p. g. *L*, s-bloit
  de rien pl. g. 𝔓
b.] pomme *L* bille bien *C*², Q. fait u.bille p. 𝔓
Quant a *C*² du] de la 𝔓
dessus *M*π𝔓] sur *L* dessoubz *GH*
Qui *M*π*C*²(𝔓), Qui de cr. est. s. 𝔓

Le Pelerinage de l'Ame.

Par mi ce haut ciel cristalin		cel h. *L*
Regardant esbahi devin,		
Car *haut* le prevost regardai	8955	haut *MqH* &c.] quant a
Que bas avoir vĕu cuidai,		Quembas av. 𝔓
La court aussi je vĕoie		je] gy 𝔓
Et ceux que vĕus avoie		De tous c. *C*²
Excepte Sathan et la gent		les gens 𝔓
Qui actendoient jugement.	8960	le j. *L* leurs j-ns 𝔓

Le pelerin. "Qu'est ce, dis je, chier gardian,
Ne vi je pas, ne sai quel an,
Au prevost assises tenir
Ailleurs ou me fĕis venir
Pour respondre de mon erreur   8965
Contre Sathan, mon accuseur?"
Lors commenca il a rire   Mon ange c. a r. *L*, a soubzrire π*C*²𝔓
Et a moi doucement dire: Et moult do. me di. *L*

L'ange. "Te souvient (il) de la courtine
Que vĕis noire voirrine   8970   Semblable a n. verr. *L*, verrine *GHMq*π𝔓*L*
Dehors la quel tu estoies,   vorrine *C*²
Quant jugement actendoies?"—

Le pelerin. "Certes, dis je, bien m'en souvient."—   m. souv. il 𝔓

L'ange. "Pour ce, dist il, il te convient   d. lors te c. il 𝔓, il tescouuient *G*

Paradis et sa gloire sont monstrez au pelerin. 𝔓 (T.)

Entendre que le firmament   8975
N'estoit quĕ encourtinement   q. vng enc. 𝔓
Qui te destournoit a vĕoir   —te *H*, Lequel te d. de v. 𝔓
Ce que vois maintenant de voir   veiz *L*
Et que plus clerement verras
Quant plus amont monte seras.   8980   am.] auant 𝔓
La courtine noire te fu
Pour ton regart qui decĕu
Par tes pechies du tout estoit,   tes] telx *G*, p. griefment e. *L*
Et aussi pas n'ape*r*tenoit   point n. *L*
Que nulle chose vĕisses   8985   nulles ch-es *ML*, Quaucune ch. lors tu viss. 𝔓

8962-8972.—Above, 302-306.

De quoy joie tu prëisses. j. ou plasir pr. πC^2 j. ne liesse p. $\mathfrak{P}$
Bien est voir quë en ·i· moment v.] verite $\mathfrak{P}$
Fu retrait l'encourtinement,
Et qu'aucune joye prëis
Pour la clarte que tu vëis.   8990   tu y vis $\mathfrak{P}$
Mes a une autre fin ce fu M. bien a aut. $\mathfrak{P}$, ce] te H, —ce $Mq\pi C^2$
Que tu te sceusses decëu, Que te sc. $HGMLC^2$, Cest q. te cogneusses
Quant tel joie tu perdoies d. $\mathfrak{P}$
Pour ce que meffait avoies. Par L, meffais M
Se la court te sembla plus bas,   8995   s-bloit $\mathfrak{P}$
Pour [ce] ainsi n'estoit il pas. ce $GHMq\pi C^2$, P. tant a. n. p. L Toutesfois el
La court est haut en paradis, ne lest. p. $\mathfrak{P}$, aussi GH
 court] serat M
Mes au[s] pecheurs il est advis aus MqH &c.
Quë elle leur soit prochainne Q. la court l. $Mq\pi C^2\mathfrak{P}$, Quelle l. est tres pr. L
Quant pensent a souffrir painne.   9000   Q. p. soustenir pa. $Mq\pi C^2\mathfrak{P}$
Quant bas a jugier estoies, b.] tu L, b. ajugies e. π
La court pres de toi vëoies
Pour ce qu'avoies desservi que tu av. L
Estre mis a mort et banni.
Or es eschape maintenant   9005
Par grace que Dieu t'a fait grant, q. ta f. D. g. $q\pi$, q. D. te f. H
Si t'est avis que muee remuee C^2
Est la court et transportee,
Mes il est voir tout autrement —est G, M. il en est t. a. $\mathfrak{P}$
Si com le verras clerement   9010   Comme le v. $\mathfrak{P}$, le] tu L
Quant la courtine passee oultre passee C^2
Aras dont es a l'entree, a] en M
Car le ciel cristalin en est Ciel cr. porte en e. L
Qui oultre passe encor n'est. Quencores o. p. n. $\mathfrak{P}$
C'est cellui que voirre cuidas   9015   qui verre c. G qui voir c. M q. veoir c. πC^2
Quant la courtine en renommas."— Et que tu c. nommas L
Le pelerin. " Je sui, dis je, si tressurpris tressouspr. H
De la joie de cest païs ce p. $H\pi\mathfrak{P}$
Que je ne sai que demander

Le Pelerinage de l'Ame.

Ou de que je doie parler,	9020
Di et fai ce que tu voudras,	
Penser ne puis quë a soulas !"—	
L'ange. "Soulas, a il dit, ce n'est rien.	
Monte amont et avec moy vien !	
Oultre la courtine verras	9025
Les grans deduis, les grans soulas,	
Les grans joies pardurables	
Qui tant [sont] esmerveillables	
Que cueur ne les pourroit penser,	
Langue ne bouche raconter.	9030
C'est Jherusalem la cite	
Ou d'aler tu fus excite.	
C'est la fin de ton voiage	
Et de ton pelerinage."	

En parlant en tel guise a moi	9035
Et moi conduisant avec soi	
Oultre le cristalin me mist	
Et par tout regarder me fist.	
La vi je si tresgrant clarte	
Que chaoir ne puet en pense.	9040
Se ·vii· fois le souleil estoit	
Plus cler, de rien ne suffiroit	
A celle clarte que vi la	
Dont grant merveille dirai ja,	
Së il est qui ce veille ouyr	9045
Et qui a ce ait son plaisir.	
Jhesus ou temps passe disoit	
Qu'en la maison son pere avoit	
Mains liex et maintes mansions	
Et pluseurs habitacions.	9050
Voir disoit, c'est maison royal,	

Non ne de q. $\mathfrak{P}$, quoy C^2
Lange dist di ce q. v. L
P. ie ne p. q. s. $\mathfrak{P}$, James q. joie ne uerras L
S. ce (cil M) dist il ce n. r. $\mathfrak{P}M$, Tu nas encore veu r. L
—et GH
=9026 C^2
=9025 C^2

sont MqH &c., Q. trest. s. merueill. L Q. a tous s. esm. (si merueill. $\mathfrak{P}$) $\pi C^2\mathfrak{P}$
les] le H
L. dire ne rac. L

—tu G, d. estoies exc. L.
C. [a] la f. π, de tout bon v. G
ton] tout H tout bon G tout ton $\mathfrak{P}$ ton bon L ton grant πC^2

a] o L
me c. $\mathfrak{P}$, conduiant L

Ou p. GHM $C^2\mathfrak{P}$
Ge y vi si t. L
peust GH, Q. iamais ie neussep. $\mathfrak{P}$, empense G
Si le s. vii. f. e. L

Sil est q. L Sil y a q. $\mathfrak{P}$, ce] le M $\mathfrak{P}$, de]ce GC^2, vueille $q\pi C^2\mathfrak{P}$ veulle GHM
q. ait a ce s. p. $\mathfrak{P}$
Jhesu en leuuangile d. L

mans.] passions π

Vray H, mansion M

9047-9050.—Joh. xiv. 2 : In domo patris mei mansiones multae sunt.
Instead of 9051-5 C^2 has Conques on ne vit que dele.

Sus toutes autres principal
Ou il a maintes mansions
Telles que ne vit onques homs,

Se la vĕues ne les a. 9055
Nulle n'en a telle de ca.
Le ciel qui moult est bel et grant
Quant est serain et bien luisant,
Au miex que puist estre pare
Et d'estoilles enlumine, 9060
A nulle mansion de la
Comparacion digne n'a.
De la maison ou sont mises
Ces mansions et assises
Est a entendre bien briefment 9065
Que sa grandeur point ne comprent
Entendement ne pensee,
Tant est elle grant et lee.
Infenie est sa mesure,
Se celui ne la mesure 9070
Qui la fist et est infeni
Et est toute puissance en li.

Or vueil dire des mansions
Et des grans habitacions
Qui y sont selon mon pouoir 9075
Et selont que je peu vĕoir.
La centiesme part pas n'en vi,
Et par raison je di ceci,
Car se de chose fenie
A quelque chose infenie 9080
Trouvee n'est proporcion,
N'est pas doubte que la maison
Qui en soi est infenie

a teles mans. π
Plus belles q. ne v. onc h. *L*, T. q. ne (nen 𝔓) v. o. (onc 𝔓) nulz h. *q*𝔓 T. ne v. o. nulz h. π
la] illec 𝔓
Point n. y a teles d. c. 𝔓, N. rien à celle d. ca *H*, —a *q* a] est *L*, ca] celle *C*²
q. est m. b. *H*, Le firmament q. b. et g. *L*
serin *GH*, Est par beau temps et reluis. *L*
quil p. *H*, puisse *L*𝔓 puet *MH* peut *C*²

Nulle comparoison il na *L*
mansion *M*, ou] en quoy *C*²

Cest *M*π𝔓*L*, —a *H*, —bien *M*(𝔓), briefnem. 𝔓
Qua *H*
Nue e. *C*²
T. soit elle ne g. ne l. 𝔓 T. elle est et g. *M*
T. e. haute et longue et l. *L*

Si non que c. la m. 𝔓, ne] qui *G*
et] qui 𝔓

de *G*

p.] sauoir *L*
q. jay p. v. *G*, s. ce q. peu (pues *M* puis *L* ai peu π iay peu 𝔓) *qML*π𝔓
pas] ie *Mq*π𝔓

Que *HMqL*, Q. pas en s. nest infeni π*C*², La quelle de s. e. finie 𝔓

Ne tiengne chose fenie
Par nombre qui est infeni ; 9085
Pour la quel chose il est ainsi
Que le grant ciel que nous voions
Et soubz qui nous tous habitons,
Qui est feni, pas ne tendroit
Tant pelotes et enclorroit 9090
Com la maison dont je parle
Qui infenie est sens faille
Tendroit de mondes com cil ci :
Pour quoi a bonne cause di
Que la centiesme partie 9095
Considerer ne peu mie
Des grans liex qui y estoient
Et tous grans mondes sembloient.
Toutevoies si transparans
Il estoient et si luisans 9100
Que l'un parmi l'autre on vëoit
Si clerement com on vouloit.
Et yceux environnoient
Tout cest monde et encloioient,
Si que li centre d'euz estoit 9105
Et i point ou milieu sembloit.

La beaute de ces mansions
Raconter ne pourroit nulz homs,
La gloire dont parees sont
Les habitateurs qui y sont, 9110
Les ordenances d'abiter
Et du createur mercier,
Les beautes, les odouremens,
Les joies, les *deduisemens*,
Les douls sons, les chanteries 9115
Et les grans envoiseries

—9084 $q\pi C^2$, Proporcion a linfinie $\mathfrak{P}$
—9085 $q\pi C^2$, Ne peut auoir aucunement $\mathfrak{P}$
—il H, Par pensee ne entendement $\mathfrak{P}$
Par $\mathfrak{P}$, Q. le firmament q. n. veions L, veons $GMq\pi\mathfrak{P}$
s. lequel n. h. $\pi C^2\mathfrak{P}$,—tous q ($\pi\mathfrak{P}$), to. n. L

T. de p. M, T. de pommes ne nencl. L, T. de grains de mil nencl. $\mathfrak{P}$
d. jay p. G
Laquelle e. inf. s. f. $\mathfrak{P}$
com cest ci L com cestuy $\mathfrak{P}$ com cecy G

c-tisme $M\pi GH$
nen H, puet M pehu L pas C^2, C. ne ne puiz m. π que M

t.] com H
Trout. G, Toutes uois t. L

Q. vn p. lun len v. L

Et ceulx menoirs auir. L
ce (se $\mathfrak{P}$) m. et enclouoient HGM enclooyent C^2
Terre le c. de eulx est. L, Leur c. ou mylieu deulx sembloit $\mathfrak{P}$
Estre en i. p. et apparoit $\mathfrak{P}$

g.] joie L, parez π, Et la gl. des paremens $\mathfrak{P}$
Quelle ont et des beaux ornemens $\mathfrak{P}$, habiteurs G habitacions C^2

b.] clartes L, les] des HG, oudoremens C^2
d-semens MqH &c. deduiemens L] deduiseries a
L. desennuiz l. ch. L
Les esbaz et l. sonneries L Les melodies et armonies $\mathfrak{P}$

Font tous maus *passes* oublier
Et sens fin joie demener,
Par grant reverence et honneur
Tousjours louer le createur.   9120
Es lieux qui plus pres estoient
Du cristalin et joingnoient
Estoit mis le commun menu
Qui de purgatoire venu
Estoient et respondoient   9125
A ceux qui en haut chantoient.
Souvent estoit reprins sanctus
Devotement et sus et jus.
Musique de rien oublie
N'i avoit son diapente   9130
Ne aussi le diapason
Ne le doulx dyatessaron ;
Et qui ouist anges chanter
Et par accort tous chans meller,
Bien pëust dire que ce fust   9135
Feste qui(l) nul pareil n'ëust.

 Lors de saint Pol entalente
 Fu savoir ou avoit este.
Le pelerin. "En *escript*, dis, piec'a je vi
Que Pol l'appostre fu ravi   9140
Jucques au tiers ciel et vit la
Les secres dont point ne parla
Disant qu'a homme ne *loisoit*
A parler en ne en duisoit.
Si saroie tres voulentiers   9145
Le quel ciel appelloit le tiers.
J'en ay vëu et en voy tant

passes *MqH* &c.] passer *aL*, t.] les *H*

9120 Touz temps lo. *L*, Tous lo. leur doulx cr. 𝔓
Et biens que *M*, q.] ou le 𝔓
Du ciel cr. *C²*𝔓

9125 Estoit et trestout r. 𝔓
q. ou plus h. ch. 𝔓

M. qui d. *q*, M. qui r. *π*, M. point oubliee *L*
 M. aussi recele *C²*
9130 Ny ert ne symphoniee *L* Ny fut de rien ne oublie *C²*
—9131 *C²*, Non naussi son d. 𝔓, Ne le son de d. *L*, diapaton *H*
—9132 *C²*, le haut dyathafaron *L*, diaptesseron *π*𝔓
angles *M* angels *GH* angres *q*
accors t. champs m. 𝔓
9135 peu *M*
qui *qπ*𝔓*GHL* que *M*, q. point de p. (per *L*) n. 𝔓*L*
paoul 𝔓
Fu de s. *H*(*L*), Fu de s. ou ot e. *L*, ou estoit e. *M*
escript *MqH*, &c.] escrips *a*, d. ie p. vy *HC²*
9140 vy *G*, et la vi *π*
Le secret *πC²*
loisoit *HMπ*𝔓 laisoit *a* leisoit *L* laissoit *G*, nafferoit *C²*
A en p. ne ne d. *L*, Den p. ne point ne d. 𝔓, ne en] et ne *Mqπ* ne ne d. *C²*, p. en ou nen diuisoit *G*
9145 Et *M*, Or s. ie moult v. 𝔓

Je en ay v. et v. t. *M*

9139.—I Cor. xii. 2.

Que la merveille en ay moult grant,   —la C^2G, Q. m-lles ien ay $\mathfrak{P}$, Q. onc ne
                                          cuiday dieu si puissant L
Mesmement *que* rien ne scet on   que MqH &c] car $a\pi C^2$, —ne L, scoit G
En terrienne region   9150
Quë il ait tant de ciex ca sus   Quil y a. t. de ci. cy s. $\mathfrak{P}$
Ou qu'il y soient mis si drus.   Ne q. y s. posez si d. $\mathfrak{P}$, —y M, m.] assis L
A mon avis grans mondes sont   g-t m-de GH
En lonc, en le et en p*ar*font."
Adonc li ange respondi :   9155   li] mon G

Tiers ciel ou sainct paoul fut rauy que cest. $\mathfrak{P}$ (T.)

l'ange. "De Pol l'appostre je te di, paoul $\mathfrak{P}$
Qui son ciel a lassus amon[t]   Q. a s. c. l. $Mq\pi\mathfrak{P}$ Quil ha (a C^2) s. c. l. $C^2\mathfrak{P}$,
                                         amont MqH &c.
Si com pluseurs autres sains ont,   Comme pl. $\mathfrak{P}$
Que ravi fu en tresbaut lieu   Car C^2, tresgrant π
Ou moult vit des secres de Dieu 9160
Les quiex ne sont mie monstres   mie a m-trer H
Fors a ceux qui sont miex ames.   amer H
Ceux a dire n'estoient pas   Qui a L
A ceux qui habitent la bas.   la] en HG
De rien il ne l'en crëussent   9165
Et meilleurs pour ce ne feussent.   nen f. G
D'autre part les secres si grans   Dautres M
Sont et si [tres] esmerveillans   Sont et si tres meruillans π, Estoient $\mathfrak{P}$
Quë indigne se reputoit
De raconter les et pensoit,   9170 De l. r. orendroit $\mathfrak{P}$
Et dire aussi ne les vousist,   voulit $\mathfrak{P}$, ne lui loisist H
Car on ne li avoit pas dit.   Que len ne L
Les secres du seigneur garder
Doit chascun sens eux reveler,   san r. q, s. les r. $LC^2\mathfrak{P}$
Se congie ou commandement   9175
N'en a ëu expressement.   Nen na M, Na du seigneur exp. $\mathfrak{P}$
Or dois tu savoir que le lieu
Ou il fu ravi devant Dieu
C'est ce que (le) tiers ciel appelle, Est G, iapp. M

Et n'en aies pas merveille,	9180	aiz *M*, point de m. 𝔓
Car tous les ciex quë as passe		
Ne sont ca quë un appelle.		s. [de] ca qung ap. 𝔓 s. q. u. ci ap. *L*
Cil cy si est dit le segond		Ci cil si *M* Ce cy si *G*, Cest ci est l. s. *L*, Cestuy ci e. 𝔓
Ou vois que tant de mondes sont		du monde *qπ*, monde *G*
Qui sont les habitacions	9185	
De tous sains et les mansions ;		le m. *G*
Et si dois aussi supposer		
Que Dieu a bien pëu creer		Q. D. si eust b. 𝔓
Cent mille mondes, së il veut,		se eust volu 𝔓, Et puet et touz temps pourra *L*
Et plus asses, car bien le puet.	9190	b. leust peu 𝔓, Cent mille mondes quant vouldra *L*
Infinitë est la place,		Infinite *aG* Infinitee *Mqπ*𝔓 Infinie *HL*
Immensurable est l'espace.		Inmisur. *M*, I. en l. *L*
Mondes selont infinite		=9194 *H*
Il puet faire a sa voulente		=9193 *H*, Y p. 𝔓
En mectant choses nouvelles	9195	m.] creant *L*
En tous, toutes despareilles.		Et t. et t. *C²*, De o toutes autres d. *L*

Or dois savoir, quant fu deca
   Saint Pol, bien ce considera,   ce] le 𝔓, S. P. cest b. c. *L*

Car quant il s'en fu retourne		
Et il se fu bien avisie,	9200	b.] assez *q*, Et se fu asses av. *MπC²*𝔓
De ces mondes se recorda		
Et le seigneur en adoura		aoura *GMqπC²L*
De ce qu'il en y avoit tant.		Pour ce q. 𝔓
Gloire, dist il, si soit tresgrant		—si *L*
Au roy des ciecles immortel !	9205	
Sainte eglise aussi fait autel,		Et s. egl. en dit autel 𝔓
Car en tous temps quant Dieu prie,		tout *M*, En chascun temps que d. p. 𝔓
Nulle fois elle n'oublie		elle] ce el *L*
Dire, son regne est et sera		
Per seculorum secula.	9210	In s. s. *L*, P. infinita s. 𝔓

9204, 9205.—1 Thim. i. 17 : Regi autem seculorum immortali, inuisibili, soli Deo honor et gloria.

Le Pelerinage de l'Ame.

Et ce prophetisa David		
Et mains autres a mon avis.		aut. ce mest av. *L*
Ton royaume, dist il, Sire,		T. regne *q*, T. regne d. il vrai dieu sire π*C*²𝔅, il dieu et s. *L*
Est le royaume et l'empire		E. seigneurie reaulme et emp. 𝔅
De tous siecles, de tous mondes."	9215	Et t. *M*

Le pelerin. "Or faut que tu me respondes,   —tu *q*, q. vous me diez donques *L*
    Dis je a l'ange, d'une doubte   D. ia l. *q*, a mon ange 𝔅
Qui dedens tes dis se boute.   tes] voz *L*
Jadis dedens le compost vi   Que d. *H*
Estre du siecle escript ainsi :   9220

Siecle de quelle duree est. 𝔅 (T.)   Siecles est revolucion   Siecle e. la r. 𝔅
De cent ans ou dë environ,   de] la 𝔅, —de *M*, ou denv. *H*
Et ce tu appelles monde."—   Et *MqH* &c.] On *a*, ce] siecles π siecle *C*², a-lle *Mq*, ce vous a-llez *L*

Li ange. "Or faut, dist il, que responde :   Or f. il q. ie r. (ie te r. *C*²) *MC*²
Cil qui jadis le compost fist   9225   Celx q. j. c. f. *L*, compot *q* compol *M*
Ces siecles ci onques ne vit.   Ses *M*, —ci π, Ce s-le ycy iamais o. n. v. 𝔅
Cil de la aval vit sens plus,   Ceulx de laual v. (il v. 𝔅) s. p. *H*𝔅
Et bien cuida qu'il n'en fust plus ;   qui n. *A* que n. *L*
Si *vout* par limitacion   vout (voult) *Hq*π𝔅*L* volt *C*²] vont *aM*, Cil *H*, Se v. p. linmit. *M*
De temps et par succession   9230   Ce t. *M*
Les dis cent ans distribuer
A ce siecle pour exposer   cest s. *ML*, p.] point *H*
Des siecles les pluralites   la pl-te 𝔅
Dont l'escripture parle asses.   D. a l. parle 𝔅
Et suppose quë ainsi soit   9235
Et que siecle si com il doit   il] on π, q. ce s. ainsi quil d. 𝔅
Ait expose et proprement,   Est *A* Eust 𝔅, et] bien π𝔅
Si dit on tout communement   on] en 𝔅
Du monde quë 'i' siecles est ;   m. certes q. vng siecle e. 𝔅, siecle *C*²
Pour quoi di que, së asses est   9240   dis ie q. 𝔅, si *M*

9211.—Ps. cxliv. 13: Regnum tuum regnum omnium seculorum.
9229-9412 wanting in *G* through loss of leaf 142.

De tex siecles, et puet estre		peuent πC^2
Selont le plaisir du maistre,		
Mondes pue[e]*nt* bien estre dis		
Ou siecles selont mon avis.		siecle MC^2
Et pour ce' entendre n'est mie	9245	ce [a] ent. $AL\pi\mathfrak{P}$
Quë il n'ait la seignourie		Pour H
Par toutes limitacions		
De *cent* ans *et* successions.		cent, et MqH &c.] cens, aus *a*
Son pouoir, son regne dure		et s. C^2
Sans fin, est grant sens mesure.	9250	Et s. f. A, S. f. et est g. $\pi C^2\mathfrak{P}L$
Toutevoies sainte eglise		Et toutes uois L, Mais toutesfois $C^2\mathfrak{P}$, la s. e. $\mathfrak{P}$
Në approuve pas sa guise,		Nen AL, Si nappr. $\mathfrak{P}$, appreuue qC^2HLA
Car elle dit en *Dieu* louant		Dieu MqH &c.] lieu *a*, louent q
Aucune fois et bien souvant		A-nes $\mathfrak{P}$, Et maintes f. en chantant L, et merciant A
Que tousjours regne et regnera	9255	Qui M, Q. dieu r. et r-a L
Per infinita secula.		
Or est il que li mondes jus		q. ce m-de $\mathfrak{P}$
Infeni n'est mie tenus,		
Ains est feni et limite		
Et fin ara en verite	9260	Et a. f. en v. L
Et n'est mie pardurable		Car il n. $\mathfrak{P}$, perd. A
Ne a tousjours pe*r*manable;		Ny a touz temps p. L, permen. H
Pour quoi je di que contenir		P. ce je d. M P. ce dy ie $\mathfrak{P}$, P. ce di q. q P. ce te di q. πAC^2
Ne puet pas siecles sans fenir		siecle M
Ou qui point soient infenis,	9265	que A, Ne que inf. puisse estre dict $\mathfrak{P}$
Si qu'il convient a mon avis		Pour quoy c. $M\pi C^2\mathfrak{P}$ Pour ce c. L
Quë ailleurs *ces* siecles soient		ces qAL] ses aM iceulx $\pi C^2\mathfrak{P}$, Q. a. que ci c. s. s. L, Q. autre part iceulx s. s. $\mathfrak{P}$
Qui infenis estre doient.		deuroient L
Et c'est *ou* païs de deca		ou MqH &c.] au *a*, Et est H, Et ou haut p. deca L
Qui sens fenir tousjours durra	9270	finer AL, touz temps d. L, s. fin t. durera $\mathfrak{P}$, durera A
Et de grandeur est infenis,		
Si que ne puet estre remplis		Par quoy ne $\mathfrak{P}$, quil ne L
De siecles ou ait finite		aie $\mathfrak{P}$
Par nombre ou continuete.		continuite $Mq\pi\mathfrak{P}L$ contranutez A diffinite H

Ca sont les siecles infenis 9275 Ce *ML*, infini *L*
En l'infinite Dieu compris
Par les quiex, louer le doit on
In perhenni seculorum
Et tous les jours et bien souvent,
Ce tient l'eglise fermement : 9280 Se *A*
Il vit et regne et regnera Quil v. *L*
In sempiterna secula. Per infinita s. $\mathfrak{P}$

Et a (la) fin que miex me croies —la *HMq*π*C*²$\mathfrak{P}$
Et miex ceste chose voies
Quant l'eglise fait memoire 9285 Q. sainte egl. π*C*²
De la trinite, et gloire De sainte t. π*C*²
De ses benefices li rent, benf. *q* bienf. *M*, b. comment li r. *A*
Si dit elle communement :
Qu'aussi com tousjours ëue Ou aussi π Quainsi *H*, Que ainsi c. t. ha e. $\mathfrak{P}$
Il a, aussi maintenue 9290 El a *L*, ainsi *H*, Et il la a. m. $\mathfrak{P}$
Li soit elle sans finement, f-mens $\mathfrak{P}$
La quel[e] chose jë entent quele *Mq*H &c., Lesquelz motz et choses
Par ·i· semper qui y est dit, ientens $\mathfrak{P}$
—y *q*
Le quel mie ne li souffist, mice *H* encor $\mathfrak{P}$, —li *M*
S'elle n'y met addicion : 9295 Sel n. *L*, ladd. $\mathfrak{P}$ adiection *M*
(Et) in secula seculorum ; —Et *Mq*π*C*²$\mathfrak{P}$*A*
Les quiex paroles nul n'entent,
Së il a sain entendement, il na *H*, Au moins se ha s. e. $\mathfrak{P}$
Que ces siecles d'aval soient, ses s. *M*, Q. les s. de laual s. $\mathfrak{P}$
Car comprendre ne pourroient 9300 Qui c. *A*
Le seul semper tant seulement. —tant *A*
Ne sai comment l'adjoustement c. adj. *H* c. lajointem. *M*
De secula seculorum
Il tendroient en leur cloison. contiendroient $\mathfrak{P}$, en] a *M*, cloeison *L*
Le compotiste aussi, s'estoit 9305 ainsi *H*, Si les c-tes estoient *L* c. se estoit *C*²
Icy present, rien n'en saroit. p-ns r. n. sauroient *L*
D'autre partie ou temps jadis part *A*, Et daut. part $\mathfrak{P}$

Ecclesiasticum vëis
Ou li sage fait question,
A savoir, se fu onques hom 9310
Qui les jours du siecle nombrer
Pëust ou les scëust compter,
Aussi com se dire vousist
Que nul a ce ne soufisist,
Car nullement estre comptes 9315
Ne pueent ne estre nombres.
Et toutevoies së ans cent
Le siecle tenoit seulement,
Legierement estre comptes
Pourroient et estre nombres, 9320
Si que le sage en ce titre
Contraire est au compotiste.

Et encor plus je te dirai :
Dieux qui est infeni en soi,
En ses euvres est infeni, 9325
Puis que le grant pouoir de li
N'est compris en entendement,
Aussi de ses euvres entent.
Nul entendement entendre
Ne les pourroit ne comprendre, 9330
Especiaument se faisoit
Toutes les euvres que pourroit.
Et n'est nul qui croire dëust
Que le bien que faire pëust,
Il ne fëist ou qu'il n'ait fait 9335
Ou que n'entende que soit fait.

Il est de bien la fontaine

En ecclesiastique v. *A*
f. mencion *A*
sil *L*𝔓
nombrast *A*
P. voire ou qui l. peust n. 𝔓, Ou l. sceut ou les comptast *A*
Ainsi c. 𝔓, Ainsi comme d. *H*

compter *L*
pouent ny *L*, Ilz ne pourroient nestre n-z 𝔓
—9317 π*L*, se] ce *M*, se au cent *A* se des a. c. 𝔓
—9318 π*L*
—9319 π*L*
—9320 π*L*, Ilz p. bien et n. 𝔓
Pour ce l. s. en cest article *L*, Si q. de tel s. lescript 𝔓
Est moult contr. au c. *L*, Au comp. contredit 𝔓, compotisque *C*²

encores pl. ie te dy 𝔓
Dieu q. en s. e. inf. 𝔓
Et en s. env. tout puissant 𝔓
q. son p. excellent 𝔓
—en *H*, Point entendu n. ne compris 𝔓
ent.] comprent *A* ie dis 𝔓

P. point ne icelles c. 𝔓
si *A*¹ sil *L*, Specialem. sil f 𝔓
quil p. *L*𝔓
Et ne. personne q. doie cr. 𝔓
quil a peu f. 𝔓
=9336 *M*, ou il *A*¹, que n. *A*, Quil ne le face ou ne laie fait 𝔓
=9335 *M*, qua entendre ne s. f. *H*, Ou nentendist q. ne fust f. *A*, Par charite et o bon droit *L*
de tous biens 𝔓 de tout bien *C*²

9308-9311.—Eccles. i. 2. Et dies seculi quis dinumerauit ?

Et (la) bonte qui est souvraine	Il est b. tres s. $Mq\pi C^2\mathfrak{P}A$, q. souuer. L
Que convient quë espandue	Est L, comment $H\pi$, esp-du π
Soit par tout et estendue. 9340	est-du π
Il faut qu'el afflue tousjours,	Si f. il quelle a. t. $\mathfrak{P}$, quelle $MAL\mathfrak{P}$ que H, quelle queure t. L
Car rien në empesche son cours.	nen $H\pi\mathfrak{P}$, nen peche M, Nulle r. nemp. L, C. (Et $\mathfrak{P}$) en r. nemp. $qC^2\mathfrak{P}$
Et comment dont entendroit on	
Et supposer oseroit on	Ou s. LA, Et a s. saroit on A^1, s. ou sairait on M
Que vousist laisser desgarni 9345	Quil v. L
Son regne qui est infeni,	
Quë en desert il le laissast	Et quen d. $\mathfrak{P}$, —il M
Comme gastine et com lieu gast,	gatine A, Com desertine ou c. L Com gastien et ou lengast A^1 Ainsi que a g. et l. g. $\mathfrak{P}$, et l. tout g. H
Que dë ouvrages infenis	des H, Q. douvr. grans i. $\mathfrak{P}$
Par li ne fust tantost garnis. 9350	
Ce a li qui est tout puissant	Et $\mathfrak{P}$ Comme A
Ne seroit pas bien afferant.	feroit A^1, p.] ce $\mathfrak{P}$, affreant A
A chascun qui puet bien faire	
Affiert qu'il le doie faire,	Appartient q. $\mathfrak{P}$, que le ML
Si que des siecles infenis 9355	Pour ce d. L Par quoy d. $\mathfrak{P}$
Ouir parler nul esbahis	
Ne doit estre qui le pouoir	que A
De Dieu bien croit, car li savoir	—bien A^1, lui H le MAL ce $\mathfrak{P}$
Ne puet nulle creature	
Combien est grant et qu'il dure. 9360	Com il e. g. L et combien d. LC^2, —est A^1
Infeni est, et science	Il est inf. ne sc. πC^2, est escience A^1 est nulle sc. L, et sans sc. A
N'en a point experience,	N. peut auoir exp. $L\mathfrak{P}$, nexp. M
Et pour ce le compotiste	le] celui $\mathfrak{P}$, c-tiste *made into* c-tist M, le dit compotisque C^2
Petitement entendi ce."	e-dit ce AA^1 e-dit ice L, P. en ce dist (ce dist *over erasure*) M

Line 9356 is immediately followed by lines 9621-10,814 from the middle of fol. 111 c to fol. 118 a in A^1; lines 9357-9538 occur on the last leaf (fol. 118), at which last line the MS. breaks off. There are therefore wanting lines 9539-9620 and lines 10,815-11,161, or 429 lines, and not about 1,500 as Mr. Ward, *Catalogue of Romances*, t. ii. (1893), p. 568, has it. Mr. Ward calls the lines 9621-10,814 in A^1 (fols. 111 c-118) erroneously additional ones, which do not occur in A nor in $\mathfrak{P}$ (*ibid.* pp. 565 and 569). They stand in A (fols. 124 d-130 d) and in $\mathfrak{P}$ (fols. 141 a-147 a) at their right place.

le pelerin.	"Puis, dis je, que tu m'as [tant] dit, 9365	tant $Mq\pi C^2\mathfrak{P}L$ dont A^1 ce c, Ains d. A
	Encor me diras ·i· petit,	Aduisse d. A, P. d. ie q. mauez tant d. L direz L
	S'il te plaist, de ces mansions,	te] vos L, plait M
	Siecles et habitacions	Seiges A^1 Et sieges L
	Ou dis que h[ab]itent les sains	habitent MqH &c., dictes L
	Dont nomme as saint Pol au mains. 9370	D. as n. s. $\mathfrak{P}$ D. nommastes s. L
	Bien en voi aucune chose,	Jen v. b. cC^2 Et ien v. b. $\mathfrak{P}$
	Mes bien me faut avoir glose	men L, faudroit A^1, my affiert av. c, il m. f. b. C^2
	Pour entendre ce que je voi	—je A
	Et ce que j'ay ouy de toi."—	Et mesmes ce q. ge oy d. t. L
l'ange.	"Doulx Diex, a il dit, que distu? 9375	a il d.] dist il A dist lange L chiers amis c
	Plus de soixante ans as vescu	soix.] quarante A, —as g
	En la region mundaine	religion $\phi a Mq\pi A A^1 L$, En religion m. H
	Et onques encor, pour paine	Et enc. o. p. p. $C^2\mathfrak{P}$
	Quë y mëisses, ne scëus	Q. promeisses penser ne s. A^1, Q. peusses y mectre ne s. $\mathfrak{P}$
	Mains biens qui y furent crëus. 9380	que ilz M, Pour b. que ilz fussent c. L, f.] ont este $\mathfrak{P}$
	Maintenant qu'i es venu ca,	qui est A, Presentement y es v. ca L
	Veuz, qui est ca sus, savoir ja,	V. ce q. A, V. tout ce quest sus $\mathfrak{P}$, que A^1, quest ca M, V. sav. q. e. ca sus ja H Et v. sav. quest ca sus ja L
	Quelles les ordenances sont	
	Qui sens fin et sens nombre sont.	
	Certes ceci ja ne saras 9385	
	Devant que regarde aras	
	Ou mirouour de deite	mirouer $HAL\pi\mathfrak{P}$ mirour, deite *made into* diuinite M
	Qui est ·i· Dieu en trinite.	Q. r. d. est A^1
	Toutevoies ne di mie	Touteuois (Toutesfois sy $\mathfrak{P}$) ne di ge m. $L\mathfrak{P}$
	Que voulentiers ne te die 9390	
	D'une chose singuliere	
	De la quelle aras plus chiere	La q. tu a. L
	A savoir, car de tout parler	—9393 A^1, De s. $\mathfrak{P}$
	Seroit sens jamais definer.	—9394 A^1
	Si me di ce que tu voudras 9395	Or A^1, Pour ce di moy ce q. v. L, tu sauras A
	Et dont plus chier a ouir as!"	d.] que A, pl. volentiers orras $\mathfrak{P}$, [tu] as A^1 aras q
le pelerin.	"De[s] ·viii· siecles, dis je, que voi	Des MqH &c., De ·viii· s. q. la vois L, dis q. ie v. $\mathfrak{P}$
	Dont couronne en sont li troi	—en L, li roi $A\mathfrak{P}$, troix M

Siecles
diuers sont
en hault
esquelz
sont col-
loque
diverses
manieres
de saincts.
𝔓 (T.)

De fleurs qui sont despareilles
Desir ai d'ouir nouvelles.   9400
De roses rouges couronné
Est li uns et zodiaqué,
Li autres l'est de soucies
Par grant beaute espa(r)nies,
Et li autres a mon advis   9405
De primeroles et de lis
Courouné gracieusement
Est et entremeleement.
De ces trois et des autres cinq
Plus voulentiers que d'autres vint   9410
Quelque chose ouir vourroie
Pour ce que la est tel joie
Et si grant beaute ensement
Quë il n'est nul entendement
Qui tantost ne ressortisist   9415
Et redargu ne se tenist."

Ay des. de oir n. *L*, dauoir n. *M* d. a mer-
   ueilles *H*

et bien adure *L*
Et laut. *L*, est *H*, Laut. couronne de soulsies
   𝔓, sourcies *A*⁴
espanies *MqπC*²𝔓*HA*⁴*L* espagniez *A* espai-
   gnez *A*¹
lautre est selon m. 𝔓, le tiers a *L*
prime uere et fleurs de l. *L*

Sont *L*, —et *Hπ*, Et moult bel entremeslem.
   𝔓
des] les *H*, cinq] tuit *L*
v. de aut. *L*, q. aut. *A*¹

P. quoy la e. si grant j. *L*, q. illec e. si grant
   j. 𝔓, e. si grant j. *C*²
b. en suiuant *A*¹ b. voirement 𝔓
Quar *A*, nul] aucun 𝔓
Que *A*𝔓, ne y r. *L* ne sortisist *M* nen
   assotist *A*¹ nen obstupesist 𝔓
r-gus *A*, sen *L*𝔓

Aureoles et couronnes sont donnees aux martyrs, aux prescheurs et aux vierges pour ce que les martyrs ont vaincu
le monde, les prescheurs le dyable, et les vierges la chair. 𝔓 (T.)

Li ange.

"Des courounes, dist il, entent
   Qui pour trois manieres de gent
Du roy furent ordenees
Et par grant amour donnees.   9420
Aureoles les appelle on.
Vierges et martirs en ont don,
Aussi ont les predicateurs
Dont Pol, le maistre des docteurs,
Pour ses escolers maintenir   9425
Et faire ensemble convenir
Ses escoliers pour festoier
Et en leece soulacier,
Tient le siecle zodiaqué

entens *Mπ*
Que *MqC*², gens *MπC*²
El f. du r. o. 𝔓

—les *G*, Et a. o. p. *H*, A. bons et deuots
   prescheurs 𝔓
Saint *H*, paul π paoul 𝔓
P. les e. *A*¹, escoles *M* escolles *C*²

Des *GA*¹

liesce *GM*𝔓 leesse *C*², charite *L*
T. le beau siege adzure *L*

De soucies et couronné.	9430
La fait il feste quant il veult.	
Autre fois transporter se seult	
Au siecle qui est couronné	
De roses, aus martirs donné.	
La est Estienne president,	9435
Et la fait feste au grant convent	
Des martirs de pourpre vestus	
Qui chevalier furent la jus.	
Autre fois saint Pol s'en reva	
Au siecle qui la couroune a	9440
Entremellee, si com dis,	
De primeroles et de lis.	
La sont vierges assemblees	
En deduit et *aünees*,	
Du nombre des quelles Pol est,	9445
Et chevetaine celle en est	
Qui du fil de Dieu le pere	
'Fu nourrice et vraie mere.	
Bien doit avoir l'aureole	
De lis et de primerole.	9450
Virginite premierement	
Trouva et en fist *parement*.	
Autre fois Pol se transporte	
A ceux qui sont de sa sorte,	
Ceux au siecle qui estelé	9455
Est d'escharboucles et semé.	
C'est la noble habitacion	
Des appostres et mansion,	
Des euvangelistes aussi	

et] est *G*, Et de sourcicles c. *L* De odorans s. c. 𝔓
—9431 *A*¹, q. li plest *L*
—9432 *A*¹, se] le π, Aucunes f. aussi il est *L*, veult *G*
—9433 *A*¹, Ou siege q. *L*

La saint E. est p. *L*
au] et *M*, —grant *A*¹

—9441 *C*², E-mesle *G*𝔓, comme ie d. 𝔓
—9442 *C*², prime uere et flour de l. *L*
Ja *A*¹, *L*. ou les v. a. *C*²
aunees *Gq*π𝔓 aounees *M* aournees *L*] amenees α envoisees *A*¹ esleuees *H*, En grant d. est. *H*, De joie et noblesce aourn. *L* Sont et e. d. aromees *C*²
Du quel n. saint p. e. *L*, d. q.] du quel *M*
ch.] la maistresse 𝔓, —en *GH*
le gre *A*¹

De flour de l. de pr. *L*, de] la π

parem. *MqH* &c.] paiem. α, Voua *L*
Saint poul a la f. se t. *L*, saint P. *C*²
Aus sains q. *L* q. d. noble s. *C*²
Cest *Mq*π*C*²𝔓, C. du s. *L*, C. q. au s. e. *G*, —qui *H*
—Est *H*, Et d. est s. 𝔓, E. et d. s. *L*, semelle *A*¹

et la m. (maison *A*¹) 𝔓*A*¹

Et des quatre euuang. *L*, Deuang. glorieux 𝔓

9452 a, b.—Cest la flour et est la rose
En quoy est toute bonte enclose. *L* (fol. 168 c).

Et ceux qui furent Dieu ami.	9460	Verite disant comme juistes *L*, De iesucrist annuncieux 𝔓
La se siet Piarre le premier		La sasiet pierre *M* La est saint p. *L*
Et de la joie clacelier		clercelier π*C*², Qui d. l. j. est *C*²*L*𝔓 (chancelier *L*𝔓)
Qui y est en toutes saisons		—9463 *LC*², Q. est la en *M*
Et quë y sont ses compaignons.		—9464 *LC*², Auec autres s. c. 𝔓, font ces c. *A*¹, les c. *GH*
Vn autre siecle vois lassus	9465	Voy vng a. s. l. 𝔓
Tout estellé de saphirs purs		
Par la transparance du quel		trespar. *GH*
Bien vois que c'est tresnoble hostel.		—c *C*²
La habitent les serviteurs		
Du roy et administrateurs.	9470	De dieu et a. *L*, et les a. *H*
Premiers y sont li seraphin		
Et puis apres li cherubin		p.] en *L*
Et les ordres qui apres vont,		o. de anges v. *L*
Qui sont ·vii· et par tout ·ix· sont,		p.] en 𝔓, Q. p. t. neuf ordres s. *L*
Qui en ·iii· iherarchies mis	9475	—9475 *C*², ih. sont m. 𝔓
Sont si com monstre Saint Denis.		—9476 *C*², Ainsi que m. 𝔓, —si *L*
Et sachies bien que sains pluseurs		saches *q*
Ont la endroit leur certains lieux		Sont la e. habitateurs *L*
Qui en ont especial don		Qui ont un *C*², o.] vn *q*, Par aucum esp. d. 𝔓
Pour leur tresgrant perfection.	9480	
De la je sui habitateur		Dilec je 𝔓, Ge seray la h. *L*
En l'ordre basse et la meneur.		De l. 𝔓, —la *L*
Meneur de nombre ne di pas,		
Mes meneur pour le lieu plus bas.		po. lestat pl. *Mq*π*C*²𝔓
Ordre n'y a ou il n'ait mis	9485	Car ord. ny a ou n. m. 𝔓
Six mil six cens soixante et six		mille *G*, —et *G*π𝔓
A tout le moins de legions,		tous *M*π
Et nulle n'est de[s] legions		—9488 π𝔓*L*, des *MqH* &c.
Ou il n'ait de tex esperis		—9489 *L*
Six mil six cens soixante et six,	9490	mille *G*, —et *HGC*²𝔓

9471-9476.—S. Dionysii (Areopagitae), *De caelesti hierarchia*, cap. vi.-vii., ed. Migne, *Patrol. lat. c.*, tom. cxxii., col. 1049 et seq.

9486a.—Nil ny a (Ne il na 𝔓) habitacions π𝔓

Par quoi bien tost savoir pourras
Quel le nombre est des Sathanas,
Car tel nombre il en chut aval
Qui ëust fait en general
Un ordre et du tout acompli.   9495
Mes pour ce pas je ne te di
Que ne puist Dieu mouteplier
Anges tous nouviaus et creer.
Moult en y a, asses en faut,
Par tout volent et bas et haut.   9500
Siecle n'est que ne visitent,
Ou ne voisent ou n'abitent.
Tost sont vole de lieu en lieu,
Et toutevoies devant Dieu
Il habitent principaument   9505
Et le servent sens finement.

Un autre siecle vois joignant
   Tout d'esmeraudes verdoiant,
Et celui des prophetes est
Dont Jëhan Baptiste chief est.   9510
La n'est nul qui point se faingne
Et qui joie ne demaine.
Toutevoies Jëhan s'en va
Au ciel Estiennë ou droit a,
Quant il li plaist, pour compaigner   9515
Les sains martirs et festoier.
Aussi tous martirs dedens vont
Et toutes martires qui (y) sont,
Comment que d'autres ciex soient,
Et illeuc s'entrefestoient.   9520
Puis reva Jëhan Baptiste

t. b. *M*, En chescune p. q. sauras *L*
—le *GHA*[1], de *A*[1], Le n. de toz les s. *L*
   Lentier n. d. s. 𝔅, Q. e. l. n. *C*[2]

Q. bien eu. f. *Mqπ C*[2]𝔅
—et 𝔅

M. encore p. je ne di π, —te *L*
montepl. *Mqπ* multipl. *GHC*[2]𝔅, Q. d. ne
   puisse anges creer *L*
Sil li plest et monteplier *L*, crer *G*

S. ny a quil 𝔅
ou] et *H*, Ou ilz ne hab. ne voletent *L*

—Et *M*, t.] ce neantmoins 𝔅

voy *GH*

Ou *M*, Cestuy cy d. 𝔅
Ou moyses et dauid est *L*
Ne ny a nul 𝔅

c. dest. ou d. il a 𝔅, Ou siecle estien *L*
—il *L*] y *M*

—y *Mqπ C*[2]𝔅(*L*), Et celles q. m. s. *L*, t.] les
   H, que *M*
Et d. telx pluseurs y a *L*
i. cent refest. *M*, Qui fort sentre esioissent *L*
P. sen va *M*, P. uait saint J. b. *L*

After 9510 thirty-four lines interpolated in *L* (see Appendix I.).

Au ciel des vierges ou (a) titre	Ou *HL*, Ou siecle aus v. *L*
[A] avec Jehan son compaignon	Ouec J. s. bon cousin *L*
Qui la royne *out* a bandon,	out (eut) *MqH*&c.] ont a, eut en soingnoison 𝔓, Leuuangeliste qui voisin *L*
Et refont festoierie 9525	Et la r. grant festoirie 𝔓, Illec sentrefont festoirie *L*
Dont la court est rebaudie.	resb. *G* aba*n*die *M* resioye 𝔓
L'autre ciel que vois estelé	L. siecle qui est est. *L*
De crisolites et semé	
Est cellui des sains hermites	Cest *q*𝔓 Ce est *C²*
Quë on dit anachorites, 9530	d.] appelle π, Solitaires a. 𝔓
Ceux quë on nomme confesseurs	—que *M*, Et qui sont n. c. *L*
Et qui sont sains religieux.	En sainte yglise bienfaiteurs *L*
Li hermites qui fu premier	Le bon h. q. p. *L*, furent *H*
Pol nommé en est heretier.	Paoul nommey 𝔓, habitier *A¹*
Grans alees et venues 9535	
La endroit sont, et tenues	S. la end. souuent t. *L*, maintenues *C²*
Y sont grans festes sens cesser	—9537 *L*, G. f. et ioyes s. c. 𝔓
Et sens point jamais definer.	—9538 *L*
La ens va Gregoire souvent,	Leans *C²*, ens] endroit *H*
Augustin et toute la gent 9540	la] sa 𝔓
Qui sont de saint Pol escoliers,	
Et la se tiennent voulentiers.	Vont la souuent et v. *L*
Benoit, ton pere la ens est	t.] com *H*, t. bon p. leans e. 𝔓, Saint b. t. p. la est *L*, leans *C²*
Qui sens compaignie pas n'est	Q. en tres grant c. est *L*, Son filz bernard loing de luy n. 𝔓
D'abbes et d'autres presidens 9545	Aut. ab. et pr. 𝔓, et de mendiens *L*
Qui sont ses filz et noirs et blans.	Q. ses f. so. *Mq*π𝔓, Et de moines n. et b. *L*
En cel siecle pluseurs sains sont	cest *MqC²* ce *GH*π𝔓
Qui a mains autres siecles vont,	
Et mains autres la reviennent	—9549𝔓

9524 a, b, c, d.—En la croiz fut a ihesucrist
Et sa mere en garde prist
Dieu la virge au virge bailla
Et il saintement la garda. *L* (fol. 169 a).
At line 9538 *A¹* (fol. 118 d) breaks off (see above, 9356, note).

	Et pour festoier se tiennent.	9550
	Ces venues, ces alees,	
	Se bien sont considerees,	
	Sont signe de grant unite	
	Et de l'amour et charite	
	Qui est en la court gardee	9555
	Et de bon roy gouvernee.	
	Paix y est grant et souvraine,	
	Il n'y a labeur ne paine,	
	Point n'y a de desplaisance,	
Vision de dieu, le cognoistre et amer sont la ioye, repos et refection des bien eurez. 𝔓 (T.)	Dieu louer chascun s'avance.	9560
	Joie, repos, refection	
	Est du seigneur la vision.	
	De li cognoistre et li amer	
	Et li avoir sens dessevrer,	
	Qui sont trois dons dont douee	9565
	Est l'ame benëuree	
	Sens les douaires quë ara	
	Le corps, quant la venu sera,	
	Qui sont ·iiii· : subtilite,	
	Clarte, impassibilite	9570
	Et agilite sens faillir	
	Qui sont graces de grant plaisir.	

Le ciel d'or que le plus haut vois
　　Est celui ou se siet li roys.
Ou milieu est son siege mis　　9575
Qui est rouont, cler et polis,
Et est autel com le souleil
Fors de tant qu'il est plus vermeil,
Et si est aussi plus luisans,
Plus cler et plus resplendissans.　　9580
La donnë il benëicon
De toutes pars et environ

—9550 𝔓, Qui p. *L*, si t. *q*
Ses v. ses a. π
b.] deuement 𝔓
signes *GH*𝔓

Quest en ceste c. bien g. 𝔓

Gr. p. y (il π) a et s. *Mq*π*C*²𝔓
Point ny *H*
Il ny *H*, Ne p. de d. π, Ne p. nya *C*²

Joaie *L*
Cest π Et *GH*
le c. et de lamer *L*𝔓
Et de le a. *L*, Et de lauoir s. separer 𝔓
est d. *C*²
Lame qui e. *C*², E. chascune a. b. 𝔓, bieneur. *HM*π𝔓 bien eur. *G*
l. beaulx donaires quaura 𝔓, quil a. *L*
Q. le c. a le vendra *L*, —la *C*²
sub-tes *M*
Cl-tes i-tes *M*
a-tes *M*

le] la *M*
Cest *GH*

ront *MHLC*² reont *G*, rond et cl. 𝔓

F. q. est ·i· poi pl. v. *L*
l-nt *ML*
r-nt *M*
beneison *M* benediction 𝔓

Le Pelerinage de l'Ame. 311

A ceux qui li portent honneur
Et le tiennent a leur seigneur.
Dessus li est la couronne   9585
De gloire qui environne
Ce ciel et tous les par dedens,
La quelle, se bien y entens,
Point plus belle ne puet est[re]
Selont le plaisir du mestre,   9590
Et tout entour est semee
Et tres cointement paree
De pierres tres precieuses,
Rondes, luisans, merveilleuses
Qui cleres plus et luisans sont   9595
Asses que mirou(u)ours ne sont,

Entre les quelle[s] assises
Sont tresgentement et mises
Estoiles tres estincelans
Et brandons de clarte getans.   9600
La dessous celle couroune
Ou li roys ses graces donne
Entre quant veult la royne
Et voit le roy sens courtine,
Et se siet asses pres de li   9605
Sus .i. rouont cristal burni,
Et la prie pour les pecheurs
Que courrous n'ait de leur erreurs,
Et qu'il les sueffre doucement
Atendant leur amendement.   9610
Et saches que ces mansions,
Ces ciex et habitacions
Une maison est seulement
Qui distinctee sagement
E[s]t pour monstrer sa grant beaute   9615

a] pour L

gloaire q. auir. L
Le c. a t. lez p. d. $Mq\pi\mathfrak{P}$, Ceul ciel entour p. d. L

estre MqH &c., Pl. b. de lui ne p. e. πC^2, ne pourroit e. $\mathfrak{P}$
S. pl. du grant m. π, du] le q
E. en t. G —est M, ent. et bien s. $\mathfrak{P}$

t.] bien L De belles p. p. C^2
l. et vermeilleuses GC^2
pl. cl. MqH &c.
mirouours q mireours M mirouers $GH\mathfrak{P}$ miroirs π, Dassez $\mathfrak{P}$, Que toute la clarte du mont L

quelles $Mq H$ &c., sont a. C^2
Tresbien et gent. (tresgen-t C^2) m. πC^2

de] grant $\mathfrak{P}$ grans clartez C^2
dessus M, ceste colonne $\mathfrak{P}$

vext L, la vierge digne $\mathfrak{P}$

si. tout aupres d. li $\mathfrak{P}$
ront $HML(\mathfrak{P})$ roont G, S. vng [beau] rond $\mathfrak{P}$, bruny $GHL\pi C^2\mathfrak{P}$
Illec le p. $\mathfrak{P}$, Elle deprie po. L
Qui M, courpes n. G
le s. $\mathfrak{P}$

sachies q, ses m. M
C. lieux C^2
U. mansion s. $\mathfrak{P}$
Est q. diuisee s. $\mathfrak{P}$, Q. d. est s. H, d-ter veult s. C^2
Est $Mq\pi L$ Fut $\mathfrak{P}$] —Est H, sa] la $q\pi$

Et sa tresgrant nobilite,
Et affin que soient monstrés   Aussi af. 𝔓, q. saint demoust. L
Les merites et les degrs
Des *ha*bitateurs qui y sont   habitacions C², y] dedans L
Et qui leur repaires y ont.   9620   repaire H
Infenie est sa closture,
Pardurablete l'e*m*mure,   Perdurable luminure M, la mure 𝔓, qui l. C²
Par annemis degastee   Ne p. C²
Ne sera ja ne minee.   ne empiree π C²
Le monde ou as pelerine   9625 ou tu as este homme L
N'est pas si grans com as en dé   az en dey 𝔓 az ende C² as cuide G, g-t cum
Au regart de ceste maison.   vne pomme L
Devant t'en ai dit la raison,   mansion GH
Plus je ne t'en pense a parler."

      Saincts et sainctes et leur gloire sont monstrez au pelerin. 𝔓 (T.)

E n ce point pris a regarder   9630   ce me prins L, A ce po. mis a r. 𝔓
  M'estoie vers le ciel hautain   Me tournant v. π, ver M enuers L
Qui est d'or et le plus souvrain.   dor le pl. souuer. π, et le souuer. L𝔓, souuer.
La vi ·i· cercle merveilleux   Hq(Lπ𝔓)
De grandeur singulier et seulx.   et] est G, souls A¹L
Tresgrant espace comprenoit   9635   contenoit Gπ C²𝔓
Et grant circuite faisoit.
Sa grandeur je ne saroie   Sa grant noblesce ne s. L, sceroye G
Jamais compter ne pourroie.   pourroie A¹𝔓
                                        c.] dire GH, Considerer d. ne ne p. LC²,
                                             p.] savoie A¹𝔓
Du ciel d'or d'une part issoit   iss.] exet L
Et de l'autre part y entroit   9640   Et par l. p. y entret L, dune aut. p. 𝔓, daut.
Par dedens li son tour faisant   p. toust y e. A¹
Et li aussi com trescoupant.   ainsi GHA¹L, contrescompant A¹ contre-
Bien de trois pies largeur avoit.   coup. L com transcoup. 𝔓
De couleur saphirine estoit,   B. t. p. de l. 𝔓, auet L
Et estoit mesureement   9645   sa hirine A¹ saphire H saphiree L

    9621-10,814 after 9356 in A¹ (see ab. line 9356, note).

Le Pelerinage de l'Ame.

A ligne et ordeneement   A la ligne *G*
Estelé d'estoiles luisans   l-ntes. ℬ
Grans et cleres et flamboians   Grandes cl. et fl-ntes ℬ, cl. fl. *q*
Qui estoient toutes mises
Par trenteines, et assises   9650
En tel maniere a mon avis
Qu'a chascun bout des ·xxx· mis   Que ch. *M*, de ·xxx· *M*π ℬ *L*
Estoit ·i· cler souleil, et grant   cl.] grand π, ·i· s. cl. ℬ, s. luisant *C*²
A la largeur du deferant.   differ. *GHLC*²
Au dessus anges chantoient   9655   ang.] oyseaulx ℬ
A foison et caroloient,   A gr. f. *C*² Et grant f. π, foisson *M* foueson *L*
Et la sonnoient instrumens
A si tresgrans envoisemens   env.] melodiemens ℬ
Que, s'en terre tex estoient,   Q. si sur terre *L*
Je cuit que ne se pourroient   9660   croy q. *L*
Les pierres tenir de chanter.   ch.] danser ℬ
N'est rien en terre ne en mer   Il nest r. en air ne *L*, en la t. nen m. ℬ
Qui tantost alteré n'en fust   Q. a tel jouaie ne acourust *L*, ne f. ℬ
Ou qui vie n'en recëust
Au mouvement du deferent   9665   diff. *GHLC*²
Tournant amesureement.   T. moult mesur. ℬ
Les dis anges emmenoient   Illec les ang. e. ℬ, angels *G* —anges *L*, en
Trois esperis qui avoient   mouuoient *q*π*C*²
Couronnes d'or dessus leur chief[s],
Et estoient jucques aus pies   9670
Vestus de pourpre rougoiant,   =9672 *M*
Cains d'uns tissus d'or reluisant.   =9671 *M*, de t-uz *L* dun t-u *GH*(*M*)ℬ
Dedens le ciel d'or entrerent   dor] tous ·iii· π*C*², entrarent *M*
Et adonc tous se leverent
Les sains des *ha*bitacions   9675
Ou estoient et mansions,   et] es π
Et prestement s'assemblerent

9656-9659.—Added by the scribe at bottom of preceding col. *G* (fol. 144).

Entour le ciel et alerent,
Tout entour l'environnoient
Par dehors et haut chantoient : 9680
'Loés soies tu createur,
Jhesucrist, nostre redempteur
Qui honnoures nos compaignons
Aus bienfais des quiex nous partons.'
Lors me souvint de ces oiseaus, 9685
Si com mauvis ou estourniaus,
Qui sus ·i· arbre bien souvent
S'assemblent moult espessement,
Et la chantent par grant doulceur
En louant Dieu leur createur, 9690
Ainsi faisoient tous ces sains
En joignant humblement les mains.

"He Diex, dis je, mon ange chier !
Or te pri je quë enseigner
Me vueilles de ce cercle la, 9695
De celle feste, et se durra
En tous temps ainsi sens cesser,
Et qui sont ceux que voi mener
Ou ciel d'or, et së en istront,
Ceci savoir desire mont."— 9700
"Tu sces, dist il, que l'esglise
Militant a une guise
De faire festes bien souvent
Si com droit donne enseignement.
Une fois fait simples festes, 9705
Autre grans et manifestes,
Une fois plus, une autre moins
Selon la qualite des sains
Ou selon la cognoissance
Qu'en a et experience ; 9710

=9680 π (Et p. d. treshault ch.), l-onnerent L lenuironnement ℔

=9679 π (Et t. e. l.), P. d. joieusement ch. L, P.d.e.tresh. C², Et p.d.tresh. chantant ℔

Glorifie s. tu c. L, sois tu doulx c. ℔

bienfais G biens fais L, d. q. partissons ℔

Comme m. L℔, ou] et MπC²

s. vne a. L

Ass. L, m.] bien MqπC²℔

c.] ses GHπ, tretous les s. L

leurs m. L℔

Ha ce d. L

Je vous suplie q. L

viellez L

—et π, De la f. et sel durera ℔, durera M(℔)

—En L, tout q℔

qui M

sil M℔(L), sil sen i. L

Dites moi ceci tout du lont L, moult GHM

M-nte a tres bonne g. ℔

Comme dr. ℔, Selom dr. et ens. L

—9705 L, Autres q Aucunes ℔ Et autresfois C²

—9706 L, Autres GHqC³℔

pl. et laut. m. LC²

—la L

Con (Quon C²) en a et lexp. πC², Quelle en a ou lexp. ℔, Que len a de leur puissance L, a ou lexp. q a en lexp. M

Li ange. Kalendier par lexemple duquel et par la reuolution dicelui les festes des saincts se solennisent en paradis. ℔ (T.)

Et affin que faute n'y ait
Ou quë oubliance n'y soit,   q. loubl. 𝔓
Escriptes en ·i· kalendrier   kalendier *HqL*
Les a qu'elle tient tousjours chier. to.] moult *qC²L*(𝔓), alesquelles ti. moult ch. 𝔓
Or sces tu que celle esglise 9715   —tu *L*
De ceste ci veult la guise
Du tout garder a son pouoir,
Car bien elle scet et de voir   C. elle sc. b. tout de (b. du tout 𝔓) v. *L*𝔓
Que de ceste descendue   Quelle *C²*, c. [elle est] d. 𝔓
Ell'est aval et issue.   9720   Est la bas a. *C²*, Diriuee et dicelle iss. 𝔓, exue *L*
Je vi, ce disoit sain[t] Jëhan   saint *MqH* &c., ce] se *GMπ*, diset *L* racompte 𝔓
La cite de Jherusalem
Qui du ciel en haut descendoit   c. de h. *MqπC²* c. haultain 𝔓 c. en bas *G* c. aual *H*, Q. de dessus les cielx de-det *L*
Et qui toute neuve en venoit.   venue *made into* noeuue *M*, Et t. noue en terre venet *L*
Se ceci bien entendoies,   9725   Tu c. *L*
A l'exemple cognoistroies   tu cognoissoies *L*
Quel chose c'est que vois lassus. ch. est q. vis l. 𝔓
C'est le patron de ce que jus
Fait l'esglise de la aval,   —de *q*, F. sainte ygl. la a. *L*, F. l. la bas a. 𝔓
Et si en est l'original.   9730   Dont ceste en 𝔓, loringnial *π*
Li cercles est le kalendrier
Qui en faisant son tour entier   t.] cours *πC²L*
Monstre des sains les journees
Quant doivent estre festees.   festoiees *GHM*𝔓*L*
Chascun an fait le cercle ·i· tour, 9735
Chascune estoile y est pour jour, —y *H*, p. ·i· j. *G*(*H*)
Chascun souleil pour [l']espace   lesp. *MqH* &c.
De jours ·xxx· ou zodiaque.   De (Des *L*) trente j. 𝔓*L*
Mes ces espaces dois penser
Quë elles sont a mesurer   9740   Quelles se doiuent m. 𝔓

9716.—Added on the margin *G* (fol. 144 c).

9721, 9722.—Apoc. 21, 2, 10 Et ego Iohannes vidi sanctam ciuitatem Ierusalem nouam descendentem de caelo.

Selon le cours du ciel aval,   ciel] soloil *M*
Car ci est ruile general   riule *H* ruele *L* rigle π*C*², C. ycy regle e. g. ℬ
Que n'i a nuls alteremens,   Quil *L*ℬ
Nuit ne sepmaine, mois ne temps.   s-nes ℬ
Un jour perpetuel y est   9745
Qui n'appetice ne ne croist,   nap. ice ne cr. *M*, crest *G*
Toutevoies que soit faite   Toutesfois afin q. ℬ*C*² Mes a la fin q. *L*
Lassus memoire parfaite
De ceux et celles qui ont mis
Paine pour estre Dieu amis,   9750   Pa. destre a D. bons a. ℬ
Qui pour la foi ont espandu   Et p. la f. o. repandu ℬ, resp. *H*
Leur sanc, ou autres griefs ëu.   autre grief *GH*πℬ, eu] receu ℬ
Les journees de leur obis,
Quant rendirent leur esperis,   les esp. π
Mises sont en ce kalendier,   9755   k-drier *M*
Et les a on voulu seigner   ait *M*, l. ont v. π, signer *L*ℬ
De ces estoiles qui y sont,   ses e. *M*
Qui telles ordenances ont
Que le jour devant la feste
Chascune se manifeste   9760
Sus ceux droit de qui elles sont   c. [tout] dr. ℬ, Sur les sains de q. *L*
Par unes raies qu'elles ont   P. vn rais luisant q. o. *Mq*π P. vng bel ray
                                               luisant quel o. ℬ, uns r. luisans *C*²
D'une clarte tresnotable
Pour ce faire cognossable ;
Et lors leur anges en chantant   9765
Et en grant joie demenant   en] moult ℬ
A leur estoile et [a] leur lieu   a *Mq H* &c.
Les amainnent pour devant Dieu   L. mainent *G*
Presenter les, com as vëu   Les pr. *L*ℬ, L. p. ainsi quas v. ℬ, veuz *H*
Des trois qui sont rouge vestu   9770   rouges *M*
Et sont caint et d'or couronné   saint *H* sains *M*
Et dedens le ciel d'or entré.   d'or] droit *C*²
Ces trois sont ·iii. nobles martirs
Des quiex li uns est saint Denis.   lun si e. ℬ

Le Pelerinage de l'Ame. 317

Devant le roy sont maintenant 9775
Ou la feste et la joie est grant.
Pour regarder l'ouneur qu'il ont
Li autre sain[t] assemblé sont
Tout entour et pour Dieu loer
Et la feste paramplier. 9780
Autour du cercle autres iront
Qui apres autel feste aront,
Et revenront en leur lieux tous
Jusqu'a tant qu'ara fait son cours
Le cercle et sera revolu. 9785
Et ceste chose pourras tu
Vëoir tous les jours, se tu veuls,
Fors quë aucune fois greigneurs
Y sont les festes qu'autre fois.
La cause asses cognoistre dois : 9790
Il ne sont mie tous pareus,
Et plus sont mil quë un ne deux ;
Plus en a a la journee,
Plus ell' est solempnisee.
Plus est li sains d'autorite, 9795
Plus est son jour solempnisie.

Et toutevoies nul petit
Moi ne autrë onques ne vit.
Tous sont grans de grans merites,
Festes n'ont onques petites. 9800

Et si te di encores plus
Des grans festes qu'on fait lassus.
On y fait la feste au prevost
Et a tous *angres* de son ost
En remembrance qu'en enfer 9805

est] et ℬ

saint *qH*, Les a-s sains a-blez *GMLπ*ℬ
ensemble *G*
p. Jhesu l. *L*
pour emplier *H* plus ampl. ℬ, Et pour la f.
honnourer *L*
aut.] tele ℬ, Q. auteles f-es a. *L*

reiront *H* rendront *C²*, lieu ℬ
J-ques t. *M*, s. tours ℬ

[Bien] veoir ℬ, V. tres souuent s. *L*
F. a. f. que g. ℬ, gregneux *M*
que autres f. *L* quatre f. *M* (Lorr. dialect)
cog.] sauoir en *L*
Les sains ne s. pas t. paraiz *L*
pl. [tost] s. ℬ, mille *GH*, Pl. grant feste ont
·xxx· q. ·iii· *L*
Quant pl. en a l. j. *L*, P. en y a en l. ℬ, en
ait en l. j. *M*, P. a de sains a l. j. *πC²*
Et (De tant ℬ) pl. est s. *L*ℬ
—9795 *C²*ℬ, =9796 (Pl. elle solempnizee
est) *A*, le saint *G*
—9796 *C²*ℬ, =9795 (A pl. le jour dauct.) *A*,
son] le *G*, s-ise *πGH*, Et pl. a grant
sollempnite *L*
t.] ce neantmoins ℬ
Ne m. ne a. o. ny v. ℬ, Ge ny a-es *L*

Jamais il n. f. p. ℬ

encor *M* encore *G*
D. f. que len f. l. *L*

angres *q* angles *M* anges *Lπ*ℬ] autres *aGH*

Il chacierent hors Lucifer,
Et aussi des iherarchies
Et des ordres ens comprises.
A leur jour leur feste doubler
Vont en haut et *eus* la monstrer.   9810
Le cercle prennent tout entour,
Et la festoient tout le jour
Sens point cesser en Dieu louant
Et devant li tousjours chantant.
Aussi a la Toussains on fait.   9815
Chascun sus le cercle s'en vait.
Chascun y scet tresbien son lieu
Si com ordené est de Dieu.
La est la grant assemblee
De la grant cour hounouree.   9820
Ou de tous renouvelees
Sont grans festes et doublees.
La sont les grans chanteries
Et doulceurs de sonneries.
Lors sont les beaus jardins du roy   9825
A tous ouvers par son octroi.
Dedens s'en vont festoier tuit
Pour queillir y et fleurs et fruit,
Puis revont es praeries
Gaiement vers et flories   9830
Ou s'esbanient a leur gre
Tous d'un accort et voulente.
Lors est loé le createur,
Et n'est nulle feste greigneur
Excepte de la royne   9835
Et du roy qui est hors ligne.

chaceront 𝔓, Firent trebuchier L. *L*
La feste a. 𝔓, de *GH*, herarch. *L* ierach. *H*
d. autres dedens emplies 𝔓, [l.] dedens *C*²
 complies *H* acomplies *L*
j.] faiz *L*, festes 𝔓
eus] eulx *GHMqπ* se 𝔓 ens a, Voult *q*, V. la
 h. *M*, h. diex magnifier *L*
prenant *qC*²𝔓
la] illec 𝔓, le f. toute j. *L*

Et t. d. l. ch. 𝔓 Et d. touz temps ch. *L*
Ainsi a l. t. est f. 𝔓
—sus *q* (π𝔓), A ch. le c. π*C*² Ch. son c. 𝔓 Ch.
 a le c. *M*
[Vng] ch. *G*, il sc. *M*
Ainsi quord. cy d. D. 𝔓

court *GHMqπC*²𝔓*L*
Ainsi de t. *L*, du tout *Mqπ*𝔓
Les g. f. et (sont *C*²) redoubl. *C*²𝔓, S. les
 f. a leur journees *L*
chansonneries *M*
Et de sommiz et s. *L*

tous 𝔓
cuillier *M*, —y *L*, P. fruictz cuill. et doulces
 flours 𝔓
Apres sen r. 𝔓, praier. *HM* prar. *q*
G. uertes *L*, Verdes et [tres]g. f. 𝔓
Ou ilz sesbatent a 𝔓, Et si ebbatent de l. g. *L*,
 sesbanoient *q*

Il *L*
E. celle de l. r. digne 𝔓, l. vierge r. *C*²
est] sont *GC*², h. de l. 𝔓

9820 a, b.—Celui cercle fait vn tour
 Celle journee tout entour. *L* (fol. 171 a).

Le Pelerinage de l'Ame. 319

| | Festoïes plus grandement | | Festoyees $G\pi\mathfrak{P}$, [Qui] f. $\mathfrak{P}$ |
| | Doivent bien estre vraiement." | | B. d. e. v. $\mathfrak{P}$, D. e. b. v. GH |

Cinq festes nostre dame desquelles la premiere est la concepcion. $\mathfrak{P}$ (T.)

Le pelerin.	"Puis, dis je, que commencie as		—9839 L
	Des festes, grant bien me feras	9840	—9840 L, De ces f. ioye me f. $\mathfrak{P}$
	Se tu m'en dis, et je t'en pri."—		Or m. dites ge vous en p. L
Li ange.	Lors respondi il : " Je te di		r. li angle et di M
	Que ·v· en a la royne		Q. ·v· festes a (si a$\mathfrak{P}$) $\pi C\mathfrak{P}$
	Dont la premiere est racine		D. la rac. e. primeraine $\mathfrak{P}$
	De toutes les festes qui sont,	9845	que M
	Ont este et jamais seront,		Quont e. $\mathfrak{P}$ Et e. L
	Mesmement en la contree		
	Qui des hommes est nommee.		Que d. h. e. renommee $C^2\mathfrak{P}$, e. habitee L
	C'est la sanctificacion		Qui e. la preseruacion $\mathfrak{P}$
	De li *en sa* conception	9850	en sa MqH &c.] et la *a*, Delle en sa sainct c. $\mathfrak{P}$
	Quant fu plantee et purgiee		planee H, pl. mais preseruee $\mathfrak{P}$
	Du pechie de sa lignee ;		puchie M
	Lors a ce jour s'assemblerent		cellui j. πC^2, En celle journee s. L
	Les anges et pourparlerent :		angelz G, ainsi p-ent C^2
	'Or est le temps et la saison	9855	Le t. commence et L
	Qu'il faut que de feste soion,		saion L
	Car semee est la semence		Puis que s. e. $\mathfrak{P}$
	Dont faut que feste commence		—9858 π, feste] ioie MqC^2 grant ioye $\mathfrak{P}$, Qui toutes les festes c. L
	Sus la quelle mis a le don		
	Le roy de sa beneïcon.	9860	de] et π, sa [sainct] beneiss. $\mathfrak{P}$, beneison M
	Grant et sainte chose sera		G. ch. et sa. se. L, sa.] digne $\mathfrak{P}$
	Aussi tost comme *levera,*		levera MqH &c.] le verra *a*, com el l. L
	Et a grant fruit convenable,		Elle portera f. honnourable L
	Bon a tous et profitable.		t. [bons] et p. L
	Ordenons *nous* et aprestons	9865	nous MqH &c.] tous *a*
	A faire feste com devons !		A li chanter neuues chancons L
	Aus escoles de Musique		
	Alons tous pour l'armonique		

Et pour la rethmique aprendre,
Et pour aussi bien entendre   9870
A l'art organique savoir !
Si en faison nostre devoir.
Que, quant voudra nostre roy chi*er*
Nouvelle feste commencier,
Que trouvés aprestés soyons   9875
Et estre repris n'en doions.'
' Bon est, respondi Cherubin
Et aucuns autres, a la fin
Qu'on apreigne l'armonique.
Qu'aucuns voisent a Musique !   9880
Nulz instrumens a ceux ne faut,
Puis qu'il ont voix et cler(e) et haut.
Mes instrumens où faut souffler
Ou par toucher faut faire ouvrer,
Sens iceux instrumens trop peu   9885
Chascun y feroit de son preu.
Nuls instrumens nous n'avons cy,
Et si n'avons nul ouvrier qui
Les ait point apris a faire
Ou matiere ait neccessaire ;   9890
Si ques bonne chose seroit,
Së a chascun de vous plaisoit,
Quë aucuns a l'ourle infernal
Ou sont les fils Adam aval
Actendans leur redempcion   9895
Alassent sans tardacion
Pour parler a eux et dire
Quë il semble que no sire
Leur veille aidier prochainement,
Pour ce qu'il a nouvellement   9900

Aussi p. 𝔓, rithm. *M*𝔓 rechiniq. π richiniq. *G* rethoriq. *H*, p. larithmiq. *L* ainsi *G*, Semblablement p. b. e. 𝔓

Or *L*

Q. q. la vierge enfantera *L*
Et son filz si haut montera *L*
Tretouz prez de chanter s. *L*
Si que e. r. n. deigeons *L*, ne *q*
r-dit *L*

apr. arm. *q*𝔓*L*
Et quapres v. 𝔓, Et quauc. augent a M. *L*
Nul i-nt a cil *L*, c.] telz 𝔓
v. cl. *M*(𝔓*L*), P. qu∍nt bonne v. cl. 𝔓 Qui a vouez cl. et chante h. *L*
Mains *C*²

S. aucuns i. *L*
Ch. il f. s. p. *M*, Fait len a noces d. *L*
Nous nav. nulx i. ci *L*, —nous *C*²
nulz o-rs 𝔓
p.] onques 𝔓

Pour ce b. *L* Par quoy b. 𝔓

Quauc. [jusqu]a l. i. 𝔓
Ou l. f. Ad. s. [la] av. *L*, f. dadam laual 𝔓

Alassent *MqH* &c.] Alassens *a*, tardicion *GH*
P. aler a *q*, Parl. a e. et [leur bien] d. 𝔓
nostre s. *GHLM*π𝔓

9882 a, b.—A celui qui ne puet ce faire
    Est instrument bien necessaire *L* (fol. 171 c).

Saintefié et benëi
Une nouvelle plante qui
De leur ligniee est venue
Et de David descendue.
Yceux grant joie lors aront 9905
Mercians ceux qui leur diront,
Et David se presentera
A faire quanque leur plaira
Pour les plaisans, amoureuses
Nouvelles et gracieuses. 9910
Et pour ce qu'il est herpoieur
Et de tous instrumens joueur,
Et bien cognoist ceux qui les font
Et ceux qui d'eux ëus les ont,
Ceux qui iront avisera 9915
Mieux que autrë et enseignera
Comment des instrumens aront,
Es quiex aprendre bien pourront
Se les portent a Musique
Pour l'organique et rithmique.' 9920

A pres ce bon conseil donné,
Pluseurs d'eulx furent assemble
Et firent tout ce qui est dit.
David en pourchaca et quist
Tant qu'il en eurent grant foison. 9925
Puis retournerent, et lecon
Tous les jours il en prenoient
De Musique où il aloient.
Asses tost tout l'art aprirent,
Et apres avint qu'il firent 9930
Leur instrumens com vouloient,
Et a eux appertenoient
Meilleurs asses que les David,

benesqui *L*, Prise en grant amour et beny 𝔓

du roy D. d. 𝔓
Y. [tres] g. joaie en a. *L*
M-nt *M* 𝔓, lui *C²*

q.] ce quil 𝔓

Et n. tres g. *L*
harpieur *M* herpeours *L* herpeur *Hπ* bon harpeur 𝔓
ioueux *G*
Cogn. tres b. ce. 𝔓, que *M*
q. deuers eux l. o. *GHLMqπC²*𝔓
autres *ML*, Trop m. quautre 𝔓

Esquelx *GHLM* Dex quiex *qπ*𝔓] Et q. *a*
Sil *L* Si *G* Et *M*, ilz *C²*, portes *H*
rithimiq. *H* richiniq. *G* rechiniq. π, P. r. e. pour lo. *C²*

quit *GMπ*
—en *G*, foueson *L*
et] a *G*, leison *M*
ilz apren. *M* ilz en apren. π𝔓

tost] briefment 𝔓, aprintrent *L*
fistrent *L*
Les *q*𝔓
Et [com] a *LπC²*𝔓
Trop m. q. ceulx de D. 𝔓

Et dont Jubal fust esbahi.
Es grans jardins et es fores		9935
Des arbres de vie qui pres
Sont, ou il n'a rien de refus,
Prinrent et couperent les fus.
Quant fu tout fait et accorde,
Ensemble d'une voulente		9940
Voudrent savoir et essaier,
Quant ce vendroit au festoier,
Comment il se maintendroient
Et la feste bien feroient.
Lors prirent tous leurs instrumens		9945
Et firent tex renvoisemens
De sons, chans et melodies
Et de doulces armonies
Que tout le ciel s'en esbahi
Qui point n'avoit tel son oui.		9950
Së Orphëus eust la este
Et de li ce fust verite
Que, quant il aloit herpoiant,
Les arbres l'aloient suiant
Et qu'enfer tant s'en esjoy		9955
Que tost sa femme li rendi,
Si ne fust ce rien au regart
Ne quant au son ne quant a l'art.
Tous les siecles en crouloient
De la joie qu'il avoient.		9960
De ce fu prise occasion
De faire la concepcion
En sainte eglise la aval
Qu'aucuns font par especial ;
Mes une occasion autre ont		9965
Ceux qui ceste feste ne font,
Car il dient qu'aprestement

Adonc J. *L*, D. J. fu moult e. 𝔓, fu *GHM*𝔓
forests *GC*²
q. [sont] p. *L* q. [bien] p. 𝔓
Et ou il na point d. r. *L*, S. et ou na r. 𝔓, de] que *q*π
C. et printrent *L*, coperes *G*, fusts *C*²*G*
Q. t. fu fa. *M*π𝔓*L*

asaier *M* essoier *L*
ce] se *M*𝔓
Quelement 𝔓
E. comment l. f. f. *C*²
prinstrent *L*
tel renuoiss. *M* t. accordemens 𝔓
s.] doulx 𝔓, s. [de] ch. de m. *LC*²
dances a. *L*
s. esioit *L*
pas n. *L*
Si *L*, [Et] se 𝔓, orpheux *H*
ce] se *Mq*(𝔓), Et se quon en list f. v. 𝔓
Cest qua. il a. harp. 𝔓, alet herpeant *L*
[Que] les 𝔓, le al. sieuant *L*, suiuant *GH*π𝔓
tout *H*, esioit *L*

fu *G*π, fusse ri. *L* seroit ri. 𝔓

caroloient π*C*²
quilz en menoient 𝔓, en a. *C*²

la] ius 𝔓

u. aut. occ. *GHLMq*π𝔓

que vng ap. 𝔓

Le Pelerinage de l'Ame.

Est sens plus et essaiement		S. pl. est et vng ess. 𝔓, assaiem. *M*
De la feste qui doit venir		que 𝔓
Dont se devront tous esjouir,	9970	deuroient *L*
La quelle bien voudront faire,		q. [ilz] v. b. f. *LC*², vouldroient *G*
Mes qu'en aient exemplaire.		q. eussent ex. *L*

De l'exemplaire je te di —De *GH*
   Comment fu faite ; je le vi

Quant fu la plante levee	9975	Cest q. 𝔓, Q. la dite pl. fut nee *L*
Et de sa racine nee		r. leuee *L*
Que hors de terre elle germa		el g. *L*
Et au monde hors se monstra.		
Li ange, qui n'actendoient		angles *M*, Les sains anges q. ne at. *L*, quil n. 𝔓
Autre chose n'espioient,	9980	Nulle a. *C*², [ne] nesp. *L*
Tantost glaives et espees,		Touz leurs gl. *L*
Que lonc temps desgaïnees		Q. [de tres] l. 𝔓, loing t. *M*, desglaiuees *L*
Avoient porté pour nuire		A. pource p. n. *M*, pour [touiours] n. 𝔓, n.] occire *L*
Pecheurs et pour eux ocire,		[Au] p. et po. les o. 𝔓, eux] nous *GH*, p. leur nuire *L*, destruire *C*²
Engaïnerent prestement,	9985	Engaigneroient p. *M* Ilz eng. p. 𝔓 E. moult p. π
Cherubin tout premierement,		
Et alerent les uns au may		
En la forest dont parlé ay.		iay 𝔓
Les autres aus fleurs alerent		au *L*
Dont le[s] ciex amont parerent,	9990	les *MqH* &c.
Puis prinrent tous leurs instrumens		
Et firent leur envoisemens		enuoissem. *M* esbatemens 𝔓
Si grans que les ciex rioient		
Et de joie fourmioient,		Et de la j. fourmoient *M*, Et tous de ioaie en fremissoient *L* Et de grant j. fremioient π*C*², fremioient *H*π𝔓*C*²
Et disoient une chancon :	9995	Et en disant *L*, u.] tous ceste 𝔓
'Or voion nous Dieu, or voion		
Par le signe qui est leve		
De la virgule de Jesse		—la *G*
Qui aval en terre est nee		en. t.] encore *H*

Et Marie est appellee	10,000	la] que *M* que la *C²*, En sa personne beneisson ₰
Dont n'a pas moult la semence		
Benëis que se commence		Benois soit q. *A¹*, Beneisis par quoy c. *L*, Benei pour ce se c. π*C²*, Et pour ce feste se c. ₰
Feste a tousjours en paradis.		a toz temps *L*, En p. sans relaschance ₰
Pour noyant n'avons pas apris		nav. nous p. *GM*π, nav. sceu le mestier ₰
A herpoier et a jouer	10,005	h-peier *L*, De harper et melodier ₰
De tous instrumens et chanter.		Et ch. de t. i. ₰
Or chanton bien, Diex, or chanton !		
Asses tost compaignie aron.		
Hommes et femmes rappellés		
Seront qui estoient prives	10,010	est. toz p. *L*
De nous et no compaignie		noz c. *M* nostre c. *GHL*π
Par Sathan et son envie.		
Or chanton et menons joie !		
Nostre roy rara sa proie		ra.] ara *q* aura *C²*₰ si ara *L*
Que li annemis li osta	10,015	Q. lennemy si li o. ₰
Qui meschant tousjours en sera.'		mescheant π, m. toz temps s. *L*
Ainsi par chascune annee		
Fait on au jour que fu nee.		Danges est bien accompaignee *C²*
Dedens le ciel d'or tous s'en vont		Qui (Et ₰) ded. le c. dor s. v. *LC²*₰, dor partout v. *H*, —tous *q*(*LC²*₰*H*)
Où avec son fil est, et font	10,020	Qui a. *C²*, Joyeusement et illec font ₰
Feste tout selon leur pouoir.		Grant f. s. ₰, —tout *L*(₰), l.] son *M*
Les sains aussi font leur devoir :		
Sus le cercle estelé loer		c. mercier *L*
Le vont tous et regracier		
Pour ce que par li sont sauves	10,025	
Et de mort d'enfer rechaptes.		rachetez *MqH* &c.
Or dirai de l'autre feste		
Que je di plus grant que ceste.		q.] de *q*π

10,001 a.—Sans onques malediction ₰ (fol. 143 a).
10,006 a.—De doulx sons et melodiemens ₰ (fol. 143 a).
10,012 a, b.—Mes que ilz soient baptisiez
   Et quilz se gargent de pechiez *L* (fol. 172 c).

Le Pelerinage de l'Ame. 325

Pour l'autre est faite ceste ci,
Pour ce que lors du haut midi   10,030
Descendi en li le souleil   En el desc-it le s. 𝔓
Si com le nunca Gabriel.   lannunca *GHMq*π
Ou zodiaque n'ot signe   ny o. *C*²
Que trouvast aussi benigne   Quil *L*𝔓, t. [estre] a. 𝔓, ainsi *G*
Com celui où premierement   10,035   Que 𝔓, ou virgenement *M*
Vout faire son descendement.
Ce fu en la Vierge, ou il fu   —en *L*
Neuf moys jusqu'a tant que vestu   virge *q*
Fu de mortel humanite
Par dessus sa divinite.   10,040   sa] la *GH*
Et en ce point il descendi
De celle Vierge en Gemini,   En c. *GHMq*π
Dieu pur et homme en verite   —pur *C*²
Geminé, gigas substancie.
Que cuides tu, si te gart Diex,   10,045   cuide *qL*
Quant le noble souleil des ciex
En ces ·ii· signes se monstra   signe *L*
Quel feste on fist et ca et la,   Q. joie len f. ca *L*
Quel joie en fu et sus et jus ?   Q. feste en fist len s. *L*
Par tout voloient anges drus,   10,050   Car p. 𝔓, tous *M*, volaint *A*¹, a. [si] d. *L*
En terre et en ciel chantoient   et ou ci. 𝔓, Que en t. en air en c. chantoint *L*
Et par tout joie *nuncoient*.   nuncoient *HGMq*π*C*² anuncoient 𝔓] menoi-
Il n'estoit espere du ciel   ent *a*, joaie demenoint *L*
Qui par tout ne degoutast miel.   ne (ny 𝔓) auoit esp. ou c. *L*𝔓
Tous ceux bien s'en apercurent   10,055   Q. lors ne d. m. 𝔓, degoustast *GHM*
Qui en l'ourle d'enfer furent.
Par tout furent chanteries,
Joies et envoiseries.   Jouaies *L*, J. doulceurs et grans melodies 𝔓
Encor le fait on maintenant   E-re f. 𝔓
Chascun an en *ramentevant*   10,060   ramenteuant *MqH* &c.] r-temant *a*
La [grant] grace que Jhesucrist   grant *MHq* &c.
Lors a humain lignage fist.   A lum. li. f. *L*, L. a lhum. 𝔓

Ange n'i a, saint ne sainte   soins *M*, Anges ny a ne s-ns ne s-tes ℬ
Qui ne face grant empainte   grans empraintes ℬ
De festoier et [de] chanter   10,065   de *MqH* &c., festier ℬ
Et de grant leesse mener.
Mucier se va li annemi   sen. v. HC^2, Et musser sen va lenn. ℬ
En enfer dedens son chaut ni.   enf. s. puant ni *L*
S'aucune tel feste vëoit,   Car se tele f. ℬ
De dueil tantost morir voudroit.   10,070   De d. et de douleur mourroit ℬ

A ces jours de mariage   En c. *L*
   De Dieu et humain lignage   et dum. *M* et de h. C^2
Par terriennes contrees   Es t. *L*
Par li sont joustes criees :
Que vertus soient a cheval,   10,075   saint a chevaulx *L*
Que vice n'ait en mont n'en val   vices $q\pi C^2$, nen m. *H* en m.] amont *G*, Es
                                                                        mons et les pechies es vaux *L*
A cui ne voisent tost jouster   tous j. ℬ
Et eux tantost deschevaler.   Et t. les d. ℬ, dachev. *M* (Lorr.)
                                                                        descheuaucher *GH*
Quë Humilite sans revel   H. s. [nul] r. *L*
Voist jus deschevaucher Orgueil,   10,080   Auge d. *L*, descheualer ℬ
Que Charite a bras tendus
Voist Envie desmonter jus,   Voise ℬ, Aut E. trebuchier j. *L*, descheuau-
                                                                         chier *M*
Que Diligence s'adrece
Pour abatre tost Parece,   P. t. jus ab. P. ℬ, A descheuauchier P. *L*
Que Pacience *deslace*   10,085   deslace $Mq\pi C^2 H$] delate a*L* deslate *G*ℬ
Le hyaume a Ire [et] abate,   et *GHq*πℬ, Et le h. a i. ab. *L*, a] de ℬ
Que franche Liberalite   Et q. f. l. *L*
Qui chevauche a l'orain dore   Laquel ch. a frain d. ℬ, a larain π, a fraim d.
                                                                    M, Q. a escu large dor lite *L*
Avarice jus trebuche
Et li voist ouvrir la huche,   10,090   Et voise l. o. sa h. ℬ Et conge quanque est
Quë Abstinence la vie   en sa h. *L*, la] sa *Mq*πℬ*L*

10,078 a, b, c, d.—Et que pechez saint desmontez
                 Par les uertuz et deboutez
                 Saint trebuchiez jeuques en enfer
                 Ouec leur pere lucifer *L* (fol. 172 d).

Le Pelerinage de l'Ame. 327

Voist tolir a Gloutonnie, — Voise 𝔓 Auge *L*
Que Chasté(te) et Continence — chaste *qL* chaaste π, conten. *M*
Voist ferir de coup de lance — Voisent f. *C²*𝔓, Augent f. sans reuerence *L*, f. dune l. *C²*, lence *G*
Si Luxure que relever   10,095 — Lux. tant q. reueiller 𝔓, Puant luxus q. r. *L*, reueler *q* reueller *C²*
Ne se puist plus ne respirer. — peusse ne nous grever *L*
Ce sont joustes qui criees — Se 𝔓, s. les j. cr. *M*, que *GHL*
Sont par tout et commandees — tous [lieux] π*C²*, et ordonnees *H*
Au[s] noces et mariage — Aus *MqH* &c.
De Dieu et humain lignage.   10,100 — dumain *q*, lumain *L*𝔓
Et dit saint Pol que couronné — dist *q*, Et s. poul d. q. c. *L*
Sera qui miex ara jousté. — S. q. a. m. j. *L*

Des autres festes te dirai — te] or *M*
  Plus briefment que de ceux cy n'ai. — de ce ci *M*, de ceste n. *L*
N'est doubte que la royne   10,105 — Nul d. q. la r. [digne] 𝔓
Qui le roy a li encline, — Q. ihesucrist a *L*
Qui, avant qu'elle fust nee, — Et qui a. quel f. *L*, Q. touiours sanctifiee 𝔓
Du tout fu saintefiee — Du vrai dieu fu s. π*C²*, De toute macule priuee 𝔓
En sa purificacion, — De 𝔓, A la ad. p. *L*
Que par humili(t)acion   10,110 — humiliacion *MqH* &c., p. son h. *L*
Fist qui mestier nul n'en avoit — que *GHMq*π car *C²*, Le f. quar meitier nen av. *L*, Elle f. aucun besoing nav. 𝔓
Fors pour la loy qui le disoit — que *M*, Quar ce que la loy en d. *L*
Pour les autres, non pas pour li, — —10,113 𝔓, pas p. le *L*
N'ait feste en haut devant celi — —10,114 𝔓, Fait f. *M*, Estet quar dieu qui ert o le *L*
Qui la benëi et purga   10,115 — —10,115 𝔓, La benoit et purifia *L*
Pour li mesme(s) et saintefia. — —10,116 𝔓, mesme *q*, P. lui et la s. *L*
A ce jour est saint Symeon — cel j. *L*, est] fut 𝔓
Mené a la procession

    10,098 a, b, c, d.—A tretouz bon christiens
              Pour derompre les liens
              De toz les ·vii· mortelx pechiez
              Des quelx nous sommes entechiez *L* (fol. 173 a).
    10,101.—2 Tim. ii. 5: Nam et qui certat in agone non coronatur nisi legitime certauerit. Instead of lines 10,113-10,116 occur 12 lines in 𝔓 (fol. 143 c), *see* Appendix I.

Avec sainte Anne le premier.
Lors fait le cercle *tour* entier   10,120   tour *L*] tout *aGHMq*π*C*²𝔓
Sus lequel est assemblee   e. vne ass. *L*
Noblement et ordenee   Tres nobl. adournee *L*
Du ciel la compaignie grant   Du [hault] c. 𝔓
Qui selon le cercle tournant   Q. o le c. vait t. *L*
Par devant roy et royne   10,125   d. [le] r. et [la] r. *GH*𝔓
Passent tous la teste encline.   Sen p. π
Lors *font* Symeon et Anne   font *MqH* &c.] fait *a*, Saint Sym. A. *C*ª, Saint S. ouec saint A. *L*
Leurs offrandes a la dame   offerendes *G*, Font off-de a nostre d. *L*, O-de plus doulce que manne 𝔓
D'une torche enluminee
De cler feu et alumee   10,130   Dor et de f. al. *L*
En tex paroles li disans :
' Vierge royal qui en tes flans   que *M* --qui *G*(*H*), r. en t. sains fl. *H*
Pourtas celui qui delés toi   d.] jouste *L*, quaupres de t. 𝔓
Vëons sëoir, nostre bon roy,
Ayes l'offrande agreable   10,135   leuffrende *L* lofferende *G*, et ag. *H*
Que te faisons com vailable !   f. couuenable *L*
Fu celle quë ou temple offris   [Ce] fu c. *H*, c. [la] q. 𝔓
De quoy grant joie nous fëis.'   joaie *L*
Grant feste [est] celle journee   est *Mq*π*L*] en *GH*, Tres gr. f. c. j. 𝔓
Et grant joie demenee.   10,140   [Y eut] et g. 𝔓, joaie *L*
Li Seraphin l'embellissent   Li *Mq*] Les *aGHL*π𝔓
Et grandement l'esjouissent,   la esj. *L* sesj. *G*
Tout entour la procession
Chascun d'eulx porte ·i· grant brandon   bourdon *G*
D'une lumiere flamboiant   10,145
Et ainsi vont entour chantant :   En *M*, A. v. tout ent. 𝔓, autour *G*
' Glorifiee et louee   L. hault et gl. *L*
Soies dame couronnee !
Le roy le veul[t], nous en chantons   veut *MqH* &c.
Et ensemble l'en mercions.   10,150   la m. 𝔓 le enmerc. *L*, mencions π
Par toi nous sont acrëues
Tres grans joies et venues.'   grant *M*, joaies *L*, et adven. 𝔓

Le Pelerinage de l'Ame.

Du jour de son assumpcion
   Point ne te fais de mencion,
Car a la feste quë on fist   10,155
Quant aus ciex monta Jhesucrist
Aucunement tu entendras
Sa feste et aprendre pourras.
Se faite ne fu *aussi* grant,
Si y ot il aucun semblant.   10,160
A l'une hounoura le pere
Son fil (li), a l'autre sa mere.

De ce quë as vëu a l'ueil
   Tant seulement parler te veil
Selon que tu as demande.   10,165
Ou cercle lassus estele
Où ces festes sont festees
Et a joie demenees
Est tout le zodiaque mis
Et sont ·xii. signes assis   10,170
Ou le souleil par ·xii· fois
Se monstre aussi comme par mois.
Quant du cercle tu demandas,
Il semble quë a ce pensas
Enquerant se tousjours feste   10,175
Y estoit si manifeste
Et si grant comme tu vëis.
Or ne soies mie esbahis
De ce que je t'en dirai ja.
Tousjours tel feste pas n'y a   10,180
Comme celle quë as vëu.
Sept signes sont ou recëu
N'est pas le souleil a son droit,
Et bien n'est mie la endroit,
Car il semblë obnubilé,   10,185

Au j. *M* Ou j. *L*
fas *q* fay *H*
en *G*
aus] es *L*, Q. m. a. (es *qπC²𝔓*) c. (ou ciel *M*)
   Jh. *GHqπC²𝔓M*
ap.] entendre 𝔓
aussi *Mqπ𝔓HL*] ainsi a*G*, Si π*L*, fust 𝔓
Si *MqH* &c.] Se a, —y *q*
A cel jour h. *L*
li] et 𝔓, Le f. il a l. *L*, S. f. li aut. sa m. *M*

vueil *MqH* &c.

est.] est ale *L*
c.] telz 𝔓, s. festoiees *G*, festoies *Mπ*
demandees *G*

Ce π
Que le *H*, fais *L*
ainsi *G*, com *Mq*
—tu *L*
qua ce tu p. 𝔓
En enq. si touz temps f. *L*, Enquerrant *M*
estet *L*, Est. la et si m. π, la s. m. *C²*

m.] point *L* en rien 𝔓
te d. *qπC²𝔓H*
Touz temps tel *L*
Com *q*(*L*𝔓), Com c. q. tu as v. *L*𝔓
ou] esquelz 𝔓

Ne b. n. [il] m. 𝔓, bel n. *L*
il y s. obn. *LC²* il y s. (resemble 𝔓) obumbre
   *q*𝔓, obumbre π

Tel fois est il, ou eclipsé.
Aries, Taurus, Scorpio
Capricornus, Libra, Leo,
Sagictarius sont signes
Que pas ne treuve benignes. 10,190

Asses tost apres qu'il fu né,
 Ou signe Tauri fu trouve.
Herodes, le torel cornu,
Se l'eust trouve, si l'eust feru
Et de ses grans cornes hurte. 10,195
Qu'il l'eust occis et gravente,
Bien parut en ceux qu'il hurta
En lieu de li et qu'il tua.
Eclipser s'ala et mucier,
Le signe li estoit trop fier. 10,200

En Aries refu apres
 Qui li fu signes moult engres
De li *par* trois grans coups hurter,
Sathanas fu qui li tempter
Vint en simple pel de monton 10,205
Pour savoir, së occasion
Trouveroit de li maufaire
Par li a peche atraire ;
Pour ce quë homme le savoit,
Tost decepvoir bien le cuidoit. 10,210

En Escorpion fu vëu
 A celle fois que recëu
Fu a la grant procession
De ceux qui mort et passion
Tost apres li procurerent. 10,215
Escorpions se monstrerent

Tele f. e. ou ecl. *L*, ou] en *C*²

leon 𝔅

Q. il ne t. p. b. *L*

s. que taurus nomme 𝔅
Fut H. taureau c. 𝔅
Sil eust t. il eust f. *A*¹, —si *L* si] il π*A*¹, S. t. l. fort l. f. 𝔅
h-tes *G*
Quil eust π, o.] mort *L*, crav. *GHL*π*C*² acreuente *M*(𝔅), L. occ. et acrau. 𝔅
en] a *M*𝔅, que h. *GH*

Escl. *H* Esclipsier *G*
Ce 𝔅, Car le s. li e. f. *H*

ariete fut *L*
Q. fu vn s. *Mq*π𝔅, signe *G*
par *Mq H* &c.] pour a, Pour le de ·iii· *L*, hurtes *G*
que *G*, le *L*𝔅
en] et 𝔅, —pel *L*, mouton *HGL*π*C*²𝔅
sav.] essayer 𝔅
Pourroit trouuer d. 𝔅, mal f. *GH* meffaire *L*
Pour *GH*π, Et a commectre p. traire 𝔅
le veoit 𝔅
Dec. tantost (bien tost π) le c. *L*π

El lesc. π, lescorp. *q*π𝔅 escorpione *L*
q. fut r. 𝔅
a] en *G*, F. o tres g. p. *L*, A la grande p. 𝔅

Dedans cinqc jours li p. *L*, procurent π
se] la *L*, m-strarent *M*

Le Pelerinage de l'Ame.

Qui bonne chiere par devant		b.] belle *Mqπ C*² tele 𝔓
Li firent et tost ensuiant		ensieuant *L* ensuiuant *G*
De la queue le ferirent		leurs coues le f. *L*, q. fort ilz le mordirent 𝔓
Et a mort livrer le firent.	10,220	Telement qua la m. le mirent 𝔓
Aussi li fu escorpion		Ainsi *G*
Judas qui fist la trahison.		
Par bel semblant il le baisa,		beau *L*𝔓 tel *C*ª, s. y le b. *M*, Qui o beau s. le b. *L*
Puis aus Jūis il le livra.		a. [faulx] J. *G*, Ainsi (Et apres 𝔓) au j. le li. *L*𝔓

En Capricorne tantost vint   10,225
   Devant Pilate qui le tint   que *M*
Com juge en sa dominion   Comme *M*
Par mauvaise accusacion.   Et p. fausse ac. *L*, ac.] occasion *M*
Celui le juga faussement
Et sens conseil de bonne gent   10,230   S. le c. 𝔓
Comme cil qui rien ne savoit   Com *Mq*(𝔓), Com celui q. 𝔓
Ou rien savoir ne se monstroit.   ne] il 𝔓, sav. se demoustroit *L*
Juge qui a auctorite
Et doit juger par equite,
Et n'a sens ne discrec(t)ion   10,235   discrecion *MqH* &c., ny a s. *L*, ne] et *GH*π
De tenir juridicion,
Capricor(ne), chievre cornue,   Capricor ne (ne in smaller letters) *q*, Apele ch. *L*
Doit estre dit par la rue.   Est digne destre p. *L*, dit] crie 𝔓
Chievrë est, car il ne scet rien ;   Chieures *Mq*, est [il] 𝔓, car] quant *HL*
Cornes a pour destruire bien.   10,240   Cornue quant destruit le b. *L*, b.] gens 𝔓

De ce signe tantost entra   cel *L*
   Ou signe qui est dit Libra.
C'est la balance de la croix   croez *L*
Ou il fu la livre et le pois   —la *G*π(*L*), fu li. et pousez *L*, la li. au (a 𝔓) p. *M*𝔓
Pour (la) redempcion humaine   10,245   —la *MqπLG*

   10,220 added on the margin *G* (fol. 147 b).
   10,244 a, b.—Et son saint sanc y espandit
             Et son ame du corps essit *L* (fol. 174 a).

En souffrant mort a grant paine.
En Sagictaire en icel jour
Se trouva il a grant doulour.
Les Jüis le sagicterent
Et crueus dars li gecterent   10,250
De leur langues seursemees,
Poingnans et envenimees
Qui plus asses li grevoient
Qu'autres paines ne faisoient.
Longis aussi le sagicta   10,255
De la lance dont li perca
Le cousté destre en espandant
A terre son precieux sanc.
Lors fu ce souleil eclipsé
Si com a Denis fu monstré.   10,260

Apres entra il en Lyon
   Quant il fist sa descension
En enfer qui les sains peres
Tenoit et les saintes meres.
Lyon estoit qui devouroit   10,265
Toutes les ames que trouvoit,
Celui qui estoit figuré
Par cil qu'avoit Sanson tue
En la gueule du quel miel prist
Du quel apres asses tost dist :   10,270
Du mengant viande issue
Est (et), du fort doulceur venue.
Celle viande si estoit
Ceux qu'en sa gueule enfer tenoit.
Tous ceux Jhesucrist li osta,   10,275
Mes tous les autres li laissa

grief m. et grief p. *C*², a] et *M*
s. a cel j. *M* s. ou mesme j. ℬ
a] en ℬ
L. [felons] j. le s-tairent ℬ
crueulx *GH* cruoux *L* crueurs *M* cruelz ℬ

P-antes ℬ
a.] de moult *L*, le g. *GHLM*πℬ, greuerent *q*
Qua. pointures ℬ, Que les p. quilz li f. *L*
lui *G*ℬ le *H*
respand. ℬ

Comme a saint denis f. m. *L*ℬ, adeuis f. *H*

en] a *G* ou *ML*ℬ

Detenoit *C*ᴮℬ
deuouret *L*
quil *L*ℬ, trouuet *L*

guele π guelle *M* geule *L*

mange [est] v. ℬ, viandes *G*, exue *L*
—et πℬ, Est du f. [grant] do. π Et du f. est do. ℬ

Ce que en *L*, guele π guelle *M*

li] y *qG* il *HM*, M. les a. il luy la. ℬ

10,268-10,272.—Iudic. xiv. 6, 8, 9, 14 : De comedente exiuit cibus et de forti egressa est dulcedo.

Le Pelerinage de l'Ame.

Qu'avoit dedens soi engloutis	Q. ia en s. ꟼ, Q. en son uentre e. *L*
Qui point n'estoient ses amis.	Et qui ꟼ, Quar p. n. a dex am. *L*
Le lion ceux ci ne pouoit	li. les bons ne p. *L*ꟼ
Avaler dont moult li pesoit. 10,280	
Au sauveur estoient gardés	A jhesucrist e. *L*, g-dees *G*
Pour delivrer et reserves	reseruees *G*
Si comme David supplié	com *q*, Ainsi que D. ꟼ
Li avoit piec'a et prie :	
De la gueule, dist (il), du lion 10,285	—il *Mq*π ꟼ, guelle *M* geule *L*
Donne moi liberacion !	

Quant est en ces ·vii· signes cy — ·vii· *qC*²(πꟼ*L*), Q. est doncques en ces sig.
ci π, ces sig. ycy ꟼ, Q. en vn de ces sig.
ci *L*
Le souleil de quoy je te di,   Est le s. de q. ge di *L*
Saches que le temps n'est mie   li *q*
De faire festoierie.   10,290   —10,290 *H*, De gaudir ne de festoirie ꟼ
Les vïelles dessous le banc   vueilles *L*
Doivent estrë, et pour son sanc,   D. bien est. p. *L*
Qui li fu trait dehors le corps   tr. hors du (de son π*C*²) c. *q*π*C*², fu si trait
du c. *L* fu effuz hors du c. ꟼ, le] son *M*
Si crueusement que fu mors,   Quil escouint quil en f. *L*, cruelem. quil f. ꟼ,
qui *M*
Chascun doit estre en oroisons   10,295   10,295 twice in *q* (on the last line of fol. 79a
and on the first of 79b), or-on ꟼ
Et en grans lamentacions.   En plours et l. *L*, g-t l-on ꟼ
Bien est gardé ceci amont.
En ce temps en oroison sont   cel *M* ceul *L*, or-ons *GH*
Tous et toutes, et mercient
Le roy et pour pecheurs prient."   10,300

le pelerin. " Asses, dis je, des cinq derrains
Signes je cuide estre certains,   —je *L*, cuide] croy *Mq*π*C*²ꟼ
Mes des premiers ne sui mie,   de p-ier ne fu m. *H*, ne le s. *L*
Se cause n'ay qui m'i lie."   ni ayt *M*

l'ange. " Quant, dist il, cuida esconser   10,305   Q. cu. d. il esc. *M*π*G* Il d. q. c. estaindre *L*
Le saint souleil a son lever   Le roy herodes par son faindre *L*

10,285, 10,286.—Ps. xxi. 22 : Salua me ex ore leonis.

Herodes, et a mort livra	Jhesucrist *L*, m. [le] l. *q*
Pour li les enfans et tua,	P. li et les enf. t. *M*
Pour la quel chose fu ouy	
In Rama de Rachel le cri 10,310	En *HL*, ramo *q*, rothel *H*
De pleur et lamentac*i*on,	
Bien puet on dire par raison	peust *GH*
Quë en ses membres le tua	
Et en cueur a mort le livra.	en] de *L*𝔓, Et au tuer a m. *H*
Des enfans je ne di mie 10,315	Q. il naigent f. *L*, festoirie π𝔓
Que n'aient festoierie	
Lassus tresplenierë et grant,	planiere *MqG*, L. pleniere et abondant 𝔓
Mes du souleil soi tapissant,	M. de jhesu soi t. *L*, se t. 𝔓
Qui pour Herode se muca,	H-des *L*
Di je que point feste n'y a. 10,320	Dis *GH*, Ge di q. p. de f. *L*
Aussi est de l'autre signe	Ainsi *H*𝔓(*L*), Ainsi li furent ces ·vii· signes *L*
Qui li fu si tresmaligne	Si tres dures et malignes *L*
Quë a ce jour l'esglise jus	Q. en celui temps lesgl. j. *L*
En commence et dit: ploremus!	En pluseurs liex d. pl. *L*
La quel maniere et quel guise 10,325	
Ell'a de la haute esglise."	El tient d. *L*

Le pelerin. "A mon gre, dis je, m'as solu,
Mes encor autre chose as tu

Li ange. A dire."—Lors dist il: "Entent,

Et je le te dirai briefment. 10,330	—le *GH*π(𝔓), briefuem. 𝔓
De ·vii· signes je t'ai parle	Des *GHLM*π𝔓, toi *L*
Où est aussi comme celé	ainsi com recele 𝔓
Le souleil quant a festoier,	
Mes aussi t'ai dit au premier	Et a. *L*
De deux où grant festoiement 10,335	ou] au *H*, ou [bien] g. f. 𝔓
Li est fait et tresgrandement:	f. necessairement *L*
C'est en la Vierge et Gemini	
Où premier fu et descendi.	

10,310.—Math. ii. 18 et Ierem. xxxi. 15: Vox in Rama audita est, &c.

Des autres trois t'ai a dire
Ou feste a sens contredire.   10,340

Aquaire est li un appelle
  Ou il entra et fu lave,
Ce fu en l'eaue de Jordain
Par saint Jëhan et de sa main.
Cel Aquaire saintefia,   10,345
Benëi et purifia,
Pour autre chose n'y aloit,
Car de l'eaue mestier n'avoit.
A ce jour a grant feste amont,
Et tous en festoiant s'en vont   10,350
A chant et businerie
A la fontaine de vie,
Entour vont dire leur chancon.
'Or chanton, dient il, chanton !
De la fontaine de vie,   10,355
Ist toute eaue benëie,
Et pour sa grant benëicon
En fu faite mutacion
Et convertissement en vin
Aus nopces dë Architreclin.   10,360
Or chanton, doulx Dieu, or chanton !
Hui en semblance de coulon
Le saint Esperit est venu
Sus les eaues et descendu.
Des que le monde commenca   10,365
Aussi sus les eaues vola,
Mes que s'i arrestat de rien
A ce temps, ne savons pas bien.
Pas n'avoient benëicon,
Mes maintenant tresbien savon   10,370
Que benëies elles sont,

Ou il a f. s. c. *L*

Aq. lun e. ap. 𝔓

fu ou fleuue de J. 𝔓, laiue *L*
P. J. [baptiste] et 𝔓

[Et] benoit *L* [Le] benist 𝔓

C. du lauer m. 𝔓, laiue *L*
En cel j. est g. *L*

O ch. et o bous. *L*, buysin. *C²* bussin. 𝔓

disant *H*, ch-cons *L*
Or sont chantees en pluseurs tons *L*

t. aiue benoie *L*, I. doulce eau tressaincte et
  benye 𝔓
beneison *M*, sa tresgr. beneyss. 𝔓

En *HLMπ*, en] de *L*
En la meson Ar. *L*, —de *HqL*, archedeclin
  MqC²GHL, de larchitricl. 𝔓 saint a. *C²*
  doulz] dont *H*

Le doulx s. 𝔓

aiues *L*, Et sur l. eaues est d. 𝔓

Ainsi *M*, A. dessus l. 𝔓
quil y. a. *L*, q. lors sy 𝔓, a-stast *MqH* &c.,
  —de *GH*
En cel t. *L*, Par escript nen s. 𝔓
P. les eaues n. b. 𝔓

Comment benoistes e. s. 𝔓, Q. les aiues
  benoites s. *L*

Et que la voix du pere amont
A la chose confermee
Sens point estre rapellee.'

—Et *H*, voez *L*
Ait *M*
Sant *q*, p.] jamais *C*²

De l'autre signe savoir dois 10,375
   Que causes sont trouvees trois
Pour quoy dedens il *vout* entrer.
Ce signe Cancer appeller
Se fait pour les retournemens
Qu'il fait et les reculemens. 10,380
Trois fois Jhesucrist recula
Et retour fist dont il ala.
En enfer descendue fist;
Mes quant ot fait ce qu'il y *quist*,
Tantost apres s'en retourna. 10,385
De vie a mort *aussi* ala,
Mes reculement au tiers jour
En fist et tresjoieux retour.
En terre aussi alé estoit
Pour les hommes quë il amoit, 10,390
Que par sa mort il rachepta,
De quoi aussi il retourna
Aus cieux dont il estoit venu
Ou a joie fu receü.
Ce sont ·iii· *glorieux* retours 10,395
Qui doivent bien avoir leurs jours
De tresgrant festoierie
Et devote druerie.
Des deux premiers ensemble ont fait
Et fait chascun que faire doit. 10,400
Tous sont pour la feste aprestes,
Et sont tous vestus et pares

Q. des c. 𝔓, troix *M*
vout *M* voult *qπGH*𝔓 veult *L*] vont *a*, veult ouurer *L*
Ceul s. *L*

En trois liex diuers ala *L*
d.] de ou 𝔓, Jhesucrist et en retourna *L*
descendre *L*, d. il f. 𝔓
quist *Mq*𝔓] quil a fist *GHπL*

aussi *MqH* &c.] ainsi *a*
retournement *L*, tier *M*
et eut ioyeux r. 𝔓
ale] venu 𝔓, Du ciel descendu est. *L*
l. poure h. 𝔓, En terre p. ceulx quil am. *L*, auoit *A*¹
rachata *G*
ainsi *G*

Ou o grant jouaie f. *L*
glorieux *MqH* &c.] ioieux *a*, Se 𝔓
savoir *C*², leur *MA*¹ les π, l. cours *H*

dr.] iouerie 𝔓
Len f. des ·ii· prem. ens. *L*, ont] on *C*³*G* en *H*
Par deux jours si com moy semble *L*
T. s. les anges ap. *L*
—sont *C*³*H*, Et sains et saintes reparez *L*

    10,400 a, b.—Cest le sapmadi aoure
        Le jour de pasques honnoure *L* (175 a).

De robes dont fait livree		Des r. *GH*π*L*, livrees *L*
Li roys a celle journee.		a telle j. *H*, c-es j-ees *L*
Sus les testes chappeaus d'or ont	10,405	leurs t. *L*
Et d'unes saintures sains sont		de taintures toz cains s. *L*, caint. cains *GH*qπ𝔓
Qui a or toutes litees		listees *M*q*L* listez π lutees *C*²
Sont et de saphirs clouees.		colees *G*
Et sus le cercle acoustumé		
Pour tex festes et ordene	10,410	Qui p. ce faire est ordrene *L*
Se mectent tous pour Dieu loer		
Et mercier et hounourer.		
La sont les grans chanteries,		
Les sons et les melodies		
Telles que les siecles d'amont	10,415	le s. de am. *L*, s. am. *M*
Tous de joie fourmians sont,		T. frem. de grant j. s. 𝔓, jouaie *L*, fremians *M*qπ*C*²𝔓 fermians *H*
Et n'y a rien qui ne sonne		que *M*
Et du tout ne s'abandonne		
A joie et feste demener		A f. et joaie d. *L*, et [a] f. *M*
Et a tres liéement chanter.	10,420	a ioyeusement ch. 𝔓
Devant le roy passent ce jour,		passant *H*, passans ceul j. *L*
Car le cercle fait tout son tour		Comme le c. f. s. t. *L*
Qui en tournant les fait tourner		le q*C*²
Et par devant li tous passer.		tout *GH*
Devant le roy table mise	10,425	
Trouvent adonc et assise		Trueuent q Treuuent *M*π*C*² Tiennent *GHL*𝔓
Que pluseurs anges tous rians		
Soustiennent et forment chantans.		S. doulcement ch. 𝔓, S. et donc sont moult joians *L*
Sus celle table a vin et pain		a] est *L*
Que li roys mesme de sa main	10,430	le roy o sa propre m. *L*
A chascun donne des passans		
Et dit a tous : ce est mes sans		dist *H*, t. ycy m. 𝔓, En disant cest mon propre sans *L*
Et ma char que je vous donne		Auez et ma ch. q. v. d. 𝔓
Franchement et abandonne.		Et fr. vous ab. 𝔓
Quant a fait revolucion	10,435	Auant π
Le cercle, et tous refection		

Ont ëu par la main du roy,   O. receu p. 𝔓
Lors se mectent tous en *conroy*   conroy *MπGHL* conrai *q*] convoy a arroy 𝔓
De plus fort chanter que devant   —fort *GHLMπ*
En une tel chancon disant :   10,440   Et u. *C²*, —une *H*, Vne tele ch. chantant 𝔓

'Loués soies tu, redempteur   Aoure s. *L*, tu [doulx] r. 𝔓
  Des hommes et reformateur,
Qui pour eux ton sanc espandis   P. les bons t. *L*, resp. 𝔓
Et a forage le mëis   Et afforage *M*, four. *H* feur. *L*
Par tant de liex qu'il parut bien   10,445
Quë il ne te chaloit de rien,   challet *L*, Comme il ne te chailut 𝔓
Mes que la redempcion fust   —la *GH*, fut *M*
Si grant qu'a tous valoir pëust.   vouloir *M*
A tous vaillable voirement   vroyem. *G*
Fu elle surhabundanment.   10,450   F. el superhab. *L*, surhabundaument *qG*
Së a ceux il n'a demouré   Si *GH*
A qui vaillable n'a este,   q.] cui *M*
Tu en enfer en descendis   enf. descendisis *L*, d-deis *G*
Et ta vie hors en mëis,   tes amis h. *L*, ta doulce ame h. en mis 𝔓
Mes revenu et retourné   10,455   Par ta uertu resouscite *L*
Es et a vie suscite,   et les bons as visete *L*, a] ta 𝔓
Triumphateur tresglorieux
Et champion victorieux.
Or en chanton toux et jouon   —en *Gπ*, Or ch. t. et en j. *G*
De tous les instrumens qu'avon !   10,460
Feste commune par tout soit,
Chascun par tout faire le doit.
De ce doit on chanter aussi   Et d. len tres grant joaie auoir *L*
Qu'au departement du jeudi   juedi *M*, Quar jeudi absolu au soir *L*
Tes diciples tu appellas   10,465   tu] tous *MqπC²GHL*

    10,454 a, b.—Retourne es a ton saint corps
        Et du tombel es exu hors *L* (175 c)

Et a tous a souper donnas.
Au jour d'ui quant es retourne,
A tous as a mengier donne.
Jeudi cene fu et souper,
Au jour d'ui est le grant disner.   10,470
La viande qui aus denz fu,
C'est ta char et ton sanc, Jhesu.
Bien dire graces en devon
Et mercier tant que pouon.'

C'est la feste qu'on fait lassus,   10,475
 Mes de celle qu'on fait la jus,
Se tu veux, apres te diray."
Le pelerin. " Bien le veil, dis je, mes jë ay
Un esbaïssement doubteus
De ce que deux fois ou pluseurs   10,480
Tu as dit quë en ·i· seul jour
Le cercle lassus fait son tour,
Et dit avoies au premier
Quë, ainsi com le kalendier,
A faire son tour il mectoit   10,485
Un an, si com il me sembloit."—
" Comment, dist il, ne sces tu pas
Du souleil qui est ou ciel bas
Quë a faire son entier cours
D'un an il y met tous les jours,   10,490
Et toutevoies chascun jour
Un autre cours fait tout entour ?

t.] nous *L*, t. a m. as d. *GHL*
J. fu la c. et s. 𝔅 J. si fu c. et s. *H* Tu donnas j. a s. *L*

q. au deux fu *qL*𝔅

Fu t. *C²*, Fut ton s. et ta chair Jh. 𝔅
graice *M*, B. rendre g. ten d. *L*
m. quanque p. *MqπC²GH*, De tout le pouoir q. auons *L*

De c. qui est faite la j. *L*, la] ca *MqπC²*𝔅
Ce *M*, ap.] aprendre *q*(*π*𝔅), Se v. aprendre te (ten 𝔅) d. *πC²*𝔅
vueil *MqH* &c. viex *L*, —mes *C²*
esbahiss. *MqH* &c., Vne demande que ge fois *L*
pl.] trois *L*
Auez dit qui *L*, Mas declare quen 𝔅
c. de l. *H*, s.] vng *C²*𝔅
auiez *L*

Quainsi comme 𝔅, aussi *qπC²GHL*, k-drier *GMπL* kanlendr. *H*

s. du c. la b. *L*, q. ou c. cy b. 𝔅, Le cercle du sol. cy b. *H*
Qui *M*𝔅, Qui pour f. s. c. ent. *L*
y] lui *G*(*H*), il luy fault t. *H*, Il acomplist le kalendier *L*
—10,491 *A¹*, toutesuois (toutesfois 𝔅) par ch. *L*𝔅
—10,492 *A¹*, —Un *G*, t. autour *GHMπ*, Entour le monde f. vn tour *L*

10,466 a, b, c, d.—Et puis tu leur lauas les piez
 Lendemain fus crucifiez
 Et mort pour nous en ✠ souffris
 Et puis en enfer descendis. *L* (175 c)

	Autel te di du cercle la.	—10,493 A^1, Pareil te 𝔓, A. di je du M, du] de cel L
	Un tour seulement en l'an va	—10,494 A^1, Vn cours s. en l. a L
	D'acoustumé et comun cours, 10,495	—10,495 A^1, De coustume $Mq\pi\mathfrak{P}L$, et de com. π
	Mes aussi faire tous les jours	—10,496 A^1, ainsi GH
	Le puet il par l'ordenement	—10,497 A^1, —il L
	Qui est mis en son mouvement,	—10,498 A^1
	Qui est tel que par quelques tours	—10,499 $A^1L\pi$, qui pour M, pourque cours H, quelque cours q
	Onques ne puet perdre son cours."—10,500	—10,500 A^1L, Jamais 𝔓
Le pelerin.	"Il souffist, dis je, mes di moi	je dites m. L
	Que me [dois] dire, ne sai quoi,	dois MqH &c., Les qualitez et le urai L
	De la feste qu'on fait ca jus."	quon] com q, que len f. la jus L
L'ange.	Lors respondi il : "Tant lassus	L. me r. t. l. L
	As ëu l'ueil que entour toi 10,505	que MqH &c.] qui a, lyeul M, Tu as eu l. quent. de t. 𝔓
	As pou vëu, mes or me croi,	As v. bien peu m. 𝔓
	Regarde ·i· pou ce paradis	poy cest pa. L
	Où tu et autres sont mains mis,	toy 𝔓, et ma. a. s. mis πC^2 et pluseurs estes mis L
	Et quant bien vëu y aras,	—Et C^2, v. b. G
	Bien sai qu'asses miex m'entendras 10,510	
	De ce que dire te voudray	q.] dom L
	De la feste dont parlé ay."	parlez tay 𝔓
	Lors regarde je ca et la,	regardai $Mq\pi\mathfrak{P}GL$, je] et L
	Mes pour ce que siecles y a	ciercles M
	Tant que ne les puet on nombrer, 10,515	que on (len L) ne l. p. n. MLC^2 quon ne l. pourroit n. 𝔓, peust G
	Ne me savoie où arrester.	Je ne m. 𝔓
Arbre de la croix que Adam regardoit en paradis. 𝔓 (T.)	A un toutevoies prochain,	vne q, t. (toutesfois 𝔓) plus pr. $GH\mathfrak{P}$, un des secles le plus hautain L
	Ou vi qu'avoit lignage humain	Ou ge vi du l. h. L
	En grant foison, je m'arrestai	A g. $qC^2\mathfrak{P}$, foueson L
	Et la endroit considerai 10,520	end.] dedens $Mq\pi C^2\mathfrak{P}$
	Un arbre qui moult haut estoit	que M
	Et qui feulles et fruit portoit,	
	Et de grant beaute estoit plain,	—Et $H(\mathfrak{P})$, De tres gr. 𝔓, de [tres] g. q, estet L
	Et avoit gete un haut rain	
	Qui les autres passe avoit 10,525	
	Par la hauteur qu'en li estoit,	

ADAM AND EVE AND THEIR DESCENDANTS, IN PARADISE, AT THE TREE OF THE CROSS.

Line 10,549, p. 341.

G, fol. 149.

Le Pelerinage de l'Ame. 341

Et estoit sec au bout dessus,   fueille $H\pi$, tout $q\pi\mathfrak{P}G$, De toute uerdure n. L
De fruit et de fueilles tous nus,
Et ·i· traversain y avoit
Qui la *endroit* haut le croisoit.   10,530   endroit $Mq\pi C^2\mathfrak{P}H$] enhaut aG, croes. L croissoit Mq croiscoit G
Au pie dessous ot grant foison   De souz cel arbre ert g. foues. L
De peuple qui tout environ   p-es L
Grant joie et feste faisoient   Tresgrande fe. et j. fa. $\mathfrak{P}$, fa.] demenoint A^1
Et a Dieu graces rendoient,   graice M, [grans] g. r. (rendoint A^1) LA^1
Entre les quiex je vi ·i· grant   10,535   jen $\mathfrak{P}$
Qui moult estoit de bel semblant,
Qui pres de l'arbre se tenoit
Et souvent haut la regardoit.   le $C^2GH\mathfrak{P}$
Ce n'avoie je pas vĕu   Ce que n. par auant v. $\mathfrak{P}$, n. point deuant v. L, p.] sen est p. $C^2\mathfrak{P}$
Au devant ne apercĕu,   10,540   Ne recogneu ne ap. $\mathfrak{P}$, ny L
Pour quoi a mon ange je dis :   Par $\mathfrak{P}$, A mon a. dis dites moy L

Le pelerin. "Ne sai, se de cela me dis   —10,542 L, de ce me deis H
Que pou ai vĕu entour moi,   —10,543 L, De ce quay peu veoir e. m. $\mathfrak{P}$
De ce bel arbre que je voi   De ce larbre q. ge la v. L
Et de la gent qui entour sont,   10,545
Qui grant joie et grant feste font ? "—   —joie H

Li ange. "Au moins, dist il, c'est partie   Lange me d. ceste p. L, ceste p. M cru est p. π sen est p. $C^2\mathfrak{P}$
Quë oublier n'afier[t] mie.   naffiert $Mq\pi C^2GH$, Qui a o. M, Qua o. ne faisoit m. $\mathfrak{P}$, A o. ne apartient m. L
Vois la Adam le viés pere   vielz M vieil $GH\pi$, lancien p. $\mathfrak{P}$ le premier p. L
Et Eve la vielle mere.   10,550   Avec C^2, lancienne m. $\mathfrak{P}$ la premiere m. L
Entour sont ceux du lignage   eulx s. C^2, Ouec eulx c. de leur l. L
Fors ceux qui ont haut estage   q. sont ou h. e. $C^2\mathfrak{P}$, De leur merite et leur parage L
Ou qui en enfer sont dampne.   Et en enf. s. les d-nez L, d-ez $\mathfrak{P}$
Cel arbre la, plain de beaute,   Cest a., b-tez $\mathfrak{P}$, Ce larbre la de grant b-tez L
Est celui ou [la] pomme crut   10,555   la MqH &c.

     10,552 a, b, c, d.—Ailleurs sont habitacions
                Diuers siecles et mansions
                Ou les ames sont logiees
                Selom quel sont de dieu prisiees. L (176 b).

Par qui Sathan Adam deçut.	Adam] Eue $q\pi C^2\mathfrak{P}$
Tu le vëis n'a pas gramment	vois L, vis na p. grandem. $\mathfrak{P}$
Ailleurs, et t'en ting parlement.	A. dont te tins $\mathfrak{P}$, tint L
Adam le regarde souvent,	—10,559 L
Et moult êust le cueur doulent, 10,560	—10,560 L, m. le c. il e. d. $\mathfrak{P}$
Se la redempcion ne fust	—10,561 L, fut M
Qui faite fu ou haut sec fust,	—10,562 L
C'est en ce rain lassus croisie,	cest r. M, En ce r. la dessus cr. L, Larbre sec est ce r. troesie L
Le quel quant il voit, moult est lié." —	Q. adam le v. L, il] le C^2, est mout π, Dont de le veoir est affecte $\mathfrak{P}$

Le pelerin. "Comment, dis je, fu il cy mis, 10,565   Ja nest pas ci le p. L, li GH
Et est ceci le paradis
Où le fruit devëé menga   deuc M de vie GH defendu $\mathfrak{P}$, Qu adam le f. m. L
Dont son lignage a mort dampna ?" —   da.] liura $\pi\mathfrak{P}$

Li ange. "Nennil, dist il, il est ailleurs,
Mes ne pues pas vëoir toux liex 10,570   peus G, Pas nas veu touz les destours L
Où maintes grans merveilles a.   ma.] pluseurs $\mathfrak{P}$
Enoch et Helie sont la   et] aussi $\mathfrak{P}$
En actendant l'avenement   Et attendent $\mathfrak{P}$
Antecrist a son dampnement.   Dantecr. et s. d. $\mathfrak{P}$, a] et $M\mathfrak{P}$
Du lieu où sont translatee 10,575   De celui l. fut aportee L
Fu l'arbre ca et plantee,   ca] deca πC^2 ycy $\mathfrak{P}$, Ce larbre la et ci pl. L
Affin que celui la voie   A tel fin C^2, cel.] tout chascun $\mathfrak{P}$
Qui pour li perdi grant joie,   Qui MqH &c.] Que a, Q. par lie adira g. joaie L
Si te dirai que t'ai promis   —10,579 L
De ce lieu bas où tu es mis, 10,580   —10,580 $L\pi$
De la grant feste qu'on y fait   —10,581 L, Et de la f. $\mathfrak{P}$
Quant lassus en haut on la fait.   —10,582 L, en] la M, Car l. plus grande on $\mathfrak{P}$

Apres la grant refection   reseccion G, Le jour de resurrection L
De quoi je t'ai fait mencion   =10,583 L
Li *angres* rians qui tiennent 10,585   angres q angles M anges $L\mathfrak{P}$ sains anges πC^2] autres aGH, raims H
La table, ci bas s'en viennent.   ycy C^2
Avec eux saint Pierre descent   Q s. P. qui y d. L, s. pere d. G

10,557, 10,558.—Above, 559I et seqq.

Le Pèlerinage de l'Ame.

Qui du roy en a mandement.
Son vicaire est especial
De ce qui est a faire aval.   10,590
Si com dont bien il apertient,
Delés l'arbre tantost s'en vient
Et fait mectre la table jus
Ou pain et vin il a sens plus.
'Or ca, dist, Adam, viés pere   10,595
Et toi Eve, vielle mere,
Faire je vous vieng essaier
D'un mes et d'un nouvel menger,
Affin quë apres vous jugies
Quel fruit, le nouvel ou le viés,   10,600
Vaut miex et est plus vaillable ;
Savoir le devres sens fable.
Du viés parler *saries* bien,
Mes de cestui encores rien
Ne saves, mes vous le sares,   10,605
Puis vostre avis vous en dires.'

Lors Adam et tout son convent
   Viennent a li devotement
Et de la viande prennent,
Et apres graces en rendent   10,610
Qui dites sont en grant deduit
En la maniere qui s'ensuit :
Tous s'entreprennent par les mains,
Adam chante li premerains
Et li autre respondent tous: 10615
'Loés soies tu, sire dous,
Qui de mort nous as racheptes
Où par moi estïons livrés
Quant de cest arbre cy mengay
Et de son fruit jë essaiay.   10,620

Com *GHM*π, est] et *H*

donc *q* —dont *H*] tres 𝔓, il] lui *GHM*π*C*²𝔓, Saint pierre fait ce que ap. *L*
Au pres l. 𝔓, Jouste ce l. droit s. v. *L*

d. [a] Ad. 𝔓, viel *M* vielx *GH*π𝔓, Et puis dit A. nostre p. *L*
v.] ancienne 𝔓, Et vous E. nostre m. *L*
Ge vo. vieulx f. ess. *L*
De vn no. et riche m. *L*
A la fin q. *L*, q. iugez qui vault mieulx 𝔓
Lequel f. n. *C*², Ou le f. n. ou le vieulx 𝔓, vielz *GM*
V. plus et mieulx v. *GH*, Est au monde pl. *L*
Qui plus souef et pl. 𝔓, et quel est *C*²
deues *GHL*𝔓, Bien le d. sav. s. f. 𝔓, faille *q*π
saries *GMq*π] saues a*HL*𝔓, vielx *G*, p. vous sauez b. 𝔓, Pour droit sauez du viel moult b. *L*

Et pr. celle grant v. *L*
Et en r. a dieu g. grande *L*
Q. s. di. par g. ded. *L*
que *M*, Si com il est ici escript *L*

les autres *C*²
Gracie s. *L*, tu [beau] s. d. 𝔓, doubtes *M*
—as *q*, a r. 𝔓
e. [tous] l. 𝔓
ceste *M*𝔓
s. beau f. iess. 𝔓, —je *L*

A grant bien venir cuidoie,		v. ien c. 𝔓 v. en c. C^2
Mes du tout j'en perdi joie;		M. j. p. trestoute j. 𝔓 Et gen adire ma joaie L, t. en p. GC^2
Aussi fist tout mon parente		ma p. π
Dont moult ai este doulensé,		doulouse $Mq\pi C^2\mathfrak{P}H$ dolente G
Mes le fruit tresprecieux est	10,625	
Qui maintenant donne nous est.		
Fruit de vie dit estre doit,		De fr. 𝔓
Mes l'autre fruit de mort estoit.		Car 𝔓
Cetui pendi haut ou *sec* rain,		sec $Mq\pi\mathfrak{P}HL$] haut aG, Celui L, perdi GH
Ou vert pendi le premerain.	10,630	Ou bas v. le p. L
Pour cetui cy devons chanter		—cy G, Cetui d. souuent hanter L
Et le haut rain sec aourer		sec r. $M\pi\mathfrak{P}$
Par qui le roy nous rachepta		cui Mq
Et dë enfer nous delivra.		des e-rs 𝔓, denf. [tous] n. H
Or en chanton devotement	10,635	
Et l'aouron parfaitement!'		
Ainsi chantent il tout le jour,		A. en ch. toz L, tous les j-rs G
Et entour l'arbre font maint tour		font mains tours G
Sus le quel leurs anges tous sont		Souz $q\mathfrak{P}$, leurs] les 𝔓 bons M, angelz G
Qui la feste joieuse font	10,640	Q. tresioieuse fe. y fo. L
De sonneries d'instrumens		De MqH &c.] Et a, s. et d. $L\mathfrak{P}$, D. sons et d. C^2
Et doucereus envoisemens.		De d. C^2, renuoisem. $Mq\pi C^2GL$ reuuois. H melodiem. 𝔓
De l'autre tiers retournement Te veil dirë, or y entent!		Dire te v. or MqH &c.
Du ciel en haut jusque la jus	10,645	Et es elemens la j. L
S'arrengierent les anges drus,		Estoient a. et archanges d. L, d.] jus 𝔓
Et jucques au mont d'Olivet		au] ou L
Ou pour monter estoit tout prest		tous M, pret G, m. il saprestet L
Se mirent a processions		misdrent G, mistrent en p. L
Par ordres et par legions.	10,650	

10,629-10,793 omitted A^2 (fol. 220 d).
10,644 a, b.—Du haut ciel jusque aus elemens
        Estoient mis par ordrenemens L (fol. 176 d).

Le Pelerinage de l'Ame.

Par mi eux tout droit haut monta,		—tout C^2, tous h. m. M, —haut $L(\mathfrak{P})$, [tous] tout d. m. $\mathfrak{P}$
Et au monter tous ceux trouva		
Que d'enfer avoit hors gete		jectez L
Qui, selon qu'avoit ordene,		Que $\mathfrak{P}$, s. que estoient o-nez L
L'actendoient en lieu certain	10,655	
Au quel lieu [fut] tout premerain		fut MqH &c., Ou L, t.] le $C^2\mathfrak{P}$
Le larron qui cria merci		
Et qui mourut bien pres de li.		
Ce lieu ou il les avoit mis		Ceul L, il] y M, Et le li. ou les a. m. $\mathfrak{P}$
Leur sembloit estre paradis.	10,660	
Leur anges les y tenoient		Et l-r C^2, angelz G
En joie et les confortoient.		
Au passer que par eux il fist		
A eux, quanqu'il estoient, dist:		quant quilz H quenquils C^2, A touz et a toutes il d. L, A tous moult doulcement il d. $\mathfrak{P}$
'Venes amont, venes, venes !	10,665	Ci amont o moi uendrez L
Un autre paradis ares.		Ou mil foiz plus grant joie a. L
A mon pere ferai joie		
De vous qui estes ma proie		
Et qui estes mes denrees		Q. est. aussi m. d. $\mathfrak{P}$ Vous estes m. chieres d. C^2
Qu'ai chierement acheptees.'	10,670	Que ch. ay ach. L, achees q
Ainsi monta il tout devant		m. Jhesu d. L, tost auant $\mathfrak{P}$, auant $M\pi\mathfrak{P}$
Et eux apres li ensuiant		—eux G, ap. en le sieuant L ap. tous lens. $\mathfrak{P}$, ensuivant G
Jucques a tant que furent mis		Jusqua t. q., quil $M\pi$ q. ilz C^2
Ci en haut en ce paradis,		Ci h. en ce beau p. $\mathfrak{P}$ Cy h. ou celestiel p. H, cest p. L
Aucuns plus bas, aucuns plus haut	10,675	
Selon ce que chascun le vaut.		—ce $M(L)$, S. q. ch. [de eulx] le v. L
Et li en son siege et son lieu		O dieu le pere en tres haut l. L
Fu receü et homme et Dieu.		Est honnoure comme urai d. L
Lors sembloit il que tout crolast		s-bla, croslast $\mathfrak{P}$, Adonc s. q. toz croulassent L
Ce royaume ci et tremblast	10,680	Ces siecles ci ou quilz t-blassent L
De la feste qu'on y faisoit		

10,676 a, b.—Receu fut com dieu et homme
Qui paia le mors de la pomme L (fol. 177 a).

Et la joie qui y estoit.
Ceux qui sont haut et ceux d'aval
Chantoient tous en general.
Anges a tous lés voloient   10,685
Et de trompes buisinoient
Si hautement et doucement,
Si fort et continuelment
Que bien sembloit en general
Que ce estoit feste royal.   10,690
Chascun an ainsi le fait on
Le jour de son ascension,
C'est ·i· des jours de quoi je di
Qui est *ou* signe de Cancri.
Des autres t'ai parle devant.   10,695

Si te dirai du remenant,
 Mes seulement t'ai a parler
D'un signe où vout encor *entrer*.
C'est cil qui Poissons est nomme
Pour les appostres exposé.   10,700
Ce sont les poissons qu'il trouva
En la mer du monde et pescha,
Es quiex tresglorieux poissons
Voult il entrer, quant li grans *sons*
Fu fait du ciel soutainnement   10,705
Et en eux mist l'embrasement
Du Saint Esperit qui prescheurs
Les fist et des hommes pescheurs.
A ce jour ces sains pescheurs vont
Les premiers sus le cercle amont   10,710
Et devant Dieu en trinite
Sont tuit ensemble presente,
Et lors y a chanterie

Et de l. *L*𝔅

les] lez *q* lein *M* costes *GH*𝔅, A. de toutes pars v. *L*
trompetes *H*𝔅, buzin. *q* bucin. 𝔅

et si c. *G*, continuem. *H*𝔅
—sembloit *Mq*
Quilec est. 𝔅, Q. cest. f. principal *L*

Tout le j. de lasc. *L*

ou *MqH* &c.] au *a*, c.] tauri π
Dau. p. t. *C*²

Or *L*
Tant s. *L*, seuletemement *G*
entrer *MqH* &c.] encor *a*, Du *GH*π𝔅*C*²

apestres *q*
Se *M*

sons *MqH* &c.] sont *a*, Il v. e. *L*
Du f. *G*
—en *q* (*M*), Et enz m. l. *M*
q. [tous] pr. *MqC*²𝔅
f. d. h. et p. *H*
= 10,710 𝔅, En cel j. *L*
= 10,709 𝔅, Le p-ier *M*

tous *GL*𝔅, p.] en uerite *L*
ch-ies *GHL*

10,695.—Above, 10,182 et seqq.

Si grant et buisinerie
De tous les anges et les sains 10,715
Que les siecles en sont tous plains,
Et une chancon chantent tuit :
'Loé soit Dieu, [le] Saint Esprit,
Qui a donné a povre gent
Grant emprise et grant hardement 10,720
De tous tirans admonnester
Pour leurs erreurs faire cesser,
D'aler a toute gent prescher
Sens point verite espargner
Ne pour paines ne pour tourmens, 10,725
Menasses ne blandissemens.
A tous jours mais loé soit il
Avec Dieu, le pere et le fil
Qui est .i. Dieu en unite,
Comment que ·iii· soient nomme."— 10,730

Le pelerin. "J'ai, disje, grant merveillement
Et ai ëu moult longuement
Comment ·iii· puissent estrë ·i·
Et aient ·i· pouoir commun.
Exemples en ai mains ouys, 10,735
Mes nul bien propre a mon advis
N'en est qui du tout s'accorde
A ce quë on en recorde.
Si pri qu'il [te] veille plaire
Dire m'en ·i· exemplaire 10,740
D'autre guise que n'ai ouy."

Li ange. "Certes, dist il, moult est fol qui
Veult savoir plus qu'il n'appertient
A li et que ne li convient.

Et si g. b. *H*, g-ns et b-ies *G*, Et de instrumens grans sonneries *L*
Que ℬ
Et ℬ, cercles *H*, —tous *L*
En. u. ch. chantoient t. *L*
le *MqH* &c.

f. laissier *GHM*, P. l. e. leur f. oster *L*
t-es gens *L*, D. pescher a t-s gens ℬ
V. s. esp. riens ℬ
Ne sans creindre t. ou peines ℬ
ne flateries vaines ℬ
Loue touz temps le sains esperis *L*
Soit o d. le p. et li filz *L*
unite] verite *MqG*
q. par ·iii· soit n. ℬ

Et si lay eu ℬ

C. les ·iii· *L* De ce que ·iii· ℬ
aigent vn poeir *L*
E-le *H*, M. ex. en ay oiz *L*

Nen y a q. ℬ, que *M*
q. en dit (q. on en d. *C²*) et r. π*C²*, A tout ce q. len en r. *L*
te *MqH* &c., S. te p. *C²*, Ge vous p. q. vous v. pl. *L*
Men d. vn bel (aucun bon ℬ) ex. *L*ℬ
naray o. *G*
m.] bien ℬ
s. ce qui n. *GH*
et] ne *GH*, quil *MLC²*

10,726 a, b.—Ce fut au jour de penthecouste
Que len faisoit si bien tumulte *L* (fol. 177 b).

348   *Le Pelerinage de l'Ame.*

Saint Pol le dit qui simplement	10,745	que *M*𝔓
Dit quë on sache et sobrement,		D. q. on sa. *made later into* Doit on sauoir *M*, Doit on sauoir et *M* 𝔓
Et non pas plus, car folie		n. plus autrem. f. 𝔓
Grant seroit et musardie.		Ce s. et gr. m. 𝔓 Seret et gr. musarderie *L* S. et trop gr. m. *C*²
Toutevoies entent ·i· peu		
Et de mon dit fai bien ton preu !	10,750	fait *G*

Comparaison de l'unite en trinite par les plumes du paon ou a drap de soye changeant. 𝔓 (T.)

1 Gracieuse est l'assemblee		Glorieuse *ĿP*
Qui n'est onques dessemblee		Q. nulle foiz n. d. *L* Q. ne peult estre d. ρ*P*¹ Q. en ·iii· est distinguee *A*¹
Et en rien n'est descordable,		en] de *A*¹, descroissable *P*
Qui en ·iii· est distinctee		—10,754 *A*¹, en croix est d, distinguee *M* diffinitee ρ*P*¹𝔓 disciter *P*
Sens point estre devisee	10,755	—10,755 *A*¹, div. gπλ*PP*¹ρ descordee ε*A*
Dë unite permanable.		De lunite *P* De verite p. *P* De vraie u. ρ*P*¹, pardurable ε*dA* toz temps estable *L* Ce *P*
Se elle semble variable,		
Muant ou entr[e]changable,		entrech. *MqH* &c., Auant 𝔓 A aucun ρ*P*¹ ou] et *d*
La vëue achoisonnee		Auant la v. ρ*P*¹, v.] vraye *H*, occasionnee *P*
En doit estre qui muable	10,760	Est. en d. pour ce que m. ρ*P*¹
Est souvent et alterable,		Souuentefois et a. μ, s. arter. *M*, alteree *P*
Non la chose regardee.		cause *C*², regulee *P* gardee *A*¹

2 Une couleur fait nature		
Et aussi par aventure		Et aucun p. *A*⁴ Ou aultre p. *A*¹
Art qui ensuit sa maniere,	10,765	Ait π, Fait en suiuant sa m. *A*¹, ensiext *L*
Mes nature sa painture		sa] la 𝔓, point. *AA*⁴*c* tainture *M*, qui ensuit sa po. *c*
Fait meilleur et sa tainture,		F. trop mieulx et *A*¹ Meill. assez et ρ*P*¹, et] en 𝔓, tint. *A*⁴ cainture *qc* paint. *L*
Car ell' est plus grant ouvriere.		—10,768 αφ*A*⁴*G*, pour g. *P*
Celle couleur coustumiere		Ceste *A* Laquelle ρ*P*¹

10,745, 10,746.—Rom. xii. 3 : Non plus sapere quam oportet sapere, sed sapere ad sobrietatem.

10,753 a.—Aussi nest elle doutable 𝔓 (fol. 146 d).

10,763.—This second stanza (lines 10,763-10,774) is preceded by the third (lines 10,775-10,786) in 𝔓 (fol. 146 d).

Le Pelerinage de l'Ame. 349

Est de monstrer trine chiere 10,770

Et face a la regardure.
Une fois verdeur pleniere,
Autre rougeur monstre entiere,
Autre fois dëaurëure.

3 Il sont ouvrages de soie 10,775
 Aucuns où art së emploie

A ouvrer de telle guise.
Nature (bien) l'en mis[t] en voie
Pour ce que vest et armoie
Mains oiseaux de tel cointise. 10,780
Il n'est nul, se bien s'avise,
Qui tel naturel maistrise
Sus ·i· paon bien ne voie.
Tex plumes a où est mise
La couleur que je devise : 10,785
Rouge, d'or et qui verdoie.

4 L'entendement rien n'en crëust,
 Se l'ueil de hors ne(n) l'en ëust
Endoctriné *sensiblement*,
En chetivoisons en gëust, 10,790
Car enfourmer ne l'en pëust
Raison par nul enseignement.
Or te tieng je ce parlement
Pour toi donner avisement
De ce que quiers, car me plëust 10,795
Qu'enfourmasses aucunement

Ton chaitivé entendement

Qui plus enquiert qu'il ne dëust.

E. demoustree $a\phi G$ E. demonstrant P, crine
 q treible L, m. tricherie A^1 m. quelque
 (aucune A) chose cA
faite M, la rougeur P
v.] valeur c

A. fois r. ent. $cA\mathfrak{P}$

A daultre couleur d. P, de doreure A de
 ameure A^1, Et a. f. doreure C^2

Plusours qualitez de s. L, font G
Esquels art a la foys s. ρP^1, A. esquelz lart
 s. $\mathfrak{P}$ Sont ou aucun par art s. L A. en a.
 se desploie A, se desploie c si sembloie A^1
tel π celle $aGcP$, dicelle A^1, de si faite g. ρP^1
10,778 P, —bien MqH &c., mist MqH &c.,
 l.] bien A les ρ leur M, N. m. bien en v. c
—10,779 P, quel L quelle ρP^1, que est A^1
—10,780 P, M-t oisel cA

sil π

Q. nature le m. A^1

pan A^1, veoie L

Tel $c\mathfrak{P}$ Ceste ρP^1, q.] com c
Rougete A^1 Rougoyent P, doree ρP^1, Cest
 d. et r. q. v. L

Ent. AA^1L, ne c. πP
ne MqH &c., —de L, Se l. h. monstre ne li
 eu. A^1, de de h. ne leust $\mathfrak{P}$
sensiblement MqH &c., Entroduit s. c, Se de
 croire ce simplement A^1
chat-son $P\mathfrak{P}$ charmoison A, —en L, en
 ceust ρ
inf. $\mathfrak{P}$ confermer A^1, le p. cA^1L
n.] pur c
—te $\mathfrak{P}$, —je c, cest p. L
te d. $A^1L\mathfrak{P}$
car] que $\mathfrak{P}$
Quemfournasses q Quenfournasse P Quin-
 fourmasse $\mathfrak{P}$ Qui (Que L) fourm. A^1L,
 Que tenf. iustement (entierement A) cA
chaitiuet π chetivet C^2 chetif $a\phi GA^4HM(cA$
 $P\mathfrak{P}$), [A] t. chetif. e. cA, T. [las] (trop $\mathfrak{P}$)
 chetif e. $P\mathfrak{P}$
que ne $Mq\pi PG\mathfrak{P}$

5 Le roy de toute puissance,
  Aussi crea il substance   10,800
Com accident ou qualite,
Aussi puet il ordenance
Metr'en l'un par sa plaisance
Com en l'autrë en verite.
Se dont accident trinite   10,805
De ·iii· couleurs en unite
Il a par bonne aliance,
Aussi a il autorite,
Une substance en *trinite*
Ordener sens descordance.   10,810

6 En la qualite trinee
  Et de iii· couleurs paree
Qui est une sensiblement
Puet estre consideree
Une substance adournee   10,815
En ·iii· personnes proprement.
Ces ·iii· sont ·i· Dieu seulement
En unite conjoinctement
Sans quelque rien devisee ;

Mes l'ueil de bon entendement   10,820
Y doit faire distinguement
Quant la personne est nommee.

7 Rougeur, verdeur, dorëure,
  Affin quë en soit figure
La dicte couleur trinee   10,825
Y puet estre sans tainture

Ainsi A^2, A. bien c. s. P, Cr. toute s. L ou] et $\mathfrak{P}$
Ainsi A^2, il] tel $\mathfrak{P}$, lord. A
Maitren q, lui πH, En l. m. p. sa pl. ρP^1 En l. m. p. pl. L
C. fait en l. $MqC^2A\rho P^1$, l. par v. A^1
Ce A^1, D. sacc. t. $\mathfrak{P}$, —acc. A^2
—10,806 A^1, e. verite C^2
—10,807 A^1, A fait p. $\mathfrak{P}$
—10,808 A^1, —il $\mathfrak{P}$
—10,809 A^1, trinite $M\pi a\phi GA^4 HcAL\rho P^1\mathfrak{P}$ vuite P] verite aq, Dune s. ρP^1
O-nee c O-nei M

terminee P trouuee H
troais A^1] deulx P, p.] avnee A^1 estimee ρP^1
Q. u. e. s. $\mathfrak{P}$, semblablement P seulement A^2
P. proprement c. ρP^1
aournee $a\phi GA^4 H$ aouree $MqnC^2 LcA^3\rho P^1$ adoree $A\mathfrak{P}$, Estre u. s. a. ρP^1
prop.] vrayement ρP^1

Fort le croy en ta pensee C^2 S. quel (*corr.* nulle M) r. d. qM, S. nulle chose div. c, r.] chose ρP^1, S. ce que r. soit div. π, div. $\pi A c \mathfrak{P}$
de] a H

Quar A

Verdour r. d. L, dorure qP^1 et doreure C^2
A [la] fin q. L A celle f. q. ρP^1, A. quen s. {faite} f. Ac, quen s. M, quen s. {la} f. $\mathfrak{P}$
doulce c. A^4 [sub]dite ρP^1

10,824.—At this line MS. A^1 stops in the middle of fol. 118a and then goes back to line 9357, the lines 9357-9538 occupying the rest of leaf 118, with which the MS. ends abruptly, see above, note to line 9356.

Et sans naturel painture
Pour juste cause trouvee.
A Dieu le pere est donnee
Aussi com couleur doree, 10,830
Car roys est qui tousjours dure.
Diex le filz *a pris* livree
De vermeil bien tainturee
En son sanc et sa mort dure.

8 Maniere de verdoiement 10,835
  Et dë 'i' gay confortement
A le Saint Esp(e)rit sens fable :
Il esclarsist l'entendement
Et l'ueil de l'ame vraiement
Et y est medicinable. 10,840
Et si est chose notable
Que la chose, appertenable
A chascun singulierement,
Rien a l'autre descordable
N'est ne point desconvenable. 10,845
Leur estre est 'i' tres simplement.

9 Et dire te puis autrement,
Affin que ton entendement
Ait sa chetivoison mendre :
Qui de son voult fait mirement 10,850
En un mirouour droitement
Un semblable voult engendre.
Deux sont et ·i· ; qui entendre
Pourroit a droit sens mesprendre

j.] ceste P tresjuste P^1 trestoute ρ

Ainsi $a\phi GA^4A\pi$, dore $a\phi G$
C. [il] e. r. q. touz temps d. L, [li] r. c, [a] t. $P^1\rho$
a (at M) pris (prins A) $Mq\pi\mathfrak{P}A^4LAc$] apres $aa\phi GHP$, Bien M, liure H liura P
Du v. b. t-tura P, t-ture HL
Ou $a\phi G$ De $P^1\rho\mathfrak{P}$, et sa mordure P

Laniere P
Est π, dun g. $M\mathfrak{P}GA^3$ de tresgay L, de bon c. A de omni c. c, dun guay consentement P dun g. resconf. $P^1\rho$
esprit A^4, —A $a\phi GA^4$ At M Et A Au A^2, A s. e. qui s. f. $\mathfrak{P}$, faille P
—Il $\mathfrak{P}$, esclardist L solaicist M
De $a\phi GA^4$
Et si li e. m. c

apperceuable $a\phi GP^1\rho$ apercable H

Si nest C^2, ne] que q

te] ie P, Encores te dy maintenant $\mathfrak{P}$

Si a. sa captiuite m. $\mathfrak{P}$
s. vis $\mathfrak{P}$, voulst f. mirouer P
Et $a\phi g$, u.] bien g, mirouer $a\phi GA^4HygP\mathfrak{P}$, droicturier $\mathfrak{P}$
En $a\phi G$ Ensemble v. e-drer A^4, v.] visaige $\mathfrak{P}$
s. en vng [et] q. P, et vn est (autre $\mathfrak{P}$) q. tendre $a\phi GA^4Hyg\mathfrak{P}$
P. [bien] a $\mathfrak{P}$, a [vng] d. P

Stanzas 9-12 (lines 10,847-10,897) occur only in $a\lambda\mu a\phi\upsilon GA^4HygP\mathfrak{P}$, are omitted in $Mq i\pi\xi C^2 espzcdxA \delta hkA^2CLR^1B^2B^3B^6(\rho P^1)$; bA^1 and B^1 stop before this passage, b at line 8772, A^1 at 10,814, B^1 at 3853.

Mirouoir au costoiement,	10,855	Mirouer *aϕGA⁴HyP* Miroir *g* [Le] mirouer 𝕻
De chascun voult vourroit prendre		vouldroient *P* veoir *A⁴*, [Qui] de ch. vis pourroit p. 𝕻
Si la moitie sans actendre		La m. et puis s. at. 𝕻
Que des ·ii· un assemblement		—un *g*
Feroit, et en pourroit rendre		F. on en p. bien r. 𝕻
Un tiers voult où a reprendre	10,860	visaige 𝕻
N'avroit nul despareillement.		disp. 𝕻 departellement *g*

10 Ces ·iii· vouls une trinite — vis trois en tr. 𝕻
   Feroient en simplicite — Ser. et en s. 𝕻
   Et seroient un seulement. — Ne s. que un tant s. 𝕻
   Au premier la paternite 10,865
   Seroit, dont sa nativite — S. [et] d. *aϕGA⁴Hyg*, S. et d. n. 𝕻
   Prendroit le secont prestement ; — P-dre *P*
   De chascun d'euls procedement — ch. deulx deux procedent *P*
   Aroit le tiers et causement — et le c. *aϕGA⁴Hyg*
   En compareil equalite, 10,870
   Dont prendre pues enseignement — puis *A⁴*
   Des ·iii· pe*r*sonnes quelquement — De *g*
   Comment sont un en verite.

11 Onques n'en fu *departage* — departage] departement *aaϕGA⁴HygP*𝕻
   Et sera ou dessevrage, 10,875 — Est s. *aϕGA⁴Hyg* Est et s. *g* Ne ne s. 𝕻 Et fera 𝕻, ou] au *Gg*
   Ainsi sont pardurablement ; — Aussi *aϕGA⁴Hyg*
   Et quant jus vint en servage — —quant *P*, q. cy bas v. 𝕻
   Li filz pour humain lignage, — f. [dieu] p. 𝕻
   Et tous les jours ou sacrement — ou] en *A⁴*, secrem. *g*
   Y vient et est presentement, 10,880 — Il v. *P*, V. ou il est p. 𝕻
   Si ne doit pas entendement
   Penser, n'avoir en courage — en [son] c. 𝕻
   Quë en tous temps sens mouvement — Car *P*, to. sens et m-ns 𝕻
   Ne soit, en prenant mirement — prenent *aP*

Line 10,875 after 10,876 *P* (fol. 245 d).

Ou pere dont est ymage.   10,885

12 Du Saint Esp(e)rit semblablement
    Di que, quant jus descendement   j.] bas ℘
    Es appostres comme feu fist,
    Onques n'en fist remuement,   O. [il] n. ℘, ne g, rementment A
    Et comment qu'ait procedement   10,890   combien q. ℘, c. donc quant procedent P
    Du pere et filz, hors point n'en ist.   et] du ag, p. h. ℘
    En tel guise le souleil luist   t.] celle aφGA⁴Hyg
    Que de lui point ne se partist   —de P, de soy p. ne depart. ℘
    Sa clarte n'enluminement.
    Et par raison ceci souffist,   10,895
    Se discrection en toi gist,
    D'avoir aucun avisement.

13 Umbrageus sont exemplaire   Umbraiges AP¹ρ Ambrageux C² Ambigeus
        Affin quë on en puist traire   P, U-ges est tout ex. P¹ρ
    Vray tesmoing de la trinite,   10,900   Tendant a fin quon en P¹ρ, quon en puisse
    Car chose fausse ou contraire   ℘, puisse t. (retraire A) cA, peust P
    Rapportent souvent en l'aire   ou] au AA² et c
    Où ont tesmoingné verite ;   R-rte s. ℘, lettre A
    Et certes estre recite   Et π, ont] on A⁴A²PP¹ρ en A len c, t-gnie
    Ne doit qu'engin capacite   10,905   ML, On en t. en v. ℘
    Ait ou soit de tel afaire   Dit ℘, où s. made into en soi M, t.] si
    Qu'il compreigne l'auctorite,   noble P¹ρ
    La grandeur et la qualite   Que c. A²℘ Qui c. PA, c. la qualite cA
    De celui qui tout puet faire.   et] ou L ne P¹ρ, quantite cA quantite made
                                                    into charite ρ
                                                  p. t. L℘, puit A⁴ peust P

14 Sens, raison et entendement   10,910   Sen L Lens H Ceulx P, et] ne ℘
        Ne scevent faire jugement,   Nen q℘ALP¹ρ
    Et mervelle ce n'est mie.
    Car se du fevre parlement   Que ce d. P, faire ML, C. si faire p. L
    De son art et son forgement   Du feure et de s. fo. L, arc P

Vouloit tenir la coignie 10,915
En demandant de sa vie
Et comment il la manie,
Ce seroit fol enquestement.
Certes aussi fait folie
Qui du tout veult qu'on li die 10,920
Quel est de Dieu l'ordenement.

15 De li aras sa vision
  Bien tost en consolacion,
Et d'exemples n'aras cure ;
Et verras sens division 10,925
Trois pe*r*sonnes *en* union
Un seul Dieu sens composture.
Lors diras tu par droiture :
Moult est fole creature
Qui de Dieu comprehension 10,930
Veult faire en povre closture
D'entendement et masure
Où pou puet de replecion.

16 *E*ntendement n'est que cage
  Et un petit herbergage 10,935
Pour comprendre la nature
D'un petit oisel ramage
Ou d'une beste sauvage
Ou dë autre creature.
Et moult a avant grant cure 10,940
Qu'encage si leur faiture
Et leur propre demenage
Que diffinicion pure
En puist donner a droiture
Et que n'y ait rien umbrage. 10,945

—10,915 *P*, t.] faire 𝔓, t. sa coongnie *c*
—10,916 *P*, —de *A*⁴
c.] par quel part *P*¹ρ, mamnie π

Q. v. que de t. on l. d. *P*¹ρ
Q. e. du tout l. *G*

De (small *D* no indication of a new stanza)
 a, avons *C*², sa] la *q*π𝔓*AcLP*¹ρ
—10,923 *A*
d-plaire *P*, c.] mie *C*²

en *MqH* &c.] et *a*, en [vne] vnion *A*⁴
en c. *c*, compositure *P*¹ compest. π

Dentement *A*, D. qui est m. *P*¹ρ, mes. *PL*
—de *L*

Entend. *MqH* &c.] Lentend. *a*, qui saiche *A*
En *Ac* Enz *A*² Que *G*

ouaesel *L* oyseillon *c*
—10,938 *c*, de quelque b. *P*¹ρ, Dune bestellette s. *C*²

Ou *G*

demengage *C*²

Le Pelerinage de l'Ame.

17 **M**ont est cil de grant emprise
    Qui veult quë on li devise
    Ce que ne pourroit entendre,
    Qui celui qui par maistrise
    Tourne le ciel a sa guise   10,950
    Par exemple veult comprendre.
    Se devoit le monde fendre,
    Ne pourroit espace rendre
    Où pëust estre comprise
    La grandeur Dieu qui estendre   10,955
    Ne se puet en place mendre
    Que la où tient son assise.

Mont] Moult $a\phi vGA^4HygepszcAC$ Dont $a\lambda\mu hkMqi\pi\mathfrak{P}\xi C^cdxA^3PB^2B^3B^6P^1\rho$ ont L, cil est $\mathfrak{P}$
Q. quiert et v. (Q. requiert $\mathfrak{P}$) quon l. d. $P^1\rho\mathfrak{P}$
Chose quil (qui P^1) ne ρP^1, actendre A^4
Que $a\phi GA^4HAc$
Fait tourner l. L, —sa A
e-plaires $P^1\rho$
Ce A^4 Sil L Et c
r.] prendre $AA^2\mathfrak{P}P^1\rho$
compasse P
—Dieu C^2
ce peust P, Ne pourroit en ρP^1

18 **E**n closture limitee
    Qui est fenie et bonnee
    Ne puet plus que son remplage.   10,960
    Chose infenie ens boutee
    N'i puet estre n'enserree,
    D'essaier seroit folage.
    Se celui n'est mie sage
    Qui mectre le ciel en cage   10,965
    Veult et toute rien cr[e]ee,
    Tres fol est a grant outrage
    Qui celui qui *fist* l'ouvrage
    Veult comprendre en sa casee.

En (small initial, no new stanza) a
ferme A fermee c semee P, bournee L
peust P, —plus M plus] entrer $P^1\rho$, emplage AA^2
Inf. et bonne e. b. P
Ne $A\pi\mathfrak{P}cP^1\rho$, porroit $P^1\rho$, nenterree P non serree $\mathfrak{P}$ rien sairee M enfermee A^2 ne boutee c
Dass. H De less. (lassayer ρ) $P^1\rho$, feroit $\mathfrak{P}$
Et L, Cel. si n. A, Cel. n. m. bien s. πC^2c
m.] bouter $Mq\pi C^2\mathfrak{P}AcA^3P^1\rho$, engaige P
creee q cree C^2, t. chose cree $A\mathfrak{P}$
Mais e. tr. f. a. g. o. $P^1\rho$, Celui e. f. et plain doustr. L, g. hontaige P
fist MqH &c.] fait a, Que A^2c Quant P^1, cestui c
C. v. $P^1\rho$, en] ne GH a A^4, sa chambree $\mathfrak{P}$

19 **G**rativement te deporte   10,970
    Selon ce que je t'enhorte
    De plus que ne dois enquerre !
    Des ·iii· couleurs te conforte
    Qui sont ·i· en une sorte

Gracieusem. te d. $HLA^3P^1\rho G$ Gracieux donc te d. $\mathfrak{P}$ Gracieusem. te porte $A^4\pi C^2Ac$
Tout s. q. $\mathfrak{P}$, —je A^2
ne] ie P, requerre Ac
De $q\pi PAc$, resconf. $P^1\rho$

Line 10,948 after 10,949 A (fol. 131 a).

La aval en basse terre. 10,975
S'autres exemples veuls querre,
Garde que la foi n'y erre
Ou que bienfait n'y avorte,
Et entent a Dieu requerre
Que bien tost il te desserre, 10,980
Pour li vĕoir, sa grant porte !

En ce lieu ci tu demourras
Et sens cesser Dieu loueras,
Car par sa grace y es venu
Et benignement recëu. 10,985
Le prevost tu mercieras
Ci apres quant ton point verras.
Quant aussi devers li iray,
A li te recommanderay.
Maintenant sera, a li vois, 10,990
Mes je revenrai maintes fois
Ci endroit pour toi visiter,
Et pour toi en mains lieux mener
Ou tant de merveilles verras
Que de joie esbahi seras 10,995
En actendant joieusement
Le general suscitement
De tous et que ton corps raras
Et a li rauni seras
Pour demourer sens finement 11,000
Ensemble tres joieusement."

—10,975 $A^2 Ac \mathfrak{P} P^1 \rho$

G-des (G. toy $\mathfrak{P}$) quen la f. nerre $C^2 c \mathfrak{P}$ Mais quen le f. ne e. A^2, quen q bien ny MP, q. ton b. nauorte c, ne a. $P^1\rho$
—10,979 A, Mais e. C^2
t.] briefment $P^1\rho$, deserte P
P. le v. en sa g. p. $\mathfrak{P}$ P. uoirs com il se p. L P. entrer en s. g. p. c

cest l. L, demoreras A^4, Lors respondit ci d. μ

Quant $q\pi C^2 \mathfrak{P} P^1\rho$, C. en s. g. es v. M, g. es ci v. L, est v. P
b.] le jugement A
remerc. $\mathfrak{P}$
Ci MqH &c.] Et a
Car $\mathfrak{P}$, Q. a li a. ie ir. A, yras P, Et q. ge ire d. le roy L.
Et a l. $A^2 \mathfrak{P}$, Et a l. te command. $\mathfrak{P}$, [ie] te q
—10,990 L, M. sain a l. tu v. P; Ycy te serras a l. v. $\mathfrak{P}$
—10,991 L
te v. $\mathfrak{P}$, Souuent te vendroy v. L
—Et L, m-t lieu A

attendement A
suxistem. A^2

ruonit tu s. $C^2 \mathfrak{P}$ raui MA^4 ra*mm*e P remenee A, Et en l. remis s. H Et o l. rassemble s. L

10,976 a.—For the omitted line 10,975 another one interpolated after 10,976 in A^2 and $P^1\rho$, viz.: Sainz Augustins soit tes duiseres A^2; Des choses qui croissent sur terre $P^1\rho$

10,978 a.—Ce seroit trop mal notte. C^2

After line 10,981 P^1 and ρ add nine stanzas, the initials of which make, together with those of the preceding stanzas(1-8 and 13-19), the name *Guillermus de Deguilevilla* (see Appendix I. p. 376). After the same line 10,981 there are eight French lines and eighteen Latin stanzas inserted in μ (see Appendix I. p. 378).

Le Pelerinage de l'Ame.

Reueil second du pelerin et du profit de ce liure 𝔅 (T.)

Le pelerin.
En ce point tantost haut vola   Et en ce p. *q*
 Et vers le prevost droit ala;   Mon ange et au p. a. *C*², d.] sen 𝔅
Mes ainsi com l'ueil avoie   aussi *GπB*⁴
A li et le regardoie   11,005 De *B*⁴, e. que je l. *C*²
Une clartë du lieu hautain   de *G*
Sus mes yeux descendi a plain   Desc. sur m. y. a pl. *B*⁴
Et tantost les me fist ouvrir   =11,009 *HP*¹ρ, le mes f *A*², les [yeulz] me *B*⁴
Que clos avoie par dormir.   =11,008 *HP*¹ρ, Qui cl. a. pour d. *A*, pour
Eveille fu et me trouvai   11,010   (*A*)*B*⁴ de *A*²
En mon lit dont tost me levai
Dolent que si tost avoie   Dolans [fuy] q. *B*⁴, Moult d. si q. tout a. *A*
                                      Tres d. de ce que jau. *P*¹ρ
Perdu et soulas et joie.   Adire mon s. et j. *L* P. mon s. et [ma] j. 𝔅
                                      P. tel s. et [tel] j. *A*²*B*⁴ P. si tresparfaite
                                      j. π*C*² Si tost p. s. et j. *P*¹ρ
Jhesu la me doint recouvrer   les *GHA*² le *MR*¹*P*¹ρ*B*⁴𝔅, Dieu me doient
                                      si bien criurer *L*
Quant li plaira sens plus finer! 11,015 s. definer *B*⁴, Que toust la puisse recouurer *L*
Aussi facë il a tous ceux   Ainsi *GP*¹ρ Et ainsi *A*² Et aussi *AB*⁴𝔅, A.
Qui mon songë aventureux   facil aux escriuuours *L*
Benignement exposeront   Q. le (cest *B*⁴) mien s. 𝔅*B*⁴
Et doucement corrigeront,.
Se rien y a a corrigier,   11,020
A amander ou retraictier.   Am. ou [a] r. *qR*¹, ou [a] r. π, ou [a]
                                      adrecier *L*, r.] adrecier *A*, Ou en
                                      meilleur fourme adrecier *B*⁴
Rien n'y approuve ne' afferme,   appreuue *MqH* &c. espreuue *P*, ni af. *R*¹*PP*¹ρ,
                                      ne ferme *L*, Je ny apprenne r. naff. *B*⁴
S'en la foi n'est fondé ferme,   fondei *M*𝔅, fo. [ou] fe, *A*²*R*¹*P*¹ρ fort et fe.
                                      L, n. trouue fer. *AB*⁴ n. ferme fonde *B*⁶
Ou qui fondé y puist estre   —11,024 *B*⁴, que f. ny p. *A*, y] il *R*¹, puisse
                                      *L*𝔅
Par adrecement de maistre.   11,025 —11,025 *B*⁴, arrestem. *P*¹ρ, de] et *R*¹
Se trouvé y est menconge,   Et se μ*B*⁴ trouuee *GHP*qπ𝔅μ*AA*²*P*¹ρ*B*⁴
Reputé doit estre a songe;   R-tee *HPA* Deputee *R*¹*P*¹ρ Depute *A*²𝔅,
                                      Si soit dit que tel fu men s. *B*⁴
Ainsi a ceux qui le lirront   Aussi *GgqA*²*B*⁴𝔅, A c. aussi q. *R*¹, —a *yg*
Le pri et a ceux qui l'orront.   Je μ, prie *A*, Ou qui daultrui lire lorr. *B*⁴

11,029 a.—Car de moy memoire aront *p*. In several MSS. line 11,029 terminates *Le Pelerinage de l'Ame*, the lines 11,030-11,161 being altogether omitted in *gyHεδμCC²R¹A²P¹ρB⁴* (see their "Explicit," Appendix I.). Some of these MSS. have one or two blank leaves after this, as *yHz(μ)CC²ρ*

358   *Le Pelerinage de l'Ame.*

Profitable et vtile est ce liure. 𝔓 (T.)

1 Par le songe que j'ay songé,   11,030   Car *P*, iay songie *q*
   Qui, si com croi, point mencongé   Que *aφe* Ou *g*, Que (Ou *A*) si c. ie cr. m.
                                                                    GA^4*A*, Comme ie cr. p. m-gey 𝔓, men-
                                                                     congie *MqAL*
Ne m'a ne dit chose vainne,   Ny ay *aφGA*^{4}*g* Ny a *π*, ma] nia *q*, dist *Ma*
                                                                      dicte *g*𝔓
Avis m'est que donner congé   A. nest q. 𝔓, congiez *M*
Doi sens quelque temps prolongé   p-gie. *πA* p-giez *M* p-gne *aφGA*^{4}*e*, D. en
A toute joie mondainne.   11,035   brief terme et rabregie *L*
Tant ai desserui de painne   desseruie p. *aφGA*^{4}*e*
De toutes miseres plainne   —11,037 *M*, toute m-re *aφG*, misteres 𝔓
De mon createur eslongé   eslongie 𝔓 esloignie *aφGeπL* eslongier *A*^{4}*M*
Que, s'a li ne me remainne   ram. *ML*
Penitence en ma derreine,   11,040   P. la d. (destrainne *aφ* desraine *G*) *aφGA*^{4}*ge*,
De mort n'ai plus terme allongé.   P. en mheure d. 𝔓
                                                                      alongie *π* alongnie *aφGA*^{4} eslongie(z) *gM*𝔓,
                                                                      Sorte de m. n. pl. congie *L*

Apres la mort prieres par les trespassez pour eulx faictes en lautre monde ne leur profite : car temps de meriter est
                    seulement durant quon est pelerin en ce monde. 𝔓 (T).

Penitence, contrition et repentence ne seruent riens apres la mort. 𝔓 (T.)

2 Par le songe endoctrinement   Jay eu et vray ens. 𝔓
   Ai ëu et enseignement
Quë oroison ne priere   Q. nulle or. *L*𝔓
Rien ne valent en jugement   11,045   Ne v. r. *A*𝔓
Puis quë a fait departement   Pui *q*, Depuis qua f. 𝔓, P. qua f. le d. *GM*
L'esperit de sa teniere.   Le nostre esp. 𝔓, tesn. *A*^{4} taisn. *A* desniere
                                                                      aφG terriere *Mqπ*𝔓*L*
Penitence mise arriere   P. y est m. terriere 𝔓
N'i a ne semblant ne chiere,   Ne y a *L* Et ny a 𝔓 Rien ny a *aφGA*^{4}
Vain y est tout gemissement   11,050   t.] le *apGA*^{4}
Ne rien qui la balanciere   Nest r. *aφGA*^{4}*Mqπ*(𝔓) Il nest r. 𝔓, R. nest
                                                                    q. *L*, que *aφGA*^{4}
Muer pëust, tant est fiere,   P. mu. *aφGA*^{4}, Muast t. e. droituriere *L*
De faire son pois justement.   pais *L*

   11,031.—At this line 11,031 MS. *P* breaks off (end of fol. 246); two leaves at the end have been torn off, which, no doubt, contained the rest of *Ame*.

   11,042.—There are no larger initials at the beginning of the following ten stanzas in *aM*.

3	Par devant li ramentëus	le *L* elle *M*, rem. *a*
	Ont este de tous et scëus 11,055	O. este et d. t. sc. *aϕGA*⁴*LMqπ*(𝔓), et trestous sceulz 𝔓
	Mes meffais et mon demainne.	My meffait et my d. *aϕGA*⁴, dommaine *L*
	De purgatoire ai connëus	
	Et d'enfer les tourmens vëus	
	Et la grant joie hautainne.	Aussi la 𝔓
	Se la paour de la painne 11,060	Se la cremeur d. 𝔓
	Ou amour, qui est plus sainne,	
	A estre en grace recëus	en] a *aϕGA*⁴, graices *L*
	A Dieu tost ne me remainne,	Sa *aϕG*, ram. *M*
	N'est nulle rien plus certainne	Nulle chose pl. c. *L*
	A moi que d'estre decëus. 11,065	Nest q. d. d. *L*
4	Si que drois est que m'adrece,	Il mest mestier q. ge mad. *L*
	Non obstant quelque feblece,	flebece *Mq*
	A commencier quë affiné	q.] ce que *L*, afferme *aϕGA*⁴, Com. que ia finey 𝔓
	Dëusse avoir des jeunece	ionesse *M*
	Ou au moins, des que viellesce 11,070	mains de q. *M*, Ou o m. d. q. vuill. *L*
	Vi venir, et aterminé.	et] ou *aϕGA*⁴, —et *M*, et terminey 𝔓, Me dist que estoie a t. *L*
	Avant ara la mort miné	—la 𝔓, mine] mue 𝔓
	Mon chastel et exterminé	—et 𝔓
	Et abatu ma fort(e)rece	fortresse *A*⁴, —Et 𝔓
	Que jamais bien soie abiné 11,075	b.] ne *L*, soies *Mq*, j. ie fusse ab. *aϕG* j. ne fusse habisme *A*⁴ j. ie fusse abuure *c* j. soye adune 𝔓, ab.] apuye *A*
	De recouvrer, et fusse hui né,	Retrouuer et f. 𝔓, De retourner *L*
	Ce qu'ai perdu par parece.	Et q. iay pe. *aϕGA*⁴
5	Si me faut oroisons dire	Il *GA*⁴*L*, Ci me couuient o. *A*,oroison *Mπ*
	Et deprier le haut sire	Et prier le tresh. s. 𝔓, le [tres] h. *A* le [doulx] h. *GA*⁴
	Tant com j'ai temps de ce faire, 11,080	j.] ay *qGA*⁴
	La dame aussi de l'empire	

11,078-11,161.—Specimens of the Latin poems alluded to in these lines will be given in the Appendix II.

Et louanges d'eulx escrire
Telles que leur puissent plaire.
Primes je metrai en l'aire
Le psautier pour hors en traire 11,085
Aucuns biens grans et eslire.
Puis voudray a l'exemplaire
Dë alpha et ·o· pourtraire
Trois en un(e) metre et confire.

qui $MqGA^4$ quilz A que ilz π quel L
Premier $A\mathfrak{P}$, Premierement metre en aire L
psaltier ML
A. bons grains $Mq\pi\mathfrak{P}$ A. bons moz L
vendray GA^4, vendr. expl. A^4
alpha ·m· et ·o· G, et ω p. $A\pi$
vn q

6 Puis de trois nobles chevaliers 11,090
   Que sur le cercle vi premiers
Bien voudrai faire mencion.
Dë alpha et ·o· personiers
Je les farai, car tresbien chiers
Les ai pour celle vision. 11,095
Par eux me vint occasion
De savoir l'ordinacion
Du dit cercle qui est rentiers
De faire demonstracion
Des festes et ostension 11,100
Tout aussi com li kalendiers.

des $GLq\pi\mathfrak{P}$
sus Mq, Qui s. touz sont les pr. L

et ω p. $A\pi$, et de o p. $L\mathfrak{P}$, personn. $MA\mathfrak{P}$
perconn. πL par commers G
le f. c. t. chier G
ceste π
locc.

r-tier M

—11,100 $q(a\phi)GA^4$, De M
ainsi $MA\mathfrak{P}$, —li L, le kalendron GA^4

7 Puis dirai des chanconnetes
   De tres fines amouretes
En Cantiques contenues.
Apres donrai cainturetes 11,105
Et petites couronnetes
Aus ·ii· amans bien congrues.
Puis manderai par les rues

des] les $Mq\pi AGA^4L$
Des MGA^4, De charitables am. L
Es $\mathfrak{P}$
ceint. $A\mathfrak{P}$ cint. M saincteretes A^4
p. et c. A^4
b. congneues $\mathfrak{P}$
mendirai A

11,101 a.—Parle des sainctz quil a plus chiers A^4. Stanza 7 (11,090-11,101), having but eleven lines in $qa\phi GA^4$, the twelfth line is left blank in $a\phi$, and this line 11,101 a added in A^4 in place of the skipped line 11,100.

Le Pelerinage de l'Ame.

Que liquides, voiex (et), mues		—et *Mqπ𝔅AGA⁴*, Q. voieus l. et m. *L*, voieux π voielz 𝔅, Q. li (lui *A*) qui (qui *made into* ce *A⁴*) desnoyer (desuoier *A*) *GA⁴A*
Viengnent a moi toutes le*t*res	11,110	Vieigne *A⁴*, touz l. *L*
Pour porter au roy dëues		P. report. 𝔅
Houneurs [et] qui sont scëues		et *Mqπ AGA⁴*, H. aussi q. 𝔅
A la royne estre debtes.		Et a l. *GA⁴*

8 E t si ne me tendrai mie
   Qu'encor du salut de vie   11,115
Au los d'icelle royne
Aucune chose ne die
Par double maconnerie
Resolue et enterine.
Et aussi, avant que fine   11,120
Mon emprise et atermine,
Au prevost où moult me fie
Prierai quë il s'encline
Vers moi et me soit benigne
Contre m'averse partie.   11,125

= 11,116 (Quau (Quant *A⁴*) l. de celle r.) *GA⁴*
= 11,115 *GA⁴*, lox *L*, A louenge d. reyne 𝔅
nen d. *MAA⁴*
Pour *L*, dubliquee mass. 𝔅, moc. *A⁴*
enterye *A⁴*
= 11,121 *A*
= 11,120 *A*, M. entreprise 𝔅

P. humblement quil s. 𝔅
Deuers 𝔅
mon auerse p. *L*𝔅

9 C ellui aussi, qui me mainne
   Et qui pour moi garder painne
Met grant si com je l'ai vëu,
De science trescertainne
Et par houneur tres souvrainne   11,130
De moi doit estre recëu.
Bien sai que vers li mon dëu
N'ai *mie* fait n'a son plëu,
Dont ma cause n'est pas sainne,
Pour quoi paier li doi trëu   11,135
Dë oroison a mon pëu
De grant devocion plainne.

Cil *A*, De ly a. q. mamaine *GA⁴*
me g. 𝔅
M. si g. c. *GA⁴*, g. comme je 𝔅, —je *A*, la v. *M*

—Et *A⁴*, —tres *AL*𝔅, souueraine *Mqπ𝔅A GA⁴L*
debt *L*
q. deuers *GA⁴*
mie *Mqπ𝔅ALGA⁴* pas a, Noy *L*, ne a *GA⁴*, ne s. *M*
Pour quoy ma c. est mains s. *L*
—quoi *M*, trehu *GA⁴*
Dor. selon m. 𝔅, Dorois. a. m. pleu *GA⁴*, a] en *M*, De le honnourer a m. p. *L*
O d. certaine *L*

11,115.—MS. *B⁶* breaks off with this line at the end of a leaf.

3 A

10   A saint Benoit aussi iray
     Et humblement le requerray
    Que, quant sera mon jugement,   11,140
    Piteusement ce que fait ai
    Dont paoureusement m'esmai
    Deporte et favorablement.
    Si requerrai finablement
    L'appostre Andrieu devotement,   11,145
    Pour ce qu'a son jour m'esveillai
    Du songe que premierement
    Ai compté qui tresgrandement
    Sans fin m'a mis en grant effrai.

11   S'autre chose je puis faire,   11,150
     Bien me seroit neccessaire
    Pour gecter en la balance
    Pour moi d'Uiseuse retraire
    Et aucunement atraire
    A amour de Penitance.   11,155
    Toutevoies pour grevance
    Et ennui et destourbance
    Qu'ai au romans bien pourtraire,

    En latin qui miex m'avance
    Ai mise mon ordenance.   11,160
    Plaise a cui elle puet plaire !

benoist A^4, giray L
li $a\phi$ luy GA^4A

f. oy L
A dont A^4, poreus. A, peureus. ie m. $\mathfrak{P}$, D. tresgrandem. m. L
D-tent f. G, De porge f. L, —et $\mathfrak{P}$
Et r-rre f. L, requieray M

—ce B^2, m-lloy L

Jay $\mathfrak{P}$

S. cesser ma m. en esmay. c, effroy $\pi L B^2 B^3$ esmay $a\phi G A^4$

Autre $a\phi A^4 A(\mathfrak{P})$ A. ch. ne (se AG) p. f. $\mathfrak{P} AG$
Si aut. ne p. f. L, je] ne c se G
me] ne A, Oraison mest nec. L

P. quoi doiseus r. A

—A A^4, A lamour $\mathfrak{P}$
par $a\phi G A^4 A$, Toutes voies B^2, Toutesfois p. la g. $\mathfrak{P}$
et] de A^4
Car aux r. $a\phi G A^4$, aux r. $A B^3$ aus rommains
  λ au (en M.) romant $\pi \mathfrak{P} M$, b.] miex c,
  Q. eu a ces diz retr. L
En la rime q. L, que M
mis M, m. toute lord. c
Plaice a c. que e. p. pl. M, a qui e. hki, a qui quelle p. pl. $a\phi G A^4 A E^2 B^3 \epsilon$ a qui e. doit pl. $\pi \mathfrak{P}$, puist pl. c, A dieu et aus bons puissil pl. L

Line 11,161 is immediately followed by the Latin poems (spoken of above, line 11,078, note) in α (fols. 173 d-217 d) and q (86 r-129 v), and in λ (fol. 145 a) by the Table of Contents, the same which follows the Latin poems in α (fols. 217 d-220 b) and *Vie* in k (fol. 159), printed in Appendix III.

APPENDIX I.

CONTAINING THE ADDITIONAL LINES OF THE TEXT WHICH WERE TOO COPIOUS TO BE PRINTED IN FOOT-NOTES.

1538 a Les vns touz vifz escorchiez
    b Et les autres crucifiez
    c Les vns penduz les autres ars
    d Les vns destraiz par divers ars
    e Les vns ont este decolez
    f Les autres leurs membres dolez
    g Les vns vifz [ont] este soiez
    h Les autres en exil enuoiez. *L* (fol. 110 b)
1540 a Les autres ont fait abstinence
    b Et souffert maulx o pacience
    c Les autres lessie grans rechesces
    d Pour venir en petitesces. *L* (fol. 110 b)
1544 a Les vns granment estudie
    b Et le menu pueple enseigne *L* (fol. 110 b)
1844 a Quant len regarde les joiaux
    b Les belles fames les cheuaux
    c Et quant len se rit de folie
    d Ou len regarde par enuie
    e Quant len oit mauues parlement
    f Ou len mesdit daucune gent
    g Quant len pense orgueil ou enuie
    h En rancune ou en coueitie
    i En gloutonnie ou en luxure
    k En oisiuete en vsure
    l Quant len aucun blasme raporte
    m Len euure aas ennemis la porte
    n Toutes fois que a lui venoit
    o O grant joie le receuoit. *L* (fol. 112 b-c)

1946 a Pour donner au monde exemplaire
    b De bien dire et de bien faire
    c Et exceptee nostre dame
    d A qui nest per homme ne fame
    e Excepte saint Johan baptiste
    f Qui es desers fist son giste
    g Exceptez en ju[i]fuerie
    h Helie et saint jheremie
    i Et mains autres par auenture
    k Aus quelx diex fist sa grace pure.
                       L (fol. 113 a-b)
2408 a Quant len a ses ans emploiez
    b Quelx maulx faiz et quelx biens lessiez
    c Rendre lautri, du sien donner
    d Meffez et mesdiz pardonner
    e Penser a sa fin bien souuent
    f Et au jour du jugement *L* (fol. 116 b-c)
2414 a Que ceulx qui se repentirent
    b Et leurs pechiez deguerpirent
    c Tant com ilz seront sain et fort
    d Auant quilz soient ou lit de mort
    e Et uraiement se confesseront
    f Et a poeir satisfieront
    g En moy humblement requerant
    h Et vray merci suppliant. *L* (fol. 116 c)
2840 a Prelaz qui donnent yglises
    b A leurs charnelx ou pour seruises
    c Ou a telx qui ne sceuent rien

d Destruiant le peuple *chrest*ien.
e Ilz font descendre ou puiz parfont
f Ceulx quilz doiuent mener amont,
g Et prestres qui ont meschines
h Clers qui ne dient leurs matines,
i Roys duz contes cheualiers
k Et gens darmes et escuiers
l Et toutes gens qui lieuent guerre
m Amont et aual la terre
n Qui prennent aucun substance
o Ou cas quilz ont suffisance
p Il leur conuendra lautre rendre
q Silz ne veulent a la hart pendre.
r Abbez et touz religieux
s Dacomplir leurs veuz paresceux
t Qui seruent dieu faintement
u Et viuent deshonnestement
v En leur habit despisant
w Et en pupliquement pechant
x Diffamant leur religion
y Et sont au monde occasion
z De pechier par leurs males vies
aa Par leurs orguelx et couuoities.
bb Gens qui sont en leurs mesnages
cc Et corrumpent leurs mariages
dd Sont en grant diffamacion
ee Et en uoie de dampnacion
ff Silz ny mettent amendement
gg Auant quilz prennent finement.
hh Faulx marchans et faux mesurors
ii O fauses balances plus*eurs*
kk Toutes manieres de ouuriers
ll Qui fausement font leurs mestiers.
     L (fol. 119 b-c)
2904 a Ou grief ardeur est sans lumiere
  b Et froit orrible qui plus grieue.
  c Illeques sont puours mortaulx
  d Et diz et faiz de trestouz maulx
  e Que le filz reprouche a sa mere
  f Et la fille aussi a son pere

g Autres a ceulx qui les norrirent
h Et qui mal faire leur soufrirent
i Gens qui ou monde sentreheent
k Et qui parole sentreueent
l Sont atachez illec ensemble
m Dom lun rechigne et lautre tremble.
n Illecques sont les durs regars
o De ·ii· cens milles sathenas
p Si horribles que qui verroit
q Vn de leurs ex tantost mourroit
r La se moquent des pechours
s Et leur reprochent leurs errours.
t Cil ou celle fut orgueilleux
u Et cel autre fut enuieux
v Celi tantost se marrissoit
w Et cel autre tantost rauissoit
x Cil gloton, cil luxurieux
y Cil negligent, cil paresceux
z Hommes et fames qui la sont
aa Si grant ennui illecques ont
bb Cil qui cent jours este y a
cc Cent ans ce li semble.
dd La sont les uers de conscience
ee Qui mordent et donnent offence
ff La est tristece sans confort
gg Et consumacion de mort
hh La viuent la gent en mourant
ii Et mourent touz temps en viuant
kk Touz les maulx qui ou monde sont
ll Et qui ont este et seront
mm Ne seroient la estimagiez
nn Quel vn bascon jouste vn pilier
oo Dire veulx de ceulx que jugier
pp Vi et en enfer trebuchier. *L* (fol. 120 a-b)
2906 a Les vns auoient este eueques
  b Autres chanoines, autres prestres
  c Les vns faux religieux
  d Les autres clers maleureux
  e Les vns dux, les autres cheualiers
  f Et gens darmes et escuiers.

Appendix I. 365

 g Les vns mauues aquereurs
 h Et les autres faux vendeurs. *L* (fol. 120 b)
3174 a Chascun de ceulx ·iii· messes diront
  b Pour toy qui moult talegeront
  c Si pour tes compaignons chantas
  d Quant ilz morroient isnel le pas
  e Les aumonsnes de la porte
  f Et le trentel grant bien taporte
  g Et les messes que tu chantoies
  h Pour les mors quant tu viuoies
  i Et oroisons et preschemens
  k Te feroit grans alegemens
  l Les euures de misericorde
  m De ton fardel rompront la corde
  n Les miserez et les psaultiers
  o Tauront ici tres grans mestiers
  p Agenoillier, cliner, ourer
  q Escripture lire et labourer
  r Te porteront greigneur leiance
  s Que ne feroit tout lor de france.
        L (fol. 122 b)
3624 a O seth, o enoc, o noe
  b O arphaxath, o thare
  c O iacob et o ses ·xii· filz
  d O moyses et o dauid
  e O ysaie, o ihezechiel
  f O iheremie, o daniel
  g O prophetes, et o roys
  h Et o iob qui estoit sans loys.
        L (fol. 125 c)

The "Trahison" song (*Ame*, 4703-4836) in *P*¹ (p. 295 b-297 a) and *ρ* (fol. 125 r-126 v); text printed from *P*¹, with the variants of *ρ* between parentheses:

He tresmauldicte trahison (Hee he mauldite t. *ρ*)
 Esse cy la noble maison
Ou les tiens finalment (en la fin *ρ*) hosteles?
Estoient tes promesses telles?
Tu offroies aulx (as *ρ*) tiens chasteaux   5
Jadis, palais, chiens et oiseaux
Et tu les loges en ce gouffre

Horrible, puant, plain de souffre? (Qui est plains
        dordure et de s. *ρ*)
Enfer dy je gouffre et gourmant
Ou liurez sommes a tourment   10
Auec trahitez (Ou lez trahytrez *ρ*) entassez,
Et ne scet le glout dire assez, (Nul ne scet quant
        en a a. *ρ*)
Car plus en a et plus en veult,
[Plus en vient plus chascun sen deult *ρ*],
Car riens ne leur tourne a propoz.   15
De quelconcque bien na repoz
Mes pour (par *ρ*) vng seul petit moment.
Haa faulse trahison comment
Fumes nous bien par toy trahis!
Haa traytes (Haa trahytres *ρ*) de tous hays,   20
Plus que larrons ne boute feux
Vous ont persecute tous ceulx
Qui s'entremettent de justice,
Com plus (plains *ρ*) de plus inhumain (in-s *ρ*) vice
Vous ont traytoiet aigrement.   25
Les legistes qui proprement
Mors honteuses paines meschiez
Selon la grandeur des pechiez
Signer souloient (sceurent *ρ*) et scituer (syt. *ρ*)
Vous font (F. v. *ρ*) tous ochir et tuer,   30
En plaines places et marchiez
Publicquement copper (apres *ρ*) les chiefz,
Les corps esquarteler et fendre,
Les parties aux portes pendre,
Dessus (Dessoubz *ρ*) les piloris haulcier   35
Les chiefz, les boyaulx ensachier,
Porter au gibet sac et fiens,
Ensement trahis tu (trahitres *ρ*) les tiens
Trahison sans misericorde.
Aincois vng traitre a sa corde   40
Se penderoit sans aultre mitre
Que pendus ne fust, car le tiltre
De trahison veult (voel *ρ*) et le cas
Que trahitre pende, en judas
Scet on mes propos aueris.   45

Quant leurs corps sont ainsy peris,
Honteusement excecutez,
Adont sont ilz (il ρ) persecutez
Assez plus sans compareison
En cele enfer, male prison, 50
Dont vous neschapperes jamais.
Comme trahison tous mesfais
Trait a soy, seule aler ne daingne
Auarice, orgoeul lacompaingne.
Jurer, pariurer et mentir 55
Finalment (Finablement ρ) soy non repentir
Ypocrisie decepuoir
Vault (Seult ρ) engendrer et concepuoir.
Trahison de tous maulx la mere
Des traytres marattre amere 60
Des doleurs de tous ces chetis
Dampnez prent 'i' tourment metis
Du (Ou ρ) quel ilz sont sy malmenez
Tant traueilliez et tant penez
En ce parfont puis del (de ρ) abisme 65
Quon nen (ne ρ) porroit dire le disme
Non le (ne ρ) penser nymaginer.
Ce feu (fu ρ) sans eulx enluminer
Les art qui ne scet desfenir (desseuir ρ)
Et ilz ne peulent defenir 70
Dont il couuient leur dolente ame
Ardoir en ceste viue flame
Qui est dintolerable arsure
Et la tres poindante (p-dente ρ) morsure
Du ver qui par dedens remort 75
La conscience sy tres fort.
Ce feu (fu ρ) qui tous temps art et sunge (funge ρ),
Ce ver qui tous jours mort et runge
Sy sont deux meschiefs importables,
Quil leur couuient porter ; ces deables 80
Horribles aussi les compaignent,
Qui les batent, qui les mehaingnent
De trestout genre (gendre ρ) de tourment :
Quant eschaudez sont tresforment
Et en ce feu (fu ρ) denfer tous cuis 85

Soudainement en vng grant puis
De froidures gelees gieures
Sont gettez, ha com males fieures
Sont dauoir sy chault, puis sy froit.
Helas son les peusist (peust ρ) par droit 90
De quartaines donner le non
Ou de tiercaines, certes non
Nelles ne sont continuelles
Seulement, mais perpetuelles.
Et plus les tiennent leurs acces 95
Chaloureux et tant plus sont secs,
Plus leur est nyce la doulceur
De toute raffreschant (refrisch. ρ) moisteur
Et combien quayent tant de haires
Et de meschiefz leurs aduersaires 100
Sy nont deulx quelconcques pitez.
De nouuelles aduersitez
Eulx traueillier sont desirans.
Comme crueulx et faulx (fors ρ) tirans
Les lijent de chaynes de fer 105
Estroictement en cest enfer
Comme il leur plaist 'ii' 'iii' ou quatre
Et puis ne se faingnent deulx (ceulx ρ) batre
De toute espesse de floyaulx (flay. ρ)
Les traytres les desloyaux, 110
Qui nous conseillerent (consilleret ρ) jadis
Ce dont priue de paradis
Sommes et cheus cy sans degre,
Sy ne pouons riens prendre en gre.
En tous cas nous despitons (d. n. ρ) dieu. 115
Pacience na point de lieu
En enfer, non nul ne luy quiere.
Tant nous est plus aigre et plus fiere
La paine ou sommes detenus
Et sy ny sont remedes nulz, 120
Car quoy quen (en ρ) ayons adez pis
Plains sommes de trestous (tres amers ρ) despis
Et estraingnons les dens de doeul
Et tousjours croit (croist ρ) le nostre orgoeul
Et nous soulons entrehayr 125

Appendix I.

Et nous ochirions (occyriens ρ) par air
Bien volent*er*z se nous poijens.
Ainsy demourons es loijens (lyens ρ)
Des deables sans jamais partir
Dont chascun de nous tous martir . 130
Dieu malgreant (m-ns ρ) et sains et sainctes
Faisons la fin de noz complaintes,
Car en plaindant (plaidant ρ) riens ne faisons
De preu, et se nous nous taysons
Je ne ressay prouffit (pourfit ρ) quelconcques. 135
Nous debuons bien mauldire doncques
Trayson la fausse dampnee,
De male heure fut elle nee.

5004 a Lors queistes noualitez
     b Ceintures, chapiaux emplumez
     c Et aussi com enfans labiaux
     d Sortiez et fourrez mantiaux.
     e De voz cuers la diuersite
     f Voz faiz moustroient en uerite.
     g Mes a tart garde men pris,
     h Quar ge vous cuidoie de bon pris.
                L (fol. 134 d)

5448 a La maudisoit le filz le pere
     b Et la fille aussi sa mere
     c Oncles et autres les nepueuz
     d Pour la deffaute de leurs p*r*ouz
     e Auoir moustre et enseigniez
     f Et auoir de mal chastiez.
     g Filz, pour moy nul bien ne feis.
     h Pere, nul bien ne me deis.
     i Lun dit : pour quoy pris tu ce la ?
     k Lautre : que ne rendis tu ce la ?
                L (fol. 138 a)

5490 a Es autres ceulx qui sentreheent
     b Et qui parole sentreueent
     c Es vnes gloutons et yuroins
     d Et es autres vieilles putains
     e Es vnes sont les faulx moines
     f Es autres prestres et chanoines
     g Es vnes sont les orgueilleux
     h Et es autres les enuieux
     i Es vnes sont les vsuriers
     k Et es autres les faulx ouuriers
     l Es vnes sont les heretiques
     m Et es autres les ypocrites
     n Es vnes sont roys et tirans
     o Et gens qui mainent grans bobans
     p Es vnes sont larrons pilleurs
     q Et murtriers et traiteurs
     r Es vnes sont fames sorcieres
     s Es autres fausses tauernieres
     t Es vnes sont fames ramages
     u Qui lessent mariz et mesnages
     v Es vnes sont diuinerresses
     w Et denfans murtrisserresses
     x Es autres sont fames houlieres
     y Et ouec fausses panetieres.
     z A quoy en feray plus lonc compte ?
       La iront et roy et conte
       Petiz et grans communement
       Qui ont mauu..s definement.
                 L (fol. 138 b-c)

5698 a Pour touz les bons qui sont ou monde
     b En lonc en le tout a la ronde
     c Toutes les entes de cest mont
     d Qui ont este sont et seront
     e Pose quilz fussent bien chrestians
     f Ne porteroient en ·c· mil ans. *L* (fol. 140 a)
5716 a Toutes terres sont entour le
     b Et toute grace vient par le.
     c Cest terre de promission
     d Terre de noble vision
     e Jherusalem siet en me
     f De toutes la plus digne cite.
     g La fut nourrie la bonne ente
     h Ou chascun doit avoir atente. *L* (fol. 140 a)
6196 a Et que touz temps y labourast
     b Et que netement le gardast
     c En lignie fust monteplie

d Sans nulle honte et sans pechie
e Et aussi tost comme nez fussent
f Aler et parler bien pehussent
g Et heussent uescu sans ahans
h Jeuques en laage de ·xxx· ans
i Et lors en ame et en corps fussent
k Montez es cielx ou joie eussent
l Et en ame et en corps descendissent
m En enfer, silz le desseruissent
n Adam fist mon deffendement
o Pour quoy le fait ua autrement.
          L (fol. 143 c)
6256 a Ceste chose te doit moult plaire
b Cent mille ioies en orras faire
c Les hommes ton nom porteront
d Et par ta mort sauuez seront
e Si ilz te aiment plus que touz biens
f Et ilz te ont chier sur toute riens
g Si ilz ont ta mort en memoire
h Et ilz desirent ceste gloire
i Si ilz pensent en leur mort souuent
k Et craignent linfernal tourment
l Ainsi seront bons et loyaulx
m Et harront les pechiez mortaulx
n Ou monde auront granment a faire
o Mes apres ilz auront ma gloire
p Mes quilz naient rancunes o nulluy
q Et quilz rendent tout lautruy. *L* (fol. 144 a)
6264 a Ne sera tout gracieux
b Quil en mercie moy ne vous
c Bien scay que pluseurs porteront
d Mon nom en uain et periront
e Mon nom pas sauuement ne donne
f Qui a bien faire ne se adonne
g Grant grace fust a *chres*tien
h Condampne que il fust paien
i Si pour pluseurs qui bons seront
k Et qui en ioie monteront
l Ne fust ge me repentisse   [144 a-b]
m Que pour eulx paine souffrisse. *L* (fol.

Between lines 6310 and 6311 the following 562 lines occur in *L* (fol. 144 c-148 b).

Adam mis hors de paradis
Fut, quant cil conseil fut pris
Et heut paine et grans ahans
Par neuf cens et trente ·ij· ans,
Puis mourut et descendit   5
L'ame de lui ou j'ay dit
Les ames de touz mourans
Y cheirent par cincq mille ans.
En cel temps fut Mathussale,
Chaynam, Enos et Noe,   10
Melchissedech et Abrahans,
Jacob et Joseph, gens moult uaillans,
Moyses fut en icel temps
Qui fist des Israhelitiens
Passer la mer a pie sec   15
Et a Pharaon fist eschec,
Puis vint au mont de Sinay
Le pueple de Israel o luy
Ou descendit nostre seigneur
En grant noblesce et en luour.   20

Moyses fut a ses piez
Quarante iours sans y mengiez
Et sans y boire fors l'amour
Et la grace nostre seigneur.
Dieu escrist ouec son doy   25
En tables de pierre la loy
Et la commanda aus Juifs   (fol. 1*
A garder a leurs perils.
Les grans seigneurs de celle terre
Prinstrent o les Juifs guerre.   30
Quant Moyses ses mains joignoit
Le pueple des Juifs gaaignoit ;
Quant Moyses estet lassez,
Les Juifs estoient cassez,
Mes quant il se refforcoit,   35
Le pueple des Juifs vainquoit.
En la parfin les Juifs

Vainquirent yceulx ennemis.
·xl· ans par mi les desers
Mena les Juifs Moyses,
La ou ilz furent repeuz
De manne de grans uertuz.
Moyse leur y fist l'eiue
Issir de pierre pour leur boire;
Pour le chaut la nue leur prestoit
Et par nuit les enluminoit,
Non pas Moyses, mes Diex
Qui fist la terre et fourma les cielx.
En ces ·xl· ans ne pourrirent
Leurs vestemens ne n'envieillirent.

En cel temps fina Moyses
Et Josue fut mestre apres
Qui passa le fleuue Jourdain
Par la grace Dieu aplain,
Quar l'eiue retourna arriere
En contremont la riuiere
Et les Juifs israhelitiens
Passerent o pie sec leurs biens
Et pristrent la pocession
De terre de promission.
Vne journee heurent grant guerre
Ouec joians de celle terre
Et Josue deprie Dieu
Que le soleil du propre lieu
Ou estoit ne se remuast,
Jeuques a tant qu'il surmontast
Les dessus diz ennemis.
Ainsi fut fait et les Juifs
Leurs ennemis desconfirent
De quoy a Dieu graces rendirent.
Ainsi leur demoura la terre
Longuement sans auoir guerre.
En cel temps fut Sanson Fortin
Qui mist les Juifs en grant brin.
De deux cens la force heut,
Mes vne fame le decut

Et li coupa touz les cheueux,
Puis li fist creuer les yeulx.
En cel temps fut Aminadab,
Naason, Salmon, Booz de Rab.
Apres fut Jesse, ce croy,
Qui engendra Dauid le roy
Qui fut homme de bonne vie
Et plain de uraie prophecie.
Il fist et dicta le psaultier
Qui a l'iglise a grant mestier.
Il fist mains faiz de grant renon
Et fut pere au roy Salmon.

Le roy Salmon, ce me semble,
Fist de Jherusalem le temple,
Tout le fist de pierre marbre,
De bois imputrible inardable,
Onc ne fut fait tel edifice
Par main de mortel artifice.
Il n'en fut onc nul tel ou monde
Puis que Dieu fist la terre ronde.
Librum fist prouerbiorum
Et Cantica canticorum.
Onques ne fut Juif si sages
De Dieu, de nature, de usages.
Salemon fist Eclesiastes.
Salemon ne fut pas moult chastes,
Quar il auoit ·vij· cens reïnes
Et ouec ·iij· cens concubines;
Mauueses fames le afolerent
En la fin, tant le menerent.
Apres Salemon ot huit rais,
De leurs faiz a present me tais.
Le nouiesme, Jhezechie,
Ot vne griefue maladie
El li fut dit que il mourroit
Et ia remede n'en auroit.

Le roy ses gens en enuoia
Et moult uers Dieu se humilia
En plourant tres longuement

Ouec tres grant repentement.
Dieu li manda qu'il li donnoit
Quinze ans de uie pour tel fait.
Le roy qui a ce se doubta
Vn tres grant signe demanda, 120
Que le soleil qui ert a uespre
Retournast a heur de tierce,
Et Dieu le voult et ainsi fut,
Celle journee double fut ;
Puis vesquit seulement ·xv· ans 125
Et sa fame ot de lui enfans ;
Son esne filz fut Manasses
Qui fut roy et regna apres.

E n celui temps fut saint Helie
   Qui fut de si tres sainte vie 130
Que l'ange soubz le jeneurier
Le esueilla et fist mengier
Et de celui mengier erra
·xl· jours jeuques en Syna.
L'amande ert bonne et legiere, 135
Ce ert pain alis et eiue clere.
Jhezabel heeit saint Helie
Pour qu'il ert hom de sainte vie
Et que les menuz sustenoit
Et les orgueilleux confondoit. 140

J hezabel la forsennee
   Qui en mauuese heure fut nee
Fist par cruaute et par ire
Touz les sains prophetes ocire
Qu'el poueit trouuer en sa terre, 145
Par tout les fist cerchier et querre.
Abdias en ot moult de paines
Qui en muca deux quarantaines
Dom ia pie ne fust demoure
S'il n'eust si bien laboure. 150
Si el eust tenu saint Helie,
Rien ne li vausist Abdie
Qu'el ne le eust fait decoler

Ou mehaignier ou affoler.
Pour ce fut le pais pugni 155
Enuiron trois ans et demi
Que il n'y crut ne vin ne ble
Ne chouse dom homs fust aisie,
Et quant il pleut a saint Helie,
Il rendit au pais la vie. 160
Helie prophete et hermite
En paradis terrestre habite
En ame et en corps entierement
Ou il atent le jugement.
Helie et Enoc ocirra 165
Antecrist quant uenu sera.
Ysaie fut en celui temps
Qui prophecia les tourmens
Des Juifs et de leurs roys.
Seie en fut o seie de bois 170
Pour ce que uerite disoit
Qui accomplie fut de fait.
Apres la vie de trois rois
Vint Nabugodonosor le roys
Et mist a destruction 175
La terre de promission
Et asseia Iherusalem
Et la destruist, bien le sceit l'en.
Lors fut la transmigracion
En Babiloine en sa prison. 180

E n cel temps estoient Iheremie
   [E]t Jhezechiel en vie,
Ananie et Daniel,
Azarie et Misael,
Furent chiex le roy houstelez 185
Et bien nourriz et aleuez.
Daniel en la fosse aus lions
Fut deux foiz mis, si com lisons,
Mes tout vif en eschapa,
Grace de Dieu hors l'en gita. 190
Ses trois compaignons en la fournaise
Furent mis et y trouuerent aise,

Appendix I.

La grace Dieu, pour quoy louerent
Dieu et bendicite chanterent.
Saint Daniel y deliura
Anne et les prestres dampna.
Saixante et douze ans passerent
Et puis les Juifs retournerent
En la cite de Jherusalem
Et la refirent, ce sceit l'en.
Apres cela ·iiij·ˣˣ ans
Commaincerent les guerres grans
Par Alixandre qui regna
Sur tout le monde et mort ala.
Apres six vins et seze ennees
Furent les uaillans Machabees
Qui bataillierent pour leur loy
A Tholomer, d'Egipte roy
En leur temps fut releue
Le nom de Israel et esleue.

(46a) Apres le temps des Machabees
Qui furent tres uaillans Juefs
Six vins seze ans ou enuiron
Commainca le temps dom diron.

Ains le temps de grace quinze ans
Dieu qui sur touz est tout puissans
Regarda la mere et le pere
Des quelx voulut nestre sa mere.
Saint Jouachim ot nom son pere
Et Sainte Anne ot nom sa mere,
Juifs estoient de nacion
Et de tres grant religion.
Touz les biens qu'ilz pouoient gaingnier
Et labourer et espargnier
En trois parties la departoit,
La premiere aus prestres donnoit,
Aus poures ert l'autre partie,
L'autre a eulx et a leur mesnie.
Et pour ce qu'ilz donnoient a Dieu,
Dieu leur donna en temps et lieu.

Ensemble jurent vne nuit
Et engendrerent par deduit
Nostre Dame, Sainte Marie
Qui sur touz est a Dieu amie.
Ce fut fait en la vintiesme nuit
De decembre, si com ge cuit.
Quant Anne la sentit mouuoir,
Bien et bel en fist son deuoir
En merciant Dieu ou temple
Et son fruit li donnant ensemble.
Sainte Anne porta son fruit
Par neuf moys si com el dut.

Apres neuf moys el enfanta
Vne fille ou de bien tant a
Que bouche ne le pourroit dire
Ne cuer penser ne clerc escripre,
Quar elle fut saintifiee
Ou uentre, ains qu'elle fust nee.
Nete fut nee de touz pechiez (fol. 14⁶)
De quoy nous suymes entechiez.
Sainte Marie nasquit, ce semble,
Ou vintiesme jour de septembre.
En huitiesme jour de son nestre,
Pour la nommer, vindrent maint prestre
Et vne uoiz du ciel leur crie
Qu'elle soit apellee Marie.

Marie crut et proufita,
Le Saint Esperit la visita,
Trois sains anges la gardoient,
Nuit ne jour de ce ne cessoient.
Quant sept ans la orent gardee,
Ses parens qui l'auoient vouee
A Dieu ou temple la menerent
Et illeques li ordrenerent
Viure o les autres pucelles.
Menconges haiet et flauelles,
Touz temps ert la uirge ententiue
A bien faire et point n'ert oesiue.

A l'une foiz el estudioit,
L'autre pensant en Dieu prioit. 270
Sa viande estoit moult legiere,
Ce ert pain alis et eiue clere.
A l'une foiz elle filoit,
A l'autre texoit ou cousoit,
Au seruice Dieu ententiue 275
Et en lecon meditatiue.
La heire auoit toz temps uestue
Et nulle foiz ne gisoit nue
En disant qu'elle perdoit
Tant de temps com el dormoit. 280
Humble estoit sur toutes choses
Et gracieuse plus que roses,
Petit parloit, point ne rioit,
Tres voulentiers estudioit.
Elle n'auoit cure de bobans 285
Ne de paroles arrogans.
De nouueautez cure n'auoit,
Le vieil usage maintenoit,
El ne despendit oncques maille
En cainture ny en taille. 290
Point ne escoutoit mauues paroles
Ne mençonges ne friuoles,
Point ne regardoit les beautez
Du monde ne les nouueautez.
El faisoit toutes bonnes euures 295
Qui de sa bonne vie sont prouues.
Quant el cognut la uanite
De cest monde et la iniquite,
El disoit : mielx vaut petitesce
En cest monde que grant richesce. 300
Elle voua a Dieu virginite,
A garder par antiquite
La premiere fut qui vouast
Virginite ou la gardast.
Onc ne porta sur le coulour 305
Ne nul curieux atour,
Robe portoit blanche ou noire
Telle com la portoit l'oueille.

Onc cheueul trecie ne porta
Ne en nulle dance ne entra, 310
Vn courechief touz temps portoit
De quoy son visage couuroit,
Affin que nul ne regardast
En le chouse qu'il couoitast.
Diligente ert et esueillee 315
Et a tout bien faire appareillee.

Elle gardoit en bonne foy
Les commandemens de la loy,
Les euures de pitie faisoit
Toutes foiz que a faire estoit. 320
Elle faisoit grant abstinence
Et plaine estoit de pacience,
De esperance et de charite
Et de tres grant humilite,
Et pour ce Dieu la regardoit 325
Qui acceptable la auoit.
Quant sept ans ot este ou temple,
Dieu qui de joie les cielx emple
Nous veult par le grace donner
Et la nouuelle loy ordrener. 330
Misericorde et Uerite
Qui cincq mille ans auoient luite
Et Justice et Paiz sa serour
S'entrecontrerent en cel jour.

Mes or vous vueil ici retraire 335
Com l'une a l'autre estoit contraire,
Chescun le doit bien escouter
Et le grant mistere noter.
Misericorde requeroit
Qui prisons deliurer vouloit 340
Et Uerite nel vouloit mie
Que elle fust de ce oie,
Justice en demandoit ueniance
Et Paiz requeroit acordance.
Les deux nuisoient au prison 345
Et les deux a sa garison

Entendoient a leur poeir
Qui il deust merci auoir.
Toutes quatre seurs estoient
Et vn haut prince a pere auoient. 350

Or disons que ce fut vn roy,
Bien le pouons dire ce croy,
Qui ces quatre filles auoit ;
Toutes quatre moult les amoit.
Ce auoit eu vn seruant 355
Qu'il auoit fait semblant
Et de noient l'auoit estrait.
Vn commandement li ot fait
Qui estoit legier a tenir,
147a) Et bien li ot dit que mourir 360
Le conuendroit outreement,
S'il passoit le commandement.
Or auint qu'il le trespassa.
Le roy vint qui li demanda,
Pour quoy auoit fet tel oustrage 365
Et condampne tout son lignage.
Le seruant se voult excuser
Et sur son creatour tourner
Tout le blasme de son trespas
Et respondit isnel le pas 370
Qu'il li ot baille compaignie
Qui li fist faire la folie.

Et le roy qui fut courroucie
Voult que il fust tantost chacie
Du noble lieu ou il estoit 375
De quoy les joies des cielx oeit
Et il estoit touz temps jour
Sans freidure et sans ardeur
En cest monde tenebreux
Plain de tourmens maleureux, 380
Et li fut dit, quant il mourroit
Il et ses hers, qu'il descendroit
En vne chartre tres parfonde,
La plus fort de tout le monde.

Il et ses hers par cincq mille ans 385
Y souffrirent tres grans ahans,
Non pas qu'ilz fussent egaument.
Les sauuez orent grief tourment,
Puis, quant auoient este purgiez
De negligence et de pechiez, 390
En vn lieu estoient mis plus haut
Ou il n'auoit ne froit ne chaut.

Le sine Abraham estoit nomme
Icelui lieu et apelle,
Illec ploroient en desirant 395
Et desiroient en plourant
La uenue de Jhesucrist   (fol. 147
Qui par prophetes la pramist.
Autres furent, sont et seront
Dampnez ou puiz d'enfer parfont 400
Qui james n'en istront que vn jour,
Ce ert pour auoir paine greigneur.
Misericorde qui estoit
Des filles que le roy auoit
La plus doulce et la mielx amee 405
Et a mon escient l'aisnee
Fist vne tres grant demeure
Et puis, quant vit qu'il en fut heure,
El descendit en purgatoire
Ou estoient ceulx de bon memoire. 410
En grant douleur et en grant paine
Celle qui de pitie fut plaine
Tout en present sans attendue
S'en est deuant le roy venue :

"Mon chier pere, dist elle, merci, 415 Miseri-
Tel pitie ay, ge vous affi,   corde
De ces prisonniers dolens,   parle.
A genoiz deuant vous m'en rens.
Doulx pere, que voulez vous faire ?
Faictes les hors de prison traire ! 420
S'il demeure en ceste misere,
Plus ne vous diray mon pere.

Ge suis vostre fille de uoir,
Ma priere vous doit mouuoir.
Si ma priere ne vous muet, 425
Tout le monde perir estuet.
Vous ne me pouez escondire
Que des homes ne oustez vostre ire.
Dampner pas ne les voulez
Et par raison ne le deuez, 430
Quar vous ne voulez nulle chouse
Ou ge ne soie toute enclouse."

L'aucteur parle. (fol. 147c)
Tantost com Uerite oit
Que sa seur parloit ainsit,
Maintenant a la cause vient. 435

Verite parle.
"Mon pere, fait elle, il conuient
Que ceste cause aille autrement.
Ge suy Uerite qui ne ment,
Vostre fille, vous me engend[r]astes,
Oncques nulle autre plus n'amastes. 440
Vous estes vray et loyaux
Et touz hommes chetifs et faulx
Dom ma seur vous requiert a tort,
Touz hommes ont desserui mort.
Vous en deistes en uerite 445
Que il seroient descrite
Et qu'il mourroit outreement,
Des que vostre commandement
Trepasseroit en nulle guise."

L'aucteur.
A ces moz estes vous Justise, 450
La tierce fille au roy puissant.

Justise parle.
"Pere, dist elle, ge demant
Comme les autre ma droiture
Et di, quant vostre creature
Desira estre vostre per, 455
Ne doit par raison eschaper.
Verite, ma seur l'a jugiee,
Par moy doit bien estre uengiee.

Quant aucun autrui chose prent,
La justice a moy en apent." 460

L'au[
Quant par oyt ceste parole
Qui est moult doulce, simple et mole
La quarte fille au roy puissant
Deuant son pere vint auant.

Paiz
"Pere, dist elle, ge oi merueille 465
Que ceste ma suer vous conseille,
Que deffaciez vostre faiture
Et dampnez vostre creature.
Ce ne deuez faire a nul feur.
Quant Misericorde, ma seur, 470
Vous en prie et ge vous en pri,
Bien en deuez auoir merci.
Misericorde, ma serour,
Que vous amez de grant amour
Doit les prisons deliurer 475
Et ge les vous doi acorder.
A moy apent ceste besoingne,
Si Justice ne m'en esloingne.
Si vous ne oiez les prieres
De nous deux, vos filles chieres, 480
De vostre court nous partiron
Et en autre pais iron.
Doulx pere, quel part iron nous,
Si nous parton ainsi de o vous ;
Nulle achoison ne nul ouurage 485
Ne nous part de vostre courage,
En vostre cuer maignons ades.
Si vous Misericorde et Pes
Lessiez ainsi de o vous partir,
Tout le monde conuient perir."— 490

Veri[parle
"Beau pere, dist donc Uerite,
Les prisonniers acquitte
Ne pourroient en cest guise
Que ge ne fusse arriere mise.
Ge uoys touz temps teste leuee 495
Et ge seroie trop blasmee,

Appendix I. 375

```
              Toute matee et desconfite,
              Si par vous suy escondite
              Que ge ne vse de droiture,
              Oncques n'oy de menconge cure."      500
ce        "Sire, dist Justice, par foy,
           Ce ne pouez faire sans moy
          Ne ne deuez sans moy regner
          Ne vostre regne gouuerner.
          Ge doy de ceulx qui vous meffont    505
          Et qui contre vostre estat vont
          Prendre veniance et justicier
148a)     Et touz meffaisans chastier.
          Quant vostre mesnie est assise
          Par uerite et par justise            510
          Et nous deulx la auons en baillie,
          Droiture n'ert james faillie."—
parle.    "Non, dist Paiz, si ge suy o vous,
          Mes ge m'en uois tout a est[r]ous,
          Puis que ge ne puis estre oye,       515
          O vous ne remaindray mie."
cteur.    A ces paroles se esloingna
           Paiz qui moult se desdaingna
          Pour qu'el ne pouoit acomplir
          Sa uoulente ne son desir.            520
          Le roy puissant est et estoit,
          Vn filz tant seulement auoit,
          Le plus bel que oncques roy eust,
          Et le plus sages qui oncques fust,
          Le plus doulx qui oncques nacquist.  525
          Entendez tous que le roy fist :
          Il appella son filz a soy.
le        Beau filz, dist il, conseille moy!
parle.     Voz suers sont a grans discors,
          Les deulx veulent que homes soient mors  530
          Et les autres deux veulent qu'ilz viuent,
          Granment entre elles en estriuent.
          A Verite et a Justise
```

```
          Ne faudray ge en nulle guise,
          A Paiz et a Misericorde              535
          Sauez bien que mon cuer se acorde.
          Ge ne puis aus deux ottrier
          Sans les autres deulx courroucier.
          La demandons de ces prisons.
          Or dittes que nous en ferons?"       540       Le filz
           Le filz respont: "Beau pere chier,          Dieu par
          Ge vous scay moult bien conseillier.
          Paiz, ma seur, iray ramener.
          Pour les prinsonniers racorder
          Ge descendray, quar c'est raisons.    545 (fol. 148b
          Pour deliurer les bons prisons
          Ge prendray vne vesteure
          Soubtille, clere, nete et pure.
          Quant le mal chartrier me uerra,
          Ja vostre filz ne cognoistra.         550
          Par vn fust ou ge me estendray
          En la chartre bien descendray
          Et lieray vostre aduersaire,
          Ceste besoingne m'estuet faire."
          "Beau filz, dist donc le pere, alez!  555 Dieu le
           Ge velx tout ce que vous voulez          pere parl
          Et vous voulez ce que ge vueil,
          Alez batailler o Orgueil
          Et liez les chartriers felons
          Et ramener les bons prisons.          560
          Ge veulx moult mielx que vous murrez
          Que les prisons ne deliurez."

    6678  Menger en pourra tout le monde
    a-f   Tant com il est grant a la ronde
          Que ia nen apeticera
          Et touz temps entiere sera
          Nulle chouse sa pareille
          Nest, cest toute merueille.  L (f. 150 d)
    6804  Si le mort o le vif parloit
    a-o   Sainte foy esueruee seroit
```

Une chouse oye ou veue
N'est pas creue, mes sceue
Foy est croire que par baptesme
De paroles de eiue et de cresme
Est len en uoie de sauuement
Qui apres se vit justement
Foy est que par repentance
De ses pechiez et delessance
Et par uraie confession
Et digne satisfacion
De touz pechez pardon len ait
Et pour tant ce pas len ne voit
L (f. 151 d)

7404 Humble et humain et charitable
a-d A dieu et au monde agreable
Et diligent et esueille
A tout bien faire apareillie. L (f. 155 d)

7406 Qui est sans orgueil et enuie
a-h Et qu'il soit net de couertie
Sans glotonnie et sans luxure
Sans negligence et sans vsure
Et quilz aient la communite
Et haient singularite
Ayment les bons et haient les malx
Sur toutes choses soient loyaulx.
L (f. 155 d)

9510 De quoy saint johan baptiste
a-ii Qui es desers fist son giste
Est le mestre souuerains
Et si est il des autres sains
Ange est, dieu li appella
Espicialment pour cela
Que ange est de dieu message
Si fut saint johan bon et sage
Prophete fut et plus sans doubte
Chescun le sceit qui entent goute.
Apoustre est de dieu enuoiez
Par lui fut le peuple auoiez
Et pour ce que en uaut le celer
Len le puet apoustre appeller.

Martir est il que par martire (fol. 169a)
Le fist le fel herode ocire
Nul ne puet du monde partir
Mielx que par estre martir
Confesseur est il uraiement
Quar il est droit commamcement
De baptesme et de penance
Encor en gardent lordrenance.
Les confesseurs de sainte yglise
Ceulx qui tienent bien sa guise
Il mena et encores plus
Vie de moine et de reclus
Touz temps garda virginite
Touz les aucteurs de auctorite
Dient et ge nel mescroy mie
Quil fut virge toute sa vie
Et donc doit il bien ce me semble
Puis qua touz autres il ressemble
Auoir et reson le li donne [169 a]
Dessus touz autres sains coronne. L (168 d-

10,113- Pour celles qui auoient conceu
10,116 De semence dhome et receu
Ainsi que clerement lexplique
Le douzieme de leuitique
Mais elle qui du sainct esperit
Conceut le saulueur iesuscrist
Sans quelque maculation
De tel purification
Nauoit aucunement besoing
Mais a ce linduit le grant soing
Quelle auoit de tousiours garder
La loy de dieu et obseruer. ℙ (143 c)

The nine stanzas added after line 10,981 in P¹ and ρ. The text taken from ρ, the variant readings of P¹ between parentheses.

1. Ou (*read* U) se paruiens passe le soeul (fol. 227v.)
   Cler verras et de benoit oeul (p. 369a P¹)
   Ces diuines persones ·iii·
   Lors sera tout parfait ton voel

Quant pris seras par bel accoeul
Ou tous toutes roynes vois (rois P^1)
Sont en paix sans doubter effrois
De mort de famine de frois.
Dequelconque(quelqueaultre P^1)doleurou doeul
Seurs sont plentis sans nul (nulz P^1) destrois
Se ches (ces P^1) choses fermement crois
La sera ton desrain recoeul.

2. Je le te dy, car bonne foy
  Le premier signe est par quoy
Different les hommes la jus.
Et qui ce signe porte en soy
La aual sans quelque renoy
Demoustre quil verra cha (ca P^1) sus.
Ainssi les siens signe ihesus
Qui mist en leglise telz vs
Telle ordenance et telle loy
(228r.) Que feaulx crestiens sont eslus,
Tous aultres reproches (r-chiez P^1) refus
Comme metail de faulx aloy.

3. Le second necessaire bien
  Au sauvement du bon crestien
Est ferme et parfaite esperance
Qui ne lui lait redoubter rien
Mais ou destroit meschief derrien
Le sequeurt (secourt P^1) et donne asseurance
Puis quelle foy compaigne et crance
Trop bien te poes fyer en ce
Double et moult approeuue lyen (p. 369 b P^1)
Ny a plus fort en toute france
Champis hardiment a oultrance
Sespoir as ton contraire est tien.

4. En es (Enes P^1) les ·ii· virtus susdittes
  Certes de meruilleux merites
Sensuit charite de plus grant
Qui les vrais crestiens desherites
Pecheurs communs ou ypocrites
Separe. des quelle les prent

Com plus les embrase et esprent (emprent P^1)
Tout (Trop P^1) plus leur est joyeux garant
Mesmes en mort ne les laist tristes
Car nul (nulz P^1) remors ne les reprent
Et quant de ce monde les rent
Les met es celestes garites (guar. P^1).

5. Voir encor et deliberer
  Doibs que seurement esperer
Parfait du crestien le (la P^1) memoire
Et foy fait lengien (lengin P^1) ingerer
Jusques cha (ca P^1) sus et digerer (fol.228
Lestre du royalme de gloire
Par foy lui est fait plus notoire
Que ja se par premisse voire
Double le vaulsist inferer
Pour ce delaist (delait P^1) le transitoire.
Voir de cestui poure tempoire
Pour leternel considerer.

6. Il est encore vne puissance
  En nous qui de soy cognoissance
Na ne quelque discretion
Qui sans riens peser en ballance (valance P^1)
Quest bien ou mal amer se lance
Chose qui nest quapparent (quaparant P^1) bon
Or la parfait dilection
De dieu, de son prochain quant on
Ne fait riens qua leur reuerence
A droit (A dont P^1) est en le droit don
De dieu qui maine au guerredon
Donneur et de toute plaisance.

7. Lymage de la trinite
  Qui pert en ton (son P^1) humanite
Plus quen quelque rien terrestre (Pl. q. q. autre
  r. t. P^1, autre *added* above)
Signifye que de dignite
Deternelle felicite
Finablement compains doibt (dois P^1) estre
  (p. 370 a P^1)

Mais que laisses vne (vie P^1) senestre
Des (De P^1) pechies et tiengnes la destre
De virtueuse saintete
Cest louuerture et la fenestre
Cest argument cler et tout pestre (clerc et t. prestre P^1)
De venir a la grant cite.

8. La seront dignes de loenges [angles
   La seront tous pareulx (paraulx P^1) aulx
Se non plus grans, car les pluiseurs
Aront aureoles estranges
Diuerses diuises (De diuers. deuises P^1) et franges
Escolles (Estoles P^1) de maintes couleurs
Car les biens celestes sont leurs
Par souffrir paines et doleurs
Trauaulx mort laidures laidenges (lend. P^1)
Et non sans quelconques labeurs
Et sans avoir tourmens ne peurs
Souffert les auons en nos renges.

9. A la bonne heure conceus
   A sy grans graces (grant g-ce P^1) receus
Comme a voir la gloire diuine
Singulierement es et fus
Quant par moy es menes cha (menez es ca P^1) sus
Deschiux auiser la *conuine* (Des cieulx regarder la couuine P^1)
Je qui sans voile et sans courtine
Le voy, le tay demonstre, sy ne
Doibz jamais estre deceus
En ceste conclusion fine [et fine
Mon proches, puisques (proces puisqua P^1) belle
De dieu vision et (es P^1) eus.

The eight French lines interpolated in μ after line 10,981 are :

Quant mon angre ot tout compte
Et je eux ce que dit note
En mon cuer je pris a penser
En moy plaindant et doloser
Car je vy que laissier me volt
Bien lapercut il ne dist mot
Ains escouta vne complainte
Que de lui fis sans faire fainte.

These French lines of the make of some scribe are followed by eighteen Latin eight-line stanzas containing the poet's prayer to his guardian angel, preserved with other Latin poems in MSS. α and q; see Appendix II., Poem I (p. 385).

11,029.—Most of the MSS. in which *Le Pelerinage de l'Ame* is terminated by this line have an "Explicit" to this effect :

Amen. R^1
Explicit. Cg
Hic explicit speculum corporis et anime. A^2
Explicit le pelerinage de lame $yHP^1\rho$
Cy fine le pelerinage de lame $z\delta$
Cy fenist le liure du pel. de lame C^2
Je supplie que leur pourfit
Entendent bien ce que jay dit
Et qua dieu supplient pour my
Que de moy vueille auoir mercy
Accompli par dessus trouues
Du corps le voiage et apres
Sensieut acompli cil de lame
Dieu nous ottroit et nostre dame
Que si bien le puissons entendre
Qua la glore dieu puissons tendre
Et que nous y paruenons lors
Que lame partira du corps. Amen B^4
Cy fine le romant du moyne
Des pelerins de vie humaine
Qui est fait pour bon pelerin
Qui en cest monde tel chemin
Vuelt tenir que voise a bon port
Et quil ayt du ciel le deport

Appendix I.

Priez pour cellui qui le fist
Qui la fait faire et qui lescript. Amen. *μ*

 ("Explicit" which terminates more appropriately *Le Pelerinage de Vie Humaine* in MSS. σ and *A*' (see Vol. I. p. 423).

Even some of the other MSS. which continue beyond line 11,029 have an "Explicit" here, e.g.:

Explicit le pel. celestien *q*

 (No "Explicit" at the end after line 11,161.)

Ci fenist le pel. de lame. (Ci commence son esueillement) *h*

11,161.—The "Explicit" after this line read as follows:

Amen, id est, ita fiat *L*.
Explicit somnium peregrinationis animae $B^2 E^3$
Explet la perregrinacion humaine compilee &c. *M*
Explicit le pelerinage de lame &c. *c*
Explicit le romant du pelerinage de lame *A*
Cy finist (fenist *d*, fenit fine *p*, fine *ξ*) le pel. de lame *Gdξp*.
Ci fenist lesueillement du pelerin *h*.

 (The "Explicit" of MS. *h* is supported by the last line of the poet's abstract; see Appendix III.)

APPENDIX II.

The Latin poems of which specimens are printed here in this Appendix II. are preserved only in two MSS., in *α* (fol. 173 c-217 d) and in *q* (fol. 86 ro-129 vo).* They are undoubtedly those of which the poet speaks in *Ame*, lines 11,078-11,161. That they have been composed by our poet is evident from the following passage of poem F (page 384) : " Licet per *te* alias uexate fuerimus tam in alphabeto : *Aue bissus castitatis* &c. quam in alio Galice scripto : *A toi du monde le refui* &c." Besides, they occur in the order indicated by the passage of *Ame*, viz. :

  11,084-11,086 : Primes je metrai en l'aire Le psautier = Poem A (2,112 lines).
  11,087-11,089 : Puis voudrai a l'exemplaire de *a*. et *o* &c. = Poem B (312 lines).
  11,090-11,101 : Puis de trois n. chevaliers v. f. mention = Poem C (240 lines).
  11,102-11,104 : Puis dirai des chanconetes...En Cantiques cont. = Poem D (3,876 lines).
  11,105-11,107 : Apres donrai cainturetes Aus ·ii· amans. = Poem E (132 lines).
  11,108-11,113 : Puis manderai...liquides, voiex, mues &c. = Poem F (252 lines).
  11,114-11,119 : Encor du salut de vie &c. = Poem G (204 lines).
  11,120-11,125 : Au prevost prierai = Poem H (288 lines).
  11,126-11,137 : Celui qui me mainne &c. = Poem I (144 lines).
  11,138-11,143 : A saint Benoit aussi irai = Poem K (288 lines).
  11,144-11,149 : Si requerrai finablement L'app. Andrieu = Poem L (192 lines).

                     8040 lines in all.

Lines 11,084-11,086=Poem A, Paraphrase of the Psalter (*α* fol. 173 d-183 c, *q* 86 ro-96 ro).

1. **B**<small>eatus</small> *uir qui* erigit
 Mentis vultum et dirigit
Ad suum directorium,
Qui uidet et intelligit
Memorieque redigit
A quo suum principium ;
Nam eius manet folium
Non deffluens per uicium,
Et si deffluat, eligit
Fugam ad diversorium
Ventumque nitens noxium (V. vitans noccium *q*)
Ibidem se recoligit.

2. **Q**<small>uare</small> *fremuerunt* pridem
 Qui refugium ibidem
Habuere fugientes.
Ipse deus manet idem
Semper manens in ibidem

---

* In MS. *q* written like prose from one end of the page (not column) to the other

Recipiens omnes gentes.
Olim fuere uidentes
Ipsum dixisse dicentes
Quod post reuelatam fidem
Nato dato in parentes
Exaudiret uenientes
Et supplicantes eidem.

There are 150 twelve-line stanzas (1,800 lines), each beginning with the first words of the corresponding psalm and summarising its contents.

These 150 stanzas are followed in *a* (fol. 183 c-185 b) and *q* (fol. 96 v-97 r) by 26 similar ones (312 lines) containing prayers; the first two read:

1. Confitebor tibi quia
   Salus mundi et uenia
   De fonte tuo hauritur,
   Quia et habundancia
   Graciarum et copia
   Semper in te reperitur.
   Ad quamcunque partem itur
   Tui, nullus locus scitur
   Carens misericordia.
   Intus, extra inuenitur,
   Sub et supra stabilitur
   Dulcedo et clemencia.

2. Ego dixi gemitibus:
   Iam debeo et fletibus
   Tempus meum expendere,
   Nam uiuitur in talibus (omitted in *q*)
   Plus quam in uanitatibus (omitted in *q*)
   Quibus scit mors se tegere. (omitted in *q*)
   Iam in meo sum vespere*
   Quo opportet succidere
   Vitam ruptis ordinibus (orditibus *q*),
   Nam cum debui texere (tacere *q*),
   Opus bonum et (que *q*) facere,
   Vagus fui in omnibus.

Lines 11,087-11,089=B, Trinity song (*a* fol. 185 b-186 d, *q* fol. 97 r-100 r).

1. Si nunquam (vmquam *q*) reus ualuit
   Comparere uel debuit
   Coram te, sancta trinitas,
   Si uel accessum habuit
   Vmquam et non abhorruit
   Eum tua benignitas,
   Reo michi facilitas
   Donetur et auctoritas
   Ad te, sicut spes arguit,
   Accedendi et licitas.
   Per te abeam (habeam *q*) semitas
   Exarandi quod congruit!

2. Tu es, deus, exhibitor
   Tui solus et (que *q*) ianitor
   Et ianua et ostium.
   Tui nullus est cognitor
   Neque rectus expositor.
   Nisi iter des peruium
   Ad tue lucis radium
   Labor alta strutancium, (scrutencium *q*)
   Fili (Filij *q*) flamen et genitor,
   Frustratur, et repudium
   Intellectus et studium
   Paciuntur ut mediator (meditor *q*).

There are 26 similar stanzas (312 lines).

Lines 11,090-11,101=C, St. Denis' song (*a* fol. 186 d-188 b, *q* 98 v-100 r).

1. Tali modo dispositos
   Bellatores tres inclitos
   Ad signum predestinasti;
   Virtutibus redimitos,
   Adornatos et preditos
   Vt electos consignasti.

---

* This line, alluding to the advanced age of the author, agrees with what we know about his age from other passages; see *Ame*, 1721, 1722, 9376, 11,070, 11,071.

Appendix II.

In fide tres adunasti
Et pariter trinitasti
Vna fide sic unitos.
Hos ad bella roborasti
Mandatis tuis deditos.

2. Hii tres Dionisius,
    Rusticus, Eleutherius
Vnum fide et spiritu,
Nam eadem est unius
Anima et alterius
Actione et habitu.
Eodem mortis strepitu
Et eodem occubitu
Primus, secundus, tercius
Fuit tam carnis exitu
Quam glorie introitu
Alter alteri socius.

Twenty stanzas in all (240 lines). The "Explicit" in *q* (fol. 100 r) is: Explicit de alpha et o, in conformity to lines 11,093, 11,094.

Lines 11,102-11,104=Poem D, Canticles (a fol. 188 b-209 b, *q* fol. 100 r-121 r).

The poem opens with a prologue of 3 stanzas (36 lines), the first of which reads:

1. Descendens per fenestrulam
Semel inuentam patulam
In Salomonis ortulum
De floribus coronulam
Feci ibi et zonulam,
Volens dare munusculum
Virgini matri paruulum
Natoque cuique singulum
Per paginam hanc gerulam (P. manum meam g. *q*)
Si acceptet (aptent *q*) pauperulam
Me dictabit (dictabunt *q*) ad cumulum
Animamque pauperulam.

The paraphrase of the "Cantica" begins with the fourth stanza as follows:

4. Osculetur me osculo
    Oris sui qui flosculo
Suum ornauit ortulum
Ore gracie baiulo
Dulcorisque congerulo
Os meum tangat paululum
Et docens per oraculum
Me qualemcunque famulum
Cantare meo nidulo.
Vnum paruum canticulum
Ad laudis sue titulum
Pro posse mei modulo.

There are 320 twelve-line stanzas (3,840 lines), which all begin like this fourth one with a verset or part of a verset of the Canticles.

Lines 11,105-11,107=Poem E, names of Jesus and Maria (a fol. 209 b-210 a, *q* 121 r-122 r).

1. Iudex (—Judex *q*) iustus, imperator,
    Iurium iustificator,
Iustissimo iudicio
Impiorum iudicator,
Iustorum illuminator,
Iubar, illuminatio,
Iubilus, iubilatio,
Iubelei inceptio,
Inicium, incohator (inchoatorium *q*)
Immensus iudicio
[One line skipped here by *a* and *q*]
Intellectus illustrator.

Six stanzas (72 lines) in all; in the second every word begins with *H*, in the third with *E*, in the fourth with *S*, in the fifth with *V*, in the sixth with *S*, these initials spelling the name *Jhesus*.

These six stanzas are followed by five others (60 lines), which spell in the same way *Maria*. The first one is as follows:

Misericors (—Misericors *q*), mitissima,
    Mire (Mirre *q*) mansuetissima
Mater misericordie,

Miranda, mitantissima, (micant. *q*)
Magna, magnarum maxima,
Magne magnificencie,
Mensuratrix modestie,
Ministratrix mundicie
Mundum mundans mundissima,
Melleatrix (Maleatrix *q*) miserie,
Mitigatrix mesticie
Mentis manifestissima.

Lines 11,108-11,113=Poem F, ABC song, α (fol. 210 a-211 c, *q* 122 r-123 v).

Sicut ad lamentaciones suas Iheremias, uel sicut ad laudem mulieris fortis Salomon omnes licteras hebraicas uoluit congregare, sic ego uolens coronam laudis beate uirgini et eius filio cudere, mandaui vniuersis licteris latinis per diuersas sacre scripture regiones dispersas ut uenirent maxime cum ipso (—ipso *q*) ipsi uirgini (virginis *q*) filio eorumdem (earund. *q*) fabricatori de iure seruicium impendere tributa que soluere tenerentur. Que cum mandato accepto (recepto mandato *q*) accessissent, responderunt unanimiter omnes sic : Licet per te alias uexate fuerimus, tam in alphabeto : *Aue bissus castitatis* &c. quam in alio Galice scripto : *A toi du monde le refui* &c. (= Vie 10,893), tamen iterato assumus ecce tibi secundum ordinem nostrum quod sequitur presentantes :

Aue benedictissima,
Caritate dulcissima,
Eiciens fastidium,
Gloriosa, humilima
Imperatrix karissima,
Letificatrix mencium,
Nobilitatrix omnium
Puritatem querencium,
Reparatrix sanctissima
Tis uolencium xenium,
Ydonee zelancium
*E*terna, *cong*ruissima.

Qua salutatione accepta (recepta *q*) respondi ego. Licet non renuam quod traditis, illud tamen non sufficit; imo uolo quod quelibet vestrum exceptis *et* et *con*, quia sunt composite, tantum laudis et eadem forma afferat quantum nos omnes simul actulistis.

However, the letters *kxyz*, complaining of their poverty, are allowed to contribute together as much as any other single letter of the alphabet, viz. : to form a twelve-line stanza. There are, therefore, only 20 stanzas (240 lines), the first of which reads :

Agros (Agyos *q*), apex altorum,
Athanatos angelorum,
Arthos, abba ac (alba ut *q*) animus
Agro agiographorum
Asseritur antiquorum
Adorandus, altissimus.
Ab alto amenissimus (alienissimus *q*)
Accessit ac aptissimus
Ad ancillam archanorum,.
Ante alienissimus,
[Assumens amantissimus *q*] (omitted in α)
Arram ante (arte *q*) amandorum.

In the second stanza: "Bethleem belli binatus," all words begin with *b*; in the third, "Creatori creatura," all with *c* &c.

Lines 11,114-11,119=Poem G, two paraphrases of Ave Maria (α fol. 211 c-212 d, *q* 123 v-124 v).

1. *A*ve aue exemptata
Et facta (sancta *q*) priusquam nata,
Ve tollens eue veteris,
Pro salute mundi data,
Venie vectrix optata
Et vehiculum federis!
Aue si acceptaueris
Et nunquam (vnq. *q*) tibi pauperis
Si (Sit *q*) salutatio grata,
Nam condigne non uideris
Salutari a miseris
Ab angelo salutata.

Appendix II.

2. **M**aria tu nuncuparis &c.

Fourteen twelve-line stanzas (168 lines) in all, each beginning with one or two words of the Ave Maria.

The last two stanzas are omitted in *q*.

The second paraphrase consists of the following three stanzas (36 lines):

1. **A**ve uirginum electa
    Mater altissima (a—mi *q*) recta,
Illuminatrix anime,
Grandis regni architecta
Caritate interiecta,
Affectans perfectissime,
Laborans explectissime
Nutrire amantissime
Disciplinata obiecta
Ministerialissime,
Inopinabilissime
Nostra uisitans suspecta.

2. **T**u es causa uite mundi,
    Bitalassum exeundi
Naufragii errancium,
Domicilii immundi,
Culpabilis, tremebundi
Animi tollens uicium.
Interimendo noxium
Mitigas uentos litium,
Itinera errabundi,
Rectificans iudicium,
Blandificans vel spacium
Et largiens transeundi.

3. **B**enedicta es notata
    Eternaliter dotata
Imperatrix celestium,
Thesauraria uocata,
Salutifera firmata
Reparatrix uiuencium.
Consolatrix timencium,

Vmbraculum sperancium,
Valere existimata
Neccessitati tristium,
Rigoris ius spectancium
Totis uotis inuocata.

Lines 11,120.11,125=H, Prayer to St. Michael (*a* fol. 212*d*-214 b, *q* fol. 124 v-126 r).

1. **G**irans claustrum monasticum
    Per circulum excentricum
Sepius quam contentrice (concent. *q*),
Totum concernens lubricum
Et fixum, nil aut modicum,
Pede ruente lubrice
Dignum duci me iudice,
Gignere (Erigere *q*) theatrice
Vultum ad claustrum celitum,
In illa solum apice
Preuidens enigmatice
Refugium saluificum.

2. **V**ultum ibidem erigens &c.

Twenty-four twelve-line stanzas (288 lines).

Lines 11,126-11,137=I, Prayer to the guardian angel (*a* fol. 214 b-215 a, *q* fol. 126 r-127 r).

1. **O** angele custos meus
    Et dux mei itineris
Quem neglexi nimis reus
Vnus factus ex miseris,
Ecce uenio ad te ut
Iam per effectum operis
Emendam sicut uult deus
Soluam commissi sceleris.

2. Mea culpa, quia tui
    Parum fui recordatus,
Ve quoque, dum profectui (perf. *q*)
Meo fueras donatus

Proch dolor, quia que (que quia *q*) fui
Te scire satis hortatus
Permaxime cum studui
Multas scripturas scructatus.

Eighteen eight-line stanzas (144 lines), which are preserved also in μ, but there inserted in the text of *Ame*, between lines 10,981 and 10,982; see above, Appendix I. p. 378, and the foot-note to line 10,981.

Lines 11,138-11,144=Poem K, Prayer to St. Benet (α fol. 215 a-216 c, *q* 127 r-128 v).

1. O Regis pastor, monachorum
    Sancte pater, forma morum
Acque regulator uite,
Benedicte, ponens lorum
Erroribus uiatorum
Qui elegerunt sequi te!
Ad te accedere rite
Et reuerti non inuicte (inuite *q*)
Debent [oues *q*] que luporum
Timent fauces dispa*r*tite,

Vagabunde se oblite
In abrutis mundanorum.

Twenty-four twelve-line stanzas (288 lines).

Lines 11,145-11,149=Poem L, Prayer to St. Andrew (α fol. 216 c-217 d, *q* fol. 128 v. 129 v).

1. A d aliquem me uergere
    Sanctorum et conuertere
Hortatur sacra lectio,
Non que (quod *q*) omnes diligere
Non debeam et colere
Toto cordis obsequio,
Sed quia non sufficio
Neque possum neque scio
Omn[i]bus (Omnib. *q*) satisfacere
Exponendum hoc sencio
Excluso preiudicio
Horum uinum eligere.

2. Notum michi et quem scio &c.

3. De te *Andrea* didici &c.

Sixteen twelve-line stanzas (192 lines).

APPENDIX III.

The following abstract of *Vie* (second recension) and *Ame*, evidently made by the author himself (he speaks in the first person, lines 3, 4, 5, 8, 9 &c., and the feminine lines have the same particularity as in the text of the three "pèlerinages"), is preserved in MS. *a* (fol. 217 d-220 b), where it follows the Latin poems of Appendix II.; it is partly extant (lines 1-444, see note to 444) in MS. λ (fol. 145 a-148 a) following immediately the text of *Ame*, and partly (lines 441-474, see note to 441) in MS. *k* (fol. 159 a-b) after the text of *Vie* (second recension). The text is printed from *a*; variations of λ and *k* put between parentheses.

a (fol. 217 d)
λ (fol. 145 a)

Affin que chascun pelerin
Puist briefment trouver (sau*er* λ) le chemin
Et les divers pas que passai
Et aventures que trouvai,
Ci apres ai tout abregie 5
Et de chascun un pou touchié.
Premierement la vision (lauision λ)
Ai mis et la description
De la cite ou voul (veul λ) aler
Et comment (comme λ) ens il (y λ) faut entrer, 10

λ (fol. 145 b)

Pour quoi d'aler la heu desir
Et me prins a bourdon querir
Et escherpe pour tost mouvoir,
Et comment (comme λ) asses tost de voir
Grace de Dieu jë encontrai 15
Ou moult de bien vi et trouvai,
Laquelle baptisier me fist
Et bien delige*m*ment m'aprist
De quoi tel lavement servoit
Et originel que c'estoit (q. restoit λ). 20
Puis l'esglise et les sacremens
Me monstra, dont (deux λ) confermemens
Fu li uns, de quoi fist sermon
Et d'autres oingnemens Raison.

Puis vi mariage briefment 25
Et maintes ordres ensuiant,
Et furent prestres ordenes
Et recurent glaivë et clefs,
Et leur resermonna Raison,
Et fu faicte distinction 30
Des prestres qui les cures ont
Et de ceux qui nulles n'en ont.
Puis vi faire le grant disner
Et pain et (en λ) vin en char muer
De quoi moult m'esbahi Raison, 35
Et en vint Nature tencon
Contre Grace Dieu esmouvoir
Ou rien ne gaaigna (gaigna λ) de voir.
Puis du relief fu fait le don
En la sainte co*m*munion 40
Ou Penitance se moustra

a (fol. 218 a)

Et de ses oustis sermonna
Avec Charite qui tenoit
Testament de paix et portoit.
Puis a Grace Dieu demande (d-dai λ) 45
Du relief du quel saoule
Furent aucuns et aucuns no*n*
Dont fu grant a*m*miration (admir. λ).

3 D 2

Sermon m'en fist et me conta
Comment Sapience en ouvra   50
Et comment (comme λ) Aristote y vint
Et en la fin confus s'en tint.
Puis voul de ce relief avoir
Dont Grace Dieu dist quë avoir
Me failloit avoir mon bourdon   55
Et m'escherpe selon raison.
Bien me plut, mes point ne les vi
Devant que mes yeux converti
Et assist en (a λ) mes oreilles
Qui me fu a grant merveilles,   60
Et fu tout pour l'entendement
Qui pou y savoit ou nÿent.

L'escherpe et le bourdon monstre
Me fu et baille et donne,
Et m'en dist la condicion (condicion λ)   65
Grace Dieu et (est λ) fist lonc sermon.
Puis quant (quen λ) cuidai estre aprestes,
Voult elle que je fusse armes
En armes de vertus monstrant
De pluseurs guises et loant   70
Des quelles aucunes vesti
Et remis jus, quant les senti
Dures, dont Grace me blasma ;
Pour quoi ·v· pierres me bailla
Avec la fonde de David   75
Qu'en m'escherpe volentiers mis,
Et fist pour les armes porter
Memoire derrier moi aler.
Et quant apres heu du pain pris
Et Grace se tenoit tout (tous λ) dis   80
En son propos en sermonnant
Tousjours des armes et parlant,
Je voul savoir pour quoy porter
Ne les pouvoie n'endurer (ne end. λ) ;
Et de ce me tint parlement   85
En moi moustrant apertement
Que mon corps gramment ne nuisoit

Et mon grant anemi estoit,
Et tant m'en dist que percu (quapercu λ) bien
Qu'elle ne me menti de rien.   90
Apres invisible me fu
Grace Dieu et tantost m'esmu
A cheminer et a (—a λ) aler
Et Memoire avec moi mener.
Et avint que hastivement   95
Je trouvai Rude Entendement
Qui m'ëust asses empeeschie (empeesch. λ),
Se Raison ne m'ëust aidie.
Apres trouvai la duvee
Damoiselle qui nommee   100
Estoit Jeunesce com disoit
Et sotement se maintenoit.
Puis tantost ·ii· voyes trouvai
Et une haye resgarday
Entre ·ii· toute espineuse,   105
Et mise s'estoit Huiseuse
A une des voies sëant
Sus (Sur λ) un perron et (—et λ) acoutant.
Et a l'autre chemin estoit
Un natier qui nates faisoit   110
Disant que Labour avoit nom,
Qui de li me fist un sermon,
Apres le quel aussi parlai
A Huiseuse et pas lors n'entrai
En son chemin dont me parla,   115
Dont a la (sa λ) duvee pesa,
Mes pris le chemin au natier
Que pas ne ting au derrenier
Ou [quel λ] Vertu Moral je vi
Et comment (comme λ) se tenoit emmi   120
De ·iii· postis [et λ] ·iii· chemins
Pour adrecier les pelerins.
Puis en la haie regardai
Qui estoit a celle au balai
Et la vi mortefiement   125
De char et crucifiement
En un pelerin la pendu

Appendix III.

<small>a (fol. 218 c)</small>

Et griefment en croix estendu.
Apres Grace Dieu se monstra
A moi ou chemin et parla 130
En moi une roe monstrant
Dedans une autre fort tournant.
De quoi moult esbahi (es—hir λ) me fist
Et grans merveilles lors m'en dist,
Et apres de moi se cella (cela λ), 135
Dont il avint que m'arrenna
La duvee, et me fist monter
Sus (Sur λ) li pour la haie passer
Et moi remectre en la voie
Que devant laissie avoie. 140
La trouvai je Gloutonnie,
Une perilleuse espie
Qui les gens pour (read par λ) la gorge prent
Et estrangle soutainement.

Puis vi la desvee Venus 145
De la quelle n'eschape nus,
Se tresprestement ne s'en fuit
Sans redoubter lait temps ou nuit.
C'est celle qui le romans fist
Qui de la Rose en (read est λ) piec'a dit. 150
Entre li et Gloutonnie
Moult me firent villenie
Et a un autre seigneur grant
Pour qui me laisserent a tant.
Puis [quant λ] voul a la haye aler 155
Et dont venoie retourner,
De Paresce pris par les pies
Je me senti et enlacies,
Et m'eust fait asses enui,
Quant me feri et abati, 160
Se le blanc coulon Grace Dieu

<small>λ (fol. 146 b)</small>

Ne fust avole a ce lieu.
Puis trouvai la vielle au cornet
Cornue qui portoit soufflet
Que Flaterie aloit portoit (read portant λ) 165
En li i mir[ou]our (mirouer λ) monstrant.

Celle vielle Orgueil avoit nom
Qui de li me fist grant sermon.
Puis vi Envie et ses filles
Plaines de malles semilles, 170
Et fu de toutes assaillu ;
Si (Et λ) scay bien qu'estoie vaincu,
Se le coulon que j'ay nomme(e) (nomme λ)
Ne fust asses tost ravole.
Apres Ire, l'espineuse 175
Trouvai qui me fu hideuse
Ouvrant forment de ses mestiers
Dont il ne m'estoit nuls mestiers,
Pour la quelle et en lieu de li
Tribulacion m'assailli, 180
Et deux commissions monstra,
Mes sans plus de la bonne usa
Pour ce que mon refuge fis
De la dame de paradis.
Apres Avarice je vi 185
A pluseurs mains dont m'esbahi,
Et n'eüst grandement greve,
Se ma (la λ) duvee n'eust este.
Puis je trouvai Nigromance
Qui m'eüst fait destourbance, 190
Se n'eust le blanc coulon este
Qui revint par qui fu garde.

<small>a (fol. 218 d)</small>

Heresie (H-sis λ) trouvai apres,
Et puis le Sathan moult engres
De tendre las et de chacier 195
Comme veneur et de peschier,
Qui m'enseigna de la grant mer
Et de ceux qui y vi nouer,
Et ses condicions m'aprist
Dont maleureus apres se dist. 200
Apres dedens la mer entrai,
Et a no en mains lieux alai
Et trouvai Caribdim le (la λ) grant
Que Fortune aloit demenant.

<small>λ (fol. 146 c)</small>

Et estoient tous estas mis 205
En ·i· haut arbre plain de nis.
Apres me pris a doulonser (doulous. λ)
Et mes grans perdes (pertes λ) regreter,
Et me vint baillier le coulon
En ·i· escript une oroison. 210
Puis trouvai si com nooie (venoie λ)
Et avant tous jours aloie
Une moute (mote λ) sablonnace
Ou je m'assis et pris place,
Et y vi Astrologie 215
Et aussi gromancie (*read* geomancie λ)
Aus quelles asses je parlai
Et de leur afaire enquestai,
Et finablement m'en parti,
Quar ·i· peril de mer le vi (rentrahi λ). 220
Apres en ·i· islë entrai
Et la en ·i· hudel trouvai
Ydolatrie et son maintien
Ou chose n'a qui vaille rien.
Puis je trouvai Sorcerie 225
Qui tenoit Cyromancie,
De quoi tenu fu parlement
Et ensemble conjointement
De Phisonomie (De. sa ph. λ) et son vis
Quë en son pennier avoit mis. 230
Puis trouvai Conspiration
Qui de chiens avoit grant foison,
Qui de la roche ou estoie
Ou folement haut musoie
Fu dedens la mer trebuchie 235
Et tres vilainnement tractie (traictie λ),
Et ce peril fu dit Scilla;
Apres le quel en Syrena
Je me trouvai estre venu,
Et par li eusse este perdu 240
Et par ses chancons, giex et des
Et esbatemens deguises (desg. λ),
Se ma duvee qui forment
L'amoit, le [mien] departement (λ = α (—1))

N'en eust fait, avec qui ala 245
Et onques puis ne retourna.

Puis en moi tout seul complaignant
Une nef vi venir flotant
Qui Religion dicte estoit
Et endroit (a λ) moi s'arriva droit, 250
De la quelle Grace parler
Vint a moi pour moi arguer.
Et une roche me monstra
En ·i· destour qui estoit la
Et ·i· cuvier pour moi baignier 255
Disant qu'en avoie mestier,
Et m'enhorta moi aprester
D'entrer en la nef pour passer,
Et me sembla que l'iee
N'estoit pas bien ne litee (fretee λ) 260
Et non obstant j'en approuchai
Et a Paour [de λ] Dieu parlai,
Qui portier estoit, que (qui λ) passer
Me laissast dedens et entrer.
Ens entrai et vi ·i· convent 265
De dames qui diversement
Divers offices faisoient
Et de bel maintien estoient.
Et ting (tign λ) a elles parlement
Tant qu'il avint finablement 270
Que vi des merveilles asses
Et que fu pris et arrestes.
Et puis avint il que Scil[l] a (scilla λ)
Et Envie la ens entra
Par la deffaute du portier, 275
Et firent les dames mucier.
Et en moi querant tant firent
Que moi trouve tant (si λ) batirent
Quë a tousjours de pis m'en fu.
Et en (la λ) vint a moi le chanu 280
Ovides maudire cellui (the whole line with the
  exception of the initial letter left in blank λ)
Par qui avoie (jauoie λ) tel ennui,

Appendix III.

Pour quoi aussi (—aussi λ) mes regres fis
De ce que la m'estoie mis.
Puis vint le roy et bouter hors   285
Fist les vielles du dit enclos,
Et fist les dames revenir
Pour leurs offices acomplir.

Puis par (pour λ) congie voul (veul λ) hors aler
   Pour autres maisons visiter,   290
Et vi venir(yssir λ) d'un des moustie[r]s (monstiers λ)
Angelos conduisans somiers,
Et la me monstra Grace Dieu
Moult ruineus [estre λ] le lieu,
Et comment la dominion   295
En estoit a (en λ) abusion,
Et comment (comme λ) elle me monstra
Sterilite qui lors vint la.
Puis en ·i· autre lieu alai
Ou la celeriere trouvai   300
Qui me monstra la huche (husche λ) aus mains,
Et ou avoit des pertuis mains.
Puis trouvai Apostasie
Qui me conta de sa vie,
Et quant a mon lieu fu venu,   305
Asses tost apres j'apercu
Viellesce avec Enfermete
Des quelles je fu avise
Que prest fusse de recepvoir
La mort qui me [ve]noit (venoit λ) de voir.   310
Et celles a moi luiterent
Et tost (tout λ) jus me trebuchierent,
Mes tantost Misericorde,
Enfermiere de celle ordre,
En l'enfermerie me mist   315
Et de son office m'aprist.
Tant fu la jusqu'au derrenier
Deux messagieres le portier
M'amena en moi enhortant
Que les envoiasse devant   320
A la cite ou tendoie,

Se dedens entrer vouloie ;
Mes rien n'en fis, car se hasta
La mort qui du corps me sevra
Qui tost fu en terre enfoui, [=Ame 1-186]   325
Et je fu haut en l'air ravi
Et vi mon ange gardiam (g-dien λ)
Deles moi et aussi Sathan
Qui avec li m'eust mene
Se mon dit ange n'eust este ;   330
Mes mene fu au jugement [=187-570]
Ou Saint Michel fu president,
Ou mains jugemens furent fais
Dont de tous fors du mien me taiz (tais λ).

Quiex (Quer λ) assises et gens y vi,[=571-1484]   [335
   Comment en vain y fis [mon λ] pri,
Comment Sathan voult (C. voul s. λ) excepter
De moi devant juge accuser,
Et que respondre il me faillut (falut λ),   340
Et que mon accuseur elut
Synderesin pour li parler
Et moi plus forment arguer,
Et que tabellion se fit (fist λ)
Sathan et tous mes fais escrist,   345
Compte est la plus plainnement.
Et aussi y est dit, comment [=1485-1850]   λ (fol. 147 c)
Justice contraire me fu,
Et de li mesme fu lëu
L'avis (La vi λ) que Grace Dieu donne
M'avoit en ·i· escript secre,   350
Comment (Comme λ) aussi me condempna
Raison, et que le tesmoingna   [=1851-2306]
Verite, et quë estoit prest
Le juge de rendre l'arrest,
Se Misericorde ne fust   355
Et au juge parle n'eust.
Elle apres le balancement (labalanc. λ) [=2307-
De biens et maus [et λ] poisement   2596]
Par congie ala empetrer   a (fol. 219 d)
En paradis et procurer   360

Graces au roy que raporta
Dont ma cause moult emenda ;
Et fu par arrest pronuncie
Que de tous mes meffais chargie
Droit en purgatoire iroie 365
Et ma penance (la) feroie.   λ = a (+1)
Et fu Sathan prest d'appeller. [= 2597-2820]
Et en ce point je vi entrer
Pluseurs pelerins haut chantans
En paradis d'aval venans 370
Que Sathan resgarder (reg. λ) n'ousoit,
Mes trescourroucie en estoit.
Puis Justice ˙i˙ arrest rendi [= 2821-2874]
Que Sathan tantost entendi.
Ce fu contre pecheurs dampnes 375
Et a mort d'enfer deputes.
Et estoient treslaide gent [= 2875-3023]
Que li anemis prestement
Menerent et sens demourer.
Et me fu trousse pour porter [= 3024-3252] 380
Mon fardel, et ainsi alai
Dedens purgatoire au convoi

λ (fol.
147 d)

De mon ange (angre λ) qui m'i mena
Et qui la moult me conforta.
Et la apercu je comment [= 3253-3592] 385
Priere y fait allegement.
Puis y vi le sain (saint λ) Abrahe [= 3593-3792]
Et l'ourle d'enfer ou garde
Furent les peres anciens.
Apres je vi divers tourmens [= 3793-4042] 390
En purgatoire ou obligies
Estoient mains pour mains pechies,
Et purgatoire largement
Est dit et en mains lieux s'estent.

Puis ainsi (aussi λ) com en terre entrant 395
    [= 4043-4352]
Le corps de moi trouvai puant,
Et l'un a l'autre parlasmes
Et asses entreganglasmes (enraisnames λ)

Jusqu'a tant qu'avant me mena [= 4353-4406]
Mon ange (angre λ) et l'ourle me moustra 400
Ou les enfans non baptisies
Estoient de clarte prives.
Et apres me monstra enfer [= 4407-4564]
Et le roy de mort, Lucifer
Qui avec Orgueil tourmente 405
Estoit laidement et mene.

α (fol. 220 a)

La fourches et gibes avoit [= 4565-4872]
Ou la grant penderie estoit
De traîtres et de larrons
Et gens d'autres condicions 410
Des quiex estoient : envieux,
Faus advocas et detraicteurs (detract. λ).
Illeuc convoiteux tourmenter [= 4873-5266]
Vi laidement et demener.
Puis vi les tormens des ireux, [= 5267-5308] 415
Et apres ceux des pareceux, [= 5309-5358]
Puis des luxurieux et glous, [= 5359-5432]
Apres finablement de tous [= 5433-5512]
Tirans paiens et autre gent
Qui n'ont point d'ordre en jugement. 420
Des quiex tourmens fu esbahi, [= 5513-5558]

λ (fol. 148 a)

Et me sembla qu' estre puni
A tousjours mais estoit griete (griefte λ)
Pour ˙i˙ peche tantost passe,
Mes mon ange (angre λ) m'en apaisa 425
Par les raisons qu'il (que λ) me donna.
Apres me senti allegie [= 5559-5590]
Et de painnes assouagie,
Sus (Sur λ) en terre droit repairant (reparant λ)
Ou vi gens mortex, nul semblant [= 6769-6840] 430
De moi faisans, et aloient
Pres de moi et ne sentoient
Le feu de rien com faisoie
Qui dedens tousjours estoie.
Et de la pomme le gieu vi [= 5591-6702] 435
Et des pommiers parler oui.
Et vi le lieu ou enfouis [= 6703-6768]
Estoient mains asnes et mis.

Appendix III. 393

k (fol. 159 a)

Et vi Doctrine qui fourmoit [=6841-7204]
Un homme qui mal fait estoit, 440
Et qui me fist ·i· grant sermon
De l'ame et sa condicion.
Et puis l'estatue (Puis vi lest. *k*) au chief d'or [=7205-8708]
Du roy Nabugodonasor,
Et une autre d'un chevalier 445
Arme et mis sus (sur *k*) ·i· destrier,
De quoi asses suffisanment
Me tint mon ange parlement.
Apres tout mon tourment cessa, [=8709-8754]
Et le ciel ouvert, se (me *k*) sembla, 450
Vi et aussi que vouloie
Et que preste estoit ma joie.
Et tost (Apres *k*) ensuiant me mena [=8755-8934]
Mon ange haut et me moustra
Pluseurs ciex ordeneement, 455
Et du cristallin parlement [=8935-9034]
Me tint en disant que c'estoit
Ce qui courtine me sembloit

Quant j'atendoie jugement.
Puis vi, dont me tint parlement [=9035-9629] 460
Mon ange, [et *k*] la noble maison
De Dieu ou mainte mansion
Est, et sont merveilles maintes (E. plain de joies ma. *k*)
Et comment sont (sont et *k*) sains et saintes [=9630-9800]
Tant festoies com festoians, 465
Et quiex y sont les festes grans; [=9801-10512]
Et de Adam la maniere [=10513-10642]
Et sa gent qui feste entiere
Font entour l'arbre haut chantant,
Et autres choses, jusqu'a tant [=10643-11001] 470
Que finablement m'esveillai [=11002-11029]
Et en mon lit je me trouvai.
Et puis apres en escript mis [=11,030-11,161]
Mon esveillement par mains dis. (d. &c. *k*)
Qui p*er*egrinatum faciendo legis p[er]egrinum 474a
Ora corde pio pro paup*ere* G[uillermo] peregrino!
Finito libro sit laus et gloria *christo*, 474c
Scriptor qui scripsit cum deo viuere possit! d

441-474 are also preserved in MS. *k* (fol. 159 a-b). The preceding 440 lines are wanting by the loss of several leaves. 445-474 omitted λ. (The scribe of λ stopped his work in the middle of fol. 148 a; the rest of the leaf is left in blank.) 474a-d not in *k*.

3 E

APPENDIX IV.

Summary of the text of *Ame* preserved on the first leaves of MSS. *i* and π, printed here from *i*. This summary is in both MSS. preceded by a similar one of V^2, which will be published together with that text.

Cy apres sensuit le pelerinage de lame. i (3 b).

		Ame, line.
Du pelerin qui se rendormi et songa quil estoit mort .	1 a*	1
De misericorde qui fait enseuelir le pelerin .	1 b	45
De sathan qui veult haper lame du pelerin et langle le deffent .	1 c	55
De langle et de sathan qui menerent lame du pelerin deuant saint michiel pour ouir son jugement .	2 b	187
De langle qui corne et dit que chascun viengne au jugement .	3 c	333
De saint michiel qui est en jugement et cherubin et saint pierre et plusieurs autres .	4 a	405
Du plait que langle propose contre sathan et sathan lui contredit .	5 b	571
De pechies qui sont escrips ou front si que chascun les puet veoir .	5 c	635
Des aduocas qui ne plaident pas sans aucun proffit .	6 a	711
De la complainte que le pelerin fait a dieu et a nostre dame et a toute la court de paradis .	6 b	739
Des oroisons et lamentacions faictes apres la mort qui ne proffitent point .	8 b	1075
Du pelerin qui est condampne par jugement a respondre des pechies quil a fais .	8 c	1117
De synderesis qui accuse le pelerin .	9 b	1199
De sathan qui escript lacusacion que synderesis fait contre le pelerin .	10 b	1353
Des excusacions du pelerin .		1406
Des replicacions que justice fait encontre le pelerin .	11 b	1485
Les lettres que grace dieu enuoya au pelerin ou temps quil estoit au monde .	11 d	1593
Des 'iii' dames justice, raison et verite qui plaident contre le pelerin .	13 a	1785
De misericorde qui parle pour le pelerin et justice replique encontre .	13 d	1923
De justice qui poise les biens et les maulz du pelerin .	16 a	2237
De misericorde qui va ou ciel pour empetrer grace pour le pelerin .	16 c	2307
De la sentence que saint michiel donna du pelerin .	18 b	2557
De justice qui fait vn fardel des pechiez au pelerin .	20 a	2821

* These figures refer to the original pagination made by the scribe himself in MS. *i*.

		Ame, line.
De dampnes qui ont leur facons correspondans a leur pechie.	20 c	2905
De langle qui mena le pelerin en purgatoire a tout son troussel	21 c	3045
Des grans paines de purgatoire	21 d	3071
Des tourmens de purgatoire et denfer qui ne puent nuire fors que aus pecheurs	22 a	3131
Des causes qui empechent les oroisons que elles ne soient acceptables et de celles qui les font acceptables	23 b	3271
Des messes qui ont plus grant vertu que autres oroisons	23 c	3321
Des bienfaiz pour les trespassez qui sont communs a tous	24 a	3369
Des anemis qui sont tous jours en tourment quel que part quil soient	24 c	3455
Des pecheurs qui font aucune foiz leur penance es lieux ou il ont fait les pechiez	26 d	3827
Comment len ne doit nul jugier estre dampne tant soit mauuaiz, car il se puet sauuer par contriccion.	27 c	3923
De la tencon de lame et du corps	28 b	4053
Des nom baptisiez qui sont dampnez.	30 a	4387
De orgueil qui tient grans chaenes de fer dont lucifer est attachie	30 c	4407
Des poines donnees aus dampnez selonc leurs pechiez	31 b	4565
De la paine de ceulz qui conseillierent mal le roy quil gouuernoient	33 d	4873
Des faulz aduocas et faulz juges que sathan argue	34 c	5039
Du roy gambises qui fist escorchier le faulz juge	34 d	5067
Des menteurs parjures et faulz tesmoings	35 a	5099
Des enuieux et de ceulz qui voulentiers escoutent mesdire dauttri	35 a	5115
Des conuoyteux	35 b	5201
Des yreux	36 a	5274
Des paresceux.	36 b	5359
Des gloutons.	36 c	5359
Des luxurieux	37 a	5411
Du puis denfer	37 b	5433
De la cause pour quoy on est dampne pour ·i· pechie mortel.	37 d	5513
De la poinne (*read* pomme) de quoy les bons pelerins sesbatent	38 b	5591
De Adam qui menga la pomme dont vint pechie originel	38 c	5633
Du pechie originel qui fu purgie par la vierge marie.	38 d	5674
De la vraie crois qui crut sur adam quant il fu mort.	39 b	5781
Du parlement qui fu fait entre justice et virginite pour amender le pechie de adam	39 d	5849
De la plaiderie de larbre sec et de larbre vert.	40 b	5931
De justice qui recite que la sainte trinite ordena la maniere de punir le pechie de Adam	41 d	6165
De la sentence que justice donna des ·ii· arbres	42 c	6311
La complainte de la vierge marie	42 d	6353
Des paciens en aduersite qui sont signifiez par les asnes	44 d	6703
Des personnes terriennes qui ne peuent veoir lez esperitueles	45 b	6769

Appendix IV. 397

		Ame, line.
Des personnes qui sont en vie qui ne peuent sentir les paines de purgatoire	45 c	6805
De doctrine	46 a	6841
De homme qui est fait a lymage de la trinite	46 b	6913
De lestatue nabugodonosor et dun cheualier arme	48 a	7205
Du chief de lestatue qui est dor	48 d	7385
Du col qui doit estre dor	50 d	7661
Des bras qui sont dargent	51 a	7709
Du pis qui est dargent	51 c	7795
Du roy qui doit auoir ·vii· conseilleurs	51 d	7819
Du ventre qui est darain	52 c	7939
Des cuisses qui sont darain	52 d	8013
Des jambes qui sont de fer	53 c	8121
Des natureux dun pais qui sont plus loyaulz que les estranges	53 d	8169
Des pies qui sont de terre et de fer	54 a	8213
Du cheualier qui fist rappeller liberalite que le roy auoit laissiee pour conuoitise	55 a	8345
Des princes qui ne doiuent pas greuer leurs subgiez	55 c	8475
Des oisiaux qui enseignent a faire loenge a nostre seigneur Jhesucrist	58 a	8777
De toute creature qui fait son deuoir enuers dieu fors que homme	58 b	8817
Des mansions de paradis et des joies qui y sont	60 a	9073
De saint pol qui fu raui jusques au tiers ciel	60 c	9137
De loppinion du compost et de la reuolucion du ciecle	60 d	9216
Des couronnes dont les sains et les saintes sont courounez et des joies quil ont	62 b	9417
Du cercle qui demoustre les festes de chascun saint chascun jour	63 d	9693
Des festes de nostre dame	65 c	9839
Des ·xii· signes du ciel qui sont appliques a nostre seign. Jhesucrist	65 d	10,027
Des joustes que len fait du mariage de la diuinite et de lumanite	66 a	10,071
De ·vii· signes qui ne sont pas benignes	66 d	10,182
De ·v· signes qui sont benignes	67 c	10,334
De adam et eue et leur lignee qui regardent la crois et rendent graces a dieu	68 d	10,501
De elies et enoch qui sont en paradis terrestre	69 a	10,569
Dun dictie fait de la trinite qui monstre que ce nest que vn dieu	70 b	10,731
Du pelerin qui se esueille	71 c	11,002
Du pelerin qui se complaint des pechiez quil a faiz en sa vie et en crie merci a dieu par belles couples et fait fin a son liure.	71 d	11,030

Explicit.

PRINTED BY NICHOLS & SONS,
25, PARLIAMENT STREET,
LONDON, S.W.

www.ingramcontent.com/pod-product-compliance
Lightning Source LLC
Chambersburg PA
CBHW071108230426
43666CB00009B/1878